Lernbücher Jura
Staatsrecht I
Christoph Gröpl

Staatsrecht I

Staatsgrundlagen
Staatsorganisation
Verfassungsprozess

mit Einführung in das
juristische Lernen

von

Dr. Christoph Gröpl
o. Professor an der Universität des Saarlandes

11. Auflage 2019

C.H.BECK

www.beck.de

ISBN 978 3 406 74011 4

© 2019 Verlag C. H. Beck oHG
Wilhelmstraße 9, 80801 München

Druck und Bindung: Druckhaus Nomos
In den Lissen 12, 76547 Sinzheim

Satz: Fotosatz H. Buck
Zweikirchener Str. 7, 84036 Kumhausen

Umschlaggestaltung: Druckerei C. H. Beck Nördlingen

chbeck.de/nachhaltig

Gedruckt auf säurefreiem, alterungsbeständigem Papier
(hergestellt aus chlorfrei gebleichtem Zellstoff)

Für
Friederike, Konstanze,
Ferdinand und Ludwig

Vorwort zur 11. Auflage

Die 11. Auflage bringt das Buch auf den Stand vom Sommer 2019. Zu berücksichtigen waren insb. die Grundgesetzänderung vom 28. März 2019, mit der die deutsche Bundesstaatlichkeit um ein weiteres Stück ausgehöhlt zu werden droht, sowie neue Entscheidungen des Bundesverfassungsgerichts, etwa zur Verfassungswidrigkeit des Ausschlusses unter Betreuung Stehender von Wahlen. Dessen ungeachtet ist ein Lehrbuch kein „Newsticker" (um es „neuhochdeutsch" auszudrücken): Den Stoff beherrscht nicht und ansprechende Noten erzielt dementsprechend nicht ohne weiteres, wer die neueste juristische Schlagzeile wiederzugeben vermag. Vielmehr kommt es darauf an, im System (mit- und weiter-)denken sowie formulieren zu können. Dafür sollte man sich immer wieder der Grundlagen vergewissern, dabei Pfade von neuem begehen und deren Richtung hinterfragen. Das kann Vergnügen bereiten – Vergnügen, das jedenfalls wir empfinden, wenn wir Neuauflagen besorgen, stets in Dankbarkeit für Hinweise aus unserer Leserschaft.

Wieder einmal danke ich den Mitarbeitern meines Lehrstuhls herzlich für ihre altbewährte Unterstützung, allen voran – und zum fünften Mal – Herrn Assessor Dr. *Matthias Heffinger*, mit dem ich Änderungen wie Neuerungen „durchdiskutiere", und Frau *Waltraud Kuhn*, M.A., LL.M., sowie den Herren Dipl.-Juristen *Thomas Becker* und *Johannes Heck*, die unsere Tippfehler u.a. zuverlässig bereinigen.

Saarbrücken, im September 2019 *Christoph Gröpl*

Vorwort zur 1. Auflage

Die Vorlesung *Staatsrecht I* ist nicht bei allen Studienanfängern beliebt. Zivil- und Strafrecht liegen bisweilen näher: In Gedanken sieht man sich schon beim Plädieren für den übervorteilten Mieter, beim Vernehmen des Angeklagten oder beim Aushandeln von „Deals" in „Mergers & Acquisitions". Da erscheint das Staatsrecht störend, eine lästige Verlängerung des Fachs Sozialkunde aus dem Schulunterricht. Wer so denkt, ist hier trotzdem willkommen: Das vorliegende Buch ist *auch* für Studentinnen und Studenten geschrieben, die mit dem Staatsrecht später nichts zu tun haben wollen. Es wird ihnen ohnehin kaum gelingen. *Staatsrecht I* ist mit der Anatomievorlesung im Medizinstudium vergleichbar: Jeder Mediziner benötigt Kenntnisse darin, auch wenn er längst keine Leiche mehr präpariert. In ähnlicher Weise „verfolgen" jeden Juristen etwa Fragen des Rechtsstaatsprinzips ein Berufsleben lang. Auch wird von einem Juristen mit gewissem Niveau erwartet, dass er z.B. weiß, was ein Gesetz ist, dass er feststellen kann, wann es in Kraft getreten ist und ob es von Bundes- oder Landesbehörden vollzogen wird. Nicht nur vor diesem Hintergrund ist das Staatsrecht eine der Kernmaterien der juristischen Prüfungen – und wird es bleiben.

Dieses Buch wendet sich nicht an Experten. Details und Vertiefungen suche man in den „pandektischen" Darstellungen des Staatsrechts, von denen es einige gute gibt.

Ganz herzlich danken möchte ich den ehemaligen und derzeitigen Mitarbeitern an meinem Lehrstuhl, die mich sehr engagiert und erfolgreich unterstützt haben, insb. Frau Assessorin *Victoria Herbert,* Frau Assessorin *Luisa Mertiny,* Herrn Rechtsanwalt *Dr. Markus Groß,* Herrn Rechtsreferendar *Christoph Keller,* Frau Dipl.-Juristin *Inga Breitbach,* den Herren stud. iur. *Reinald Geörg, David Haus* und *Tobias Raab* sowie meiner Sekretärin Frau *Marlies Weber.*

Auch für dieses Lernbuch gilt die Erkenntnis von *Karl Popper:* „Kein Buch wird jemals fertig; während wir daran arbeiten, lernen wir immer gerade genug, um seine Unzulänglichkeit zu sehen, wenn wir es der Öffentlichkeit übergeben." In diesem Sinne freue ich mich über Verbesserungsvorschläge und danke im Voraus für konstruktive Kritik, am einfachsten per E-Mail an: lehrstuhl@groepl.uni-saarland.de.

Saarbrücken/St. Ingbert, im Juli 2008   *Christoph Gröpl*

Inhaltsübersicht

	Seite
Inhaltsverzeichnis	XIII
Abkürzungsverzeichnis	XXXV
Literaturverzeichnis	XLI

	Rn.	S.
Vorbemerkungen	1	1
§ 1. Kurze Einführung in das juristische Lernen	1	1
Teil I. Grundlagen und Grundbegriffe	76	18
§ 2. Gegenstand des Staatsrechts	76	18
§ 3. Einordnung des Staatsrechts	90	21
§ 4. Verfassung – Grundgesetz	124	29
Teil II. Staatsgrundlagen und Staatsziele	217	57
§ 5. Allgemeines	217	57
§ 6. Demokratie	247	64
§ 7. Rechtsstaat	422	111
§ 8. Republik	521	139
§ 9. Bundesstaat	531	142
§ 10. Sozialstaat	662	175
§ 11. Finanzstaat, Finanzverfassung	697	186
§ 12. Umwelt- und Tierschutz	769	207
§ 13. Bestand des Verfassungsstaates – „wehrhafte Demokratie"	779	210
§ 14. Offene Staatlichkeit – Deutschland in Europa	808	219
Teil III. Organe, Kompetenzen und Funktionen	864	236
§ 15. Gewaltenteilung	864	236
§ 16. Gesetzgebung; Bundestag und Bundesrat	911	249
§ 17. Regierung und Verwaltung	1238	331
§ 18. Rechtsprechung	1426	376
Verzeichnisse		428

Inhaltsverzeichnis

	Seite
Abkürzungsverzeichnis	XXXV
Literaturverzeichnis	XLI

	Rn.	S.
Vorbemerkungen	1	1
§ 1. Kurze Einführung in das juristische Lernen	1	1
I. Drei „klassische" juristische Lehrgebiete	1	1
II. „Juristisches Handwerkszeug"	4	1
1. Ausgangsbefund	4	1
2. Methode	5	2
a) Definition/Interpretation	5	2
b) Subsumtion	7	2
c) Recht und Sprache	8	2
d) Mehrdeutigkeit von Wörtern	9	3
e) Notwendige Abstraktion der Gesetzessprache	11	3
f) Fazit	14	4
3. Prüfungsrelevanz	15	4
4. Erfassen des Sachverhalts einschließlich der Aufgabenstellung (des Bearbeitervermerks)	17	4
a) Sachverhalt	17	4
b) Bearbeitervermerk	19	5
aa) Rechtmäßigkeit	19	5
bb) Verfassungsmäßigkeit	20	5
cc) Formelle und materielle Prüfung	22	5
dd) Prozessualer Teil	26	6
5. Gliederung	29	7
6. Niederschrift: juristische Darstellung	31	8
a) Formales, insbesondere Rechtschreibung und Stil	31	8
b) Gutachtenstil, Syllogismus	34	8
c) Zitieren von Normen	48	12
III. Lernstrategien	55	13
1. „Weniger ist mehr"	55	13
2. „Locker leben und hart arbeiten"	57	13

		Rn.	S.
3. Stoffaneignung		63	14
a) Keine Litanei: Arbeit mit dem Gesetz		63	14
b) „Mutter des Erfolgs": konsequente Wiederholung		67	15
c) „Übung macht den Meister"		70	16
d) Zu guter Letzt		72	17

Teil I Grundlagen und Grundbegriffe ... 76 18

§ 2. Gegenstand des Staatsrechts	76	18
I. Recht	77	18
II. Staat	80	19
1. Staatsrecht – Staatsrechtslehre – Staatslehre	80	19
2. Völkerrecht	81	19
3. Juristische Verselbständigung	84	20
§ 3. Einordnung des Staatsrechts	90	21
I. Öffentliches Recht und Privatrecht	91	22
1. Zweiteilung der verschiedenen Rechtswege	91	22
2. Unterschiedliche Konzepte	95	22
3. Abgrenzungstheorien	100	24
4. Teilgebiete des Privatrechts und des öffentlichen Rechts	104	24
II. Staatsrecht und Verwaltungsrecht	108	25
1. Staatsrecht	109	25
a) Inhalt	109	25
b) Verfassungsrecht	114	26
c) Bundes- und Landesverfassungsrecht	117	27
d) Europarecht	118	27
2. Verwaltungsrecht	119	27
a) Allgemeines Verwaltungsrecht	120	28
b) Besonderes Verwaltungsrecht	121	28
c) Sozialrecht und Steuerrecht	122	28
§ 4. Verfassung – Grundgesetz	124	29
I. Verfassungsfunktionen	124	29
1. Allgemeines	124	29
2. Verfassung im freiheitlichen demokratischen Rechtsstaat	126	30
II. Verfassungsautorität	131	31
1. Erschwerte Abänderbarkeit	132	31
2. Vorrang der Verfassung	134	32
3. Exkurs: Normenkonkurrenzen und juristische Kollisionsregeln	147	35

	Rn.	S.
III. (Kleine) Verfassungsgeschichte	152	38
IV. Verfassungsgebung	158	39
1. Verfassungsgebende und verfasste Staatsgewalt	158	39
2. Verfassungsänderungen	161	40
a) Fundamentalreformen	161	40
b) „Einfache" Verfassungsänderungen	162	40
V. Verfassungsstaat	164	41
1. Grundgesetz und Verfassungen der Länder	164	41
2. Entstehung des Grundgesetzes	167	42
3. Deutsche Einheit	173	43
4. Legitimationsdefizit des Grundgesetzes?	176	44
5. Gliederung	177	45
VI. Verfassungstext – Verfassungsauslegung	187	48
1. Fehlende Eindeutigkeit des Verfassungstextes	187	48
2. Rechtsanwendung – juristische Methode	189	49
3. Auslegung (Interpretation)	192	50
4. Rechtsfortbildung	201	52
5. Methodendilemma – Methodenstreit	207	53
Teil II. Staatsgrundlagen und Staatsziele	217	57
§ 5. Allgemeines	217	57
I. Bedeutung	217	57
II. Staatsgrundlagen – Staatsfundamentalnorm	220	58
1. Begriff	220	58
2. Unabänderliche Grundlagen	222	58
3. Menschenwürdegarantie als oberste Verfassungsdirektive	224	59
4. Art. 20 GG als Staatsfundamentalnorm	226	59
a) Inhalt	226	59
b) Unmittelbar geltendes, aber abstraktes Verfassungsrecht	231	60
c) Erstreckung auf die Länder	235	61
5. Verhältnis zur freiheitlichen demokratischen Grundordnung („FDGO")	238	62
6. Weitere Strukturvorgaben des Grundgesetzes	241	63
III. Staatsziele – Staatszielbestimmungen	243	63
§ 6. Demokratie	247	64
I. Volkssouveränität	248	65
1. Begriff	248	65
2. Staatsvolk	251	66
a) Formale statt materielle Anknüpfung	252	66

	Rn.	S.
b) Abstrakte Bestimmung	253	67
3. Ursprung und Ausübung der Staatsgewalt	256	68
a) Ausübung der Staatgewalt unmittelbar durch das Volk	257	68
b) Ausübung der Staatsgewalt durch „besondere Organe"	258	68
4. Legitimation	262	69
a) Unmittelbare und mittelbare Legitimation	262	69
b) Arten der Legitimation	265	70
aa) Institutionell-funktionelle Legitimation	266	70
bb) Organisatorisch-personelle Legitimation	268	71
cc) Sachlich-inhaltliche Legitimation	271	71
II. Formen der Demokratie	275	72
1. Direkte (unmittelbare) Demokratie als Urform und Utopie	275	72
2. Repräsentative Demokratie	277	73
a) Legitimation durch Repräsentation	278	73
b) Freies statt imperatives Mandat	281	74
c) Parlamentsvorbehalt (Wesentlichkeitslehre)	286	76
3. Anreicherung der repräsentativen Demokratie mit plebiszitären Elementen	290	77
III. Regierungssysteme (Regierungsformen)	293	78
1. Abgrenzungen	293	78
2. Parlamentarisches Regierungssystem	294	79
3. Präsidiales Regierungssystem	295	79
4. Mischsystem	298	80
5. Regierungssystem des Grundgesetzes	299	80
IV. Mehrheitsprinzip und Minderheitenschutz	303	81
1. Pluralismus und Mehrheitsprinzip	304	81
a) Notwendigkeit der Meinungsvielfalt	304	81
b) Notwendigkeit von Mehrheitsentscheidungen	305	82
c) Formen der Mehrheit	307	82
2. Minderheitenschutz und Oppositionsrechte	320	85
a) Verwurzelung des Minderheitenschutzes	320	85
aa) Demokratieprinzip	321	85
bb) Rechtsstaatsprinzip und Grundrechte	323	86
b) Stellung der parlamentarischen Opposition	325	86
V. Wahlen	337	90
1. Bedeutung	337	90
2. Periodizität der Wahlen	339	90
a) Herrschaft auf Zeit	340	90
b) Wahlzyklus	342	91

	Rn.	S.
3. Wahlberechtigung und Wählbarkeit	344	92
4. Wahlrechtsgrundsätze	354	94
a) Abgrenzung zum Wahlsystem	354	94
b) Allgemeinheit der Wahl	355	95
c) Unmittelbarkeit der Wahl	358	96
d) Freiheit der Wahl	359	96
e) Gleichheit der Wahl – Neutralitätsgebot	360	96
f) Geheimheit der Wahl	368	98
g) Öffentlichkeit der Wahl	369	98
h) Rechtscharakter	370	99
VI. Politische Parteien	371	99
1. Begriff	371	99
a) Einfachgesetzliche Definition	371	99
b) „Europaparteien", „Freie Wähler", „Ausländerparteien"	374	100
c) Freiheit vom Staat und von gesellschaftlichen Organisationen	376	100
2. Funktion: Mitwirkung an der politischen Willensbildung	378	101
3. Freiheit der Gründung und der Betätigung	383	102
4. Innerparteiliche Demokratie	384	103
5. Chancengleichheit der Parteien	390	104
6. Fraktionen	397	106
7. Parteienfinanzierung	398	106
a) Grundlagen	398	106
b) Unmittelbare staatliche Parteienfinanzierung	402	107
c) Mittelbare staatliche Parteienfinanzierung	405	108
d) Restriktionen bei Zuwendungen Dritter	408	108
e) Ausschluss von der staatlichen Parteienfinanzierung	410	109
8. Parteiverbot	411	109
VII. Interessenverbände und Lobbyismus	417	109
§ 7. Rechtsstaat	422	111
I. Begriff des Rechtsstaats	422	111
1. Herleitung und Inhalt	422	111
2. Rechtsstaatlichkeit im formellen und im materiellen Sinn	426	112
II. „Formelle Elemente" des Rechtsstaats	430	113
1. Gewaltenteilung	430	113
2. Gesetzmäßigkeit staatlichen Handelns	431	113
a) Begriffsklärungen	432	114

	Rn.	S.
aa) Formelles und materielles Recht	432	114
bb) Gesetz im formellen und Gesetz im materiellen Sinn	434	114
cc) „Gesetz und Recht"	440	115
b) Vorrang von Verfassung und Gesetz	444	117
aa) Anwendungsgebot und Abweichungsverbot	445	117
bb) Vorrang der Verfassung	446	117
cc) Vorrang des Gesetzes	448	118
dd) Verwerfungskompetenz, Verwerfungsmonopol	449	118
c) Vorbehalt des Gesetzes	454	119
aa) Ergänzungs- und Legitimationsfunktion	455	119
bb) Differenzierung nach Lebensbereichen	456	120
cc) Vom Vorbehalt des Gesetzes zum Parlamentsvorbehalt	460	121
3. Prozessuale Dimension: Rechtsweggarantie, Justizgewähr und Justizgrundrechte	464	121
a) Rechtsweggarantie	464	121
b) Allgemeiner Justizgewährungsanspruch	465	122
c) Justizgrundrechte	466	122
4. Begründungspflicht für Hoheitsakte	466a	122
III. „Materielle Elemente" des Rechtsstaats	467	123
1. Rechtssicherheit	468	123
a) Verlässlichkeit und Beständigkeit der Rechtsordnung	468	123
b) Rechtsklarheit, Rechtswahrheit und Rechtsbestimmtheit	469	124
aa) Inhaltliche Dimensionen; Verwurzelung	470	124
bb) Differenzierte Maßstäbe	474	125
cc) Unbestimmte Rechtsbegriffe, Ermessen, Generalklauseln	476	125
dd) Verweisungen	480	126
c) Vertrauensschutz und Rückwirkungsverbot	485	127
aa) Herleitung	486	128
bb) Grundlagen und Abgrenzung	488	128
cc) Echte und unechte Rückwirkung	490	129
dd) Verfassungsrechtliche Zulässigkeit	492	130
ee) Beseitigung des Vertrauens, Ankündigungseffekt	498	131
2. Unmittelbare Geltung der Grundrechte	504	134

	Rn.	S.
3. Grundsatz der Verhältnismäßigkeit (Übermaßverbot)	507	135
4. Willkürverbot	517	138
IV. Unterscheidung von Staat und Gesellschaft	520	139
§ 8. Republik	521	139
I. Allgemeines	521	139
II. Formelles Verständnis: „Nicht-Monarchie"	523	140
III. Materielles Verständnis: Freiheitlichkeit, Gemeinwohlverpflichtung	528	141
§ 9. Bundesstaat	531	142
I. Allgemeines	531	142
1. Wesen eines Bundesstaats	531	142
2. Abgrenzung zum Einheitsstaat und zum Staatenbund	536	143
II. Deutschland als Bundesstaat	540	145
1. Entwicklung zum heutigen Bundesstaat	540	145
2. Bundesstaatlichkeit im Grundgesetz: Grundprinzip und Ausformungen	546	146
3. Bestandsgarantie der Länder – Neugliederung	548	147
a) Institutionelle Garantie der Länder	549	147
b) Neugliederung des Bundesgebiets: Allgemeines	551	147
c) Möglichkeiten zur Neugliederung des Bundesgebietes	552	148
4. Homogenitätsgebot; Normativ- und Durchgriffsbestimmungen	559	150
a) Föderative Vielfalt und ihre Schranken	559	150
b) Normativbestimmungen	561	150
c) Durchgriffsbestimmungen	565	151
5. Kompetenzverteilungsregeln	566	152
a) Horizontale und vertikale Gewaltenteilung	566	152
b) Ausgangsvermutung zugunsten der Länder	569	152
6. Verhältnis von Bundes- und Landesrecht	573	153
a) Bundesrecht bricht Landesrecht	574	153
aa) Vorfrage der Gültigkeit (Gesetzgebungskompetenz)	575	154
bb) Rechtsfolgen von Kollisionen	578	155
b) Sonderregelungen	581	155
aa) Verhältnis von Bundes- und Landesgrundrechten	581	155
bb) Verhältnis von sonstigem Landesverfassungsrecht zu Bundesrecht	585	156

	Rn.	S.
7. Bundestreue	586	156
8. Bundeszwang	597	159
9. Auswärtige Beziehungen	602	160
a) Verbandskompetenz des Bundes als Grundsatz	603	160
b) Sonderregelungen	605	161
c) Organkompetenz	608	161
III. Kooperativer Föderalismus	609	162
1. Verschränkung der bundesstaatlichen Gewalten	609	162
2. Wahrung der Gleichwertigkeit der Lebensverhältnisse	616	163
3. Gemeinschaftsaufgaben, Verwaltungszusammenarbeit	618	164
4. Verfassungsrechtlich nicht geregelte Kooperationsformen	626	166
a) Entwicklungen in der Praxis; verfassungsrechtliche Zulässigkeit	627	166
b) Kooperationsformen ohne rechtliche Bindungswirkung	630	166
c) Kooperationsformen mit rechtlicher Bindungswirkung	633	167
IV. „Unitarischer Bundesstaat" – Reform der föderativen Ordnung	638	168
1. Vereinheitlichung, Nivellierung, Blockierung	638	168
a) Unitarische Tendenzen im Staatsorganisationsrecht	638	168
b) Unitarische Wirkung der Grundrechte	641	169
2. Gegensteuerung: Reform der föderativen Ordnung	643	170
a) Verfassungsreform von 1994	643	170
b) Föderalismusreformen I und II	644	170
V. Kommunale Selbstverwaltung	646	171
1. Begriff der Gemeinden und Gemeindeverbände	646	171
2. Rechtsstellung der Kommunen	651	172
3. Wirkungskreis der Kommunen	653	173
a) Selbstverwaltungsangelegenheiten	653	173
b) Auftragsangelegenheiten	656	173
4. Unmittelbare demokratische Legitimation	658	174
5. Rechtsstreitigkeiten und Rechtsschutz	660	174
§ 10. Sozialstaat	662	175
I. Geschichtlich-soziologischer Hintergrund	662	175
II. Sozialstaatlichkeit als Staatsgrundlage	666	176
1. Objektives Verfassungsprinzip	666	176

	Rn.	S.
a) Unabänderlichkeit	666	176
b) Verpflichtung des Staates	667	177
c) Keine Ansprüche unmittelbar aus dem Sozialstaatsprinzip	668	177
aa) Grundsatz	668	177
bb) Ausnahmen	670	177
2. Gestaltungsauftrag an den Gesetzgeber	673	178
a) Staatszielbestimmung	673	178
b) Gestaltungsspielraum	674	179
c) Kollidierende Abwägungsfaktoren	677	179
d) Untergrenze	681	180
3. Bedeutung für Verwaltung und Rechtsprechung	684	180
III. Weiterer Normbefund	685	181
1. Einzelnormen im Grundgesetz	685	181
2. Zurückhaltung des Grundgesetzes	689	182
3. Einfachgesetzliche Ausgestaltung	693	182
a) Umverteilung als Methode der Sozialstaatlichkeit	693	182
b) Hohe Sozialquote	695	183
c) Einzelbereiche	696	184
§ 11. Finanzstaat, Finanzverfassung	697	186
I. Bedeutung	697	186
1. Finanzstaat	698	186
2. Gliederung der Finanzverfassung	701	187
II. Finanzverfassung im engeren Sinn	704	187
1. Steuern und andere Abgaben	705	188
a) Bedeutung und Begriff der Steuer	705	188
b) Andere Abgaben	707	188
2. Steuerhoheiten (Steuerkompetenzen)	715	190
a) Steuerertragskompetenz	716	191
b) Steuergesetzgebungskompetenz	721	192
c) Steuerverwaltungs- und Steuerrechtsprechungskompetenz	725	193
3. Finanzausgleich zwischen Bund und Ländern	730	194
a) Finanzkraftausgleich („Umsatzsteuer-Finanzausgleich", horizontaler Finanzausgleich)	731	195
b) Bundesergänzungszuweisungen (vertikaler Finanzausgleich)	732	196
c) Überblick – gesetzliche Ausgestaltung – Streitanfälligkeit	734	196
d) Kommunaler Finanzausgleich	737	197
4. Lastenverteilung zwischen Bund und Ländern	738	197

	Rn.	S.
a) Prinzipien für die Verteilung der Finanzlasten	739	198
b) Ausnahmen, insb. Mischfinanzierungstatbestände	744	198
5. Haushaltshoheit	746	199
a) Grundsatz der Haushaltsautonomie	746	199
b) Einschränkungen	748	200
III. Haushaltsverfassung	754	202
1. Geltungsbereich	754	202
2. Haushaltsplan und Haushaltsgesetz	755	202
a) Parlamentarisches Budgetrecht	755	202
b) Haushaltsplan	756	202
c) Haushaltsgesetz	757	203
d) Haushaltsgrundsätze	759	203
3. Kreditfinanzierung – Staatsschuldenrecht	761	204
4. Nothaushaltsrecht und Notbewilligungsrecht	765	205
5. Haushaltskontrolle	767	206
§ 12. Umwelt- und Tierschutz	769	207
I. Schutzgegenstand und Zukunftsbezug	769	207
II. Normadressaten	772	208
1. Legislative	773	208
2. Exekutive und Judikative	776	208
III. Rechtscharakter	777	209
§ 13. Bestand des Verfassungsstaates – „wehrhafte Demokratie"	779	210
I. Hintergrund	779	210
II. Schutz des Verfassungskörpers	782	210
1. Erschwerte Abänderbarkeit	784	211
2. Verbot der Verfassungsdurchbrechung	787	212
3. Unabänderlicher Kernbestand – „Ewigkeitsklausel"	788	212
III. Schutz gegen Bedrohungen aus dem staatlichen Binnenbereich	795	214
1. Verfassungstreuepflicht der Beamten und Richter	796	214
2. Richteranklage	797	215
3. Präsidentenanklage	798	215
IV. Schutz gegen Bedrohungen aus der Gesellschaft	799	215
V. Exekutiver Verfassungsschutz	807	219
§ 14. Offene Staatlichkeit – Deutschland in Europa	808	219
I. Normbefund	808	219
II. Völkerrechtsoffenheit und Völkerrechtsfreundlichkeit des Grundgesetzes	809	220
1. Internationale Zusammenarbeit	810	220
a) Übertragung von Hoheitsrechten	810	220

	Rn.	S.
b) System kollektiver Sicherheit	812	221
c) Grenzen der Übertragung von Hoheitsrechten	814	221
2. Übernahme von Völkerrecht in nationales Recht	815	221
a) Völkerrechtliche Verträge	815	221
b) Allgemeine Regeln des Völkerrechts	819	223
3. Friedliches Zusammenleben der Völker	822	224
4. Grenze der Völkerrechtsoffenheit: Vorrang der Verfassung	824	224
III. Verwirklichung eines vereinten Europas – Europäische Union	827	225
1. Historische Leitlinien	828	225
2. Rechtsnatur der Europäischen Union – Staatenverbund	833	227
3. Organe der Europäischen Union und ihre Aufgaben	838	228
a) Europäisches Parlament	839	228
b) Europäischer Rat	840	228
c) Rat	841	229
d) Europäische Kommission	842	229
e) Gerichtshof der Europäischen Union	843	229
f) Europäische Zentralbank	844	230
g) Rechnungshof	845	230
4. Europäische Integration und ihre Grenzen	846	230
a) Übertragung von Hoheitsrechten – formelle Voraussetzungen	846	230
b) Materielle Voraussetzungen: Anforderungen an die Europäische Union	847	230
c) Besondere Mehrheitsvoraussetzungen – Grenzen der Integration	850	231
5. Verhältnis des Unionsrechts zum deutschen Recht	852	232
a) Primär- und Sekundärrecht	852	232
b) Rang des Unionsrechts – Anwendungsvorrang	854	232
c) Verhältnis des Unionsrechts zu Grundrechten des Grundgesetzes	857	233
6. Aspekte der horizontalen und vertikalen Gewaltenteilung	858	234

Teil III. Organe, Kompetenzen und Funktionen 864 236

§ 15. Gewaltenteilung 864 236
    I. Allgemeine Bedeutung 864 236
        1. Drei Funktionen 864 236

	Rn.	S.
a) Legislative, Exekutive und Judikative	864	236
b) Trennung und Zuordnung	867	237
2. Drei Beweggründe	868	237
a) Rechtsstaatliches Motiv	869	237
b) Demokratisches Motiv	871	238
c) Motiv der Effektivität	872	238
II. Ideengeschichte der Gewaltenteilung	875	239
1. Antike	875	239
2. Gewaltenmonismus, Absolutismus	877	239
3. Moderne Gewaltenteilungslehren	879	240
a) John Locke	880	240
b) Charles de Montesquieu	883	240
c) „Hinkende Gewaltenteilung" im 19. Jahrhundert	884	241
III. Gewaltenteilung im Grundgesetz	885	241
1. Horizontale und vertikale Gewaltenteilung	885	241
a) Rechtsstaatliche Gewaltenteilung	885	241
b) Bundesstaatliche Gewaltenteilung	886	242
2. Arten der horizontalen Gewaltenteilung	887	243
a) Funktionelle Gewaltenteilung	887	243
b) Organisatorische Gewaltenteilung	891	243
c) Personelle Gewaltenteilung	895	244
3. Gewaltenverschränkung	899	245
a) Funktionsverzahnungen – Ineinandergreifen der Gewalten	900	246
b) Grenzen der Gewaltenverschränkung	903	246
c) Strikte Gewaltentrennung im Bereich der Rechtsprechung	906	247
§ 16. Gesetzgebung; Bundestag und Bundesrat	911	249
I. Funktionen der Gesetzgebung	911	249
II. Bundestag	917	250
1. Rechtsstellung und Funktionen	918	250
a) Rechtsgrundlagen	918	250
b) Rechtsstellung und Untergliederungen	920	251
c) Aufgaben	923	251
d) Beschlüsse, Beschlussfähigkeit, Beschlussfassung	924	252
e) Selbstversammlungsrecht; kein Selbstauflösungsrecht	926	252
2. Abgeordnete (Mitglieder des Bundestages)	929	253
a) Rechtsstellung der Abgeordneten und Rechtsgrundlagen	930	253

	Rn.	S.
b) Freies Mandat	932	253
c) Gleiches Mandat	935	254
d) Organschaftliche Mitwirkungsrechte	936	255
e) Indemnität und Immunität	938	256
3. Wahlen zum Deutschen Bundestag	941	257
a) Wahlsysteme	942	257
aa) Mehrheitswahlsystem	943	257
bb) Verhältniswahlsystem	945	257
b) Kombinationslösung des Bundeswahlgesetzes	947	258
c) Berechnungsmethoden	956	262
aa) Höchstzahlverfahren nach d'Hondt	958	263
bb) Divisorverfahren nach Sainte-Laguë/Schepers	959	263
d) 5 %-Sperrklausel	962	264
e) Grundmandatsklausel	965	265
f) Überhangmandate	967	266
g) Wahlprüfung	970	266
4. Leitung und Verwaltung des Bundestages	975	268
a) Bundestagspräsident und Stellvertreter	975	268
aa) Wahl und Stellung des Bundestagspräsidenten	975	268
bb) Funktionen des Bundestagspräsidenten	978	268
cc) Stellvertreter	982	269
b) Präsidium	985	269
c) Ältestenrat	986	270
d) Bundestagsverwaltung	988	270
5. Fraktionen	989	270
a) Funktionen	989	270
b) Rechtsgrundlagen und Rechtsstellung	990	271
aa) Bildung	993	271
bb) Parlamentarische Rechte	996	273
cc) Ausschluss	999	274
6. Gruppen	1000	274
7. Ausschüsse	1002	274
a) Allgemeines	1002	274
b) Untersuchungsausschüsse	1008	276
aa) Allgemeines	1008	276
bb) Einsetzung	1011	276
cc) Rechte und Verfahren	1016	277
III. Bundesrat	1020	278
1. Rechtsstellung und Rechtsgrundlagen	1020	279

	Rn.	S.
2. Funktion des Bundesrates	1021	279
a) Föderativ geprägtes Organ	1021	279
b) Mitwirkungsrechte	1023	279
3. Geschichtlicher Hintergrund	1025	280
4. Zusammensetzung und Organisation	1028	280
a) Bestellung und Abberufung durch die Landesregierungen	1028	280
b) Stimmenverhältnis	1031	281
c) Plenum und Ausschüsse	1034	282
d) Präsident	1037	283
e) Vergleich zwischen Bundestag und Bundesrat	1039	283
5. Verfahren	1044	284
a) Regelungen im Grundgesetz	1044	284
b) Beschlüsse, Beschlussfähigkeit, Beschlussfassung	1045	285
c) Einheitliche Stimmabgabe	1049	285
6. Mitwirkung im Bereich der Legislative	1053	287
a) Vorverfahren	1054	287
b) Beteiligung bei Zustimmungs- und Einspruchsgesetzen	1055	287
c) Keine zweite „Gesetzgebungskammer"	1058	288
7. Mitwirkung im Bereich der Exekutive	1059	288
a) Zustimmungsbedürftige Rechtsverordnungen	1059	288
b) Zustimmungsbedürftigkeit bei Maßnahmen der Verwaltungsorganisation	1062	289
c) Notstand	1065	289
8. Mitwirkung im Bereich der Judikative	1068	290
9. Mitwirkung in Angelegenheiten der Europäischen Union	1069	290
IV. Gesetzgebungskompetenzen	1072	291
1. System der Kompetenzverteilung – Ausgangsvermutung zugunsten der Länder	1072	291
2. Ausschließliche Gesetzgebungskompetenz des Bundes	1078	292
a) Systematik – Umfang	1078	292
b) Sachbereiche	1080	293
3. Konkurrierende Gesetzgebungskompetenzen	1083	294
a) Systematik	1083	294
b) „Kernkompetenz" („Vorrangkompetenz")	1085	294
c) „Bedarfskompetenz" („Erforderlichkeitskompetenz")	1089	295

	Rn.	S.
d) „Abweichungskompetenz"	1094	296
4. Grundsatzgesetzgebungskompetenz des Bundes	1097	297
5. „Ungeschriebene" Gesetzgebungskompetenzen des Bundes	1098	298
a) Bundeskompetenz kraft Sachzusammenhangs	1099	298
b) Annexkompetenz des Bundes	1100	299
c) Bundeskompetenz kraft Natur der Sache	1101	299
V. Gesetzgebungsverfahren	1103	300
1. Funktion und Rechtsgrundlagen	1103	300
a) Formelles Verfahren, beteiligte Organe	1103	300
b) Rechtsgrundlagen und Rechtsfolgen von Verstößen	1106	300
c) Abschnitte des Gesetzgebungsverfahrens	1110	301
2. Vorverfahren (Einleitungsverfahren)	1111	302
a) Gesetzesvorlage	1112	302
b) Gesetzesinitiativen der Bundesregierung	1114	303
c) Gesetzesinitiativen des Bundesrates	1116	303
d) Gesetzesinitiativen aus der Mitte des Bundestages	1118	303
e) Befassungspflicht	1121	304
3. Hauptverfahren im Bundestag	1122	304
a) Drei Beratungen (Lesungen)	1123	305
b) Schlussabstimmung	1127	305
4. Hauptverfahren: Beteiligung des Bundesrates	1128	306
a) Einspruchsgesetze	1130	306
aa) Rechtswirkung und Reaktionsmöglichkeiten	1130	306
bb) Vermittlungsverfahren	1133	307
cc) Einspruch	1135	307
dd) Zurückweisung des Einspruchs	1136	308
b) Zustimmungsgesetze	1138	309
aa) Verfahren	1138	309
bb) Katalog der Zustimmungsgesetze	1143	309
cc) Änderungsgesetze	1149	311
5. Abschlussverfahren	1153	313
a) Gegenzeichnung	1154	313
b) Ausfertigung	1156	314
aa) Funktionen	1156	314
bb) Prüfungs- und Ausfertigungsverweigerungskompetenz	1157	314
c) Verkündung	1174	317

	Rn.	S.
6. Inkrafttreten	1177	318
7. Verwerfungsmonopol des Bundesverfassungsgerichts	1179	318
VI. Rechtsverordnungen	1182	319
1. Begriff und Bedeutung	1182	320
a) Exekutive Rechtsetzung	1182	320
b) Gesetze im „nur-materiellen" Sinn	1185	320
c) Abgrenzung und Rang	1186	320
2. Delegation der Rechtsetzungsgewalt: Ermächtigungsvorbehalt	1188	321
3. Rechtsverordnungen aufgrund Bundesgesetzes	1192	322
a) Verfassungsgrundlage und Funktion	1192	322
b) Anwendungsbereich	1193	322
c) Ermächtigungsadressaten (Delegatare)	1195	322
d) Ermächtigungsumfang und -inhalt	1198	323
aa) Ermächtigungsgrundlage	1198	323
bb) Delegationsbeschränkung: Parlamentsvorbehalt	1201	323
cc) Bestimmtheitsgebot	1202	324
e) Anforderungen an die Rechtsverordnung selbst	1205	324
aa) Zurechnung zum Ermächtigungsadressaten	1206	325
bb) Zustimmungsbedürftigkeit	1208	325
cc) Zitiergebot	1212	326
dd) Ausfertigung, Verkündung, Inkrafttreten	1213	326
f) Prüfungsaufbau	1215	326
g) Rechtsfolgen von Rechtsverstößen	1216	327
aa) Verfassungswidrigkeit der Ermächtigungsgrundlage	1216	327
bb) Rechtswidrigkeit der Rechtsverordnung	1217	327
cc) Verwerfungskompetenz	1220	328
VII. Satzungen	1222	328
1. Delegation der Rechtsetzungsgewalt	1222	328
2. Satzung als Rechtsetzungsinstrument	1225	329
3. Rechtfertigung und Grenzen	1229	330
§ 17. Regierung und Verwaltung	1238	331
I. Vollziehende Gewalt (Exekutive): Überblick	1238	331
1. Negativdefinition	1238	331
2. Regierung (Gubernative)	1241	332
3. Verwaltung (Administration)	1243	332
4. Schnittstellen	1246	333

	Rn.	S.

II. Bundesregierung 1248 333
   1. Rechtsstellung und Bedeutung 1248 334
   2. Regierungsbildung 1251 334
     a) Wahl des Bundeskanzlers 1252 335
       aa) Wahl auf Vorschlag des Bundespräsidenten 1253 335
       bb) Wahl auf Initiative des Bundestages mit
          „Kanzlermehrheit" 1256 335
       cc) Wahl auf Initiative des Bundestages mit
          einfacher Mehrheit 1257 335
     b) Ernennung des Bundeskanzlers 1258 336
     c) Ernennung der Bundesminister 1259 336
   3. Amtszeit des Bundeskanzlers 1266 337
     a) Legislaturende und „Rücktritt" 1266 337
     b) Misstrauensvotum 1268 338
       aa) „Destruktives" Misstrauensvotum 1269 338
       bb) „Konstruktives" Misstrauensvotum 1270 338
       cc) Verfahren 1272 338
     c) Vertrauensfrage 1273 339
       aa) Erfolg und Scheitern der Vertrauensfrage 1275 339
       bb) Echte Vertrauensfrage 1281 340
       cc) Unechte Vertrauensfrage 1282 340
     d) Geschäftsführende Bundesregierung 1285a 341
   4. Amtszeit der Bundesminister 1286 341
   5. Aufgaben und interne Organisation 1289 342
     a) Bundeskanzler 1290 342
       aa) Geschäftsleitungskompetenz 1290 342
       bb) Organisations- und Personalkompetenz
          (Kabinettsbildungsrecht) 1291 342
       cc) Richtlinienkompetenz 1293 343
     b) Bundesminister 1296 343
     c) Bundesregierung als Kollegium............. 1297 344
   6. Staatssekretäre 1302 345
III. Bundespräsident 1305 346
   1. Rechtsstellung 1305 346
     a) Rechtsgrundlagen und historischer Hintergrund 1305 346
     b) Wahl durch die Bundesversammlung 1307 346
     c) Amtszeit; Vertretung 1310 347
   2. Kompetenzen 1311 348
     a) Repräsentation und Integration 1311 348
     b) Völkerrechtliche Vertretung der Bundesrepublik Deutschland 1314 349

	Rn.	S.
c) Ernennungs- und Entlassungskompetenz	1316	349
d) Begnadigungsrecht	1318	349
e) „Reservebefugnisse"	1319	350
f) Ausfertigung von Bundesgesetzen	1324	351
3. Vorbehalt der Gegenzeichnung	1328	351
a) Funktion	1329	351
b) Umfang	1332	352
c) Rechtsfolgen	1335	352
4. Präsidentenanklage	1337	353
IV. Verwaltungskompetenzen, insbesondere Vollzug von Bundesgesetzen	1338	353
1. Gesetzesakzessorische und nicht-gesetzesakzessorische Verwaltung	1338	354
a) Gesetzesakzessorische Verwaltung	1338	354
b) Nicht-gesetzesakzessorische Verwaltung	1340	354
2. Verwaltung im Bundesstaat	1342	355
a) Bundes- und Landesverwaltung – Kommunalverwaltung	1342	355
b) Verbot der Mischverwaltung	1345	356
c) Spezifische Funktion einer Bundesverfassung	1346	356
3. Ausführung der Landesgesetze	1347	356
4. Ausführung der Bundesgesetze	1348	357
a) Allgemeines	1348	357
b) Landeseigenverwaltung	1350	358
c) Landesverwaltung im Bundesauftrag („Bundesauftragsverwaltung")	1360	359
d) Bundesverwaltung	1371	362
aa) Systematisierung	1371	362
bb) Unmittelbare und mittelbare Bundesverwaltung	1374	363
cc) Bundesoberbehörden und neue bundesunmittelbare Körperschaften oder Anstalten des öffentlichen Rechts	1378	364
dd) Ungeschriebene Verwaltungskompetenzen des Bundes	1380	365
ee) Organisationsvorgaben	1381	365
5. Zuständigkeit für die nicht-gesetzesakzessorische Verwaltung	1382	365
V. Öffentlicher Dienst	1383	366
1. Hintergrund – Differenzierung	1383	366
2. Öffentlicher Dienst i.e.S. (Berufsbeamte)	1385	366

	Rn.	S.
a) Funktionsvorbehalt	1386	367
b) Hergebrachte Grundsätze des Berufsbeamtentums	1389	367
c) Leistungsprinzip	1395	368
3. Öffentlicher Dienst i.w.S.; andere öffentliche Ämter	1398	369
VI. Amts- und Rechtshilfe; Krisenbewältigung	1400	369
1. Bedeutung	1400	369
2. Voraussetzungen und Grenzen	1404	370
3. Bundesstaatliche Kooperation in Krisensituationen	1408	371
a) Fallgruppen	1408	371
b) Einsatz der Bundeswehr gegen terroristische Anschläge	1411	372
VII. Staatshaftung	1414	373
1. Bedeutung	1415	373
2. Amtshaftungsanspruch	1418	374
a) Rechtsgrundlagen	1418	374
b) Tatbestandsvoraussetzungen und Rechtsfolgen	1421	374
§ 18. Rechtsprechung	1426	376
I. Richtervorbehalt	1426	376
1. Merkmale des Recht-Sprechens	1428	377
2. Unabhängigkeit von Richtern und Gerichten	1433	378
II. Verfassungsrechtliche Verfahrensgarantien	1436	378
1. Recht auf den gesetzlichen Richter	1437	379
2. Anspruch auf rechtliches Gehör	1439	379
3. Gebot des fairen Verfahrens	1442	380
4. Strafrechtliche Verfahrensgarantien	1443	380
a) Nulla poena sine lege – Rückwirkungsverbot u.a.	1443	380
b) Ne bis in idem – Mehrfachbestrafungsverbot	1448	380
c) Habeas corpus – Richtervorbehalt bei Freiheitsentziehungen	1448a	381
III. Organisation und Aufgaben der Fachgerichtsbarkeiten	1449	381
IV. Bundesverfassungsgericht	1454	383
1. Stellung und Rechtsgrundlagen	1454	383
2. Aufbau und Arbeitsweise	1456	383
V. Verfassungsprozessrecht (Grundzüge)	1461	384
1. Allgemeines	1461	384
a) Prüfungsumfang, Enumerationsprinzip	1462	384
aa) Keine „Superrevisionsinstanz"	1462	384
bb) Enumeration der Verfahrensarten	1463	385

	Rn.	S.
cc) Kontradiktorische Verfahren und objektive Rechtsbeanstandungsverfahren	1465	385
dd) Verfassungsbeschwerde als häufigste Verfahrensart	1468	386
b) Zulässigkeit: Prüfung in der Klausur u.dgl.	1472	387
c) Zulässigkeit: Statthaftigkeit (Rechtsweg)	1481	390
d) Zulässigkeit: allgemeine Sachentscheidungsvoraussetzungen	1482	390
aa) Verfahrensfähigkeit (Prozessfähigkeit)	1483	390
bb) Postulationsfähigkeit	1487	391
cc) Form	1488	392
dd) Allgemeines Rechtsschutzbedürfnis (Rechtsschutzinteresse)	1490	392
e) Begründetheit	1492	392
f) Entscheidung, Entscheidungswirkungen	1496	393
aa) Stattgabe, Zurückweisung, Verwerfung	1496	393
bb) Bindungswirkungen	1497	393
2. Organstreit	1499	394
a) Allgemeines	1499	394
b) Besondere Sachentscheidungsvoraussetzungen	1502	395
c) Begründetheit	1517	399
d) Entscheidung	1520	399
e) Sonderfälle des Organstreitverfahrens	1521	400
3. Abstrakte Normenkontrolle	1523	400
a) Allgemeines	1523	400
b) Besondere Sachentscheidungsvoraussetzungen	1525	401
c) Begründetheit	1539	405
d) Entscheidung	1544	406
e) Sonderfälle der abstrakten Normenkontrolle	1547	407
f) Abgrenzung: Subsidiaritätsklage zum Gerichtshof der Europäischen Union	1555	409
4. Konkrete Normenkontrolle	1556	409
a) Allgemeines	1556	409
b) Besondere Sachentscheidungsvoraussetzungen	1562	411
c) Begründetheit	1577	414
d) Entscheidung	1581	415
e) Abgrenzung: Vorabentscheidungsverfahren	1584	415
5. Bund-Länder-Streit	1585	416
a) Allgemeines	1585	416
b) Besondere Sachentscheidungsvoraussetzungen	1588	417
c) Begründetheit	1595	419
d) Entscheidung	1597	419

	Rn.	S.
6. Einstweilige Anordnung	1598	419
a) Allgemeines	1598	419
b) Zulässigkeitsvoraussetzungen	1602	420
c) Begründetheit	1610	422
d) Entscheidung	1618	423
7. Landesverfassungsgerichtsbarkeit	1620	424
a) Stellung; Abgrenzung	1620	424
b) Verfahren vor den Landesverfassungsgerichten	1625	425
c) Zuständigkeiten und Prüfungsmaßstäbe	1627	426
Verzeichnis der Übersichten und Schemata		428
Verzeichnis der Erläuterungsfälle		431
Verzeichnis der zitierten Entscheidungen des Bundesverfassungsgerichts		433
Sachverzeichnis		440

Abkürzungsverzeichnis

a.A.	anderer Ansicht
a.a.O.	am angegebenen Ort
AbgG	Gesetz über die Rechtsverhältnisse der Mitglieder des Deutschen Bundestages (Abgeordnetengesetz)
Abs.	Absatz
a.E.	am Ende
AEUV	Vertrag über die Arbeitsweise der Europäischen Union
a.F.	alte Fassung
allg.	allgemein
AO	Abgabenordnung
AöR	Archiv des öffentlichen Rechts
arg.	argumentum (Argument [aus])
Art.	Artikel
Aufl.	Auflage
Az.	Aktenzeichen
Bad.-Württ.	Baden-Württemberg, baden-württembergisch
BAG	Bundesarbeitsgericht; Bundesamt für Güterverkehr
BAnz.	Bundesanzeiger
Bay	Bayern, bayerisch
BayVBl.	Bayerische Verwaltungsblätter (Zeitschrift)
BBG	Bundesbeamtengesetz
Bd.	Band
BeamtStG	Gesetz zur Regelung des Statusrechts der Beamtinnen und Beamten in den Ländern (Beamtenstatusgesetz)
Bek.	Bekanntmachung
Beschl.	Beschluss
BFH	Bundesfinanzhof
BfV	Bundesamt für Verfassungsschutz
BGB	Bürgerliches Gesetzbuch
BGBl. I/II	Bundesgesetzblatt Teil I/II
BGH	Bundesgerichtshof
BGHZ/St	Sammlung der Entscheidungen des Bundesgerichtshofs in Zivil-/Strafsachen
BHO	Bundeshaushaltsordnung
BMinG	Gesetz über die Rechtsverhältnisse der Mitglieder der Bundesregierung (Bundesministergesetz)
BPolG	Bundespolizeigesetz
BR-Drucks.	Bundesratsdrucksache(n)
BT-Drucks./-Drs.	Bundestagsdrucksache(n)
BVerfG	Bundesverfassungsgericht
BVerfGE	Entscheidungen des Bundesverfassungsgerichts (Sammlung)
BVerfG-K	Bundesverfassungsgericht (Kammerentscheidung)

BVerfSchG	Bundesverfassungsschutzgesetz
BVerwG	Bundesverwaltungsgericht
BVerwGE	Entscheidungen des Bundesverwaltungsgerichts (Sammlung)
BWahlG	Bundeswahlgesetz
ders., dies.	derselbe, dieselbe(n)
d.h.	das heißt
diff.	differenzierend
DÖD	Der öffentliche Dienst (Zeitschrift)
DÖV	Die öffentliche Verwaltung (Zeitschrift)
DRiG	Deutsches Richtergesetz
DVBl.	Deutsches Verwaltungsblatt (Zeitschrift)
e.A.	einstweilige Anordnung
EAG	Europäische Atomgemeinschaft
EAGV	Vertrag zur Gründung der Europäischen Atomgemeinschaft
ebd.	ebenda
EG	Europäische Gemeinschaft(en)
EGV	Vertrag zur Gründung der Europäischen Gemeinschaft (EG-Vertrag)
EGZPO	Gesetz, betreffend die Einführung der Zivilprozessordnung
EMRK	(Europäische) Konvention zum Schutze der Menschenrechte und Grundfreiheiten
EStG	Einkommensteuergesetz
EU	Europäische Union
EuGH	Gerichtshof der Europäischen Union
EU-GRCh	Charta der Grundrechte der Europäischen Union
EUV	Vertrag über die Europäische Union
EUZBBG	Gesetz über die Zusammenarbeit von Bundesregierung und Deutschem Bundestag in Angelegenheiten der Europäischen Union
EUZBLG	Gesetz über die Zusammenarbeit von Bund und Ländern in Angelegenheiten der Europäischen Union
EWG	Europäische Wirtschaftsgemeinschaft
f./ff.	folgende (Seite/Seiten)
FAG	Finanzausgleichsgesetz
FamFG	Gesetz über das Verfahren in Familiensachen und in den Angelegenheiten der freiwilligen Gerichtsbarkeit
G	Gesetz
G 10	Gesetz zur Beschränkung des Brief-, Post- und Fernmeldegeheimnisses (Artikel 10-Gesetz)
G 115	Gesetz zur Ausführung von Artikel 115 des Grundgesetzes (Artikel 115-Gesetz)
GASP	Gemeinsame Außen- und Sicherheitspolitik (EU)
gem.	gemäß
GeschO BR	Geschäftsordnung des Bundesrates
GeschO BT	Geschäftsordnung des Deutschen Bundestages
GeschO BReg	Geschäftsordnung der Bundesregierung
GeschO GemAussch	Geschäftsordnung für den Gemeinsamen Ausschuss

GeschO VermA	Gemeinsame Geschäftsordnung des Bundestages und des Bundesrates für den Ausschuss nach Art. 77 des Grundgesetzes (Vermittlungsausschuss)
GewO	Gewerbeordnung
GG	Grundgesetz für die Bundesrepublik Deutschland
GGO	Gemeinsame Geschäftsordnung der Bundesministerien
griech.	griechisch
grds.	grundsätzlich
GVG	Gerichtsverfassungsgesetz
Hess	Hessen, hessisch
HGB	Handelsgesetzbuch
h.L./h.M.	herrschende Lehre/Meinung
Hrsg., hrsg.	Herausgeber, herausgegeben
Hs.	Halbsatz
HStR	Handbuch des Staatsrechts der Bundesrepublik Deutschland
i.d.F. (v.)	in der Fassung (vom/von)
i.d.R.	in der Regel
i.d.S.	in diesem Sinne
i.e.S.	im engeren/eigentlichen Sinne
i.F. (v.)	in Form (von)
IGH	Internationaler Gerichtshof
insb.	insbesondere
IntVG	Gesetz über die Wahrnehmung der Integrationsverantwortung des Bundestages und des Bundesrates in Angelegenheiten der Europäischen Union (Integrationsverantwortungsgesetz)
i.S. (v./d.)	im Sinne (von/des/der)
i.V.m.	in Verbindung mit
i.w.S.	im weiteren Sinne
JA	Juristische Arbeitsblätter (Zeitschrift)
Jh.	Jahrhundert
JURA	Juristische Ausbildung (Zeitschrift)
JuS	Juristische Schulung (Zeitschrift)
JZ	Juristenzeitung (Zeitschrift)
Kap.	Kapitel
Komm.	Kommentar
KStG	Körperschaftsteuergesetz
lat.	lateinisch
lit.	littera (lat. für Buchstabe)
Lit.	Literatur
LT-Drs.	Landtagsdrucksache(n)
LVerf	Landesverfassung
m.a.W.	mit anderen Worten
MdB	Mitglied des Bundestages
m.E.	meines Erachtens
mittellat.	mittellateinisch
m.w.N.	mit weiteren Nachweisen

NB	Notabene (svw. übrigens); Nebenbemerkung
Nds	Niedersachsen, niedersächsisch
NdsVBl.	Niedersächsische Verwaltungsblätter (Zeitschrift)
n.F.	neue Fassung; neue Folge
NJW	Neue Juristische Wochenschrift (Zeitschrift)
NordÖR	Zeitschrift für öffentliches Recht in Norddeutschland
Nr.	Nummer(n)
NVwZ(-RR)	Neue Zeitschrift für Verwaltungsrecht (-Rechtsprechungs-Report)
NW	Nordrhein-Westfalen, nordrhein-westfälisch
o.	oben; ohne
o.Ä.	oder Ähnliches
OVG	Oberverwaltungsgericht
p.a.	per annum
PAG	Polizeiaufgabengesetz
ParlStG	Gesetz über die Rechtsverhältnisse der Parlamentarischen Staatssekretäre
PartG	Gesetz über die politischen Parteien (Parteiengesetz)
PJZS	Polizeiliche und justizielle Zusammenarbeit in Strafsachen (EU)
PKGrG	Gesetz über die parlamentarische Kontrolle nachrichtendienstlicher Tätigkeit des Bundes (Kontrollgremiumgesetz)
PolG	Polizeigesetz
PUAG	Gesetz zur Regelung des Rechts der Untersuchungsausschüsse des Deutschen Bundestages (Untersuchungsausschussgesetz)
Rn.	Randnummer(n)
RGBl.	Reichsgesetzblatt
Rspr.	Rechtsprechung
S.	Seite(n)
s.	siehe
Saarl	Saarland, saarländisch
SGB (I–XII)	Sozialgesetzbuch (Erstes bis Zwölftes Buch)
Slg.	Sammlung (der Entscheidungen des EuGH)
sog.	sogenannte(r/s)
sogl.	sogleich
StabG	Gesetz zur Förderung der Stabilität und des Wachstums der Wirtschaft (Stabilitätsgesetz)
StabiRatG	Gesetz zur Errichtung eines Stabilitätsrates und zur Vermeidung von Haushaltsnotlagen (Stabilitätsratsgesetz)
StGB	Strafgesetzbuch
StPO	Strafprozessordnung
st.Rspr.	ständige Rechtsprechung
str.	streitig
StVG	Straßenverkehrsgesetz
StVO	Straßenverkehrsordnung
svw.	so viel wie
Ts.	Teilsatz
TVöD	Tarifvertrag für den öffentlichen Dienst (Bund und Kommunen)
TV-L	Tarifvertrag für den öffentlichen Dienst der Länder

u.	und; unter; unten
u.a.	und andere(s); unter anderem
u.a.m.	und andere(s) mehr
u.Ä.	und Ähnliche(s)
UBWV	Unterrichtsblätter für die Bundeswehrverwaltung (Zeitschrift)
u.dgl.	und dergleichen
umstr.	umstritten
UN, UNO	United Nations (Organization) = Vereinte Nationen
unstr.	unstreitig
Unterabs.	Unterabsatz
Urt.	Urteil
UStG	Umsatzsteuergesetz
u.v.a.	und viele andere
v.	vom, von
Verf	Verfassung; Verfasser
VerfG	Verfassungsgericht
VerfGH	Verfassungsgerichtshof
Verw	Die Verwaltung (Zeitschrift)
VerwArch	Verwaltungsarchiv (Zeitschrift)
VGH	Verwaltungsgerichtshof
VStGB	Völkerstrafgesetzbuch
VwGO	Verwaltungsgerichtsordnung
VwVfG	Verwaltungsverfahrensgesetz
WahlprüfG	Wahlprüfungsgesetz
WRV	Weimarer Reichsverfassung
z.B.	zum Beispiel
ZG	Zeitschrift für Gesetzgebung
ZJS	Zeitschrift für das juristische Studium
ZPO	Zivilprozessordnung
z.T.	zum Teil

Zu weiteren Abkürzungen s. *Hildebert Kirchner*, Abkürzungsverzeichnis der Rechtssprache, Berlin, 8. Aufl. 2015. Im Übrigen werden die allgemein gebräuchlichen Abkürzungen verwendet; vgl. DUDEN, Bd. 1: Die deutsche Rechtschreibung, 26. Aufl., Mannheim/Leipzig/Wien/Zürich 2013.

Literaturverzeichnis

I. Lehrbücher (Auswahl)

Albrecht, Eike/Küchenhoff, Benjamin, Staatsrecht, 3. Aufl. 2015.
Badura, Peter, Staatsrecht, 7. Aufl. 2018.
Bumke, Christian/Voßkuhle, Andreas, Casebook Verfassungsrecht, 7. Aufl. 2015.
Degenhart, Christoph, Staatsrecht I, 34. Aufl. 2018.
Ipsen, Jörn, Staatsrecht I, 30. Aufl. 2018.
Kämmerer, Jörn Axel, Staatsorganisationsrecht, 3. Aufl. 2016.
Korioth, Stefan, Staatsrecht I, 4. Aufl. 2018.
Maurer, Hartmut, Staatsrecht I, 6. Aufl. 2010.
Morlok, Martin/Michael, Lothar, Staatsorganisationsrecht, 4. Aufl. 2018.
von Münch, Ingo/Mager, Ute, Staatsrecht I, 8. Aufl. 2015.
Sodan, Helge/Ziekow, Jan, Grundkurs Öffentliches Recht, 8. Aufl. 2018.
Zippelius, Reinhold/Würtenberger, Thomas, Deutsches Staatsrecht, 33. Aufl. 2018.

II. Kommentare und Handbücher (Auswahl)

Benda, Ernst/Maihofer, Werner/Vogel, Hans-Jochen (Hrsg.), Handbuch des Verfassungsrechts der Bundesrepublik Deutschland, 2. Aufl. 1994.
Dreier, Horst (Hrsg.), Kommentar zum Grundgesetz, Bd. I: 3. Aufl. 2013; Bd. II: 2. Aufl. 2015; Bd. III: 3. Aufl. 2019.
Epping, Volker/Hillgruber, Christian (Hrsg.), Grundgesetz, Online-Kommentar, 40. Edition, Stand 2019 (gedruckte Ausgabe 2. Aufl. 2013).
Friauf, Karl Heinrich/Höfling, Wolfram (Hrsg.), Berliner Kommentar zum Grundgesetz, Bd. 1–4, Loseblattsammlung, Stand 2018.
Gröpl, Christoph/Windthorst, Kay/von Coelln, Christian, Studienkommentar zum Grundgesetz, 4. Aufl. 2019.
Hömig, Dieter/Wolff, Heinrich Amadeus (Hrsg.), Grundgesetz, 12. Aufl. 2018.
Isensee, Josef/Kirchhof, Paul (Hrsg.), Handbuch des Staatsrechts der Bundesrepublik Deutschland (HStR), Bd. I: 3. Aufl. 2003; Bd. II: 3. Aufl. 2004; Bd. III: 3. Aufl. 2005; Bd. IV: 3. Aufl. 2006; Bd. V: 3. Aufl. 2007; Bd. VI: 3. Aufl. 2008; Bd. VII: 3. Aufl. 2009; Bd. VIII: 3. Aufl. 2010; Bd. IX: 3. Aufl. 2011; Bd. X: 3. Aufl. 2012; Bd. XI: 3. Aufl. 2013; Bd. XII: 3. Aufl. 2014; Bd. XIII: 3. Aufl. 2015.
Jarass, Hans D./Pieroth, Bodo, Grundgesetz für die Bundesrepublik Deutschland, 15. Aufl. 2018.
Kahl, Wolfgang/Waldhoff, Christian/Walter, Christian (Hrsg.), Bonner Kommentar zum Grundgesetz, Bd. 1–19, Loseblattsammlung, Stand 2019.
v. Mangoldt, Hermann/Klein, Friedrich/Starck, Christian (Begr.)/Huber, Peter M./Voßkuhle, Andreas (Hrsg.), Kommentar zum Grundgesetz, Bd. I–III, 7. Aufl. 2018.
Maunz, Theodor/Dürig, Günter (Begr.)/Klein, Hans H./Herdegen, Matthias u.a. (Hrsg.), Grundgesetz, Bd. I–VII, Loseblattsammlung, Stand 2019.

von Münch, Ingo (Begr.)/Kunig, Philip (Hrsg.), Grundgesetz, Kommentar, Bd. I–II: 6. Aufl. 2012.
Sachs, Michael (Hrsg.), Grundgesetz, 8. Aufl. 2018.
Sodan, Helge (Hrsg.), Grundgesetz, 4. Aufl. 2018.

III. Fallsammlungen (Auswahl)

Degenhart, Christoph, Klausurenkurs im Staatsrecht II mit Bezügen zum Europarecht, 8. Aufl. 2017.
ders., Klausurenkurs im Staatsrecht I, 4. Aufl. 2016.
Höfling, Wolfram/Rixen, Stephan, Fälle zum Staatsorganisationsrecht, 6. Aufl. 2019.
Schwerdtfeger, Gunther/Schwerdtfeger, Angela, Öffentliches Recht in der Fallbearbeitung, 15. Aufl. 2018.
Schmidt, Thorsten Ingo, Prüfe dein Wissen – Staatsrecht, 3. Aufl. 2013.

IV. Entscheidungssammlung

Mitglieder des Bundesverfassungsgerichts, Entscheidungen des Bundesverfassungsgerichts (BVerfGE), fortlaufend seit 1952.

V. Ausbildungszeitschriften

Juristische Schulung (JuS), C.H.Beck Verlag.
Juristische Arbeitsblätter (JA), Carl Heymanns Verlag.
Juristische Ausbildung (JURA), Walter de Gruyter Verlag.
Zeitschrift für das juristische Studium (ZJS), Online-Zeitschrift: www.zjs-online.com.

VI. Gesetzestexte (Auswahl)

C.H.Beck Verlag, Sartorius I, Verfassungs- und Verwaltungsgesetze der Bundesrepublik Deutschland, Loseblattsammlung, Stand 2019.
Beck-Texte im deutschen Taschenbuch Verlag (dtv), Basistexte Öffentliches Recht, 27. Aufl. 2019.
C.F. Müller Verlag, Staats- und Verwaltungsrecht Bundesrepublik Deutschland mit Europarecht, hrsg. v. Paul Kirchhof und Charlotte Kreuter-Kirchhof, 58. Aufl. 2018.
Mohr Siebeck Verlag, Grundgesetz, hrsg. v. Horst Dreier und Fabian Wittreck, 11. Aufl. 2017.
Nomos Verlag, Öffentliches Recht, Nomos Gesetze, 27. Aufl. 2019.

Vorbemerkungen

§ 1. Kurze Einführung in das juristische Lernen

Literaturhinweise: *T. Walter*, Kleine Stilkunde für Juristen, 3. Aufl. 2017; *B. Valerius*, Einführung in den Gutachtenstil, 4. Aufl. 2017; *B. S. Byrd/M. Lehmann*, Zitierfibel für Juristen, 2. Aufl. 2016; *B. Rüthers*, Wozu auch noch Methodenlehre? – Die Grundlagenlücken im Jurastudium, JuS 2011, 865–870.

I. Drei „klassische" juristische Lehrgebiete

Die Lehre der Rechtswissenschaft gründet sich traditionell auf **drei didaktische Gebiete („Säulen")**: auf das Zivilrecht, das öffentliche Recht und das Strafrecht (das systematisch zwar zum öffentlichen Recht gehört, in der Methode, in der Praxis und daher auch in der Lehre allerdings ein vollkommenes Eigenleben führt). Im ersten Semester beginnt das Jurastudium – unabhängig von der genauen Benennung im Studienplan der jeweiligen Fakultät – herkömmlicherweise 1

– im **Zivilrecht** mit dem Bürgerlichen Recht (je nach Zuschnitt als „Grundkurs", „Allgemeiner Teil", „Bürgerliches Vermögensrecht" o.Ä. bezeichnet), 2
– im **Strafrecht** mit dem Allgemeinen Teil (Verbrechensaufbau, auch hier oft als „Grundkurs" bezeichnet), ergänzt durch ausgewählte Delikte des Besonderen Teils („Mord und Totschlag"),
– im **öffentlichen Recht** mit den Grundlagen des Staatsrechts und der **Staatsorganisation,** also den Gegenständen dieses Lernbuchs (s. Rn. 111).

Trotz dieser Unterteilung bestehen selbstverständlich rechtsgebietsübergreifende **Gemeinsamkeiten,** gerade auch in der universitären Ausbildung. Davon soll im Folgenden die Rede sein. 3

II. „Juristisches Handwerkszeug"

1. Ausgangsbefund

Unter schlechte juristische Klausuren wird nicht selten mit bitterer Enttäuschung die Bemerkung geschrieben, der Verfasser (oder die Verfasserin) beherrsche nicht einmal das **„juristische Handwerkszeug"**. Oftmals können 4 sich Studenten unter dieser Kritik nichts Greifbares vorstellen – und daher die eigene Leistung nicht merklich verbessern.

2. Methode

a) Definition/Interpretation

5   Was also müssen Sie im Jurastudium lernen? Was gehört zum „juristischen Handwerkszeug"? Gemeint ist damit im Kern die Beherrschung der juristischen Methode. Doch was ist **„Methode"**? Das Wort setzt sich zusammen aus den griech. Bestandteilen *metá* (svw. nach) und *hodós* (svw. Weg) und bedeutete ursprünglich das „Nach-Gehen", der **„Weg zu etwas hin"**. In der Wissenschaft versteht man darunter ein **planmäßiges Vorgehen**, d.h. einen versachlichten, gedanklich objektivierten, auf andere Personen übertragbaren und von diesen reproduzierbaren Gang der Gewinnung von (wissenschaftlicher) Erkenntnis.

6   In der Rechtswissenschaft meint Methode die **Herangehensweise an ein juristisches Problem** (meist verbunden mit einem bestimmten Lebenssachverhalt) und den Weg, wie dieses Problem mit Hilfe von Rechtsnormen einer Lösung zugeführt wird. Das „juristische Handwerkszeug" beherrscht demnach, wer fähig ist, juristisch zu arbeiten, d.h. **eine Rechtsnorm in ihrer abstrakt-generellen Formulierung sinnvoll und überzeugend auf den Einzelfall zu beziehen,** also definitorisch und interpretatorisch aufzubereiten (Rn. 192 ff.), sodann auf einen konkreten Lebenssachverhalt anzuwenden und zu einem eindeutigen Ergebnis zu gelangen.

b) Subsumtion

7   Nicht selten wird die eben geschilderte Fertigkeit als **„Subsumtionstechnik"** bezeichnet. Dies ist freilich ungenau, da die **Subsumtion** im eigentlichen Sinn nur einen, wenn auch wichtigen Teil der juristischen Arbeitsweise ausmacht, nämlich die **Prüfung, ob ein Lebenssachverhalt den Tatbestand** (d.h. die Voraussetzungen) **einer Norm erfüllt,** d.h. unter die Norm „passt" (näher Rn. 43 – „subsumieren" ist eine neulateinische Wortschöpfung und bedeutet svw. ein-/unterordnen).

c) Recht und Sprache

8   Zugegeben: Am Anfang des Studiums klingen Begriffe wie „Methode" und „Subsumtionstechnik" sehr nebulös; manchmal werden sie als unverdauliche Brocken über das gesamte Studium mitgeschleppt. Daher eine kurze Erläuterung des Hintergrundes: Recht hat sehr viel mit Sprache zu tun. Denn **Wörter, Sätze und Texte sind das Medium,** mit dem Recht in die Welt hineingetragen wird, insb. in Form von Gesetzen, aber auch in Form von Urteilen, Verwaltungsakten usw. Gesetze bestehen aus Regeln (Rechtsnormen, Rn. 435), die uns sagen, wie wir uns verhalten sollen oder dürfen. Gesetze transportieren

rechtliche Vorstellungen; ihre Gebote, Verbote usw. werden als Rechtsnormen **durch die Sprache allgemeinverbindlich fixiert** und schaffen dadurch Rechtssicherheit (Rn. 468 ff.). Wenn wir also wissen wollen, was geboten, was erlaubt und was verboten ist, dann müssen wir Gesetze lesen und verstehen.

d) Mehrdeutigkeit von Wörtern

9 Schön und gut, werden Sie sagen. Lesen, das kann bei uns doch fast jeder, und verstehen hoffentlich auch. Das Elend liegt jedoch in der **Vagheit der menschlichen Sprache**. Wörter sind oft nicht eindeutig. Derjenige, der ein Wort gebraucht, kann mit diesem etwas anderes meinen, als der Adressat darunter versteht. Ein und dasselbe Wort weckt so bei verschiedenen Personen unterschiedliche Assoziationen (vgl. Rn. 187 ff.).

Beispiel: Eine Sauna ist für den einen ein Ort der wohlig-reinigenden Entspannung, für den anderen das Synonym für unangenehme, ja vielleicht unerträgliche Hitze.

10 Zur **Mehrdeutigkeit von Wörtern** tritt häufig ihre **Wertausfüllungsbedürftigkeit**. Das beginnt schon im Alltag bei Aussagen wie „das Auto fährt schnell" oder „das Essen schmeckt gut". Aber was ist „schnell" und was „gut"?

e) Notwendige Abstraktion der Gesetzessprache

11 Ungleich komplexer wird dieser Befund bei Gesetzen, weil diese in aller Regel **abstrakt-generell** gefasst sind, also losgelöst von der Einzelperson und vom Einzelfall. Dadurch wird das Wort zum **Begriff**, der unterschiedliche individuelle Gegenstände hinsichtlich ihrer gemeinsamen Merkmale zusammenfasst.

Beispiele: Menschenwürde (Art. 1 Abs. 1 GG), Freiheit (Art. 2 Abs. 2 Satz 2 GG), Wohnung (Art. 13 Abs. 1 GG), Staatsgewalt (Art. 20 Abs. 2 GG), Steuer (Art. 105 ff. GG).

12 Übrigens: Die Abstraktion als Loslösung vom Konkreten ist notwendig, damit das Gesetz auf eine **Mehr- oder Vielzahl von Fällen anwendbar** ist. Kein Lebenssachverhalt gleicht dem anderen; das Gesetz will jedoch nicht nur einen Einzelfall entscheiden, sondern allen Personen, die sich in einer vergleichbaren Lage befinden, auf die Zukunft bezogen eine Richtschnur sein. Auf diese Weise wird zudem gleichsam „automatisch" **Rechtsgleichheit** (Art. 3 Abs. 1 GG) und damit eine wichtige Voraussetzung für **Gerechtigkeit** hergestellt: Jeder, der den Tatbestand einer Rechtsnorm erfüllt, muss mit der gleichen Rechtsfolge rechnen.

13 Unter Gerechtigkeit wird freilich jeder etwas anderes verstehen. Für den einen bedeutet Gerechtigkeit **Chancengleichheit** und Honorierung erbrachter Leistungen, für den anderen tendenziell **Ergebnisgleichheit** und Berücksichtigung von individuellen Bedürftigkeiten. Immens politisch wird die Sache bei „**sozialer Gerechtigkeit**" (hierzu Rn. 675).

f) Fazit

14 Sie sehen: Die **Mehrdeutigkeit der Sprache** und die **Situationsvielfalt des Lebens** sind die Gründe, warum das Recht nicht eben einfach zu setzen und anzuwenden ist. Um die **Vagheit des Gesetzes** zu bewältigen, haben sich die Juristen mehrere Mittel und Wege überlegt, insb. die Methode der Auslegung. Darauf möchte ich, um an dieser frühen Stelle des Lernbuchs nicht „zu wissenschaftlich" zu werden, später ausführlicher eingehen (Rn. 192 ff.).

3. Prüfungsrelevanz

15 Kommen wir auf das „juristische Handwerkszeug" zurück. Seine Beherrschung ist – salopp gesprochen – mindestens **„die halbe Miete" für ein zufriedenstellendes juristisches Examen**; sie ist also von enormer Prüfungsrelevanz, und zwar in allen drei juristischen Lehrgebieten (Zivilrecht, Strafrecht, öffentliches Recht).

16 Dazu zwei „Wahrheiten":
(1) Die Erfahrung zeigt, dass diese „Technik" für den Anfänger nicht ganz einfach zu erlernen ist.
(2) Aber sie ist zu erlernen, wenn man sich mit der *notwendigen Konsequenz* darauf einlässt.

4. Erfassen des Sachverhalts einschließlich der Aufgabenstellung (des Bearbeitervermerks)

a) Sachverhalt

17 Woraus besteht nun das „juristische Handwerkszeug" bei der Lösung eines Falls, insb. einer juristischen Klausur? Zunächst gilt es, **den dargebotenen Sachverhalt richtig zu erfassen**. Stellen Sie sich selbst die Kontrollfrage: Worum geht es? Oder, klassisch zivilrechtlich: **Wer will was von wem woraus?** Das mag trivial klingen, stellt für viele aber schon die erste entscheidende Hürde dar. Denn nicht wenige Prüflinge versuchen, den jeweiligen Klausurfall in ein Schema zu pressen, noch schlimmer: mit einem Fall gleichzusetzen, den sie zuvor gelernt haben und zu beherrschen meinen. Dabei übersehen sie Unterschiede und Besonderheiten des zu lösenden Falls, lesen über wichtige Details hinweg und können die vielen (z.T. verborgenen) Hilfestellungen nicht erkennen, die der Klausursteller gibt und zu denen er folglich in der Lösung etwas lesen möchte.

18 Nehmen Sie sich zum Erfassen des Falls Zeit, lesen Sie sorgfältig, unterstreichen oder markieren Sie wichtige Passagen, am besten mit systematisch ausgewählten Farben (Vorbringen des Akteurs A in gelb, des Akteurs B in orange usw.), bringen Sie Randbemerkungen am Text an, notieren Sie sich die Fragen, die Ihnen beim Durchlesen einfallen, um sie sich später selbst zu beantworten, erstellen Sie bei unübersichtlichen Sachverhalten eine historische Gliederung in Stichpunkten.

b) Bearbeitervermerk
aa) Rechtmäßigkeit

Das „A und O" ist dabei, den **Bearbeitervermerk genau zu analysieren:** Worin besteht die Aufgabe? Ein verhängnisvoller Fehler ist, weniger oder gar mehr zu prüfen, als der Klausursteller von Ihnen verlangt. Dreh- und Angelpunkt einer öffentlich-rechtlichen Prüfung ist die Frage nach der **Rechtmäßigkeit**, d.h. der Vereinbarkeit einer **hoheitlichen Maßnahme** (Gesetz, Verwaltungsakt, Gerichtsurteil u.a.) mit höherrangigem Recht. Dabei wird die hoheitliche Maßnahme als Prüfungsgegenstand bezeichnet, das höherrangige Recht als Prüfungsmaßstab.

bb) Verfassungsmäßigkeit

Ist ausschließlich das Grundgesetz Prüfungsmaßstab (so in staats-/verfassungsrechtlichen Klausuren), spricht man nicht von Rechtmäßigkeitsprüfung, sondern von der Prüfung der **Verfassungsmäßigkeit**. Die Verfassungsmäßigkeit ist der Teil der Rechtmäßigkeit, der sich auf die Vereinbarkeit mit der Verfassung bezieht. Diese Unterscheidung ist wichtig für die Ober- und Schlusssätze der Klausur, in denen wie folgt formuliert werden muss: *„Das Urteil/das Gesetz ist formell/materiell verfassungsmäßig, wenn/soweit ...". – „Daher ist das Urteil/das Gesetz verfassungsmäßig/verfassungswidrig."* Da das Staatsrecht, um das es in diesem Buch geht, insb. die Verfassung zum Gegenstand hat (Rn. 109 ff.), wird hier fortan von Verfassungsmäßigkeit gesprochen.

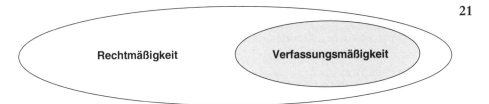

cc) Formelle und materielle Prüfung

Die Prüfung der Verfassungsmäßigkeit unterteilt sich in die formelle und in die materielle Verfassungsmäßigkeit.
(1) Die **formelle Verfassungsmäßigkeit** fragt nach den förmlichen Voraussetzungen des zu prüfenden Hoheitsaktes, nämlich
   (a) nach der **Zuständigkeit** (Rn. 98, bei Gesetzen nach der Gesetzgebungskompetenz, Rn. 1072 ff.),

(b) dem **Verfahren** (bei Gesetzen nach Beachtung des Gesetzgebungsverfahrens, Rn. 1103 ff.) und

(c) der **Form** (bei Gesetzen nach der ordnungsgemäßen Ausfertigung, Rn. 1156, und Verkündung, Rn. 1174).

23 (2) Die **materielle Verfassungsmäßigkeit** bemisst sich nach der **inhaltlichen (sachlichen)** Übereinstimmung mit höherrangigem Recht, etwa danach, ob ein zu überprüfendes Gesetz gegen die Staatsgrundlagenbestimmungen (Demokratie, Rechtsstaatlichkeit, bundesstaatliche Vorgaben usw., Rn. 220 ff.) verstößt. Noch viel praxisrelevanter und damit wichtiger ist die Frage, ob das Gesetz die Wertordnung verletzt, die durch die Grundrechte (Art. 1 bis 19 GG) errichtet ist. (Die letztere Frage ist jedoch Stoff der Vorlesung *Staatsrecht II* und damit nicht Gegenstand dieses Lernbuchs.)

24	**1. Formelle Verfassungsmäßigkeit**
	Prüfungsmaßstab: • Zuständigkeit • Verfahren • Form
	2. Materielle Verfassungsmäßigkeit
	Prüfungsmaßstab: inhaltliche Vereinbarkeit mit höherrangigem Recht, z.B. mit den Staatsgrundlagen und den Grundrechten

25 In **Klausuren** sollen häufig sowohl die formelle als auch die materielle Verfassungsmäßigkeit geprüft werden. Die Fallfrage im Bearbeitervermerk lautet dann typischerweise: Ist das Gesetz *verfassungsmäßig*?

dd) Prozessualer Teil

26 Im ersten juristischen Examen unterscheidet sich das öffentliche Recht vom Zivil- und Strafrecht dadurch, dass hier Klausuren häufig einen **prozessualen Teil** aufweisen (was im Zivil- und Strafrecht i.d.R. erst im zweiten Staatsexamen verlangt wird). Das heißt, dass vor der eigentlichen Sachfrage zu prüfen ist, ob ein in diesem Zusammenhang eingelegter Rechtsbehelf (Oberbegriff für Klage, Antrag, Revision, Berufung, Beschwerde usw.) überhaupt zulässig ist.

Geht es etwa um die Verfassungsmäßigkeit eines bestimmten Gesetzes, wird in den Sachverhalt beispielsweise eingebaut, dass die Abgeordneten einer Fraktion im Bundestag dieses Gesetz vom Bundesverfassungsgericht überprüfen lassen wollen. Dann ist im prozessualen Teil zu untersuchen, ob der entsprechende Antrag der Abgeordneten (auf sog. abstrakte Normenkontrolle, vgl. Rn. 1463) zulässig ist.

27 Diese **Zulässigkeitsprüfung** fragt danach, ob sich das angegangene Gericht (etwa das Bundesverfassungsgericht) überhaupt mit der Sachfrage befassen darf oder ob es den Antrag als unzulässig abweisen (verwerfen) muss (näher

Rn. 1472 ff.). Erst wenn die Zulässigkeit des Antrags feststeht, darf in die **Begründetheit** des Antrags eingestiegen werden, d.h. etwa in die Prüfung, ob das angegriffene Gesetz formell und materiell verfassungsmäßig ist (Rn. 1181). Die „klassische" und in der Klausur überaus häufige Fallfrage im Bearbeitervermerk lautet dann: Hat die Klage/die Beschwerde/der Antrag *Aussicht auf Erfolg?*

Erfolgsaussichten eines verfassungsrechtlichen Rechtsbehelfs	28
I. **Zulässigkeit**	
sog. Sachentscheidungsvoraussetzungen	
II. **Begründetheit**	
1. Formelle Verfassungsmäßigkeit 2. Materielle Verfassungsmäßigkeit	

5. Gliederung

Haben Sie Sachverhalt und Bearbeitervermerk verinnerlicht und verstanden, geht es an die Lösung des Falls. Bevor Sie mit der Niederschrift („Reinschrift") beginnen, empfiehlt es sich regelmäßig, auf Konzeptpapier eine – mehr oder weniger ausführliche – Gliederung zu erstellen. Zusammen mit dem Erfassen von Sachverhalt und Bearbeitervermerk sollten Sie dafür mindestens **ein Drittel der Bearbeitungszeit** einplanen. Je durchdachter die Gliederung ausfällt, desto klarer und überzeugender gelingt die Niederschrift – und desto besser fällt demgemäß die Note aus. Nichts ist ärgerlicher, als nach einer halbherzig angefertigten Lösungsskizze in der Niederschrift der Falllösung plötzlich erkennen zu müssen, dass sich Denkfehler eingeschlichen haben und die Lösung nicht „aufgeht".

29

Schlagen Sie bei der Erstellung der Gliederung unbedingt die von Ihnen als einschlägig erachteten **Rechtsvorschriften** in Ihrer **Gesetzessammlung** auf. „Inhalieren" Sie sie – das gehört auch zum „Handwerkszeug". Wer glaubt, „auswendig" zu wissen, was in der Norm steht, und gleichsam „blind" seine Gliederung erstellt, balanciert auf einem Drahtseil ohne Netz. Orientieren Sie sich an der Rechtsfolge, die die Rechtsvorschrift bestimmt. Prüfen Sie sodann die Tatbestandsmerkmale der Norm. Im Vergleich zum Zivilrecht, vor allem aber zum Strafrecht ist der Aufbau insb. der verfassungsrechtlichen Normen in dieser Hinsicht spröde und besonders für den Anfänger schwierig. Rechtsfolge und Tatbestand sind häufig nicht aus einer Norm herauszulesen. Dafür, dass Sie trotzdem zurechtkommen und den Prüfungsüberblick behalten, soll dieses Lernbuch dienen.

30

6. Niederschrift: juristische Darstellung

a) Formales, insbesondere Rechtschreibung und Stil

31 (Einzige) Beurteilungsgrundlage für die Benotung Ihrer Klausur ist die Niederschrift, auf sie kommt es deshalb an. Zunächst zum Formalen: Solange Klausuren noch nicht per PC getippt werden, bemühen Sie sich um eine **leserliche Handschrift.** Unklarheiten gehen hier zu Ihren Lasten. Versetzen Sie sich zudem in die Lage des Korrektors, der regelmäßig „zig" Klausuren durchzusehen hat: Unleserlichkeit wirkt sich jedenfalls unterschwellig auf dessen Laune aus.

32 Bemühen Sie sich außerdem um eine **passable Rechtschreibung,** zu der auch die Zeichensetzung zählt. Sie gehört zu den juristischen Grundfertigkeiten.

Um nur wenige Beispiele zu nennen: Wenn Sie das in juristischen Kreisen beliebte Konjunktionaladverb „des Weiteren" verwenden, schreiben Sie es richtig, nämlich *nicht* zusammen („desweiteren"), sondern getrennt (sog. alte Rechtschreibung: „des weiteren", sog. neue Rechtschreibung: „des Weiteren"). Peinlich ist es für einen Juristen, wenn er seine zentrale Tätigkeit, nämlich *„subsumieren"*, mit doppeltem m schreibt oder *„Subsumtion"* mit „p" (falsch also: *„Subsumption"*). Als Krankheit grassiert zudem die unbedachte Übernahme englischer Zeichensetzungsregeln ins Deutsche, insb. die Kommasetzung nach Adverbialen. Hier ein – auch stilistisch unschönes – Beispiel: „Nach langen Diskussionen im Deutschen Bundestag über die Gesetzesvorlage der Bundesregierung zur Änderung des Grundgesetzes, wurde die Abstimmung in letzter Minute verschoben." Das Komma ist falsch! Denn die Adverbiale ist kein Nebensatz und das Subjekt „die Abstimmung" wird im Deutschen (anders als im Englischen) bereits durch das zwischengestellte Verb deutlich abgetrennt.

33 Mindestens genauso wichtig ist ein **ansprechender Stil** (eine **gute Darstellungsweise**). Denken Sie daran, dass Sie nicht für sich, sondern für Dritte, also für Ihre Leser schreiben. Der Stil ist das Verkehrsmittel, mit dem Sie Ihr (juristisches) Anliegen befördern und – hoffentlich – gut ans Ziel bringen. Vermeiden Sie vor allem überlange, verschachtelte Satzkonstruktionen; sie sind nicht nur schwer verständlich und deshalb für den Adressaten eine Zumutung, sondern begründen auch den Verdacht, dass Sie Ihre Sache als Autor selbst nicht recht durchdrungen haben. Der große Philosoph *Ludwig Wittgenstein* hat es auf den Punkt gebracht:

> Was sich überhaupt sagen lässt, lässt sich klar sagen; und wovon man nicht reden kann, darüber muss man schweigen.

Um es bodenständiger auszudrücken: Ein Jurist, der nicht gut und gerne formuliert, gleicht einem Bäcker mit einer Mehlallergie oder einem Metzger, der dem Vegetarismus frönt. Was (juristischer) Stil ist und wie man ihn erlernen kann, würde allerdings ein weiteres Buch füllen. Daher hier nur eine – nachdrückliche – **Leseempfehlung:** *Tonio Walter,* Kleine Stilkunde für Juristen, 3. Aufl. 2017.

b) Gutachtenstil, Syllogismus

34 In den meisten Klausuren bis zum ersten juristischen Examen (und z.T. auch darüber hinaus) wird der sog. **Gutachtenstil** verlangt. Er zeichnet sich

§ 1. Kurze Einführung in das juristische Lernen

dadurch aus, dass er mit einer Frage beginnt und mit deren Beantwortung endet. Anders der sog. **Urteilsstil**, dem – wie der Name verrät – traditionell die deutsche (nicht aber die europäische) Rechtsprechung folgt: Hier wird das Ergebnis als Aussagesatz vorangestellt. In beiden Fällen orientieren sich juristische Darstellung und juristische Methode am **Syllogismus** (griech. eigentlich „das Zusammenrechnen"), das ist die auf *Aristoteles* zurückgehende Lehre von den gültigen Schlüssen als Kernstück der traditionellen Logik.

Fall: Nach dem Ergebnis der Bundestagswahlen hat der Bundestag 614 Abgeordnete. An der Wahl des Bundeskanzlers beteiligen sich 602 Abgeordnete. 305 Abgeordnete wählen den vorgeschlagenen Kandidaten X, 295 stimmen gegen ihn, zwei Abgeordnete enthalten sich der Stimme. Ist X damit zum Bundeskanzler gewählt worden? (Lösungsvorschlag: Rn. 40, 41, 45, 47) 35

Vorüberlegung zur Lösung: Maßgeblich zur Beantwortung der Fallfrage ist die Verfassungsnorm des Art. 63 Abs. 2 Satz 1 GG: „Gewählt ist, wer die Stimmen der Mehrheit der Mitglieder des Bundestages auf sich vereinigt." Diese Vorschrift ist zweigliedrig aufgebaut und weist die „klassisch" juristische „Wenn-dann-Struktur" auf; man spricht auch von einer bedingten (konditionalen) Rechtsnorm: 36
– *Wenn* alle Bedingungen des Tatbestandes vorliegen („wer die Stimmen der Mehrheit der Mitglieder des Bundestages auf sich vereinigt"),
– *dann* ergibt sich eine bestimmte Rechtsfolge („gewählt ist").

Wird eine solche konditionale Rechtsnorm mit einem konkreten Sachverhalt in Verbindung gebracht, lässt sich daraus ein juristischer Syllogismus erarbeiten: Die interessierende Rechtsfolge und der abstrakte Tatbestand werden in den Obersatz aufgenommen und dort erläutert. Der so aufbereitete Tatbestand wird sodann im Untersatz mit dem konkreten Sachverhalt abgeglichen. Am Ende bringt der Schlusssatz das Ergebnis (d.h. die konkrete Rechtsfolge für den Sachverhalt). – Zu unbedingten (nicht-konditionalen) Rechtssätzen s. Rn. 46. 37

Juristischer Syllogismus	
Juristische Methode der Deduktion (vom Allgemeinen zum Besonderen)	Beispiel
(1) **Obersatz = Prämisse = (Norm-)Tatbestand:** Verknüpfung von Rechtsfolge und Tatbestand; anschließend Bedeutungsermittlung der (abstrakten) Tatbestandsmerkmale durch Auslegung	Alle Menschen (Tatbestand) sind sterblich (Rechtsfolge).
(2) **Untersatz = Aussage über konkreten Sachverhalt:** wertende Beurteilung, ob der Sachverhalt ein Unterfall des Tatbestandes ist, ob der Sachverhalt die Merkmale des Obersatzes aufweist = „Subsumtion"	Sokrates (Sachverhalt) ist ein Mensch (Tatbestand).
(3) **Schlusssatz = Konklusion (juristische Entscheidung):** Feststellung der konkreten Rechtsfolge	Sokrates (Sachverhalt) ist sterblich (Rechtsfolge).

38

39 Zu (1): Der Erfolg einer Klausur steht und fällt schon mit der **Formulierung und Aufbereitung des Obersatzes** (der Prämisse).
(a) Beginnen Sie grds. jeden gedanklichen Abschnitt mit einem Obersatz. Formulieren Sie „saubere" Obersätze anhand der Fallfrage und gestützt auf den Sachverhalt.
(b) Geben Sie die Rechtsvorschrift (Norm) an, auf die es für die (Teil-)Lösung ankommt, d.h. unter die Sie subsumieren wollen. Zitieren Sie den Paragraphen oder Artikel mit Absatz, Satz sowie erforderlichenfalls mit Buchstabe und Fall (Alternative).
(c) Übernehmen Sie dabei auch die einschlägigen Normpassagen (die Rechtsfolge und die dafür erforderlichen Tatbestandsvoraussetzungen) *wörtlich* in Ihren Obersatz. Das ist alles andere als überflüssig. Die „Profis" (insb. die Gerichte) tun das auch, um sich immer wieder darüber zu vergewissern, was gilt, d.h. woran sie wegen Art. 20 Abs. 3 Hs. 2 GG *(lesen!)* gebunden sind.

40 **Zum Fall Rn. 35:** Der Obersatz lautet wie folgt: X ist gem. Art. 63 Abs. 2 Satz 1 GG zum Bundeskanzler gewählt worden, wenn er die Stimmen der Mehrheit der Mitglieder des Bundestages auf sich vereinigt.
Noch „schulmäßiger", dafür aber vielleicht etwas „anfängerhaft" wäre folgende Formulierung: Fraglich ist, ob X zum Bundeskanzler gewählt wurde. Dafür müsste er gem. Art. 63 Abs. 2 Satz 1 GG die Stimmen der Mehrheit der Mitglieder des Bundestages auf sich vereinigt haben.

41 (d) Gliedern Sie die Rechtsvorschrift sodann in ihre einzelnen Tatbestandsmerkmale auf.

Zum Fall Rn. 35: Voraussetzung ist demgemäß, dass die Mehrheit der Mitglieder des Bundestages den X zum Bundeskanzler gewählt hat.

42 (e) Häufig sind die Tatbestandsmerkmale wegen ihrer abstrakten Fassung unbestimmt (Rn. 476) und daher **auslegungsbedürftig** (Rn. 192 ff.). Definieren Sie das jeweilige Tatbestandsmerkmal, um dem Leser (in der Klausur dem Korrektor) zu zeigen, was Sie gelernt haben. Soweit verschiedene Auslegungsmöglichkeiten in Betracht kommen, ist hier der Platz für die Darstellung von Meinungsstreitigkeiten in Rechtsprechung und Schrifttum. Anschließend müssen Sie sich für eine Ansicht entscheiden und diese Entscheidung nachvollziehbar begründen.

43 Zu (2): Erst dann beginnt die eigentliche **Subsumtion des Sachverhalts** unter das jeweils definitorisch aufbereitete Tatbestandsmerkmal. Hierzu müssen Sie den vom Klausursteller gelieferten Sachverhalt auswerten. Auch hier empfiehlt es sich, die maßgeblichen Textpassagen wieder wörtlich zu übernehmen. Entscheidend ist hier, für den Leser **Evidenz** zu erzielen. Das heißt, der Leser muss sich sagen: Ja, der Sachverhalt „passt" (oder „passt nicht") unter das gerade zu prüfende Tatbestandsmerkmal des Obersatzes.

44 In der Darstellung empfiehlt es sich, diese beiden letztgenannten Schritte (Auslegung bzw. Definition des Tatbestandsmerkmals und Subsumtion unter

§ 1. Kurze Einführung in das juristische Lernen

den Sachverhalt) zu **verzahnen**. (Im Beispielsfall werden die Passagen der Subsumtion zur Verdeutlichung *kursiv* gesetzt.) Die Schritte Definition und Subsumtion setzen Sie so lange fort, bis Sie den gesamten Tatbestand der Norm geprüft haben. Nach jedem Tatbestandsmerkmal liefern Sie ein kurzes **Zwischenergebnis** (in einem Satz).

Zum Fall Rn. 35: Fraglich ist, was unter „Mehrheit der Mitglieder des Bundestages" i.S.v. Art. 63 Abs. 2 Satz 1 Hs. 1 GG zu verstehen ist. Grundsätzlich ist nach Art. 42 Abs. 2 Satz 1 GG zu einem Beschluss des Bundestages die Mehrheit der abgegebenen Stimmen erforderlich (Rn. 310 f.). *Im vorliegenden Fall wurden 602 Stimmen abgegeben; die Mehrheit lag danach bei 302 Stimmen. Damit wäre X gewählt worden.* 45

Art. 63 Abs. 2 Satz 1 GG spricht jedoch nicht von der Mehrheit der abgegebenen Stimmen, sondern von der Mehrheit der Mitglieder des Bundestages. Hierfür enthält Art. 121 GG eine verfassungsunmittelbare Legaldefinition: Danach ist die Mehrheit der Mitglieder des Bundestages im Sinne des Grundgesetzes die Mehrheit seiner gesetzlichen Mitgliederzahl. Diese gesetzliche Mitgliederzahl wird nicht im Grundgesetz selbst festgelegt, sondern – wie es Art. 121 GG bereits vorgibt – durch Gesetz, konkret in § 1 Abs. 1 Satz 1 BWahlG. Danach besteht der Deutsche Bundestag vorbehaltlich der sich aus dem Bundeswahlgesetz ergebenden Abweichungen aus 598 Abgeordneten. Zu solchen Abweichungen kommt es insb. durch sog. Überhang- und Ausgleichsmandate gem. § 6 Abs. 4 Satz 2 und Abs. 5 BWahlG (Rn. 950, 952 f., 967 ff.). *Laut Sachverhalt umfasst der Bundestag 614 Abgeordnete; dies ist die gesetzliche Mitgliederzahl i.S.v. Art. 121 GG. Die Mehrheit der Mitglieder des Bundestages besteht daher aus 308 Abgeordneten. Laut Sachverhalt wurde X jedoch nur von 305 Abgeordneten gewählt.*

NB: Haben Sie bemerkt, dass die Normen der Art. 121 GG und § 1 Abs. 1 Satz 1 BWahlG nicht nach dem klassischen „Wenn-dann-Schema" aufgebaut sind (s. Rn. 36)? Sie stellen also keine konditionalen Rechtssätze dar, sondern haben unbedingten Charakter. Art. 121 GG erläutert den Begriff der „Mehrheit der Mitglieder des Bundestages"; § 1 Abs. 1 Satz 1 BWahlG setzt die Regelzahl der Abgeordneten des Bundestages fest. Als Verfassung weist das Grundgesetz besonders viele unbedingte Rechtssätze auf (etwa in Form von Verfassungsprinzipien, s. Art. 1 Abs. 1 und Art. 20 GG, Rn. 220 ff.). 46

Wenn wir schon bei der Rechtstheorie sind: Neben *festsetzenden* und *erläuternden* gibt es als unbedingte Rechtssätze insb. *einschränkende* Rechtssätze (häufig Ausnahmen zu einer Regel, z.B. Art. 46 Abs. 1 Satz 2 GG, Rn. 938) und *verweisende* Rechtssätze (etwa „das Gleiche gilt …" oder „… findet entsprechende Anwendung", vgl. Art. 60 Abs. 4 GG). Dabei haben erläuternde, einschränkende und verweisende Rechtssätze unvollständigen Charakter (sog. unvollständige Rechtssätze), weil sie von der jeweils in Bezug genommenen Hauptnorm abhängig sind.

Zu (3): Schließlich formulieren Sie den Schlusssatz, der selbstverständlich die Antwort auf die zu Beginn im Rahmen des Obersatzes gestellte Frage geben muss. Wenn Sie diese Schritte beherrschen, bringen Sie das „juristische Handwerkszeug" mit, das in der Prüfung so sehnlichst von Ihnen erwartet wird. 47

Zum Fall Rn. 35: Damit ist X nach Maßgabe von Art. 63 Abs. 2 Satz 1 GG nicht zum Bundeskanzler gewählt worden.

c) Zitieren von Normen

48 Bei der Niederschrift stellt sich die Frage: Wie zitiert man Rechtsvorschriften? Sich darüber Gedanken zu machen, halten nicht wenige für unter ihrer juristischen Würde und erklären es zur Aufgabe (vermeintlich) subalterner Hilfskräfte. Hinter dieser akademischen Arroganz verbirgt sich nicht selten Unsicherheit.

49 – Gemeinhin werden die Absätze einer Norm mit „Abs." abgekürzt zitiert,
– das Wort „Satz" wird ausgeschrieben, also z.B. Art. 63 Abs. 2 Satz 1 GG (die Abkürzung „S." steht nämlich üblicherweise für „Seite"),
– Nummern werden mit „Nr." abgekürzt, nicht mit „Ziff.",
– das Wort „Buchstabe" kann mit „Buchst." oder „lit." (von lat. *littera*) abgekürzt werden, also z.B. Art. 73 Abs. 1 Nr. 10 lit. a GG.

50 Die amtlichen Vorgaben (nicht nur) für das Zitieren finden sich im **Handbuch der Rechtsförmlichkeit,** das in unregelmäßigen Abständen vom Bundesministerium der Justiz herausgegeben wird (online abrufbar unter http://hdr.bmj.de). Seit dessen 3. Auflage (Bek. v. 22.9.2008, BAnz. Nr. 160a v. 22.10.2008) dürfen in Normzitaten (insb. in neuen Gesetzen) keinerlei Abkürzungen mehr verwendet werden, d.h. auch „Absatz", „Nummer" und „Buchstabe" werden stets ausgeschrieben (dort Rn. 188). In juristischen Arbeiten ist es m.E. indes durchaus angebracht, weiterhin die in Rn. 49 aufgezeigten gängigen Abkürzungen zu gebrauchen.

51 In der **Klausur** mit der ihr eigenen **Zeitnot** ist es üblich und selbstverständlich in Ordnung, die Absätze mit römischen Ziffern zu bezeichnen, die Sätze mit arabischen Ziffern und das Wort „Satz" – hier abgekürzt mit „S." – nur zu verwenden, wenn eine Rechtsvorschrift keine Absätze hat. Beispiel: Art. 63 II 1 GG, Art. 25 S. 1 GG.

52 Besondere intellektuelle Herausforderungen scheinen für viele Rechtsanwender Buchstabenuntergliederungen oder -zusätze darzustellen: Die Kennzeichnung „Buchstabe" oder „lit." muss angebracht werden, wenn eine (Teil-)Vorschrift in Buchstaben aufgegliedert ist (Beispiel: Art. 73 I Nr. 10 lit. b GG, nicht aber: Art. 73 I Nr. 10b GG). Andererseits darf sie nicht verwendet werden, wenn eine Vorschrift mit Buchstabenzusatz später in ein Gesetz eingefügt wurde (Beispiel: Art. 73 I Nr. 9a GG, nicht aber: Art. 73 I Nr. 9 lit. a GG).

53 Schließlich: Werden innerhalb einer Aufzählung („Paragraphenkette") Untergliederungen (Absätze, Sätze usw.) zitiert, ist nach dem Wechsel zurück auf die höhere Ebene die betreffende **Gliederungseinheit zu wiederholen.** Häufiges Klausurbeispiel: § 13 Nr. 8a, §§ 90 ff. BVerfGG (*nicht* aber §§ 13 Nr. 8a, 90 ff. BVerfGG). Oder: Art. 2 Abs. 1 i.V.m. **Art.** 1 Abs. 1 GG (statt Art. 2 Abs. 1 i.V.m. 1 Abs. 1 GG). Siehe dazu das Handbuch der Rechtsförmlichkeit (Rn. 50), Rn. 189.

54 Schreibt man eine juristische Arbeit, zeugt es von **kenntnisreicher Routine,** diese Grundregeln zu befolgen. Beim Praktiker, z.B. beim Rechtsanwalt, lässt die Beherrschung dieser Konventionen vermuten, dass die juristische Ausbildung ernst genommen und der dort dargebotene Stoff verinnerlicht wurde. Daher ist es nicht völlig abwegig, ein hohes Niveau im Formalen als eine Art „*Primafacie-Beweis*" (svw. Beweis des ersten Anscheins) für gediegenes materielles Wissen anzusehen.

III. Lernstrategien

1. „Weniger ist mehr"

Zugegeben: Die **Stofffülle**, die gerade in den ersten Semestern auf den Jurastudenten einprasselt, ist **gewaltig**. Vor allem entschwinden sehr schnell die abgegrenzten Lerneinheiten, die man von der Schule gewohnt war (etwa nach der Art „Hausaufgabe: Biologiebuch, S. 12 bis 21, lernen"). Schon nach wenigen Wochen droht man in den Fluten an vorhandener, zitierter oder empfohlener Literatur und Rechtsprechung unterzugehen, zu ertrinken. Völlig vergebens ist hier, nach der Manier eines guten Schülers *alles* nachschlagen und nacharbeiten zu wollen. Als wenig zielführend hat sich auch erwiesen, alles wenigstens kursorisch zu überfliegen, quasi „virtuos" mit einem Auge zu lesen, um von vielem eine Ahnung zu haben. Denn nur „einen (blassen) Schimmer" zu haben, nützt in juristischen Prüfungen nichts.

Wenn es nicht anders geht, sollte man sich am Anfang zunächst auf den **Kernstoff** beschränken, was ab und an auch einmal (nicht aber regelmäßig oder gar immer) den **Mut zur Lücke** bedeuten kann – solange Lücke nicht mit völliger Brache verwechselt wird. Lücken sind nur zu verkraften, wenn die Wände im Übrigen fest stehen. Zum Ausgleich heißt es also, den Kernstoff so zu „pauken", dass er wirklich exakt und sicher beherrscht wird. Vor diesem Hintergrund kann – recht verstanden – die Weisheit des Architekten *Mies van der Rohe* für die Bewältigung des juristischen Stoffes fruchtbar gemacht werden: „Weniger ist [manchmal] mehr." Abgesehen davon lassen sich Lücken später umso schneller füllen („Akzelerationseffekt"), je fester das Wissensfundament gegründet ist.

2. „Locker leben und hart arbeiten"

Selbstdisziplin und **Selbstorganisation** – das sind Fähigkeiten (von manchen mehr oder weniger abfällig als „Sekundärtugenden" bezeichnet), ohne die das Jurastudium nicht gelingen kann. Wer stellt sich nicht (zumindest insgeheim) gerne als Genie dar, dem der Stoff gleichsam im Schlaf zufliegt, der aufgrund seiner „Genialität" mit geringstem Zeitaufwand passable Noten erzielt. Seien Sie unbesorgt: Solche Genies gibt es in der Juristerei nicht; „genial" ist hier allenfalls das Vortäuschen des Müßiggangs.

Es gibt aber Charaktere, die ihrer inneren Einstellung nach **locker leben – und trotzdem hart arbeiten**. Das freilich ist beneidens- und vor allem nachahmenswert. Wer andererseits im Studium nur locker lebt, dem bleibt nach missratenem Examen häufig nur die (Selbst-)Entschuldigung: „Ich war halt faul" – was im Übrigen oft nicht einmal den Kern der Sache trifft, denn hinter „Faulheit" verbirgt sich nicht selten mangelnde Eignung.

59 Selbstdisziplin beginnt mit (wenn es sein muss, manchmal schonungsloser) **Ehrlichkeit zu sich selbst.** Wer eine Woche lang „durchfeiert", muss sich das auch eingestehen – und den versäumten Stoff dann aufholen. Wer eine Klausur unter Verwendung unerlaubter Hilfsmittel besteht, muss sich dessen bewusst sein, und sich nicht in die Tasche lügen, er hätte es „ja eigentlich auch ohne" geschafft. (Wie oft habe ich das gehört – meist von Leuten, die ihre Brötchen heute mit etwas anderem verdienen [müssen] als mit Jura.) Selbstehrlichkeit bedeutet aber auch, nach jeder Klausurrückgabe die **eigenen Fehler zur Kenntnis zu nehmen** und sich mit ihnen intensiv auseinanderzusetzen – mit dem festen Vorsatz, sie nie mehr zu begehen. (Prüflinge, die korrigierte Klausuren nach der Rückgabe unvermittelt abheften oder nicht einmal abholen – auch hier habe ich einige kennengelernt –, verdienen ihre Brötchen später oft ebenfalls nicht im juristischen Bereich.)

60 Zur Selbstdisziplin gehören des Weiteren **Genauigkeit** (die „Akribie", die erfolgreichen Juristen oft vorgeworfen wird) und **Skrupelhaftigkeit** im Sinne eines regelmäßigen Hinterfragens der selbst gefundenen Ergebnisse – alles in allem ein gesundes Maß an Selbstkritik (oder jedenfalls an Fähigkeit dazu).

61 Eng mit Selbstdisziplin hängt **Selbstorganisation** zusammen. Dazu gehören vernünftige Planung und deren Umsetzung. Selbstorganisation ermöglicht die Schaffung der wichtigen Freiräume für Zeiten, die man nicht am Schreibtisch verbringt, was wiederum Energie für wirkungsvolles Lernen liefert – vielleicht eine Art „Synergieeffekt", mithilfe dessen man das oben (Rn. 58) erwähnte „lockere Leben bei harter Arbeit" realisieren kann.

62 Von entscheidender Bedeutung ist schließlich **Ausdauer.** Die beste Selbstorganisation und die härteste Selbstdisziplin nützen nichts, wenn sie nur für wenige Wochen durchgehalten werden. Die wesentlichen Gebiete des juristischen Studiums lassen sich nicht wie Glieder einer Kette „abarbeiten" nach dem Motto „pauken – schreiben – vergessen". Der juristische Stoff will kontinuierlich erarbeitet und vor allem wiederholt werden. Lieber jeden Tag wenigstens ein bisschen „ran an den Schreibtisch" als drei bis vier Tage „richtig wild" und dann tagelang überhaupt nicht. **„Mäßig, aber regelmäßig"** ist – jedenfalls in Bezug auf das Jurastudium – allemal besser als „ganz und dann wieder gar nicht".

3. Stoffaneignung

a) Keine Litanei: Arbeit mit dem Gesetz

63 Wie eignet man sich den Stoff am besten an? Ein „Patentrezept" gibt es hier nicht. Jeder Mensch lernt anders: Dem einen genügt die intensive Lektüre von

ausgewählten Fachbüchern und Skripten, der andere bevorzugt zusätzlich den fachlichen Austausch, die Diskussion mit Kommilitonen, der dritte braucht es akustisch-visuell und besucht deshalb die Vorlesung, der vierte ist wieder anders veranlagt …

Eines aber können die wenigsten: sich den Stoff mit einem einzigen Buch in der Hand auf dem Sofa aneignen, gleichsam nach Art der Bettlektüre eines Kriminalromans. Dazu fehlt mindestens das zweite Buch – und das ist der **Gesetzestext.** Normen, also Rechtsvorschriften, sind für uns Juristen *die* Vorgaben des demokratischen Gesetzgebers, an die wir gebunden sind, aus denen wir im Einzelfall das Recht schöpfen; sie sind für uns daher mindestens so wichtig wie die Bibel für den Theologen. Abgesehen davon: Machen Sie sich klar, dass Sie den Gesetzestext in der juristischen Prüfung verwenden dürfen – quasi als „legalen Spickzettel". Schon allein deshalb sollten Sie mit ihm sehr vertraut werden. Deshalb müssen wir die einschlägigen Vorschriften **immer und immer wieder lesen und darin nicht nachlassen:** zehn Mal, hundert Mal, auch öfter, eben jedes Mal aufs Neue, wenn die Norm von Relevanz ist. Wer würde – um eine Parallele zu ziehen – dem Gläubigen zum Vorwurf machen, das Vaterunser zum tausendsten Mal zu beten?

Daher muss der Blick beim Lernen wie auch später in der Klausur oder im juristischen Beruf unablässig **hin- und herwandern** zwischen dem Lehrbuch (oder dem Sachverhalt) und dem Gesetzestext. Lesen Sie vor allem die einschlägigen Normen langsam (und anfangs zu Übungszwecken vielleicht auch [halb]laut), zerlegen Sie sie grammatikalisch (Subjekt – Prädikat – Objekt usw.), strukturieren Sie sie inhaltlich (Was ist die Rechtsfolge? Welche Voraussetzungen werden dafür aufgestellt?). Wer das als kindisch oder gar als lächerlich abtut, zeigt Überheblichkeit, die sich übel an ihm rächen kann.

Sehr hilfreich und für viele unentbehrlich sind daneben **Stift(e) und Papier.** Markieren Sie sich im Sachverhalt, in den Lehrtexten und auch in den Gesetzestexten die wichtigen Wörter und Passagen. Im Sachverhalt und den Lehrtexten kann die Markierung nach einer Systematik (z.B. in verschiedenen Farben) erfolgen, die Sie für sich selbst entwickeln. (Achtung: In der *Prüfung* sind systematische Markierungen in *Gesetzestexten* verboten!) Bringen Sie zudem bei Bedarf **Randbemerkungen** an (natürlich nicht in den Gesetzestexten!), erstellen Sie ggf. **Gliederungen,** fertigen Sie **Skizzen,** üben Sie **Formulierungen,** z.B. auch dadurch, dass Sie herausragend wichtige Textstellen oder Obersätze mit Bedacht – nicht bloß mechanisch – abschreiben (oder abtippen).

b) „Mutter des Erfolgs": konsequente Wiederholung

Vermutlich ist es für die kognitive Verarbeitung wie auch für die Psyche des Menschen von unschätzbarem Wert, dass er sehr vieles sofort oder jedenfalls wenig später wieder vergisst. Sein Gehirn könnte sonst „überlaufen" wie mancher IT-Arbeitsspeicher und bald unweigerlich „abstürzen".

68 Für die Aneignung des juristischen Stoffes ist dieses Phänomen leider weniger erfreulich. Gerade wegen des oft hohen Abstraktionsgrades bleibt das Allerwenigste sofort „haften", vieles versinkt bald im „Nebel der Vergessenheit". Um den juristischen Stoff zu verinnerlichen, müssen wir ihn deshalb **unablässig wiederholen,** nicht nur einmal, sondern in mehreren Durchläufen, in „iterativen Schleifen". Die erste und effektivste Stoffwiederholung findet bereits am jeweils nächsten Tag statt, denn über Nacht geht die „Vergessenskurve" am steilsten nach unten. Die nächste Wiederholung findet am besten nach einigen Wochen, dann wieder nach einigen Monaten und später nach ein bis zwei Jahren statt.

69 Die im Vergleich zu einem Computer erstaunlich hohe Vergesslichkeit des Menschen ist im Übrigen auch der Grund, warum **konsequentes Lernen** aufs Examen **bereits im ersten Semester** beginnt: Wer alles auf die Zeit des (universitären oder privaten) Repetitoriums verschiebt, für die etwa anderthalb Jahre vor dem Examen eingeplant sind, vermag nicht mehr vom Wiederholungseffekt zu profitieren. Beim **„Rep"** – das Wort kommt vom lateinischen Verb *repétere* (= wiederholen) – hört er dann nämlich zu vieles zum ersten und eben nicht zum wiederholten Mal, so dass vor der entscheidenden Prüfung zu wenig „iterative Schleifen geflogen" werden können. Eine solche Vorgehensweise endet leider nicht selten mit einer Bruchlandung.

c) „Übung macht den Meister"

70 „Übung macht den Meister" – dieser Satz klingt altbacken, könnte auf (Ur-) Omas Paradekissen gestickt sein. Und doch, um im antiquierten Stil fortzufahren, wohnt ihm mehr als „ein Quäntchen Wahrheit" inne. Nicht zu verachten ist daher die richtige Kombination aus Theorie und **Falltraining.**

71 Klar ist: Wer nur Übungsklausuren schreibt, lernt zu induktiv und damit zu umständlich. Wer sich andererseits nur abstrakte Lehrbücher zu Gemüte führt, läuft große Gefahr, das Erlernte in der Klausur (und später in der Praxis) nicht anwenden zu können. Es empfiehlt sich daher, das abstrakt Erarbeitete sogleich oder einen Tag später anhand eines **Übungsfalls** zu erproben, der nicht lang (schon gar nicht stundenlang) zu sein braucht. Wichtig ist freilich, dass man Fälle nicht nur *liest* (erst den Sachverhalt mit dem Bearbeitervermerk, dann die Lösung), sondern sie *löst.* Dazu gehören das leere Blatt Papier und der Bleistift: Nach der Lektüre des Sachverhalts (Rn. 17 f.) entwirft man damit – und zwar nur damit und mit dem Gesetzestext – eine Lösungsskizze. (Ist genügend Zeit vorhanden, wird darauf basierend ein Gutachten ausformuliert.) Erst anschließend vergleicht man selbstkritisch (Rn. 59 ff.) mit der Musterlösung. In mittleren und weiter fortgeschrittenen Studienstadien sollte das Schreiben von Übungsklausuren ohnehin zum Wochenplan gehören.

d) Zu guter Letzt

Abschließend noch zwei Ratschläge. Erstens: Bemühen Sie sich, bei der Erarbeitung juristischer Probleme stets den notwendigen **Bezug zur Wirklichkeit** herzustellen. Recht will – durch Gebote, Verbote und Erlaubnisse – das tägliche Miteinander der Menschen ordnen. Vergegenwärtigen Sie sich den zu ordnenden Lebensbereich (den Sachverhalt). Versuchen Sie sodann, sich in die **verschiedenen Interessenlagen** hineinzudenken, bemühen Sie sich zu ergründen, welcher Beweggrund hinter einer gesetzlichen Regelung steht, und versuchen Sie, daraufhin Stellung zu beziehen und die Rechtslage als „gerecht" oder unangemessen und daher reformbedürftig zu qualifizieren. Nicht nur Rechtspraxis, sondern auch Rechtswissenschaft verlangen ein gewisses Maß an **Einfühlungsvermögen** (Empathie). Wer dazu in der Lage ist, wird sich auch die einschlägigen Rechtsnormen besser merken und sie leichter anwenden können.

Und zweitens: Recht hat viel mit **Systematik** zu tun. Lassen Sie sich darauf ein, strukturieren Sie den zu erarbeitenden Stoff, und zwar in Form von schematisierenden Schaubildern. Das ist manchmal schon „die halbe Miete", weil Sie sich damit Rechenschaft darüber ablegen, dass Sie den Aufbau einer Rechtsfrage verstanden haben.

Bilden Sie dazu **Baum-** oder **Büschelstrukturen** (neudeutsch: „Clusterstrukturen") nach dieser Art:

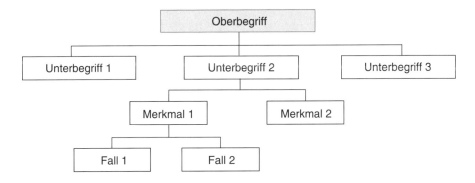

Beachten Sie dabei allerdings: Mnemotechnisch ist erwiesen, dass sich das menschliche Gehirn **zwei** oder **drei horizontale Verästelungen (Untergliederungen)** gut merken kann; ab vier gehen der Überblick und die Memorierungsfähigkeit verloren. Lernen Sie also in „Dichotomien" und „Trichotomien". Bestehen mehr Begriffs- oder Tatbestandsmerkmale, versuchen Sie eine (vertikale) Unterkategorisierung durch Eröffnung einer neuen (Unter-)Ebene.

Teil I. Grundlagen und Grundbegriffe

§ 2. Gegenstand des Staatsrechts

Literaturhinweise: *S. Korioth*, Staatsrecht I, 4. Aufl. 2018, § 2; *Th. I. Schmidt*, Prüfe dein Wissen – Staatsrecht, 3. Aufl. 2013, Nr. 68–73; *P. Badura*, Staatsrecht, 6. Aufl. 2015, Teil A Rn. 1–5.

76   Das Staatsrecht ist das Rechts- und Lehrgebiet, das sich mit dem Staat befasst. Diese Definition mutet zunächst trivial (für jeden ersichtlich) oder tautologisch (nicht weiterführend) an. Schwieriger wird es, wenn man nach den beiden Wortbestandteilen fragt: Was ist Recht? Und was ist der Staat?

I. Recht

77   Recht als Gegenstand der Rechtswissenschaft ist – wen wollte das wundern – ein schillernder Begriff. Klarheit besteht jedenfalls insoweit, als in der Lehre vom geltenden Recht (Rechtsdogmatik) zwischen **zwei Dimensionen** zu unterscheiden ist, nämlich zwischen objektivem und subjektivem Recht.

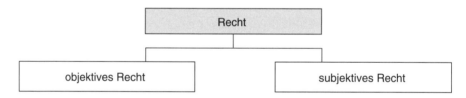

78   Objektives **Recht** ist die Gesamtheit der Verhaltensregeln (Rechtssätze), die in den Bedürfnissen des menschlichen Zusammenlebens, in bewährter Erfahrung und in der Entscheidung des staatlichen Rechtsetzungsorgans ihre Wurzeln haben. Verhaltensregeln werden allerdings auch durch die Religion (Moraltheologie, christliche Soziallehre) oder die Ethik (Moralphilosophie) aufgestellt. Das Spezifikum des Rechts besteht darin, dass es für alle Personen in seinem Geltungsbereich verbindlich ist und im Prinzip mit den Mitteln staatlichen Zwangs vollzogen werden kann. Fürs Erste mag folgende Kurzdefinition ausreichen: Objektives Recht ist eine **Sollensordnung,** die erforderlichenfalls **zwangsweise durchgesetzt** werden kann (*Hans Kelsen*, Reine Rechtslehre, 1. Aufl. 1934, S. 25 f., vgl. zu *Kelsen* auch Rn. 142).

Ein **subjektives Recht** ist dagegen die Macht des Einzelnen, von einem 79
anderen ein bestimmtes Verhalten verlangen zu können. Diese **individuelle
Rechtsmacht** wird auch Anspruch genannt (s. im zivilrechtlichen Bereich
die Legaldefinition in § 194 Abs. 1 BGB). Subjektive Rechte sind kein Gegenbegriff zum objektiven Recht, sondern dessen Ausfluss. Subjektive Rechte
werden im Einzelfall vom objektiven Recht gewährt, wenn die jeweiligen
Voraussetzungen gegeben sind, etwa wenn der Tatbestand einer Rechtsnorm
(Rn. 435) erfüllt ist oder wenn ein wirksamer Vertrag abgeschlossen wurde.
Subjektive Rechte berechtigen, während objektiv-rechtliche Rechtssätze (nur)
verpflichten.

II. Staat

1. Staatsrecht – Staatsrechtslehre – Staatslehre

Ziel der Staatsrechtslehre ist es, die auf den Staat bezogenen Rechtsnormen 80
(das Staatsrecht, näher Rn. 109 ff.) begrifflich und systematisch zu durchdringen. Was einen Staat ausmacht und woraus er besteht, ist freilich **nicht ein für
allemal vorgegeben, sondern variiert** mit dem Standpunkt des Betrachters
und mit dem Zeitpunkt der Betrachtung. Die Untersuchung der verschiedenen
Erscheinungsformen von Staaten gehört zum Forschungsgebiet der Staatslehre,
die nur am Rande Gegenstand dieses Buches sein soll. Demgegenüber konzentriert sich die Staats*rechts*lehre auf den Staat, den sie vorfindet; sie nimmt
sozusagen eine **Binnenperspektive** ein. Die deutsche Staats*rechts*lehre befasst
sich demzufolge mit der Bundesrepublik Deutschland; ihr ist dieses Buch gewidmet.

2. Völkerrecht

Anders als im Staatsrecht verhält es sich im **Völkerrecht,** das die Rechtsbe- 81
ziehungen zwischen den Staaten regelt. Hier ist eine genauere Definition des
Staates erforderlich, um festzulegen, welches Gebilde überhaupt Adressat von
völkerrechtlichen Normen sein kann. Herrschend ist hier – trotz ihres als zu
„formal" kritisierten Inhalts – die **Drei-Elemente-Lehre,** die der Heidelberger Rechtsprofessor *Georg Jellinek* gegen Ende des 19. Jh. herausgearbeitet hat
(Allgemeine Staatslehre, 1900, S. 128 ff.).

Danach liegt ein Staat vor, wenn drei Merkmale erfüllt sind: 82
(1) **Staatsvolk:** Das ist ein Personenverband, der sich seiner Zusammengehörigkeit bewusst geworden ist („Schicksalsgemeinschaft", Rn. 251 ff.).

(2) **Staatsgebiet:** Das ist ein abgegrenztes Territorium der Erdoberfläche (wobei einzelne Land- und Seegrenzen selbstverständlich umstritten sein können).

(3) **Staatsgewalt:** Das ist die originäre (d.h. nicht von einer anderen Einheit abgeleitete) Herrschaftsmacht über ein Staatsvolk und ein Staatsgebiet.

83 Um sich die drei Merkmale zu verdeutlichen, lohnt sich an dieser Stelle ein Blick in die einschlägigen Bestimmungen des Grundgesetzes, der Verfassung der Bundesrepublik Deutschland (Rn. 164 ff.). Normen zum Staatsgebiet finden sich in der Präambel, Normen zum Staatsvolk darüber hinaus in Art. 20 Abs. 2 Satz 1 sowie in Art. 116 GG. Art. 20 Abs. 2 GG ist auch die elementare Bestimmung zur Staatsgewalt (näher Rn. 164 ff.).

3. Juristische Verselbständigung

84 Grundlegend für das **Verständnis vom Staat** ist, dass die Juristen dem Staat die Eigenschaft einer eigenständigen Person zukommen lassen. Der Staat ist offensichtlich keine natürliche Person (etwa i.S.d. §§ 1 ff. BGB), aber – weil von Juristen fingiert – eine juristische Person, und zwar eine **juristische Person des öffentlichen Rechts** (zum öffentlichen Recht Rn. 91 ff.).

85 Ähnlich wie ein Verein setzt sich der Staat aus Mitgliedern (nämlich aus seinen Staatsangehörigen) zusammen und ist deshalb eine Körperschaft. Da sich seine Herrschaftsgewalt zudem auf ein bestimmtes Territorium erstreckt, bezeichnet man ihn als **Gebietskörperschaft.** Entscheidender Punkt dieser Rechtskonstruktion ist, dass der Staat als juristische Person selbständig Träger („Zuordnungssubjekt") von Rechten und Pflichten sein kann. So kann der Staat etwa den Bürger zu einer Handlung, z.B. zum Wehrdienst oder zur Zahlung von Steuern, verpflichten; er ist aber auch Adressat von Ansprüchen seiner Bürger, insb. Adressat von Grundrechten, an die er gebunden ist (vgl. Art. 1 Abs. 3 GG, Rn. 504 ff.).

86 Begründet wurde diese Auffassung vom Staat als juristische Person von *Wilhelm Eduard Albrecht* in der Maurenbrecher-Rezension von 1837. Dies bedeutete einen wesentlichen **Fortschritt in der juristischen Konzeption,** da der Staat ansonsten in vielerlei Beziehung mit seinem Monarchen gleichgesetzt wurde und werden musste. Staatseigentum war daher mangels Zuordnungssubjekts prinzipiell Eigentum des Königs. Im Vereinigten Königreich von Großbritannien und Nordirland klingt dieses überholte Verständnis aus Gründen der Tradition noch heute durch (*His/Her Majesty's Parliament, His/Her Majesty's Prime Minister, His/Her Majesty's Ship* usw.).

87 Eine juristische Person hat freilich – anders als die natürliche Person – keine Hände, Füße oder sonstigen physiologischen Organe und kann daher nicht ohne weiteres Handlungen vollführen. Rechtliche **Handlungsfähigkeit** erlangt der Staat (wie alle anderen juristischen Personen auch) durch seine (juristi-

schen) **Organe**. Das sind Institutionen, Behörden und sonstige Einrichtungen, die funktionell (nicht aber rechtlich) verselbständigt sind, die also bestimmte Aufgaben für ihren Rechtsträger (den Staat oder eine andere juristische Person) wahrnehmen (Rn. 891 f.). Mit Leben erfüllt wird ein Organ allerdings erst durch die Handlungen einzelner Menschen, die für das Organ tätig werden. Diese werden als **Organwalter** (oder **Amtswalter**) bezeichnet. Verfügt ein Organ über mehrere Organwalter, spricht man von **Kollegialorgan**; besteht ein Organ nur aus einem Organwalter, wird es monistisches Organ genannt.

Staatsaufbau	Beispiel
Juristische Person des öffentlichen Rechts (Rechtsträger) = rechtsfähige Organisationseinheit mit rechtlicher Selbständigkeit	Bund
Organ = rechtlich unselbständige „Leistungseinheit", die bestimmte Aufgaben für den Rechtsträger wahrnimmt und durch die der Rechtsträger rechtliche Handlungsfähigkeit erlangt	Bundesregierung
Organwalter (Amtswalter) = natürliche Person, die die Aufgaben ausführt, die dem Organ zugewiesenen sind	Bundeskanzler und Bundesminister (Art. 62 GG)

88

Merke: Ein Organ ist eine „Leistungseinheit" in einer juristischen Person, die bestimmte Aufgaben für diese erfüllt. Ein Organ ist zwar funktionell – also in Bezug auf sein jeweiliges Aufgabengebiet –, nicht aber rechtlich selbständig.

89

§ 3. Einordnung des Staatsrechts

Literaturhinweise: *S. Korioth*, Staatsrecht I, 4. Aufl. 2018, § 1; *E. Krüger*, Die Eröffnung des Verwaltungsrechtswegs – Abgrenzung von Privatrecht und öffentlichem Recht, JuS 2013, 598–602; *W. Leisner*, Die Unterscheidung zwischen öffentlichem und privatem Recht, JZ 2006, 869–875.

Eine wesentliche Aufgabe der Rechtswissenschaft ist die **Systematisierung des Stoffes**, d.h. die Einordnung und Vernetzung der verschiedenen Rechtsgebiete, ihrer Unterteilungen und der einzelnen Normen. Eine solche Strukturierung ist für das Verständnis und die Anwendung des Rechts unentbehrlich. Diese Arbeit muss auch für das Staatsrecht geleistet werden.

90

I. Öffentliches Recht und Privatrecht

1. Zweiteilung der verschiedenen Rechtswege

91 Für die Kategorisierung des deutschen Rechts wie auch der kontinentaleuropäischen Rechtsordnungen (nicht aber des anglo-amerikanischen Rechtskreises) fundamental ist die **Unterscheidung zwischen öffentlichem und privatem Recht**.

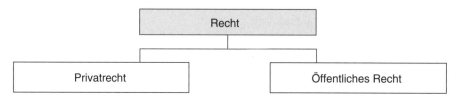

92 Diese Differenzierung geht auf das **römische Recht** zurück und wurde von den kontinentaleuropäischen Rechtsordnungen übernommen (rezipiert). In der juristischen Ausbildung spielt die Unterscheidung vor allem bei der Frage eine Rolle, welcher Rechtsweg eröffnet ist, mit anderen Worten welcher Gerichtszweig für einen bestimmten Prozess zuständig ist (ordentliche Gerichtsbarkeit, Arbeitsgerichtsbarkeit, diverse Verfassungs- und Verwaltungsgerichtsbarkeiten einschließlich der Finanz- und Sozialgerichtsbarkeit).

93 Sehr deutlich zeigt sich dies an den beiden gerichtsverfassungsrechtlichen Generalklauseln:
– Einerseits weist **§ 13 des Gerichtsverfassungsgesetzes (GVG)** vor allem die bürgerlichen – also privatrechtlichen – Rechtsstreitigkeiten den ordentlichen Gerichten (also den Amts-, Land- und Oberlandesgerichten sowie dem Bundesgerichtshof, vgl. § 12 GVG) zu.

94 – Dagegen ordnet **§ 40 Abs. 1 Satz 1 der Verwaltungsgerichtsordnung (VwGO)** den Verwaltungsgerichten, den Oberverwaltungsgerichten (die in Baden-Württemberg, Bayern und Hessen aus traditionellen Gründen als Verwaltungsgerichtshöfe bezeichnet werden) und dem Bundesverwaltungsgericht grds. die öffentlich-rechtlichen Streitigkeiten zu, soweit sie nicht verfassungsrechtlicher Art sind (und dann vor die Verfassungsgerichte, d.h. vor das Bundesverfassungsgericht oder vor ein Landesverfassungsgericht gehören). Besondere Verwaltungsgerichtszweige bestehen aber für das Sozial- und das Steuerrecht (Rn. 122 ff.).

2. Unterschiedliche Konzepte

95 Warum macht das Recht diesen Unterschied? Dies liegt ganz entscheidend an den verschiedenen, im Grunde entgegengesetzten Regelungszielen: Das Privatrecht ist geprägt vom Grundsatz der **Privatautonomie**, d.h. der Eigenver-

§ 3. Einordnung des Staatsrechts

antwortlichkeit des mündigen Bürgers, der durch seinen freien Willen Rechte und Pflichten gegenüber anderen Bürgern begründen kann (häufig durch Vertrag, s. § 311 Abs. 1 i.V.m. § 241 Abs. 1 BGB). An diesem Rechtsprinzip ändern die zum großen Teil gerechtfertigten, zu einem gewissen Teil aber auch überzogenen und überhandnehmenden Einschränkungen durch privatrechtliche „Schutzgesetze" (Arbeitsrecht, Familienrecht, soziales Mietrecht, Reisevertragsrecht, Verbraucherschutzrecht, Versicherungsvertragsrecht u.v.a.) nichts.

Demgegenüber befasst sich das öffentliche Recht mit der **Hoheitsgewalt des Staates** und seiner Untergliederungen, d.h. mit der öffentlichen Gewalt, sowie mit deren Handlungen, vor allem mit den **Hoheitsakten** (Gesetzen, Rn. 434 ff., Verwaltungsakten und Gerichtsentscheidungen, insb. Urteilen). Die Funktion des öffentlichen Rechts besteht darin, die Staatsgewalt zu **begründen** (durch Zuweisung von Staatsaufgaben in Abgrenzung zu gesellschaftlichen Aufgaben), vor allem aber zu **beschränken,** etwa durch genaue Umreißung von Zuständigkeiten und Dosierung von Eingriffsbefugnissen. Anders als der Bürger ist der freiheitliche demokratische Rechtsstaat nicht „privatautonom", sondern rechtlich vielfach gebunden (Rn. 424, 520). 96

Privatrecht	Öffentliches Recht
Rechtsbeziehungen der Bürger untereinander – Privatautonomie –	Rechtsbeziehungen zwischen Hoheitsgewalt (Staat) und Bürgern – Begrenzung der Staatsgewalt –

97

Zum Ausdruck kommen die Begründung und die Bindung der Hoheitsgewalt des Staates in der **Kompetenz** (von lat. *competentia* = Zusammentreffen), einem Zentralbegriff des öffentlichen Rechts: Sie meint 98

– die *Zuständigkeit* einer juristischen Person (eines Verbands, z.B. des Staates → *Verbandskompetenz*) oder eines Organs (z.B. der Bundesregierung → *Organkompetenz*, Rn. 87)
– für die Wahrnehmung einer bestimmten (Staats-)*Aufgabe,* d.h. eines Tätigkeitsbereichs, dessen Ausübung im öffentlichen Interesse liegt und der einem Verband oder einem Organ i.d.R. durch Gesetz zugewiesen ist,
– die erforderlichenfalls zugleich mit *Befugnissen* verbunden ist, d.h. mit öffentlich-rechtlichen Berechtigungen, in Rechtspositionen des Einzelnen einzugreifen (Rn. 1387).

Gut präsentiert wird dieser Bedeutungsgehalt in Art. 30 GG *(bitte lesen!),* freilich ohne dass diese Norm das Wort Kompetenz ausdrücklich enthält (näher zu Art. 30 GG bei Rn. 569).

Merke: Kompetenz meint die Zuständigkeit einer juristischen Person oder eines Organs für die Erfüllung einer bestimmten Aufgabe, die erforderlichenfalls zugleich mit Befugnissen versehen ist, in Rechte des Einzelnen einzugreifen. 99

3. Abgrenzungstheorien

100 Über die Abgrenzung von öffentlich-rechtlichen und privatrechtlichen Normen im Einzelfall ist intensiv diskutiert und daher auch viel geschrieben worden. Detailfragen sind immer noch umstritten, brauchen aber an dieser Stelle nicht vertieft zu werden – denn das ist Stoff des Verwaltungsrechts. Hier sollen zur Veranschaulichung nur knapp die **drei Abgrenzungstheorien** genannt werden:

101 – Die bereits vom römischen Rechtsgelehrten *Ulpian* (170–228 n.Chr.) entwickelte sog. **Interessentheorie** fragt nach dem Zweck der jeweiligen Norm: Eine privatrechtliche Vorschrift dient danach dem Einzelinteresse, eine öffentlich-rechtliche Vorschrift dem Interesse des Staates, also dem Allgemeininteresse.

102 – Dagegen schaut die sog. **Subordinationstheorie (Subjektionstheorie)** auf das Verhältnis der Beteiligten: Lässt sich eine Norm in Zusammenhang mit dem Über-Unterordnungsverhältnis zwischen Staat und Bürger bringen, ist sie öffentlich-rechtlicher Rechtsnatur. Privates Recht dagegen geht von einer Gleichordnung der Beteiligten aus.

103 – Die (herrschenden) sog. **Zuordnungstheorien** (auch **Subjekttheorien** genannt, beachte den Unterschied zur o.g. Subjektionstheorie) begreifen das öffentliche Recht als „Sonderrecht" des Staates im Gegensatz zum allgemeineren Privatrecht. Öffentliches Recht ist danach (nur) das Recht, das den Staat gerade in seiner Eigenschaft als Hoheitsträger berechtigt oder verpflichtet. Daraus folgt, dass der Staat im Übrigen privatrechtlich handelt (etwa dann, wenn er bei privaten Unternehmen für seine Polizei neue Fahrzeuge und Schusswaffen kauft oder wenn er zur Unterbringung seiner Behörden Verwaltungsgebäude mietet).

4. Teilgebiete des Privatrechts und des öffentlichen Rechts

104 Privat- und öffentliches Recht lassen sich jeweils noch weiter unterteilen:
– Zum Privatrecht gehört allen voran das **Bürgerliche Recht,** kodifiziert im Bürgerlichen Gesetzbuch (BGB) und in dessen Nebengesetzen. Daneben zählen zum Privatrecht das **Wirtschaftsprivatrecht,** insb. das Handels- und Gesellschaftsrecht sowie das Wettbewerbsrecht, das Wertpapierrecht, das Urheber- und Patentrecht, das **Arbeitsrecht,** das Privatversicherungsrecht u.a.m. Das Arbeitsrecht ist sogar besonderen, spezialisierten Gerichten zugewiesen, nämlich der Arbeitsgerichtsbarkeit (Arbeitsgerichte, Landesarbeitsgerichte und Bundesarbeitsgericht).

105 – Das öffentliche Recht umfasst in erster Linie das **Staatsrecht** und das **Verwaltungsrecht,** aber auch das **Strafrecht** sowie das **gesamte Prozessrecht** (auch die Straf- und die Zivilprozessordnung). In der Ausbildung und

Rechtspraxis haben sich die letztgenannten Gebiete indes so weit verselbständigt, dass sie bisweilen gar nicht mehr als öffentlich-rechtliche Teilgebiete begriffen werden.

Wichtig für das praktische Verständnis ist, dass **ein und derselbe Sachverhalt mehrere Rechtsgebiete** betreffen kann. 106

Beispiel: ein Straßenverkehrsunfall, der unter Alkoholeinfluss verursacht wird: Privatrechtlich stellt sich die Frage nach der Schadensabwicklung (§§ 7 ff. des Straßenverkehrsgesetzes – StVG –, § 823 BGB und § 115 Abs. 1 Satz 1 Nr. 1 des Versicherungsvertragsgesetzes – VVG – i.V.m. §§ 1 ff. des Pflichtversicherungsgesetzes – PflVG –). Strafrechtlich relevant wird die Angelegenheit, wenn Polizei und Staatsanwaltschaft Ermittlungen wegen Trunkenheit im Verkehr (§ 316 StGB) und gar wegen Gefährdung des Straßenverkehrs (§ 315c StGB) aufnehmen. Das öffentliche Recht (in Form des Verwaltungsrechts) kommt ins Spiel, wenn die Fahrerlaubnisbehörde über eine Entziehung der Fahrerlaubnis nachdenkt (§ 3 StVG).

Übrigens: Ein schwerer Fehler wäre es zu glauben, dass das gesamte Privatrecht in der (dicken roten) Textsammlung „**Schönfelder**" des Beck-Verlags enthalten ist und das öffentliche Recht im „Zwillingsbruder", d.h. in der Textsammlung „**Sartorius I**" des Beck-Verlags. Zum einen bestehen in Deutschland weitaus mehr Gesetze, als dass sie sich in zwei dicken Gesetzessammlungen abdrucken ließen. Zum anderen gibt es auch öffentliches Recht, das im „Schönfelder" steht, etwa die für die Praxis so wichtigen Teile des Straßenverkehrsgesetzes (StVG) und die Straßenverkehrsordnung (StVO), das Rechtspflegergesetz (RPflG), das Strafgesetzbuch (StGB) sowie die Strafprozessordnung (StPO), die Zivilprozessordnung (ZPO), das Gerichtsverfassungsgesetz (GVG). 107

II. Staatsrecht und Verwaltungsrecht

Die beiden Hauptgebiete des öffentlichen Rechts sind das Staatsrecht und das Verwaltungsrecht. Beide befassen sich mit dem „Sonderrecht des Staates" (Rn. 103), allerdings in unterschiedlicher Dimension. 108

1. Staatsrecht

a) Inhalt

Das Staatsrecht beschäftigt sich 109

– mit den **rechtlichen Grundlagen des Staates,** mit dessen Wesensbestimmungen, ohne die der Staat nicht so wäre, wie er ist, sondern grundlegend anders. Für die Bundesrepublik Deutschland finden sich diese Staatsgrundlagennormen vor allem in Art. 20 GG (Verpflichtung auf Demokratie, einschließlich Volkssouveränität, auf Bundesstaat, Sozialstaat, Republik und

Rechtsstaat, hier durch Festlegung von Gewaltenteilung und Bindung der Staatsorgane an Verfassung und Gesetz);

110 – mit **Aufbau und Aufgaben der obersten Staatsorgane** und ihren Rechtsverhältnissen zueinander (Deutscher Bundestag, Bundesrat, Bundespräsident, Bundesregierung, Bundesverfassungsgericht, s. Art. 38 ff., Art. 50 ff., Art. 54 ff., Art. 62 ff., Art. 93 f. GG);

111 – mit den **Staatsfunktionen,** insb. mit der Gesetzgebung (also mit der Frage, wie Gesetze entstehen, s. Art. 76 ff. GG für Bundesgesetze) und mit der Gesetzesvollziehung (d.h. mit der Frage, welche Behörden auf welche Weise und nach welchen Maßgaben ein Gesetz ausführen);

das von den beiden vorangehenden Anstrichen umrissene Gebiet wird herkömmlicherweise auch **Staatsorganisationsrecht** genannt (vgl. Rn. 2);

112 – mit den **Grundrechten,** d.h. nicht mit allen Rechten (Ansprüchen), sondern nur mit den wirklich fundamentalen Rechten des Einzelnen gegenüber dem Staat. Für die deutsche Rechtsordnung haben die Grundrechte im Laufe des vergangenen halben Jahrhunderts eine derart prägende und elementare Bedeutung erlangt, dass sie in einer eigenständigen Vorlesung behandelt werden, typischerweise in der Vorlesung Staatsrecht II.

113

	Staatsrecht bezieht sich auf		
Staats-grundlagen	oberste Staatsorgane	Staatsfunktionen	Grundrechte
Staatsrecht I			*Staatsrecht II*

b) Verfassungsrecht

114 Innerhalb des Staatsrechts lässt sich noch eine andersgeartete Differenzierung anbringen, die allerdings nicht unumstritten ist, nämlich in Verfassungsrecht und außerverfassungsrechtliches Staatsrecht. **Verfassungsrecht** ist dabei das Recht, das sich im Verfassungstext selbst befindet oder aus ihm durch Auslegung (Rn. 192 ff.) herausgelesen werden kann. Entscheidend für das Verfassungsrecht ist, dass es den Vorrang gegenüber sonstigem Recht genießt (Normenhierarchie, Rn. 140 ff.) und dass es nur unter erschwerten Bedingungen abänderbar ist (Art. 79 GG, Rn. 784 ff.).

115 Demgegenüber befindet sich das **außerverfassungsrechtliche Staatsrecht** normenhierarchisch unterhalb des Verfassungsrechts, bezieht sich aber gleichwohl auf staatsrechtliche Materien, also etwa auf die obersten Staatsorgane, die Staatsfunktionen oder Staatselemente. Beispiele sind das Abgeordnetengesetz (AbgG), das Untersuchungsausschussgesetz (PUAG – das „P" in der Abkürzung kommt von der Bezeichnung „*Parlamentarische* Untersuchungsausschüsse"), das Parteiengesetz (PartG), das Bundeswahlgesetz (BWahlG), das Staatsangehö-

rigkeitsgesetz (StAG), das Bundesverfassungsgerichtsgesetz (BVerfGG), aber auch die Geschäftsordnungen des Deutschen Bundestages (GeschO BT), des Bundesrates (GeschO BR) und der Bundesregierung (GeschO BReg – allg. zu Geschäftsordnungen Rn. 1108).

116

c) Bundes- und Landesverfassungsrecht

Stoff der Vorlesungen Staatsrecht I und II ist ganz überwiegend das **Verfassungsrecht des Bundes.** Gleichwohl ist zu betonen, dass – wegen des bundesstaatlichen Aufbaus Deutschlands (Rn. 616 ff.) – auch in jedem Bundesland eine Verfassung besteht und damit auch ein eigenständiges Verfassungsrecht. (Achtung: Begrifflich korrekt ist nur die Bezeichnung *Landes*verfassungen, nicht aber *Länder*verfassungen, da für jedes Land eine eigene Verfassung existiert, nicht aber eine Verfassung für mehrere Länder.) Bedeutung erlangt dieses **Landesverfassungsrecht** vor allem im Staatsorganisationsrecht (Rn. 2, 111, 164 ff.), wenn die obersten Landesorgane (Landtag, Landesregierung einschließlich des Ministerpräsidenten u.a.) mit ihren jeweiligen Kompetenzen (Rn. 102) etabliert und einander zugeordnet werden.

117

d) Europarecht

Nicht zum Staatsrecht gehört das Europarecht, auch nicht soweit dessen Kern, das **Recht der Europäischen Union (Unionsrecht),** angesprochen ist (Rn. 827 ff.). Dieses Recht weist einen eigenen Rechtscharakter auf und gehört einem eigenen Rechtskreis an. Es steht über dem nationalen Recht – damit auch über dem Staatsrecht – und wird deshalb als supranational bezeichnet (zur Normenhierarchie Rn. 140 ff.).

118

2. Verwaltungsrecht

Verwaltungsrecht ist – nach der hergebrachten, etwas groben Negativdefinition – dasjenige **öffentliche Recht,** das **nicht Staatsrecht** ist. Wie das Staatsrecht befasst es sich als „Sonderrecht des Staates" mit den Rechtsbeziehungen der staatlichen Organe zueinander (und zwar mit Aufbau und Aufgaben der Verwaltungsbehörden), vor allem aber mit den Rechtsbeziehungen des Staates zum Bürger. Allerdings regelt es – im Gegensatz zum Staatsrecht – nicht die grundlegenden („elementaren") Rechtsverhältnisse.

119

a) Allgemeines Verwaltungsrecht

120 Das Verwaltungsrecht lässt sich seinerseits in das Allgemeine und das Besondere Verwaltungsrecht unterteilen. Das Allgemeine Verwaltungsrecht zieht die generellen, für eine Vielzahl von Untergebieten relevanten Regelungen „**vor die Klammer**", so insb.

- das **Verwaltungsverfahren** (geregelt in den Verwaltungsverfahrensgesetzen – VwVfG – des Bundes und der Länder) sowie
- die **Verwaltungszustellung** und die **Verwaltungsvollstreckung** (ebenfalls geregelt in entsprechenden Verwaltungszustellungs- und Verwaltungsvollstreckungsgesetzen des Bundes und der Länder).

b) Besonderes Verwaltungsrecht

121 Das Besondere Verwaltungsrecht erstreckt sich auf eine Vielzahl von Einzelmaterien. Zu den examensrelevanten Gebieten gehören vor allem das **Kommunalrecht** (d.h. das Recht der Städte, Gemeinden und Landkreise), das **öffentliche Baurecht** (insb. das Bauplanungsrecht) sowie das **Polizeirecht** (auch Sicherheits- oder Ordnungsrecht genannt). Andere wichtige Felder des Besonderen Verwaltungsrechts sind das Umwelt(schutz)recht (Naturschutz-, Bodenschutz-, Gewässerschutz-, Immissionsschutzrecht u.a.), das Raumordnungs- und Landesplanungsrecht, das Wirtschaftsverwaltungsrecht (Gewerberecht einschließlich Gaststätten- und Handwerksrecht, Energierecht, Kreditwesen- und Versicherungsaufsichtsrecht), das Post-, Telekommunikations- und Verkehrswegerecht (Straßen-, Wasserstraßen- und Eisenbahnrecht), das Hochschul- und Schulrecht, das Ausländerrecht, das Beamtenrecht und das Datenschutzrecht – um nur einige Gebiete zu nennen.

c) Sozialrecht und Steuerrecht

122 Außerdem gibt es zwei – jeweils sehr weite – Felder, die im Grunde zum Besonderen Verwaltungsrecht zählen, aber in der Praxis wie auch in der Wissenschaft ein solches Eigengewicht erlangt haben, dass sie im Begriff sind, sich zusehends abzukoppeln und zu verselbständigen: das Sozialrecht und das Steuerrecht. Dies wird dadurch befördert, dass für diese beiden spezifischen Materien prinzipiell **besondere Gerichtszweige** eingerichtet sind, die neben der allgemeinen Verwaltungsgerichtsbarkeit bestehen und die eigenen Prozessordnungen folgen: die Sozialgerichtsbarkeit (Sozialgerichte, Landessozialgerichte und Bundessozialgericht) mit dem Sozialgerichtsgesetz (SGG) sowie die Finanzgerichtsbarkeit (Finanzgerichte und Bundesfinanzhof) mit der Finanzgerichtsordnung (FGO).

123 Das **Sozialrecht** ist – um es vereinfachend auszudrücken – das Rechtsgebiet, das die Transferzahlungen und sonstigen Leistungen des Staates an sozial tatsächlich oder vermeintlich Bedürftige, an Sozialversicherte oder an Sozialentschädigungsberechtigte regelt (vgl. Rn. 693 ff.). Was der Staat aufgrund

des Sozialrechts mit der einen Hand (aus-)gibt, muss er mit der anderen Hand (ein-)nehmen. Zu rund drei Vierteln finanziert sich der moderne Staat durch Steuern; Rechtsgrundlage dafür ist das **Steuerrecht** mit seinen zahlreichen und verschiedenen Steuergesetzen, allen voran dem Einkommensteuergesetz (EStG), dem Körperschaftsteuergesetz (KStG), dem Umsatzsteuergesetz (UStG) und – als Allgemeiner Teil des Steuerrechts „vor die Klammer gezogen" – der Abgabenordnung (AO). Eine einheitliche Kodifikation, etwa ein „Steuergesetzbuch", gibt es nicht.

§ 4. Verfassung – Grundgesetz

Literaturhinweise: S. Korioth, Staatsrecht I, 4. Aufl. 2018, §§ 3–12; *Th. I. Schmidt*, Prüfe dein Wissen – Staatsrecht, 3. Aufl. 2013, Nr. 1–57; *Ch. Bickenbach*, Verfassungsrechtliche Vereinigung und staatliche Wiedervereinigung – 25 Jahre Deutsche Einheit, JuS 2015, 891–895; *E.-W. Böckenförde*, Geschichtliche Entwicklung und Bedeutungswandel der Verfassung, JA 1984, 325–332 (immer noch aktuell); *Th. Oppermann*, Deutschland in guter Verfassung – 60 Jahre Grundgesetz, JZ 2009, 481–491; *B. Pieroth*, Historische Etappen des Rechtsstaats in Deutschland, JURA 2011, 729–735; *B. Rüthers*, Demokratischer Rechtsstaat oder oligarchischer Richterstaat?, JZ 2002, 365–371; *U. Volkmann*, Relativität des Staates – Staatsbegriff und Staatsverständnis im Spiegel der jüngeren Geschichte, JuS 1996, 1058–1064; *R. Wahl*, Elemente der Verfassungsstaatlichkeit, JuS 2001, 1041–1048.

I. Verfassungsfunktionen

1. Allgemeines

Den Kern des Staatsrechts bildet das Verfassungsrecht (Rn. 114 ff.). Von **124** Bedeutung ist daher, sich darüber klar zu werden, was eine Verfassung eigentlich ist und wozu sie dient. In einer geschriebenen Verfassung im staatsrechtlichen Sinn werden die **grundlegenden Bestimmungen über Organisation und Ausübung der Staatsgewalt in einer Urkunde** zusammengefasst, also schriftlich niedergelegt. Der Zweck einer Verfassung besteht in erster Linie darin, die Ausübung politischer Macht zu rechtfertigen (zu legitimieren) sowie diese Macht zu verteilen (Rn. 262 ff.). **Legitimation** erfolgt dabei durch Herleitung der Macht aus einer ursprünglich berechtigten Machtquelle (Rückführung z.B. auf Gott oder auf das Volk, Rn. 127, 247 ff.). Ziel ist dabei Legitimität, d.h. die allgemeine, jedenfalls aber größtmögliche Anerkennung(swürdigkeit) dieser politischen Macht als gerechtfertigt (legitim). In diesem Zusammenhang dienen moderne Verfassungen vor allem den Staatsbürgern (früher den Untertanen), aber auch den Staatsorganen (Rn. 87) der Vergewisserung über den für sie geltenden grundlegenden Rechtsrahmen.

125 Demzufolge legen **Diktaturen** (und früher die absoluten Monarchien) in aller Regel keinen Wert auf eine Verfassung: Denn die unumschränkte Macht über Leben und Tod liegt dort beim Alleinherrscher (oder einem entsprechenden oligarchisch organisierten „Rat"), der weder eine juristische Bestätigung noch eine Rechtfertigung seiner Macht für erforderlich erachtet und sich im Übrigen Rechtsregeln nicht unterwerfen will. Soweit sich solche und ähnliche Systeme (wie etwa die sozialistischen Diktaturen des ehemaligen „Ostblocks") mit Verfassungsurkunden schmücken, gelten diese zumeist nur zum Schein, der verlogenen Symbolik halber. Gleichwohl kann bereits die formale Existenz einer geschriebenen Verfassung einen – wenn auch oft überaus zaghaften – ersten Schritt hin zu bürgerlicher Freiheit, Sicherheit und Mitbestimmung bedeuten. Eine der Ausnahmen bildete freilich das nationalsozialistische Schreckensregime in Deutschland, das es fertig brachte, die sog. Weimarer Reichsverfassung, die formal fortbestand, bei allen seinen Verbrechen zu negieren (vgl. Rn. 780).

2. Verfassung im freiheitlichen demokratischen Rechtsstaat

126 Im freiheitlichen demokratischen Rechtsstaat kann sich die Funktion einer Verfassung am besten entfalten und vervollkommnen: Hier erkennt sie die **Freiheit des Einzelnen** im und – wenn es sein muss – auch gegen den Staat an. Grundlegend dafür sind die **Menschen- und Bürgerrechte,** die als Kataloge in viele „anständige" Verfassungen aufgenommen sind; im Grundgesetz werden sie als Grundrechte in den Art. 1 bis 19 „verbrieft".

127 Eine moderne Verfassung i.d.S. gewährt indes nicht nur Freiheit vor dem Staat, sondern auch die **Teilhabe des Einzelnen an der Staatsgewalt:** Nach dem Grundsatz der Volkssouveränität geht alle Staatsgewalt vom Volk aus (Rn. 249 ff.); das Volk ist also Inhaber der Staatsgewalt. Dies bringt das Grundgesetz an zentraler Stelle – in Art. 20 Abs. 2 Satz 1 GG – zum Ausdruck. Mit der Antwort auf die Frage, wer die Staatsgewalt innehat (Volk), ist noch nicht geklärt, wer die Staatsgewalt ausübt. Daher erfolgt unmittelbar im Anschluss an Art. 20 Abs. 2 Satz 1 GG, nämlich in Satz 2, die Präzisierung in Form einer Machtübertragung und -verteilung: Die Staatsgewalt wird vom Volk in Wahlen und Abstimmungen (vgl. Rn. 257) sowie durch demokratisch legitimierte Staatsorgane (Bundestag, Bundesregierung u.a., Rn. 892) ausgeübt. In regelmäßigen Abständen muss die Staatsgewalt vom Volk neu legitimiert und – ggf. anders – zugeteilt werden: Mittel dafür sind die periodisch stattfindenden Parlamentswahlen (Art. 38 und 39 Abs. 1 GG für die Bundestagswahlen, Rn. 337 ff., 941 ff.).

128 Elementar für eine freiheitliche Verfassung ist des Weiteren der Grundsatz, dass nicht ein Mensch nach seinem Belieben – also willkürlich –, sondern dass **das Recht herrschen** soll; das sind abstrakt formulierte Regelungen, die freilich jeweils nach den Eigentümlichkeiten des Einzelfalls geschmeidig angewendet werden müssen. In jahrhundertelangen Erfahrungen hat sich die Erkenntnis durchgesetzt, dass die Autorität des Rechts die gerechteste Form der Herrschaft

gewährleistet. Auf dieser Erkenntnis beruht das Rechtsstaatsprinzip mit seinen Ausprägungen (Rn. 422 ff.). Demgemäß ist es ein wesentliches Anliegen einer freiheitlichen Verfassung, **alle Staatsgewalt an das Recht zu binden** (Art. 1 Abs. 3, Art. 20 Abs. 3 GG – *bitte lesen!*).

Eng damit zusammen hängt die Hauptaufgabe des Staates, die grundlegenden Bedürfnisse seiner Bürger und aller anderen seiner Bewohner nach **Sicherheit** (vor Gewalt, Willkür, Eigentumsverlust), nach **freiheitlicher Lebensführung** und nach **Chancengleichheit** zu garantieren (s. insb. Art. 2 und Art. 3 Abs. 1 GG u.a.m.). 129

Alle diese Grundlagen wären wenig wert, wenn der Einzelne befürchten müsste, sie von einem auf den anderen Tag verlieren zu können. Eine ganz entscheidende Eigenschaft einer Verfassung muss daher die Kontinuitätsgewähr sein. Einer Verfassung wohnt i.d.S. das **auf Stetigkeit angelegte Versprechen** der Rechtsgemeinschaft inne, ihr politisches Handeln in einer Rahmenordnung zu binden, um den Bestand der nach bisheriger Rechtserfahrung gewonnenen Rechtskultur zu bewahren. Metaphorisch ausgedrückt: Die Verfassung ist das „**Gedächtnis der Demokratie und des Rechtsstaats**". 130

II. Verfassungsautorität

Wenn eine Verfassung mit derart vielen elementaren Funktionen beladen ist, wie sie soeben geschildert wurden, dann drängt sich eine Frage auf: Was ist das **Besondere an einer Verfassung**? Wie andere Gesetze auch enthält eine Verfassung Rechtsnormen (also Sollensanordnungen mit dem Anspruch auf Verbindlichkeit, Rn. 78). Ihr Spezifikum liegt in der vergleichsweise hohen Autorität. Diese Autorität lässt sich an zwei Gesichtspunkten festmachen: zum einen an der **erschwerten Abänderbarkeit** der Verfassung, zum anderen am **Vorrang der Verfassung**. 131

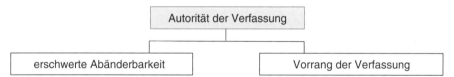

1. Erschwerte Abänderbarkeit

Eine Verfassung hat den **Charakter eines Gesetzes** im formellen und im materiellen Sinn (näher dazu Rn. 434 ff.). Das heißt, dass eine Verfassung, nachdem sie von einer verfassungsgebenden Versammlung verabschiedet worden ist (hierzu Rn. 171), vom Parlament durch Gesetz geändert werden kann, und zwar in aller Regel im herkömmlichen parlamentarischen Gesetzgebungsverfahren. Ihr Spezifikum liegt aber darin, dass für eine Änderung besondere Mehrheiten (Rn. 309 ff.) gefordert werden. 132

133   Notwendig ist dafür regelmäßig nicht die – sonst übliche und ausreichende – Mehrheit der abgegebenen Stimmen der Abgeordneten (Rn. 310 f.), sondern eine sog. qualifizierte Mehrheit: Gem. Art. 79 Abs. 2 GG ist für eine Änderung des Grundgesetzes die **Zustimmung von zwei Dritteln der Mitglieder des Bundestages** (näher Rn. 310, 317, 318) **und zwei Dritteln der Stimmen des Bundesrates** erforderlich. In Anbetracht der politischen Realität bedeutet dies insb. dass sich neben den Regierungsfraktionen auch ein Teil der Oppositionsfraktionen im Parlament (Bundestag) über eine konkrete Verfassungsänderung einigen müssen, um die Zweidrittelmehrheit zu erreichen. In anderen Staaten und einigen Bundesländern (vgl. z.B. Art. 75 Abs. 2 Satz 2 BayVerf) werden weitere Hürden errichtet, so etwa die Zustimmung des Volkes in einem Referendum (näher zu Art. 79 GG s. Rn. 784 ff.).

2. Vorrang der Verfassung

134   Vorrang der Verfassung bedeutet allgemein gesprochen, dass die Verfassung allen anderen Rechtsvorschriften des nationalen Rechts vorgeht (zum Recht der Europäischen Union s. Rn. 854 ff.). Die **Verfassung besitzt den höchsten Rang.** Damit ist freilich nicht eine „erhöhte Geltungskraft" gemeint, denn Rechtsregeln können im Prinzip nur entweder gelten (also insb. ein Gebot oder ein Verbot aussprechen) oder nicht gelten. Dabei kommt es nicht darauf an, ob sie Verfassungsrang besitzen, in einem formellen Gesetz (Rn. 434) oder etwa „nur" in einer Rechtsverordnung (Rn. 1182 ff.) enthalten sind.

> **Beispiel**: Konkurrieren zwei Bundesbeamte um eine Beförderung, haben sie Anspruch darauf, dass für die Entscheidung ihres Dienstherrn (= des Bundes) nur ihre Eignung, Befähigung und fachliche Leistung maßgeblich sind, nicht aber z.B. ihre Mitgliedschaft in einer bestimmten politischen Partei (Rn. 397). Ob sich dieser Anspruch aus Art. 33 Abs. 2 GG, § 9 des Bundesbeamtengesetzes (BBG) oder aus § 3 der Bundeslaufbahnverordnung (BLV) ergibt, ist jedenfalls für die Konkurrenten ohne Belang, da alle drei Normen unmittelbar gelten.

135   Der Vorrang der Verfassung zeigt sich vielmehr erst im **Konflikt von Rechtsnormen** und anderen Rechtssätzen untereinander, d.h. dann, wenn verschiedene Rechtsvorschriften einander für ein und denselben Lebenssachverhalt inhaltlich widersprechen. In diesem Fall der **Normenkonkurrenz** geht die Verfassungsnorm jeder anderen nationalen Rechtsnorm vor (zum Verhältnis des Verfassungsrechts zum europäischen Unionsrecht vgl. Rn. 854 ff.). Die Rechtsfolge besteht grds. darin, dass die der Verfassung widersprechende Norm **unwirksam (nichtig)** ist, und zwar von Anfang an (lat. *ex tunc*) und gegenüber jedermann (lat. *erga omnes*). Diese Rechtsfolge wird durch die lateinische **Kollisionsregel** zum Ausdruck gebracht: „*Lex superior derogat legi inferiori*" (svw. das höherrangige Gesetz setzt das niederrangige Gesetz außer Kraft, s. näher Rn. 148). Man spricht insoweit von **Geltungsvorrang** (bzw. von Konsumtion der derogierten Norm, vgl. Rn. 150a).

Beispiel: Der Ausschluss nichtehelicher Kinder vom gesetzlichen Erbrecht verstieß gegen Art. 6 Abs. 5 GG (*lesen!*). Daher war die entsprechende Norm, § 1589 Abs. 2 BGB in der Fassung bis 1.7.1970, verfassungswidrig und nichtig (*BVerfGE 44, 1ff. – Nichtehelichen-Erbrecht*).

Den Gegensatz zum Geltungsvorrang stellt der (bloße) **Anwendungsvorrang** dar. Danach wird eine Norm nicht generell außer Kraft gesetzt, sondern nur im einzelnen Konfliktfall verdrängt, im Übrigen aber bleibt sie wirksam (Subsidiarität). Anwendungsvorrang i.d.S. besteht etwa im Verhältnis zwischen europäischem Unionsrecht und nationalem Recht (s. Rn. 150a, 854ff.). 136

Wir Juristen dürfen uns mit lehrbuchartigen Aussagen – wie hier zum Geltungs- und Anwendungsvorrang – in aller Regel nicht zufriedengeben, sondern müssen für unsere Behauptungen eine Begründung oder Bestätigung (ein Argument) im jeweiligen Normtext suchen (und dies in der Prüfung auch benennen). 137

Gibt also das Grundgesetz Hinweise auf den Vorrang der Verfassung? Zum Ausdruck kommt dies vor allem an zwei Stellen: 138
– Zum einen in **Art. 1 Abs. 3 GG,** wonach die Grundrechte des Grundgesetzes (also spezielle Vorschriften der Verfassung) die Gesetzgebung, die vollziehende Gewalt und die Rechtsprechung als unmittelbar geltendes Recht binden (Rn. 504ff.). Dieser Normbefehl ist nur sinnvoll, wenn Recht, das dem widerspricht, nichtig ist.
– Die andere Normstelle ist allgemeinerer Art: Nach **Art. 20 Abs. 3 Hs. 1 GG** ist die Gesetzgebung (gemeint sind vor allem der Bundestag und die Parlamente der Länder) an die verfassungsmäßige Ordnung gebunden (Rn. 446). Daraus folgt: Der Gesetzgeber darf nicht nur – wie es in der Bezeichnung bereits zum Ausdruck kommt – Gesetze geben (also erlassen), sondern selbstverständlich auch Gesetze ändern und aufheben. Dabei ist er aber an die Vorgaben des Grundgesetzes gebunden. Daraus ergibt sich, dass das Grundgesetz Vorrang vor dem sonstigen Recht genießt. 139

Aus dem Gesagten lässt sich dogmatisch eine **allgemeine Normenhierarchie** errichten (griech. *hieré arché*, svw. heilige Ordnung): Die Bundesverfassung (das Grundgesetz) steht dabei an oberster Stelle, gefolgt von den Gesetzen im formellen Sinn (Parlamentsgesetzen), den Rechtsverordnungen und den Satzungen. Erst danach folgt das Landesrecht, wiederum hierarchisch geordnet nach Landesverfassung, Landes-Parlamentsgesetz, Landes-Rechtsverordnung und Satzung. Dieser Vorrang des Bundesrechts vor dem Landesrecht ergibt sich aus **Art. 31 GG,** wonach **Bundesrecht Landesrecht bricht** (näher Rn. 574ff.). Das hat das – im ersten Augenblick grotesk erscheinende – Ergebnis, dass eine „popelige" Vorschrift der Straßenverkehrsordnung (einer Rechtsverordnung des Bundes, Rn. 1182ff.) der „hehren" Vorschrift einer Landesverfassung vorgeht – aber wie schon gesagt und wohlgemerkt: nur im Konfliktfall. 140

141

Rangordnung (Hierarchie) der Rechtsnormen	
Rechtskreise	**Rechtssatzstufen**
Bundesrecht Geltungsvorrang (Art. 31 GG)	– Verfassung (Grundgesetz) – Gesetze im formellen Sinn (Parlamentsgesetze) – Rechtsverordnungen – Satzungen
Landesrecht	– Verfassung – Gesetze im formellen Sinn (Parlamentsgesetze) – Rechtsverordnungen – Satzungen

142 Diese Hierarchie der Rechtsnormen stellt **eines der elementaren Prinzipien des Rechts,** insb. des öffentlichen Rechts dar; für den Juristen ist sie gleichsam eines der „Lebenselixiere" seiner Arbeit. Denn dadurch wird es möglich, eine im Rang niedrigere Rechtsnorm (den Prüfungsgegenstand) an einer höherrangigen Rechtsnorm (dem Prüfungsmaßstab) zu messen und festzustellen, ob erstere rechtmäßig (verfassungsmäßig) oder ggf. unwirksam (nichtig) ist. Besonders verdient gemacht hat sich um diesen „Stufenbau der Rechtsordnung" der bedeutende Rechtswissenschaftler *Hans Kelsen* (1881–1973), Reine Rechtslehre, 1. Aufl. 1934, S. 73 ff.

143

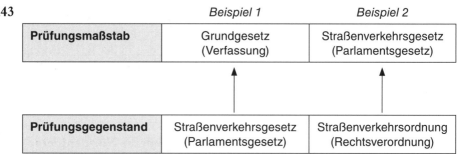

Da der Prüfungsmaßstab im Beispiel 1 das Grundgesetz ist, qualifiziert man den Prüfungsgegenstand entweder als **verfassungsmäßig** oder **verfassungswidrig**. Im Beispiel 2 ist der Prüfungsmaßstab hingegen („nur") ein Parlamentsgesetz. Da der Prüfungsgegenstand in diesem Beispiel nicht an der Verfassung gemessen wird (was aber selbstverständlich zulässig wäre), spricht man hier „nur" von **Rechtmäßigkeit** oder **Rechtswidrigkeit**. Das Beispiel 2 gehört im Übrigen dem Verwaltungsrecht an, ist also kein Gegenstand des hier zu behandelnden Verfassungsrechts.

144 Wer befindet darüber, ob ein Gesetz verfassungs- oder rechtmäßig ist? Juristisch gesprochen: Wer besitzt die Kompetenz (Zuständigkeit, Rn. 98), die zu prüfende Rechtsnorm (den Prüfungsgegenstand) bei Verfassungswidrigkeit oder Rechtswidrigkeit für unwirksam (nichtig, ungültig) zu erklären? Wer hat mit anderen Worten die sog. **Normverwerfungskompetenz?** Könnte das jeder Einzelne nach seinem Gutdünken entscheiden, bestünde schnell keine Rechtsordnung mehr, sondern Chaos.

Beispiel: Stellen Sie sich etwa vor, jeder Autofahrer (juristisch gesprochen: jeder Führer eines Kraftfahrzeugs) könnte autonom darüber befinden, ob die zulässige Höchstgeschwindigkeit innerhalb geschlossener Ortschaften von 50 km/h gem. § 3 Abs. 3 Nr. 1 der Straßenverkehrsordnung (StVO) verfassungswidrig ist, insb. gegen das Grundrecht der allgemeinen Handlungsfreiheit aus Art. 2 Abs. 1 GG verstößt, und ob das entsprechende Gebot daher nichtig ist. Diejenigen Autofahrer, die einen Verfassungsverstoß annehmen, bräuchten sich dann nicht mehr an die Geschwindigkeitsbeschränkung zu halten.

Daher ist für die Entscheidung über die Frage, ob ein formelles Gesetz (Parlamentsgesetz) gegen das Grundgesetz verstößt und daher nichtig ist, allein das Bundesverfassungsgericht zuständig; es hat insoweit das **Monopol der Normverwerfungskompetenz** (Rn. 1179, 1220, 1556 f.). Die Feststellung darüber trifft das Bundesverfassungsgericht in verschiedenen, im Einzelnen festgelegten Verfahren (s. näher abstrakte und konkrete Normenkontrolle, Rn. 1523 ff., 1556 ff., und Verfassungsbeschwerde, Rn. 1468 ff.). 145

Etwas anderes gilt für die Verfassungs- oder Rechtswidrigkeit von Rechtsnormen im Rang unter dem formellen Gesetz, also insb. von Rechtsverordnungen und Satzungen. Hier besteht kein Verwerfungsmonopol des Bundesverfassungsgerichts. Solche Normen können je nach den Umständen für den jeweiligen Einzelfall (d.h. inzident) oder allgemein auch von anderen Gerichten – aber auch nur von Gerichten, nicht vom Bürger – für rechtswidrig erklärt werden und unangewendet bleiben. Das ist jedoch Stoff des Verwaltungsrechts. 146

3. Exkurs: Normenkonkurrenzen und juristische Kollisionsregeln

Erfüllt ein Lebenssachverhalt den Tatbestand zweier (oder mehrerer) Rechtssätze (Normenkonkurrenz), stellt sich die Frage, welche der jeweiligen Rechtsfolgen eintreten soll. Dabei ist mehrstufig zu unterscheiden: 147

a) Decken sich die Rechtsfolgen oder sind sie nebeneinander anwendbar (kumulative Normenkonkurrenz, Idealkonkurrenz), gelangen grds. beide Normen zur Anwendung.

Beispiele: Eine kirchliche Prozession unter freiem Himmel (z.B. an Fronleichnam) fällt unter den Schutzbereich der Glaubensfreiheit nach Art. 4 Abs. 1 und 2 GG sowie unter den Schutzbereich der Versammlungsfreiheit nach Art. 8 GG (näher *Manssen*, Staatsrecht II, Rn. 510).
Der Bundespräsident darf nach Art. 55 Abs. 1 GG weder Mitglied einer Regierung noch eines Parlaments sein. Zugleich („kumulativ") darf er auch kein anderes besoldetes Amt, kein Gewerbe und keinen Beruf im Sinne von Art. 55 Abs. 2 GG ausüben.

Anders verhält es sich (selbstverständlich), wenn die Auslegung der Normen für ein Spezialitätsverhältnis spricht (Rn. 149) oder wenn das Gesetz etwas anderes anordnet, wie das bei der strafrechtlichen Tateinheit der Fall ist (dort wird die Strafe nach dem Gesetz bestimmt, das die schwerste Strafe androht, s. § 52 Abs. 2 Satz 1 StGB).

148 b) Schwierigkeiten treten auf, wenn die Rechtsfolgen der konkurrierenden Normen nicht miteinander vereinbar sind (exklusive Normenkonkurrenz oder Normenkollision). Dann ist zu prüfen, welche Norm sich in ihrer Rechtsfolge durchsetzt und welche Norm zurücktritt, d.h. welche Norm die andere verdrängt (lat. *derogiert*). Zur Entscheidung dieser Frage kennt das Recht drei Kollisionsregeln, die als Gewohnheitsrecht (Rn. 442) anerkannt sind:

(1) **Lex superior derogat legi inferiori** (das höherrangige verdrängt das niederrangige Gesetz); zugrunde liegt die Normenhierarchie (Rn. 141):
- Das Grundgesetz verdrängt einfaches Bundesrecht und Landesrecht,
- Bundesrecht verdrängt („bricht") Landesrecht (vgl. Art. 31 GG),
- die Landesverfassung verdrängt einfaches Landesrecht.

149 Stehen die kollidierenden Normen auf einer Ebene, gilt Folgendes:

(2) **Lex specialis derogat legi generali** (das besondere verdrängt das allgemeine Gesetz). Diese Kollisionsregel knüpft an die Inhalte der Normen an: Regelt eine Norm einen spezifischen Sachverhalt (weist sie einen „engeren" Tatbestand auf), setzt sie sich gegenüber der Norm durch, die neben diesem spezifischen Sachverhalt auch andere Sachverhalte regelt (deren Tatbestand „weiter" gefasst ist).

> **Beispiele**: Für einen Beschluss des Bundestages ist nach Art. 42 Abs. 2 Satz 1 Hs. 1 GG (nur) die Mehrheit der abgegebenen Stimmen erforderlich. In besonderen Fällen bedarf es der Mehrheit der Mitglieder des Bundestages (Art. 121 GG), so etwa bei der Wahl des Bundeskanzlers gem. Art. 63 Abs. 2 Satz 1 GG (Rn. 35, 315, 1255). Änderungen des Grundgesetzes verlangen nach Art. 79 Abs. 2 GG sogar eine Mehrheit von zwei Dritteln der Mitglieder des Bundestages.

Die Frage der Spezialität ist nicht immer so einfach zu entscheiden wie bei Art. 42 Abs. 2 Satz 1 GG, der in seinem zweiten Halbsatz den Vorrang spezieller Regelungen ausdrücklich anordnet (man spricht hier von „formeller Derogation"). Erforderlich ist dann eine Wertung des Rechtsanwenders und – im Streitfall – des zuständigen Gerichts.

> **Beispiele**: Die konkurrierende Gesetzgebungskompetenz des Bundes nach Art. 74 Abs. 1 Nr. 11 GG bezieht sich allgemein auf das Recht der Wirtschaft. Spezieller dazu und damit vorrangig ist die ausschließliche Gesetzgebungskompetenz des Bundes nach Art. 73 Abs. 1 Nr. 5 GG, insb. in Bezug auf die Einheit des Handelsgebiets und die Freizügigkeit des Warenverkehrs.
> Die finanzverfassungsrechtlichen Vorschriften zur Verteilung der Gesetzgebungs- und Verwaltungskompetenzen in Steuersachen (Art. 105, 108 GG, vgl. Rn. 715 ff.) sind spezieller als die allgemeinen Normen zur Verteilung der Kompetenzen von Bund und Ländern (Art. 30, 70 ff., 83 ff. GG).

150 Lässt sich ein Spezialitätsverhältnis nicht feststellen, kommt die dritte Kollisionsregel zur Anwendung:

§ 4. Verfassung – Grundgesetz

(3) **Lex posterior derogat legi priori** (das jüngere [= spätere] verdrängt das ältere [= frühere] Gesetz). Maßgebend für diese Kollisionsregel ist der Zeitpunkt des Normerlasses; leitend ist dabei der Gedanke, dass sich der „spätere Gesetzgeber" über die bereits geltenden Normen im Klaren war und die früher erlassene Norm durch die spätere Norm verdrängen wollte.

Beispiele: Später erlassene Bundesgesetze können einzelne Bestimmungen völkerrechtlicher Verträge verdrängen, die ihrerseits durch ein früher erlassenes Bundesgesetz in Deutschland Geltung erlangt haben (Rn. 816 ff., sog. Vertragsüberschreibung, engl. Treaty Override; vgl. *BVerfGE 141, 1 [20 f. Rn. 49 ff.] – Treaty Override*).

Vertreten ließe sich auch, dass eine Verfassung als *„constitutio prior"* verdrängt wird, wenn sich das Volk durch eine Revolution eine neue Verfassung *(„constitutio posterior")* gibt, ohne die alte Verfassung formal aufzuheben (vgl. Rn. 160).

Einen Sonderfall regelt Art. 72 Abs. 3 Satz 3 GG: Danach gehen in Bezug auf die in Satz 1 geregelten Materien später erlassene Landesgesetze ausnahmsweise den sonst höherrangigen Bundesgesetzen vor (Rn. 1094).

Tritt eine Norm nach einer der genannten Kollisionsregeln zurück, lassen sich als Rechtsfolge folgende Faustregeln formulieren: **150a**

- Niederrangiges und früheres Recht ist grds. generell (gegenüber jedermann, lat. *erga omnes*) unwirksam (ungültig), also **nichtig.** Anders ausgedrückt: Das höherrangige oder spätere Recht genießt **Geltungsvorrang** (Rn. 135) von Beginn der Normenkollision an (lat. *ex tunc*).

- Das rechtliche Schicksal einer allgemeinen Norm (*lex generalis*) hängt von einer Wertung ab, die sich nach der Funktion und Bedeutung der *lex specialis* richtet:
  - Möglich ist die Verdrängung der allgemeinen Norm mit der Folge, dass diese auch dann nicht zur Anwendung kommt, wenn die speziellere Norm zwar in ihrem Gegenstandsbereich berührt, nicht aber in allen ihren Tatbestandsmerkmalen erfüllt ist (**Konsumtion** der allgemeinen Norm, die allerdings gültig bleibt).

  Als Beispiel können die in Rn. 149 erwähnten finanzverfassungsrechtlichen Kompetenzvorschriften der Art. 105 und 108 GG dienen.

  - Wird der spezielleren Norm keine derartige Sperrwirkung zugemessen, herrscht **Subsidiarität** (**Nachrang**): Dann tritt die allgemeine gegenüber der spezielleren Norm nur zurück, wenn sich diese in allen ihren Tatbestandsmerkmalen als einschlägig erweist (**Anwendungsvorrang** der spezielleren Norm, vgl. Rn. 136).

  Beispiele: Im Staatsorganisationsrecht verdrängen Vorschriften, die einen Spezialfall des Demokratieprinzips ausformen (wie etwa Art. 38 Abs. 1 Satz 1 und Abs. 2), die allgemeine Norm zum Demokratieprinzip in Art. 20 Abs. 1 GG. Im Grundrechtsbereich tritt die Allgemeine Handlungsfreiheit aus Art. 2 Abs. 1 GG nur dann

subsidiär zurück, wenn der Schutzbereich eines besonderen Freiheitsgrundrechts (etwa gem. Art. 4, 5, 8 oder 9 GG) berührt ist.

151 **Merke:** Sind verschiedene Rechtsnormen miteinander unvereinbar, verdrängt
- die höherrangige die niederrangige,
- die speziellere die allgemeinere und
- die später erlassene die früher erlassene.

III. (Kleine) Verfassungsgeschichte

152 Seit wann gibt es Verfassungen, die diesen Namen verdienen? Hierzu ließe sich vieles sagen und schreiben. Für die Zwecke einer Einführung in das Staatsrecht erscheint es ausreichend, Folgendes zu wissen: Die Forderung nach einer geschriebenen Verfassung kam **um die Wende vom 18. zum 19. Jahrhundert** auf, sozusagen als **Frucht der Aufklärung.** Dahinter stand der Gedanke, ein Staat müsse eine Verfassung haben, um die (im Absolutismus unumschränkte) **Gewalt des Königs zu begrenzen** und damit einhergehend die **Rechte der Bürger zu sichern.** Die geschichtliche und politische Epoche, in der es – als Reaktion auf den Absolutismus – in den fortschrittlicheren Staaten zur Erarbeitung und Verabschiedung von ersten Verfassungen kam, wird demzufolge als **Konstitutionalismus** (von lat. *constitutio*, svw. Zustand, Verfassung) bezeichnet. In Deutschland fällt sie in die Zeit des 19. Jh.

153 Politische Vorreiter des Verfassungsdenkens waren Nordamerika und Frankreich: 1776 wurde die Grundrechteerklärung von Virginia (**Virginia Declaration of Rights**) verabschiedet, 1787 sodann die Verfassung der Vereinigten Staaten von Amerika. In den Jahren nach der Französischen Revolution kam es in **Frankreich** zu mehreren, kurz aufeinander folgenden Verfassungen, teils mit sehr großen Unterschieden (1791, 1793, 1795, 1799, 1814).

154 In Deutschland waren das damalige Großherzogtum **Baden** und das Königreich **Bayern** (1818) sowie das Königreich **Württemberg** (1819) die Pioniere. Die Verfassung des Deutschen Reiches von 1849 (sog. **Paulskirchenverfassung,** weil sie von der deutschen verfassungsgebenden Nationalversammlung in der Frankfurter Paulskirche erarbeitet wurde) konnte sich machtpolitisch unglücklicherweise nicht durchsetzen und blieb daher ein – wenn auch bedeutender – Entwurf.

155 Mit der von *Otto v. Bismarck* vorangetriebenen deutschen Einigung unter preußischer Ägide und unter Ausschluss Österreichs wurde 1871 die Verfassung für das Deutsche Reich (sog. **Bismarck'sche Reichsverfassung**) verabschiedet, die freilich noch keine demokratische, auf Volkssouveränität gegründete Verfassung war und die auch keinen Grundrechtskatalog enthielt.

§ 4. Verfassung – Grundgesetz

Dies wurde erst nach dem verlorenen Ersten Weltkrieg erreicht, als am 14.8.1919 die sog. **Weimarer Reichsverfassung** (WRV, benannt nach dem Sitz der verfassungsgebenden Nationalversammlung in Weimar – offizielle Bezeichnung: Die Verfassung des Deutschen Reichs) in Kraft trat. **156**

Kurioserweise wurde diese demokratisch-rechtsstaatliche Verfassung unter dem **nationalsozialistischen Schreckens- und Gewaltregime** (1933–1945) formal nicht aufgehoben, sondern durch eine Reihe von Einzelgesetzen überlagert, die insb. die Grundrechte außer Kraft setzten, die Mitbürger jüdischen Glaubens diskriminierten sowie die horizontale und vertikale Gewaltenteilung aufhoben (und bizarre, gänzlich irreführende Namen trugen wie etwa „Verordnung […] zum Schutz von Volk und Staat" v. 28.2.1933 – sog. Reichstagsbrand-Verordnung – oder „Gesetz zur Behebung der Not von Volk und Reich" v. 24.3.1933 – sog. Ermächtigungsgesetz). – Zur Entstehung des Grundgesetzes nach dem Zweiten Weltkrieg s. sogl. Rn. 167 ff. **157**

IV. Verfassungsgebung

1. Verfassungsgebende und verfasste Staatsgewalt

Verfassungen werden von demjenigen „gegeben", der im Gemeinwesen (im Staat) die Macht hat. Früher war das über lange Zeiträume hinweg der König oder Kaiser; im freiheitlich-demokratischen Rechtsstaat ist dies das Volk **(Volkssouveränität)**. Nach „klassischer" Konzeption wählt das Volk eine **verfassungsgebende Nationalversammlung,** die sodann die Verfassung erarbeitet, verabschiedet und verkündet. **158**

Zur Schreibweise: „Verfassunggebung" wird laut Duden, Die deutsche Rechtschreibung, ohne sog. Fugen-s geschrieben (Stichwort „Verfassung; verfassunggebend"). Wohl auch wegen der Orthographie der Präambel des Grundgesetzes in Fassung seiner Verkündung am 23.5.1949 (BGBl. S. 1) ist im juristischen Bereich die Schreibweise mit Fugen-s (also „Verfassung*s*gebung") ebenso korrekt, s. etwa *BVerfGE 49, 89 (125) – Kalkar I; BVerfGE 89, 155 (180) – Maastricht*. **159**

Erst mit Inkraftsetzung der Verfassung können – nach näherer Maßgabe von deren Bestimmungen – die **einzelnen Verfassungsorgane** ihre Funktion aufnehmen und miteinander in Verbindung treten. Auf diese Weise entsteht die verfasste Staatsgewalt. Zu unterscheiden ist also zwischen der **verfassungsgebenden Staatsgewalt** (frz. *pouvoir constituant*) und der **verfassten Staatsgewalt** (frz. *pouvoirs constitués*). **160**

Unterscheidung

verfassungsgebende Staatsgewalt (pouvoir constituant)	verfasste Staatsgewalt (pouvoirs constitués)
Volk (anerkannt insb. durch die Präambel, durch Art. 20 II 1 und Art. 146 GG)	Volk; Legislative, Exekutive und Judikative (vgl. Art. 20 II 1 und 2 GG)

2. Verfassungsänderungen

a) Fundamentalreformen

161   Diese Unterscheidung zwischen der verfassungsgebenden und der verfassten Staatsgewalt erlangt ihre Bedeutung vor allem für **Änderungen** und – im Extremfall – auch für die **Aufhebung ("Abschaffung") der Verfassung**. Wenn nach freiheitlich-demokratischem Verfassungsverständnis nur das Volk für die Verfassungsgebung zuständig sein kann, dann muss dies auch gelten für den gegenläufigen Akt (lat. *actus contrarius*), nämlich für die Aufhebung der Verfassung (auch in Form einer Revolution, bei der sich diese Macht von selbst versteht). Aber auch grundlegende Änderungen der Verfassung, mit denen gleichsam deren Wesen modifiziert wird (**"Fundamentalverfassungsreformen"**) können nur durch die **verfassungsgebende Staatsgewalt**, das Volk, erfolgen. Im Grundgesetz kommt dies in der – im Einzelnen freilich umstrittenen – Norm des **Art. 146 GG** zum Ausdruck (*lesen!*). Eine solche Regel versteht sich indes von selbst und wäre auch dann gültig, wenn sie nicht im Grundgesetz stünde. Art. 146 GG hat daher nur deklaratorischen Charakter (auch das ist allerdings umstritten).

b) „Einfache" Verfassungsänderungen

162   Abgesehen von solchen radikalen Eingriffen in die Verfassungsordnung ergibt sich im Staatsleben nicht selten das Erfordernis nach weniger einschneidenden, z.T. nur marginalen Weiterentwicklungen (Fortschreibungen) der Verfassung. Für derartige **Verfassungsänderungen, die das Wesen der Verfassung nicht beseitigen,** muss nicht das Volk (in einer „verfassungsabschaffenden" und „verfassungsneugebenden" Nationalversammlung) zusammentreten. Dafür ist die **verfasste Staatsgewalt legitimiert.** Im Grundgesetz sind die Voraussetzungen für solche „einfachen" Verfassungsänderungen in Art. 79 GG genannt (insb. Zweidrittelmehrheit in Bundestag und Bundesrat gem. Absatz 2).

163   Zu beachten ist, dass Art. 79 Abs. 3 GG bestimmte Verfassungsänderungen ausdrücklich verbietet (sog. **Ewigkeitsgarantie,** Rn. 788 ff.). Nicht angetastet werden dürfen die Grundlagen des föderativen Staatsaufbaus (Gliederung des Bundes in Länder und die grundsätzliche Mitwirkung der Länder bei der

Gesetzgebung, Rn. 1103 ff.) sowie die Grundsätze der Art. 1 GG (Menschenwürdegarantie und Grundrechtsbindung) und Art. 20 GG (sog. Staatsfundamentalnorm, Rn. 226 ff.).

V. Verfassungsstaat

1. Grundgesetz und Verfassungen der Länder

Die Bundesrepublik Deutschland ist ein **Verfassungsstaat,** d.h. ein Gemeinwesen, dessen Staatsgewalt nur auf der Grundlage und in den Bahnen der Verfassung ausgeübt werden darf. Ziel des Verfassungsstaats ist vor allen Dingen die Freiheit des Individuums. Die Verfassung der Bundesrepublik Deutschland ist das **Grundgesetz** (amtlich: Grundgesetz für die Bundesrepublik Deutschland). Es ist aber nicht die einzige geltende Verfassung auf deutschem Boden. Denn wegen des föderativen Charakters der Bundesrepublik gibt es unterhalb des Bundes eine **zweite Ebene mit ursprünglicher, unabgeleiteter (originärer) Staatsgewalt,** nämlich die der Länder (Rn. 542 ff.). Auch die Länder verfügen demzufolge über eigene Verfassungen, die Landesverfassungen (Rn. 117). 164

Diese **Verfassungen der Länder** (Landesverfassungen, s. Rn. 117) haben nicht nur rein symbolischen Charakter, sondern durchaus eine eigene Daseinsberechtigung: Sie regeln insb. die staatsorganisationsrechtlichen Grundlagen der Staatlichkeit der Länder, d.h. sie begründen und begrenzen unter anderem die Kompetenzen (Rn. 98) des jeweiligen Landesparlaments (Landtags, vgl. Rn. 278), der jeweiligen Landesregierung einschließlich des Ministerpräsidenten, der Landesverwaltung, des jeweiligen Landesverfassungsgerichts (Rn. 1620 f.). Normkonflikte mit staatsorganisationsrechtlichen Bestimmungen des Grundgesetzes kann es insoweit nicht geben, da sich der Bund und die Länder insoweit in **getrennten Verfassungsräumen** befinden *(BVerfGE 36, 342 [361] – Besoldungsgesetz Niedersachsen).* Allerdings macht das Grundgesetz in den sog. **Normativbestimmungen des Art. 28 Abs. 1 GG** *(unbedingt lesen!)* bestimmte Vorgaben für die Verfassungs- und Rechtsordnung in den Ländern, die von den Landesparlamenten auch und gerade bei der Gestaltung der jeweiligen Landesverfassung beachtet und umgesetzt werden müssen (Rn. 561 ff.). Abgesehen davon wirkt das Grundgesetz durch viele seiner Regelungen unmittelbar in den Bereich der Länder hinein (solche Regelungen werden als sog. Durchgriffsbestimmungen bezeichnet, z.B. in Art. 1 Abs. 3 i.V.m. Art. 2 bis 19, Art. 21, 28 Abs. 2, Art. 33, 34 GG, s. Rn. 565). Vorschriften in einer Landesverfassung, die damit kollidieren, sind nichtig. 165

Auch soweit im Bund und in den Ländern zum selben Regelungsbereich *übereinstimmende* Vorschriften bestehen, setzt das Bundesrecht das Landesrecht gem. **Art. 31 GG** außer Kraft (Rn. 578). Dies gilt nach h.M. indes **nicht für** 166

den Bereich des Verfassungsrechts. Hier bleiben die landesrechtlichen Verfassungsbestimmungen bestehen, soweit sie dem Grundgesetz nicht widersprechen. Paradebeispiel hierfür ist der Bereich der Grundrechte: Soweit sich die in den Landesverfassungen kodifizierten Grundrechte inhaltlich mit denen des Grundgesetzes decken, bleiben sie nach Art. 142 GG (*lesen!*) in Kraft. Widersprechen sie dem Grundgesetz oder sonstigem Bundesrecht, sind sie unwirksam und nichtig (Rn. 581 ff.).

Beispiel: die Vorschrift über die Todesstrafe in Art. 21 Abs. 1 Satz 2 der Verfassung des Landes Hessen vom 1.12.1946.

2. Entstehung des Grundgesetzes

167   Nach der **bedingungslosen Kapitulation** der deutschen Wehrmacht am 7. und 8.5.1945 und der vollständigen Besetzung Deutschlands übernahmen zunächst die alliierten Besatzungsmächte (USA, Großbritannien, Frankreich und Sowjetunion) die Regierungsgewalt in Deutschland. Rechtsgrundlage war die „Deklaration in Anbetracht der Niederlage Deutschlands" vom 5.6.1945. Als oberstes Organ fungierte der alliierte **Kontrollrat,** dem die Oberbefehlshaber der vier Besatzungszonen angehörten; für die „Viersektorenstadt" Berlin bestand die alliierte Kommandantur. Schon bald kam es zu **Meinungsverschiedenheiten** zwischen den drei westlichen Besatzungsmächten einerseits und der Sowjetunion andererseits über den Kurs des politischen und wirtschaftlichen Neuanfangs in Deutschland, die sich in den Folgejahren vertieften.

168   Insbesondere nach dem Scheitern der Außenministerkonferenzen der Besatzungsmächte in Moskau und London 1947 entschieden sich die USA, Großbritannien und Frankreich, den Weg der Konsolidierung ohne die Sowjetunion fortzusetzen. In den (drei) **Frankfurter Dokumenten** vom 1.7.1948 beauftragten die Militärgouverneure der drei Westzonen die Ministerpräsidenten der westdeutschen Länder, eine verfassungsgebende Versammlung einzuberufen. (Nicht zu den drei Westzonen gehörte das **Saarland,** das nach dem Willen Frankreichs dauerhaft von Deutschland abgetrennt werden sollte und der Bundesrepublik nach einer Volksabstimmung erst zum 1.1.1957 beitreten durfte.)

169   Zur Vorbereitung der Verfassungsgebung wurde ein Verfassungskonvent aus Sachverständigen einberufen, der im August 1948 in der Zurückgezogenheit der Insel Herrenchiemsee in Bayern tagte (sog. **Herrenchiemseer Verfassungskonvent**) und einen ersten, den sog. Herrenchiemseer Verfassungsentwurf konzipierte. Dieser Entwurf diente als Arbeitsgrundlage für den **Parlamentarischen Rat,** einem Gremium aus 65 Männern und Frauen, die von und aus den Landesparlamenten gewählt worden waren (hinzu kamen fünf Vertreter aus Berlin, die nur beratenden Status hatten). Vorsitzender war *Konrad Adenauer,* der spätere erste Bundeskanzler der Bundesrepublik Deutschland. Der Parlamentarische Rat tagte in Bonn und erarbeitete unter anderem in mehreren Ausschüssen in der Zeit vom 8.9.1948 bis zum 8.5.1949 das Grundgesetz.

§ 4. Verfassung – Grundgesetz

Die **Alliierten** nahmen wiederholt Einfluss auf den Inhalt des Grundgesetzes, indem sie insb. **Machtverschiebungen zugunsten der Länder** erzwangen. Am 12.5.1949 **genehmigten** sie jedoch den entsprechend modifizierten Entwurf des Grundgesetzes unter fortbestehendem Vorrang des Besatzungsstatus sowie unter dem Vorbehalt, dass (West-)Berlin nicht durch den Bund regiert werden dürfe und die Vertreter Berlins im Bundestag nicht stimmberechtigt seien. Daraufhin wurde das Grundgesetz von den Parlamenten aller westdeutschen Länder (mit Ausnahme Bayerns!) angenommen (Art. 144 Abs. 1 GG). Am **23.5.1949** wurde es vom Parlamentarischen Rat ausgefertigt und von dessen Präsidenten *Konrad Adenauer* mündlich verkündet (Art. 145 Abs. 1 GG). Damit trat es am 23.5.1949 um 24:00 Uhr in Kraft (Art. 145 Abs. 2 GG).

Sowohl die Ministerpräsidenten als auch der Parlamentarische Rat waren sich bei ihrem Tun des Dilemmas der **Spaltung Deutschlands** bewusst und wollten dies auch öffentlich machen. Zeichen dessen war,

– dass es **nicht** zu einer vom Volk gewählten **verfassungsgebenden Versammlung** kam, sondern dass sich der Parlamentarische Rat „nur" aus Vertretern der Länder zusammensetzte,
– dass das Grundgesetz nur durch die Landesparlamente (Landtage), **nicht** aber **in einer Volksabstimmung** angenommen wurde und
– dass für die Verfassung die **Bezeichnung „Grundgesetz"** gewählt wurde, um, wie es in der ursprünglichen Fassung der Präambel des Grundgesetzes hieß, die „nationale und staatliche Einheit zu wahren" und „dem staatlichen Leben für eine Übergangszeit eine neue Ordnung zu geben". Das Grundgesetz war also als Provisorium konzipiert worden.

Interessant bei dieser Namensgebung ist die Nähe zu den „Fundamentalgesetzen" („Grundgesetzen") des Heiligen Römischen Reiches Deutscher Nation und zu der Bezeichnung „fundamental law", die im Rahmen der Staatswerdung der USA von *Alexander Hamilton* in den Federalist Papers Nr. 78 (1787/1788) verwendet wurde (Eindeutschung als „Grund-Gesetz" 1856 durch *Christopher Saur*, Pennsylvanische Berichte).

3. Deutsche Einheit

Die Befürchtungen der Spaltung Deutschlands bestätigten sich mit der Proklamation eines totalitär-kommunistischen Teilstaates auf dem Gebiet der sowjetischen Besatzungszone zum 7.10.1949. Bereits dessen Staatsbezeichnung **„Deutsche Demokratische Republik"** bestand aus einer zweifachen Täuschung, da dieser Staat weder demokratisch (Rn. 247 ff.) noch republikanisch im materiellen Sinn (Rn. 521 ff.) strukturiert war. Rechtliche Grundlage der DDR war deren Verfassung vom 7.10.1949, die in den Folgejahrzehnten z.T. grundlegend reformiert wurde (6.4.1968 und 7.10.1974). Das Verhältnis der beiden deutschen Staaten war in den ersten Jahrzehnten von offener, phasenweise aggressiver Feindschaft geprägt und entwickelte sich seit den 1970er Jahren zu einem kühlen Nebeneinander, das sich vor allem infolge der militärisch durchgesetzten innerdeutschen Grenze und der dadurch erzwungenen Trennung der Menschen niemals „normalisierte" und stets kompliziert blieb.

174 Das sozialistische Wirtschaftssystem führte Ende der 1980er Jahre zu einem **ökonomischen Zusammenbruch** nicht nur der DDR, sondern der gesamten von der Sowjetunion beherrschten Staatenwelt. Die vom Vorsitzenden der Kommunistischen Partei der Sowjetunion *Michail Gorbatschow* daraufhin eingeleiteten **politischen Reformen** ermöglichten 1989 die **friedliche Revolution in der DDR** („Maueröffnung" am 9.11.1989), in deren Folge die politische Alleinherrschaft der „Sozialistischen Einheitspartei Deutschlands" (SED) gebrochen wurde und im Laufe des Jahres 1990 auf dem Gebiet der DDR fünf neue Länder konzipiert wurden. Aufgrund des **Staatsvertrags** und des **Einigungsvertrags** zwischen der Bundesrepublik und der DDR traten die fünf ostdeutschen Länder sowie der Ostteil Berlins zum **3.10.1990** der Bundesrepublik Deutschland bei. Rechtsgrundlage war **Art. 23 GG** in seiner ursprünglichen Fassung: *„Dieses Grundgesetz gilt zunächst im Gebiete ... [es folgt eine Aufzählung der 1949 bestehenden westdeutschen Länder mit Ausnahme des Saarlandes]. In anderen Teilen Deutschlands ist es nach deren Beitritt in Kraft zu setzen."*

175 Die deutsche Einheit machte Neuregelungen der internationalen Stellung Deutschlands erforderlich: Es wurde ein völkerrechtlicher Vertrag zwischen den vier ehemaligen Siegermächten und den beiden deutschen Staaten geschlossen, der sog. **2+4-Vertrag.** Verbunden damit war auch der endgültige (und 1992 völkerrechtlich umgesetzte) **Verzicht Deutschlands auf seine ehemaligen Ostgebiete** (Schlesien, Hinterpommern, Ostpreußen), die seit Mai 1945 unter polnischer und sowjetischer „Verwaltung" standen. Im Grundgesetz zum Ausdruck kommt dieser Verzicht insb. in Satz 3 der neu gefassten Präambel („Damit gilt dieses Grundgesetz für das gesamte Deutsche Volk."), in der Aufhebung von Art. 23 in seiner ursprünglichen Fassung und in Art. 146 („Dieses Grundgesetz, das nach der Vollendung der Einheit Deutschlands für das gesamte deutsche Volk gilt [...]").

4. Legitimationsdefizit des Grundgesetzes?

176 Dem Grundgesetz ist insb. in den Anfangsjahren der „Bonner Republik" nach 1949 wiederholt ein Legitimationsdefizit attestiert worden: Zum einen sei es von den **Westalliierten** angeregt, beeinflusst und genehmigt worden. Zum anderen sei es **nicht** von einer **verfassungsgebenden Nationalversammlung** ausgearbeitet und **nicht** durch eine **Volksabstimmung** angenommen worden. Rein formal betrachtet mögen diese Einwände zutreffen. In der Sache (materiell) hat sich das Volk jedoch wiederholt und eindeutig zum Grundgesetz bekannt: Die Wahlberechtigten beteiligten sich in ihrer weit überwiegenden Mehrheit in allen **Bundestagswahlen** nach 1949 und unterstützten dabei die politischen Parteien, die sich offen und eindeutig **zur grundgesetzlichen Verfassungsordnung** bekannten. Die wahlberechtigte

Bevölkerung in der ehemaligen DDR wählte in der ersten freien Wahl zum ostdeutschen Parlament, der Volkskammer, zu 75 % Parteien, die den **Beitritt zur Bundesrepublik** und damit die **Übernahme der grundgesetzlichen Ordnung** propagierten. Diese politische Entscheidung bestätigte sich in der ersten gesamtdeutschen Bundestagswahl am 2.12.1990 und in allen darauf folgenden Wahlen.

5. Gliederung

Wie ist das Grundgesetz aufgebaut? Die Vergegenwärtigung und Beantwortung dieser Frage ist von hoher Wichtigkeit für einen juristischen Zugang zur Verfassung. Nur wer das Gefüge eines Normtextes kennt, kann sich darin zurechtfinden und damit erfolgreich arbeiten, insb. argumentieren. 177

Gliederung des Grundgesetzes			
	Präambel	(Bestandteil der Verfassung, BVerfGE 5, 85 [126])	Beweggründe, Selbstverständnis, Legitimation, föderative Ausgangssituation
I.	Grundrechte	Art. 1–19	Bedeutsamste Bindungen der Staatsgewalt gegenüber dem Einzelnen (s. Art. 1 III)
II.	Bund und Länder	Art. 20–37	Staatsfundamentalnorm (Art. 20); andere gemeinsame Vorgaben und Abgrenzungen
III.	Bundestag	Art. 38–48	Verfassungsorgane daneben: • Bundesversammlung (Art. 54), • Bundesverfassungsgericht (Art. 93, 94), • Bundesrechnungshof (Art. 114 II); str.
IV.	Bundesrat	Art. 50–53	
IVa.	Gemeinsamer Ausschuss	Art. 53a	
V.	Bundespräsident	Art. 54–61	
VI.	Bundesregierung	Art. 62–69	
VII.	Gesetzgebung	Art. 70–82	Staatsfunktionen
VIII.	Verwaltung	Art. 83–91	
VIIIa.	Gemeinschaftsaufgaben u.a.	Art. 91a–91e	
IX.	Rechtsprechung	Art. 92–104	

178

Gliederung des Grundgesetzes		
X. Finanzwesen	Art. 104a–115	Finanzverfassung (finanzielle Grundlagen)
Xa. Verteidigungsfall	Art. 115a–115l	Wehr- und Notstandsverfassung (daneben: Art. 35, 53a, 80a, 87a, 91)
XI. Übergangs- und Schlussbestimm.	Art. 116–146	Verschiedenes (s. insb. Art. 116, 121, 142, 146)

179 Eines der auffälligsten Strukturmerkmale des Grundgesetzes bildet die systematische **Stellung des Grundrechtskatalogs** gleich am Anfang, im ersten Abschnitt (Art. 1 bis 19 GG), noch vor der Staatsfundamentalnorm des Art. 20 GG. Dort zu Beginn findet sich die wesentlichste Aussage unserer gesamten Verfassungs- und Rechtsordnung, das Bekenntnis zur Menschenwürde in Art. 1 Abs. 1 GG: „Die **Würde des Menschen ist unantastbar.** Sie zu achten und zu schützen ist Verpflichtung aller staatlichen Gewalt." Als Alternativvorschlag war 1948/1949 übrigens der folgende Satz in der Diskussion: „Der Staat ist um des Menschen willen da, nicht der Mensch um des Staates willen." Spätestens damit wird deutlich, dass das Grundgesetz einen ganz entschiedenen **Gegenentwurf** darstellt **zum menschenverachtenden und menschenvernichtenden System des Nationalsozialismus** von 1933 bis 1945. Die Bestätigung und die Gewährleistung der Menschen- und Bürgerrechte, insb. der Sicherung der Freiheit des Einzelnen in seiner Gemeinschaftsbezogenheit – das ist der Urgrund legitimer Herrschaft des modernen Staates.

180 Der zweite Abschnitt des Grundgesetzes ist etwas zu allgemein und daher wenig treffend mit „Der Bund und die Länder" überschrieben. Er enthält jedoch elementare Vorschriften zum **Wesen der Bundesrepublik,** allen voran Art. 20 und 28 GG, die die meisten **Staatsgrundlagen** festlegen (Republik, Demokratie, Volkssouveränität, Sozialstaatlichkeit, Bundesstaatlichkeit, Rechtsstaatlichkeit, Gewaltenteilung, Verfassungs- und Gesetzesbindung, kommunale Selbstverwaltung). Daneben greift dieser Abschnitt so wichtige Fragen auf wie die Stellung der **politischen Parteien** (Art. 21 GG), das Verhältnis zur **Europäischen Union** (Art. 23 GG), zum **Völkerrecht** sowie zum **Ausland** allgemein (Art. 24 bis 26, 32 GG), grundlegende **Kompetenzvermutungen** im Bund-Länder-Bereich (Art. 30, 31 GG) oder die **Staatshaftung** (Art. 34 GG).

181 In den Abschnitten III bis VI werden die **wichtigsten Verfassungsorgane** des Bundes errichtet, mit Kompetenzen (Rn. 98) ausgestattet und einander zugeordnet: der Bundestag (Art. 38 bis 48 GG), der Bundesrat (Art. 50 bis 53 GG), der Bundespräsident (Art. 54 bis 61 GG) und die Bundesregierung (Art. 62 bis 69 GG). Art. 53a GG gehört zur sog. Wehrverfassung, regelt die Einrichtung

eines Gemeinsamen Ausschusses von Bundestag und Bundesrat im Verteidigungsfall (vgl. dazu vor allem Art. 115e GG) und hat bislang glücklicherweise keine praktische Bedeutung erlangt. Dieser Abschnitt bildet den **Kern des Staatsorganisationsrechts** (Rn. 111).

Etwas versteckt in anderen Abschnitten des Grundgesetzes finden sich drei weitere Verfassungsorgane, nämlich allen voran das Bundesverfassungsgericht (Art. 93, 94 GG), daneben die Bundesversammlung, die den Bundespräsidenten wählt (Art. 54 GG), sowie der Bundesrechnungshof (Art. 114 Abs. 2 GG), dessen verfassungsrechtliche Stellung allerdings umstritten ist. Wie schon erwähnt (Rn. 117) erfahren die Verfassungsorgane der *Länder* ihre Regelung nicht im Grundgesetz, sondern in den jeweiligen Landesverfassungen. 182

Die Abschnitte VII bis X des Grundgesetzes widmen sich den **Staatsfunktionen**, d.h. sie regeln grundlegende Aufgaben der Verfassungsorgane, allen voran die **Gesetzgebung des Bundes** (Abschnitt VII, Art. 70 bis 82 GG). Damit wird der Bund in die Lage versetzt, im Rahmen seiner Gesetzgebungskompetenz theoretisch beliebig neues Recht zu schaffen. Abschnitt VIII (Art. 83 bis 91 GG) befasst sich vor allem mit der im Bundesstaat wichtigen **Abgrenzung der Verwaltungsräume** zwischen Bund und Ländern. Abschnitt IX (Art. 92 bis 104 GG) behandelt die dritte Staatsgewalt, die **Rechtsprechung**, vor allem die Unabhängigkeit der Richter (Art. 92, 97, 98 GG); in diesem Rahmen werden die verfassungsrechtlichen Grundlagen für ein weiteres, sehr bedeutendes Verfassungsorgan gelegt, nämlich für das Bundesverfassungsgericht (Art. 93, 94 GG). Nicht übersehen werden darf auch, dass dieser Abschnitt die meisten sog. **Justizgrundrechte** (Art. 101 bis 104 GG) enthält, d.h. grundlegende Gewährleistungen für den Bürger vor Gericht und im Verhältnis zum Richter. Schließlich sind die **Gemeinschaftsaufgaben** und die Verwaltungszusammenarbeit in Abschnitt VIIIa des Grundgesetzes zu erwähnen, durch die der Bund insb. berechtigt wird, bei bestimmten Aufgaben der Länder (insb. bei der Förderung von Wissenschaft, Forschung und Lehre, Art. 91b GG) mitzuwirken. 183

Abschnitt X enthält die sog. **Finanzverfassung** des Grundgesetzes, deren Bedeutung gerade in der Ausbildung gerne unterschätzt wird, die aber **für die Staatspraxis eine enorme Rolle** spielt. Denn ohne den Einsatz von Geld käme die Tätigkeit des modernen Staates in sehr kurzer Zeit völlig zum Erliegen. So wird in den Art. 104a bis 109 GG die Basis für die Finanzbeziehungen zwischen dem Bund und den Ländern gelegt, insb. werden die sog. **Finanzhoheiten** verteilt und ein **Finanzausgleich** statuiert. Die Art. 110 bis 115 GG befassen sich sodann mit dem Haushaltsverfassungsrecht des Bundes (während das Haushaltsverfassungsrecht der Länder in den jeweiligen Landesverfassungen geregelt ist). 184

Abschnitt Xa gehört zur sog. Wehrverfassung. In ihm finden sich die Vorschriften zum **Verteidigungsfall**, d.h. für den Fall, dass das Bundesgebiet mit Waffengewalt angegriffen wird oder ein solcher Angriff unmittelbar droht (vgl. Art. 115a Abs. 1 GG). Durch diese Vorschriften werden vor allem wesentliche Kompetenz- und Funktionsverteilungen des Grundgesetzes 185 umgestaltet, um die Effektivität staatlichen Handelns den Erfordernissen des Verteidigungsfalls anzupassen.

186 Der letzte Abschnitt des Grundgesetzes, Abschnitt XI, ist etwas belanglos mit „**Übergangs- und Schlussvorschriften**" überschrieben. Das darf jedoch nicht darüber hinwegtäuschen, dass hier z.T. ebenso praxis- wie prüfungsrelevante Bestimmungen enthalten sind, insb.

- die **Definition des Deutschen** (Art. 116 Abs. 1 GG),
- die Bestreitung der Zuschüsse für die Sozialversicherung (Art. 120 Abs. 1 Satz 4 GG – hier werden jährlich Milliardenbeträge verschoben, s. Rn. 695),
- das **Staatskirchenrecht** (Art. 140 GG i.V.m. Art. 136, 137, 138, 139 und 141 WRV [Rn. 156], die unmittelbar weitergelten),
- der **Begriff der Mehrheit der Mitglieder des Bundestages** (Art. 121 GG, s. Rn. 45 – relevant vor allem für die Bundeskanzlerwahl in Art. 63 GG und für Verfassungsänderungen gem. Art. 79 GG),
- Regelungen zur Fortgeltung alten Rechts, relevant insb. vor dem Hintergrund der Änderungen des Grundgesetzes im Jahr 2006 (Art. 125a bis 125c GG).

VI. Verfassungstext – Verfassungsauslegung

Literaturhinweise: *M. Herdegen*, Verfassungsinterpretation als methodische Disziplin, JZ 2004, 873–879; *S. Hölscheidt/S. Menzenbach*, Normsetzung auf inner- und überstaatlicher Ebene, JURA 2008, 574–579; *K. Larenz/C.-W. Canaris*, Methodenlehre der Rechtswissenschaft, 3. Aufl. 1995; *D. Schäfers*, Einführung in die Methodik der Gesetzesauslegung, JuS 2015, 875–880; *R. Wank*, Die Auslegung von Gesetzen, 6. Aufl. 2015; *M. Würdinger*, Das Ziel der Gesetzesauslegung – ein juristischer Klassiker und Kernstreit der Methodenlehre, JuS 2016, 1–6; *R. Zippelius*, Juristische Methodenlehre, 11. Aufl. 2012.

1. Fehlende Eindeutigkeit des Verfassungstextes

187 Das Grundgesetz enthält als juristischer Text Rechtsnormen, d.h. es stellt **abstrakt-generell formulierte Sollensanforderungen** für einen bestimmten – den staatlichen – Teilbereich der Lebenswirklichkeit (für das „Sein") auf. Damit teilt das Grundgesetz den Charakter der meisten anderen Gesetzestexte: Es leidet in seinen Tatbestandsmerkmalen und z.T. auch in den zugelassenen Rechtsfolgen unter **mangelnder Eindeutigkeit,** es ist äquivok. Das ist übrigens kein Konzeptionsfehler, sondern ein Phänomen juristischer Normen, die sich in der Rechtspraxis des Alltags oft nicht ohne weiteres Zutun entfalten. Grund dafür sind einerseits die Vagheit der menschlichen Sprache (Rn. 9 ff., 14) und andererseits die Vielfalt der Lebenssituationen, die das Recht regeln will.

188 Die Mehrdeutigkeit von Normen – auch von denen des Grundgesetzes – zeigt sich an **unbestimmten Rechtsbegriffen** oder **Generalklauseln** (hierzu Rn. 476 ff.).

Beispiele:
- Auf welche Gesetzgebungskompetenz kann sich etwa der Bund stützen, wenn er ein Nichtraucherschutzgesetz erlässt? Auf das „Recht der Wirtschaft" gem. Art. 74 Abs. 1 Nr. 11 GG? Auf „Maßnahmen gegen gemeingefährliche oder übertragbare Krankheiten" oder auf das „Recht der Gifte" i.S.v. Art. 74 Abs. 1 Nr. 19 GG? Oder vielleicht auf das „Recht der Genussmittel" gem. Art. 74 Abs. 1 Nr. 20 GG?
- Wann kann ein Land Kräfte und Einrichtungen der Bundespolizei (des ehemaligen Bundesgrenzschutzes) anfordern? Art. 35 Abs. 2 Satz 1 GG erlaubt dies nur „zur Aufrechterhaltung oder Wiederherstellung der öffentlichen Sicherheit oder Ordnung" und zudem nur „in Fällen von besonderer Bedeutung" und schließlich nur dann, wenn die Landespolizei „ohne diese Unterstützung eine Aufgabe nicht oder nur unter erheblichen Schwierigkeiten erfüllen könnte": einige Fälle von unbestimmten Verfassungsbegriffen, die man je nach individueller Ansicht so oder anders verstehen kann.
- Die Vagheit von Rechtsnormen gilt sogar für auf den ersten Blick eindeutige Vorschriften wie Art. 22 Abs. 2 GG: Denn mit dem Satz „Die Bundesflagge ist schwarz-rot-gold" ist nicht gesagt, wie diese Farben angeordnet sind: längs, quer, diagonal oder gar gemustert. Dass die Streifen quer und zudem gleichmäßig angeordnet sind, sagt dem Deutschen die Tradition und die erlebte Gewohnheit (insb. bei Sportereignissen). Für einen Belgier sieht die Sache schon ganz anders aus ... (vgl. *Maurer*, Staatsrecht I, § 1 Rn. 47).

2. Rechtsanwendung – juristische Methode

Angesichts fehlender Eindeutigkeit von Gesetzestexten ist es Aufgabe der **Rechtsanwendung i.w.S.**, diesen „Mangel" im Einzelfall zu überwinden und die jeweils anstehende juristische Frage zu lösen, das juristische Problem einem tragfähigen, im Idealfall einem „gerechten" Ergebnis zuzuführen. Voraussetzungen dafür sind 189

(1) die hinreichende Ermittlung des zu entscheidenden Lebenssachverhalts,
(2) die Auslegung der in Betracht kommenden Rechtsnormen und
(3) die Heranziehung des Auslegungsergebnisses auf den ermittelten Sachverhalt (Rechtsanwendung i.e.S. = Subsumtion, Rn. 7, 43).

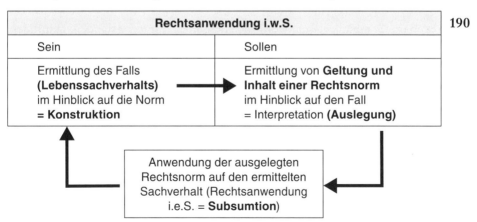

190

191 Der Weg, den der Jurist bei der Gewinnung von rechtlichen Ergebnissen beschreitet, wird als **juristische Methode** bezeichnet. Methode bedeutet – wie bereits weiter oben gesagt (Rn. 5 f.) – ein ernsthaftes und planmäßiges sowie versachlichtes, d.h. auf andere Personen übertragbares und von diesen reproduzierbares (= wissenschaftliches) Verfahren zur Gewinnung von Erkenntnissen. Die juristische Methode zeichnet sich insb. dadurch aus, dass sie Aussagen über Geltung und Inhalt von Rechtsnormen treffen will und dabei auf **subjektive Wertungen** nicht verzichten kann. Rechtswissenschaft ist deshalb keine exakte oder empirische Wissenschaft wie etwa die Mathematik oder die Naturwissenschaften, die ihre Ergebnisse durch Beweis der Äquivalenz, Identität o.Ä. gewinnen, sondern – insoweit vergleichbar mit der Theologie – eine Normwissenschaft. Dabei steht das Adjektiv „normativ" häufig für „bewertend", „eine (subjektive) Wertung enthaltend". Das Ziel der Juristerei als Normwissenschaft besteht in der Macht der normativen Argumentation, die bestenfalls zur Überzeugung durch Evidenz (Offensichtlichkeit) führt.

3. Auslegung (Interpretation)

192 Um eine abstrakt-generelle Rechtsnorm für den Einzelfall handhabbar zu machen, muss sie regelmäßig „aufbereitet" werden, was auch für Verfassungsnormen gilt *(BVerfGE 62, 1 [39] – Vertrauensfrage I)*. Dies erfordert eine **Definition**, d.h. eine möglichst eindeutige Bestimmung der mehrdeutigen, zumindest aber unklaren Tatbestandsmerkmale einer Rechtsnorm. Zu dieser definitorischen Aufbereitung bedarf es der **Auslegung (Interpretation)**.

193 Wie vollzieht sich Auslegung, woran orientiert sie sich? Die Antwort darauf gibt die Methodenlehre, als deren Begründer der große deutsche Zivilrechtswissenschaftler *Friedrich Carl von Savigny* (1779–1861) gilt (System des heutigen römischen Rechts, Bd. 1, 1840, S. 206 ff.). *Savignys* Gedanken werden heute selten im Original gelesen, wohl auch deshalb z.T. missverstanden, zumindest aber verkürzt wiedergegeben. *Savigny* unterschied zwischen vier „Elementen" der Auslegung: einem grammatischen, einem logischen, einem historischen und einem systematischen – dies aber nur bei einem „gesunden Zustand" des auszulegenden Gesetzestextes. Erweise sich das Gesetz hingegen als „mangelhaft", empfahl *Savigny* eine Auslegung nach dem systematischen Gesamtzusammenhang und nach dem „Grund" (svw. Normzweck, Regelungsziel) sowie eine Folgenabwägung des Auslegungsergebnisses. Diese Differenzierung wird heute nicht mehr vorgenommen, nachdem die h.M. und insb. das Bundesverfassungsgericht in st.Rspr. die **vier** folgenden **Auslegungskriterien** (Kanones der „Sinnbestimmungsmittel") als maßgeblich erachten (vgl. *BVerfGE 93, 37 [81] – Mitbestimmungsgesetz Schleswig-Holstein*): Wortlaut, (Bedeutungs-)Zusammenhang, Entstehungsgeschichte sowie Sinn und Zweck.

- Wortlaut: Nach der **grammatischen Auslegung** (bisweilen auch als philologische, *nicht* aber als „grammati*kalische*" Auslegung bezeichnet) ist ein Normtext möglichst nach seinem Wortsinn zu verstehen. Auslegungsleitend ist i.d.R. der allgemeine Sprachgebrauch, erforderlichenfalls aber auch die jeweils spezielle Fachsprache, insb. die Rechtssprache (vgl. nur „Sache" i.S.v. § 90 BGB oder Verwaltungsakt i.S.v. § 35 VwVfG).
- (Bedeutungs-)Zusammenhang: Die **systematische Auslegung** beruht auf der Annahme, dass das einzelne Wort innerhalb der Rechtsnorm, das jeweilige Gesetz, der Rechtsbereich und darüber hinaus die gesamte Rechtsordnung in widerspruchsfreier Beziehung zueinander stehen, sich ggf. sinnvoll ergänzen und deshalb wenigstens keine Rechtsnorm einer anderen widersprechen soll. Eine Textstelle muss daher unter Berücksichtigung der mit ihr in Zusammenhang stehenden Regelungen (Kontext) ausgelegt werden.
- Entstehungsgeschichte: Die darauf bezogene Auslegung dient der Ermittlung des vom Gesetzgeber Gewollten **(genetische, subjektiv-logische Auslegung)** sowie darüber hinausgehend der objektiven historischen Begleitumstände **(historische Auslegung)**. Beide Kriterien werden häufig unter „historischer Auslegung" zusammengefasst. Um den Willen des Gesetzgebers zu ergründen, sind vor allem die „Gesetzgebungsmaterialien" auszuwerten, d.h. die Begründung des jeweiligen Gesetzentwurfs (Rn. 1054, 1112) sowie die Berichte, Beschlüsse und sonstigen Äußerungen in den Beratungen des Parlaments. Fundstellen sind häufig die Parlamentsdrucksachen (Drucksachen des Deutschen Bundestags – BT-Drs. – oder des jeweiligen Landtags – LT-Drs. –) sowie die Stenographischen Berichte über Plenarsitzungen (Plenarprotokolle).
- **Sinn und Zweck:** Die **teleologische (objektiv-logische) Auslegung** (nicht zu verwechseln mit der logischen Auslegung im Sinne *Savignys*, Rn. 193) möchte die Bedeutung des Normtextes an dem Ziel (griech. *télos*) ausrichten, das mit der Norm erreicht werden soll. Dabei stellt dieses Auslegungskriterium aber nicht auf den historischen Willen des Gesetzgebers ab, sondern auf den in der Norm zum Ausdruck kommenden Zweck, der sich gerade bei älteren Normen im Laufe der Zeit auch geändert haben kann. Dahinter steht der Gedanke des deutschen Rechtsphilosophen *Gustav Radbruch* (1878–1949), dass das Gesetz klüger sein kann als der Gesetzgeber (vgl. auch *BVerfGE 36, 342 [362] – Besoldungsgesetz Niedersachsen*). Das ist sehr bedenklich, denn klüger ist natürlich nicht das Gesetz, sondern für klüger hält sich sein jeweiliger Interpret, der sich damit vom historischen Gesetzgeber lösen will (Rn. 209 und *Röhl/Röhl*, Allgemeine Rechtslehre, 3. Aufl. 2008, S. 629).

198	Auslegungsregeln (Interpretationskanones)			
	grammatisch: Wortlaut, -sinn, Sprachgebrauch	**systematisch:** Normzusammenhang (Kontext)	**„logisch":** „Zu-Ende-Denken der Norm"	
			„subjektiv-logisch", **historisch:** Wille des Gesetzgebers und Begleitumstände	„objektiv-logisch" = **teleologisch:** Sinn und Zweck des Gesetzes

199 **Achtung:** Das Adjektiv teleologisch kommt – wie oben schon gesagt – vom griech. *télos* (svw. Zweck, Ziel), nicht vom griech. *theós* (svw. Gott). Peinlich ist es daher, wenn in juristischen Prüfungen von „theologischer Auslegung" statt von „teleologischer Auslegung" die Rede ist.

200 Keine Methode der Auslegung ist die sog. **authentische Interpretation**. Vielmehr nimmt hier der Gesetzgeber eine Auslegung „seines" Gesetzes vor, die für Verwaltung und Rechtsprechung verbindlich sein soll. Für künftige Sachverhalte kann dies im Wege einer (klarstellenden) Gesetzesänderung erfolgen. Soll ein solches Änderungsgesetz indessen in die Vergangenheit zurückwirken, kann dies den Grundsatz der Rechtssicherheit und des Vertrauensschutzes beeinträchtigen (näher hierzu Rn. 485 ff.). Zudem verstößt die Verbindlichkeit der authentischen Auslegung für die Vergangenheit gegen die Gewaltenteilung (Art. 20 Abs. 2 Satz 2 GG, Rn. 864 ff.). Denn die verbindliche Auslegung einer Norm und ihre Anwendung auf vergangene Sachverhalte ist Aufgabe der rechtsprechenden Gewalt *(BVerfGE 135, 1 [14 f. Rn. 44 ff.] – Kapitalanlagegesellschaft)*.

4. Rechtsfortbildung

201 Es kann vorkommen, dass das Gesetz für einen bestimmten Rechtsstreit keine Antwort bereithält und diese Lücke auch durch Auslegung nicht gefüllt werden kann, insb. weil der Wortlaut der Rechtsnorm entgegensteht. Unter der Voraussetzung, dass diese **Lücke** nicht dem Willen des Gesetzgebers entspricht, also **„planwidrig"** ist, darf der Richter das Recht hier selbstschöpferisch fortentwickeln, allerdings nur mit großer Zurückhaltung und unter Beachtung der einschlägigen juristischen Methoden (vgl. *BVerfGE 34, 269 [286 ff.] – Soraya*, Rn. 906 ff.):

202 – Im Wege des **Analogieschlusses** (Ähnlichkeitsschluss, lat. *argumentum a simile*) wird die Rechtsfolge einer Norm auf einen Sachverhalt übertragen, der den Tatbestand der Norm nicht erfüllt. Voraussetzung ist, dass der Sachverhalt mit dem Tatbestand vergleichbar ist, dass er von einer vergleichbaren Interessenlage beherrscht wird. Als Argumentationsfigur dient dabei häufig der **Erst-recht-Schluss** (lat. *argumentum a fortiore*, häufig ist … *a fortiori* zu

lesen): Zulässig ist dabei sowohl die Schlussfolgerung vom Größeren auf das Kleinere (*argumentum a maiore ad minus*) als auch vom Kleineren auf das Größere (*argumentum a minore ad maius*). Von Verfassungs wegen unzulässig ist die Analogie (von griech. *análogos*, eigentlich der Vernunft entsprechend) zulasten des Täters im Strafrecht. Dies folgt aus Art. 103 Abs. 2 GG, wonach die Strafbarkeit bestimmt sein muss, bevor die Tat begangen wurde (Rn. 1446).

– Eine Form der umgekehrten Analogie ist die **teleologische Reduktion**. 203 Hier wird der Tatbestand einer Norm beschränkt, d.h. es wird eine ungeschriebene Ausnahme angenommen, weil der Tatbestand zu weit geraten ist.

– Das Gegenteil der Analogie ist der **Umkehrschluss** (lat. *argumentum e contrario*). Hiernach wird eine Norm gerade nicht (analog) angewendet, weil der Sachverhalt nicht von ihr umfasst wird. Fälle, die einen Umkehrschluss gebieten, sind vor allem Ausnahmevorschriften und abschließende Aufzählungen des Gesetzes (Enumerationen). 204

Umgang mit planwidrigen Gesetzeslücken		
Analogie	teleologische Reduktion	Umkehrschluss

205

Ob im Einzelfall eine Analogie, eine teleologische Reduktion oder ein Umkehrschluss angezeigt ist, entzieht sich freilich meist einer eindeutigen Antwort. Je nach Wertung, insb. je nach Bewertung der jeweiligen Interessen lässt sich nicht selten das eine Ergebnis ebenso gut begründen wie das andere. 206

5. Methodendilemma – Methodenstreit

Aus den vorstehenden Ausführungen lässt sich bereits das Kernproblem der rechtswissenschaftlichen Methodenlehre (Methodologie) erahnen. Für die Auslegung und Rechtsfortbildung liefert die Rechtswissenschaft dem Rechtsanwender in Kommentaren, Lehrbüchern u.a.m. viel Argumentationsmaterial. Das „ewige", weil bisher ungelöste **Dilemma der juristischen Methodenlehre** besteht dabei darin, dass das **Verhältnis** der Auslegungskriterien und der Mittel zur Rechtsfortbildung **nicht geklärt** ist. Ein Rangverhältnis (eine Hierarchie) der einzelnen Kriterien und Mittel besteht nämlich nicht (anders bei den Rechtsnormen selbst, Rn. 141). Dieses Dilemma wird offenbar, wenn die verschiedenen Methoden zu unterschiedlichen Ergebnissen führen, soweit sich jedes einzelne dieser Ergebnisse *lege artis* (lat. nach dem Gesetz der Kunst, also nach den allgemein anerkannten wissenschaftlichen Regeln) gut begründen lässt. Dann stellt bereits die Wahl der maßgeblichen Methode eine bestimmende Wertentscheidung des Rechtsanwenders dar; im Übrigen zählt die Kraft der **Argumentation**. Diese Schwäche der juristischen Methodenlehre wird von vielen schlauen Köpfen in mannigfacher Weise diskutiert und beklagt, ohne dass bisher eine befriedigende Lösung gefunden worden wäre. 207

Bis auf Weiteres müssen wir damit leben. Umso wichtiger ist daher, sich dieses Methodendilemmas stets bewusst zu sein.

208 Nicht verschwiegen werden soll, dass bei alledem die **teleologische Auslegung** seit Jahrzehnten eine gewisse **Vorherrschaft** genießt. Vorschub dafür leistet das Bundesverfassungsgericht in (noch) ständiger Rechtsprechung: *„Maßgebend für die Auslegung einer Gesetzesvorschrift ist der in dieser zum Ausdruck kommende objektivierte Wille des Gesetzgebers, so wie er sich aus dem Wortlaut der Gesetzesbestimmung und dem Sinnzusammenhang ergibt, in den diese hineingestellt ist. Nicht entscheidend ist dagegen die subjektive Vorstellung der am Gesetzgebungsverfahren beteiligten Organe oder einzelner ihrer Mitglieder über die Bedeutung der Bestimmung. Der Entstehungsgeschichte einer Vorschrift kommt für deren Auslegung nur insofern Bedeutung zu, als sie die Richtigkeit einer nach den angegebenen Grundsätzen ermittelten Auslegung bestätigt oder Zweifel behebt, die auf dem angegebenen Weg allein nicht ausgeräumt werden können" (BVerfGE 1, 299 [312] – Erstes Wohnungsbaugesetz; vgl. auch BVerfGE 54, 277 [297f.] – Revisionen; BVerfGE 62, 1 [45] – Vertrauensfrage I; BVerfGE 88, 145 [166f.] – Konkursverwaltervergütung)*.

209 Diese Form der teleologischen Auslegung wird – im Gegensatz zur historischen, „subjektiven" Interpretation – gemeinhin als **„objektive"** (oder **„objektiv-logische"**) **Auslegung** bezeichnet (Rn. 198). Objektivität aber gibt es als solche nicht, weil jede Erkenntnis stets individuell, also subjektiv erfolgt. Die „objektive" Auslegung birgt daher die große Gefahr, dass der Interpret – insb. der Richter – in eine Rechtsnorm sein Vorverständnis und seine politischen Ziele einfließen lässt. Auslegung kann so zur „Hineinlegung" werden, auf perfide Weise getarnt eben durch das Wort „objektiv". Dies scheint das Bundesverfassungsgericht in jüngster Zeit deutlicher zu erkennen *(Sondervoten zu BVerfGE 122, 248 [282ff.] – Rügeverkümmerung)*.

210 Eine gewisse Abhilfe böte im Übrigen der **Mut zur Ehrlichkeit,** d.h. die **Offenlegung des individuellen Vorverständnisses.** Hier scheint in Deutschland allenthalben großer Nachholbedarf zu bestehen. Anders als etwa im anglo-amerikanischen Rechtskreis vermeiden deutsche Juristen, vor allem Richter, jeden persönlichen Rückbezug. Wörter und Wendungen, die das subjektive (Vor-)Verständnis offenlegen (wie z.B. „ich meine", „meines Erachtens" oder „nach meiner Auffassung"), sind verpönt, finden allenfalls in etwas verschämter Abkürzung Verwendung („m.E.") und werden jungen Juristen zumeist von Anfang an „abtrainiert". Stattdessen spricht und schreibt man lieber „nach herrschender Meinung" (h.M.), „vernünftigerweise", „bei Lichte besehen" oder auch „angemessen" bzw. „sachgemäß ist daher nur ...". Solche und ähnliche Feigenblätter sind keine Begründungen, sondern gleichsam Signalwörter für die (rechtspolitische) Überzeugung des Rechtsanwenders. Angesichts dieses eingefahrenen Stils wäre es freilich verfrüht, in einem Lernbuch den Übergang zu subjektiven Wendungen zu empfehlen. Anfangen müssen damit die Obergerichte und die juristischen Schriftsteller.

6. Besonderheiten der Verfassungsauslegung

Die Normen des Grundgesetzes werden im Prinzip nach den gängigen juristischen Methoden ausgelegt und fortgebildet. Damit wird zugleich der Methodenstreit in die Verfassungsauslegung eingepflanzt. Allerdings wurden ergänzend zu den „klassischen" Auslegungsmitteln weitere Gesichtspunkte herausgearbeitet, unter denen die Normen des Grundgesetzes betrachtet werden können. Im Laufe der Zeit haben sie mehr oder weniger starke Anerkennung gefunden. Erwähnen möchte ich nur die folgenden: 211

– Grundsatz der **Einheit der Verfassung**: Dahinter steht das Ziel, das Grundgesetz als ein homogenes Normgefüge zu betrachten (auch wenn dies nicht immer der Fall ist). Widersprüche zwischen Einzelvorschriften sollen vor dem Gesamtzusammenhang des Grundgesetzes gesehen und aufgelöst werden *(BVerfGE 30, 1 [19] – G 10)*. In der Sache stellt dieser Grundsatz eine besondere Ausprägung der systematischen Auslegung dar. 212

– Grundsatz der **praktischen Konkordanz**: Dieses Prinzip stellt die konsequente Fortsetzung des Grundsatzes der Einheit der Verfassung dar: Kollidierende Verfassungsgüter und -normen sollen danach einander möglichst schonend zugeordnet werden, ohne dass die eine Vorschrift zu stark an Gewicht einbüßt (neudeutsch ließe sich von einer „Win Win-Situation" sprechen). Dies muss bei der Abwägung (Rn. 514) beachtet werden (vgl. etwa *BVerfGE 93, 1 [21] – Kruzifix*). 213

– Grundsatz der **funktionellen Richtigkeit**: Normen des Grundgesetzes sind, insb. wenn sie Kompetenzen (Rn. 87, 98) begründen, so auszulegen, dass die damit ausgestatteten Organe innerhalb des „Machtbereichs" (der Funktion) bleiben, den ihnen das Grundgesetz zuweist. So darf etwa der Bundespräsident im Rahmen der Ausfertigung eines Gesetzes (Art. 82 Abs. 1 Satz 1 GG) nicht als „detailversessener Prüfer" auftreten, sondern soll die Normenkontrolle dem Bundesverfassungsgericht überlassen (Rn. 1157 ff.). Dabei darf das Bundesverfassungsgericht jedoch seinerseits nur eine Verfassungsmäßigkeitsprüfung am Maßstab des Rechts vornehmen (Art. 93 Abs. 1, Art. 100 Abs. 1 GG); die politischen Wertungen und Entscheidungen muss es dem Gesetzgeber überlassen (Art. 77 Abs. 1 Satz 1, Art. 78 GG); näher Rn. 515a. 213a

– Grundsatz der **gemeinschaftsrechtskonformen/unionsrechtskonformen/richtlinienkonformen Auslegung**: Das supranationale Recht der Europäischen Union (Unionsrecht) hat Vorrang vor dem nationalen Recht ihrer Mitgliedstaaten und damit auch vor dem Grundgesetz. Daraus folgt die Verpflichtung vor allem der Gerichte und Behörden der Mitgliedstaaten, nationales Recht im Sinne der Vorgaben des Unionsrechts, also unionsrechtskonform (gemeinschaftsrechtskonform) auszulegen (zum Begriffsdualismus Gemeinschaft – Union s. Rn. 827 ff.). Da die meisten Vorgaben des Unionsrechts in Richtlinien zu finden sind, wird dafür häufig die Bezeich- 214 nung richtlinienkonforme Auslegung verwendet (vgl. *BVerfGE 75, 223 [234] – Umsatzsteuer-Richtlinie*; *EuGH, Slg. 2005, I-5285 Rn. 43 – Pupino*).

215 Zu unterscheiden von den genannten verfassungsspezifischen Auslegungsaspekten ist die **verfassungskonforme Auslegung**. Sie ist keine Methode zur Auslegung von Normen des Grundgesetzes, sondern von unterverfassungsrechtlichen Normen *am Maßstab* des Grundgesetzes und stellt im Grunde eine Spielart der systematischen Interpretation (Rn. 195) dar: Kommen bei der Handhabung einer unterverfassungsrechtlichen Norm zwei (oder mehrere) Auslegungsmöglichkeiten in Betracht, von denen die eine zu einem verfassungsgemäßen Ergebnis führt, die andere(n) aber zu einem verfassungswidrigen, muss die verfassungsgemäße (verfassungskonforme) Auslegung gewählt werden. Diese „Rettung vor der Verfassungswidrigkeit" ist nicht dem Bundesverfassungsgericht vorbehalten, sondern obliegt allen Gerichten bei ihrer täglichen Arbeit (vgl. nur *BVerfGE 88, 203 [331] – Schwangerschaftsabbruch II*). Erst wenn die Fachgerichte zu dem Ergebnis gelangen, dass die verfassungskonforme Auslegung der Norm eines formellen Gesetzes nicht möglich ist, haben sie diese Norm dem Bundesverfassungsgericht gem. Art. 100 Abs. 1 GG vorzulegen (konkrete Normenkontrolle, Rn. 450, 1464).

216 Verwandt damit ist die Pflicht zur „**grundrechts-**" oder „**verfassungsorientierten**" **Auslegung**: Sie fordert ganz allgemein, dass einfach- und untergesetzliche Normen, etwa die des Bürgerlichen Gesetzbuchs, des Strafgesetzbuchs oder von Rechtsverordnungen, im Lichte der elementaren Entscheidungen des Grundgesetzes interpretiert werden (grundlegend *BVerfGE 7, 198 [204 ff.] – Lüth*; vgl. auch *BVerfGE 118, 212 [234] – Revision in Strafsachen*). Der Hintergrund ist, dass das Grundgesetz die höchste nationale Rechtsquelle darstellt (Normenhierarchie, Rn. 140 ff.). Insbesondere die Grundrechte (Art. 1 bis 19 GG) bilden die Bausteine einer objektiven Wertordnung; ihnen ist deswegen bei der Auslegung und Anwendung des einfachen Rechts Rechnung zu tragen (sog. **Ausstrahlungswirkung**). Dies ergibt sich vor allem aus der umfassenden Grundrechtsbindung aller staatlichen Gewalt (Art. 1 Abs. 3 GG, Rn. 504 ff.).

Teil II. Staatsgrundlagen und Staatsziele

§ 5. Allgemeines

Literaturhinweise: *S. Korioth*, Staatsrecht I, 4. Aufl. 2018, § 15; *Th. I. Schmidt*, Prüfe dein Wissen – Staatsrecht, 3. Aufl. 2013, Nr. 65–67, 84–85; *G. Beaucamp*, Zentrale Verbindungslinien zwischen Verfassungs- und Verwaltungsrecht, JA 2002, 398–401; *ders.*, Sollten Kultur- und Sportförderung als Staatsziele in das Grundgesetz aufgenommen werden?, NordÖR 2009, 492–496; *S. Westphal*, Art. 20a GG – Staatsziel „Umweltschutz", JuS 2000, 339–343; *K. Stern*, Die Bedeutung der Unantastbarkeitsgarantie des Art. 79 III GG für die Grundrechte, JuS 1985, 329–338 (immer noch aktuell); *U. Krämer*, Die freiheitlich demokratische Grundordnung und ihr Schutz durch die „wehrhafte Demokratie" des Grundgesetzes, UBWV 2009, 11–19.

I. Bedeutung

Wer ein Haus bauen oder erwerben will, tut gut daran, sich nach der Bodenbeschaffenheit, dem **Fundament** und den tragenden Baumaterialien einschließlich der Strom- und Wasserleitungen zu erkundigen. Das ist das Wichtigste, auch wenn es dem Besucher vielleicht zunächst nicht ins Auge sticht. Dagegen ist vieles Weitere (Türen, Fenster, Bodenbeläge, Inneneinrichtung) von nachgeordneter Bedeutung. Dieses Bild kann – mit dem gebotenen Bedacht – auf den Staat übertragen werden. Wer sich dem Staatsrecht der Bundesrepublik Deutschland nähern will, muss also zunächst die **verfassungsrechtlichen Grundstrukturen und -prinzipien (Verfassungsprinzipien)** verstehen. 217

Für nicht wenige Studentinnen und Studenten ist dies mühevoll. Wie auch beim Hausbau neigt man dazu, sich die Details auszumalen, die wesentlich anschaulicher sind. Wer jedoch den Ansprüchen einer akademischen Ausbildung gerecht werden will, der sollte das **Grundlagenverständnis** und den **Gesamtüberblick** erwerben. Die Ausführungen dieses Teils mögen mitunter abstrakt, theoretisch und losgelöst von praktischen Fragestellungen erscheinen. Ihre Kenntnis ist jedoch unerlässlich, um *juristisch argumentieren* zu können, und zwar nicht nur im Staatsrecht, sondern im späteren Ausbildungsverlauf zumindest auch im Verwaltungsrecht, darüber hinaus bisweilen auch im Zivil- und Strafrecht (bei der sog. verfassungskonformen Auslegung, Rn. 215). **Gute Argumentation** ist nicht nur die Trumpfkarte in Klausuren, Haus- und Seminararbeiten, sondern später auch in der beruflichen Praxis (vgl. Rn. 207). 218

219 Entscheidend ist insoweit, die einzelnen Verfassungsprinzipien begrifflich und inhaltlich **auseinander zu halten** und sie klar aus den **einschlägigen Bestimmungen des Grundgesetzes** heraus zu entwickeln. Dabei ist ein hohes Maß an Genauigkeit geboten, um den richtigen Anknüpfungspunkt in einer Norm zu bestimmen. Die Fülle an verfassungsrechtlichen Grundaussagen mancher Vorschrift ist in diesem Bereich – man nehme nur Art. 20 GG – so dicht, dass stets auf den jeweiligen Absatz, Satz und ggf. Halbsatz Bezug zu nehmen ist. Nicht weniger wichtig ist die Unterscheidung zwischen Staatsgrundlagen und Staatszielen (Rn. 243 ff.).

II. Staatsgrundlagen – Staatsfundamentalnorm

1. Begriff

220 Staatsgrundlagen sind diejenigen Festlegungen der Verfassungsordnung, die das **Wesen eines Staates** bestimmen, die ihm sein eigentliches Gepräge geben (Wesensmerkmale). Änderte man die Staatsgrundlagen ab oder höbe man sie gar auf, erhielte die Staatsverfassung einen gänzlich anderen Charakter. Um es in Anlehnung an die strafrechtliche Kausalitätsformel zu formulieren: Die Staatsgrundlagen können nicht hinweggedacht werden, ohne dass das konkrete Gepräge des jeweiligen Staates entfiele.

221 Die **Bezeichnung** dieser Staatsgrundlagen **variiert** insb. im Schrifttum: Bald werden sie *Strukturprinzipien* genannt, bald *Leitprinzipien*, bald *Baugesetze der Verfassung*, bald *Verfassungsprinzipien*, bald *verfassungsrechtliche Grundentscheidungen*. Auf die Bezeichnung kommt es nicht an; entscheidend ist vielmehr die Essenz, der Begriffsinhalt.

2. Unabänderliche Grundlagen

222 Im Grundgesetz kann man sich den **wichtigsten Staatsgrundlagen** über **Art. 79 Abs. 3 GG** annähern. **Unzulässig** ist danach eine **Änderung des Grundgesetzes,** durch die insb. die in den **Art. 1 und 20 GG** niedergelegten Grundsätze berührt werden. „Auf ewig" festgeschrieben werden damit die Menschenwürdegarantie und die Grundrechtsbindung (Art. 1 GG, s. sogl. Rn. 224 f.) sowie die Staatsgrundlagen (in der sog. Staatsfundamentalnorm des Art. 20 GG, s. Rn. 226 ff.). Diese Grundsätze bilden einen Großteil der Wesensmerkmale der Bundesrepublik Deutschland (näher zur sog. Ewigkeitsgarantie des Art. 79 Abs. 3 GG, s. Rn. 788 ff.). Mit Art. 79 Abs. 3 GG hat der Verfassungsgeber das unabänderliche Verfassungsfundament der Bundesrepublik Deutschland definiert.

§ 5. Allgemeines   59

Bildlich veranschaulicht ruhen die Staatsgrundlagen der Bundesrepublik im   223
Wesentlichen auf zwei Säulen:

```
        Verfassungsmäßige Ordnung der Bundesrepublik Deutschland
        ┌──────────────────────┐      ┌──────────────────────┐
        │      Art. 1 GG       │      │     Art. 20 GG       │
        │   (oberste Ver-      │      │     (Staats-         │
        │  fassungsdirektive)  │      │  fundamentalnorm)    │
        └──────────────────────┘      └──────────────────────┘
   vor Abänderung geschützt durch Art. 79 Abs. 3 GG („Ewigkeitsgarantie")
```

3. Menschenwürdegarantie als oberste Verfassungsdirektive

Als oberste Verfassungsdirektive bestimmt **Art. 1 Abs. 1 GG,** dass die **Wür-**   224
de des Menschen unantastbar ist. Sie zu achten und zu schützen ist Verpflichtung aller staatlichen Gewalt. Auf diese Weise soll deutlich gemacht werden, dass der Mensch nicht um des Staates willen, sondern dass der Staat um des Menschen willen da ist. Deswegen erklärten die Mütter und Väter des Grundgesetzes **1949** – vier Jahre nach Ende des Zweiten Weltkriegs und der in deutschem Namen begangenen millionenfachen Verbrechen – in **Art. 1 Abs. 2 GG** die Menschenrechte stellvertretend für das Deutsche Volk zur Grundlage jeder menschlichen Gemeinschaft, des Friedens und der Gerechtigkeit in der Welt.

Dieses Bekenntnis ist universell formuliert; es kontrastiert jedoch mit dem   225
Anspruch der wilhelminischen Ära vor dem Ersten Weltkrieg (1888–1918) „Am deutschen Wesen soll die Welt genesen". **Art. 1 Abs. 3 GG** holt die menschenrechtlich-universellen Höhenflüge auf den Boden des deutschen Hoheitsbereichs herab: Durch diese Vorschrift werden die drei Staatsgewalten (Legislative, Exekutive und Judikative) an die Grundrechte des Grundgesetzes gebunden, und zwar nicht – wie in der Weimarer Republik (1919–1933) vertreten – nur als bloße Programmsätze, sondern als unmittelbar geltendes Recht (Rn. 504 ff.).

4. Art. 20 GG als Staatsfundamentalnorm

a) Inhalt

Die zweite wegen Art. 79 Abs. 3 GG unabänderliche Säule der Verfassungs-   226
ordnung des Grundgesetzes ist Art. 20 GG. Anders als Art. 1 GG ist diese Norm nicht auf das Individuum bezogen, hat also keinen subjektiv-rechtlichen Hintergrund. Art. 20 GG betrifft vielmehr in objektiv-rechtlicher Hinsicht die **staatlichen Grundstrukturen der Bundesrepublik,** sozusagen die tragenden Pfeiler in deren baulichem Gerüst. Dieser Artikel wird daher gemeinhin

als **Staatsfundamentalnorm** bezeichnet. Der Zweck der darin genannten Staatsgrundlagenbestimmungen besteht freilich wiederum in der Absicherung des humanistischen Gepräges des Grundgesetzes; insofern berühren sich Art. 20 und Art. 1 GG.

227 Art. 20 Abs. 1 GG legt den Namen des deutschen Staates fest („Bundesrepublik Deutschland") und listet zugleich vier der insgesamt fünf Staatsgrundlagen auf: **Demokratie, Sozialstaatlichkeit, Bundesstaatlichkeit** und **Republik** (letztere entnommen aus dem Staatsnamen selbst). Art. 20 Abs. 2 GG konkretisiert einerseits das Demokratieprinzip, indem in Satz 1 die **Volkssouveränität** festgeschrieben wird (die Staatsgewalt muss vom Volk ausgehen, nicht von einem König oder gar von einem Diktator). Art. 20 Abs. 2 Satz 2 GG führt aus, dass das Volk die Staatsgewalt im Wesentlichen durch gewählte Organe ausübt (repräsentative Demokratie). Durch die Aufzählung der drei Staatsgewalten wird mit diesem Satz aber auch die **Gewaltenteilung** zementiert (vgl. dieselbe Aufzählung bereits in Art. 1 Abs. 3 GG).

228 Die Gewaltenteilung bildet zugleich einen Aspekt des fünften Verfassungsprinzips, des **Rechtsstaatsgebots** (Rn. 422 ff.). Rechtsstaatlichkeit und insb. Gewaltenteilung finden in Art. 20 Abs. 3 GG ihre Fortsetzung, wenn die Staatsgewalten dort an die verfassungsmäßige Ordnung bzw. an Recht und Gesetz gebunden werden (näher Rn. 440 ff., 444 ff.).

229 Vor diesem Hintergrund lässt sich folgendes Schema skizzieren:

Staatsfundamentalnorm des Art. 20 GG				
Festlegung der Staatsgrundlagen				
Republik	**Demokratie**	**Sozialstaat**	**Bundesstaat**	**Rechtsstaat**
Art. 20 I				Art. 20 III
	Art. 20 II			Art. 1 III, Art. 20 II 2

230 **Merke:** Die Staatsgrundlagenbestimmungen in Art. 20 GG enthalten als „**Kurzfassung** des Grundgesetzes" den unveränderlichen Kern der verfassungsmäßigen Ordnung (Art. 79 Abs. 3 GG) und geben die Grobstrukturen für den gesamten Staatsaufbau wieder.

b) Unmittelbar geltendes, aber abstraktes Verfassungsrecht

231 Mit diesen fünf Staatsgrundlagen ist der objektiv-rechtliche Rahmen der Verfassungsordnung für die Bundesrepublik Deutschland gesetzt. Sie stellen **verbindliches und unmittelbar geltendes (Verfassungs-)Recht** dar, nicht bloß politische Absichtserklärungen, die im Zweifelsfall widerstreitenden Vorstellungen weichen müssten. Die rechtliche Schwierigkeit, die gerade in den Anfangssemestern des Jurastudiums deutlich zu spüren ist, besteht in der **großen Abstraktionshöhe** der Prinzipien.

§ 5. Allgemeines 61

Beispiel: Was gebietet das Demokratieprinzip im Einzelnen, insb. bei Wahlen? Steht etwa Ausländern das aktive Wahlrecht zu? Wenn ja: unter welchen Voraussetzungen? (hierzu *BVerfGE 83, 37 ff. – Ausländerwahlrecht Schleswig-Holstein; BVerfGE 83, 60 ff. – Ausländerwahlrecht Hamburg,* sowie Rn. 256 ff.)

Das Problem der Staatsfundamentalnorm des Art. 20 GG liegt also darin, wie die durch sie statuierten Prinzipien zu verstehen sind, **welcher Inhalt ihnen im Einzelfall** zukommt. Eine wesentliche Aufgabe der Vorlesung Staatsrecht I besteht deshalb in der **erläuternden Konkretisierung** dieser Bestimmungen (s. in diesem Buch die §§ 6 bis 10). Vorweg, gleichsam „vor die Klammer gezogen", ist zu betonen, dass die Staatsgrundlagenbestimmungen an vielen Stellen des Grundgesetzes und darüber hinaus in der gesamten Rechtsordnung ihre **spezifische Ausprägung** finden und dadurch mit konkreten Inhalten gefüllt werden. 232

Beispiel: Das Demokratieprinzip wird z.B. durch die Wahlrechtsgrundsätze in Art. 38 Abs. 1 Satz 1 GG konkretisiert (Rn. 354 ff.), des Weiteren durch die Festlegung des aktiven und passiven Wahlrechts in Art. 38 Abs. 2 GG (Rn. 344 ff.) oder durch das Mehrheitsprinzip in Art. 42 Abs. 2 Satz 1 GG (Rn. 303 ff.).

Das Spezialitätsprinzip (lat. *lex specialis derogat legi generali,* s. Rn. 149) gilt auch für die Staatsgrundlagenbestimmungen in Art. 20 GG: Ihre einzelnen Elemente fungieren als **Auffangtatbestände**, die nur dann unmittelbar zum Tragen kommen, wenn und soweit es an einer Einzelregelung oder konkretisierenden Zwischenstufe im übrigen (Verfassungs-)Recht fehlt. 233

Abgesehen davon dienen die Staatsgrundlagenbestimmungen als reichhaltige **Quelle zur Auslegung des sonstigen Verfassungsrechts sowie des einfachen Rechts** (im Rahmen der verfassungskonformen und verfassungsorientierten Auslegung, Rn. 215 f.). 234

c) Erstreckung auf die Länder

Fall: Der Landtag des Bundeslandes B ändert die Landesverfassung – entsprechend dem Wunsch der Mehrheit der dortigen Bevölkerung – dahingehend ab, dass der Ministerpräsident durch einen König ersetzt wird.
(Lösungsvorschlag: Rn. 237) 235

Die **Staatsgrundlagenbestimmungen** des Art. 20 GG **gelten** – ihrer Bedeutung entsprechend – **nicht nur für den Bund, sondern auch für die Länder.** Dies wird bereits aus dem Wortlaut deutlich, der nicht etwa von Staatsgewalt des Bundes spricht oder von der Gesetzgebung, der vollziehenden Gewalt oder der Rechtsprechung des Bundes, sondern an den Bund und die Länder unterschiedslos adressiert ist. Dasselbe Ergebnis liefert eine Analyse der systematischen Stellung der Vorschrift im II. Abschnitt des Grundgesetzes („Der Bund und die Länder"). Allerdings tritt Art. 20 *Abs. 1* GG (nicht aber Abs. 2 bis 4) hinter die sog. **Normativbestimmungen** des **Art. 28 Abs. 1 Satz 1 GG** zurück, wonach die verfassungsmäßige Ordnung in den Ländern 236 den Grundsätzen des republikanischen, demokratischen und sozialen Rechtsstaats im Sinne des Grundgesetzes entsprechen muss (näher dazu Rn. 561 ff.).

237 **Lösungsvorschlag zum Fall Rn. 235:** Die Errichtung einer Monarchie, auch einer parlamentarischen Monarchie, widerspricht der Staatsgrundlagenbestimmung der Republik i.S.v. Art. 20 Abs. 1 GG (Rn. 521 ff.). Das republikanische Prinzip gilt gem. Art. 28 Abs. 1 Satz 1 GG auch für die Länder. Wegen Verstoßes gegen diese Normativbestimmung wäre die Änderung der Landesverfassung grundgesetzwidrig und damit nichtig. Erforderlichenfalls müsste der Bund diese Feststellung vor dem Bundesverfassungsgericht beantragen (Rn. 564).

5. Verhältnis zur freiheitlichen demokratischen Grundordnung („FDGO")

238 Losgelöst von der Festschreibung der unabänderlichen Staatsgrundlagen in Art. 79 Abs. 3 i.V.m. Art. 1 und 20 findet sich im Grundgesetz an einigen Stellen der Begriff der **freiheitlichen demokratischen Grundordnung** (so in Art. 10 Abs. 2 Satz 2, Art. 11 Abs. 2, Art. 18 Satz 1, Art. 21 Abs. 2, Abs. 3 Satz 1 und Art. 91 Abs. 1 GG). Damit hat der Verfassungsgeber eine Umschreibung des elementaren Verfassungskerns der Bundesrepublik Deutschland vorgenommen.

239 Das Bundesverfassungsgericht versteht die „FDGO" als eine Ordnung, *„die unter Ausschluss jeglicher Gewalt- und Willkürherrschaft eine rechtsstaatliche Herrschaftsordnung auf der Grundlage der Selbstbestimmung des Volkes nach dem Willen der jeweiligen Mehrheit und der Freiheit und Gleichheit darstellt. Dazu zählen die Achtung vor den im Grundgesetz konkretisierten Menschenrechten, vor allem vor dem Recht der Persönlichkeit auf Leben und freie Entfaltung, die Volkssouveränität, die Gewaltenteilung, die Verantwortlichkeit der Regierung, die Gesetzmäßigkeit der Verwaltung, die Unabhängigkeit der Gerichte, das Mehrparteiensystem und die Chancengleichheit für alle politischen Parteien mit dem Recht auf verfassungsmäßige Bildung und Ausübung einer Opposition."* (*BVerfGE 2, 1 [12 f.]* – SRP-Verbot; *BVerfGE 5, 85 [140]* – KPD-Verbot).

240 Die h.M. geht davon aus, dass sich der Begriff der „FDGO" mit den in Art. 79 Abs. 3 GG aufgelisteten unabänderlichen Staatsgrundlagen decke. Nach anderer Ansicht beschreibe die „FDGO" zwar **wesentliche Elemente des Rechtsstaats- und des Demokratieprinzips**, treffe aber keine Aussagen zum Bundesstaats- und Sozialstaatsprinzip. Insofern umfasse die „FDGO" nur einen **Teilbereich** der in Art. 79 Abs. 3 GG geschützten Verfassungsgrundsätze. Dies überzeugt: Den Begriff der „FDGO" verwendet das Grundgesetz dort, wo sich die „wehrhafte Demokratie" (Rn. 779 ff.) gegen totalitäre, antidemokratische und antirechtsstaatliche Herrschaftskonzeptionen abgrenzen und verteidigen will. Eine solchermaßen begriffene „FDGO" kann jedoch auch in einem Staat bestehen, der nicht föderativ organisiert ist und der jedenfalls nicht über das sozialstaatliche Niveau verfügt, dessen sich die Bundesrepublik seit Jahrzehn-

ten erfreut. Eine „FDGO" ohne jeglichen sozialen Ausgleich ist freilich nicht denkbar.

6. Weitere Strukturvorgaben des Grundgesetzes

Außerhalb der in der Staatsfundamentalnorm des Art. 20 aufgelisteten Wesensmerkmale enthält das Grundgesetz **weitere strukturgebende Entscheidungen,** die zwar nicht unter dem Abänderungsschutz des Art. 79 Abs. 3 GG stehen, aber gleichwohl zu den charakteristischen Merkmalen der Bundesrepublik Deutschland gehören. Hierzu zählen vor allem 241

- die parlamentarische Form der repräsentativen Demokratie in der konkreten Ausgestaltung der Art. 38 ff. GG (Rn. 278 ff.),
- das parlamentarische Regierungssystem mit der starken Stellung des Bundeskanzlers als Regierungschef gem. Art. 63 ff. GG (Rn. 1248 ff.),
- die Garantie der kommunalen Selbstverwaltung in Art. 28 Abs. 2 GG (Rn. 646 ff.) sowie
- die Finanz- und Steuerstaatlichkeit, die sich aus der sog. Finanzverfassung der Art. 104a ff. GG ergibt (Rn. 697 ff.).

Diese Strukturentscheidungen müssen in ihren konkreten Ausprägungen **nicht zwingend und unabänderlich** beibehalten werden. Sie sind einer Verfassungsänderung zugänglich, sofern dadurch nicht die Schutzgüter des Art. 79 Abs. 3 GG beeinträchtigt würden. So könnte z.B. ein präsidiales Regierungssystem mit Art. 79 Abs. 3 GG vereinbar sein, soweit es insb. den in Art. 20 Abs. 1 und 2 GG niedergelegten Anforderungen des Demokratieprinzips entspricht. 242

III. Staatsziele – Staatszielbestimmungen

Neben den Staatsgrundlagenbestimmungen hat das Grundgesetz sich auch der Umsetzung einiger Staatsziele verschrieben. Staatsziele unterscheiden sich von Staatsgrundlagen (Rn. 220 f.) dadurch, dass sie nicht das unabänderliche Wesen und die grundlegenden Staatsstrukturen der Bundesrepublik Deutschland bestimmen, sondern innerhalb dieser Ordnung **politische Aufträge und Programmsätze** aufstellen, die auf Verwirklichung drängen. 243

Zu den **Staatszielbestimmungen des Grundgesetzes** zählen vor allem 244
- der Umwelt- und Tierschutz in Art. 20a GG (Rn. 769 ff.),
- die Idee der offenen Staatlichkeit in einem vereinten Europa gem. Art. 23 bis 25 GG (Rn. 808 ff.),
- das Friedensgebot nach Art. 24 Abs. 2 und Art. 26 GG (Rn. 822 ff.),
- die Gewährleistung der Grundversorgung mit Eisenbahnen, Post und Telekommunikation (Art. 87e Abs. 4 und Art. 87f. Abs. 1 GG),

- die Erfordernisse des gesamtwirtschaftlichen Gleichgewichts (Art. 109 Abs. 2, Art. 115 Abs. 1 Satz 2 Hs. 2 GG, Rn. 748 f.),
- die Durchsetzung der tatsächlichen Gleichberechtigung von Mann und Frau (Art. 3 Abs. 2 Satz 2 GG) und der außerehelich geborenen Kinder (Art. 6 Abs. 5 GG) sowie
- als ungeschriebenes Staatsziel die Kulturstaatlichkeit (str.).

245 Staatszielbestimmungen weisen wie Staatsfundamentalnormen auch verfassungsrechtlich **bindenden Charakter** auf. Allerdings richten sie sich nicht mit gleicher Intensität an alle drei Staatsgewalten, sondern verpflichten vor allem die **Legislative,** die Gesetze an diesen Zielen auszurichten. Anders als die Staatsgrundlagen wollen sie keinen Status quo, keinen Verfassungsbestand absichern, sondern **auf die Zukunft gerichtet** die in ihnen enthaltenen **Staatskonzeptionen zu verwirklichen** helfen. Wegen ihrer sehr allgemein gehaltenen Aufträge kommt dem Gesetzgeber bei der Frage des „Wie" ihrer Verwirklichung ein weiter politischer Einschätzungs- und Gestaltungsspielraum zu (Rn. 515, 674).

246 Die **Abgrenzung** zwischen Staatsgrundlagen und Staatszielen kann sich im Einzelfall schwierig gestalten. Deutlich wird dies vor allem am **Sozialstaatsprinzip,** das in der Staatsfundamentalnorm des Art. 20 Abs. 1 GG als Staatsgrundlage festgeschrieben und über Art. 79 Abs. 3 GG zum unabänderlichen Wesensmerkmal der Bundesrepublik gehört. Andererseits wird die nähere Ausgestaltung des Sozialstaatsprinzips nicht im Grundgesetz selbst vorgenommen, sondern dem Gesetzgeber überlassen (Rn. 673 ff.). Insofern kommt das Sozialstaatsprinzip nach der hier gelieferten Definition (Rn. 667 ff.) einem Staatsziel sehr nahe. Dies zeigt, dass die **begriffliche Unterscheidung** zwischen Staatsgrundlagen und Staatszielen, die von der h.M. vorgenommen wird, sich **nicht zwingend** aus dem Grundgesetz selbst ergibt.

§ 6. Demokratie

Literaturhinweise: *S. Korioth,* Staatsrecht I, 4. Aufl. 2018, §§ 16, 30; *Th. I. Schmidt,* Prüfe dein Wissen – Staatsrecht, 3. Aufl. 2013, Nr. 92–102; *J. Kühling,* Volksgesetzgebung und Grundgesetz – „Mehr direkte Demokratie wagen"?, JuS 2009, 777–783; *M. Paus/A. Schmidt,* Das Grundgesetz und die direkte Demokratie auf staatlicher und kommunaler Ebene, JA 2012, 48–52; *A. Voßkuhle/A.-K. Kaufhold,* Grundwissen – Öffentliches Recht: Demokratische Legitimation, JuS 2009, 803–805; *T. P. Holterhus,* Anfängerklausur – Öffentliches Recht: Staatsorganisationsrecht – Entrechtete Opposition, JuS 2016, 711–716; *W. Hänsle,* Staatsorganisationsrecht – „Zeitgemäßes Wahlrecht", JURA 2015, 196–201; *B. Pieroth,* Das Demokratieprinzip des Grundgesetzes, JuS 2010, 473–481; *W. Höfling/Ch. M. Burkiczak,* Das Mehrheitsprinzip im deutschen Staatsrecht – ein systematisierender Überblick, JURA 2007, 561–567; *R. Kaiser,* Mehrheitserfordernisse im Staatsrecht, JuS 2017, 221–224; *J. Krüper,* Das Glück der größten Zahl – Zum Mehrheitsprinzip als Funktionsregel im Verfassungsstaat, ZJS 2009, 477–486; *A. Voßkuhle/A.-K. Kaufhold,* Grundwissen – Öffentliches Recht: Die Wahlrechtsgrundsätze, JuS 2013, 1078–1080; *B. Grzeszick*, Verfassungsrechtliche Grundsätze des Wahlrechts, JURA 2014, 1110–1123; *Ch. Gröpl/S. Zembruski*, Äußerungsbefugnisse oberster Staatsorgane und Amtsträger, JURA 2016, 268–279; *J. Krüper/H. Kühr*, Der Lebenszyklus politischer Parteien – Eine „evolutionäre" Einführung in das Parteienrecht, ZJS 2014, 16–22, 143–153, 346–355, 477–489, 609–620.

Demokratie ist schlechthin die Idee für und der **Anspruch an moderne Staatlichkeit.** Das Volk soll selbst über sich bestimmen können, soll sich selbst „gehören" und keinem anderen (vgl. „Government of the people, by the people, for the people": *Abraham Lincoln*, sog. Gettysburg-Rede, 1863). Zurückgewiesen wird damit jegliches Konzept, wonach ein Alleinherrscher (Monarch oder Diktator) das Staatsgebiet und dessen Bevölkerung *wie* sein Eigentum regiert oder gar *als* sein Eigentum betrachtet. **Rechtfertigungsquelle** (Legitimationsquelle) **für staatliche Herrschaft** kann **nur das Volk selbst** sein, nicht göttliche oder militärische Inthronisierung. Zu Recht wird die Ausübung hoheitlicher Gewalt nur unter dieser Voraussetzung als „gerecht" empfunden. Mit Rücksicht auf Art. 79 Abs. 3 GG (Rn. 222, 788 ff.) ist das demokratische Prinzip nicht mit anderen Werten oder Zielen abwägungsfähig; es ist unantastbar *(BVerfGE 123, 267 [343] – Lissabon).* **247**

I. Volkssouveränität

1. Begriff

Fall: Die Bundesregierung plant, türkische Mitbürger stärker am politischen Meinungsbildungsprozess zu beteiligen. Beweggründe sind deren kontinuierlich steigender Anteil an der Bevölkerung, die Tatsache, dass sie ohnehin die größte ausländische Bevölkerungsgruppe darstellen, und das Ziel der besseren Eingliederung (Integration). Daher soll das Bundeswahlgesetz so geändert werden, dass türkische Staatsangehörige ab der nächsten Bundestagswahl aktiv und passiv wahlberechtigt sind. Die parlamentarische Opposition steht auf dem Standpunkt, dass dies nicht mit dem Grundgesetz vereinbar sei (ähnlich: *BVerfGE 83, 37 [50 f.] – Ausländerwahlrecht Schleswig-Holstein*). (Lösungsvorschlag: Rn. 254) **248**

Nach der elementaren Bestimmung des Art. 20 Abs. 2 Satz 1 GG geht **alle Staatsgewalt vom Volk** aus. Unter Staatsgewalt ist dabei die ursprüngliche, prinzipiell unbeschränkte und unabgeleitete Herrschaftsmacht über die Bevölkerung eines bestimmten Gebiets zu verstehen. Diese hoheitliche Herrschaftsmacht steht allein dem Volk zu. Nur unter dieser Voraussetzung besitzt Staatsgewalt **Legitimität** (= Anerkennungswürdigkeit, -fähigkeit). Begründet wird damit die Herrschaft des Volkes über sich selbst. Beschreibende Schlagwörter sind Selbstregierung, Selbstbestimmung (Autonomie) und Volksherrschaft, was dem griechischen Wort Demokratie unmittelbar entspricht (griech. *dēmos* = Volk und *krátos/kratía* = Macht, Kraft, Herrschaft). Ausgangspunkt und zugleich oberste Direktive des Demokratieprinzips ist also die **Volkssouveränität;** Art. 20 Abs. 1 und Abs. 2 Satz 1 GG hängt damit unmittelbar **249** zusammen (das Wort *Souveränität* kommt seinerseits über das franz. *souveraineté* vom mittellat. Adjektiv *superanus* = überlegen).

250 Nach der Rechtsprechung des Bundesverfassungsgerichts hat jeder Deutsche einen *„Anspruch auf demokratische Selbstbestimmung, auf freie und gleiche Teilhabe an der in Deutschland ausgeübten Staatsgewalt sowie auf Einhaltung des Demokratiegebots einschließlich der Achtung der verfasssungsgebenden Gewalt des Volkes" (BVerfGE 123, 267 [340] – Lissabon).* Zur Sicherung dieser demokratischen Einflussmöglichkeit hat jeder Bürger sogar ein Recht darauf, dass im Prozess der europäischen Integration bei der Übertragung von Hoheitsrechten auf die EU die Vorgaben von Art. 23 Abs. 1 Satz 2 und 3, Art. 79 Abs. 2 GG eingehalten werden (Rn. 833, 846). Daher darf er beanspruchen, dass sich Bundestag und Bundesregierung aktiv gegen eigenmächtige Kompetenzanmaßungen der EU zur Wehr setzen *(BVerfGE 134, 366 [397 Rn. 53] – OMT I; BVerfGE 142, 123 [193 f. Rn. 134 f.] – OMT II).* Rechtsgrundlage ist jeweils das grundrechtsgleiche Recht des Art. 38 Abs. 1 Satz 1 GG (Rn. 354 ff., 930, 932), das gem. Art. 93 Abs. 1 Nr. 4a GG mit der Verfassungsbeschwerde (in der Form der sog. **Integrationsverfassungsbeschwerde**) gerügt werden kann (Rn. 1466).

2. Staatsvolk

251 Wenn nach Art. 20 Abs. 2 Satz 1 GG alle Staatsgewalt vom Volk ausgeht, das Volk also alleiniger Träger jedweder Herrschaftsmacht ist, kommt der Frage elementare Bedeutung zu, wer überhaupt zum Volk gehört.

Mit dem Begriff „Volk" wurde unter der Unrechtsherrschaft des Nationalsozialismus viel Unfug getrieben und Unheil angerichtet. Nicht wenige Deutsche sprechen daher – oder aus anderen politischen Gründen – lieber von „Bevölkerung". Abgesehen davon, dass diese Umetikettierung Vergangenes nicht ungeschehen machen kann, ist das Wort „Volk" nach wie vor Verfassungsbegriff und daher vorzugswürdig.

a) Formale statt materielle Anknüpfung

252 In **materiellem** Sinne wird unter „Volk" diejenige Gemeinschaft von Menschen verstanden, die sich ihrer Zusammengehörigkeit – auch in historischer Hinsicht – bewusst ist, gemeinsame Grundvorstellungen politischer, wirtschaftlicher und kultureller Art teilt und entsprechende Anliegen verfolgt, den Willen zur Annahme und Durchsetzung eines einheitlichen Rechts besitzt und sich zu diesem Zweck gemeinsame Staatsorgane gibt. Das Bundesverfassungsgericht sieht diese Frage **formaler,** indem es an Art. 116 Abs. 1 Fall 1 GG anknüpft *(BVerfGE 83, 37 [51] – Ausländerwahlrecht Schleswig-Holstein).* Die personelle Verbundenheit als Volk wird dort von Verfassungs wegen durch die **deutsche Staatsangehörigkeit** vermittelt. (Wer diese vermutete Verbundenheit ablehnt, dem bleibt es unbenommen, auf die deutsche Staatsangehörigkeit zu verzichten; vgl. im Einzelnen §§ 17 ff. des Staatsangehörigkeitsgesetzes – StAG.)

b) Abstrakte Bestimmung

Zum Volk im Sinne des Staatsrechts (Staatsvolk) gehören daher nur Deutsche, diese aber in ihrer Gesamtheit. Art. 20 Abs. 2 Satz 2 GG darf aber nicht so verstanden werden, dass sich die Staatsgewalt jeweils im konkreten Einzelfall immer wieder aufs Neue und nur von den Betroffenen her zu legitimieren hätte. Vielmehr wird die **Staatsgewalt abstrakt** auf eine zur Einheit verbundene, für die Gesamtheit des Staatswesens **identische Gruppe zurückgeführt,** nämlich die der Deutschen. Die demokratische Legitimation der Staatsgewalt darf demzufolge weder auf den Kreis der im Einzelfall von einer staatlichen Maßnahme berührten Menschen begrenzt werden, noch darf sie um Personen erweitert werden, die zwar konkret unmittelbar betroffen sein mögen, aber eben nicht deutsche Staatsangehörige sind. Einer „**Betroffenendemokratie**" oder gar „**Betroffenheitsdemokratie**" wird damit vom Grundgesetz eine **Absage** erteilt; sie führte unweigerlich zur Handlungsunfähigkeit des Staates und damit ins Chaos. (Dies bedeutet andererseits nicht, dass der jeweils Betroffene keinerlei Rechte hätte und der Staatsgewalt gegenüber schutzlos ausgeliefert wäre. Das garantieren insb., aber bei weitem nicht nur die Grundrechte der Art. 1 bis 19 GG.)

Lösungsvorschlag zum Fall Rn. 248: Die Einführung des aktiven und passiven Wahlrechts für türkische Staatsangehörige zum Bundestag durch die geplante Änderung des Bundeswahlgesetzes ist verfassungsmäßig, wenn sie mit den einschlägigen Vorschriften des Grundgesetzes vereinbar ist. Die sachlich am nächsten liegende Norm, Art. 38 Abs. 2 GG, stellt ihrem Wortlaut nach keine Anforderungen an die Staatsangehörigkeit der Wahlberechtigten. Daher ist auf allgemeinere Vorschriften zurückzugreifen:

Nach Art. 20 Abs. 2 Satz 1 GG geht alle Staatsgewalt vom Volk aus. Der Gesetzgeber hat daher sicherzustellen, dass sich das Volk gem. Art. 20 Abs. 2 Satz 2 GG an Wahlen und Abstimmungen beteiligen kann, um die Staatsorgane zu legitimieren. Zu prüfen ist mithin, welcher Personenkreis zum Volk i.S.v. Art. 20 Abs. 2 GG, d.h. zum Staatsvolk der Bundesrepublik Deutschland, gehört. Folglich stellt sich die Frage, ob hierfür der dauerhafte, mitunter langjährige Lebensmittelpunkt in Deutschland ausreicht oder ob die deutsche Staatsangehörigkeit erforderlich ist.

Nach der Rechtsprechung des Bundesverfassungsgerichts ist die Staatsangehörigkeit *„die rechtliche Voraussetzung für den gleichen staatsbürgerlichen Status, der [...] die Rechte begründet, durch deren Ausübung die Staatsgewalt in der Demokratie ihre Legitimation erfährt."* Das ergibt insb. eine Zusammenschau mit der Präambel des Grundgesetzes, die dessen konstitutiver Teil ist. Dort ist in Satz 1 und 3 vom *Deutschen* Volk die Rede, in Satz 2 von den *Deutschen.* Auch gewährt Art. 33 Abs. 1 GG nur jedem *Deutschen* die gleichen staatsbürgerlichen Rechte und Pflichten. Wer Deutscher ist, wird in Art. 116 Abs. 1 GG definiert. Diese Norm stellt in erster Linie auf die Staatsangehörigkeit ab. Demnach reichen – auch langjähriger – Wohnsitz oder sonstiger Lebensmittelpunkt in Deutschland allein nicht aus, um eine Zugehörigkeit zum Staatsvolk i.S.v. Art. 20 Abs. 2 GG zu begründen und damit zur Teilnahme an Bundestags- oder Landtagswahlen zu berechtigen.

Die geplante Änderung des Bundeswahlgesetzes ist deswegen nicht mit dem Grundgesetz vereinbar, sondern verfassungswidrig. (Etwas anderes kann gem. Art. 28 Abs. 1 Satz 3 GG – eingefügt 1992 – für Wahlen in Kreisen und Gemeinden zugunsten von Personen bestimmt werden, die die Staatsangehörigkeit eines Mitgliedstaates der Europäischen Union besitzen, s. Rn. 352.)

255 Merke: Unter Volk i.S.v. Art. 20 Abs. 2 GG versteht man die Gesamtheit der deutschen Staatsangehörigen (Art. 116 Abs. 1 GG).

3. Ursprung und Ausübung der Staatsgewalt

256 Volkssouveränität darf nicht dahingehend missverstanden werden, dass das Volk die Staatsgewalt ungeteilt und uneingeschränkt ausübe: Das Volk ist – jedenfalls der Theorie nach – **ursprünglicher Träger und Inhaber der Staatsgewalt**. Es ist jedoch von vornherein völlig unmöglich – und zwar in jedem politischen System, das auf dem Gedanken der Volkssouveränität beruht –, dass das Volk seine Herrschaftsmacht in der gesamten Breite einer modernen Staatsverwaltung betätigt, etwa jede Einzelentscheidung selbst trifft oder jede Maßnahme selbst vollzieht. Wer Art. 20 Abs. 2 Satz 1 GG genau liest, erkennt, dass dies dort zum Ausdruck kommt, wenn es heißt, dass alle Staatsgewalt vom Volk *ausgeht*. Die Frage, wer die Staatsgewalt in concreto *ausübt*, beantwortet der Folgesatz, Art. 20 Abs. 2 *Satz 2* GG, in differenzierter Weise.

a) Ausübung der Staatgewalt unmittelbar durch das Volk

257 In ihrer wesentlichen, integralen Komponente wird die Staatsgewalt **unmittelbar vom Volk** in Wahlen und Abstimmungen ausgeübt. **Wahlen** sind Entscheidungen über Personalfragen, d.h. die Bestellung von Abgeordneten und anderen Amtsträgern in deren jeweilige Funktionen; **Abstimmungen** sind Entscheidungen über Sachfragen. Wahlen finden typischerweise zum Bundestag und zu den Volksvertretungen der Länder (Landtage, Rn. 278) und Kommunen (Gemeinderäte, Kreistage u.a.) statt. **Volksabstimmungen** sieht das Grundgesetz hingegen – anders als die Landesverfassungen und die Kommunalordnungen – nur sehr vereinzelt vor (Rn. 275, 290 f.).

b) Ausübung der Staatsgewalt durch „besondere Organe"

258 Neben Wahlen und Abstimmungen sieht Art. 20 Abs. 2 Satz 2 GG vor, dass die Staatsgewalt vom Volk durch **besondere Organe** der Gesetzgebung (Parlamente, Rn. 278), der vollziehenden Gewalt (Regierung und Behörden) und der Rechtsprechung (Gerichte) ausgeübt wird (vgl. Rn. 864). Diese Staatsorgane repräsentieren den Willen des Volkes (dazu Rn. 304); daher wird insoweit von repräsentativer Demokratie gesprochen (Rn. 278 ff.). Unablässige Voraussetzung für diese **mittelbare Ausübung der Staatsgewalt** durch das Volk ist allerdings, dass diese Organe durch das Volk **legitimiert** sind (Rn. 278 ff.), damit die Machtausübung dem Volk zugerechnet werden kann.

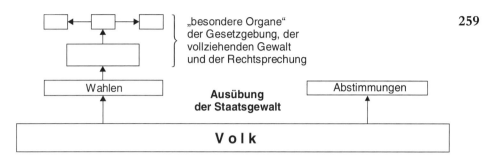

259 „besondere Organe" der Gesetzgebung, der vollziehenden Gewalt und der Rechtsprechung

260 **Merke:** Alle Staatsgewalt geht vom Volk aus (Art. 20 Abs. 2 Satz 1 GG). *Unmittelbar* wird die Staatsgewalt vom Volk allerdings nur in Wahlen und Abstimmungen ausgeübt, *mittelbar* hingegen über eigens legitimierte Organe der Gesetzgebung, der vollziehenden Gewalt und der Rechtsprechung (Art. 20 Abs. 2 Satz 2 GG).

261 Die gesonderte Aufzählung der drei Staatsgewalten in Art. 20 Abs. 2 Satz 2 GG hat nicht nur Bedeutung für das Demokratieprinzip, sondern auch für den Grundsatz der Gewaltenteilung als Bestandteil des Rechtsstaatsprinzips (Rn. 430).

4. Legitimation

a) Unmittelbare und mittelbare Legitimation

262 Wenn das Volk die Staatsgewalt gem. Art. 20 Abs. 2 Satz 2 GG durch staatliche Organe ausübt, setzt dies voraus, dass diese „delegierte" Machtentfaltung **auf das Volk zurückzuführen** ist. Diese **besondere Rechtfertigung** für die Ausübung hoheitlicher Macht durch Rückführung auf den ursprünglich Berechtigten (nämlich das Volk) wird im Staatsrecht als **Legitimation** bezeichnet. Legitimation ist mit anderen Worten das in der Demokratie notwendige Bindeglied zwischen Staatsvolk und Staatsgewalt. Durch Legitimation gewinnt die Staatsgewalt ihre Legitimität (= Anerkennungswürdigkeit, Rn. 249). Zu unterscheiden ist zwischen unmittelbarer und mittelbarer Legitimation:

263 – Unmittelbare **Legitimation** bedeutet, dass das betreffende Staatsorgan seine Handlungsmacht **ohne Zwischenakte vom Volk erhalten** hat. Dies ist der Fall bei den **Parlamenten** des Bundes und der Länder (Bundestag und Landtage, Rn. 278) sowie bei den **Volksvertretungen** in den Gemeinden und Kreisen (Gemeinderäte und Kreistage) und den kommunalen Hauptverwaltungsbeamten (Bürgermeister und Landräte). Vom Grundgesetz vorgeschrieben wird das einerseits durch Art. 38 Abs. 1 Satz 1 GG und andererseits durch Art. 28 Abs. 1 Satz 2 GG (nicht allerdings für die Bürgermeister und Landräte). Diese Art der unmittelbaren personellen Legitimation erfolgt durch **Wahlen**. Die dadurch geschaffenen Organe sind kraft der ihnen zukommenden unmittelbaren Legitimation dazu berufen, ihrerseits wei-

teren Staatsorganen – mittelbare – Legitimation zu verleihen (so z.B. der Bundestag durch die Wahl des Bundeskanzlers, s. Art. 63 GG, Rn. 1252 ff.).

264 – Abgesehen von den Wahlen zu Parlamenten und sonstigen Volksvertretungen genügt für die Rechtfertigung der Ausübung staatlicher Gewalt eine **mittelbare demokratische Legitimation.** Es ist also ein Zurechungszusammenhang ausreichend, der zwischen der ureigenen Willensbekundung des Staatsvolkes und der Ausübung der Staatsgewalt einen Zwischenschritt zulässt *(BVerfGE 83, 60 [72] – Ausländerwahlrecht Hamburg: „bestimmtes Legitimationsniveau").*

b) Arten der Legitimation

265   Die Staatsrechtslehre klassifiziert dreierlei Arten demokratischer Legitimation, durch die – zumeist im Zusammenspiel einander ergänzend – die Ausübung der Staatsgewalt gerechtfertigt werden kann:

Arten der demokratischen Legitimation		
institutionell-funktionell	organisatorisch-personell	sachlich-inhaltlich
durch verfassungsmäßige Einrichtung und Aufgabenumschreibung	durch eine „ununterbrochene Legitimationskette"	durch Gesetz

aa) Institutionell-funktionelle Legitimation

266   Den Ausgangspunkt jeder demokratischen Legitimation bildet die demokratische Verfassung selbst, und zwar als textlich verkörperter Wille des Volkes als Verfassungsgeber (als *pouvoir constituant*, Rn. 160 f.). Die Verfassung begründet die obersten Staatsorgane (Verfassungsorgane) sowie andere elementare Institutionen des Staates, benennt deren Aufgaben, grenzt sie voneinander ab und stattet sie mit Kompetenzen (Zuständigkeiten und Handlungsbefugnissen, Rn. 98) aus.

267   Grundlegend ist in diesem Zusammenhang die in Art. 20 Abs. 2 Satz 2 GG angelegte Konstituierung von gesetzgebender Gewalt (**Legislative**, s. Art. 38 ff., Art. 76 ff. GG), vollziehender Gewalt (**Exekutive**, s. insb. Art. 62 ff., Art. 83 ff. GG) und rechtsprechender Gewalt (**Judikative**, s. Art. 92 ff. GG) mit garantierten Aufgaben-Kernbereichen (Rn. 907 ff.). Bewirkt wird dadurch die Rechtfertigung

– der Existenz der Verfassungsorgane (**institutionelle Legitimation**) und
– von deren jeweiligen Tätigkeitsfeldern (**funktionelle Legitimation**).

Das Bundesverfassungsgericht drückt es so aus: *„Die Organe der gesetzgebenden, vollziehenden und der rechtsprechenden Gewalt beziehen ihre institutionelle und funktionelle demokratische Legitimation aus der in Art. 20 Abs. 2 GG getroffenen Entscheidung des Verfassungsgebers" (BVerfGE 49, 89 [125] – Kalkar I).*

§ 6. Demokratie

bb) Organisatorisch-personelle Legitimation

Die institutionell-funktionelle Legitimation der staatlichen Organe betrifft diese Einrichtungen als solche, sagt aber noch nichts darüber aus, von welchen *Personen* deren Kompetenzen (Aufgaben und Befugnisse, vgl. Rn. 98) wahrgenommen werden. Dafür bedarf es der organisatorisch-personellen Legitimation, d.h. der auf das Volk rückführbaren **Berufung der staatlichen Organ- und Amtswalter:**

– **personell** bezieht sich dabei auf die jeweilige Person, also den Organ- oder Amtswalter,
– **organisatorisch** auf dessen Einbindung in die staatliche Organisation und dessen Handeln für die jeweilige Organisationseinheit.

Besonders anschaulich ist diese Art der Legitimation bei den Volksvertretungen, insb. den Legislativorganen (Bundestag sowie Parlamente der Länder) und ihren Mitgliedern (den Abgeordneten): Diese werden unmittelbar vom Volk in Wahlen bestimmt (Art. 38 Abs. 1 Satz 1, Art. 28 Abs. 1 Satz 2 GG).

Die Amtsträger in der Exekutive (Regierungschef, Minister, Beamte u.a.) und in der Judikative (Richter) erfahren hingegen nur eine mittelbare Legitimation, hergestellt über die Volksvertretungen. Erforderlich, aber auch ausreichend für diesen mittelbaren Legitimationszusammenhang ist i.d.R. eine **„ununterbrochene Legitimationskette"** vom Volk über die von diesem gewählte Vertretung zu den mit staatlichen Aufgaben betrauten Organen und Amtswaltern *(BVerfGE 77, 1 [40] – Neue Heimat; BVerfGE 83, 60 [72 f.] – Ausländerwahlrecht Hamburg).*

Erläuterung: Die erforderliche ununterbrochene Legitimationskette knüpft sich im Bundesbereich vom Volk über den Bundestag (Art. 38 Abs. 1 Satz 1 GG, Rn. 941 ff.), den Bundeskanzler (Art. 63 GG, Rn. 1252 ff.), den von diesem vorgeschlagenen Fachminister (z.B. Bundesminister der Finanzen, Rn. 1260 ff.), dessen Personalreferatsleiter, die zuständige Oberbehörde (Generalzolldirektion – GZD) bis hin zum Leiter einer örtlichen Bundesbehörde (Vorsteher eines Hauptzollamtes), deren Dienststellen (Zollamt) und Mitarbeitern (z.B. Zollinspektor), der seinerseits im Auftrag (Unterzeichnung von amtlichen Schreiben mit „i. A.") des Vorstehers handelt. Ergänzt wird diese Legitimationskette durch die Ernennung seitens des Bundespräsidenten (Art. 63 Abs. 2 Satz 2, Art. 64 Abs. 1, Art. 60 Abs. 1 und 3 GG), durch das fachliche und persönliche Aufsichts- und Weisungsrecht der jeweils übergeordneten Behörde und der jeweils vorgesetzten Beamten sowie durch die Gehorsamspflicht (Folgepflicht) der Mitarbeiter (vgl. § 62 Abs. 1 Satz 2 des Bundesbeamtengesetzes – BBG). Klar wird dadurch im Übrigen, dass das oft gescholtene Hierarchieprinzip kein Relikt aus überholten Zeiten darstellt, sondern eine notwendige Voraussetzung für die Durchsetzung des demokratischen Willens.

cc) Sachlich-inhaltliche Legitimation

Die demokratische Legitimation der Staatsorgane wäre unvollständig, wenn sie nur auf der institutionell-funktionellen und organisatorisch-personellen Rechtfertigung beruhte. Als ganz entscheidender Faktor muss hinzutreten,

268

269

270

271

dass auch der **Inhalt**, der **Umfang** und die **Grenzen** der staatlichen Tätigkeit vorgegeben und auf diese Weise dem Volk zugerechnet werden. Wichtigstes Steuerungsmittel hierfür ist das **Gesetz**. Indem das Gesetz die **Aufgaben und Befugnisse** der Staatsorgane **bestimmt**, sorgt es für sachlich-inhaltliche Legitimation. Berufen zum Erlass der Gesetze sind die Parlamente in Person der unmittelbar vom Volk gewählten Abgeordneten (Art. 77 Abs. 1 Satz 1 GG für den Bundestag).

272 Parlamentsgesetz und Demokratie gehören daher im freiheitlichen Staat untrennbar zusammen. Unter diesem Gesichtspunkt betrachtet relativiert sich auch die Klage über die Gesetzesflut im modernen demokratischen Staat. Dementsprechend ist es ein Kennzeichen von absoluten Monarchien oder Diktaturen, mit wenigen Gesetzen auszukommen und an deren Stelle durch königliche Ordonanzen oder durch Führererlasse zu herrschen.

273 Die **lückenlose Umsetzung** des im Gesetz zum Ausdruck kommenden Volkswillens – der als konsistente Einheit freilich nie ohne letzte Zweifel zu ermitteln wäre und daher eine demokratische Fiktion bleiben muss (s. auch Rn. 304) – wird garantiert durch die **Bindung aller staatlichen Gewalt an das Gesetz** (Art. 20 Abs. 3 GG) und abgesichert durch die parlamentarische Verantwortlichkeit der Regierung (Art. 65, 67, 68 GG für die Bundesregierung) sowie der Weisungsunterworfenheit der Verwaltung. An diesen Merkmalen, die auch Bestandteile des Rechtsstaatsprinzips sind (Rn. 422 ff.), zeigt sich der innere Zusammenhang von Demokratie und Rechtsstaatlichkeit.

274 **Merke:** Die vollständige demokratische Legitimation der Staatsgewalt setzt voraus, dass die Staatsorgane durch die Verfassung begründet werden, die für sie handelnden Personen durch eine ununterbrochene Legitimationskette vom Volk berufen werden und dass inhaltlich der im Gesetz manifestierte Wille des Volkes ausgeführt wird.

II. Formen der Demokratie

1. Direkte (unmittelbare) Demokratie als Urform und Utopie

275 Wie bei Rn. 127 und 249 ff. gesehen, darf die Norm „*Alle Staatsgewalt geht vom Volke aus*" (Art. 20 Abs. 2 Satz 1 GG) nicht so verstanden werden, dass alle oder zumindest alle wesentlichen hoheitlichen Personal- und Sachentscheidungen unmittelbar durch das Volk beraten und getroffen werden. Funktioniert haben mag dies allenfalls ansatzweise in den demokratischen Urformen des antiken Athen, das bzgl. seiner damaligen Bevölkerungszahl einem größeren Dorf der heutigen Zeit vergleichbar war. Der **moderne Staat** ist dafür indes **viel zu komplex:** das Staatsgebiet zu groß, das Staatsvolk in seiner Heterogenität viel zu umfangreich und zu diffus, die zu entscheidenden Sachfragen viel zu unübersichtlich und in weiten Teilen auch viel zu speziell. Zudem könnte

§ 6. Demokratie 73

die schiere Anzahl der notwendigen politischen Entscheidungen vom Volk schlechterdings nicht bewältigt werden. Die **direkte oder identitäre Form der Demokratie** ist **in ihrer Reinform eine Utopie** (vgl. aber Rn. 290 f.).

Zudem ist zu bedenken, dass sich die **Grundprinzipien demokratischer Entscheidungsfindung,** Freiheit und Gleichheit, durch ausschließlich oder überwiegend direktdemokratisch ausgestaltete Verfahren **nicht hinreichend verwirklichen** ließen: Die demokratische Gleichheit würde zwar nicht in rechtlicher, wohl aber in tatsächlicher Hinsicht eingeschränkt. Denn bei weitem nicht alle Bürger beschäftigen sich zu jeder Zeit mit den unterschiedlichsten politischen Themen, wägen das Für und Wider der Argumente ab und beteiligten sich an den Abstimmungen – und dies wird in einem freiheitlichen Staat von ihnen auch nicht gefordert. Dann aber hätten am Ende nur diejenigen das Sagen, die sich in bestimmten, oftmals sie besonders berührenden Fragen engagieren, etwa die Rentner in Rentenfragen (wer möchte ihnen das verdenken?), die Leistungssportler in Fragen der Sportförderung, die Binnenschiffer in Fragen der Wasserstraßenbenutzung usw. So würde die „gleiche Freiheit" aller Staatsbürger durch die partielle **Herrschaft ehrgeiziger Minderheiten** beeinträchtigt, die alle übrigen Bürger unablässig im Rahmen von Volksabstimmungen mit ihren Sonderproblemen behelligten. In einem solchen „Dauerwahlkampf" wäre das Gemeinwohl (Rn. 528 ff.) stärker gefährdet als in der repräsentativen Demokratie. Volksabstimmungen sollten deshalb auf Politikbereiche beschränkt bleiben, die grundlegender Natur sind und die gesamte Bevölkerung berühren (vgl. Rn. 290 f.). 276

2. Repräsentative Demokratie

Fall: Ein renommiertes Institut für Meinungsforschung führt eine Umfrage zu der Gesetzesvorlage der Bundesregierung durch, den Umsatzsteuersatz um weitere fünf Prozentpunkte anzuheben. 90 % der Befragten lehnen das Gesetzvorhaben ab. Dennoch wird die Gesetzesvorlage in verfahrensrechtlich einwandfreier Weise als Bundesgesetz verabschiedet und verkündet. Ist das Gesetz verfassungsmäßig und gültig? (Lösungsvorschlag: Rn. 285) 277

a) Legitimation durch Repräsentation

In jeder modernen Demokratie ist das Volk schon aus praktischen Gründen darauf angewiesen, die Ausübung der verschiedenen Aspekte der Staatsgewalt auf ausgewählte Personen oder Gremien zu delegieren und diese als „Vertreter" (Repräsentanten) des Volkswillens gleichsam „treuhänderisch" damit zu betrauen (die Wörter „Vertreter" und „Treuhand" sind nicht im zivilrechtlichen Sinn, sondern vielmehr heuristisch zu verstehen). Eine **Repräsentation** i.d.S. erfordert ein **spezifisches Organ,** in dem sich der Volkswille angemessen abbilden kann: die **parlamentarische Volksvertretung** (von frz. *parler* = sprechen, bereden). Nach dem Grundgesetz ist dies auf **Bundesebene** der **Deutsche Bundestag** nach Maßgabe der Art. 38 ff. GG (Rn. 917 ff.), auf 278

Landesebene sind es die Landtage (in Bremen und Hamburg Bürgerschaften, in Berlin Abgeordnetenhaus genannt). **Parlamente** sind mit anderen Worten durch die demokratische Verfassung institutionalisierte Versammlungen von Mandatsträgern (Abgeordneten), die unmittelbar durch das Volk gewählt werden (Volksvertretungen). Ihre wichtigsten Aufgaben bestehen in der Gesetzgebung und in der Kontrolle der Regierung (näher Rn. 923).

279 **Merke:** Als Parlament wird eine Versammlung von Abgeordneten bezeichnet, die unmittelbar vom Volk gewählt werden (Volksvertretung) und denen vor allem die Gesetzgebung und die Kontrolle der Regierung obliegen.

280 Als das einzige Verfassungsorgan des Bundes, dessen Mitglieder – die Abgeordneten – unmittelbar vom Staatsvolk gewählt sind (Art. 38 Abs. 1 Satz 1 GG), besitzt der Bundestag die stärkste demokratische Legitimation; er bildet den **Kern der repräsentativen Demokratie** in Deutschland. Nach der demokratischen Konzeption des Grundgesetzes (und nahezu aller anderen freiheitlich-demokratischen Verfassungen der Welt) erfolgt damit **Legitimation durch Repräsentation.**

b) Freies statt imperatives Mandat

281 In diesem Zusammenhang ist ein großes Missverständnis zu vermeiden: Die **Repräsentation des Volkswillens** durch die Parlamentsabgeordneten kann niemals „eins zu eins" nach Art eines auftragsgebundenen Stellvertreters (vgl. §§ 164 ff. i.V.m. §§ 675, 662 ff. BGB) oder gar nach Art eines Boten erfolgen. Das Mandat (lat. *ex manu datum* = aus der Hand gegeben, anvertraut), d.h. der von den Wählern erteilte Auftrag zur politischen Vertretung, ist keine zivilrechtliche Geschäftsbesorgung nach Weisung (vgl. § 665 BGB). Wer wäre hier der „Auftraggeber"? Das Teilvolk des Wahlkreises des jeweiligen Abgeordneten oder nur diejenigen Stimmberechtigten, die den Abgeordneten gewählt haben? Oder gar der Ortsverband der jeweiligen politischen Partei? Und wie sollte der Wille eines „Auftraggebers" zu erforschen sein? Allgemein oder vor jeder Einzelabstimmung im Bundestag?

282 Demokratische Repräsentation kann also **nicht** auf einem sog. **imperativen** (gebundenen) **Mandat** beruhen, bei dem der Abgeordnete seinen Wählern auch unmittelbar mit jeder Einzelentscheidung verantwortlich wäre. Solchen Fiktionen erteilt das Grundgesetz in seinem Art. 38 Abs. 1 Satz 2 eine klare Absage: Die Bundestagsabgeordneten sind **an Aufträge und Weisungen nicht gebunden** und **nur ihrem Gewissen unterworfen** (Rn. 932 ff.). Entsprechendes gilt für die Abgeordneten der Landtage aufgrund der jeweiligen Vorschriften in den Landesverfassungen. Begründet wird damit das **freie Mandat** der Abgeordneten – das diesen gleichzeitig ein sehr hohes Maß an demokratischer Verantwortung auferlegt. Das Wesen der Repräsentation durch das freie Abgeordnetenmandat besteht gerade darin, dass Volks- und Staatswille nicht notwendig identisch sind.

§ 6. Demokratie

Das freie Mandat stellt das Gegenteil zum **imperativen Mandat** dar, das 283
insb. in der marxistisch-leninistischen Gedankenwelt vertreten wurde (Volks-
oder Rätedemokratie, vgl. russ. *sowjet* svw. Rat). Imperatives Mandat bedeutet,
dass der Deputierte kein eigenes Entscheidungsrecht in politischen Abstimmungen besitzt. Er entscheidet nicht selbständig, sondern vertritt lediglich eine
vorab gefasste Entscheidung, die für ihn bindend ist. Damit kann sowohl die
Bindung an Parteianweisungen als auch an den direkten Willen des Wählers
gemeint sein. Folgt der Deputierte mit imperativem Mandat nicht der Par-
teilinie oder dem Wählerwillen, kann er abgesetzt werden. Unvereinbar mit
dieser Idee politischer Herrschaftsausübung ist das Prinzip der Gewaltenteilung
(Rn. 864 ff.); in den „Räten" vereinigen sich die Funktionen der gesetzgebenden, vollziehenden und rechtsprechenden Gewalt.

Das freie Mandat bedeutet nicht, dass die Abgeordneten ohne politische 284
Rückbindung agieren könnten. **Rückbindung** wird vielmehr durch zwei
andere Elemente gewährleistet: zum einen und vor allem durch **periodisch
wiederkehrende Wahlen** (s. Rn. 127, 340 ff.; für den Bundestag Art. 39
Abs. 1 GG), durch die das Volk politische Entwicklungen korrigieren kann.
Zum anderen sorgen insb. die **politischen Parteien** für eine Rückbindung,
und zwar auch und gerade während der Wahlperiode: Denn nach Art. 21
Abs. 1 Satz 1 GG wirken die Parteien an der politischen Willensbildung des
Volkes mit (Rn. 378). Sie sollen – um ein Wort des Zeitgeistes zu verwenden –
„Mediatoren" sein und als solche die Meinungsströmungen im Volk bündeln,
kanalisieren und in das Parlament zurückspiegeln. Im Übrigen unterbreiten die
Parteien mit den von ihnen aufgestellten Kandidaten im Wahlkampf personelle
Angebote für die Repräsentanten im Parlament. Aus dieser mehr oder weniger
engen Bindung des Abgeordneten an „seine" Partei ergibt sich ein **Spannungs-
verhältnis zum freien Mandat** (näher dazu Rn. 933 f.).

Lösungsvorschlag zum Fall Rn. 277: Ein Gesetz ist gültig, wenn es formell und ma- 285
teriell verfassungsmäßig ist. Voraussetzung für die formelle Verfassungsmäßigkeit für ein
Bundesgesetz ist, dass der Bund die Gesetzgebungskompetenz hat (Art. 70 ff., Art. 105 GG),
dass das konkrete Verfahren zur Gesetzgebung den Vorgaben der Art. 76 ff. GG entspricht
und dass das Gesetz ordnungsgemäß ausgefertigt und verkündet wird (Art. 82 Abs. 1 Satz 1
GG). Diesbezüglich wirft der Sachverhalt keine Zweifel auf. Voraussetzung für die materielle Verfassungsmäßigkeit ist, dass das Gesetz mit höherrangigem Recht, d.h. insb. mit den
Grundrechten und den Staatsgrundlagen des Grundgesetzes, vereinbar ist. Auch hierzu ist
dem Sachverhalt nichts Gegenteiliges zu entnehmen. Das Grundgesetz stellt den Erlass eines
Gesetzes nicht unter den Vorbehalt, dass das (Staats-)Volk zumindest in seiner Mehrheit
damit einverstanden ist. Es ist nicht erforderlich, dass eine tatsächliche Übereinstimmung
zwischen dem konkreten politischen Willen der einzelnen Mitglieder des Staatsvolkes und
den Beschlüssen der Volksvertretung besteht (identitäre Demokratie). Vielmehr setzt die repräsentative Demokratie lediglich voraus, dass eine solche Übereinstimmung möglich ist, und
sieht dieses Ziel gewährleistet durch die legitimierende Kraft der periodisch stattfindenden
Wahlen nach demokratischen Grundsätzen. Auch wenn sich in einer aktuellen Meinungsum-
frage 90 % der Beteiligten gegen das Steueränderungsgesetz ausgesprochen haben sollten, ist
dies für dessen Verfassungsmäßigkeit unerheblich. Das Gesetz ist daher gültig.

c) Parlamentsvorbehalt (Wesentlichkeitslehre)

286 Wegen seiner unmittelbaren demokratischen Legitimation kommt dem Parlament eine herausragende Stellung bei der Ausübung der Staatsgewalt (Rn. 278 f.) zu. Ausdruck dessen ist der Parlamentsvorbehalt: Danach muss das Parlament jedenfalls die **für die Bürger wesentlichen Entscheidungen selbst treffen**. Ob darüber hinaus auch alle anderen, **für den Staat** wesentlichen Fragen vom Parlament entschieden werden müssen, ist lebhaft umstritten. Das Mittel für die parlamentarische Entscheidung ist in aller Regel das **Gesetz** (Rn. 434 ff.). Durch dessen abstrakt-generelle Normen schafft das Parlament die Grundlagen für das Handeln der Exekutive und vermag den Staat auf diese Weise zu steuern. Insofern ergänzt der **Parlamentsvorbehalt** den **Vorbehalt des Gesetzes**, der aus dem Rechtsstaatsprinzip (Rn. 454 ff.) und aus den Grundrechten (Rn. 504 ff.) abgeleitet wird.

287 Darüber hinaus ist das Parlament aber auch außerhalb der Gesetzgebungstätigkeit dazu berufen, wesentliche Entscheidungen selbst zu treffen, so insb. bei Auslandseinsätzen der Bundeswehr, in denen bewaffnete Auseinandersetzungen konkret zu erwarten sind (**wehrverfassungsrechtlicher Parlamentsvorbehalt**, *BVerfGE 90, 286 [381 ff.] – Adria-Einsatz; BVerfGE 121, 135 [154 ff.] – AWACS-Einsatz*). Ausnahmsweise darf die Bundesregierung einen solchen Auslandseinsatz anordnen, ohne dass das Parlament (der Bundestag) zuvor darüber beschlossen hat. Voraussetzung dafür ist „Gefahr im Verzug", etwa wenn deutsche Staatsangehörige aus Lebensgefahr evakuiert werden sollen. Grundsätzlich ist die Zustimmung des Parlaments dann nachträglich einzuholen, es sei denn, der Einsatz ist bereits abgeschlossen; in diesem Fall trifft die Regierung aber eine qualifizierte Unterrichtungspflicht *(BVerfGE 140, 160 [160 Leitsatz 4, 199 ff. Rn. 95 ff.] – Libyen-Einsatz)*.

288 Das **Dilemma** dieser sog. **Wesentlichkeitslehre** besteht freilich darin, dass nicht von vornherein und allgemein feststeht, welche Angelegenheiten wesentlich sind (was ist das Wesen des Wesens?).

Beispiel: War die „Grenzöffnung" für fast eine Million Flüchtlinge insb. im Jahr 2015 mit vielen Milliarden Euro Folgekosten für die öffentlichen Haushalte „wesentlich"? Entschieden wurde das von der Bundesregierung; ein entsprechendes Gesetz wurde nicht verabschiedet, auch eine anderweitige substantielle Mitwirkung des Bundestages blieb aus. Offenbar wegen dieser rechtspolitischen Brisanz hat sich das Bundesverfassungsgericht einer Antwort darauf mit einer etwas rabulistischen Argumentation zur Zulässigkeit verweigert *(BVerfG, NJW 2019, 213 [214 f.] Rn. 23 ff. – Flüchtlingspolitik der Bundesregierung)*.

Diese Frage wird aufgrund ihres Charakters **abstrakt-generell nicht gelöst** werden können; es kommt auf den Einzelfall an und auf die Meinung desjenigen Organs, das in Streitfällen letztverbindlich darüber entscheidet. Auf Bundesebene ist das das Bundesverfassungsgericht, das sich auf folgende „Weisheit" zurückzieht: *„Der Gesetzgeber ist verpflichtet, alle wesentlichen Entscheidungen selbst zu treffen, und darf sie nicht anderen Normgebern überlassen. Wann es danach einer Regelung durch den parlamentarischen Gesetzgeber bedarf, lässt sich nur im Blick auf den* *jeweiligen Sachbereich und auf die Eigenart des betroffenen Regelungsgegenstandes beurteilen. Die verfassungsrechtlichen Wertungskriterien sind dabei den tragenden Prinzipien des Grundgesetzes, insbesondere den darin verbürgten Grundrechten, zu entnehmen"* (BVerfGE 98, 218 [251] – Rechtschreibreform). Immerhin aber arbeitet das Bundesverfassungsgericht hart an gewissen Konkretisierungen: *„Als wesentlich sind [...] Regelungen zu verstehen, die für die Verwirklichung von Grundrechten erhebliche Bedeutung haben [ ] und sie besonders betreffen [...]."* Das sei vor allem der Fall *„in mehrdimensionalen, komplexen Grundrechtskonstellationen, in denen miteinander konkurrierende Freiheitsrechte aufeinander treffen und deren jeweilige Grenzen fließend und nur schwer auszumachen sind"* oder *„wenn die betroffenen Grundrechte nach dem Wortlaut der Verfassung ohne Gesetzesvorbehalt gewährleistet sind"* (BVerfGE 139, 19 [45 f. Rn. 52 f.] – Verbeamtungs-Höchstaltersgrenzen).

Der Parlamentsvorbehalt darf nicht dahingehend missverstanden werden, dass das Parlament über alles, also auch über alles *Unwesentliche*, zu entscheiden hätte oder dass es – im Sinne einer „Reservekompetenz" – alle Entscheidungen an sich ziehen könnte. Ein solcher **Gewaltenmonismus** wäre **dem Grundgesetz,** insb. seinem Art. 20 Abs. 2 Satz 2 GG, **fremd** *(BVerfGE 68, 1 [87] – Pershing).* Seine **Grenzen** findet der Parlamentsvorbehalt daher in der verfassungsmäßigen und gewaltenteilenden (Rn. 864 ff.) **Kompetenzordnung** des Grundgesetzes, nämlich dort, wo andere gleichfalls demokratisch legitimierte Staatsorgane eigene Kompetenzbereiche (Rn. 98) besitzen. *„Weitreichende – gerade auch politische – Entscheidungen gibt es der Kompetenz anderer oberster Staatsorgane anheim, wie zum Beispiel die Bestimmung der Richtlinien der Politik durch den Bundeskanzler (Art. 65 Satz 1 GG), die Auflösung des Bundestages (Art. 68 GG), die Erklärung des Gesetzgebungsnotstands (Art. 81 GG) oder wichtige außenpolitische Entscheidungen"* (BVerfGE 49, 89 [125] – Kalkar I).

289

3. Anreicherung der repräsentativen Demokratie mit plebiszitären Elementen

Auch wenn alle modernen Staatswesen repräsentativ-demokratisch angelegt sind (Rn. 275), schließt dies direktdemokratische (plebiszitäre) Elemente nicht grds. aus (Plebiszit von lat. *plebis scitum*, svw. Volksbeschluss). Für das Grundgesetz folgt dies schon daraus, dass Art. 20 Abs. 2 Satz 2 GG neben den Wahlen auch von **Abstimmungen** spricht, also **volksunmittelbare Sachentscheidungen** kennt und anerkennt. Gleichwohl hält sich das Grundgesetz in der konkreten Umsetzung stark zurück. Lediglich für die **Neugliederung des Bundesgebiets,** also etwa bei Auflösung oder Zusammenlegung von Ländern, sieht Art. 29 GG Volksentscheide, Volksbegehren und Volksbefragungen vor (Rn. 551 ff.). Andere Sachfragen, auch von erheblicher Tragweite, und sogar Verfassungsänderungen verbleiben in der alleinigen Entscheidungskompetenz der gewählten Gesetzgebungsorgane, allen voran des Bundestages (vgl. Art. 76 ff. GG und Rn. 923).

290

291 Demgegenüber enthalten die Verfassungen anderer Staaten wie auch die der Bundesländer direktdemokratische Elemente (vgl. z.B. Art. 72 Abs. 1, Art. 73, 74 BayVerf; Art. 68, 69 Abs. 3 VerfNW; Art. 99, 100 SaarlVerf). Allerdings ist auch dort das Repräsentationsprinzip vorherrschend, was sich z.B. an formalen und materiellen **Restriktionen** zeigt (etwa sog. Beteiligungs- oder Zustimmungsquoren – Rn. 309 ff. –, Fristen oder Finanzausschlussklauseln, d.h. die Unzulässigkeit von Volksentscheiden über „finanzwirksame" Gesetze). Daher beschränken sich Volksentscheide in der Staatenpraxis auf **Ausnahmefälle**. Systematisch lässt sich zwischen verschiedenen Instituten der Volksbeteiligung unterscheiden, nämlich zwischen

- **Volksinitiative**, das ist ein Antrag aus dem Volk an das Parlament, über eine bestimmte Angelegenheit zu beraten und zu entscheiden (das Volk entscheidet hier also nicht selbst),
- **Referendum** (Plural: Referenden), d.h. eine Volksabstimmung über ein Gesetz oder über eine Verfassungsänderung auf Initiative des Parlaments oder der Regierung,
- **Volksbegehren**, d.h. der Antrag aus dem Volk auf eine Volksabstimmung über ein Gesetz oder über eine Verfassungsänderung; die anschließende Volksabstimmung wird **Volksentscheid** genannt.

292 **Merke:** Art. 20 Abs. 2 Satz 1 GG legt fest, dass alle Staatsgewalt vom Volk ausgeht. Die Sachentscheidungen im Staat werden allerdings nicht unmittelbar vom Volk getroffen: In der repräsentativen Demokratie delegiert das Volk die Staatsgewalt auf Vertreter. Diese repräsentieren das Volk in Volksvertretungen und verfügen über ein freies Mandat (vgl. für den Bundestag Art. 38 Abs. 1 Satz 2 GG). Die wesentlichen Entscheidungen für Staat und Bürger müssen von den Parlamenten getroffen werden (Parlamentsvorbehalt). Die übrigen Sachentscheidungen dürfen auch von anderen Organen (insb. von Verwaltungsbehörden und Gerichten) getroffen werden.

III. Regierungssysteme (Regierungsformen)

1. Abgrenzungen

293 Die demokratische Staatsform (Herrschaftsform) darf nicht verwechselt werden mit der Form des Regierungssystems (Regierungsform):
- Die demokratische **Staatsform** wird von der Idee der Volkssouveränität, der Selbstbestimmung und Selbstregierung des Volkes geleitet und fordert ein Parlament als Repräsentationsorgan des Volkes (Rn. 275 f.).
- Demgegenüber betrifft die Frage des **Regierungssystems** – zumindest in der Demokratie – die staatsrechtliche Beziehung zwischen Parlament und Regierung.

2. Parlamentarisches Regierungssystem

Das parlamentarische Regierungssystem ist dadurch gekennzeichnet, dass **nur das Parlament unmittelbar vom Volk gewählt** wird. Die **Regierung** – oder auch nur der Regierungschef – wird ihrerseits **vom Parlament** berufen und abberufen. Dadurch ist sie dem Parlament **unmittelbar politisch verantwortlich,** dem Volk nur mittelbar. Neben dem Regierungschef kann zwar ein Staatsoberhaupt bestehen; seine Funktionen beschränken sich aber auf formale und repräsentative Angelegenheiten. „Klassisches" Beispiel für dieses Regierungssystem ist Großbritannien (offiziell: Vereinigtes Königreich von Großbritannien und Nordirland): Hier liegt die politische Macht beim Premierminister (Prime Minister), der vom Parlament (Unterhaus, House of Commons) bestimmt wird. Der König oder die Königin fungiert nur als Staatsoberhaupt ohne wesentlichen politischen Einfluss. Diese Staatsform wird daher auch als parlamentarische Monarchie bezeichnet.

294

Parlamentarisches System Volk wählt nur das Parlament, nicht aber die Regierung; Regierung ist von der Parlamentsmehrheit abhängig.	Parlament ⟶ Regierungschef ↑ ↓ Volk Regierung

3. Präsidiales Regierungssystem

Der Gegenentwurf zum parlamentarischen ist das präsidiale Regierungssystem. Hier wählt das **Volk** nicht nur das Parlament **unmittelbar,** sondern auch den **Staatspräsidenten.** Dementsprechend besitzt der Staatspräsident eine starke, herausgehobene Stellung. Er ist – anders als der Bundespräsident nach der Konzeption des Grundgesetzes (Art. 54 ff. GG) – nicht nur formelles Staatsoberhaupt, sondern zugleich auch maßgeblicher Bestimmungsfaktor der Politik **(Staatschef).** Entweder bestellt er den Ministerpräsidenten und die übrigen Regierungsmitglieder oder er ist **selbst Regierungschef** (wie in den USA). Damit besteht keine unmittelbare personelle, sondern nur eine sachlich-politische Verantwortlichkeit der Regierung gegenüber dem Parlament.

295

Zu diesem verbleibenden Einfluss des Parlaments tragen ganz entscheidend der Vorbehalt des Gesetzes (Rn. 454 ff.) und das Budgetrecht bei (Rn. 755). Denn Eingriffe in Rechte des Einzelnen oder andere wesentliche Fragen müssen auch im präsidialen System durch Parlamentsgesetz geregelt werden (Rn. 286 ff.). Im Übrigen sind der Staatspräsident und die von ihm geleitete Exekutive (vollziehende Gewalt) darauf angewiesen, dass das Parlament durch das Haushaltsgesetz den Haushaltsplan feststellt und damit die erforderlichen Ausgabemittel bewilligt (Rn. 755 f.).

296

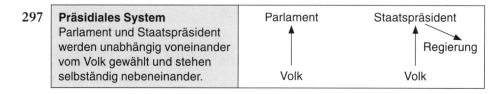

4. Mischsystem

298 Die beiden „Prototypen" des parlamentarischen und des präsidialen Regierungssystems müssen nicht in ihrer Reinform bestehen. Dafür sind die Kombinationsmöglichkeiten und die verfassungspolitischen Ideen in ihrer praktischen Umsetzung viel zu mannigfaltig. Ein gängiges Mischsystem besteht darin, dass der Staatspräsident zwar – wie selbstverständlich auch das Parlament – unmittelbar vom Volk gewählt wird und dass die Regierung vom Staatspräsidenten ernannt wird, dass andererseits die Regierung aber auch von der Parlamentsmehrheit abhängig ist (so wie dies in Frankreich der Fall ist). Je nach Stärke der Abhängigkeit der Regierung vom Parlament oder vom Staatspräsidenten besteht hier von Verfassung zu Verfassung ein großer Variantenreichtum.

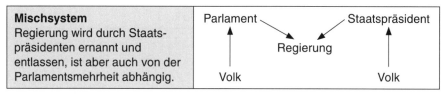

5. Regierungssystem des Grundgesetzes

299 Vor dem Hintergrund der geschichtlichen Erfahrungen aus der Zeit der Weimarer Republik und des Nationalsozialismus hat sich das **Grundgesetz** – jedenfalls für die Bundesebene – bewusst **gegen die Volkswahl** eines „starken Mannes" sowie für eine maßgebliche parlamentarische Kontrolle der Regierung entschieden. Es folgt daher dem parlamentarischen Regierungssystem. Konkret umgesetzt wird dies dadurch, dass nur das Bundesparlament – der Bundestag – gem. **Art. 38 GG** unmittelbar vom Volk gewählt wird, nicht aber die Bundesregierung oder der Bundeskanzler. Stattdessen wählt der Bundestag gem. **Art. 63 GG** den Bundeskanzler (Rn. 1252 ff.), der sodann seinerseits nach **Art. 64 GG** dem Bundespräsidenten die Bundesminister zur Ernennung (und Entlassung) vorschlägt.

300 Das Volk hat verfassungsrechtlich keinen unmittelbaren Einfluss auf die Bundesregierung, sondern nur der Bundestag. Er kann während der Wahlperiode dem Bundeskanzler das Misstrauen aussprechen und auf diese Weise einen Wechsel der Bundesregierung herbeiführen (**Art. 67 GG**, s. Rn. 1268 ff.). Andererseits kann der Bundeskanzler im Wege der Vertrauensfrage die Auf-

lösung des Bundestags initiieren (**Art. 68 GG**, s. Rn. 1274 ff.). Diese verfassungsrechtlichen Instrumente begründen die politische Verantwortung der Bundesregierung, von der in **Art. 65 Satz 1 und 2 GG** ausdrücklich die Rede ist. Demgegenüber rücken das politische Gewicht und damit auch die politische Verantwortung des Bundespräsidenten stark in den Hintergrund.

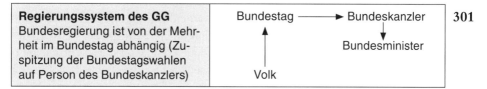

301

Wiewohl das Grundgesetz seit seiner Verkündung vom parlamentarischen Regierungssystem geprägt ist und sich dieses bewährt hat, wäre wohl auch ein **präsidiales System** (erst recht ein Mischsystem) **mit dem Demokratieprinzip** (Art. 20 Abs. 1 GG) und der **Volkssouveränität** (Art. 20 Abs. 2 GG) **vereinbar**. Es ist daher davon auszugehen, dass eine entsprechende Verfassungsänderung insoweit nicht wegen Art. 79 Abs. 3 GG unzulässig wäre. Die Ausgestaltung des Regierungssystems in den Ländern richtet sich nach den jeweiligen Landesverfassungen, die bislang – wie der Bund – dem parlamentarischen System folgen. Jedoch stünde das Homogenitätsgebot des Art. 28 Abs. 1 Satz 1 GG (Rn. 561 ff.) der Einführung präsidialer Systeme oder von Mischformen nicht entgegen.

302

IV. Mehrheitsprinzip und Minderheitenschutz

Die Festschreibung des demokratischen Prinzips in Art. 20 Abs. 1 GG allein wäre für das Funktionieren der Demokratie zu wenig. Hinzutreten muss eine **Ausformung** dieses Prinzips **in spezifischen Verfassungsvorschriften**.

303

1. Pluralismus und Mehrheitsprinzip

a) Notwendigkeit der Meinungsvielfalt

Die Idee der Volkssouveränität mag dazu verleiten, in reduzierender Betrachtungsweise zu unterstellen, dass „das Volk" ein homogenes Gebilde mit einheitlichem politischem Willen ist. Solche Vorstellungen wären der erste Schritt weg von der Demokratie. Denn offensichtlich ist dem nicht so: Im Volk herrscht eine **Vielfalt an Meinungen** und politischen Strömungen. Diese Meinungsvielfalt in der offenen Gesellschaft führt zu divergierenden, nicht selten zu konträren Interessen von Bürgern oder Gruppen von Bürgern. Könnte sich dieser **Pluralismus in der politischen Wirklichkeit** nicht entfalten, wäre die demokratische Staatsform eine leere Hülse. Demokratie lebt vom Wettbewerb und Wettstreit unterschiedlicher Ansichten. *Den* „Volkswillen" gibt es ebenso

304

wenig wie *das* objektive oder objektivierbare Gemeinwohl (Rn. 528). Sehr wohl aber gibt es eine Vielzahl ganz unterschiedlicher Vorstellungen, wie das Gemeinwesen am besten gestaltet werden soll.

b) Notwendigkeit von Mehrheitsentscheidungen

305 Angesichts des Meinungspluralismus ist es gerade im demokratisch verfassten Staat erforderlich, dass verbindliche Entscheidungen getroffen werden und somit die staatliche Handlungsfähigkeit erhalten bleibt. Je größer die Zahl der an der Entscheidung beteiligten Personen und je komplexer die zu entscheidende Sachfrage ist, umso schwieriger wird es sein, eine einvernehmliche Lösung zu finden. Schnell käme es zu einer umfassenden Lähmung der Staatstätigkeit, wenn jede – auch noch so kleine – abweichende Meinung ihrem Träger ein Vetorecht oder die Möglichkeit zur Verschleppung einräumte.

306 „Gerettet" wird der demokratische Staat daher durch das **Mehrheitsprinzip** im Parlament und in vergleichbaren Beschlussgremien. Für den Bundestag wird dies durch **Art. 42 Abs. 2 Satz 1 Hs. 1 GG** statuiert (vgl. für den Bundesrat Art. 52 Abs. 3 Satz 1 GG, s. Rn. 1046): Zu einem Beschluss des Bundestages ist prinzipiell die Mehrheit der abgegebenen Stimmen erforderlich (zu Stimmenthaltungen s. Rn. 312). Eine Mehrheitsentscheidung ist in aller Regel dem Verzicht auf eine Entscheidung oder einem „faulen" Kompromiss vorzuziehen. Dass sich die Meinung der Mehrheit grds. durchsetzen muss, ist eine **unverzichtbare Funktionsvoraussetzung** für die Demokratie; daher bildet das Mehrheitsprinzip einen festen Bestandteil des Demokratieprinzips. Seine Legitimation beruht auch darauf, dass die Minderheit in künftigen Abstimmungen zur Mehrheit werden kann.

c) Formen der Mehrheit

307 1949 soll *Konrad Adenauer* seine Wahl zum ersten Bundeskanzler der Bundesrepublik Deutschland mit einer Mehrheit von einer einzigen (seiner eigenen) Stimme mit den Worten „Mehrheit ist Mehrheit" kommentiert haben. Staatsrechtlich sieht die Sache nicht so einfach aus.

308 **Fall:** Nach der Bundestagswahl bewerben sich im Bundestag drei Kandidaten für das Amt des Bundeskanzlers. Von den insgesamt 600 Abgeordneten des Bundestages (diese Gesamtzahl wird hier unterstellt; genauer dazu Rn. 949 ff.) sind am Tag der Wahl nur 580 anwesend. Davon stimmen 300 für den Kandidaten A, 112 Stimmen entfallen auf den Kandidaten B, Kandidat C erhält 168 Stimmen. Enthaltungen gibt es nicht. Ist A zum Bundeskanzler gewählt worden?
(Lösungsvorschlag: Rn. 319)

309 Als Ausgangspunkt für die Ermittlung der erforderlichen Mehrheit sind zwei Bezugsgrößen zu unterscheiden:

310 (1) der Anteil der zustimmenden an den abgegebenen Stimmen (Stimmenquote, sog. **Zustimmungsquorum,** von lat. *quorum* = von welchen).

§ 6. Demokratie

(a) Hier gilt der Grundsatz der **einfachen Mehrheit,** das ist die rechnerische Mehrheit von 50 % der Stimmen plus eine Stimme (vgl. Art. 42 Abs. 2 Satz 1 Hs. 1 GG).
(b) Für besonders wichtige Entscheidungen können aber auch **qualifizierte Mehrheiten** festgesetzt werden, typischerweise die Zweidrittelmehrheit (z.B. gem. Art. 79 Abs. 2 GG, Rn. 162).
(c) Daneben gibt es bei Wahlen mit mehr als zwei Kandidaten auch die **relative Mehrheit**, wonach derjenige gewählt ist, der die meisten Stimmen erhält (vgl. Art. 54 Abs. 6 Satz 2, Art. 63 Abs. 4 Satz 1 GG).

(2) der erforderliche Anteil an den Stimmberechtigten (sog. **Beteiligungsquorum**). Dieses Kriterium trifft Anforderungen an die Zahl der Teilnehmer aus einem Kreis der Berechtigten, die sich an einer Wahl oder einer Abstimmung beteiligen. 311

(a) Im Prinzip gelten hier keine gesteigerten Anforderungen: Maßgeblich ist grds. die Mehrheit der Abstimmenden, d.h. der abgegebenen Stimmen (sog. **Abstimmungsmehrheit,** vgl. Art. 42 Abs. 2 Satz 1 Hs. 1 GG).
(b) Bei folgenreichen Entscheidungen ist zumeist bestimmt, dass die (einfache oder qualifizierte) Mehrheit der abgegebenen Stimmen nicht ausreicht. Erforderlich ist stattdessen die Mehrheit der Mitglieder des Parlaments oder eines anderen Gremiums (sog. **Mitgliedermehrheit** oder **absolute Mehrheit**, also bezogen auf das gesamte Gremium, nicht aber nur auf die Zahl der Abstimmenden, vgl. wieder Art. 79 Abs. 2 GG und Rn. 315).
(c) Eine weitere Mehrheitsform ist die **Anwesenheitsmehrheit**, d.h. die Mehrheit der Stimmen der anwesenden Abstimmungsberechtigten (vgl. § 80 Abs. 2 Satz 1, § 81 Abs. 1 Satz 2 Hs. 1, § 84 Satz 1 lit. b und § 126 GeschO BT). Diese Abweichung von Art. 42 Abs. 1 und 2 GG ist verfassungsrechtlich bedenklich (str.).

Nach dem Beteiligungsquorum richtet sich grds. auch, wie **Stimmenthaltungen und ungültige Stimmen** zu werten sind: Ist die Mehrheit der abgegebenen Stimmen für einen Beschluss erforderlich (oben 2a), gelten Enthaltungen und ungültige Stimmen grds. als nicht abgegebene Stimmen, werden also nicht mitgezählt und fallen nicht ins Gewicht. Denn nur so wird gewährleistet, dass Enthaltungen nicht als Nein-Stimmen gelten. Ist dagegen die Mitgliedermehrheit notwendig (oben 2b), haben Enthaltungen und ungültige Stimmen das Gewicht von Nein-Stimmen. Für die Ermittlung der Mehrheit nach Art. 42 Abs. 2 GG ohne Bedeutung ist hingegen, wie viele Abgeordnete zur Zeit der Beschlussfassung anwesend waren. Die Zahl der Anwesenden ist ausschließlich für die Beschlussfähigkeit relevant (Rn. 925). 312

Merke: Bei der Ermittlung der jeweils erforderlichen Mehrheit ist zu unterscheiden zwischen dem Zustimmungsquorum, nämlich der einfachen oder einer qualifizierten Mehrheit, und dem Beteiligungsquorum, d.h. der Abstimmungs- oder der Mitgliedermehrheit. 313

314 Zustimmungs- und Beteiligungsquorum ergeben nur in **Kombination** Sinn; dann tragen sie zum Verständnis der einschlägigen Vorschriften des Grundgesetzes bei:
- Den Regelfall für Beschlüsse des Bundestages bildet die **einfache Abstimmungsmehrheit** (oben Rn. 310 und 311): Nach Art. 42 Abs. 2 Satz 1 Hs. 1 GG ist die Mehrheit der abgegebenen Stimmen ausreichend.

315 - Anders insb. bei der Wahl des Bundeskanzlers: Hier ist nach Art. 63 Abs. 2 Satz 1 und Abs. 3 GG die Mehrheit der Mitglieder des Bundestages erforderlich, also die einfache **Mitgliedermehrheit** (oben Rn. 310 f.). Definiert wird die Mitgliedermehrheit im Grundgesetz selbst, und zwar in Art. 121 (dazu Rn. 45). Wegen der Bedeutung dieser Wahl wird die einfache Mitgliedermehrheit des Bundestages im Parlamentsjargon als „**Kanzlermehrheit**" bezeichnet (vgl. dasselbe Mehrheitserfordernis in Art. 67 Abs. 1 Satz 1 und Art. 68 Abs. 1 Satz 1 GG, s. Rn. 1255). Ähnlich im Bundesrat: Nach Art. 52 Abs. 3 Satz 1 GG fasst er seine Beschlüsse mit mindestens der Mehrheit seiner Stimmen (da der Bundesrat nach der Diktion des Grundgesetzes – vgl. Art. 51 Abs. 2 und 3 GG – keine Mitglieder, sondern Stimmen hat, sollte hier nicht von der absoluten Mitgliedermehrheit, sondern besser von **absoluter Mehrheit** gesprochen werden, vgl. im Übrigen Rn. 1046).

316 - Einen Sonderfall enthält Art. 77 Abs. 4 Satz 2 GG im Verfahren der Bundesgesetzgebung. Hier wird im Bundestag eine qualifizierte Abstimmungsmehrheit mit einer einfachen Mitgliedermehrheit kombiniert (hierzu ausführlich Rn. 1136).

317 - Besonders hohe Hürden sieht das Grundgesetz für Verfassungsänderungen vor: Nach Art. 79 Abs. 2 GG bedarf ein verfassungsänderndes Gesetz der Zustimmung von zwei Dritteln der Mitglieder des Bundestages (Art. 121 GG) *und* von zwei Dritteln der Stimmen des Bundesrates. Hier werden Mitgliedermehrheit (oben Rn. 311) und qualifizierte Mehrheit (oben Rn. 310) zur **qualifizierten Mitgliedermehrheit** kombiniert. Da diese Form der Mehrheit in Bundestag und Bundesrat vonnöten ist, spricht man von **doppelt qualifizierter Mehrheit**.

– Aufgrund des Gesagten lässt sich folgende Matrix erstellen: **318**

		Beteiligungsquorum	
		Abstimmungsmehrheit	Mitgliedermehrheit
Zustimmungsquorum	einfache Mehrheit	einfache Abstimmungsmehrheit, z.B. Art. 42 II 1 GG	einfache Mitgliedermehrheit, z.B. Art. 63 II 1, III GG
	qualifizierte Mehrheit	qualifizierte Abstimmungsmehrheit, z.B. Art. 77 IV 2 Ts. 2 GG	qualifizierte Mitgliedermehrheit, z.B. Art. 79 II GG

Nicht in dieser Matrix enthalten ist die **relative Mehrheit** (Rn. 310).

Lösungsvorschlag zum Fall Rn. 308: Gem. Art. 63 Abs. 2 Satz 1 GG ist zum Bun- **319** deskanzler gewählt, wer die Stimmen der Mehrheit der Mitglieder des Bundestages auf sich vereinigt. Mit 300 Stimmen hat A zunächst die Mehrheit der abgegebenen Stimmen erhalten (einfache Abstimmungsmehrheit, Art. 42 Abs. 2 Satz 1 Hs. 1 GG). Für die Wahl des Bundeskanzlers reicht dies indes nach Art. 63 Abs. 2 Satz 1 GG nicht aus (eine Ausnahme gilt gem. Art. 63 Abs. 4 Satz 1 GG, die hier jedoch laut Sachverhalt nicht einschlägig ist). Daher muss A die Mehrheit der Stimmen der Mitglieder des Bundestages, also aller Stimmberechtigten und nicht nur der tatsächlich Abstimmenden, auf sich vereinigt haben (Art. 121 GG). Bei 600 Abgeordneten wäre dieses Quorum bei 301 Stimmen erreicht (sog. Kanzlermehrheit). Da A nur 300 Stimmen erhalten hat, ist er nicht zum Bundeskanzler gewählt worden.

2. Minderheitenschutz und Oppositionsrechte

a) Verwurzelung des Minderheitenschutzes

Fall: Aufgrund einer großen Koalition besitzen die Regierungsfraktionen im Bundes- **320** tag und im Bundesrat eine Zweidrittelmehrheit. Gestützt darauf wollen sie Art. 44 Abs. 1 Satz 1 GG dahingehend ändern, dass die Einsetzung eines Untersuchungsausschusses von nicht weniger als der Hälfte der Mitglieder des Bundestages beantragt werden kann. Steht diesem Vorhaben Art. 79 Abs. 3 GG entgegen? (Lösungsvorschlag: Rn. 336)

aa) Demokratieprinzip

Die Herrschaft der Mehrheit mag für sich eine Vermutung für die gerech- **321** teste und vernünftigste (für die richtige) Lösung beanspruchen. Sie darf jedoch nicht ohne ein Mindestmaß an Rücksicht auf die überstimmte(n) Minderheit(en) ausgeübt werden. Der **Grundsatz des Minderheitenschutzes ergänzt das Mehrheitsprinzip** in der freiheitlichen Demokratie. Vor allem in der Parteiendemokratie (Art. 21 GG, Rn. 371 ff.) müssen Mehrheitsentscheidungen fortlaufend einer **Kontrolle und Korrektur** unterzogen werden können, insb. durch die jeweilige Minderheit.

322 Die **Minderheit** muss stets die **Chance** besitzen, **zur Mehrheit zu werden** – sei es bei der Abstimmung in einer konkreten Sachfrage, sei es strukturell im Sinne einer Parlamentsmehrheit. Nur dann ist die Herrschaft der Mehrheit legitim, nur dann kann sich auch die Minderheit darin wiederfinden. Das Bundesverfassungsgericht drückt dies – in einem „Bandwurmsatz" so aus: *„[…] nur wenn die Mehrheit aus einem freien, offenen, regelmäßig zu erneuernden Meinungs- und Willensbildungsprozess, an dem grundsätzlich alle wahlmündigen Bürger zu gleichen Rechten teilhaben können, hervorgegangen ist, wenn sie bei ihren Entscheidungen das – je und je bestimmende – Gemeinwohl im Auge hat, insbesondere auch die Rechte der Minderheit beachtet und ihre Interessen mitberücksichtigt, ihr zumal nicht die rechtliche Chance nimmt oder verkürzt, zur Mehrheit von morgen zu werden, kann die Entscheidung der Mehrheit bei Ausübung der Staatsgewalt als Wille der Gesamtheit gelten und nach der Idee der freien Selbstbestimmung aller Bürger Verpflichtungskraft für alle entfalten"* (BVerfGE 44, 125 [142] – Öffentlichkeitsarbeit I).

bb) Rechtsstaatsprinzip und Grundrechte

323 Außer im Demokratieprinzip wurzelt der Minderheitenschutz vor allem in Einzelausprägungen des **Rechtsstaatsprinzips** (Rn. 422 ff.), insb. in der **Gewaltenteilung** (Rn. 867 ff.) und in den **Grundrechten** (Rn. 504 ff.) einschließlich des Grundsatzes der **Verhältnismäßigkeit** (Rn. 507 ff.) und der **Rechtsweggarantie** (Rn. 464). Gerade in ihrer Funktion als Abwehrpositionen stehen die Grundrechte dem Einzelnen in Minderheitssituationen zur Seite.

324 Notwendige Voraussetzung für den demokratischen Prozess der Mehrheitsbildung in der pluralistischen Gesellschaft sind dabei diejenigen Grundrechte, die der **Meinung des Einzelnen** und der von Personenzusammenschlüssen zur Geltung verhelfen, und zwar im Vorfeld, während und nach der parlamentarischen Betätigung. „Klassische" Grundrechte i.d.S. sind die „Kommunikationsgrundrechte", also die **Meinungs-, Informations-, Presse-** und **Rundfunkfreiheit** (Art. 5 Abs. 1 Satz 1 und 2 GG; hierzu *Manssen*, Staatsrecht II, Rn. 356 ff.), die **Versammlungsfreiheit** (Art. 8 GG; hierzu *Manssen*, ebd., Rn. 503 ff.) und die **Vereinigungsfreiheit** (Art. 9 GG; hierzu *Manssen*, ebd., Rn. 540 ff.). In der repräsentativen Demokratie sind zudem die Freiheit und die Chancengleichheit der **politischen Parteien** aus Art. 21 Abs. 1 GG (Rn. 391 ff.) von elementarer Bedeutung. Denn die Parteien tragen nicht nur die parlamentarische Mehrheit, sondern organisieren und institutionalisieren auch die Meinungs- und Willensbildung der Minderheiten.

b) Stellung der parlamentarischen Opposition

325 Eine besondere Stellung im Minderheitenschutz nimmt die parlamentarische Minderheit (**Opposition**) ein. Das Bundesverfassungsgericht formuliert: *„Das Gebot, parlamentarische Minderheiten zu schützen, sowie das Recht auf verfassungsmäßige Bildung und Ausübung der Opposition wurzeln im demokratischen Prinzip […]. Dieser Schutz geht nicht dahin, die Minderheit vor Sachentscheidungen der Mehrheit zu*

§ 6. Demokratie

bewahren […], wohl aber dahin, der Minderheit zu ermöglichen, ihren Standpunkt in den Willensbildungsprozess des Parlaments einzubringen" (BVerfGE 70, 324 [363] – Wirtschaftspläne der Geheimdienste).

Im Parlament (Bundestag, Landtage, Rn. 278) stellen die **Fraktionen** (Rn. 989 ff.) eine Art Spiegelbild der politischen Parteien dar und bilden auf diese Weise das pluralistische Meinungsgefüge der Gesellschaft im demokratischen Repräsentationsorgan ab. Den Oppositionsfraktionen kommt dabei die Rolle zu, den politischen Gegenpol zur Regierung und zu den sie tragenden Koalitionsfraktionen darzustellen („innerparlamentarischer Dualismus"). Sie bieten **personelle und programmatische Alternativen** zur Regierungspolitik an. 326

Diese Funktion kann nur effektiv ausgeübt werden, wenn die Opposition im Wettbewerb mit der Parlamentsmehrheit „auf gleicher Augenhöhe" steht (**Grundsatz effektiver parlamentarischer Opposition**, *BVerfGE 142, 25 [55 Rn. 87, 57 Rn. 90] – Oppositionsrechte*). Allerdings hat das Bundesverfassungsgericht entschieden, dass weder das Demokratie- noch das Rechtsstaatsprinzip besondere Rechte eigens für Oppositionsfraktionen fordern. Denn dies würde die in Fraktionen zusammengeschlossenen Oppositionsabgeordneten bevorzugen, womit der Grundsatz der Gleichheit der Abgeordneten beeinträchtigt wäre, der für den Bundestag aus Art. 38 Abs. 1 Satz 2 GG abgeleitet wird (Rn. 935; *BVerfGE 142, 25 [58 ff. Rn. 91 ff.]*). Vereinfacht lässt sich folgern: Das Grundgesetz schützt **parlamentarische Minderheiten**, nicht aber die Oppositionsfraktion(en) als solche. Doch worauf gründet sich dieser parlamentarische Minderheitenschutz konkret? 327

(1) **Öffentlichkeit**: Das erste Fundament des Minderheitenschutzes ist das Prinzip der Öffentlichkeit parlamentarischer Vorgänge. Paradigmatisch kommt es in Art. 42 Abs. 1 Satz 1 GG zum Ausdruck, wonach der Bundestag – in Plenarsitzungen (Rn. 924) – öffentlich verhandelt. „*Öffentlichkeit ist essentiell für die Ausübung der Kontrollfunktion des Parlaments – (BVerfGE 137, 185 [265 Rn. 201] – Bundessicherheitsrat; BVerfGE 147, 50 [132 Rn. 210] – Parl. Informationsrecht II)*. Diese spezifische Ausprägung demokratischer **Transparenz** gewährleistet eine ständige Rückkopplung des Parlaments und damit auch der Arbeit der Oppositionsfraktionen an das Volk. Unterstrichen wird die Öffentlichkeitsfunktion durch Art. 39 Abs. 3 Satz 3 GG, wonach eine Minderheit von einem **Drittel** der Abgeordneten auch gegen den Willen der Parlamentsmehrheit die Anberaumung einer Sitzung des Bundestages verlangen kann (vgl. Rn. 926). 328

(2) **Statusrechte des Abgeordneten**: Eine weitere Basis des Minderheitenschutzes sind die organschaftlichen Rechte, die jedem einzelnen Abgeordneten aufgrund seines freien Mandats als **Statusrechte** zukommen und die damit auch **jedem Oppositionsabgeordneten** zustehen. Verfassungsrechtliche Grundlage für die Abgeordneten des Deutschen Bundestages ist Art. 38 Abs. 1 Satz 2 GG. So stehen jedem Abgeordneten vor allem bestimmte Beteiligungs-, Initiativ- und Informationsrechte zu, insb. Frage- und Auskunftsrechte (näher 329

hierzu Rn. 936 f.). Kein spezifisches Recht der Opposition ist hingegen das Zitierrecht des Art. 43 Abs. 1 GG, weil dazu ein Mehrheitsbeschluss des Bundestages erforderlich ist.

330 (3) **Fraktionsrechte**: Erreicht die Opposition im Parlament die Stärke einer Fraktion, bilden deren Stellung und die daraus entspringenden Rechte (Rn. 996 ff.) wesentliche Bausteine effektiver Oppositionsarbeit: So lassen sich Alternativen zur Regierungspolitik in **Gesetzesvorlagen** sichtbar machen, die auf Bundesebene gem. Art. 76 Abs. 1 Fall 2 GG auch „aus der Mitte des Bundestages", d. h. insb. von einer Fraktion eingebracht werden können (näher Rn. 1118). Zudem besitzen die Fraktionen wichtige **Beteiligungsrechte** im parlamentarischen Verfahren, etwa durch die Berücksichtigung in den Ausschüssen nach § 12 Satz 1, § 57 GeschO BT oder bei der Reihenfolge der Redner in Plenardebatten nach § 28 GeschO BT. Zudem nutzen die Oppositionsfraktionen **Große** und **Kleine Anfragen** an die Bundesregierung als beliebte Kontrollinstrumente. Historischer Vorläufer ist die Interpellation; die lateinische Bedeutung des Wortes **interpellare** („mit Fragen bestürmen") mag einen Eindruck davon vermitteln, dass namentlich Große Anfragen von der Regierung mitunter gefürchtet werden.

331 (4) **Antragsrechte qualifizierter Minderheiten**: Grds. ist für einen Beschluss des Bundestages nach Art. 42 Abs. 2 Satz 1 Hs. 1 GG die Mehrheit der abgegebenen Stimmen erforderlich (Rn. 314, 924 f.). Gewisse Verfahren und Rechtsbehelfe können allerdings auch von nur einem **Viertel** der Abgeordneten – üblicherweise aus der Opposition – in Gang gesetzt werden:
– Dazu zählt insb. das „klassische" Recht zur Information und Kontrolle: das **Untersuchungsrecht** (Enquêterecht) gem. Art. 44 Abs. 1 Satz 1, Art. 45a Abs. 2 Satz 2 GG, d. h. das Recht, die Einsetzung eines Untersuchungsausschusses zu verlangen (Rn. 1008 ff.).
– Ein scharfes Schwert ist die sog. **abstrakte Normenkontrolle** nach Art. 93 Abs. 1 Nr. 2 GG: Damit können die (in aller Regel von der Regierungsmehrheit beschlossenen) Bundesgesetze vom Bundesverfassungsgericht für ungültig (nichtig) erklärt werden, soweit sie verfassungswidrig sind.
– Überdies muss der Bundestag nach Art. 23 Abs. 1a Satz 2 GG, § 12 Abs. 1 Satz 1 IntVG eine **Subsidiaritätsklage** vor dem Gerichtshof der Europäischen Union (Rn. 843) erheben, wenn zu befürchten steht, dass die EU zulasten der Mitgliedstaaten von einer Kompetenz Gebrauch gemacht hat (Art. 5 Abs. 1 Satz 2, Abs. 3 EUV, Rn. 847, 1555).

Zu weiteren Minderheitsrechten dieser Art s. *BVerfGE 142, 25 (27 ff. Rn. 4 ff.)*
– *Oppositionsrechte*.

332 (5) **Rechtsschutz**: Die besten Rechtspositionen nützen nichts, wenn sie im Streitfall nicht effektiv durchgesetzt werden können. Deshalb sieht das Grundgesetz in seinem Art. 93 Abs. 1 Nr. 1 das sog. **Organstreitverfahren** vor. Es ermöglicht insb. Abgeordneten und Fraktionen, typischerweise wenn sie zur parlamentarischen Opposition gehören, ihre organschaftlichen Rechte (Rn. 930)

vor dem Bundesverfassungsgericht geltend zu machen (Rn. 1499 ff.). Fraktionen können dieses Verfahren sogar anstrengen, um in sog. Prozessstandschaft die Verletzung von Rechten des Bundestages zu rügen (näher dazu Rn. 998, 1513).

Minderheitenschutz	
allgemein, außerparlamentarisch	im Parlament (am Beispiel des Bundestages)
politische Meinungsäußerungs- und Betätigungsfreiheiten: – Meinungs- und Informationsfreiheit, Art. 5 I 1 GG; – Presse- und Rundfunkfreiheit, Art. 5 I 2 GG; – Versammlungsfreiheit, Art. 8 GG; – Vereinigungsfreiheit, Art. 9 GG; – Parteienfreiheit und -gleichheit, Art. 21 I (i. V. m. Art. 3 I)GG	– Statusrechte des einzelnen Abgeordneten, Art. 38 I 2 GG; – Rechte einer Fraktion, insb. Gesetzesinitiative, Art. 76 I GG, Berücksichtigung in Ausschüssen, bei Verhandlungen u. a., Große und Kleine Anfragen; – Minderheitenrechte, insb. Einsetzung eines Untersuchungsausschusses, Art. 44, 45a II 2 GG, Einleitung einer abstrakten Normenkontrolle, Art. 93 I Nr. 2 GG, Erzwingung einer Subsidiaritätsklage, Art. 23 Ia 2 GG, inberufung des Bundestages, Art. 39 III 3 GG; – Rechtsschutz im Organstreitverfahren, Art. 93 I Nr. 1 GG; s. auch Rn. 936, 996

333

(nicht besetzt)

334/335

Lösungsvorschlag zum Fall Rn. 320: Die sog. Ewigkeitsgarantie des Art. 79 Abs. 3 GG steht der Verfassungsänderung entgegen, wenn das Recht zur Einsetzung eines Untersuchungsausschusses durch die parlamentarische Opposition Bestandteil des Demokratieprinzips i. S. v. Art. 20 Abs. 1 und 2 GG ist und wenn dieses Recht durch die Verfassungsänderung beeinträchtigt wird. Zum Kernbestand des Demokratieprinzips gehört die Möglichkeit zur Bildung und Ausübung einer wirkungsvollen Opposition, die im parlamentarischen Regierungssystem eine wichtige Kontrollfunktion gegenüber der Regierung besitzt. Ein dafür vorgesehenes verfassungsrechtliches Instrument ist die Durchführung eines Untersuchungsverfahrens durch einen Untersuchungsausschuss. Nach Art. 44 Abs. 1 Satz 1 GG muss ein Untersuchungsausschuss eingesetzt werden, wenn mindestens ein Viertel der Mitglieder des Bundestages dies verlangt. Da die Mehrheitsfraktionen die von ihnen gestützte Bundesregierung diesem politisch unangenehmen Verfahren in aller Regel nicht aussetzen werden, handelt es sich bei Art. 44 GG um eine Vorschrift zum Zweck der Kontrolle durch die Opposition. Wäre – wie dies geplant ist – für die Einsetzung eines Untersuchungsausschusses der Antrag von mindestens der Hälfte der Mitglieder des Bundestages erforderlich, hätte die parlamentarische Opposition das Instrument des Untersuchungsverfahrens verloren. Vor diesem Hintergrund würde die beabsichtigte Verfassungsänderung ein wesentliches Recht der parlamentarischen Minderheit beseitigen und damit das Demokratieprinzip spürbar beeinträchtigen. Die Verfassungsänderung ist damit gem. Art. 79 Abs. 3 GG unzulässig.

336

V. Wahlen

1. Bedeutung

337 Als erste Konkretisierungsstufe des Demokratieprinzips bestimmt Art. 20 Abs. 2 Satz 2 GG, dass das Volk die Staatsgewalt durch Wahlen und Abstimmungen ausübt. Soweit die Ausübung der Staatsgewalt durch „besondere Organe" erfolgen soll, müssen diese über ein ausreichendes demokratisches Legitimationsniveau verfügen, also unter anderem **organisatorisch-personell vom Volk legitimiert** sein (Rn. 262 ff., 268). Mithin kommt den Wahlen als den – neben Abstimmungen – einzigen unmittelbaren Legitimationsakten des Volkes eine **zentrale Bedeutung für die Demokratie** zu.

338 Begrifflich ist dabei zu unterscheiden: Durch Wahlen werden Personen für bestimmte öffentliche Ämter bestellt; **Wahlen** vermitteln demnach **personelle Legitimation** (Rn. 251, 268). Durch **Abstimmungen** wird hingegen über Sachfragen entschieden; Abstimmungen sind daher auf **sachlich-inhaltliche Legitimation** gerichtet (Rn. 251, 271). Infolge der plebiszitären Zurückhaltung des Grundgesetzes (Rn. 290) besitzen die Abstimmungen auf Bundesebene keine praktische Relevanz. Demokratische Legitimation unmittelbar durch das Volk geschieht daher insoweit ausschließlich durch Wahlen. Demnach bilden Wahlen das einzige **Scharnier zwischen Staatsvolk und Staatsgewalt;** aus dem demokratisch verfassten Staat sind sie nicht wegzudenken.

2. Periodizität der Wahlen

339 **Fall:** Die Regierungskoalition verfügt im Bundestag über eine Zweidrittelmehrheit. Sie beabsichtigt, ständiger kräftezehrender Wahlkämpfe leid, die Legislaturperiode mit sofortiger Wirkung von vier auf 16 Jahre zu verlängern. Wäre eine entsprechende Änderung von Art. 39 Abs. 1 Satz 1 GG verfassungsmäßig?
(Lösungsvorschlag: Rn. 343)

a) Herrschaft auf Zeit

340 Wahlen müssen in regelmäßig wiederkehrenden Abständen stattfinden. Das dahinter stehende **Periodizitätsprinzip** ist Wesensmerkmal und Funktionsvoraussetzung der Demokratie als „Herrschaft auf Zeit", und zwar in zweifacher Hinsicht:

– Zum einen sind die von der Mehrheit in Gesetzesform getroffenen **Sachentscheidungen** grds. jederzeit revisibel und müssen daher einer **Änderung** durch eine neue oder auch durch dieselbe Mehrheit zugänglich sein (Grenzen gebieten freilich die Postulate der Rechtssicherheit und des Vertrauensschutzes, Rn. 468, 485 ff.).
– Zum anderen verlangt „Herrschaft auf Zeit" im System der repräsentativen Demokratie (Rn. 278 ff.) in regelmäßigen Abständen eine **Erneuerung der**

demokratischen Legitimation durch das Volk. Damit muss die reelle Chance verbunden sein, dass die Minderheit zur Mehrheit werden kann.

Aus dem Periodizitätsprinzip folgt der Grundsatz der **Diskontinuität**: Die Mandate der Abgeordneten laufen am Ende der Wahlperiode aus; auch wenn ein Abgeordneter wiedergewählt wird, dauert sein Mandat nicht fort, sondern wird neu begründet (**persönliche Diskontinuität**). Des Weiteren müssen der Parlamentspräsident, seine Stellvertreter und die anderen Funktionsträger (Rn. 975 ff.) jeweils neu gewählt, die parlamentarische Geschäftsordnung (Rn. 1107 f.) muss neu beschlossen werden. Überdies verfallen die Gesetzesvorlagen und andere Vorlagen (§ 75 GeschO BT), die am Ende einer Legislatur nicht abgearbeitet sind, der **sachlichen Diskontinuität**, d.h. sie werden gegenstandslos und müssen ggf. neu eingebracht werden (s. § 125 Satz 1 GeschO BT). Entsprechende Vorschriften gelten auch in den Ländern. 341

b) Wahlzyklus

Eine wirksame zeitliche Begrenzung demokratischer Machtausübung setzt voraus, dass die **Abstände** für die Machterneuerung **nicht zu lange** auseinanderliegen. Anderenfalls schwände die Kraft der Legitimation; die Herrschaft würde zu einer Art Wahlmonarchie mutieren. Anderseits sind die Wahlperioden so zu bemessen, dass das legitimierende Volk veränderte Umstände in den sachlichen Entscheidungsgrundlagen, aber auch die Arbeitsergebnisse der bisherigen Repräsentanten **hinreichend beurteilen** kann. Darüber hinaus müssen die Abgeordneten die Möglichkeit haben, sich in ihr Tätigkeitsfeld einzuarbeiten und die notwendigen Beschlüsse und sonstigen Entscheidungen auf einer ausreichenden Ermittlungs- und Beratungsgrundlage zu treffen, bevor die „Sachzwänge" des nächsten Wahlkampfes die parlamentarische Arbeit in Mitleidenschaft ziehen. Als praktikabel hat sich dabei die **Dauer der Wahlperiode von vier Jahren** erwiesen, die Art. 39 Abs. 1 Satz 1 GG für den Bundestag festlegt. Aber auch eine Wahlperiode von fünf Jahren, wie sie für viele Landesparlamente gilt, ist mit dem Demokratieprinzip des Grundgesetzes (Art. 20 Abs. 1 und 2, Art. 28 Abs. 1 Satz 1 und 2 GG) vereinbar. 342

Lösungsvorschlag zum Fall Rn. 339: Die entsprechende Änderung von Art. 39 Abs. 1 Satz 1 GG wäre verfassungswidrig, wenn sie nach Art. 79 Abs. 3 GG unzulässig ist. Die Verlängerung der Legislaturperiode auf 16 Jahre könnte das Demokratieprinzip gem. Art. 20 Abs. 1 und 2 GG verletzen, das gem. Art. 79 Abs. 3 GG nicht beeinträchtigt werden darf. Die repräsentative Demokratie verlangt einen Wahlzyklus, der dem Staatsvolk die Befugnis verleiht, seinem politischen Mehrheitswillen Geltung zu verschaffen, ihn vor allem regelmäßig neu zu betätigen und die Machtausübung der von ihm gewählten Mandatsträger effektiv zu kontrollieren. Diese Möglichkeit muss in angemessenen Zeitabständen bestehen. Dagegen abzuwägen ist die Arbeitsfähigkeit von Parlament und Regierung. Eine Verlängerung der Legislaturperiode auf 16 Jahre würde es dem Parlament und der Regierung erlauben, tief greifende politische Veränderungen zu bewirken, ohne sie vor dem Wähler verteidigen zu müssen. Daher ist eine derart lange Wahlperiode vor dem Demokratieprinzip nicht mehr zu rechtfertigen. Die geplante Änderung von Art. 39 343

Abs. 1 Satz 1 GG wäre deshalb bereits aus diesem Grund wegen Art. 79 Abs. 3 GG unzulässig und verfassungswidrig.

Zudem soll die Legislaturperiode *mit sofortiger Wirkung* verlängert werden. Damit nimmt die Regierungskoalition eine ihr tatsächlich nicht verliehene Repräsentationsbefugnis in Anspruch, da der „amtierende" Bundestag seine Legitimation vom Volk gem. Art. 39 Abs. 1 Satz 1 GG nur für die Dauer von vier Jahren erhalten hat. Für den über die laufende Wahlperiode hinausreichenden Zeitraum verselbständigt der Bundestag daher seine Herrschaftsmacht und entzieht sie der demokratisch gebotenen Einflussnahme des Volkes. Auch das wäre mit dem Demokratieprinzip nicht zu vereinbaren und nach Art. 79 Abs. 3 GG unzulässig.

3. Wahlberechtigung und Wählbarkeit

344 Das **subjektive Wahlrecht** begründet den individuellen Anspruch darauf, an Wahlen teilzunehmen. Abzugrenzen ist es vom objektiven Wahlrecht, d.h. von der Gesamtheit aller Normen, die sich auf die Wahlen beziehen (vgl. hierzu Rn. 370). Das subjektive Wahlrecht zerfällt in zwei Bestandteile:

– Das **aktive Wahlrecht** oder die **Wahlberechtigung** i.e.S. meint das Recht, durch Stimmabgabe am Wahlvorgang teilzunehmen. Es steht für die Wahlen zum Deutschen Bundestag nach Art. 38 Abs. 2 Hs. 1 GG jedem zu, der das 18. Lebensjahr vollendet hat. Gemeint sind damit aber nur deutsche Staatsangehörige (näher dazu Rn. 251 ff., 351 f.).

345 – Das **passive Wahlrecht** oder die **Wählbarkeit** gewährleistet die Möglichkeit, sich selbst als Kandidat einer Wahl zu stellen. Dieses Recht ist bei den Wahlen zum Deutschen Bundestag gem. Art. 38 Abs. 2 Hs. 2 GG jedem eröffnet, der das Volljährigkeitsalter erreicht hat. Anknüpfungspunkt ist § 2 BGB, wonach die Volljährigkeit mit der Vollendung des 18. Lebensjahres eintritt. Damit beginnen aktives und passives Wahlrecht mit derselben Altersstufe.

346 Für die Wahlen zu den Landesparlamenten (Landtagen) weisen die Landesverfassungen vergleichbare Vorschriften auf. Allerdings steht das aktive Wahlrecht in einigen Bundesländern (Brandenburg, Bremen, Hamburg und Schleswig-Holstein) sogar 16- und 17-Jährigen zu. Bei Kommunalwahlen haben Jugendliche ab 16 Jahren sogar in neun Ländern das aktive Wahlrecht (siehe dazu sogl. Rn. 349).

347 Nach der ursprünglichen Fassung von Art. 38 Abs. 2 GG war bei Bundestagswahlen wahlberechtigt, wer das 21., und wählbar, wer das 25. Lebensjahr vollendet hatte. Mit der Neufassung von Art. 38 Abs. 2 GG im Jahr 1970 wollte der verfassungsändernde Gesetzgeber den Beginn des *aktiven* Wahlrechts auf 18 Jahre herabsetzen, das Erreichen des *passiven* Wahlrechts hingegen vom einfachen Gesetzgeber bestimmen lassen (vgl. § 2 BGB). So begann die Volljährigkeit (und damit das passive Wahlrecht) bis zum 31.12.1974 erst mit dem 21. Geburtstag.

Subjektives Wahlrecht (Wahlberechtigung i.w.S.)		348
aktives Wahlrecht = Wahlberechtigung (i.e.S.)	passives Wahlrecht = Wählbarkeit	
Art. 38 II Hs. 1 GG (Bundestagswahlen)	Art. 38 II Hs. 2 GG (Bundestagswahlen)	
ab Vollendung des 18. Lebensjahres	mit Eintritt der Volljährigkeit	

Durch diese verfassungsrechtlichen Wahlaltersgrenzen werden Kinder und 349
Jugendliche von den Wahlen ausgeschlossen. Begründet wird dies seit jeher mit deren mangelnder Reife und Einsichtsfähigkeit (vgl. *BVerfG, NVwZ 2002, 69f. – Wahlprüfungsbeschwerde*). Dieser Ausschluss des **Kinder- und Jugendlichenwahlrechts** kann freilich nur abstrakt-typisierend gerechtfertigt werden, weil es durchaus Jugendliche gibt, die gerade in Bezug auf politische Entscheidungen wesentlich mehr „Reife und Einsichtsfähigkeit" demonstrieren würden als dies mancher erwachsene Wähler tut.

Überwiegend abgelehnt wird aber auch ein **Familienwahlrecht,** das den Eltern für 350
jedes Kind eine zusätzliche Stimme zuerkennt. Dies hat in einer (quantitativ) zunehmend kinderarmen Gesellschaft freilich die fragwürdige Konsequenz, dass Familien bedeutend weniger politischen Einfluss haben als Senioren oder als Paare ohne Kinder – wodurch sich die (qualitative) Kinderarmut noch weiter verstärken könnte.

Eine weitere, spürbare Eingrenzung des Kreises der wahlberechtigten und 351
wählbaren Bürger ergibt sich nicht unmittelbar aus dem Wortlaut des Art. 38 Abs. 2 GG, sondern nur aus dem systematischen Zusammenhang mit der **Volkssouveränität** gem. Art. 20 Abs. 2 GG und der **Staatsangehörigkeit** nach Art. 116 Abs. 1 GG. Ursprung, Ausübung und Delegation der Staatsgewalt liegen beim Staatsvolk. Da das Volk vorrangig durch Wahlen zur unmittelbaren Ausübung der Staatsgewalt berufen ist (Rn. 257, 338), muss folgerichtig auch die Zugehörigkeit zum deutschen Volk konstitutiv für die Wahlberechtigung und Wählbarkeit sein. Daher stehen das aktive und passive Wahlrecht zum Bundestag nur denjenigen zu, die **Deutsche im Sinne des Grundgesetzes** sind, also gem. Art. 116 GG die deutsche Staatsangehörigkeit besitzen (Rn. 251 ff.). Weitere Beschränkungen der Wahlberechtigung und Wählbarkeit ergeben sich aus § 12 Abs. 2 bis 5, § 13 und § 15 BWahlG (Rn. 356).

Die Abhängigkeit des subjektiven Wahlrechts von der Staatsangehörigkeit 352
gilt auch für die **Wahlen zu den Landesparlamenten** (Rn. 278). Die Länder haben insoweit keinen eigenen verfassungsrechtlichen Gestaltungsspielraum. Grund dafür sind die Normativbestimmungen des Art. 28 Abs. 1 Satz 1 und 2 GG, nach denen sich die Landesverfassungen im Rahmen des sog. Homogenitätsgebots an den Grundsätzen des Grundgesetzes orientieren müssen (Rn. 563). Eine Ausnahme sieht lediglich Art. 28 Abs. 1 Satz 3 GG vor, allerdings nur für die Wahlen der **Volksvertretungen in den Gemeinden** und

94 Teil II. Staatsgrundlagen und Staatsziele

Kreisen (die **keine Parlamente** sind). Hiernach steht das subjektive Wahlrecht nach Maßgabe des Rechts der Europäischen Union auch Bürgern eines Mitgliedstaats der Europäischen Union zu (Art. 22 Abs. 1 AEUV spricht insoweit von Unionsbürgern – vgl. bereits Rn. 259).

353 Das aktive und passive Wahlrecht gem. Art. 38 Abs. 2 GG sind **grundrechtsgleiche Rechte** (*Manssen*, Staatsrecht II, Rn. 20 ff.). Das bedeutet, dass der Einzelne die Verletzung des aktiven oder passiven Wahlrechts – nach Erschöpfung des Rechtswegs – mit der **Verfassungsbeschwerde** vor dem Bundesverfassungsgericht rügen kann. Dies ergibt sich ausdrücklich aus Art. 93 Abs. 1 Nr. 4a GG. Wird das Verfahren bei einer konkreten Wahl gerügt, ist Art. 41 Abs. 1 Satz 1 GG zu beachten (s. Rn. 970). In den meisten Ländern herrscht eine im Wesentlichen vergleichbare Rechtslage (Verfassungsbeschwerde zum jeweiligen Landesverfassungsgericht).

4. Wahlrechtsgrundsätze

a) Abgrenzung zum Wahlsystem

354 Nach Art. 38 Abs. 1 Satz 1 GG werden die Abgeordneten des Deutschen Bundestages in allgemeiner, unmittelbarer, freier, gleicher und geheimer Wahl gewählt. Damit werden die sog. **Wahlrechtsgrundsätze** verbürgt. Für Wahlen auf Landes- und Kommunalebene werden sie durch das Homogenitätsgebot des Art. 28 Abs. 1 Satz 2 GG vorgegeben (Rn. 563 f.), in den Landesverfassungen festgeschrieben und durch Landesgesetze konkretisiert. Die Wahlrechtsgrundsätze schaffen allerdings nur einen äußeren Rahmen an verfassungsrechtlichen Mindestgarantien. Zur weiteren Ausgestaltung der Wahlen trifft das Grundgesetz keine Regelungen. Damit wird die Entscheidung über das **Wahlsystem** für den Bundestag in die Hände des Bundesgesetzgebers gelegt, wie dies Art. 38 Abs. 3 GG zum Ausdruck bringt. Der Gesetzgeber hat von dieser Ermächtigung durch Erlass des Bundeswahlgesetzes (BWahlG) und der darauf beruhenden Rechtsverordnung, der Bundeswahlordnung (BWahlO), Gebrauch gemacht. Das System für die Wahlen zum Bundestag basiert auf dem Verhältniswahlrecht, ist aber mit Elementen des Personen- oder Mehrheitswahlrechts kombiniert. Daher hat sich dafür der Begriff „**personalisiertes Verhältniswahlrecht**" eingebürgert (näher Rn. 947 ff.).

Wahlrechtsgrundsätze (Art. 38 I 1, Art. 28 I 2 GG)				
allgemein	unmittelbar	frei	gleich	geheim

Wahlsystem im Übrigen Sache des einfachen Gesetzgebers (für den Bund: Art. 38 III GG)

b) Allgemeinheit der Wahl

„*Der Grundsatz der Allgemeinheit der Wahl untersagt den unberechtigten Ausschluss von Staatsbürgern von der Teilnahme an der Wahl [...]. Er verbietet dem Gesetzgeber, bestimmte Bevölkerungsgruppen aus politischen, wirtschaftlichen oder sozialen Gründen von der Ausübung des Wahlrechts auszuschließen[,] und fordert, dass grundsätzlich jeder sein Wahlrecht in möglichst gleicher Weise soll ausüben können*" (BVerfGE 58, 202 [205] – Wahlrechtsausschluss I). Damit enthält dieser Grundsatz eine wahlrechtsspezifische Konkretisierung der Diskriminierungsverbote nach Art. 3 Abs. 2 und 3 GG sowie nach Art. 33 Abs. 3 GG. 355

Beschränkungen bestanden und bestehen allerdings insb. im Hinblick auf die erforderliche geistige Reife und Einsichtsfähigkeit oder die Verbindung zu Deutschland: 356

– Eine erste Schranke ergibt sich aus dem Grundgesetz selbst: das **Mindestwahlalter** gem. Art. 38 Abs. 2 GG (Rn. 344 f.).
– Einfachgesetzlich waren gem. § 13 Nr. 2 BWahlG Betreute i. S. d. §§ 1896 ff. BGB pauschal vom Wahlrecht ausgeschlossen, nicht aber andere Personen, die in ihrer Einsichtsfähigkeit eingeschränkt sind. Dies verstieß gegen den Allgemeinheitsgrundsatz nach Art. 38 Abs. 1 Satz 1 GG *(BVerfG, NJW 2019, 1201 [1209 ff. Rn. 84 ff.] – Wahlrechtsausschluss III)*. Zum 1. Juli 2019 wurde die Vorschrift deshalb aufgehoben.
– Verfassungswidrig war auch der in § 13 Nr. 3 BWahlG vorgesehene Ausschluss von Personen, die bei Begehung einer Straftat schuldunfähig waren und deshalb in einem psychiatrischen Krankenhaus untergebracht sind. Diese Regelung wurde für nichtig erklärt *(BVerfG, NJW 2019, 1201 [1212 ff. Rn. 112 ff.] – Wahlrechtsausschluss III)* und wurde ebenfalls zum 1. Juli 2019 (deklaratorisch, vgl. Rn. 1544) aufgehoben.
– Ausgeschlossen ist nach wie vor gem. § 13 Nr. 1 BWahlG, wer infolge Richterspruchs das Wahlrecht nicht besitzt. Die Möglichkeit zur Verhängung dieser **strafrechtlichen Nebenfolge** hat der Richter, wenn der Täter wegen einschlägiger, insb. gegen die Demokratie gerichteter Delikte verurteilt wurde (§ 45 Abs. 5 i. V. m. §§ 92a, 101, 102 Abs. 2, §§ 108c und 108e Abs. 2 sowie § 109i StGB).
– Schließlich ist ausgeschlossen, wer nicht nach § 12 Abs. 1 Nr. 2 BWahlG seit mindestens **drei Monaten** eine **Wohnung** in Deutschland innehat oder sich sonst gewöhnlich im Inland aufhält.

Keine Beschränkung der Allgemeinheit der Wahl ist die Voraussetzung, Deutscher i. S. d. Art. 116 GG zu sein (Rn. 252 ff., 351). Denn diese Eigenschaft ist vielmehr Bedingung für das subjektive Wahlrecht (Rn. 351) und steht damit systematisch auf der Stufe vor der Allgemeinheit, die sich nur auf Deutsche bezieht (zur Verfassungswidrigkeit von § 12 Abs. 2 Satz 1 BWahlG a.F. *BVerfGE 132, 39 [52 ff. Rn. 37 ff.] – Wahlrechtsausschluss II*). 357

c) Unmittelbarkeit der Wahl

358 Der Grundsatz der Unmittelbarkeit der Wahl *„schließt jedes Wahlverfahren aus, bei dem zwischen Wähler und Wahlbewerber nach der Wahlhandlung eine Instanz eingeschaltet ist, die nach ihrem Ermessen den Vertreter auswählt und damit dem einzelnen Wähler die Möglichkeit nimmt, die zukünftigen Mitglieder der Volksvertretung durch die Stimmabgabe selbständig zu bestimmen"* *(BVerfGE 47, 253 [279f.] – kreisfreie Städte Nordrhein-Westfalen)*. **Unzulässig** sind damit Wahlverfahren, bei denen die Wahlberechtigten zunächst **Wahlmänner** wählen, die dann ihrerseits die Abgeordneten der Volksvertretung benennen. Dieses Verbot darf **nicht** verwechselt werden mit der Aufstellung von **Wahlbewerberlisten durch die Parteien**, weil diese im Vorfeld der Wahl unveränderlich festgelegt werden und der Wähler auf diese Weise ein vorher feststehendes Personaltableau zur Auswahl hat.

d) Freiheit der Wahl

359 Freiheit der Wahl fordert, dass im Zeitpunkt der Stimmabgabe auf den Wähler **keinerlei Zwang oder sonstige Willensbeeinträchtigung** ausgeübt werden darf, um dessen individuelle Wahlentscheidung in eine bestimmte Richtung zu lenken. Der Wähler muss seinen **politischen Willen** bei der Abstimmungshandlung **frei umsetzen** können. Insofern steht die Wahlfreiheit in untrennbarem Zusammenhang mit dem Grundsatz der geheimen Wahl *(BVerfGE 99, 1 [13] – Kommunalwahlvorschlagsrecht Bayern)*. Keine unzulässige Beeinträchtigung bei der Ausübung der Stimmabgabe ist die Einflussnahme auf den Meinungsbildungsprozess des Wählers vor der Wahlhandlung, etwa in Form von **Wahlwerbung.** Wahlkampf und das Bemühen um Wählerstimmen sind nicht nur legitim, sondern Funktionsvoraussetzung für die repräsentative Demokratie.

e) Gleichheit der Wahl – Neutralitätsgebot

360 Der Grundsatz der Gleichheit der Wahl (Wahlrechtsgleichheit) ist ein **Unterfall des allgemeinen Gleichheitssatzes** aus Art. 3 Abs. 1 GG (dazu *Manssen*, Staatsrecht II, Rn. 831, 839). Der allgemeine Gleichheitssatz lässt indes in zumeist weiterem Umfang Differenzierungen durch den Gesetzgeber zu, soweit diese nicht willkürlich oder unverhältnismäßig sind (*Manssen*, ebd., Rn. 849 ff.).

361 Im Gegensatz dazu ist der Grundsatz der Gleichheit der Wahl **streng formal** zu verstehen *(BVerfGE 131, 316 [336ff.] – Bundeswahlgesetz 2011)*. Er verlangt, dass die Stimmen aller Wähler ungeachtet der zwischen ihnen bestehenden Unterschiede genau gleich zu gewichten sind. Insofern besteht ein enger Zusammenhang zum Grundsatz der Allgemeinheit der Wahl (Rn. 355 f.), der einen diskriminierungsfreien Zugang zu der Wahl absichert.

§ 6. Demokratie

Bei dieser gebotenen Gleichgewichtung der Wählerstimmen sind **zwei** 362
Gesichtspunkte zu unterscheiden, nämlich die Zählwertgleichheit und die Erfolgswertgleichheit:

- Der **gleiche Zählwert** ist gewährleistet, wenn jede Stimme unabhängig vom Ansehen der Person, die sie abgegeben hat, rechnerisch mit dem gleichen Wert in das Wahlergebnis Eingang findet („one man one vote").
- Der **gleiche Erfolgswert** ist gegeben, wenn bei der Umsetzung des Wahlergebnisses in die Zuteilung von Parlamentssitzen jede Stimme in gleicher Weise berücksichtigt wird, wenn jeder Stimme der gleiche Einfluss zukommt.

Dabei sind Ungleichbehandlungen beim *Zähl*wert (wie z.B. beim früheren 363
Stände- oder Klassenwahlrecht) schlechthin ausgeschlossen. Eingriffe in die Gleichheit des *Erfolgs*werts können indessen in engen Grenzen durch die Besonderheiten des Wahlsystems und insb. zur Sicherung der Funktionsfähigkeit der zu wählenden Volksvertretung gerechtfertigt werden, wenn ein „besonderer, sachlich legitimierter Grund" dafür vorliegt (so etwa bei der sog. 5%-Sperrklausel, s. Rn. 962 f.).

Der Grundsatz der Gleichheit der Wahl ist nicht nur für das aktive, sondern 364
auch für das **passive Wahlrecht** von Bedeutung: Er verbürgt die materielle Chancengleichheit aller Wahlbewerber und der sie tragenden Parteien, gerade auch im Stadium der Wahlvorbereitung und des Wahlkampfes (Rn. 391 f.). In diesem Zusammenhang trifft die Staatsgewalt ein spezifisches **Gebot der Neutralität** im Wahl- und Parteienwettbewerb (Rn. 391 ff., 1299).

Eine Nagelprobe für dieses Neutralitätsgebot stellt die sog. **regierungsamt-** 365
liche Informations- und Öffentlichkeitsarbeit dar, die im Rahmen der Zuständigkeit und Aufgaben der Regierung grds. als zulässig und notwendig anerkannt ist. Gerade in Wahlkampfzeiten laufen die regierungstragenden Parteien aber Gefahr, die Grenzen zu versteckter Wahlwerbung in eigener Sache zu überschreiten – getarnt als amtliche Information der (Bundes- oder Landes-) Regierung und finanziert aus öffentlichen Haushaltsmitteln. Eine solche **Wahlwerbung der Regierung** geht über die zulässige Öffentlichkeitsarbeit hinaus. Sie verletzt außer der Chancengleichheit der Wahlbewerber (Art. 38 Abs. 1 Satz 1 GG; für die Länder: Art. 28 Abs. 1 Satz 2 GG) auch die freie Willensbildung des Volkes (Art. 20 Abs. 1 und Abs. 2 Satz 2 GG) sowie die Chancengleichheit der Parteien (Art. 21 Abs. 1 i.V.m. Art. 3 Abs. 1 GG) und ist daher verfassungswidrig (zur Abgrenzung s. *BVerfGE 44, 125 [147] – Öffentlichkeitsarbeit I*).

Prüfungsgesichtspunkte bei der Feststellung der Verfassungswidrigkeit sind 366
folgende Fragen:

- Hält sich die Regierung an ihren **Zuständigkeits- und Aufgabenbereich** (Art. 30 GG, Rn. 566 ff.)?
- Ergreift die Regierung **inhaltlich** Partei, insb. indem sie deutlich ihre Absicht zum Ausdruck bringt, im Amt bleiben zu wollen?

– Ergibt sich der parteiergreifende Charakter aus der **Form**, etwa durch die eindeutig reklamehafte Aufmachung einer Publikation?
– Überschreitet die Regierung die Grenzen zulässiger Öffentlichkeitsarbeit in **zeitlicher** Hinsicht, insb. durch sog. Erfolgsbilanzen in der unmittelbaren Vorwahlzeit?

367 Ein weiteres Anwendungsfeld für das Neutralitätsgebot sind **politische Meinungsäußerungen von Staatsorganen**, insb. des Bundespräsidenten (hierzu gesondert Rn. 1313) und der (Bundes)Regierung. Dabei ist zu unterscheiden *(BVerfGE 138, 102 [110ff. Rn. 31ff.] – Schwesig; BVerfGE 148, 11 [31f. Rn. 61f.] – Wanka)*:

– Äußern sich **Regierungsmitglieder „als solche"**, also in ihrer Funktion etwa als Bundeskanzler oder Bundesminister, sind sie an die Grundrechte sowie an Gesetz und Recht gebunden (Art. 1 Abs. 3, Art. 20 Abs. 3 Hs. 2 GG) und haben sie das Neutralitätsgebot strikt zu beachten; vor allem dürfen sie sich weder zugunsten noch zulasten einer politischen Partei in den Wahlkampf einmischen. Allerdings darf die Bundesregierung im Rahmen ihrer verfassungsrechtlichen Pflicht zum Schutz der freiheitlichen demokratischen Grundordnung (Rn. 238 ff.) eine politische Partei als verfassungsfeindlich qualifizieren, solange diese Einschätzung nicht auf sachfremden Erwägungen beruht.
– **Außerhalb ihrer regierungsamtlichen Funktionen** dürfen Regierungsmitglieder am politischen Meinungskampf teilnehmen und in den Wahlkampf eingreifen. Denn Regierungsmitglieder bekleiden in aller Regel hohe Positionen in ihrer jeweiligen Partei. Wären sie gerade in Wahlkämpfen zur Neutralität verpflichtet, würden ihre Parteien dadurch benachteiligt. In jedem Fall ist es ihnen dabei jedoch verwehrt, sich der Autorität ihres Regierungsamts oder dafür bereitgestellter Sach- oder Finanzmittel zu bedienen.

f) Geheimheit der Wahl

368 Das Gebot der geheimen Wahl ist von elementarer Bedeutung für die **Absicherung der freien und unbeeinflussten Wahlentscheidung** des Bürgers. Nur wenn der Wähler sich sicher sein kann, dass sein Stimmverhalten zur politischen Macht im Staat unbeobachtet erfolgt, Dritte also keine Möglichkeit haben, davon Kenntnis zu nehmen, wird er seine Wahlentscheidung unter individuell-sachlichen und nicht auch unter Opportunitätsgesichtspunkten treffen.

g) Öffentlichkeit der Wahl

369 Neben den in Art. 38 Abs. 1 Satz 1, Art. 28 Abs. 1 Satz 2 GG ausdrücklich genannten Wahlrechtsgrundsätzen hat das Bundesverfassungsgericht den Grundsatz der Öffentlichkeit der Wahl anerkannt *(BVerfGE 123, 39 [68ff.] – Wahlcomputer)*. Für die Wahlen zum Deutschen Bundestag leitet es ihn aus Art. 38

i.V.m. dem Demokratie-, dem republikanischen und dem Rechtsstaatsprinzip des Art. 20 Abs. 1 und 2 GG her: Die Öffentlichkeit der Wahl ist Grundvoraussetzung für die politische Willensbildung in der repräsentativen Demokratie (Rn. 277 ff.), weil nur so das Vertrauen der Bürger in den korrekten Ablauf der Wahl gewährleistet werden kann. Dazu bedarf es einer besonderen Kontrolle. Alle wesentlichen Schritte der Wahl (Wahlvorschlagsverfahren, Wahlhandlung und Ermittlung des Wahlergebnisses) müssen vor den Augen der Öffentlichkeit durchgeführt werden.

h) Rechtscharakter

Die Wahlrechtsgrundsätze sind zum einen sog. **objektives Verfassungsrecht,** d.h. sie geben der Staatsgewalt, insb. dem Gesetzgeber (für Bundestagswahlen Art. 38 Abs. 3 GG) einen Rahmen vor, der maßgeblich ist für die Gestaltung des Wahlsystems und des Wahlverfahrens. Darüber hinaus vermitteln sie aber auch **grundrechtsgleiche Rechte** (Rn. 353): Jedem Wahlberechtigten und Wahlbewerber sowie auch Parteien und Wählervereinigungen erwächst daraus ein individueller Anspruch auf Einhaltung dieser Wahlrechtsgrundsätze, der erforderlichenfalls auch im Rahmen der **Verfassungsbeschwerde** durchgesetzt werden kann (für Bundestagswahlen gem. Art. 93 Abs. 1 Nr. 4a GG vor dem Bundesverfassungsgericht). Soweit sich die Rüge nicht auf das Verfahren bei einer konkreten Bundestagswahl bezieht, werden Rechtsbehelfe nicht durch das Monopol des Bundestages zur Wahlprüfung (Art. 41 Abs. 1 Satz 1 GG) gesperrt (Rn. 970). 370

VI. Politische Parteien

1. Begriff

a) Einfachgesetzliche Definition

Anders als die Weimarer Reichsverfassung erkennt das Grundgesetz politische Parteien ausdrücklich als Bestandteil der demokratischen Ordnung an und widmet ihnen **Art. 21 GG.** Eine Definition der Partei enthält das Grundgesetz hingegen nicht. Im Kern scheint es den Begriff der Partei vorauszusetzen; die Regelung und Abgrenzung von Einzelheiten überlässt es dem Bundesgesetzgeber, wie aus Art. 21 Abs. 3 GG deutlich wird. 371

Eine Definition findet sich daher in **§ 2 des Gesetzes über die politischen Parteien (Parteiengesetz – PartG).** Diese Definition des einfachen Gesetzesrechts kann zwar mit Rücksicht auf die Normenhierarchie für die Auslegung des Tatbestandsmerkmals der Partei in Art. 21 GG nicht verbindlich sein. Dessen ungeachtet geht das Bundesverfassungsgericht davon aus, dass die Definition des § 2 Abs. 1 Satz 1 PartG mit dem verfassungsrechtlichen Begriff der Partei übereinstimmt *(BVerfGE 91, 262 [266 f.] – Parteibegriff I).* Sie lautet: 372

373 *Parteien sind Vereinigungen von Bürgern, die dauernd oder für längere Zeit für den Bereich des Bundes oder eines Landes auf die politische Willensbildung Einfluss nehmen und an der Vertretung des Volkes im Deutschen Bundestag oder einem Landtag mitwirken wollen, wenn sie nach dem Gesamtbild der tatsächlichen Verhältnisse, insbesondere nach Umfang und Festigkeit ihrer Organisation, nach der Zahl ihrer Mitglieder und nach ihrem Hervortreten in der Öffentlichkeit eine ausreichende Gewähr für die Ernsthaftigkeit dieser Zielsetzung bieten. Maßgebliche Merkmale sind dabei die* **Ernsthaftigkeit** *und* **Dauerhaftigkeit** *der Zielsetzung, durch eigene Abgeordnete im Bundestag oder in einem Landesparlament die politische Willensbildung zu beeinflussen (vgl. auch § 2 Abs. 2 PartG).*

b) „Europaparteien", „Freie Wähler", „Ausländerparteien"

374 Keine Parteien i.S.v. Art. 21 GG sind sog. **Europaparteien** sowie **kommunale Wählervereinigungen** („Freie Wähler", „Rathausparteien"), soweit diese sich ausschließlich im Europäischen Parlament oder in den Volksvertretungen der Gemeinden, Landkreise u. dgl. engagieren wollen. Ihnen fehlt die Absicht, Mandate im Bundestag oder einem Landtag zu erwerben. Der Ausschluss der „Rathausparteien" entspricht der ständigen Rechtsprechung des Bundesverfassungsgerichts (*BVerfGE 69, 92 [104] – Parteienfinanzierung IV* m.w.N.), wird aber von großen Teilen des Schrifttums kritisiert, die § 2 Abs. 1 Satz 1 PartG als verfassungswidrig ansehen (s. nur *Pieroth*, in: Jarass/Pieroth, Grundgesetz, Art. 21 Rn. 7 m.w.N.).

375 Keine Parteien sind auch sog. **Ausländerparteien,** d.h. politische Vereinigungen, deren Mitglieder in der Mehrheit Ausländer sind oder deren Sitz (oder Geschäftsleitung) sich im Ausland befindet. Dies gilt wegen des ausdrücklichen Ausschlusses in **§ 2 Abs. 3 PartG** auch dann, wenn „Ausländerparteien" Mandate im Bundestag oder einem Landtag anstreben. Die Verfassungskonformität dieser Bestimmung hängt mit dem herrschenden Verständnis der Volkssouveränität zusammen, die auf das **Staatsvolk,** d.h. auf deutsche Staatsangehörige beschränkt ist (Rn. 256 ff.).

c) Freiheit vom Staat und von gesellschaftlichen Organisationen

376 Das Begriffsmerkmal „**Vereinigung von Bürgern**" wird in § 2 Abs. 1 Satz 2 PartG dahingehend konkretisiert, dass Mitglieder einer Partei nur natürliche Personen sein können, nicht aber Vereine, Gesellschaften oder gar staatliche Stellen. Daraus folgt zweierlei:

- **Ausgeschlossen** wird die **unmittelbare Einflussnahme** durch juristische Personen des privaten Rechts oder ähnliche Institutionen, insb. von **Interessenverbänden** (Rn. 417 ff.).
- Verhindert wird zudem die Einmischung **staatlicher Instanzen;** es gilt der Grundsatz der **Staatsfreiheit.** Das Bundesverfassungsgericht stellt ausdrücklich klar, dass Parteien nicht Teil des Staates sind (*BVerfGE 121, 30 [53] – Hess. Privatrundfunkgesetz*).

Dieses Konzept der doppelten Unabhängigkeit entspricht dem Funktionsauftrag der Parteien (Rn. 378) im Rahmen der demokratischen Legitimation des Staates: Volkssouveränität (Rn. 249 ff.) setzt die (staats-)**freie Willensbildung** durch das Volk als Gesamtheit natürlicher Personen voraus.

Konsequenterweise sind Parteien auch **keine Staatsorgane** (vgl. *BVerfGE 1, 208 [225] – SSW*), sondern **zivilrechtliche Vereinigungen.** Wenn eine Partei dies wünscht, kann sie sich als Verein bürgerlichen Rechts im Sinne der §§ 21 ff. BGB eintragen lassen und damit Rechtsfähigkeit erlangen. Das Vereinsgesetz ist jedoch gem. seinem § 2 Abs. 2 Nr. 1 nicht auf Parteien anwendbar. Lässt sich die Partei nicht eintragen, gilt § 54 Satz 1 BGB; Satz 2 dieses Paragraphen wird durch § 37 PartG abbedungen. Ungeachtet dessen besitzen die Parteien wegen ihrer herausgehobenen Rolle bei der demokratischen Willensbildung eine **besondere verfassungsrechtliche Prägung,** so insb. die von Art. 21 Abs. 1 Satz 3 GG vorgeschriebene demokratische Organisationsstruktur (Rn. 385 ff.).

377

2. Funktion: Mitwirkung an der politischen Willensbildung

Nach **Art. 21 Abs. 1 Satz 1 GG** wirken die politischen Parteien bei der politischen Willensbildung des Volkes mit. Hintergrund ist der **politische Wettbewerb,** auf dem – solange er mit fairen Mitteln geführt wird – jede echte Demokratie basiert. Rechtstatsächlich spielt sich dieser Wettbewerb vor allem zwischen den politischen Parteien ab, weniger aber zwischen einzelnen Bürgern. Denn wenn alle Staatsgewalt vom Volk ausgehen soll (Art. 20 Abs. 2 Satz 1 GG, Rn. 249 ff.), bedarf es dazu notwendigerweise einer begrenzten Anzahl programmatischer und personeller Alternativen, die von den politischen Parteien geboten werden (sollen). Deshalb hebt Art. 21 Abs. 1 Satz 1 GG die Parteien „*aus dem Bereich des Politisch-Soziologischen in den Rang einer verfassungsrechtlichen Institution*" (*BVerfGE 2, 1 [73] – SRP-Verbot*). In dieser Funktion sind sie **Bindeglied** („Transmissionsriemen") **zwischen Staat und Gesellschaft** (vgl. Rn. 520):

378

– In einer Art Wechselwirkung greifen sie politische Stimmungen, Vorstellungen und Meinungen aus der Bevölkerung auf, bündeln und konzentrieren diese bis hinein in die parlamentarische Arbeit der von ihnen getragenen Fraktionen (vgl. Rn. 284).
– Umgekehrt kommunizieren die Parteien ihre im parteiintern-demokratischen Willensbildungsprozess gefundenen Positionen zurück zur Bevölkerung.

Wegen dieser Bindegliedfunktion sind die politischen Parteien somit unerlässliches Mittel, um **repräsentativ-demokratische Legitimation** herzustellen (vgl. *BVerfGE 121, 30 [55] – Hess. Privatrundfunkgesetz*).

379

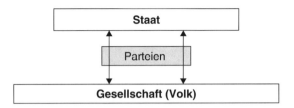

380 Wichtiges Element dieser Willensbildungsfunktion der politischen Parteien ist – neben der Programmatik – die **personelle Komponente,** vor allem die Präsentation von Kandidaten, die dem Wähler auf den Wahlbewerberlisten zur Verfügung stehen. Dabei muss jedoch streng darauf geachtet werden, dass sich die **personelle Besetzung von öffentlichen Ämtern** mit Parteimitgliedern oder -sympathisanten im Wesentlichen auf die Volksvertretungen und die politische Führungsebene (Bundeskanzler, Bundesminister) beschränkt.

381 Über das für die Demokratie nützliche Maß hinaus schießt die sog. **Ämterpatronage,** d.h. die Versuchung, öffentliche Ämter in Verwaltung und Rechtsprechung möglichst mit Parteimitgliedern zu besetzen, um damit der eigenen parteipolitischen Ausrichtung am besten Geltung zu verschaffen. Ein solches Streben ist verfassungswidrig, weil es dem Gebot der Bestenauslese gem. **Art. 33 Abs. 2 GG** widerspricht: Danach dürfen öffentliche Ämter allein nach Maßgabe der Eignung, Befähigung und fachlichen Leistung vergeben werden (Rn. 1396).

382 Dies führt zu der wichtigen allgemeinen Erkenntnis, dass eine **Begrenzung der Macht politischer Parteien** Not tut, um einen „**Parteienstaat**" zu vermeiden. Dies ist von Verfassungs wegen geboten: Nach Art. 21 Abs. 1 Satz 1 GG wirken die Parteien an der politischen Willensbildung nur *mit*. Sie dürfen darauf also keinen Absolutheitsanspruch erheben und besitzen **kein Monopol.** **Mitwirkung** bedeutet, dass sich der politische Meinungsprozess **auch außerhalb der Parteien,** etwa in Interessenverbänden (Rn. 417 ff.) oder durch Presse und Rundfunk (Art. 5 Abs. 1 Satz 2 GG) vollziehen können muss *(BVerfGE 85, 264 [284] – Parteienfinanzierung VII).*

3. Freiheit der Gründung und der Betätigung

383 Mit der Funktion der Parteien in der Demokratie einher geht deren **Freiheit.** Denn Parteien sind *„frei aus dem Volk heraus gebildete, frei miteinander konkurrierende und aus eigener Kraft wirkende Gruppen von Bürgern, die sich außerhalb der organisierten Staatlichkeit zusammengeschlossen haben" (BVerfGE 104, 14 [19] – Wahlkreiseinteilung).* In diesem Sinne spricht **Art. 21 Abs. 1 Satz 2 GG** zwar nur von der Freiheit der **Gründung.** Davon aber nicht zu trennen und damit ebenfalls Schutzbestandteil dieser Norm ist die Freiheit nach der Gründung, also die Freiheit der **Betätigung** *(BVerfG, ebd.).* Damit umfasst die Parteienfreiheit insb. die freie Wahl der Rechtsform (Rn. 377), die Freiheit der inneren Orga-

§ 6. Demokratie   103

nisation (s. aber Rn. 385 ff.) und der programmatischen Zielsetzung (Grenze: Art. 21 Abs. 2, s. Rn. 803 ff.), die Freiheit zur Teilnahme an Wahlen (beachte aber Rn. 374), die freie Vermögensverwaltung sowie die freie Entscheidung über die Aufnahme und den Ausschluss von Mitgliedern. Umgekehrt folgt aus Art. 21 Abs. 1 Satz 2 GG das **subjektive Recht des Einzelnen,** aus einer Partei auszutreten oder ihr fernzubleiben (zum Anspruch auf Beitritt s. Rn. 388).

4. Innerparteiliche Demokratie

Fall: Als engagierter Verfechter der Kernenergie möchte V Mitglied der P-Partei werden, deren Identität sich aus der Bekämpfung der Atomkraft speist. P lehnt den Beitrittsantrag ab. V sieht dadurch Art. 21 Abs. 1 Satz 3 GG verletzt, weil der demokratische Minderheitenschutz auch für die Parteien gelten müsse.
(Lösungsvorschlag: Rn. 389) **384**

Nach Art. 21 Abs. 1 Satz 3 GG muss die innere Ordnung aller Parteien **demokratischen Grundsätzen** entsprechen. Somit reichen die Volkssouveränität (Art. 20 Abs. 2 GG, Rn. 249 ff.) und ihre Bedingungen in die Struktur der Parteien hinein. Der Grund liegt auf der Hand: Die Parteien können ihre Funktion, als Instrument für die individuelle Freiheit der Bürger der demokratischen Mitbestimmung zu dienen, nur erfüllen, wenn ihre interne Willensbildung demokratischen Prinzipien (nämlich denen der Freiheit, Gleichheit und Transparenz) gehorcht. Deswegen führt die Organisationsvorgabe des Art. 21 Abs. 1 Satz 3 GG nur scheinbar zu einer Einschränkung der Parteienfreiheit (Art. 21 Abs. 1 Satz 2 GG, Rn. 383). In Wirklichkeit wird erst dadurch die politische Freiheit der Bürger gewährleistet. Nur auf diese Weise können die Parteien einen wesentlichen **Faktor bei der demokratischen Legitimation von Staatsgewalt** darstellen. **385**

Das Gebot der **demokratischen Binnenstruktur** verlangt die Beachtung des **Mehrheitsprinzips** (Rn. 303 ff.) und der **Wahlrechtsgrundsätze** (Rn. 354 ff.). Dies gilt in erster Linie für die Festlegung der programmatischen Ausrichtung der Partei und für die Bestellung ihrer Führungspersönlichkeiten, insb. die Kür der Kandidaten für die Bundestags- und Landtagswahlen. Art. 21 Abs. 1 Satz 3 GG gibt dabei aber nur den Rahmen vor, während die nähere Ausgestaltung des Willensbildungsprozesses in freier Selbstbestimmung der Parteien durch ihre Satzungen (§ 6 PartG) bestimmt werden darf. **386**

Demokratische Binnenstrukturen dürfen freilich nicht so ausufernd verstanden werden, dass Parteien in ihrer **mitgliedschaftlichen Zusammensetzung** die politischen Verhältnisse der Gesellschaft widerspiegeln müssen. Das demokratisch gebotene Abbild der Gesellschaft ergibt sich vielmehr aus der Gesamtheit der Parteienlandschaft. Die Fähigkeit einer Partei zum politischen Wettbewerb hängt wesentlich von einem Mindestmaß an Einheitlichkeit im Erscheinen nach außen ab (**„Geschlossenheit"**). Denjenigen Strömungen, die **387** sich darin nicht wieder finden, steht es nach Art. 21 Abs. 1 Satz 2 GG frei, sich in einer Partei zu konstituieren.

388 Daraus folgt, dass es **keinen Anspruch des Einzelnen auf Aufnahme als Mitglied** gibt. Vielmehr können die Parteien auf Grundlage ihrer programmatischen Ausrichtung über die Aufnahme einzelner Mitglieder entscheiden und diese im Zweifel auch ablehnen. *„Dies bedingt, dass sie in freier Selbstbestimmung darüber befinden können, wer nach seiner persönlichen Vergangenheit und seiner politischen Grundeinstellung zu ihnen passt"* (BGHZ 101, 193 [205]).

389 **Lösungsvorschlag zum Fall Rn. 384:** Art. 21 Abs. 1 Satz 3 GG ist verletzt, wenn sich aus dem Gebot der demokratischen Binnenstruktur ein Anspruch von jedermann auf Aufnahme in jede Partei ergäbe. Dies ist aber nicht der Fall (Rn. 388); die aus Art. 21 Abs. 1 Satz 2 GG hergeleitete Betätigungsfreiheit der Parteien genießt insoweit Vorrang vor der Freiheit des Einzelnen, einer Partei beizutreten (Rn. 383). Daher stellt die Ablehnung des Antrags des V durch P keinen Verstoß gegen Art. 21 Abs. 1 Satz 3 GG dar.

5. Chancengleichheit der Parteien

390 **Fall** (angelehnt an *BVerfG-K, NJW 2002, 2939f. – Westerwelle,* und *BVerfGE 34, 160 [163f.] – Wahlwerbespots*): Im Vorfeld einer Bundestagswahl veranstalten ARD und ZDF auf der Grundlage eines gemeinsamen journalistischen Konzepts ein „Fernsehduell" mit den Kanzlerkandidaten der beiden großen Volksparteien. Nicht dazu eingeladen ist der Kanzlerkandidat K der kleineren Partei P. Nach den Meinungsumfragen hat K keinerlei Chance nach den Wahlen zum Bundeskanzler gewählt zu werden. K sieht gleichwohl die Chancengleichheit der P verletzt. Darüber hinaus rügt P, dass den „großen Parteien" in ARD und ZDF deutlich mehr unentgeltliche Sendezeit für Wahlwerbung zur Verfügung gestellt werde als ihr selbst und anderen kleineren Parteien. So würden die Ergebnisse der vorangegangen Wahlen für die Zukunft „zementiert". Zu Recht? (Lösungsvorschlag: Rn. 396)

391 Der **Anspruch der Parteien auf Chancengleichheit** ergibt sich nicht unmittelbar aus dem Wortlaut des Grundgesetzes; er wird aber durch Auslegung aus verschiedenen Quellen gewonnen:

- zum einen aus der **Gründungsfreiheit** (Art. 21 Abs. 1 Satz 2 GG, s. Rn. 383) und dem daraus folgenden Mehrparteiensystem *(BVerfGE 73, 40 [65] – Absetzbarkeit von Parteispenden)*;
- zum zweiten aus Art. 21 Abs. 1 GG i.V.m. dem **allgemeinen Gleichheitssatz** des Art. 3 Abs. 1 GG *(BVerfGE 111, 54 [104] – CDU-Spendenaffäre)*.
- Als dritte Quelle der Chancengleichheit der Parteien wird bisweilen der Grundsatz der **Gleichheit der Wahl** nach Art. 38 Abs. 1 Satz 1 GG (Rn. 360 ff.) herangezogen *(BVerfGE 84, 304 [324] – Fraktionsstatus)*. Er gewährleistet nicht nur jedem Bürger die formal gleiche Teilhabe an Wahlen, sondern kommt darüber hinaus auch den Parteien zugute, insb. im Vorfeld von Wahlen.

392 Die Chancengleichheit der Parteien gilt nicht nur für das **Wahlverfahren** selbst, sondern in dessen Vorfeld vor allem im politischen Kampf um Wähler-

§ 6. Demokratie 105

stimmen. Der damit verbundene **Grundsatz gleicher Wettbewerbschancen** fordert, „*dass die Rechtsordnung jeder Partei grundsätzlich die gleichen Möglichkeiten im Wahlkampf und Wahlverfahren und damit die gleiche Chance im Wettbewerb um die Wählerstimmen gewährleistet*" (*BVerfGE 34, 160 [163] – Wahlwerbespots*). Darüber hinaus genießen die Parteien Chancengleichheit für die **gesamte Betätigung.**

Aus der Chancengleichheit folgt die Verpflichtung des Staates, die Parteien **streng formal gleich** zu behandeln. Dies gilt indes unmittelbar nur für das **Wahlverfahren selbst.** Im Übrigen ist zu beachten, dass aus der Freiheit politischer Willensbildung folgt, dass sich Parteien verschieden stark Gehör und Geltung verschaffen und daher ganz unterschiedliche politische Bedeutung erlangen können (vgl. Volkspartei – Splitterpartei). Diese aus einer freien Gesellschaft heraus entstandenen Unterschiede darf der Staat nicht einebnen. 393

Demgemäß hat das Bundesverfassungsgericht den Grundsatz der sog. **abgestuften Chancengleichheit** entwickelt, der es dem Staat erlaubt, nach der politischen Bedeutung der Parteien zu differenzieren. Taugliche Indizien dafür können sein das Stimmenergebnis der Partei bei der jüngsten Wahl, ihre Vertretung im Parlament oder ihre Beteiligung an der Bundes- oder einer Landesregierung (*BVerfGE 14, 121 [137] – Wahlwerbung*). Zulässige Abstufungen finden jedoch dort ihre **Grenzen,** wo eine Partei aufgrund der Abstufung in Gänze von einer staatlichen Leistung ausgeschlossen oder durch staatlichen Eingriff in den politischen Wettbewerb derart benachteiligt würde, dass ein freier Wettbewerb der Parteien in Frage gestellt wäre. 394

Eine einfachgesetzliche Ausprägung der Chancengleichheit von Parteien findet sich in § 5 Abs. 1 PartG, der alle Träger öffentlicher Gewalt verpflichtet, Parteien beim Zugang zu öffentlichen Einrichtungen oder bei der Gewährung öffentlicher Leistungen gleich zu behandeln. Nach § 5 Abs. 1 Satz 2 bis 4 PartG ist auch insofern eine Abstufung nach der Bedeutung der Partei zulässig. 395

Lösungsvorschlag zum Fall Rn. 390: Die Chancengleichheit der P ist verletzt, soweit sie im Vergleich zu anderen Parteien nicht strikt und formal gleich behandelt wird und soweit diese Ungleichbehandlung nicht durch zulässige Abstufungen gerechtfertigt werden kann. 396

Der Grundsatz der Chancengleichheit fordert, dass der Staat jeder Partei grds. die gleichen Möglichkeiten im Wahlkampf einräumt. Zum staatlichen Bereich zählen *insoweit* auch die öffentlich-rechtlichen Rundfunkanstalten. Zwar können sie sich im Rahmen ihrer Wahlkampfberichterstattung prinzipiell auf die Rundfunkfreiheit nach Art. 5 Abs. 1 Satz 2 GG berufen, die auch ihr journalistisch-redaktionelles Konzept schützt. Allerdings haben auch die Rundfunkanstalten wegen Art. 5 Abs. 2 i.V.m. Art. 21 Abs. 1 GG die Chancengleichheit der Parteien zu beachten. Insbesondere dürfen sie durch ihre Programmgestaltung die Erfolgsaussichten der am Wahlwettbewerb Beteiligten nicht unverhältnismäßig mindern. Das vorliegende journalistische Konzept der Rundfunkanstalten soll lediglich diejenigen Kandidaten einer Befragung durch Moderatoren unterziehen, die ernsthaft damit rechnen können, nach den Bundestagswahlen vom neu konstituierten Bundestag zum Bundeskanzler gewählt zu werden. Dieses Konzept ist schlüssig und verzerrt die – abgestufte – Chancengleichheit der kleineren Parteien nicht unverhältnismäßig zu deren Lasten. Das Konzept wird auch folgerichtig umgesetzt, wenn aufgrund der politischen Kräfteverhältnisse weder der K noch die Spitzenkandidaten der anderen kleineren Parteien am „Fernsehduell" beteiligt werden.

Diese Grundsätze der abgestuften Chancengleichheit finden auch Anwendung auf die Gewährung von unentgeltlicher Sendezeit für Wahlwerbung (sog. Wahlwerbespots). Es wäre nicht angemessen, allen zur Bundestagswahl antretenden Parteien den gleichen Umfang an Sendezeit einzuräumen. Auch hier ist eine Differenzierung nach der politischen Bedeutung der Parteien zulässig. Als tauglicher Maßstab kommt hierbei das Stärkeverhältnis der Parteien im Bundestag nach dem vorangegangenen Wahlergebnis in Betracht. Eine „Zementierung" des politischen Status quo erfolgt hierbei – auch angesichts des Beeinflussungsfaktors von Wahlwerbespots – nicht. Die Abstufung der Sendezeiten ist daher im Hinblick auf die Chancengleichheit der P nicht zu beanstanden. – Zur prozessualen Frage, wie die Parteien ihr Recht auf Chancengleichheit vor Gericht durchsetzen können, s. Rn. 1507.

6. Fraktionen

397 Fraktionen sind das **Spiegelbild der Parteienlandschaft im Parlament.** Staatsrechtlich handelt es sich dabei um eine **Untergliederung des Parlaments** und nicht der jeweiligen Partei. Daher werden die Fraktionen nicht hier, sondern im Rahmen der Ausführungen zum Deutschen Bundestag behandelt (Rn. 989 ff.).

7. Parteienfinanzierung

a) Grundlagen

398 Aus der **Freiheit der Parteien** nach Art. 21 Abs. 1 Satz 2 GG folgt der Grundsatz, dass es der autonomen Entscheidung jeder Partei überlassen bleibt, woher sie ihre Finanzmittel bezieht und wofür sie sie einsetzt. Dieser Grundsatz erfährt jedoch ganz **erhebliche Einschränkungen,** die sich mit der besonderen Bedeutung der Parteien für die demokratische Willensbildung erklären lassen. Insbesondere ist sicherzustellen, dass die Parteien nicht durch Zuwendungen **in politische Abhängigkeit** ihrer Financiers geraten. Politische Entscheidungen dürfen nicht käuflich sein (vgl. *BVerfGE 111, 54 [83] – CDU-Spendenaffäre*). Unmittelbarer verfassungsrechtlicher Ausdruck dieser Regelung ist die **Rechenschaftspflicht** nach **Art. 21 Abs. 1 Satz 4 GG,** wonach die Parteien über Herkunft und Verwendung ihrer Mittel sowie über ihr Vermögen öffentlich Rechenschaft geben müssen. Diese **finanzielle Transparenz** dient der Einsehbarkeit des politischen „Marktes" und ist damit Voraussetzung für eine faire politische Willensbildung (Rn. 378).

399 Dessen ungeachtet wird es als verfassungskonform angesehen, dass der Staat den Parteien Geldmittel gewährt. Auf diese Weise sollen die Parteien ihrem **Funktionsauftrag** nach Mitwirkung an der politischen Willensbildung des Volkes (Art. 21 Abs. 1 Satz 1 GG) tatsächlich gerecht werden können.

Einnahmen der Parteien (Parteienfinanzierung)				400
Mitgliedsbeiträge	Zuwendungen Dritter (Spenden)	staatliche Finanzierung: – unmittelbar – mittelbar	sonstige Quellen, insb. Kapitalerträge	

Vor diesem Hintergrund nimmt der **Staat** in dreierlei Weise **auf die Finanzierung von Parteien** Einfluss: 401
- durch staatliche Zuschüsse (unmittelbare staatliche Parteienfinanzierung),
- durch Begünstigung von Zuwendungen Dritter (mittelbare staatliche Parteienfinanzierung) und andererseits
- durch Regelungen, die Zuwendungen Dritter begrenzen.

b) Unmittelbare staatliche Parteienfinanzierung

Unter der unmittelbaren Parteienfinanzierung ist die Gewährung **staatlicher Geldmittel** (i.d.R. aus Steuermitteln) an die Parteien zu verstehen. Der verfassungsrechtliche Grundsatz der Staatsfreiheit (Rn. 376) erlaubt jedoch nur eine **Teilfinanzierung der allgemeinen Tätigkeit** der politischen Parteien durch **Zuschüsse**. Grund dafür ist „*nicht nur die Gewährleistung ihrer Unabhängigkeit vom Staat[,] sondern auch, dass die Parteien sich ihren Charakter als frei gebildete, im gesellschaftlich-politischen Bereich wurzelnde Gruppen bewahren. […] Durch öffentliche Mittel darf den einzelnen Parteien daher das Risiko des Fehlschlagens ihrer Bemühungen um eine hinreichende Unterstützung in der Wählerschaft nicht genommen werden*" (BVerfGE 85, 264 [287] – Parteienfinanzierung VII). 402

Der Gesetzgeber hat diese vom Bundesverfassungsgericht aufgestellten Maßgaben in Form einer Teilfinanzierung in §§ 18 ff. PartG umgesetzt. Bemessungsgrundlagen sind grds.: 403
- einerseits der **Wahlerfolg** (die Zahl der für die jeweilige Partei abgegebenen Stimmen, sog. Wählerstimmenanteil),
- andererseits die Summe der an sie geleisteten **Mitglieds- und Mandatsträgerbeiträge oder Spenden** (sog. Zuwendungsanteil).

Unmittelbare staatliche Parteienfinanzierung durch staatliche Zuschüsse, § 18 PartG		404
Wählerstimmenanteil: Zahl der für die Partei abgegebenen Stimmen, § 18 III 1 Nr. 1, 2, Satz 2 PartG	**Zuwendungsanteil:** Summe der eingezahlten Mitglieds- oder Mandatsträgerbeiträge oder Spenden, § 18 III 1 Nr. 3 PartG	

c) Mittelbare staatliche Parteienfinanzierung

405 Die mittelbare staatliche Parteienfinanzierung erfolgt dadurch, dass der Staat Mitglieds- und Mandatsträgerbeiträge sowie Spenden an die Parteien **steuerlich begünstigt** (sog. **Spendenabzug**). Leistet also ein Dritter (Parteimitglied oder privater Spender) eine Zuwendung in Geld an eine Partei, kann er in Höhe dieser Zuwendung seine private Steuerlast mindern. Dadurch **verzichtet der Staat** auf den entsprechenden **Teil seiner Steuereinnahmen.**

406 Auch dabei muss jedoch die **Chancengleichheit** der Parteien (Rn. 391 ff.) im Blick behalten werden: *„Der Staat verfälscht durch die steuerliche Begünstigung von Spenden an politische Parteien deren vorgefundene Wettbewerbslage, wenn dadurch Parteien bevorzugt werden, die eine größere Anziehungskraft auf Steuerpflichtige mit hohen Einkünften ausüben als andere Parteien"* *(BVerfGE 85, 264 [313] – Parteienfinanzierung VII).* Ausgehend von dieser Überlegung hat es das Bundesverfassungsgericht außerdem untersagt, **Spenden juristischer Personen** (insb. Aktiengesellschaften und Gesellschaften mit beschränkter Haftung) steuerlich zu begünstigen, da den hinter ihnen stehenden natürlichen Personen damit eine zusätzlich begünstigte Möglichkeit der finanziellen Einflussnahme eröffnet wäre. Wohl gemerkt: Parteispenden juristischer Personen werden dadurch nicht ausgeschlossen (Ausnahmen in Rn. 408 f.), wohl aber deren steuerliche Begünstigung.

407 Im **Einkommensteuergesetz** (EStG) hat der Gesetzgeber steuerliche Vergünstigungen zugelassen, aber – in Anlehnung an die Vorgaben des Bundesverfassungsgerichts – auch der Höhe nach begrenzt: Nach § 34g EStG mindern Mitgliedsbeiträge und Spenden unmittelbar die Einkommensteuer um die Hälfte ihres Betrages, höchstens jedoch um 825 Euro **(Steuerermäßigung).** Damit werden Zuwendungen jedes Steuerpflichtigen – unabhängig vom persönlichen Steuersatz – in gleicher Höhe begünstigt. (Voraussetzung ist freilich, dass der Zuwender überhaupt Steuern zahlt.) Betragsmäßig darüber hinaus gehende Mitgliedsbeiträge und Spenden können zudem nach § 10b Abs. 2 EStG als **Sonderausgaben** von der Bemessungsgrundlage für die Einkommensteuer abgezogen werden. Die Höhe der Begünstigung richtet sich dann allerdings nach dem persönlichen Steuersatz. Bedingt durch die **Progression des Steuersatzes** profitieren von diesem Sonderausgabentatbestand höhere Einkünfte mehr als niedrigere.

d) Restriktionen bei Zuwendungen Dritter

408 Neben der mittelbaren und unmittelbaren Parteienfinanzierung hat der Gesetzgeber in **§ 25 Abs. 2 PartG** Regelungen getroffen, welche die Zulässigkeit von Zuwendungen an Parteien beschränken. Damit soll die unzulässige finanzielle Einflussnahme auf den innerparteilichen Willensbildungsprozess unterbunden werden. Zu beachten ist gleichwohl der Grundsatz, dass sowohl natürliche Personen als auch juristische Personen des privaten Rechts in unbegrenzter Höhe Spenden an Parteien tätigen können – wenn auch die steuerliche Begünstigung ausgeschlossen (Rn. 406) oder nach oben begrenzt (Rn. 407) ist.

Verboten ist allerdings insb. die Annahme von Spenden, **409**
- die von einer juristischen Person stammen, die von der **öffentlichen Hand** beherrscht wird oder die über **öffentliche Mittel** verfügen kann;
- deren Herkunft nicht zweifelsfrei zu ermitteln ist, insb. **anonyme Spenden** über 500 Euro oder Barspenden von mehr als 1 000 Euro;
- die erkennbar in Erwartung oder als **Gegenleistung** eines politischen oder wirtschaftlichen Vorteils gewährt werden.

Einschränkungen gibt es auch bei Spenden von Ausländern oder aus dem Ausland.

e) Ausschluss von der staatlichen Parteienfinanzierung

Nach Art. 21 Abs. 3 GG kann eine Partei von der unmittelbaren und der **410** mittelbaren staatlichen Parteienfinanzierung (Rn. 402 ff.) ausgeschlossen werden. Voraussetzung ist, dass die Partei *darauf ausgerichtet* ist, die freiheitliche demokratische Grundordnung zu beeinträchtigen oder zu beseitigen oder den Bestand der Bundesrepublik Deutschland zu gefährden. Dieser **Finanzierungsausschluss** stellt gleichsam ein „milderes Mittel" zum Parteiverbot dar (Rn. 411, 803 ff.). Nach Art. 21 Abs. 4 Fall 2 GG entscheidet über diesen Ausschluss das Bundesverfassungsgericht. Das Verfahren ist im Bundesverfassungsgerichtsgesetz weitgehend analog zum Parteiverbotsverfahren (Rn. 804a) ausgestaltet (§ 46a BVerfGG). Einen Antrag auf Aufhebung des Finanzierungsausschlusses darf eine Partei nach § 46a Abs. 2 Satz 1 BVerfGG erst nach vier Jahren stellen.

8. Parteiverbot

Als schärfste Sanktion des freiheitlichen demokratischen Rechtsstaates gegen **411** Parteien, die *darauf ausgehen*, ihn zu zerstören, kennt das Grundgesetz das „Parteiverbot". Zu der Feststellung, dass eine Partei in diesem Sinne **verfassungswidrig** ist, ermächtigt Art. 21 Abs. 2 und 4 Fall 1 GG ausschließlich das Bundesverfassungsgericht. Siehe hierzu ausführlich Rn. 803 ff.

(nicht besetzt) **412–416**

VII. Interessenverbände und Lobbyismus

In der modernen Demokratie und ihrer ausdifferenzierten, individualisierten **417** Gesellschaft gehören Interessenverbände verschiedenster Art zum politischen Alltag. Interessenverbände sind (staats)rechtlich nicht definiert; umschreiben lassen sie sich als auf Dauer angelegte Vereinigungen, deren Tätigkeit darauf gerichtet ist, die wirtschaftlichen, sozialen oder kulturellen **Interessen ihrer Mitglieder wirksam durchzusetzen,** insb. durch gezielte Einflussnahme auf die Parlamente und deren Abgeordnete, auf die Regierungen und deren Mitglieder sowie auch auf die (Ministerial-)Verwaltungen.

Beispiele: die Vertretungen bestimmter Berufsgruppen, etwa die Bundesvereinigung der Deutschen Arbeitgeberverbände (BDA), der Bundesverband der deutschen Industrie (BDI), der Deutsche Gewerkschaftsbund (DGB) mit seinen Einzelgewerkschaften u.v.a. Wirkmächtige Interessenverbände streiten des Weiteren für den Natur- und Umweltschutz (Greenpeace u.a.m.) oder für sozial Bedürftige (Sozialverband VdK – Verband der Kriegsbeschädigten, Kriegshinterbliebenen und Sozialrentner u.a.).

418 Von den **Parteien unterscheiden** sich die Interessenverbände dadurch, dass sie nicht selbst durch Aufstellung von Kandidaten an den Wahlen teilnehmen und daher nicht mit eigenen Mandatsträgern in die Parlamente einziehen wollen. Außerdem ist der Verbandszweck in aller Regel wesentlich enger gefasst als das Programm einer Partei.

419 Eine spezifische Verfassungsnorm, die für die Interessenverbände streitet, besteht nicht. Allerdings wird die Betätigung der Verbände **verfassungsrechtlich durch die Grundrechte geschützt,** insb. durch die Vereinigungsfreiheit nach Art. 9 Abs. 1 GG und die Koalitionsfreiheit nach Art. 9 Abs. 3 GG (*Manssen*, Staatsrecht II, Rn. 540 ff. und 561 ff.). Daneben können sie sich – über Art. 19 Abs. 3 GG (*Manssen*, Staatsrecht II, Rn. 73 ff.) – auf die Kommunikationsgrundrechte (Rn. 324) berufen.

420 Dessen ungeachtet befinden sich die Interessenverbände in einem **Spannungsverhältnis zum Demokratieprinzip** (Art. 20 Abs. 1 GG): Die Volkssouveränität (Art. 20 Abs. 2 GG) und die parlamentarische Repräsentation (Art. 38 Abs. 1, Art. 28 Abs. 1 Satz 2 GG) werden gespeist von dem Leitgedanken einer **auf das Individuum zugeschnittenen Partizipation** an der Ausübung der Staatsgewalt. Dem steht das institutionalisierte Verbandswesen gegenüber, das gerade nicht auf dem vorgesehenen Weg der Wahlen und der parlamentarischen Diskussion Einfluss auf die politische Willensbildung nehmen will, sondern durch unmittelbare Ausübung seiner gesellschaftlichen Machtposition. Diese Betätigung findet außerparlamentarisch oder – zumeist **versteckt**, aber gezielt – **gegenüber einzelnen Abgeordneten oder Abgeordnetengruppen** statt. Treffend bezeichnet das engl. Wort „*lobby*" (sprachverwandt mit [Garten-]Laube, Loge) in diesem Zusammenhang die Wandelhalle im Parlamentsgebäude, in der die Abgeordneten mit Wählern und Interessengruppen zusammentreffen.

421 Verfassungsrechtlich problematisch ist der **Lobbyismus** im Hinblick auf das freie Mandat des Abgeordneten (Rn. 282): Art. 38 Abs. 1 Satz 2 GG bestimmt, dass die Abgeordneten des Bundestages Vertreter des *ganzen* Volkes und an Aufträge und Weisungen nicht gebunden sind. Diese Vorschrift wendet sich nicht nur **gegen die Abhängigkeit des Abgeordneten** von seiner Partei, sondern auch gegen eine ideelle, finanzielle oder anders geartete Abhängigkeit **von Interessenverbänden.** Diese Gefahr besteht vor allem bei sog. Verbandsabgeordneten, die von einer Partei in ihrer Eigenschaft als Verbandsfunktionär aufgestellt werden.

§ 7. Rechtsstaat

Literaturhinweise: *S. Korioth*, Staatsrecht I, 4. Aufl. 2018, § 18; *Th. I. Schmidt*, Prüfe dein Wissen – Staatsrecht, 3. Aufl. 2013, Nr. 103–108; *Ch. Bickenbach*, Grundfälle zu Art. 19 IV GG, JuS 2007, 813–817, 910–913; *A. Voßkuhle/A.-K. Kaufhold*, Grundwissen – Öffentliches Recht: Das Rechtsstaatsprinzip, JuS 2010, 116–119; *S. Detterbeck,* Vorrang und Vorbehalt des Gesetzes, JURA 2002, 235–241; *D. Brodowski*, Grundfälle zu den Justizgrundrechten, JuS 2012, 892–896; *M. R. Otto*, Grundfälle zu den Justizgrundrechten, JuS 2012, 21–26, 412–418; *M. Klatt/M. Meister*, Der Grundsatz der Verhältnismäßigkeit, JuS 2014, 193–199; *K.-A. Schwarz*, Rückwirkung von Gesetzen, JA 2013, 683–687; *A. Voßkuhle*, Grundwissen – Öffentliches Recht: Der Grundsatz des Vorbehalts des Gesetzes, JuS 2007, 118–119; *ders.*, Grundwissen – Öffentliches Recht: Der Grundsatz der Verhältnismäßigkeit, JuS 2007, 429–431; *A. Voßkuhle/A.-B. Kaiser*, Grundwissen – Öffentliches Recht: Der allgemeine Justizgewährungsanspruch, JuS 2014, 312–314; *A. Voßkuhle/ A.-K. Kaufhold*, Grundwissen – Öffentliches Recht: Vertrauensschutz, JuS 2011, 794–796.

I. Begriff des Rechtsstaats

1. Herleitung und Inhalt

Neben dem Demokratieprinzip ist die Rechtsstaatlichkeit die zweite **überragend wichtige Staatsgrundlage** für den **freiheitlichen Verfassungsstaat** (Rn. 164). Trotz dieser fundamentalen Bedeutung findet die Verpflichtung auf den Rechtsstaat *im Ganzen* keine ausdrückliche Erwähnung in der als unabänderlich geschützten (Rn. 222) Staatsfundamentalnorm des Art. 20 GG, sehr wohl dagegen im Homogenitätsgebot des Art. 28 Abs. 1 Satz 1 GG (Rn. 562, 564).

Wesentliche rechtsstaatliche Elemente finden sich jedoch in **Art. 20 Abs. 2 Satz 2** und **Abs. 3 GG**: Dort werden der Grundsatz der Gewaltenteilung (Rn. 864 ff.), die Bindung der Gesetzgebung an die verfassungsmäßige Ordnung (Vorrang der Verfassung) sowie die Bindung der vollziehenden Gewalt und der Rechtsprechung an Gesetz und Recht (Vorrang des Gesetzes) statuiert.

Neben diesen Grundbestandteilen umfasst die Rechtsstaatlichkeit weitere Rechtsgebote und -prinzipien. Sie alle lassen sich plakativ auf den gemeinsamen Nenner der **Herrschaft von (selbst gesetztem) Recht** bringen. Das bedeutet vor allem, dass im Rechtsstaat **der Staat selbst an das von ihm erlassene Recht gebunden** ist. Er steht gerade nicht – wie der König im Absolutismus (lat. *legibus absolutus*, svw. von den Gesetzen losgelöst) – über dem Recht, sondern im Recht und muss sich ebenso an die Gesetze halten wie seine Bürger. Um dies zu gewährleisten, bestehen unabhängige Gerichte, die der Staat geschaffen hat, um sich selbst zu kontrollieren.

Das Rechtsstaatsprinzip lässt sich **nicht** auf einen **einzigen Rechtssatz** verdichten. „*Es enthält – soweit es nicht in einzelnen Sätzen der Verfassung für bestimmte Sachgebiete ausgeformt und präzisiert ist – keine in allen Einzelheiten ein-*

deutig bestimmten Gebote und Verbote, sondern ist ein Verfassungsgrundsatz, der der Konkretisierung je nach den sachlichen Gegebenheiten bedarf" (BVerfGE 52, 131 [144] – Arzthaftung).

2. Rechtsstaatlichkeit im formellen und im materiellen Sinn

426 Dogmatisch wird häufig unterschieden zwischen „formellem" und „materiellem" Rechtsstaat. Diese Differenzierung ist jedoch von der Verfassung nicht zwingend vorgegeben, sondern dient eher der Systematisierung. Entscheidend ist also nicht die Ein- und Unterordnung, sondern vielmehr die Kenntnis der Inhalte der einzelnen Ausformungen des Rechtsstaatsprinzips im formellen wie im materiellen Sinn.

427 „**Formelle Rechtsstaatlichkeit**" bindet alle staatliche Gewalt an Recht und Gesetz, was durch unterschiedliche verfahrensmäßig und organisatorisch ausgestaltete Regeln der Verfassungsordnung gewährleistet wird. Damit wird das Gesetz zum zentralen Element des Rechtsstaats und zugleich zum Hauptinstrument der staatlichen Machtausübung unter der Steuerung des Parlaments (Rn. 271 – Primat des Gesetzes).

428 Darüber hinaus besitzt der Rechtsstaat **materielle Gehalte,** deren Bedeutung vor allem in der Mäßigung staatlicher Gewalt und – damit zusammenhängend – im Schutz des Einzelnen vor unverhältnismäßigen staatlichen Beeinträchtigungen der individuellen Freiheit bestehen. Materielle Rechtsstaatlichkeit i.d.S. wird vor allem durch das positive Recht (durch das staatlich gesetzte Recht) garantiert. Verfassungsmäßiger Ausdruck dieses Gedankens ist die unmittelbare Bindung aller Staatsgewalt an die Grundrechte gem. Art. 1 Abs. 3 GG (Rn. 504 ff.). Historisch ist die Forderung nach materieller Rechtsstaatlichkeit in Deutschland auch eine Reaktion auf den Nationalsozialismus, der das Gesetz in vielfacher Weise missbrauchte, um seine antifreiheitliche und antisemitische Ideologie auf eine formelle Grundlage zu stellen.

§ 7. Rechtsstaat 113

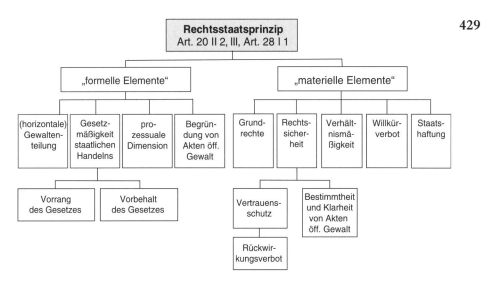

II. „Formelle Elemente" des Rechtsstaats

1. Gewaltenteilung

Art. 20 Abs. 2 Satz 2 GG legt fest, dass die Staatsgewalt durch besondere Organe der Gesetzgebung, der vollziehenden Gewalt und der Rechtsprechung ausgeübt wird. Mit dieser Vorschrift normiert das Grundgesetz ein tragendes Funktions-, Struktur- und Organisationsprinzip, in dem vorrangig die **Aufgabentrennung der Staatsorgane** und ihre gegenseitige Kontrolle zum Ausdruck kommen (ausführlich Rn. 867 ff., 885, 887 ff.). Die Gewaltenteilung dient damit als staatsorganisatorisches Mittel dem obersten Zweck des materiellen Rechtsstaats, nämlich der Mäßigung der Staatsgewalt.

2. Gesetzmäßigkeit staatlichen Handelns

Art. 20 Abs. 3 GG bestimmt, dass die Gesetzgebung an die verfassungsmäßige Ordnung, die vollziehende Gewalt und die Rechtsprechung an Gesetz und Recht gebunden sind. Deutlich wird daraus, dass das **Gesetz zentrales Steuerungs- und Kontrollmittel des Rechtsstaats** ist (vgl. Rn. 271):
– Mit ihm bringt der – unmittelbar demokratisch legitimierte – Gesetzgeber seine Rechtsüberzeugungen und Gestaltungsabsichten zum Ausdruck und nimmt damit direkten Einfluss auf das Verhalten der Bürger.
– Mit dem Gesetz stellt das Parlament die Vorgaben für die Tätigkeit der Verwaltung auf und begründet auf diese Weise sachlich-inhaltliche Legitimation für deren Handeln (Rn. 271 – **Gesetzmäßigkeit der Verwaltung**).

— Das Gesetz ist schließlich auch der entscheidende **Maßstab für die Gerichte** bei der Kontrolle der Staatstätigkeit.

a) Begriffsklärungen

aa) Formelles und materielles Recht

432 **Materielles (sachliches) Recht** sind diejenigen Rechtssätze, die eine bestimmte Rechtsfrage der Sache nach, also inhaltlich regeln. Sie begründen, bestätigen, ändern oder beenden inhaltliche Rechtsbeziehungen zwischen Personen (insb. zwischen Bürgern untereinander oder zwischen dem Einzelnen und dem Staat) oder Organen (d.h. Funktionseinheiten einer juristischen Person, Rn. 87).

> **Beispiel:** Die Grundrechte (Art. 1 bis 19 GG) begründen vor allem freiheitliche Abwehrpositionen des Einzelnen gegen den Staat. Die Normen des materiellen Zivilrechts (insb. die des Bürgerlichen Gesetzbuchs) besagen, welche Rechte und Pflichten die Bürger untereinander haben. Die Vorschriften des materiellen Strafrechts (vor allem des Strafgesetzbuchs) regeln, was bei Strafe verboten ist.

433 Das **formelle Recht** umfasst hingegen diejenigen Normen, welche die Art und Weise der Verwirklichung der Rechtsordnung regeln. Es ist damit im Wesentlichen deckungsgleich mit dem Verfahrensrecht und im Besonderen mit dem Prozessrecht.

> **Beispiel:** Die Zivilprozessordnung gibt insb. vor, was der Einzelne unternehmen muss, um sein materielles Recht vor Gericht durchzusetzen (daher die Unterscheidung zwischen Recht haben [= materiell] und Recht bekommen [= formell]). Die Strafprozessordnung regelt unter anderem die Befugnisse von Polizei und Staatsanwaltschaft bei der Ermittlung, ob eine Straftat vorliegt.

bb) Gesetz im formellen und Gesetz im materiellen Sinn

434 Gesetz **im formellen Sinn** ist jeder Rechtssatz, der in dem von Verfassungs wegen vorgesehenen Verfahren durch die zuständigen Gesetzgebungsorgane – vor allem durch das Parlament – in der vorgeschriebenen Form erlassen wurde. Gesetz im formellen Sinn ist daher das **Parlamentsgesetz,** auf Bundesebene das Gesetz, das nach den Art. 76 bis 78 und 82 GG zustande gekommen, ausgefertigt und verkündet worden ist (Rn. 1103 ff.). Abzugrenzen davon sind insb. Rechtsverordnungen (Rn. 1182 ff.) und Satzungen (Rn. 1222 ff.), die nicht vom Parlament verabschiedet, sondern aufgrund einer Ermächtigung durch bestimmte Verwaltungsorgane erlassen werden.

435 Gesetz **im materiellen Sinn** ist jede **Rechtsnorm,** d.h. jede abstrakt-generelle Regelung mit Außenwirkung (also insb. gegenüber dem Bürger), die ein Träger hoheitlicher Gewalt erlassen hat. **Abstrakt** ist jede Regelung, die eine unbestimmte Anzahl von Sachverhalten regelt; **generell** ist sie, wenn sie sich an eine unbestimmte Zahl von Personen richtet. Beim Gesetz im materiellen Sinn kommt es folglich nicht auf die Art und Weise des Zustandekommens an, wie das beim Gesetz im formellen Sinn der Fall ist. Entscheidend ist

vielmehr, ob es inhaltlich eine abstrakt-generelle Regelung enthält und Außenwirkung entfaltet. Unter das Gesetz im materiellen Sinn lassen sich daher auch Rechtsverordnungen und Satzungen subsumieren (Rn. 1182 ff., 1222 ff.). *Keine* Gesetze im materiellen Sinn und damit keine Rechtsnormen sind Verwaltungsakte (§ 35 VwVfG), weil sie einen Einzelfall regeln. *Keine* Gesetze sind auch Verwaltungsvorschriften, weil sie zwar eine Vielzahl von Fällen regeln, sich aber nur an die Verwaltungsbediensteten richten und daher keine Außenwirkung entfalten (Rn. 1186). Verwaltungsvorschriften begründen also als solche keine Rechte oder Pflichten für den Bürger und binden auch nicht die Gerichte.

Deutlich wird daraus, dass die Begriffe des Gesetzes im formellen und materiellen Sinn weder deckungsgleich sind noch einander ausschließen: 436

— Die „klassischen" und landläufig schlicht so bezeichneten **Gesetze** (z.B. die Bestimmungen des Bürgerlichen Gesetzbuchs, des Strafgesetzbuchs usw.) sind Gesetze im formellen wie auch im materiellen Sinn.

— Es gibt aber auch **Gesetze im nur-materiellen Sinn**, d.h. Rechtsnormen, 437 die *nicht* vom Parlament beschlossen werden, so insb. Rechtsverordnungen, die von der Exekutive erlassen werden (Rn. 1182 ff.), oder Satzungen, die von Kommunen oder anderen Selbstverwaltungskörperschaften herrühren (Rn. 1222 ff.). In ihrer Wirkung gegenüber dem Adressaten (Bürger) unterscheiden sie sich jedoch nicht vom Parlamentsgesetz.

— Im Gegensatz dazu kommen auch **Gesetze im nur-formellen Sinn** vor. 438 Das sind Rechtssätze (keine Rechtsnormen!), die das parlamentarische Gesetzgebungsverfahren durchlaufen, aber keine materiellen Regelungen enthalten. „Klassische" Beispiele dafür sind die Feststellung des Haushaltsplans durch das Haushaltsgesetz nach Art. 110 Abs. 2 Satz 1 GG (Rn. 755 ff.) oder die Zustimmung zu völkerrechtlichen Verträgen nach Art. 59 Abs. 2 Satz 1 GG (Rn. 816 f.).

— Eine Sonderform ist das **Maßnahmegesetz**: Es kommt im parlamentari- 439 schen Gesetzgebungsverfahren zustande und ist daher ein Gesetz im formellen Sinne. Auch enthält es materielle Regelungen, allerdings keine abstrakt-generellen Vorschriften (Rechtsnormen). Stattdessen regelt es einen Einzelfall, etwa die Planung bestimmter Abschnitte von Verkehrswegen. Dies ist verfassungsgemäß und verstößt insb. nicht gegen Art. 19 Abs. 1 Satz 1 GG, sofern es nicht willkürlich erfolgt, sondern aus „guten Gründen" (*BVerfGE 95, 1 [17] – Südumfahrung Stendal*, vgl. Rn. 899).

cc) „Gesetz und Recht"

Nach Art. 20 Abs. 3 Hs. 2 GG sind die Exekutive und die Judikative an 440 *Gesetz und Recht* gebunden. Im Unterschied dazu ist die Legislative gem. Art. 20 Abs. 3 Hs. 1 GG nur auf die verfassungsmäßige Ordnung verpflichtet. Sie kann **Gesetze ändern oder aufheben** und ist *insofern* nicht dem Gesetz unterworfen. Solange das Parlament ein Gesetz nicht reformiert, ist es daran jedoch ebenfalls gebunden, insb. an die Normen des unterverfassungsrechtlichen Staatsrechts (Abgeordnetengesetz u.a., s. Rn. 115).

441 Der Dualismus des Begriffspaars Gesetz und Recht bereitet Probleme:
– Überwiegend wird vertreten, dass unter „Gesetz" jede **geschriebene Rechtsnorm** fällt, mithin das Grundgesetz, formelle Gesetze (Rn. 460, 1204) sowie Rechtsverordnungen und Satzungen (Rn. 437, 1182 ff., 1222 ff.), aber auch das unmittelbar anwendbare EU-Recht (Rn. 852). Andere Ansichten definieren den Begriff weiter (alle geltenden Rechtsnormen) oder enger (nur formelle Gesetze).

442 – Der Inhalt des Begriffs „Recht" i.S.v. Art. 20 Abs. 3 Hs. 2 GG ist noch umstrittener und hängt vom jeweiligen Verständnis des Begriffs „Gesetz" ab: Wird dieser enger gefasst, wird der Begriff „Recht" weiter gedehnt – und umgekehrt.

- Häufig werden unter „Recht" die **ungeschriebenen Rechtsnormen** eingeordnet, insb. das – heute selten gewordene – **Gewohnheitsrecht**, das zwei Geltungsvoraussetzungen hat *(BVerfGE 122, 248 [269] – Rügeverkümmerung)*: Erstens muss es regelmäßig angewendet werden (lat. *consuetudo*, svw. Gewohnheit) und zweitens muss die Rechtsgemeinschaft von seiner Gültigkeit und Notwendigkeit überzeugt sein (lat. *opinio iuris ac necessitatis*). Als Bestandteile des (Verfassungs-)Gewohnheitsrechts lassen sich die zentralen „Regeln" der Methodenlehre qualifizieren, etwa die Kollisionsregeln (Rn. 147 ff.), je nach Ansicht auch die Auslegungsregeln (Rn. 194 ff.) sowie die Grundsätze der Rechtsfortbildung (insb. Analogie, teleologische Reduktion, Rn. 201 ff.). Zu weiteren Bsp. s. Rn. 1037 und 1417.
- Teils fasst man darunter **überpositive Gerechtigkeitsvorstellungen**, vor allem das Naturrecht. Dies wird aber zu Recht kritisiert, weil auf diese Weise die Gesetze des demokratischen Rechtsstaats relativiert werden könnten.
- Nach einer dritten Meinung soll „Recht" die **Verfassung** (das Grundgesetz) meinen, „Gesetz" hingegen die formellen Gesetze und ggf. auch alle anderen unterverfassungsrechtlichen Vorschriften (Rechtsverordnungen, Satzungen).
- Eine vierte Ansicht vertritt hingegen die These, dass dem Wort „Recht" im Normzusammenhang von Art. 20 Abs. 3 GG **keine eigenständige Bedeutung** zukomme, da „Gesetz" bereits das gesamte *geltende* Recht umfasse (geltendes Recht = positives Recht [von lat. *ius positum* = gesetztes Recht]).

443 Weder unter „Gesetz" noch unter „Recht" fallen die Verwaltungsvorschriften (Rn. 435, 1186): Die Pflicht der jeweiligen Verwaltungsbediensteten zur Befolgung von Verwaltungsvorschriften beruht also nicht auf Art. 20 Abs. 3 Hs. 2 GG, sondern auf der beamten- oder arbeitsrechtlichen Weisungsgebundenheit (§ 35 Abs. 2 Fall 2 BeamtStG, § 106 GewO u.a.m.). Ebenso wenig als „Gesetz" oder „Recht" kommt das „Richterrecht" in Betracht.

§ 7. Rechtsstaat 117

Denn Urteile und andere Gerichtsentscheidungen binden nur die Parteien (Beteiligten), nicht aber die Allgemeinheit (sog. Inter-partes-Wirkung, Rn. 1497). Allerdings kann „Richterrecht" zu Gewohnheitsrecht erstarken, wenn es dessen Voraussetzungen erfüllt.

b) Vorrang von Verfassung und Gesetz

Fall: In einem Revisionsverfahren gelangt der zuständige Senat des Bundesverwaltungsgerichts (Achtung: nicht des Bundesverfassungsgerichts) zu der Auffassung, eine entscheidungserhebliche Vorschrift des Straßenverkehrsgesetzes (= Bundesgesetz, das im ordnungsgemäßen Gesetzgebungsverfahren zustande gekommen ist), verstoße in der Sache (materiell) gegen das Grundgesetz. Der Senat will die Vorschrift daher bei seiner Entscheidung nicht anwenden. Zu Recht? 444
(Lösungsvorschlag: Rn. 452)
Abwandlung: Wie wäre der Fall zu beurteilen, wenn es sich dabei um eine Vorschrift der Straßenverkehrsordnung (= Rechtsverordnung, die das Bundesministerium für Verkehr aufgrund einer gesetzlichen Ermächtigung im Straßenverkehrsgesetz erlassen hat) handelte?
(Lösungsvorschlag: Rn. 453)

aa) Anwendungsgebot und Abweichungsverbot

Beim Vorrang von Verfassung und Gesetz wird häufig – so auch in Art. 20 Abs. 3 Hs. 2 GG – nur vom Vorrang des Gesetzes gesprochen, da die Verfassung auch ein Gesetz ist, allerdings mit erhöhtem Geltungsrang (Rn. 132 ff.). Aus dem Vorrang des Gesetzes i.d.S. ergeben sich im Rechtsstaat für alle Staatsgewalten zwei Rechtsfolgen: 445

– Das jeweils einschlägige Gesetz ist anzuwenden und darf nicht außer Acht gelassen werden **(Anwendungsgebot)**.
– Vom Gesetz darf nicht abgewichen werden, etwa indem sich eine Behörde im Einzelfall oder allgemein darüber hinwegsetzt **(Abweichungsverbot)**.

bb) Vorrang der Verfassung

Der Vorrang der Verfassung verpflichtet alle staatlichen Organe, das Grundgesetz zu beachten. Für die Legislative ist dies in **Art. 20 Abs. 3 Hs. 1 GG** ausdrücklich festgeschrieben, für Exekutive und Judikative ergibt sich dies aus Art. 20 Abs. 3 Hs. 2 GG, denn selbstverständlich gehört die Verfassung zu „Recht und Gesetz". Eine spezifische Ausprägung des Verfassungsvorrangs kommt in **Art. 1 Abs. 3 GG** zum Ausdruck: Danach sind alle drei Staatsgewalten verpflichtet, die Grundrechte (Art. 1 bis 19 GG), die Teil der Verfassung sind, zu beachten (Rn. 528 ff.). 446

Nach der **Normenhierarchie** (Rn. 140) beansprucht das Grundgesetz als Bundesverfassung **Geltungsvorrang** gegenüber allen anderen nationalen Rechtsnormen, so dass solche Normen, die im Widerspruch zum Grundgesetz stehen, von Anfang an (lat. *ex tunc*) und ein für alle Mal **nichtig** (ungültig) sind. Diese Rechtsfolge gilt auch für sog. **verfassungswidriges Verfassungsrecht**, nämlich solche Rechtsvorschriften, die das Grundgesetz unter Verstoß gegen Art. 79 Abs. 3 GG ändern. (Verneint wird demgegenüber die früher 447 gelegentlich diskutierte Frage, ob Normen, die sich bereits von Anfang an im Grundgesetz befanden, gegen andere Normen des Grundgesetzes verstoßen könnten, ob es also *ursprünglich* verfassungswidriges Verfassungsrecht geben könne.)

cc) Vorrang des Gesetzes

448 Normenhierarchisch unmittelbar unterhalb der Verfassung steht das Gesetz im formellen Sinn (**Parlamentsgesetz,** Rn. 434). Es geht allen anderen Hoheitsakten (Rn. 96) im Rang vor (Rn. 141), solange es seinerseits gültig, d.h. mit höherrangigem Recht, insb. mit der Verfassung, vereinbar ist. Hintergrund ist das Gewicht, das die vom Parlament – als unmittelbar vom Volk legitimiertem Staatsorgan – zum Ausdruck gebrachte Willensäußerung genießt. Insoweit berühren sich das Rechtsstaats- und das Demokratieprinzip. Dieser Vorrang des Gesetzes hat zur Folge,

– dass alle dem Parlamentsgesetz widersprechenden abstrakt-generellen Hoheitsakte (**Rechtsnormen,** Rn. 435), die im Rang darunter stehen, **nichtig** (ungültig) sind und

– dass konkret-individuelle Hoheitsakte (insb. **Verwaltungsakte** sowie **Urteile** und andere gerichtliche Entscheidungen), die dagegen verstoßen, zwar vorerst gültig, aber **rechtswidrig und aufhebbar** sind (d.h. mit Rechtsbehelfen angefochten werden können).

dd) Verwerfungskompetenz, Verwerfungsmonopol

449 Abzuschichten vom Vorrang der Verfassung und des Gesetzes ist die Frage, **wer darüber entscheidet,** ob ein Hoheitsakt gegen das Gesetz verstößt und welche Rechtsfolgen sich daraus ergeben. In Analogie zum Geltungs- und Anwendungsvorrang spricht man von der **(Norm-)Verwerfungs-** bzw. **Nichtanwendungskompetenz.**

450 – Für **Gesetze im formellen Sinn,** die nach Inkrafttreten des Grundgesetzes erlassen wurden, besitzt allein das Bundesverfassungsgericht die Verwerfungskompetenz (**Verwerfungsmonopol**). Damit ist zugleich gesagt, dass alle anderen Staatsorgane, auch Fachgerichte, Parlamentsgesetze ausnahmslos anzuwenden haben (Anwendungsgebot, s. Rn. 445). Hält ein Fachgericht ein formelles Gesetz für verfassungswidrig, muss es dem Bundesverfassungsgericht diese Frage vorlegen (im Rahmen der sog. konkreten Normenkontrolle nach Art. 100 Abs. 1 GG, Rn. 1556 ff.). Dadurch wird dem hohen Wert des Parlamentsgesetzes Rechnung getragen; es wird – auch im Interesse der Gewaltenteilung (Rn. 864 ff.) – der Einflussnahme aller anderen Staatsorgane entzogen.

451 – Anders verhält es sich mit Rechtsnormen im Rang unter dem Parlamentsgesetz (insb. Rechtsverordnungen und Satzungen). Für die Exekutive besteht hier zwar gleichermaßen Anwendungszwang. Die Fachgerichte aber

§ 7. Rechtsstaat 119

brauchen eine untergesetzliche Rechtsnorm, die sie für verfassungs- oder **rechtswidrig** halten, im Einzelfall **nicht zu beachten**. Zudem besitzen die Oberverwaltungsgerichte (OVG) nach Maßgabe des § 47 der Verwaltungsgerichtsordnung (VwGO) die Kompetenz, eine Rechtsverordnung oder Satzung allgemein für ungültig (nichtig) zu erklären (**Verwerfungskompetenz** im verwaltungsgerichtlichen Normenkontrollverfahren).

Lösungsvorschlag zum Fall Rn. 444: Die Absicht des Senats, die Vorschrift nicht anzuwenden, könnte verfassungswidrig sein, weil nach Art. 20 Abs. 3 Hs. 2 GG auch das Bundesverwaltungsgericht an Gesetz und Recht gebunden ist. Darunter sind einerseits das Grundgesetz, andererseits die streitige Vorschrift des Straßenverkehrsgesetzes zu verstehen. Es stellt sich daher die Frage, wie diese Situation der Bindung an sich widersprechende Gesetze aufzulösen ist. Die Antwort ergibt sich aus Art. 100 Abs. 1 GG: Danach darf das Bundesverwaltungsgericht die Vorschrift des Straßenverkehrsgesetzes, die es für verfassungswidrig hält, nicht einfach außer Betracht lassen, sondern muss sie dem Bundesverfassungsgericht im Rahmen des Verfahrens der konkreten Normenkontrolle zur Entscheidung über ihre Verfassungsmäßigkeit vorlegen und das Revisionsverfahren so lange aussetzen. Wenn das Bundesverfassungsgericht über die Gültigkeit oder Nichtigkeit der Vorschrift entschieden hat, wird das Revisionsverfahren auf dieser Grundlage fortgesetzt. 452

Lösungsvorschlag zur Abwandlung: Anders verhält es sich, wenn das Bundesverwaltungsgericht von der Verfassungs- oder Rechtswidrigkeit einer Vorschrift der Straßenverkehrsordnung überzeugt ist. Da sie im Rang unter dem Parlamentsgesetz steht und nicht dessen Rang besitzt, kann das Bundesverwaltungsgericht sie im Einzelfall außer Anwendung lassen, wenn sie im Widerspruch zum Grundgesetz oder zu einem Bundesgesetz im formellen Sinn steht. 453

c) Vorbehalt des Gesetzes

Fall: Im Haushaltsplan des Bundes, den der Bundestag durch das Haushaltsgesetz festgestellt hat (Art. 110 Abs. 2 Satz 1 GG), werden Gelder zur Förderung von Photovoltaikanlagen bereitgestellt. Ein spezielles Gesetz im formellen Sinn, in dem die Fördervoraussetzungen geregelt sind, wurde nicht erlassen. Als S einen Förderantrag für eine von ihm geplante Photovoltaikanlage stellt, will der zuständige Beamte B diesen ablehnen, weil ohne ein spezielles Gesetz keine Steuergelder verausgabt werden dürften. S ist empört, da der Bundestag die entsprechenden Fördermittel im Haushaltsplan bereitgestellt habe. Wer hat Recht? (Lösungsvorschlag: Rn. 463) 454

aa) Ergänzungs- und Legitimationsfunktion

Die Bindung der vollziehenden Gewalt und der Rechtsprechung an Gesetz und Recht gem. Art. 20 Abs. 3 Hs. 2 GG liefe leer, wenn es für wichtige Sachbereiche gar keine Gesetze gäbe. Der Vorrang des Gesetzes wäre nutzlos, soweit Verwaltung und Gerichte in konkreten Lebenssituationen keine Gesetze vorfänden. Daher muss der Vorrang des Gesetzes **durch den Vorbehalt des Gesetzes ergänzt** werden. „*Die Bindung der vollziehenden Gewalt und der Rechtsprechung an Gesetz und Recht, der Vorrang des Gesetzes also, würden ihren Sinn verlieren, wenn nicht schon die Verfassung selbst verlangen würde, dass staatliches Handeln in bestimmten grundlegenden Bereichen nur rechtens ist, wenn es durch förmliches Gesetz legitimiert wird*" (BVerfGE 40, 237 [248f.] – Dienst- und Vollzugsordnung). 455

Vorbehalt des Gesetzes bedeutet demnach, dass die Regelung bestimmter Lebensbereiche einem Gesetz vorbehalten ist, dass die Verwaltung **ohne einschlägiges Gesetz gar nicht handeln** darf. Damit wird der Vorbehalt des Gesetzes zugleich zum Garanten einer hinreichenden sachlich-inhaltlichen Legitimation staatlichen Tätigwerdens (Rn. 271).

bb) Differenzierung nach Lebensbereichen

456 Daran schließt sich indes eine entscheidende Frage an: In welchen Situationen bedarf es eines Gesetzes, in welchen nicht? Dabei ist zwischen drei Bereichen staatlichen Handelns zu unterscheiden:

– Im Rahmen der sog. **Eingriffsverwaltung** beeinträchtigt der Staat grundrechtlich geschützte Freiheitsrechte des Einzelnen. Typische Felder sind das Polizei- oder das Steuerrecht. Hier gilt seit nahezu 200 Jahren der „klassische" Vorbehalt des Gesetzes mit dem Satz: Kein **Eingriff in Freiheit oder Eigentum** ohne Gesetz.

457 – Demgegenüber nimmt die sog. **Leistungsverwaltung** dem Bürger nichts von seiner Freiheit oder seinem Eigentum, sondern gewährt ihm Leistungen, indem sie fördert, subventioniert oder unterstützt. Der „klassische" Vorbehalt des Gesetzes kann insoweit keine Anwendung finden. Allerdings können sich hier **mittelbar Beeinträchtigungen** grundrechtlicher Freiheiten ergeben, etwa wenn Leistungen rechtswidrigerweise vorenthalten werden. Im Übrigen ist dieser Bereich **gleichheitsrechtlich sensibel,** etwa wenn der eine Bürger gefördert wird, der andere aber – unter ähnlichen Voraussetzungen – nicht. In solchen Situationen bedarf es einer gesetzlichen Grundlage.

458 – Beim dritten Bereich handelt es sich um die sog. **Fiskalverwaltung,** d.h. das Feld, auf dem der Staat eigenes Vermögen (z.B. Grund und Boden, Wertpapiere) verwaltet, erwerbswirtschaftlich tätig wird (etwa durch staatseigene Gesellschaften) oder als Nachfrager am Markt auftritt (Straßenbau, Anschaffung von EDV, Kraftfahrzeugen usw.). Diesbezüglich wurde der Vorbehalt des Gesetzes lange Zeit verneint; in jüngerer Zeit setzt sich indes die Auffassung durch, dass es auch hier insoweit eines Gesetzes bedarf, wenn grundrechtliche Positionen betroffen werden. Veranlasst durch das Recht der Europäischen Union (Rn. 852 ff.) wurde hier insbesondere die Vergabe öffentlicher Aufträge einer gesetzlichen Regelung zugeführt (vgl. insb. §§ 97 ff. des Gesetzes gegen Wettbewerbsbeschränkungen – GWB).

459 Im Einzelnen ist **manches streitig und ungeklärt.** Eine Art „Offenbarungseid" leistet das Bundesverfassungsgericht: *„In welchen Bereichen […] staatliches Handeln einer Rechtsgrundlage im förmlichen Gesetz bedarf, lässt sich nur im Blick auf den jeweiligen Sachbereich und die Intensität der geplanten oder getroffenen Regelung ermitteln. Die verfassungsrechtlichen Wertungskriterien sind dabei in erster Linie den tragenden Prinzipien des Grundgesetzes, insbesondere den vom Grundgesetz anerkannten und verbürgten Grundrechten zu entnehmen" (BVerfGE 49, 89 [127] – Kalkar I).*

§ 7. Rechtsstaat

cc) Vom Vorbehalt des Gesetzes zum Parlamentsvorbehalt

Der Vorbehalt des Gesetzes muss von seinem Adressaten, dem Parlament ernst genommen werden. Das würde er nicht, wenn die Legislative der Verwaltung dadurch freie Hand ließe, 460

- dass die Behörden durch überweite **Generalklauseln** zu jedem beliebigen Handeln befugt würden (etwa: „[…] *kann die Behörde alle erforderlichen Maßnahmen treffen*", vgl. aber Rn. 478) oder
- dass eine Sachfrage in einem Parlamentsgesetz nur ansatzweise behandelt und im Übrigen die **Ermächtigung** zum Erlass einer **Rechtsverordnung** erteilt würde, in der „alles Weitere" geregelt werden dürfte.

Daher wurde in Rechtsprechung und Schrifttum die sog. **Wesentlichkeitslehre** entwickelt, wonach der Gesetzgeber verpflichtet ist, „*im Bereich der Grundrechtsausübung die der staatlichen Gestaltung offen liegende Rechtssphäre selbst abzugrenzen und nicht dem Ermessen der Verwaltungsbehörde zu überlassen*" (BVerfGE 34, 165 [193] – Förderstufe). Sinn dieses Postulats ist es zu verhindern, dass sich das Parlament seiner demokratischen Verantwortung entwindet. Was freilich als „wesentlich" zu gelten hat, kann abstrakt-generell nicht beantwortet werden (näher dazu Rn. 286 ff.). 461

Merke: Will der Staat durch sein Handeln in Grundrechte eingreifen, so ist der Gesetzgeber verpflichtet, Inhalt, Umfang und Grenzen eines solchen Eingriffs in einem förmlichen Gesetz hinreichend bestimmt festzulegen. Außerhalb der Eingriffsverwaltung kann auch eine andere parlamentarische Willensäußerung ausreichend sein. 462

Lösungsvorschlag zum Fall Rn. 454: Der Beamte B darf dem S die Fördermittel versagen, wenn er dafür eine parlamentsgesetzliche Grundlage benötigt und diese nicht existiert. Ein bereichsspezifisches Parlamentsgesetz liegt nicht vor. Für Förderungen genügt hingegen ein Ansatz im Haushaltsplan (Haushaltstitel) als Akt der parlamentarischen Willensäußerung (Rn. 755 ff.), wenn dadurch allein eine Begünstigung bewirkt werden soll. Vorliegend geht es ausschließlich um eine Fördermaßnahme, die keinen Grundrechtseingriff erkennen lässt. Ein bereichsspezifisches förmliches Gesetz ist daher nicht erforderlich. B darf den Förderantrag positiv bescheiden; unter dem Gesichtspunkt der Gleichbehandlung (Art. 3 Abs. 1 GG) muss er es, wenn er bereits in vergleichbaren Fällen Förderbescheide erlassen hat. 463

3. Prozessuale Dimension: Rechtsweggarantie, Justizgewähr und Justizgrundrechte

a) Rechtsweggarantie

Rechtsstaatlichkeit lebt davon, vom Bürger im Einzelfall wirksam durchgesetzt werden zu können. Dem dient besonders die **Rechtsweggarantie** des Art. 19 Abs. 4 GG: Bringt der Einzelne vor, durch die **öffentliche Gewalt** (gemeint ist hier die Exekutive, vor allem die Verwaltung), in seinen Rechten verletzt zu sein, muss ihm der Rechtsstaat effektiven Rechtsschutz durch sei- 464 ne Gerichte bieten, die mit unabhängigen Richtern besetzt sind (Art. 97 GG, Rn. 1433 ff.). Wegen dieser überragenden Bedeutung wird Art. 19 Abs. 4 GG auch als **„formelles Hauptgrundrecht"** bezeichnet (näher *Manssen*, Staatsrecht II, Rn. 779 ff.).

b) Allgemeiner Justizgewährungsanspruch

465 Die Rechtsweggarantie des Art. 19 Abs. 4 GG eröffnet dem Bürger den Zugang zu den staatlichen Gerichten nur, wenn er durch die *öffentliche* Gewalt in seinen Rechten verletzt wird. Was aber, wenn der **Bürger durch einen anderen Bürger** in seinen Rechten beeinträchtigt wird? Würde der Staat dem Einzelnen hier nicht seine Gerichte zur Rechtsdurchsetzung zur Verfügung stellen, dürfte er seine Bürger nicht zur allgemeinen Friedenspflicht anhalten (hist. insb. „Ewiger Landfrieden" von 1495). Es käme zur **Selbstjustiz**, die mit Rechtsstaatlichkeit nicht zu vereinbaren wäre. Daher verlangt das Rechtsstaatsprinzip einen **wirkungsvollen Rechtsschutz** auch **in bürgerlich-rechtlichen Streitigkeiten.** Dieser sog. *„Justizgewährungsanspruch umfasst das Recht auf Zugang zu den Gerichten und eine grundsätzlich umfassende tatsächliche und rechtliche Prüfung des Streitgegenstandes sowie eine verbindliche Entscheidung durch den Richter"* (BVerfGE 85, 337 [345] – Wohnungseigentumsgesetz).

c) Justizgrundrechte

466 Die Rechtsschutzgarantien werden ergänzt durch spezifische Rechte vor Gericht: Befindet sich der Einzelne vor Gericht, sei es als Kläger, Beklagter oder Angeklagter, stehen ihm die sog. Justizgrundrechte (Prozessgrundrechte) und Verfahrensgarantien zur Seite. Im Grundgesetz sind sie als grundrechtsgleiche Rechte ausgestaltet und können nach Art. 93 Abs. 1 Nr. 4a GG mit der Verfassungsbeschwerde geltend gemacht werden (näher *Manssen*, Staatsrecht II, Rn. 20 f.). Hierzu gehören

– die **Garantie des gesetzlichen Richters** (Art. 101 Abs. 1 Satz 2 GG, Rn. 1437 f.);
– der **Anspruch auf rechtliches Gehör** (Art. 103 Abs. 1 GG, Rn. 1439 ff.) und **auf ein faires Verfahren** (nicht ausdrücklich geregelt, aber aus dem Rechtsstaatsprinzip abgeleitet, Rn. 1442);
– die **strafrechtlichen Garantien** (Rückwirkungs- und Mehrfachbestrafungsverbot, Art. 103 Abs. 2 und 3 GG, sowie Richtervorbehalt nach Art. 104 Abs. 2 und 3 GG, näher Rn. 1443 ff.).

4. Begründungspflicht für Hoheitsakte

466a Rechtsstaatlichkeit erfordert auch, dass der Einzelne gegenüber dem Staat weiß, woran er ist. Dahinter steht die (Ur-)Frage nach dem „Warum". Akte der öffentlichen Gewalt (Hoheitsakte, Rn. 96) lassen sich nur **verstehen**, nachvoll-

ziehen und **auf Rechtmäßigkeit überprüfen**, wenn sie begründet werden. Daher verlangen zahlreiche einschlägige Gesetze eine Begründung, so z.B.
- § 39 VwVfG für **Verwaltungsakte** (vgl. auch § 121 AO, § 35 SGB X) und
- § 313 Abs. 1 Nr. 6 und Abs. 3 ZPO, § 117 Abs. 2 Nr. 5 VwGO, § 267 StPO u.a.m. für **Urteile**.

Grundsätzlich **keiner Begründung** bedürfen dagegen **Gesetze** („Der Gesetzgeber schuldet nichts als das Gesetz."). Denn sie wirken nicht nur für eine Vielzahl von Fällen abstrakt-generell in die Zukunft, sondern an ihrem Zustandekommen ist auch eine Vielzahl von Personen beteiligt (insb. Ministerialbeamte, Regierungsmitglieder, Abgeordnete, Bundespräsident). Insofern lässt das Grundgesetz Raum für Verhandlungen sowie für den politischen Kompromiss, der erschwert würde, wenn er begründet werden müsste *(BVerfGE 143, 246 [345 f. Rn. 279 f.] – Atomausstieg;* vgl. auch Rn. 1112).

III. „Materielle Elemente" des Rechtsstaats

Entsprechend dem Wortsinn „**materiell**" wird die Rechtsstaatlichkeit im formellen Sinn durch **sachlich-inhaltliche** Elemente angereichert. Allein die Bindung an formale Vorgaben würde als Beschränkung der Staatsgewalt und folglich zur Gewährleistung der bürgerlichen Freiheiten nicht ausreichen. In diesem Sinne gehören zum materiellen Gehalt des Rechtsstaats die Rechtssicherheit, insb. die Bestimmtheit und Beständigkeit von Rechtsnormen, daneben die Bindung der staatlichen Gewalt an die Grundrechte sowie, damit verbunden, der Grundsatz der Verhältnismäßigkeit und das allgemeine Willkürverbot. Eine wichtige Ergänzung stellt das Staatshaftungsrecht dar: Danach hat der Einzelne insb. dann einen Anspruch gegen den Staat, wenn er durch hoheitliches Handeln einen Schaden erleidet (näher Rn. 1414 ff.). 467

1. Rechtssicherheit

a) Verlässlichkeit und Beständigkeit der Rechtsordnung

Rechtssicherheit ist ein fundamentaler Bestandteil jeder rechtsstaatlichen Ordnung. Der Bürger muss klar genug erkennen können, welche Gebote und Verbote die Rechtsordnung an ihn heranträgt, und sich **darauf verlassen** können. Nur so ist er in der Lage, von seinen **Freiheiten Gebrauch** zu machen, in vernünftiger Weise Entscheidungen zu treffen und so sein **Leben selbstbestimmt zu gestalten** *(BVerfGE 133, 143 [158 Rn. 41] – Kommunalabgaben).* Dies gilt nicht nur für den Augenblick, sondern gerade auch für die Zukunft. Diese Forderung nach **Beständigkeit** der Rechtsordnung gerät jedoch in **Konflikt** mit der Tatsache, dass die Gesellschaft mit ihren ökonomisch-ökologischen Grundlagen **ständigen Veränderungen** ausgesetzt ist und der Staat darauf 468 angemessen reagieren muss. Absolute Beständigkeit kann es daher nicht geben, gerade im Hinblick auf das Wesen der Demokratie mit den legitimen Gestaltungsbefugnissen wechselnder parlamentarischer Mehrheiten.

b) Rechtsklarheit, Rechtswahrheit und Rechtsbestimmtheit

469 **Fall** (angelehnt an *BVerfGE 120, 274 ff. – Online-Durchsuchung*): Das Land L hat sein Verfassungsschutzgesetz (VSG) im Hinblick auf die „Online-Durchsuchung" novelliert. In § 5 Abs. 2 VSG heißt es: „Die Verfassungsschutzbehörde darf nach Maßgabe des § 7 zur Informationsbeschaffung als nachrichtendienstliche Mittel die folgenden Maßnahmen anwenden: […] 11. heimliches Beobachten und sonstiges Aufklären des Internets, wie insb. die verdeckte Teilnahme an seinen Kommunikationseinrichtungen bzw. die Suche nach ihnen, sowie der heimliche Zugriff auf informationstechnische Systeme auch mit Einsatz technischer Mittel. Soweit solche Maßnahmen einen Eingriff in das Brief-, Post- und Fernmeldegeheimnis darstellen bzw. in Art und Schwere diesem gleichkommen, ist dieser nur unter den Voraussetzungen des Art. 10 Grundgesetz zulässig." Genügt eine solche Vorschrift dem Rechtsstaatsprinzip? (zum Verfassungsschutz s. Rn. 807) (Lösungsvorschlag: Rn. 484)

aa) Inhaltliche Dimensionen; Verwurzelung

470 Grundvoraussetzung für Rechtssicherheit ist, dass Akte der öffentlichen Gewalt (Hoheitsakte, Rn. 96) **klar und bestimmt formuliert** sind. Dies gilt nicht nur für Rechtsnormen (Rn. 435 – Normenklarheit), sondern auch für Einzelakte (Verwaltungsakte, s. § 37 Abs. 1 VwVfG, und Gerichtsentscheidungen, insb. Urteile, vgl. § 313 ZPO). Die Forderung nach Klarheit und Bestimmtheit ist darüber hinaus auch an die **Rechtsordnung insgesamt** zu stellen. Diese muss in sich stimmig und frei von Widersprüchen sein *(BVerfGE 98, 83 [97] – Abfallabgaben; BVerfGE 98, 106 [118] – Verpackungsteuer).*

471 **Transparenz** i.d.S. verhilft dem Einzelnen dazu abzuschätzen, welche Verhaltensweisen der Staat von ihm erwartet und welche Konsequenzen oder gar Sanktionen auf ihn zukommen, wenn er Normen oder an ihn gerichtete Anordnungen nicht befolgt. Insbesondere das Handeln der Verwaltung soll *„messbar und in gewissem Ausmaß für den Staatsbürger vorauszusehbar und berechenbar"* werden (*BVerfGE 56, 1 [12] – Kriegsopferversorgung;* vgl. auch *BVerfGE 120, 274 [316] – Online-Durchsuchung – st.Rspr.).*

472 Zur Klarheit von Gesetzen (Normenklarheit) gehört auch die Normenwahrheit *(BVerfGE 108, 1 [20] – Rückmeldegebühr Baden-Württemberg).* Insbesondere der Gesetzgeber darf den tatsächlichen Regelungsgehalt einer Vorschrift nicht verschleiern *(BVerfGE 118, 277 [366] – Offenlegung von Nebeneinkünften);* Rechtsnormen dürfen nicht zum Mittel der Desinformation über das politisch Entschiedene und zu Verantwortende werden *(BVerfGE 132, 334 [350 Rn. 50] – Rückmeldegebühr Berlin).*

473 Die Gebote der Rechtsklarheit, Rechtswahrheit und Rechtsbestimmtheit werden im Grundgesetz nicht ausdrücklich geregelt. Eine wichtige Ausprägung findet sich jedoch in **Art. 80 Abs. 1 Satz 2 GG** für Ermächtigungsgrundlagen zum Erlass von Rechtsverordnungen (näher Rn. 1202 ff.). Im Übrigen

zählen die Gebote zu den ungeschriebenen, aber **wesentlichen Bestandteilen des Rechtsstaatsprinzips;** sie genießen daher über Art. 20 Abs. 2 Satz 2 und Abs. 3 GG Verfassungsrang.

bb) Differenzierte Maßstäbe

Betrachtet man nun manchen Hoheitsakt, insb. viele Gesetze der deutschen Rechtsordnung, stellt man fest, dass es mit Klarheit und Bestimmtheit nicht immer zum Besten bestellt ist. Die Rechtsprechung des Bundesverfassungsgerichts ist hier erstaunlich „staatsfreundlich" und lässt auch bedenkliche Normen i.d.R. unbeanstandet. Das Bundesverfassungsgericht fordert nicht absolute, sondern nur **hinreichende** Bestimmtheit und Klarheit. Das erforderliche Maß hängt zum einen von der Auswirkung der jeweiligen Regelung für den Bürger ab, zum anderen von der Frage, wie komplex die zu regelnde Materie ist (*BVerfGE 56, 1 [13] – Kriegsopferversorgung –* st.Rspr.). 474

Als Richtschnur gilt, dass die Anforderungen an Bestimmtheit und Klarheit umso größer sind, je stärker die Norm den Bürger belastet. Soll ein **Eingriff** in die Rechte des Bürgers stattfinden, ist es besonders wichtig, die entsprechende Regelung sprachlich wie inhaltlich präzise zu fassen. Regelt eine Norm dagegen **staatliche Leistungen,** sind die Anforderungen an Bestimmtheit und Klarheit vergleichsweise gering. 475

cc) Unbestimmte Rechtsbegriffe, Ermessen, Generalklauseln

Bei Rechtsnormen (Rn. 435) stellt sich ein besonderes Problem: Sie müssen, um auf eine Vielzahl von Lebenssachverhalten Anwendung finden zu können, notwendigerweise **abstrakt-generell formuliert** sein (Rn. 11 ff.). Dies allein kann daher nicht schon zu einem Verstoß gegen das Gebot der Bestimmtheit und Klarheit führen. 476

– Insbesondere darf der Gesetzgeber **unbestimmte Rechtsbegriffe** verwenden. Das sind Tatbestandsmerkmale, die inhaltlich nicht eindeutig sind und daher erst durch Auslegung präzisiert (konkretisiert) werden müssen (Rn. 42, 192 ff.; Bsp.: „*öffentliche Sicherheit und Ordnung"* gem. Art. 35 Abs. 2 Satz 1 GG oder *„Gefahr"* z.B. in Art. 13 Abs. 2 bis 7, Art. 91 GG).
– Auf der Rechtsfolgenseite einer Norm darf der Gesetzgeber den Behörden, zum Teil auch den Gerichten **Ermessensspielräume** einräumen (*Detterbeck,* Allgemeines Verwaltungsrecht, Rn. 300 ff.; „Signalwort": *„kann",* vgl. etwa Art. 91 Abs. 2 Satz 1 und 3 GG).

Der Zweck dieser Regelungstechniken liegt darin, der Verwaltung und der Rechtsprechung die Möglichkeit zu eröffnen, bei der Anwendung der Gesetze in der konkreten Situation **Einzelfallgerechtigkeit** zu erzielen. Im Allgemeinen genügt eine Norm dem Gebot der Bestimmtheit und Klarheit, wenn sich ihr Regelungsinhalt mithilfe der allgemeinen Auslegungsmethoden (Rn. 192 ff.) zweifelsfrei ermitteln lässt. Insbesondere die Verwaltung muss in 477 der Lage sein, das „gesetzgeberische Programm" herauszulesen und im Einzelfall „zu Ende zu führen".

478 Miteinander kombiniert werden unbestimmte Rechtsbegriffe und Ermessensspielräume traditionellerweise in den sog. **Generalklauseln** der Polizeigesetze des Bundes und der Länder, genauer gesagt: in den Generalbefugnisnormen (z.B. § 14 Abs. 1 BPolG, Art. 11 Abs. 1 BayPAG, § 8 Abs. 1 PolG NW, § 8 Abs. 1 SaarlPolG). Danach *„kann"* die Polizei *„die notwendigen Maßnahmen treffen"*, um eine konkrete *„Gefahr für die öffentliche Sicherheit oder Ordnung abzuwehren"*. Generalbefugnisnormen zeichnen sich durch die **Weite des Handlungsspielraums** aus, den der Gesetzgeber der Verwaltung einräumt (hier: *„alle notwendigen Maßnahmen"*). Dieses Entschließungs- und Auswahlermessen als Rechtsfolge mag Bedenken hinsichtlich der Normbestimmtheit auslösen – gerade in Verbindung mit den unbestimmten Rechtsbegriffen auf der Tatbestandsseite (hier: *„Gefahr für die öffentliche Sicherheit oder Ordnung"*). Als Rechtfertigung lässt sich jedoch anführen, dass der Staat mit den polizeilichen Generalbefugnisnormen die rechtlichen Voraussetzungen schafft, um auf eine Vielzahl unbekannter, zum Zeitpunkt der Gesetzgebung noch nicht vorhersehbarer Gefahrensituationen effektiv reagieren zu können.

479 Das Bundesverfassungsgericht hat diesen Generalklauseln hinreichende rechtsstaatliche Bestimmtheit attestiert, weil sie *„in jahrzehntelanger Entwicklung durch Rechtsprechung und Lehre nach Inhalt, Zweck und Ausmaß hinreichend präzisiert, in ihrer Bedeutung geklärt und im juristischen Sprachgebrauch verfestigt"* seien *(BVerfGE 54, 143 [144 f.] – Taubenfütterungsverbot)*. Im Übrigen erscheint der Handlungsspielraum der Polizei nur auf den ersten Blick unbegrenzt; durch das bereichsspezifisch normierte **Verhältnismäßigkeitsgebot** (vgl. § 15 BPolG, Art. 4 BayPAG, § 2 PolG NW, § 2 SaarlPolG u.a.) wird er für jeden Einzelfall auf das Geeignete, Erforderliche und Angemessene begrenzt (vgl. Rn. 507 ff.).

dd) Verweisungen

480 **Verweisungen** in einer Norm (Verweisungsnorm) auf den Regelungsgehalt einer anderen Vorschrift (Zielnorm, Verweisungsobjekt) sind grds. **zulässig** und stellen eine anerkannte Gesetzestechnik dar. Sie dienen der gesetzestechnischen Vereinfachung, indem der Gesetzgeber einen bestimmten Normtext nicht mehrere Male gleichlautend formulieren muss. Dem Bestimmtheitsgrundsatz ist Genüge getan, wenn sich der Inhalt der Zielnorm ohne Schwierigkeiten ermitteln lässt. Dabei ist zu unterscheiden:

481 – Stets **zulässig** sind sog. **statische Verweisungen,** d.h. Bezugnahmen auf eine bestimmte Fassung einer Rechtsnorm (Zielvorschrift). Darunter fallen (1) Verweisungen innerhalb eines Gesetzes (im Grundgesetz etwa in Art. 15 Satz 2, Art. 52 Abs. 3a Hs. 2, Art. 60 Abs. 4 oder Art. 64 Abs. 2) und (2) Verweisungen auf eine Zielvorschrift in einem anderen Gesetz, deren Fassung durch genaue Angabe des (Änderungs)Gesetzes und der Fundstelle bezeichnet wird (z.B. § 36 Abs. 1 Satz 1 des Abgeordnetengesetzes – *bitte lesen!*).

§ 7. Rechtsstaat   127

Hier ist eindeutig erkennbar, wie der Normtext lautet. Der Nachteil liegt freilich in der Aufblähung der Verweisungsnorm, was die Verständlichkeit erschwert.

– **Problematisch** hingegen sind sog. **dynamische Verweisungen.** Das sind Verweisungen auf eine Zielvorschrift in einem *anderen Gesetz ohne* Angabe der Fundstelle im jeweiligen Gesetzblatt. Dies beeinträchtigt die Bestimmtheit, wenn die Zielnorm bereits zuvor geändert wurde oder später geändert wird und daher mehrere Fassungen aufweist. Eine Auslegung wird i.d.R. zu dem Ergebnis führen, dass auf die jeweils geltende, aktuelle Fassung verwiesen wird. Dann aber besteht die Gefahr, dass die Zielnorm später ohne Kenntnis und Billigung des verweisenden Gesetzgebers geändert und somit von dessen Regelungswillen nicht mehr umfasst wird. Dies ist freilich keine Frage des Bestimmtheitsgebots mehr, sondern des Vorbehalts des Gesetzes (Rn. 286 ff.). Der Gesetzgeber darf sich seiner Entscheidungsaufgabe jedenfalls nicht so weit entäußern, dass er für die Zielnorm keine Verantwortung mehr übernimmt *(BVerfGE 78, 32 [36] – Bergmannsversorgungsschein).* 482

Merke: Normen müssen klar und bestimmt formuliert sein und dürfen einander nicht widersprechen. Der Normadressat muss jederzeit erkennen können, welche Gebote und Verbote gelten. Unter Beachtung dessen sind Generalklauseln, unbestimmte Rechtsbegriffe, Ermessensnormen und Verweisungen zulässig. 483

Lösungsvorschlag zum Fall Rn. 469: Ein Ausfluss des Rechtsstaatsprinzips ist das Gebot der Bestimmtheit und Normenklarheit. Im vorliegenden Fall muss der Bürger klar erkennen können, unter welchen Umständen er im Internet heimlich beobachtet werden kann oder Informationen über ihn erlangt werden können. § 5 Abs. 2 Nr. 11 VSG enthält gleich zwei Verweisungen: zum einen eine interne, statische Verweisung auf § 7 VSG, zum anderen eine dynamische Verweisung auf die strengen Voraussetzungen des Art. 10 GG. Auch wenn die Verweisungen als solche noch mit dem Rechtsstaatsprinzip vereinbar sein mögen, tragen sie in ihrer Kombination für den Bürger zur Unübersichtlichkeit der Norm bei. Abgesehen davon erfordert die Frage, wann ein Eingriff in das Brief-, Post- und Fernmeldegeheimnis gerechtfertigt ist, im Einzelfall eine komplexe juristische Bewertung, wozu der Bürger i.d.R. nicht in der Lage sein wird. Zudem ist die Tatsache bedenklich, dass Art. 10 GG auch auf solche Eingriffe anwendbar sein soll, die „in Art und Schwere" Beeinträchtigungen des Brief-, Post- und Fernmeldegeheimnisses gleichstehen. Für den Bürger wird allein daraus nicht ersichtlich, unter welchen Umständen er Adressat einer „Online-Durchsuchung" sein kann. Insgesamt betrachtet genügt die Vorschrift daher dem Gebot der Normenbestimmtheit und -klarheit nicht. Sie verstößt mithin gegen das Rechtsstaatsprinzip, ist deshalb verfassungswidrig und nichtig. 484

c) Vertrauensschutz und Rückwirkungsverbot

Fall: Der Landtag des Landes L beschloss am 5.5.2015 ein Gesetz über die Einführung von Studiengebühren, das am 11.5.2015 ausgefertigt und am 14.5.2015 im Gesetzblatt verkündet wurde sowie am 15.5.2015 in Kraft trat. Der Student S, der im vierten Semester Rechtswissenschaft studiert, hatte sich am 4.2.2015 für das Sommersemester 2015 zurückgemeldet. Da er sich weigert, diese Studiengebühr zu zahlen, wird er exmatrikuliert. Deswegen erhebt er nach erfolglosem Widerspruchsverfahren Klage. Das zuständige 485

Verwaltungsgericht ist von der Verfassungswidrigkeit der Studiengebühren überzeugt und legt das Gesetz dem Bundesverfassungsgericht zur Prüfung vor. Ist die Richtervorlage begründet, wenn die Studiengebühren ab dem
(1) Wintersemester 2015/2016,
(2) 15.5.2015 oder
(3) Wintersemester 2014/2015
eingeführt werden?
(Lösungsvorschlag: Rn. 501 f.)

aa) Herleitung

486   Der Grundsatz der Rechtssicherheit (Rn. 468) weist einen wichtigen Bezug zur Vergangenheit auf: In seiner subjektiv-rechtlichen Ausprägung (Rn. 79) **schützt** er das **Vertrauen** des Einzelnen auf erlassene Hoheitsakte (Rn. 96). Für den Bürger bedeutet Rechtssicherheit in erster Linie Vertrauensschutz *(BVerfGE 13, 261 [271] – Vertrauensschutz).* Allerdings reicht dieser Vertrauensschutz nicht grenzenlos, sondern grds. nur so weit, wie dem Einzelnen durch Hoheitsakt Rechtspositionen gewährt, gesichert oder bestätigt wurden. Solche verfestigten Rechtspositionen dürfen im Nachhinein prinzipiell nicht verschlechtert oder gar entzogen werden. Davon zeugt die Redensart *„Was man [rechtmäßig erworben] hat, das hat man."* Die Begrenzung auf subjektive Rechtspositionen weist auf die zweite Quelle des Vertrauensschutzes – neben dem Grundsatz der Rechtssicherheit – hin: die **Grundrechte**, insb. die Eigentumsgarantie (Art. 14 Abs. 1 GG; vgl. *BVerfGE 95, 64 [81 ff.] – Mietpreisbindung*), daneben auch die Berufsfreiheit (Art. 12 Abs. 1 GG) und die allgemeine Handlungsfreiheit (Art. 2 Abs. 1 GG).

487   Gesicherte Rechtspositionen können durch Verwaltungsakt (§ 35 VwVfG) anerkannt oder gewährt werden (etwa eine Baugenehmigung oder eine Subvention). Dann aber können solche begünstigenden Verwaltungsakte, auf die der Adressat vertrauen durfte, nicht ohne weiteres aufgehoben (zurückgenommen, widerrufen) werden. Die damit verbundenen Probleme sind weitgehend in den Verwaltungsverfahrensgesetzen des Bundes und der Länder gelöst (§§ 48 bis 50 VwVfG) und Stoff des Verwaltungsrechts, nicht des Staatsrechts (s. *Detterbeck,* Allgemeines Verwaltungsrecht, Rn. 600 ff.). Hier interessiert der Vertrauensschutz in Bezug auf Gesetze.

bb) Grundlagen und Abgrenzung

488   Zu einer Herausforderung an den **Vertrauensschutz** kommt es, wenn eine einmal gültige Rechtslage, nach der der Einzelne seine Lebensgestaltung ausrichten durfte und ausgerichtet hat, im Nachhinein **durch Gesetz** geändert wird. Keine Probleme ergeben sich, soweit dadurch für den Einzelnen Vorteile eintreten. Bedenklich wird die Situation aber, wenn das neue Gesetz an ein Verhalten **nachträglich ungünstigere Rechtsfolgen** knüpft. Praxisrelevant ist dies insb. bei längerfristigen wirtschaftlichen **Dispositionen** (etwa bei Geldanlagen, z.B. in Kapitallebens- oder Rentenversicherungen, und bei anderen Investitionen), die der Einzelne im Vertrauen auf eine staatliche Förderung

„**ins Werk gesetzt**" hat, bevor das maßgebliche Gesetz zu seinen Ungunsten geändert wird (etwa durch Wegfall der Steuerfreiheit für die Zinsen aus einer Geldanlage oder für die Rentenzahlungen).

In solchen und ähnlichen Situationen wird das Vertrauen des Einzelnen in die Beständigkeit des Rechts (das sog. Vertrauensinteresse) enttäuscht. Hierbei ist jedoch eine wichtige Abgrenzung vorzunehmen: **489**

– Niemand darf erwarten, das einmal geltende Recht werde in alle Zukunft unverändert, also versteinert, fortbestehen. Alles andere widerspräche dem Demokratieprinzip (Art. 20 Abs. 2 GG), der besseren Einsicht künftiger Gesetzgeber und der Notwendigkeit, auf sich verändernde Umstände zu reagieren. Es gibt **keine „Gleichheit in der Zeit"**.

– Etwas anderes gilt, wenn ein neues Gesetz **Vergangenheitsbezug** aufweist, also wenn es entweder in eine in der Vergangenheit geschaffene verfestigte Rechtsposition eingreift oder wenn es an einen ins Werk gesetzten Sachverhalt **im Nachhinein** andere Rechtsfolgen knüpft. In solchen Fällen kommt dem Gesetz **Rückwirkung** zu, die dem Vertrauensschutz widerstreitet.

cc) Echte und unechte Rückwirkung

Herkömmlicherweise unterscheidet die h.M. zwei Fallgruppen der Rückwirkung *(BVerfGE 72, 200 [241 ff.] – Außensteuergesetz; BVerfGE 95, 64 [86 f.] – Mietpreisbindung)*: Bei der **echten (retroaktiven) Rückwirkung** greift die Gesetzesänderung nachträglich in *abgeschlossene, der Vergangenheit angehörende* Sachverhalte ein *(BVerfGE 132, 302 [318 Rn. 42] – Dividendenvorabausschüttung)*. Dies liegt typischerweise vor, wenn das Änderungsgesetz *vor* dem Tag seiner Verkündung im jeweiligen Gesetzblatt (vgl. Rn. 1174 ff.), also rückwirkend in Kraft tritt (daher *„echte"* Rückwirkung). Diese Fallgruppe wird deshalb auch als **Rückbewirkung von Rechtsfolgen** bezeichnet. In der Sache betrifft sie die gesetzliche Verschlechterung erworbener, auf Dauer gesicherter Rechts- oder Vermögenspositionen, insb. des Eigentums (Art. 14 GG), aber auch die nachträgliche Erhöhung bereits entstandener Steuerschulden *(BVerfGE 135, 1 [13 f. Rn. 38 f.] – Kapitalanlagegesellschaft)*. **490**

Anders die **unechte (retrospektive) Rückwirkung** *(BVerfGE 132, 302 [318 Rn. 43] – Dividendenvorabausschüttung)*: Hier tritt die Gesetzesänderung i.d.R. nicht vor ihrer Verkündung in Kraft (daher nur *„unechte"* Rückwirkung). Entscheidend ist, dass sie sich auf noch *gegenwärtige, nicht abgeschlossene* Sachverhalte bezieht, die vor der Gesetzesverkündung „ins Werk gesetzt" wurden. Insoweit wird auch von **tatbestandlicher Rückanknüpfung** gesprochen. Betroffen sind typischerweise Konstellationen aus dem Steuerrecht: Die Einkommensteuer entsteht erst am 31. Dezember um 24:00 Uhr für das abgelaufene Kalenderjahr (§ 36 Abs. 1, § 25 Abs. 1 EStG), d.h. für alle Sachverhalte seit dem vergangenen 1. Januar. Wird das Einkommensteuergesetz – wie häufig – kurz vor Weihnachten geändert und verkündet, werden dadurch Sachverhalte („unecht") rückwirkend mit einer höheren Steuer belastet, von der **491** der Steuerpflichtige noch nichts wusste, als er die Vermögensdisposition (z.B. eine gewinnbringende Grundstücksveräußerung im März des abgelaufenen Kalenderjahres) vornahm.

dd) Verfassungsrechtliche Zulässigkeit

492 Ein **absolutes Rückwirkungsverbot** besteht **im Strafrecht.** Gem. Art. 103 Abs. 2 GG kann eine Tat nur dann bestraft werden, wenn die Strafbarkeit gesetzlich bestimmt war, *bevor* die Tat begangen wurde (*nulla poena sine lege*, Rn. 1443 ff.). Dieses Rückwirkungsverbot gilt für das materielle Strafrecht (für Strafandrohungen und für Strafschärfungen), nicht aber für das Strafverfahrensrecht oder die Verjährungsfristen.

493 Im Übrigen wird das Vertrauen des Einzelnen nur geschützt, soweit
– ein **Vertrauenstatbestand** vorliegt, d.h. wenn der Einzelne sein Vertrauen aufgrund einer **Vertrauensgrundlage betätigt** hat,
– das Vertrauen **enttäuscht** wurde und
– das Vertrauen **schutzwürdig** ist, d.h. wenn der Einzelne auf den Bestand der Rechtslage vertrauen durfte und nicht etwa mit einer Neuregelung rechnen musste. In dieser Schutzwürdigkeit des Vertrauens liegt i.d.R. der Schwerpunkt der Probleme und damit der rechtlichen Prüfung.

494 Eine typische Vertrauensgrundlage ist eine bestimmte Rechtsnorm in einem **Gesetz** in ihrer alten Fassung. Im Vertrauen darauf tätigt der Einzelne eine wirtschaftliche **Disposition.** Die Enttäuschung des Vertrauens liegt in der nachträglichen **Änderung** der Rechtsnorm. Für die Schutzwürdigkeit hat die Rechtsprechung unterschiedliche Kriterien aufgestellt, je nachdem, ob im konkreten Fall eine echte (Rn. 490) oder eine unechte (Rn. 491) Rückwirkung vorliegt.

495 Schutzwürdig ist i.d.R. das Vertrauen auf einen abgeschlossenen Sachverhalt. Damit ist eine **echte Rückwirkung** grds. **unzulässig:** Wirken Rechtsfolgen nämlich auf den Zeitpunkt vor der Verkündung des Änderungsgesetzes zurück, hat der Einzelne keinerlei Möglichkeit mehr, sein Verhalten der Rechtslage anzupassen. Verfestigte Rechtspositionen dürfen grds. nicht verschlechtert werden (Prinzip des Verschlechterungsverbots). **Ausnahmsweise** kann eine echte Rückwirkung jedoch **zulässig** sein, wenn das Vertrauen des Einzelnen nicht schutzwürdig ist. Dies ist der Fall, wenn
– die bisherige und sodann rückwirkend geänderte Gesetzesvorschrift so unklar und verworren oder so systemwidrig und damit unbillig war, dass ihre Verfassungsmäßigkeit ernstlich zweifelhaft und der Betroffene daher mit einer (u.U. klarstellenden = deklaratorischen) Neuregelung „rechnen musste" (**Vorbehalt des notleidenden Gesetzes**, vgl. *BVerfGE 135, 1 [22 ff. Rn. 62 ff.] – Kapitalanlagegesellschaft*),
– die Neuregelung für den Normadressaten nur zu einer unwesentlichen Verschlechterung der Rechtslage führt (**Bagatellvorbehalt** – str.) oder

– die Neuregelung durch zwingende Gründe des öffentlichen Wohls geboten ist (**Gemeinwohlvorbehalt**).

Anders als die echte Rückwirkung wird die **unechte Rückwirkung** als **grds. zulässig** erachtet, weil hier der jeweilige Sachverhalt noch nicht abgeschlossen ist. Das Bundesverfassungsgericht formuliert – in doppelter Verneinung – vorsichtiger, eine unechte Rückwirkung sei *nicht grds. unzulässig (BVerfGE 127, 1 [17] – Rückwirkung im Steuerrecht I)*. Denn hier ist das Vertrauen des Einzelnen weniger schutzwürdig, wenn und soweit er noch keine verfestigte Rechtsposition erlangt hat. Keinen besonderen Schutz genießt insb. die bloß allgemeine Erwartung, das geltende Recht werde unverändert fortbestehen *(BVerfGE 132, 302 [319f. Rn. 45] – Dividendenvorabausschüttung;* vgl. Rn. 489).

Abgesehen davon gibt es aber im Rahmen der unechten Rückwirkung Konstellationen, in denen das individuelle Vertrauen doch schutzwürdig ist. Dies sind vor allem Fälle, in denen der Bürger sein Vertrauen bereits „**ins Werk gesetzt**", also betätigt hat, bevor der jeweilige Sachverhalt abgeschlossen wurde. Der Einzelne muss eine Disposition getroffen haben, die er nicht mehr rückgängig machen kann *(BVerfGE 127, 61 [79ff.] – Rückwirkung im Steuerrecht II)*. Hier muss der Gesetzgeber das Vertrauensinteresse des Einzelnen gegen das Rückwirkungsinteresse des Staates (Gemeinwohlinteresse) **abwägen** und dabei den Grundsatz der **Verhältnismäßigkeit** beachten (Rn. 507ff.):

Kein Vertrauensinteresse besteht,

– wenn der Bürger zum Zeitpunkt seiner Disposition mit einer rückwirkenden Neuregelung „rechnen musste" (Rn. 495, 499) oder
– wenn die unechte Rückwirkung geeignet und erforderlich ist, den Zweck des betreffenden Änderungsgesetzes zu fördern und die Grenzen der Zumutbarkeit für die Betroffenen gewahrt bleiben *(BVerfGE 132, 302 [320 Rn. 46] – Dividendenvorabausschüttung)*. Zumutbar sind unechte Rückwirkungen namentlich dann, wenn der Gesetzgeber schonende Übergangsregelungen (etwa Übergangsfristen für das Auslaufen einer Förderung) normiert (**Prinzip des schonenden Übergangs**).

ee) Beseitigung des Vertrauens, Ankündigungseffekt

Der **maßgebliche Zeitpunkt**, ab dem das schutzwürdige Vertrauen des Einzelnen bei seiner Disposition auf den Bestand der Rechtslage beseitigt wird, ist grds. nicht erst der Tag, an dem das Änderungsgesetz verkündet wird (Rn. 1174ff.), sondern schon der Tag, an dem der Gesetzgeber das Änderungsgesetz beschließt, bei Bundesgesetzen also der Zeitpunkt des **Gesetzesbeschlusses** im Bundestag gem. Art. 77 Abs. 1 Satz 1 GG (Rn. 1127f.).

Was aber, wenn der Bürger die – in der Demokratie notwendig öffentlichkeitswirksame – Ankündigung und Diskussion eines Gesetzesvorhabens dazu ausnutzt, um noch vor dem Zeitpunkt des Gesetzesbeschlusses Handlungen vorzunehmen, die die beabsichtigte Wirkung des Gesetzes vereiteln? Eine solche missbräuchliche **Ausnutzung des Ankündigungseffekts** darf der Gesetzgeber durch Statuierung einer Rückwirkung verhindern *(BVerfGE 97, 67 [82ff.] – Schiffbauverträge)*. Insofern muss der Bürger mit der Gesetzesänderung schon dann rechnen (sein Vertrauen ist bereits dann nicht mehr schutzwürdig), wenn die Bundesregierung die Gesetzesvorlage im Kabinett beschließt (Rn. 1114), jedenfalls aber, wenn sie die Vorlage beim Bundestag einbringt *(BVerfGE 132, 302 [324ff. Rn. 55ff.] – Dividendenvorabausschüttung*; vgl. Rn. 1111), oder – in Ausnahmefällen – sogar bereits dann, wenn sich die Koalitionsparteien politisch über eine Reform einigen.

500

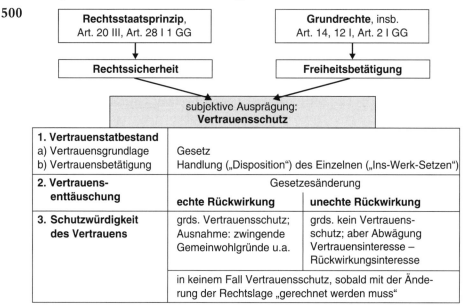

501 **Lösungsvorschlag zum Fall Rn. 485:** Die zulässige Richtervorlage ist begründet, soweit das Gesetz zur Einführung von Studiengebühren vom 11.5.2015 gegen den aus dem Rechtsstaatsprinzip gem. Art. 20 Abs. 3 GG abgeleiteten Grundsatz der Rechtssicherheit verstößt (vgl. Rn. 467 ff.). Das ist zu bejahen, wenn die maßgebliche Vorschrift durch eine unzulässige Rückwirkung den grundrechtlich und rechtsstaatlich fundierten Vertrauensschutz des S verletzt.

Vertrauensgrundlage des S war die Rechtslage vor dem Inkrafttreten des Gesetzes zur Einführung der Studiengebühren bis zum 15.5.2015. Sein Vertrauen auf diese Rechtslage hat S durch die Rückmeldungen zum Wintersemester 2014/15 und zum Sommersemester 2015 *betätigt*. Insoweit liegt ein Vertrauenstatbestand vor.

Ob das Vertrauen des S *rückwirkend enttäuscht* wurde, hängt vom maßgeblichen Zeitpunkt der Gesetzesänderung ab. Hier wurde das Änderungsgesetz am 5.5.2015 im Landtag des Landes L beschlossen, am 11.5.2015 ausgefertigt und am 14.5.2015 verkündet. Seine Wirkung erstreckt sich in *Fall 1* erst auf das kommende Semester (WiSe 2015/16), in *Fall 2* im laufenden Semester (SoSe 2015) auf die Zeit ab dem 15.5.2015 und in Fall 3 auf das zurückliegende Semester (WiSe 2014/15). In Fall 1 kann das Vertrauen des S somit *nicht* rückwirkend enttäuscht werden, da ein Vertrauen auf den Bestand der künftigen Rechtslage

§ 7. Rechtsstaat

nicht geschützt wird (Rn. 489 – a.A. vertr.: unechte Rückwirkung). In *Fall 2* läuft das Sommersemester 2015 noch und S hatte sich bereits am 4.2.2015 zurückgemeldet, also bevor die Studiengebühren zum 15.5.2015 eingeführt wurden. Damit sieht er sich in seinem Vertrauen auf ein gebührenfreies Studiensemester *rückwirkend* enttäuscht. In Fall 3 wurde das Vertrauen des S auf ein gebührenfreies Studium erst recht rückwirkend enttäuscht, da das Wintersemester 2014/15 zum Zeitpunkt der Einführung der Studiengebühren bereits beendet war.

Um die Zulässigkeit der Rückwirkung in den Fällen 2 und 3 beurteilen zu können, ist zu klären, welche *Art der Rückwirkung* vorliegt. Die h.M. unterscheidet zwischen unechter Rückwirkung („tatbestandliche Rückanknüpfung") und echter Rückwirkung („„Rückbewirkung von Rechtsfolgen"). Bei der unechten Rückwirkung bezieht sich die Gesetzesänderung auf noch nicht abgeschlossene Sachverhalte, bei denen das Vertrauen aber bereits betätigt wurde. Bei der echten Rückwirkung greift das Gesetz in Tatbestände ein, die bereits vor der Verkündung des Gesetzes abgeschlossen waren, und ändert nachträglich die Rechtsfolgen. In *Fall 2* müssen die Studiengebühren ab dem 15.5.2015 gezahlt werden, so dass die Regelung keine Wirkung für den Zeitraum vor ihrer Verkündung entfaltet. Allerdings hatte sich S schon am 4.2.2015 zurückgemeldet, damit sein Vertrauen lange vor Abschluss des Sommersemesters „ins Werk gesetzt" und dabei darauf vertraut, im Sommersemester 2015 ohne Studiengebühren studieren zu können. Damit liegt in *Fall 2* eine *unechte* Rückwirkung vor. Hingegen sind sowohl die Rückmeldung für das Wintersemester 2014/15 als auch das Semester selbst am 15.5.2015 bereits abgeschlossen, so dass durch die Einführung der Studiengebühren für dieses Semester eine *echte* Rückwirkung gegeben ist.

In *Fall 2* ist das Vertrauen des S weniger schutzwürdig, da eine *unechte* Rückwirkung nur unzulässig ist, wenn überwiegende Gesichtspunkte für eine *Schutzwürdigkeit des Vertrauens* sprechen. Daher ist das Vertrauensinteresse des S gegen das Rückwirkungsinteresse des Landes abzuwägen, wobei der Grundsatz der Verhältnismäßigkeit zu beachten ist (dazu Rn. 507 ff.). Als legitimer Zweck für die rückwirkende Erhebung von Studiengebühren kommt die sofortige Verbesserung der Qualität der Lehre in Betracht. Zu bezweifeln sind allerdings die Geeignetheit und Erforderlichkeit, denn es fragt sich, ob bei einem Inkrafttreten des Gesetzes am 15.5.2015 durch die eingehenden Gelder noch im laufenden Semester mehr Tutorien, Vorbereitungskurse und Arbeitsgemeinschaften finanziert werden könnten. In jedem Fall aber überwiegt das Vertrauen des S auf die Studiengebührenfreiheit im Sommersemester 2015 das Rückwirkungsinteresse des Landes: S – und alle anderen Studierenden – haben ihr Vertrauen bereits durch die Rückmeldung abschließend betätigt und sich dabei finanziell auf eine Gebührenfreiheit zumindest im laufenden Sommersemester eingerichtet, bevor das Gesetz beschlossen und verkündet wurde. Damit ist die unechte Rückwirkung im vorliegenden Fall unverhältnismäßig und unzulässig. Um dies zu vermeiden, hätte das Gesetz Übergangsregelungen enthalten müssen.

In *Fall 3* ist das Vertrauen des S in die alte Rechtslage aufgrund der *echten* Rückwirkung schutzwürdig. Einer der anerkannten Ausnahmetatbestände (Rn. 495) liegt nicht vor; die echte Rückwirkung ist damit unzulässig.

Zusammenfassend ist festzustellen, dass das Gesetz in *Fall 2 und 3* gegen das Rechtsstaatsprinzip aus Art. 20 Abs. 3 GG verstößt und deshalb verfassungswidrig ist. Insoweit ist die zulässige Richtervorlage des Verwaltungsgerichts nach Art. 100 Abs. 1 Satz 1 Fall 2 GG begründet.

502

503 **Merke:**
- Echte Rückwirkung liegt vor, wenn ein Gesetz in abgeschlossene Sachverhalte, i.d.R. in verfestigte Rechtspositionen eingreift und den Einzelnen dadurch schlechterstellt. Das zugrunde liegende Gesetz ist grds. verfassungswidrig, weil es den aus dem Rechtsstaatsprinzip und den Grundrechten folgenden Vertrauensschutz verletzt.
- Die **unechte Rückwirkung** bezieht sich hingegen auf Sachverhalte, die vor der Gesetzesänderung begannen, aber bis dahin noch nicht abgeschlossen wurden. Sie ist grds. verfassungsgemäß, wenn das Rückwirkungsinteresse des demokratischen Gesetzgebers das Vertrauensinteresse des Einzelnen überwiegt und wenn sie zumutbar ist (Prinzip des schonenden Übergangs).

2. Unmittelbare Geltung der Grundrechte

504 Gem. Art. 1 Abs. 3 GG binden die Grundrechte Gesetzgebung, vollziehende Gewalt und Rechtsprechung (sowohl des Bundes als auch der Länder) als **unmittelbar geltendes** Recht. Damit setzt sich das Grundgesetz bewusst von der Auffassung in der Weimarer Republik (1919–1932) ab, die Grundrechte seien unverbindliche „**Programmsätze**". Mit der verpflichtenden Vorgabe des Grundrechtskatalogs für das Handeln aller staatlicher Gewalten unterstreicht das Grundgesetz seinen rechtsstaatlichen Charakter: Der Rechtsstaat zeichnet sich dadurch aus, dass er sich an das von ihm gesetzte Recht bindet (Rn. 424) und dass er insb. die Grundrechte seiner Bürger achtet.

505 Die Bindung der Staatsgewalt an die Grundrechte bedeutet freilich **nicht,** dass diese **völlig unangetastet** bleiben müssten. Eingriffe in den Schutzbereich der Grundrechte sind vielmehr i.d.R. zulässig, wenn sie durch oder aufgrund eines Gesetzes **gerechtfertigt** werden. Dieses Gesetz und jeder darauf beruhende Eingriffsakt dürfen den Freiheitsbereich des Bürgers allerdings nicht weiter einschränken, als dies zur Wahrung von bestimmten und legitimen Gemeinwohlbelangen erforderlich ist.

506 Die Grundrechte haben **zwei Dimensionen,** die in engem Zusammenhang mit der Rechtsstaatlichkeit stehen:

- Sie gewähren dem Einzelnen **subjektive Rechte (= Ansprüche)** gegen den Staat, typischerweise Abwehrrechte, z.T. aber auch Teilhabe- und Leistungsrechte. Darauf kann sich der Bürger insb. gegenüber der Verwaltung und vor Gericht unmittelbar berufen.
- Die zweite Dimension der Grundrechte ist die **objektiv-rechtliche.** Sie verpflichtet den Staat, die Grundrechte als **Bausteine** unserer **Wertordnung** und verbindliche Vorgabe zu beachten. Adressaten sind nicht nur die Verwaltungsbehörden und Gerichte, sondern vor allem auch die **Parlamente beim Erlass von Gesetzen.**

3. Grundsatz der Verhältnismäßigkeit (Übermaßverbot)

Der Grundsatz der Verhältnismäßigkeit wird auch als Übermaßverbot bezeichnet. Als Maßstab menschlichen Verhaltens wurde er bereits in der Antike formuliert (griech. *medèn ágan*, lat. *ne nimis*, svw. nichts im Übermaß). Im öffentlich-rechtlichen Bereich wird der Verhältnismäßigkeitsgrundsatz als Verfassungsgebot aus dem Wesen der **Grundrechte** und aus dem **Rechtsstaatsprinzip** abgeleitet (*BVerfGE 61, 126 [134] – Erzwingungshaft* – st.Rspr.). Er gehört zu den **tragenden Elementen** des Grundgesetzes, ohne dass er dort ausdrücklich niedergeschrieben wäre. (Normiert ist er aber bereichsspezifisch z.B. in den Polizeigesetzen, vgl. § 15 BPolG, Art. 4 BayPAG, § 2 PolG NW, § 2 SaarlPolG.)

Das Verhältnismäßigkeitsprinzip gibt dem Staat vor, bei allen seinen Handlungen, vor allem bei seinen Eingriffen in Rechtspositionen des Einzelnen, das „rechte Maß" im Auge zu behalten („nicht mit Kanonen auf Spatzen zu schießen"). Genauer: Das vom Staat eingesetzte **Mittel** (insb. eine bestimmte gesetzliche Regelung) darf im Hinblick auf den damit verfolgten **Zweck** nicht „maßlos" (unverhältnismäßig) sein. Im Rechtsstaat heiligt der Zweck, auch wenn er noch so berechtigt (legitim) ist, gerade nicht alle Mittel. Das jeweils eingesetzte Mittel muss vielmehr zur Zweckerreichung **geeignet, erforderlich** und **angemessen (verhältnismäßig i.e.S.)** sein.

507

508

Die **Prüfung**, ob eine staatliche Maßnahme (das „Mittel") dem Grundsatz **der Verhältnismäßigkeit** entspricht, unterteilt sich in zwei Hauptschritte (exemplarisch *BVerfGE 118, 168 [193 ff.] – Kontoabfrage*):

509

- Zunächst muss als **Bezugspunkt** festgestellt werden, welcher Erfolg (Zweck, Ziel) mit dem staatlichen Handeln (dem „Mittel", etwa mit einem gesetzlichen Ge- oder Verbot) angestrebt wird.
- Sodann ist im zweiten Schritt zu untersuchen, ob das gewählte Mittel in einer angemessenen Beziehung zu dem verfolgten Zweck steht (Verhältnismäßigkeit).

510

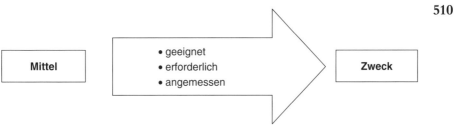

Dazu im Einzelnen:

511

(1) **Bestimmung des Bezugspunktes** (vorbereitende Prüfung)
    (a) Herausarbeitung und Bewertung des konkreten **Zwecks** staatlichen Handelns: Der erstrebte Erfolg muss „legitim" sein. Bei der Beurteilung dieser Frage besitzt der Gesetzgeber allerdings einen Einschät-

zungs- und Gestaltungsspielraum (s. etwa die politischen Diskussionen um den staatlichen Nichtraucherschutz). Dessen Grenzen sind erst dann überschritten, wenn der vom Gesetzgeber gewählte Zweck den Zielen und Werten der Verfassung zuwiderläuft. In einem solchen Fall wäre das staatliche Handeln (also das „Mittel", z.B. das konkrete gesetzliche Ge- oder Verbot) bereits unzulässig, weil es einem verfassungswidrigen Zweck dient.

(b) Feststellung des konkreten **Mittels,** dessen sich der Staat zur Zweckerreichung bedient. In der Regel handelt es sich dabei um einen Verwaltungsakt (so in verwaltungsrechtlichen Klausuren) oder ein Gesetz (so in staatsrechtlichen Prüfungen), aufgrund dessen der Bürger verpflichtet und damit belastet wird (z.B. Rauchverbot in Gaststätten).

512 (2) **Zweck-Mittel-Relation** (eigentliche Verhältnismäßigkeitsprüfung)

(a) **Geeignetheit:** Das eingesetzte Mittel muss der Zweckerreichung dienen, den Zweck fördern (z.B. schützt ein Rauchverbot in Gaststätten vor allem die Nichtraucher vor dem „Passivrauchen"). Ein ungeeignetes Mittel kann den angestrebten (legitimen) Zweck nicht erreichen und ist daher schon aus diesem Grund unverhältnismäßig i.w.S. Das konkret eingesetzte Mittel ist und bleibt allerdings auch dann geeignet, wenn alternativ dazu andere und ggf. sogar besser geeignete Maßnahmen zur Zweckerreichung in Betracht kommen (z.B. Rauchverbot nur in bestimmten Galträumen statt eines totalen Rauchverbots in Gaststätten).

513 (b) **Erforderlichkeit:** Das gewählte Mittel muss unter den geeigneten Mitteln bei gleicher Wirksamkeit dasjenige sein, das am wenigsten in die Rechte des Bürgers eingreift (das sog. **mildeste Mittel**). Steht dem Staat ein Mittel zur Verfügung, das zur Zweckerreichung genauso wirksam (geeignet) ist, jedoch eine weniger einschneidende Maßnahme darstellt, so muss er dieses Mittel wählen (hier kommt es in der Klausur auf eine gute Argumentation an: Sehr gut vertreten lässt sich z.B., dass eine Beschränkung des Rauchverbots auf bestimmte Galträume wegen offensichtlicher Missbrauchsgefahr nicht gleich wirksam wäre, da Gastwirte versucht sein könnten, viel zu kleine oder unattraktive Nichtraucherräume auszuweisen).

514 (c) **Verhältnismäßigkeit i.e.S. (Angemessenheit):** Das geeignete und erforderliche Mittel muss **angemessen** sein. „*Dieses Gebot verlangt, dass die Schwere des Eingriffs bei einer Gesamtabwägung nicht außer Verhältnis zu dem Gewicht der ihn rechtfertigenden Gründe stehen darf [...]. Der Gesetzgeber hat das Individualinteresse, das durch einen Grundrechtseingriff beschnitten wird, den Allgemeininteressen, denen der Eingriff dient, angemessen zuzuordnen. Die Prüfung an diesem Maßstab kann dazu führen, dass ein an sich geeignetes und erforderliches Mittel zur Durchsetzung von Allgemeininteressen nicht angewandt werden darf, weil die davon ausgehenden Grundrechtsbeeinträchtigungen schwerer wiegen als die durchzusetzenden Interessen*" (BVerfGE 118, 168 [195] – Konto-

abfrage). Sehr oft geht es dabei um die **Zumutbarkeit** des Grundrechtseingriffs für den Betroffenen. Die Begriffe Angemessenheit, Verhältnismäßigkeit i.e.S. und Proportionalität werden i.d.R. gleichbedeutend verwendet; teilweise wird auch die Bezeichnung „Übermaßverbot" nur hierfür benutzt (vgl. dagegen Rn. 507). Methodischer Kern ist eine **Abwägung** aller relevanten Rechtspositionen und Interessen, die zwangsläufig subjektive Gewichtungen und (Be-)Wertungen durch den zuständigen Entscheider erfordert (z.B. ist das totale Rauchverbot in Gaststätten für Raucher *zumutbar*, solange sie in privaten Räumen und im Freien rauchen dürfen – a.A. gerade in Klausuren vertretbar, vgl. ausführlich *BVerfGE 121, 317 [346, 355 ff.] – Nichtraucherschutz I).*

Zu beachten ist, dass dem Gesetzgeber – ähnlich wie schon bei der Frage nach dem legitimen Zweck (Rn. 511) – auch bei der Einschätzung der Geeignetheit und der Erforderlichkeit des Mittels ein **weiter Beurteilungsspielraum** zugebilligt wird (sog. **gesetzgeberische Einschätzungsprärogative**). Der Grund dafür liegt darin, dass eine demokratische Verfassung wie das Grundgesetz eine Rahmenordnung sein will, die unterschiedliche Wege zur Erreichung politischer Ziele eröffnet. Vielfach wird es nicht nur eine richtige (verfassungsgemäße) Lösung geben, wohl aber Grenzen für die Gestaltungsbefugnis. Dieser verfassungsrechtliche Rahmen soll in erster Linie durch die demokratisch unmittelbar vom Volk legitimierten Parlamente (Rn. 278) ausgefüllt werden (Rn. 262 f.), nicht aber durch die Verfassungsgerichte. Deren Aufgabe liegt vor allem in der Kontrolle, nicht aber in der Gestaltung. Vor diesem Hintergrund ist eine konkret am Maßstab des Verhältnismäßigkeitsgrundsatzes zu beurteilende Vorschrift i.d.R. verfassungsgemäß, wenn sie der Gesetzgeber bei ihrem Erlass für geeignet und erforderlich halten durfte und wenn er dabei den durch das Grundgesetz gesteckten Rahmen beachtet hat.

515

Die „Großzügigkeit" des Bundesverfassungsgerichts gegenüber gesetzgeberischen Wertungen erstreckt sich nicht auf die Verhältnismäßigkeit i.e.S. (**Angemessenheit**). Gerade diese Prüfung mit ihrer umfassenden Güterabwägung bildet aber häufig den **Schwerpunkt** von Normenkontrollen. Wenn das Bundesverfassungsgericht Gesetzesnormen als verfassungswidrig verwirft, weil es die dadurch ermöglichten Eingriffe **für unangemessen** hält (vgl. z.B. *BVerfGE 117, 163 [193 ff.] – Erfolgshonorar für Anwälte; BVerfGE 133, 277 [335 ff. Rn. 138 ff.] – Antiterrordatei; BVerfGE 143, 246 [349 ff. Rn. 291 ff.] – Atomausstieg),* ist das **nicht unproblematisch**. Denn – Hand aufs Herz: Inwieweit stellt die Angemessenheit, die Zumutbarkeit eines Eingriffs noch eine *Rechts*frage dar? Prüfen die Richter des Bundesverfassungsgerichts hier wirklich noch Verfassungs*recht* – wozu sie berufen sind – oder betreiben sie schon *Verfassungspolitik* auf der Grundlage ihrer jeweiligen Weltanschauungen? Und selbst abgesehen davon: Darf die Meinung von acht (bei Mehrheitsentscheidungen gar nur von fünf) Richtern, darf deren „Gefühl" von Angemessenheit und Zumutbarkeit die Ansicht der Mehrheit der am Gesetzgebungsverfahren beteiligten politischen Kräfte, insb. der unmittelbar demokratisch legitimierten Abgeordneten des Bundestages, entkräften und ersetzen? Selbstverständlich gehören die Errichtung einer starken, unabhängigen Verfassungsgerichtsbarkeit und ihre Absicherung insb. durch die Art. 93 und 94 GG zu großartigen Errungenschaften der Bundesrepublik; dazu zählt

515a

untrennbar die Befugnis zu Normenkontrollen (Rn. 1523 ff., 1556 ff.), auch im Rahmen von Verfassungsbeschwerden (vgl. § 95 Abs. 3 BVerfGG). Zu bedenken ist indes, dass das Kriterium der Angemessenheit insoweit **vom Verfassungstext selbst nicht vorgegeben** ist, sondern vom Bundesverfassungsgericht im Laufe seiner frühen Rechtsprechung selbst entwickelt und nicht hinreichend begründet wurde (ausführl. *Hillgruber*, in: Isensee/Kirchhof, Handbuch des Staatsrechts der Bundesrepublik Deutschland, Bd. IX, 3. Aufl. 2011, § 201 Rn. 78 m.w.N.). Angesichts dessen tut das Bundesverfassungsgericht gut daran, seine Prüfungstiefe zurückzunehmen („judicial selfrestraint").

516 **Merke:** Staatliches Handeln muss, soweit es den Bürger betrifft, stets verhältnismäßig, d.h. bei Betrachtung der Zweck-Mittel-Relation geeignet, erforderlich und angemessen sein.

4. Willkürverbot

517 Das letzte hier zu erwähnende zentrale Element des Rechtsstaates ist das Willkürverbot. Zugunsten des Einzelnen ergibt es sich freilich vorrangig aus dem **allgemeinen Gleichheitssatz** des Art. 3 Abs. 1 GG. *„Der Gleichheitssatz verbietet, wesentlich Gleiches ungleich und gebietet grundsätzlich, wesentlich Ungleiches [...] ungleich zu behandeln."* Der Gleichheitssatz ist jedenfalls verletzt, *„wenn sich ein vernünftiger, sich aus der Natur der Sache ergebender Grund für die gesetzliche Differenzierung oder Gleichbehandlung nicht finden lässt, wenn also die Regelung als willkürlich bezeichnet werden muss" (BVerfGE 47, 109 [124] – pornographische Schriften).*

518 Da der allgemeine Gleichheitssatz des Art. 3 Abs. 1 GG ein Grundrecht ist, können sich auf ihn grds. nur natürliche und juristische Personen des privaten Rechts berufen (Art. 19 Abs. 3 GG). Die **Grundrechte** gelten jedoch **nicht für juristische Personen des öffentlichen Rechts,** insb. nicht für Gemeinden und Gemeindeverbände (Rn. 647 ff.), nicht für das Verhältnis zwischen Bund und Ländern und auch nicht für Rechtsbeziehungen von staatlichen Organen oder Organteilen untereinander (z.B. zwischen Bundestag und Bundesregierung oder zwischen einzelnen Abgeordneten u.a.).

519 Gleichwohl wird auch im öffentlich-rechtlichen Bereich die Beachtung des Willkürverbots für notwendig gehalten. Daher leitet die h.M. das Willkürverbot in diesem Bereich aus dem **Rechtsstaatsprinzip** ab: So müssen auch dort staatliche Handlungen *„dem verfassungsrechtlichen Willkürverbot genügen; es ist nicht nur grundrechtlich im allgemeinen Gleichheitssatz gesichert, sondern zugleich ein Element des das Grundgesetz beherrschenden Grundsatzes der Rechtsstaatlichkeit [...] und gilt daher auch im Verhältnis von Hoheitsträgern untereinander" (BVerfGE 86, 148 [251] – Finanzausgleich III).* **Verboten** werden dadurch insb. **unsachliche Differenzierungen** und **sachfremde Erwägungen** (z.B. nach rein parteipolitischen Gründen). Einen Verstoß dagegen können staatliche Organe oder Hoheitsträger unter Berufung auf Art. 20 Abs. 3 GG rügen.

IV. Unterscheidung von Staat und Gesellschaft

Besonders das Rechtsstaatsprinzip lässt ein Grundelement freiheitlicher Staatsauffassung aufscheinen: die Unterscheidung von Staat und Gesellschaft, wobei unter Gesellschaft hier der **Inbegriff aller nichtstaatlichen Beziehungen** zu verstehen ist. Freiheit für den Einzelnen, vor allem Freiheit von staatlicher Bevormundung und die Möglichkeit zur freien Entfaltung der individuellen Persönlichkeit (vgl. Art. 2 Abs. 1 GG), kann es nur geben, wenn der Staat **das gesellschaftliche Leben nicht „total" vereinnahmt**. Genau das versuchen unfreiheitlich-totalitäre Staatssysteme (etwa durch „Gleichschaltung" in „Massenorganisationen"). Aus der notwendigen Dualität von Staat und Gesellschaft erwächst das **„rechtsstaatliche (Freiheits-)Verteilungsprinzip"**, das grundlegende Gegensatzpaare (Sphären) kennt: 520

Staat	Gesellschaft/Individuum
rechtliche Bindung (Rn. 431 ff.): demokratische, gemeinwohlbestimmte Herrschaft (Rn. 247 ff., 528 ff.), wahrgenommen von Personen in **öffentlichen Ämtern** (Rn. 1383 ff.)	**grundrechtliche Freiheit** (Rn. 504 ff.): keine für den Einzelnen vorgegebenen Ziele, sondern individuelle Selbstbestimmung
Legalität: Legitimation durch Verfassung und Gesetze (Rn. 262 ff., 431 ff.)	**Moralität:** Ausrichtung des individuellen Handelns an „den guten Sitten"

§ 8. Republik

Literaturhinweise: *S. Korioth*, Staatsrecht I, 4. Aufl. 2018, § 17; *Th. I. Schmidt*, Prüfe dein Wissen – Staatsrecht, 3. Aufl. 2013, Nr. 86–91; *R. Gröschner*, Das Republikprinzip der Weimarer Reichsverfassung und des Bonner Grundgesetzes, in: 80 Jahre Weimarer Reichsverfassung – was ist geblieben?, 1999, S. 49 ff.; *E. Klein*, Der republikanische Gedanke in Deutschland, DÖV 2009, 741–747.

I. Allgemeines

Das republikanische Prinzip wird – wie das der Bundesstaatlichkeit – bereits im Namen der Bundes*republik* Deutschland zum Ausdruck gebracht. Darüber hinaus ist es auch in der Staatsfundamentalnorm des **Art. 20 Abs. 1 GG** als Staatsgrundlage fest und – im Hinblick auf Art. 79 Abs. 3 GG (Rn. 788) – unabänderlich verankert. Zudem ist das republikanische Prinzip im Homogenitätsgebot gem. **Art. 28 Abs. 1 Satz 1 GG** als Normativbestimmung für die Verfassungsordnungen der Länder ausdrücklich vorgegeben (Rn. 562). 521

522   Der Begriff Republik kommt aus dem Lateinischen (*res publica*) und bedeutet dort ursprünglich svw. **„öffentliche, staatliche Sache/Angelegenheit"**. Der Staat und sein Wohl sollen das Volk, die Allgemeinheit angehen. Insoweit tun sich hier Parallelen zur Volkssouveränität auf, die im Demokratieprinzip verwurzelt ist (Rn. 249). Die deutsche Sprache nähert sich dieser Forderung aus anderer Richtung: Das Synonym für Republik ist **„Freistaat"**, was bedeutet, dass das Volk und damit der Staat *frei* von autokratischer oder oligarchischer Herrschaft sein sollen. Das republikanische oder freistaatliche Prinzip lässt sich in zwei Gesichtspunkte unterteilen, nämlich in eine formelle und in eine materielle Seite.

II. Formelles Verständnis: „Nicht-Monarchie"

523   **Fall:** Nach einer gelungenen Amtszeit des äußerst populären Bundespräsidenten P mehren sich in der Öffentlichkeit wie auch im Bundestag die Stimmen, die sich dagegen aussprechen, das Staatsoberhaupt weiterhin von der Bundesversammlung wählen zu lassen. Man habe in P den optimalen Mann für dieses Amt gefunden, könne sich somit den Aufwand der Wiederwahl sparen und P auf Lebenszeit zum Bundespräsidenten ernennen. Nachfolger solle im Todesfall dessen Sohn – hilfsweise dessen Tochter – werden; im Weiteren solle das Amt innerhalb der Familie des P verbleiben und von Generation zu Generation „vererbt" werden. Demokratische Bedenken dagegen hegt man nicht, da das Amt hauptsächlich aus repräsentativen Funktionen bestehe und die Arbeit von Regierung und Parlament nicht beeinträchtige. Allein die Opposition hält die entsprechende Vorlage zur „Anpassung" der Art. 54, 57 und 61 GG für verfassungswidrig. Zu Recht? (Lösungsvorschlag: Rn. 525)

524   In formeller Hinsicht stellt die Staatsgrundlage der Republik auf das **an der Spitze des Staates stehende Organ** sowie dessen **Legitimation** ab. Hierbei steht die Republik im **Gegensatz zur Monarchie** (von griech. *mónos* = allein und *árchein* = der erste sein, herrschen). Dort wird die Person des Staatsoberhauptes nach spezifisch familien- und erbrechtlichen Regeln bestimmt und auf Lebenszeit bestellt. Demgegenüber gebieten die republikanischen Grundsätze, dass das Staatsoberhaupt durch einen Legitimationsakt des Volkes zur Amtsausübung berufen wird, die üblicherweise zeitlich begrenzt ist und die Möglichkeit umfasst, den Amtsträger abzusetzen. **Republik im formellen Sinn** bedeutet damit schlicht **„Nicht-Monarchie"**. Über die Machtbefugnisse des Staatsoberhauptes allerdings werden hiermit noch keine Aussagen getroffen.

525   **Lösungsvorschlag zum Fall Rn. 523:** In Art. 20 Abs. 1 GG haben die Väter und Mütter des Grundgesetzes den deutschen Bundesstaat als Republik konzipiert. Dies schließt es insb. aus, dass ein einzelner Mensch die Staatsgewalt aus eigenem Recht oder „von Gottes Gnaden" innehat; damit darf das Staatsoberhaupt auch nicht nach dynastischen Grundsätzen bestimmt werden. Die Ernennung des P zum Bundespräsidenten auf Lebenszeit, der Ausschluss der Präsidentenanklage gem. Art. 61 GG sowie vor allem die Erblichkeit des Amtes verstoßen demnach gegen das republikanische Prinzip, das über Art. 20 Abs. 1 GG

§ 8. Republik 141

durch die sog. Ewigkeitsgarantie des Art. 79 Abs. 3 GG (Rn. 788) abgesichert wird und damit unabänderlich ist. Der formelle Aspekt des republikanischen Prinzips verbietet eine „Quasi-Monarchie" auch für den Fall, dass sich die Amtsbefugnisse des Staatsoberhauptes hauptsächlich auf repräsentative Aufgaben beschränken sollen. Daher ist die geplante „Anpassung" des Grundgesetzes verfassungswidrig.

Beispiele für republikanische Staaten im oben beschriebenen, rein formellen Sinn sind neben der Bundesrepublik Deutschland die USA, Frankreich, Italien, Österreich und die Schweiz, aber auch Russland, China, viele afrikanische und andere Staaten (sowie übrigens auch die ehemalige Deutsche Demokratische Republik), die **nicht unbedingt „Leuchttürme" von Freiheit und Demokratie** sein müssen. Um Monarchien handelt es sich hingegen z.B. bei Großbritannien (offiziell: Vereinigtes Königreich von Großbritannien und Nordirland), Spanien, den Niederlanden, Belgien sowie den skandinavischen Ländern Schweden, Norwegen und Dänemark. 526

Offensichtlich wird damit, dass die republikanische Frage der Legitimation des Staatsoberhauptes nicht damit verwechselt werden darf, wer **Träger der Staatsgewalt** ist und wie es um die **rechtsstaatlichen Grundlagen** bestellt ist. So kann es sich auch bei Monarchien um freiheitlich-demokratische Staaten handeln, sofern die Staatsgewalt beim Volk liegt (Volkssouveränität, s. Rn. 279). In den Niederlanden beispielsweise geht die Staatsgewalt vom Volk aus und wird vom Parlament ausgeübt, während das Staatsoberhaupt weiterhin dynastisch bestimmt wird. Daher handelt es sich bei den Niederlanden (wie auch bei den anderen in Rn. 526 genannten Staaten) um eine sog. parlamentarische Monarchie. 527

III. Materielles Verständnis: Freiheitlichkeit, Gemeinwohlverpflichtung

Zunehmend und zu Recht werden der republikanischen Staatsform auch zwei **materielle Komponenten** beigemessen, die aus dem eigentlichen Begriffsverständnis (Rn. 521 ff.) herrühren: 528

— Erstens die Absage an jede Form der Despotie oder Tyrannei, weil diese per se freiheitsfeindlich sind. Republik meint also eine **freiheitliche Staatsverfassung** („Freistaat", Rn. 522). So handelt es sich etwa bei nichtdynastischen (Militär-)Diktaturen zwar um Republiken im formellen, nicht aber im materiellen Sinn.

— Damit einher geht – zweitens – die Verpflichtung, dass alle Staatsgewalt dem **Gemeinwohl** (lat. *salus publica* oder *bonum commune*) dient. Das Gemeinwohlziel als grundlegender Staatszweck ist – neben der demokratischen Legitimation (Rn. 262) – der entscheidende Gesichtspunkt für die Legitimität staatlicher Herrschaft (Rn. 249). Was das Gemeinwohl ausmacht und wie es 529 zu erreichen ist, steht in einer offenen Gesellschaft zwar nicht fest (Rn. 304). Umso unverzichtbarer ist jedoch der fortwährende und faire **politische Wettbewerb darum** (vgl. Rn. 378, 673 ff.).

530 Ohne Gemeinwohlverpflichtung kann eine staatlich-demokratische Einheitsbildung (Integration) nicht gelingen. Dies gilt in ganz besonderer Weise für Abgeordnete sowie für andere Amts- und Funktionsträger (Beamte, Richter u.a.m.). Für sie wird die **Gemeinwohlverpflichtung** ergänzt durch die **Verpflichtung zur Unparteilichkeit und Unbefangenheit,** also dem Freisein von einzel- oder gruppennützigen Motiven. Ausprägungen sind:
– für die Abgeordneten des Bundestages Art. 38 Abs. 1 Satz 2 GG (*„Vertreter des ganzen Volkes, [...] nur ihrem Gewissen unterworfen"*);
– für den Bundespräsidenten, den Bundeskanzler und die Bundesminister Art. 56 Satz 1 i.V.m. Art. 64 Abs. 2 GG (*„[...] Kraft dem Wohle des deutschen Volkes widmen, seinen Nutzen mehren, Schaden von ihm wenden [...]"*);
– für Bundesbeamte § 60 Abs. 1 Satz 1 und 2 des Bundesbeamtengesetzes (BBG): *„[...] Beamte dienen dem ganzen Volk, nicht einer Partei. Sie haben ihre Aufgaben unparteiisch und gerecht zu erfüllen und bei ihrer Amtsführung auf das Wohl der Allgemeinheit Bedacht zu nehmen."* Entsprechendes gilt für Landesbeamte nach § 33 Abs. 1 Satz 1 und 2 des Beamtenstatusgesetzes (BeamtStG);
– für die Richter Art. 97 Abs. 1 GG (*„unabhängig und nur dem Gesetze unterworfen"*) und § 38 Abs. 1 des Deutschen Richtergesetzes (*„[...] nach bestem Wissen und Gewissen ohne Ansehen der Person zu urteilen und nur der Wahrheit und Gerechtigkeit zu dienen [...]"*).

§ 9. Bundesstaat

Literaturhinweise: S. *Korioth,* Staatsrecht I, 4. Aufl. 2018, § 19; *Th. I. Schmidt,* Prüfe dein Wissen – Staatsrecht, 3. Aufl. 2013, Nr. 112–117; *S. Magen,* Die Garantie kommunaler Selbstverwaltung, JuS 2006, 404–410; *A. Scheidler,* Das Bundesstaatsprinzip des Grundgesetzes, UBWV 2012, 93–98; *B. Schubert,* Normative und strukturelle Grundlagen des Bundesstaatsprinzips, JURA 2003, 607–612; *P. Selmer,* Die Föderalismusreform – Eine Modernisierung der bundesstaatlichen Ordnung?, JuS 2006, 1052–1060; *A. Voßkuhle/A.-K. Kaufhold,* Grundwissen – Öffentliches Recht: Das Bundesstaatsprinzip, JuS 2010, 873–876.

I. Allgemeines

1. Wesen eines Bundesstaats

531 Als **Bundesstaat** bezeichnet man einen Zusammenschluss mehrerer Staaten zu einem Gesamtstaat. Sowohl dem **Gesamtstaat** (Bund) als auch den **Glied-**

staaten (Länder) kommt dabei die Qualität von Staaten im Sinne des Staatsrechts zu, nicht aber im Sinne des Völkerrechts (Rn. 81 ff.). Die Organisation des Bundesstaates ist damit **zweigliedrig.** Neben dem Gesamtstaat besitzen daher auch die **Gliedstaaten** eines Bundesstaates in staatsrechtlicher Hinsicht eine eigene, **originäre,** d.h. nicht vom Gesamtstaat abgeleitete **Hoheitsgewalt** über die Bevölkerung in ihrem Territorium.

Andererseits sind die Gliedstaaten dem Gesamtstaat zugeordnet und durch vielfältige staatsrechtliche **(bundesstaatliche = föderative) Rechtsbeziehungen** mit ihm verbunden. Eine Konsequenz daraus ist, dass den Gliedstaaten – trotz ihrer originären Staatsgewalt – **kein Recht zum Austritt** aus dem Bundesstaat zukommt; ein Ausscheiden kann nur auf der Ebene des Gesamtstaates beschlossen werden. Außerdem liegt die **Souveränität nach außen** in aller Regel und ganz überwiegend beim Gesamtstaat; die Gliedstaaten sind keine Subjekte des Völkerrechts. Deshalb können etwa völkerrechtliche Verträge grds. nur durch den Gesamtstaat abgeschlossen werden (Ausnahme: Art. 32 Abs. 3 GG, Rn. 606). 532

Da das Staatsgebiet jedes Gliedstaates mit dem Staatsgebiet des Gesamtstaates **teilidentisch** ist, ergeben sich unweigerlich **Kollisionen.** Denn es ist nicht möglich, dass zwei Staaten ihre Kompetenzen (d.h. ihre staatlichen Zuständigkeiten und Handlungsbefugnisse, Rn. 98) uneingeschränkt auf demselben Staatsgebiet ausüben. Daher ist es **Aufgabe der jeweiligen Bundesverfassung,** die föderative Ordnung nicht nur zu begründen, sondern auch die Rechtsbeziehungen der Gliedstaaten zum Gesamtstaat auszugestalten und dabei insb. die staatlichen Kompetenzen zu verteilen. Anderenfalls würde aus dem Miteinander schnell ein Neben- oder gar ein Gegeneinander. 533

Die Bürger eines Bundesstaates sind aufgrund der zweigliedrigen Organisation des Staates einer „doppelten Staatlichkeit" ausgesetzt: sowohl der Landesstaatsgewalt ihres Gliedstaates als auch der Bundesstaatsgewalt des Gesamtstaates. Um Rechtsunsicherheiten und Streitigkeiten aufgrund von Überschneidungen der Landes- und Bundesstaatsgewalt zu vermeiden, müssen jeweils **genaue Regeln zur Kompetenzverteilung** zwischen den Gliedstaaten und dem Gesamtstaat geschaffen werden (Rn. 566 ff.). 534

Hinzu tritt ein weiteres Erfordernis: Bei aller im Bundesstaat gewollten und zugelassenen Vielfalt muss jede föderative Verfassung ein **Mindestmaß an Gemeinsamkeiten** für den Gesamtstaat und die Gliedstaaten garantieren, ohne dabei deren Bestand und Identität zu beseitigen. Diese Homogenität wird durch sog. Normativ- und Durchgriffsbestimmungen gewährleistet (Rn. 559 ff.). 535

2. Abgrenzung zum Einheitsstaat und zum Staatenbund

Abzugrenzen ist der Bundesstaat vom Einheitsstaat sowie vom Staatenbund. Der **Einheitsstaat** ist staatsrechtlich uniform aufgebaut; er besitzt – in 536 vertikaler Hinsicht – nur eine Staatsgewalt, die freilich im demokratischen Rechtsstaat horizontal in Legislative, Exekutive und Judikative unterteilt ist. Diese grds. **zentralistische Staatsorganisation** schließt es aber nicht aus, verschiedene Aufgaben von der zentralen Staatsmacht auf verselbständigte, insb. regionale Einheiten zu übertragen **(Dezentralisation).** Der Unterschied zum Bundesstaat besteht darin, dass diesen dezentralen Einheiten keine originäre Staatsgewalt (Rn. 531) zukommt, sondern dass ihre Rechtsmacht stets vom Zentralstaat abgeleitet ist und von ihm wieder „zurückgeholt" werden kann. In Europa ist die überwiegende Mehrzahl der Staaten einheitsstaatlich organisiert. Der „klassische" Zentralstaat wird – trotz mancher Regionalisierungsbestrebungen – nach wie vor von **Frankreich** verkörpert.

537 Ein **Staatenbund** ist – insoweit ähnlich wie ein Bundesstaat – ebenfalls ein Zusammenschluss mehrerer Staaten. Allerdings wird dabei **kein Gesamtstaat** geschaffen. Vielmehr bleiben die Mitglieder eines Staatenbundes – auch und gerade nach außen hin – **souveräne Einzelstaaten.** Der Staatenbund erlangt daher **keine übergeordnete Staatsgewalt.** Er ist vielmehr ein auf entsprechenden Verträgen zwischen den Mitgliedsstaaten beruhendes völkerrechtliches Gebilde, das zur gemeinsamen Wahrnehmung bestimmter Angelegenheiten (beispielsweise in Wirtschafts- oder Verteidigungsfragen) geschaffen wird. Rechtsregeln, die auf der Ebene des Staatenbundes vereinbart werden, gelten i.d.R. nicht unmittelbar in den Mitgliedsstaaten, sondern müssen von den dortigen Gesetzgebern in innerstaatliches Recht umgesetzt werden. Ein Beispiel für einen Staatenbund war der **Deutsche Bund** (unter Einschluss des damaligen Österreichs) zwischen 1815 und 1866. Die Europäische Union (EU) besitzt hingegen einen eigenständigen Rechtscharakter, der sich einer Kategorisierung in föderalen Zusammenhängen entzieht. Auch nach Inkrafttreten des Vertrags von Lissabon am 1.12.2009 bezeichnet sie das Bundesverfassungsgericht als „Staatenverbund" *(BVerfGE 89, 155 [190] – Maastricht; BVerfGE 123, 267 [348, 350, 379] – Lissabon).*

538
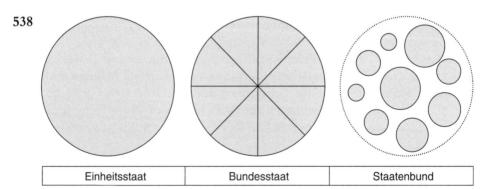

> **Merke:** Ein **Bundesstaat** ist ein Zusammenschluss mehrerer Staaten zu einem Gesamtstaat, wobei sowohl der Gesamtstaat (Bund) als auch die Gliedstaaten (Länder) den Charakter von Staaten haben und die Gliedstaaten eigene, jedoch eingeschränkte Hoheitsgewalt in ihrem Territorium besitzen. Der Bundesstaat ist abzugrenzen vom **Einheitsstaat** und vom **Staatenbund**.

539

II. Deutschland als Bundesstaat

1. Entwicklung zum heutigen Bundesstaat

Bundesstaatliches Denken und Verfassungsleben sind in Deutschland tief verwurzelt; in ihren Vorläufern gehen sie bis auf das **Ende des Mittelalters** zurück. Ansätze finden sich in der Goldenen Bulle von 1356, vor allem aber im Augsburger Religionsfrieden von 1555. Die – niemals wirksam gewordene – Paulskirchenverfassung von 1849 (Rn. 154) konzipierte Deutschland als Bundesstaat.

540

Als reale Staatsform verwirklicht wurde der moderne deutsche Bundesstaat – unter Ausschluss Österreichs – durch das **1871** gegründete **Deutsche Reich**. In ihm schlossen sich (unter Führung und auf Druck Preußens) die zuvor souveränen deutschen Staaten zusammen, ohne dass dabei ihre Staatseigenschaft unterging. Nach dem Ersten Weltkrieg (1914–1918) wurde die sog. **Weimarer Republik 1919** als Bundesstaat entworfen und gegründet, allerdings mit starken unitarischen Tendenzen. Die föderative Tradition in Deutschland wurde erst vom Nationalsozialismus (1933–1945) beseitigt, dafür aber umso radikaler bereits durch mehrere „**Gleichschaltungsgesetze**" aus den Jahren 1933 und 1934.

541

Nach dem Zweiten Weltkrieg (1939–1945) bestanden vor allem die Vereinigten Staaten von Amerika auf der Wiedereinführung föderativer Strukturen in Deutschland. Der Neuaufbau Deutschlands gestaltete sich „von unten nach oben", d.h. nach der Wiederaufnahme der Kommunalverwaltung durch die **Gründung deutscher Länder** in den Jahren **1946/1947** in den Besatzungszonen (übrigens auch in der sowjetischen Zone, wo die Länder allerdings schon 1952 zugunsten des sog. demokratischen Zentralismus durch bloße [Verwaltungs-]Bezirke ersetzt wurden). Das **Grundgesetz** besiegelte die Bundesstaatlichkeit **1949** als Grundlage für den – zunächst als provisorisch konzipierten – westdeutschen Teilstaat. Dies wurde bereits im Namen *Bundes*republik Deutschland an prominenter Stelle zum Ausdruck gebracht.

542

Hinter der Favorisierung der bundesstaatlichen Organisation Deutschlands standen seitens der drei westlichen Alliierten unter anderem folgende Ideen: Zum einen sollte es nach den Zeiten der Durchmischung der Bevölkerung durch Flucht und Vertreibung wieder zu einer **Identitätsstabilisierung** bzw. Identitätsfindung im deutschen Volk kommen. Dies sollte durch die Schaffung der Länder als „kleinerer Einheiten" gefördert werden. Zum

543

anderen sollte die Organisation Deutschlands als Bundesstaat zu einer Machtbalance bzw. **Machtbegrenzung** des Bundes führen; dieser ist in einem Bundesstaat immer auf die Zusammenarbeit mit den Ländern angewiesen.

544 Nach der **Wiedervereinigung Deutschlands 1990** besteht die Bundesrepublik Deutschland heute aus dem Gesamtstaat – dem Bund – und 16 Gliedstaaten – den Bundesländern Baden-Württemberg, Bayern, Berlin, Brandenburg, Bremen, Hamburg, Hessen, Mecklenburg-Vorpommern, Niedersachsen, Nordrhein-Westfalen, Rheinland-Pfalz, Saarland, Sachsen, Sachsen-Anhalt, Schleswig-Holstein und Thüringen (aufgezählt in **Satz 2 der Präambel** des Grundgesetzes). Entsprechend der zweigliedrigen bundesstaatlichen Konzeption (Rn. 531 ff.) existieren mit dem Bund und den Ländern **zwei staatliche Ebenen:** Die Bundesrepublik stellt dabei einerseits eine politische, wirtschaftliche und rechtliche Einheit dar, die durch den Bund als Gesamtheit verkörpert wird. Andererseits gewährleistet die Gliederung in Länder gleichzeitig föderative Vielfalt.

545 Früher wurde teilweise die **Lehre vom dreigliedrigen Bundesstaat** vertreten. Danach unterschied man zwischen der Ebene der Gliedstaaten (Länder), der des Gesamtstaats (Bundesrepublik Deutschland) und der des Zentralstaats (Bund). Das Bundesverfassungsgericht hat der Lehre vom dreigliedrigen Staatsaufbau 1961 aber eine Absage erteilt: Es könne nicht *„zwischen einem Zentralstaat und einem Gesamtstaat als zwei verschiedenen Rechtsträgern und Subjekten gegenseitiger verfassungsrechtlicher Rechte und Pflichten unterschieden werden. [...] Das Grundgesetz hat die Aufteilung der Kompetenzen nur zwischen den Organen des Bundes und denen der Länder vorgenommen, wobei unter Bund der durch Zusammenschluss der Länder entstandene Gesamtstaat verstanden wird"* (BVerfGE 13, 54 [77] – Neugliederung).

2. Bundesstaatlichkeit im Grundgesetz: Grundprinzip und Ausformungen

546 Nach **Art. 20 Abs. 1 GG** ist die *Bundes*republik Deutschland ein demokratischer und sozialer **Bundesstaat.** In dieser Staatsfundamentalnorm wird der föderative Aufbau für Deutschland als Staatsgrundlage allgemein verankert (Rn. 226 f.). In ähnlichem Maße wie das Demokratie- und das Rechtsstaatsprinzip bedarf das Bundesstaatsprinzip jedoch der weiteren **Konkretisierung.** Dementsprechend widmen sich **zahlreiche Vorschriften des Grundgesetzes** der Ausgestaltung der Bundesstaatlichkeit in Deutschland (insb. die Art. 28 bis 33, 35, 37, Art. 50 bis 53a, Art. 70 bis 74 und 79 Abs. 3, Art. 83 bis 85, Art. 91a bis 91e, Art. 92 bis 99, Art. 104a bis 109a GG u.a.m.). Diese Spezialregelungen bilden einen wesentlichen Teil des Staatsrechts.

547 Das Verhältnis der Staatsfundamentalnorm des Art. 20 Abs. 1 GG zu den besonderen Ausformungen des Bundesstaatsprinzips in Einzelregelungen richtet sich nach dem Spezialitätsprinzip: Die speziellere Norm verdrängt die allgemeinere (Rn. 149, 233). Daher ist das Bundesstaatsprinzip in Art. 20 Abs. 1 GG als *lex generalis* **subsidiär** gegenüber **spezielleren Regelungen** *(leges speciales)* im Grundgesetz. Auf Art. 20 Abs. 1 GG darf folglich nur zurückgegriffen werden, wenn und soweit das Grundgesetz keine besondere Regel enthält.

3. Bestandsgarantie der Länder – Neugliederung

Fall: Die Bundesregierung ist zu der Überzeugung gelangt, dass sich Deutschland 16 Bundesländer nicht mehr „leisten" könne. Kleine und finanzschwache Bundesländer seien seit Jahrzehnten auf „Finanzspritzen" der anderen Länder und des Bundes angewiesen (zum Finanzausgleich s. Rn. 730 ff.) und wirkten im deutschen Föderalismus nur unzureichend mit. Deshalb sollten insb. Bremen und das Saarland den benachbarten Bundesländern Niedersachsen bzw. Rheinland-Pfalz eingegliedert werden. Der Senat von Bremen und die Landesregierung des Saarlandes sind empört und möchten wissen, ob sie die geplanten Eingliederungen verhindern können.
(Lösungsvorschlag: Rn. 558)

548

a) Institutionelle Garantie der Länder

Art. 79 Abs. 3 GG lautet: *Eine Änderung des Grundgesetzes, durch welche die Gliederung des Bundes in Länder, die grundsätzliche Mitwirkung der Länder bei der Gesetzgebung oder die in Art. 1 und 20 GG niedergelegten Grundsätze berührt werden, ist unzulässig.* Die erste Aussage dieser sog. Ewigkeitsgarantie (vgl. Rn. 788 ff.) enthält mithin eine **institutionelle Garantie der bundesstaatlichen Gebietsaufteilung.** Darauf können sich die Länder im Streit mit dem Bund selbstverständlich berufen.

549

Wie weit aber reicht diese Garantie? Sichert Art. 79 Abs. 3 GG den gegenwärtigen Bestand eines jeden Bundeslandes? Das ist nicht der Fall: Gewährleistet wird nur die **bundesstaatliche Struktur,** d.h. die Institution der Länder, also die Tatsache, dass es überhaupt Länder gibt. Darüber hinaus ist weder die konkrete geographische Aufteilung gesichert, noch sind die einzelnen Bundesländer in ihrer Existenz geschützt. Die Möglichkeit der Neugliederung des Bundesgebietes ist in Art. 29 GG sogar ausdrücklich vorgesehen.

550

b) Neugliederung des Bundesgebiets: Allgemeines

Nach **Art. 29 GG** kann das Bundesgebiet unter bestimmten Voraussetzungen neu gegliedert werden. Dahinter steht die Idee, dass – wie Art. 29 Abs. 1 Satz 1 GG formuliert – *die Länder nach Größe und Leistungsfähigkeit die ihnen obliegenden Aufgaben wirksam erfüllen können.* Eine Neugliederung ist allerdings an bestimmte **Voraussetzungen** geknüpft. So heißt es in Art. 29 Abs. 1 Satz 2 GG, dass *die landsmannschaftliche Verbundenheit, die geschichtlichen und kulturellen Zusammenhänge, die wirtschaftliche Zweckmäßigkeit sowie die Erfordernisse der Raumplanung und Landesplanung zu berücksichtigen* sind. Eine weitere Besonderheit liegt darin, dass Neugliederungen grds. nur unter unmittelbarer **Beteiligung des Volkes** (d.h. der jeweils betroffenen Bevölkerungsteile) vorgenommen werden können. So ist Art. 29 GG (mit der ergänzenden Vorschrift des Art. 118a GG) die **einzige plebiszitäre Norm des Grundgesetzes.** Die erforderlichen **Mehrheiten** sind dabei in Art. 29 Abs. 6 GG geregelt.

551

c) Möglichkeiten zur Neugliederung des Bundesgebietes

552 Art. 29 GG sieht im Wesentlichen **drei Möglichkeiten** vor, nach denen sich eine **Neugliederung** des Bundesgebietes vollziehen kann. Die Einzelheiten sind sehr vielgestaltig; dargestellt werden hier nur die Grundlinien:

– Der erste Fall ist in Art. 29 Abs. 2 und 3 GG geregelt. Hier liegt die **Initiative beim Bundesgesetzgeber**; die Neugliederung erfolgt durch Bundesgesetz nach Anhörung der betroffenen Länder. Das Gesetz bedarf außerdem der Bestätigung durch einen **Volksentscheid**.

553 – Die zweite Möglichkeit der Neugliederung findet sich in Art. 29 Abs. 4 und 5 GG. Hier kommt die **Initiative aus dem Volk** selbst, und zwar durch ein **Volksbegehren**. Gegenstand der Neugliederung kann nur ein zusammenhängender, abgegrenzter Siedlungs- und Wirtschaftsraum mit mindestens einer Million Einwohnern sein. Ist das Volksbegehren erfolgreich, kann der **Bundesgesetzgeber** die Neugliederung vornehmen (die sich dann nach Art. 29 Abs. 2 GG richtet) oder auch nicht. Als Alternative kann er eine **Volksbefragung** anordnen. Die Rechtsfolgen für die Neugliederung sind abhängig von den Mehrheiten in der Volksbefragung (s. im Einzelnen Art. 29 Abs. 5 Satz 3 und 4 GG).

554 – Als dritte Möglichkeit kommt nach Art. 29 Abs. 8 GG die Neugliederung durch **Staatsvertrag** in Betracht, also auf Initiative der beteiligten Länder. Auch insoweit bedarf es aber einer Bestätigung durch **Volksentscheid** und durch schlichten Parlamentsbeschluss des Bundestages. Für die Neugliederung des Raumes von **Berlin und Brandenburg** senkt Art. 118a GG diese Voraussetzung ab (keine Beteiligung des Bundes; keine Volksabstimmung erforderlich).

555 – Abgesehen von diesen drei Hauptfällen können kleine Änderungen des Gebietsstands der Länder (Arrondierungen) nach Art. 29 Abs. 7 GG **ausnahmsweise ohne** unmittelbare Mitwirkung der betroffenen Bevölkerung vorgenommen werden.

Übersicht: Neugliederung des Bundesgebiets 556

1. Möglichkeit Art. 29 II, III GG	2. Möglichkeit Art. 29 IV, V GG	3. Möglichkeit Art. 29 VIII GG
1. **Bundesgesetz** (ausschließliche Bundesgesetzgebungskompetenz) – ohne Zustimmung des Bundesrates – unter Anhörung der betroffenen Länder und 2. Bestätigung durch **Volksentscheid** (Art. 29 III, VII GG) Problem: Selbstbestimmungsrecht der Länder (Grenze: Art. 79 III GG)	1. **Volksbegehren** in zusammenhängendem, abgegrenztem Siedlungs- und Wirtschaftsraum mit > 1 Mio. Einwohner 2. **Bundesgesetz:** a) keine Neugliederung, b) Neugliederung (dann wie links) *oder* c) **Volksbefragung** – qual. Mehrheit ⇒ Neugliederung – einfache Mehrheit ⇒ wie a oder b – keine Mehrheit ⇒ keine Neugliederung	1. **Staatsvertrag** der betroffenen Länder unter Anhörung der betroffenen Gemeinden und Kreise 2. Bestätigung durch **Volksentscheid** und 3. **Zustimmung des Bundestages** durch schlichten Parlamentsbeschluss Alternative für Berlin/Brandenburg gem. **Art. 118a GG:** nur Staatsvertrag, bloße Beteiligung der Wahlberechtigten (keine Bundesbeteiligung)

Kleinere Gebietsänderungen gem. **Art. 29 VII GG**: keine Volksbeteiligung

557 Die Vielgestaltigkeit der einzelnen Verfahren zur Neugliederung und die zahlreichen Voraussetzungen für deren Zustandekommen erlauben die pointierte Bemerkung, dass Art. 29 GG in seiner derzeitigen Fassung eine **Norm zur Verhinderung von Gebietsänderungen** ist. Zudem lässt sich aus dieser Vorschrift nach h.M. **keine verfassungsrechtliche Pflicht zur Neugliederung** ableiten, auch nicht für den Fall, dass ein finanzschwaches Land wegen struktureller Haushaltsnotlagen nicht mehr in der Lage ist, seine Aufgaben angemessen zu erfüllen.

558 **Lösungsvorschlag zum Fall Rn. 548:** Aus Art. 79 Abs. 3 GG ergibt sich zwar, dass eine Änderung des Grundgesetzes, durch welche die Gliederung des Bundes in Länder berührt wird, unzulässig ist. Dies bedeutet aber mit Blick auf Art. 29 GG keine Garantie des Bestandes und der Grenzen der gegenwärtig existierenden Bundesländer, sondern nur, dass es überhaupt Bundesländer geben muss. Der Bund kann also grds. einzelne Länder durch Bundesgesetz anderen Ländern eingliedern, um so leistungsfähige Länder zu schaffen. Allerdings hängt eine Neugliederung immer auch vom positiven Ausgang eines entsprechenden Volksentscheides gem. Art. 29 Abs. 3 GG ab.

4. Homogenitätsgebot; Normativ- und Durchgriffsbestimmungen

a) Föderative Vielfalt und ihre Schranken

559 In einem Bundesstaat sind die Gliedstaaten und der Gesamtstaat im Ausgangspunkt voneinander getrennt und unabhängig. Dies gilt auch für das Verfassungsrecht (**Verfassungshoheit**): *„In dem föderativ gestalteten Bundesstaat des Grundgesetzes stehen die Verfassungsbereiche des Bundes und der Länder grundsätzlich selbständig nebeneinander"* (BVerfGE 96, 345 [368] – Landesverfassungsgerichte). Das Konzept eines jeden Bundesstaates verfolgt – in jeweils unterschiedlichem Ausmaß – politische und rechtliche Vielfalt.

560 Hätte es mit dieser Aussage sein Bewenden, bestünde allerdings die Gefahr, dass sich im Gesamtstaat und in den Gliedstaaten (auch untereinander) divergierende Ansichten über (verfassungs- und gesellschafts-)politische Grundfragen bildeten. Eine solche Entwicklung würde auf Dauer zu einem **Auseinanderbrechen des Bundesstaates** führen. Um dem entgegenzuwirken und um die Vergleichbarkeit der Rechts- und Lebensverhältnisse in den Gliedstaaten zu wahren, ist es daher erforderlich, im staatlichen Miteinander von Gesamtstaat und Gliedstaaten gewisse gemeinsame Grundanschauungen zu gewährleisten. Die föderative Eigenständigkeit muss mithin durch ein **Mindestmaß an Einheitlichkeit** (Homogenität) begrenzt werden. In Deutschland sorgt dafür das Grundgesetz als bundesstaatliche Verfassung. Dafür kennt es zwei Methoden: die sog. Normativbestimmungen und die sog. Durchgriffsbestimmungen.

b) Normativbestimmungen

561 Durch Normativbestimmungen wirkt die eine Einheit *nicht unmittelbar* in den Bereich der anderen Einheit hinein. Vielmehr beschränkt sie sich darauf, der anderen Einheit **bindende Zielvorgaben** zu machen, welche von dieser **umgesetzt** werden müssen. Die wichtigsten bundesstaatlichen Normativbestimmungen des Grundgesetzes finden sich in **Art. 28 Abs. 1 GG**.

562 – Nach Art. 28 Abs. 1 **Satz 1** GG muss die verfassungsmäßige Ordnung in den Ländern den Grundsätzen des republikanischen, demokratischen und sozialen Rechtsstaates im Sinne dieses Grundgesetzes entsprechen. Damit werden diese **Staatsgrundlagen** (Rn. 220 ff.) **ausdrücklich auch für die Länder** festgeschrieben; Art. 20 GG tritt insoweit zurück.

563 – Art. 28 Abs. 1 **Satz 2** GG schreibt die **Wahlrechtsgrundsätze** (Rn. 354 ff.) für die Wahlen zu den Volksvertretungen in den Ländern, Kreisen und Gemeinden fest, d.h. für die Landtage, die Kreistage sowie für die Stadt- und Gemeinderäte. Art. 28 Abs. 1 Satz 3 GG erweitert das subjektive Wahlrecht auf Kreis- und Gemeindeebene (nicht aber für die Landtage) über deutsche Staatsangehörige hinaus auf **Unionsbürger** (Rn. 352). Die Ausnahmevorschrift des Art. 28 Abs. 1 Satz 4 GG (Gemeindeversammlung statt Gemein-

derat) wird nur noch durch die Gemeindeordnung Schleswig-Holsteins mit Leben erfüllt.

Die Normativbestimmungen des Art. 28 Abs. 1 GG gelten nicht unmittelbar in den Verfassungsräumen der Länder. Die darin enthaltenen festen Leitlinien müssen jedoch von den Ländern **bei der Ausgestaltung ihrer gliedstaatlichen Verfassungsordnungen beachtet** werden (vgl. aber Rn. 302). Weil Art. 28 Abs. 1 GG für die föderative Einheitlichkeit in den Staatsgrundlagen und im Wahlrecht sorgt, wird die Vorschrift als **Homogenitätsgebot** bezeichnet. Nach Art. 28 Abs. 3 GG trifft den Bund die Pflicht, diese Verfassungshomogenität in den Ländern zu gewährleisten, zunächst durch Einleitung von Verfahren vor dem Bundesverfassungsgericht nach Art. 93 Abs. 1 Nr. 2, 3 und 4 GG, daneben durch die Bundesaufsicht (vor allem gem. Art. 84 Abs. 3 und 4, Art. 85 Abs. 4, Rn. 1063), erforderlichenfalls auch durch Bundeszwang (Art. 37 GG, Rn. 597 ff.) und Bundesintervention (Art. 91 Abs. 2 GG, Rn. 1410). 564

c) Durchgriffsbestimmungen

Im Gegensatz zu Normativbestimmungen gelten Durchgriffsbestimmungen **unmittelbar;** einer gesonderten Umsetzung bedarf es nicht. Das Grundgesetz enthält elementare Durchgriffsnormen, die **ohne weiteres für die Länder und in den Ländern** Wirkung entfalten. Es wäre also – etwa gestützt auf die Verfassungshoheit der Länder (Rn. 559) – ein grundlegendes Missverständnis zu glauben, dass das Grundgesetz immer nur für den Bund, niemals aber für die Länder gilt. Vielmehr ist jede Norm des Grundgesetzes auf ihren Durchgriffsgehalt zu untersuchen. Nur für den Bund gelten (und damit keine Durchgriffsnormen sind) etwa die Art. 38 bis 48 GG (Bundestag), die Art. 62 bis 69 GG (Bundesregierung) oder die Art. 110 bis 115 GG (Haushaltsverfassung). Hingegen sind als materielle **Durchgriffsnormen** vor allem zu nennen: 565

- die Grundrechte der **Art. 1 bis 19 GG** (vgl. Art. 1 Abs. 3 GG, s. Rn. 504 ff.) einschließlich der sog. Justizgrundrechte gem. **Art. 101 bis 104 GG** (Rn. 466),
- **Art. 21 GG** (Rn. 371 ff.),
- **Art. 28 Abs. 2 GG** (Rn. 651 f.),
- **Art. 33 GG** (Rn. 1385 ff.) und
- **Art. 34 GG** (Rn. 1414 ff.).

Daneben treten zahlreiche Durchgriffsvorschriften formeller Art, insb. die Kompetenzverteilungsregeln (dazu sogl. Rn. 566 ff.).

5. Kompetenzverteilungsregeln

a) Horizontale und vertikale Gewaltenteilung

566 Die **Einzelregelungskomplexe,** die dem allgemeinen Prinzip der Bundesstaatlichkeit konkrete Gestalt verleihen und so das Verhältnis von Bund und den Ländern näher regeln, sind – neben den Normativbestimmungen des Homogenitätsgebots (Rn. 561 ff.) – vor allem die Regelungen zur **Verteilung der Kompetenzen** (Rn. 98). Mit Hilfe dieser Kompetenzverteilungsregeln werden die staatlichen Zuständigkeiten von Bund und Ländern konkret festgelegt und gegeneinander abgegrenzt. Das **Grundgesetz** orientiert sich dabei an der horizontalen Gewaltenteilung: Es nimmt sich der Reihe nach jeder der drei Staatsgewalten an und verteilt deren Kompetenzen (Zuständigkeiten und Handlungsbefugnisse) jeweils zwischen Bund und Ländern (Rn. 885 ff.). Abgrenzungsgegenstände sind demnach

– die Gesetzgebungskompetenzen (Art. 30, 70 bis 74 GG),
– die Verwaltungskompetenzen (Art. 30, 83 bis 91 GG) und
– die Rechtsprechungskompetenzen (Art. 30, 92 bis 99 GG).

567 Auf diese Weise wird die **horizontale Gewaltenteilung** um die bundesstaatliche, **vertikale Gewaltenteilung** ergänzt, so dass sich folgende **Matrix** ergibt:

Horizontale und vertikale Gewaltenteilung

	Legislative	Exekutive	Judikative
Bund	Art. 71–74 GG	Art. 86–91 GG	Art. 92–96 GG
Länder	Art. 30, 70 GG	Art. 30, 83–85 GG	Art. 30, 92 GG

568 Bereits hier ist zu erwähnen, dass jede föderative Verfassung auch Regelungen über das **Finanzwesen** treffen muss. Denn wenn die bundesstaatlichen Ebenen nicht jeweils angemessen mit Finanzmitteln (Geld) ausgestattet werden, kommt das **bundesstaatliche Leben sehr schnell zum Erliegen.** Vor diesem Hintergrund stellt die Verteilung der Finanzkompetenzen (Zuständigkeiten und Befugnisse in Bezug auf die Staatseinnahmen und Staatsausgaben) den Motor der Bundesstaatlichkeit dar. Angesichts dieser Bedeutung hält das **Grundgesetz** hierfür einen eigenen (Teil-)Abschnitt bereit (Art. 104a ff. GG, s. Rn. 697 ff.).

b) Ausgangsvermutung zugunsten der Länder

569 Für den Bereich der vertikalen Gewaltenteilung formuliert **Art. 30 GG** den Grundsatz, dass *die Ausübung der staatlichen Befugnisse und die Erfüllung der staatlichen Aufgaben Sache der Länder ist, soweit das Grundgesetz keine andere Regelung trifft oder zulässt* (Rn. 96). Grds. besteht also eine **vorrangige Zuständigkeit**

der Länder für die Ausübung staatlicher Befugnisse und Erfüllung staatlicher Aufgaben. Dieser Grundsatz greift nicht, sobald eine entsprechende **Zuständigkeitsregelung zugunsten des Bundes** existiert:

– Solche Zuständigkeitsregelungen finden sich bezüglich der **Gesetzgebungszuständigkeiten** in Art. 70 ff. GG. Auch in Art. 70 Abs. 1 GG wird die Gesetzgebungszuständigkeit zunächst grds. den Ländern zugewiesen. Die spezielleren Regeln der Art. 71 bis 74 GG übertragen sodann aber tatsächlich die meisten Legislativkompetenzen auf den Bund (vgl. Rn. 1072 ff.), so dass das Schwergewicht der Gesetzgebung eindeutig dort und nicht bei den Ländern liegt. 570

– Demgegenüber liegt das Schwergewicht des **Gesetzesvollzugs** bei den Ländern: Für den Vollzug der Landesgesetze folgt dies unmittelbar aus Art. 30 GG (Rn. 1347), für den Vollzug der Bundesgesetze ergibt sich das aus Art. 83 i.V.m. Art. 84 GG. Zwar enthalten die Art. 85 und vor allem die Art. 87 ff. GG wiederum Ausnahmen, die allerdings am Prinzip der Art. 30 und 83 GG nichts ändern (Rn. 1371 ff.). 571

– Die Art. 92 ff. GG regeln die Organisation und Kompetenzen (Rn. 98) der **Rechtsprechung** in Bund und Ländern. Auch hier liegt die Ausgangsvermutung bei der Landeshoheit; als Bundesgerichte sind nur die in den Art. 93 bis 96 GG genannten Spruchkörper zulässig. Das Bundesverfassungsgericht und die obersten Gerichtshöfe des Bundes besitzen für die Rechtspraxis aber eine enorm hohe Bedeutung. Im Bundesstaat sind sie wichtig für die Wahrung der Rechtseinheit (Rn. 1451 ff.). 572

6. Verhältnis von Bundes- und Landesrecht

Fall: Im Bundesland L herrscht die Überzeugung, dass das Strafgesetzbuch des Bundes (StGB) auf Kriminalität viel zu undifferenziert und mit den falschen rechtspolitischen Akzenten reagiere. Kleinkriminelle würden oft hart bestraft, während „die großen Fische" mit zu milden Strafen „davonkämen". L erlässt daher in formell ordnungsgemäßer Weise einen eigenen „Landesstrafkodex (LStK)", mit dem das Strafgesetzbuch des Bundes auf dem Gebiet von L aufgehoben wird. Welches Strafrecht gilt fortan in L? (Lösungsvorschlag: Rn. 577) 573

a) Bundesrecht bricht Landesrecht

Das Grundgesetz verwendet viel Mühe darauf, die Staatsgewalten von Bund und Ländern zuverlässig auszutarieren. Ziel dessen ist vor allem die Vermeidung von **föderativen Konflikten** (d.h. von Kompetenzstreitigkeiten zwischen Bund und Ländern) und in diesem Rahmen die Lösung von **Kollisionen zwischen Bundes- und Landesrecht.** Eine Kollision zwischen Bundes- und Landesrecht liegt vor, wenn Normen des Bundesrechts und des Landesrechts auf denselben Sachverhalt **anwendbar** sind und bei ihrer Anwendung zu **verschiedenen Ergebnissen** führen *(BVerfGE 36, 342 [363] – Besoldungsgesetz* 574

Niedersachsen). Hier muss insb. der Bürger wissen, welches Recht in welchem Fall gilt. Klarheit muss aber auch für Fälle geschaffen werden, in denen Bundes- und Landesrecht *übereinstimmende* Rechtsfolgen anordnen. Auch hier ist es u.U. wichtig zu entscheiden, nach welchem Recht die Rechtsfolge eintritt. Für all diese Situationen hält das Grundgesetz eine Regelung bereit: Nach **Art. 31 GG** wird Landesrecht durch Bundesrecht gebrochen.

aa) Vorfrage der Gültigkeit (Gesetzgebungskompetenz)

575   Bei Art. 31 GG ist jedoch **Vorsicht** geboten: Die Norm liest sich einfacher, als sie anzuwenden ist; vieles ist hier umstritten. Häufig wird dabei insb. die Vorprüfung vergessen: Damit es nämlich zu einer Kollision zwischen Bundesrecht und Landesrecht kommt, müssen die jeweiligen Normen gültig sein. Gültig ist eine Rechtsnorm nur dann, wenn sie *kompetenzgemäß erlassen* worden ist. Das heißt, dass zunächst geprüft werden muss, ob sich die kollidierenden Vorschriften jeweils auf eine **hinreichende Gesetzgebungskompetenz** stützen lassen. Vor der Kollisionsfrage, die Art. 31 GG beantwortet, ist also die Kompetenzfrage zu stellen, deren Lösung sich nach den Art. 70 ff. GG richtet.

576   Besitzen die Länder auf einem Sachgebiet keine Gesetzgebungskompetenz und wird ein Land trotzdem tätig, ist das Landesgesetz **verfassungswidrig und ungültig (wirkungslos, nichtig)**. Auf die Kollisionsfrage, d.h. darauf, ob verschiedene Normen im Einzelfall zu unterschiedlichen Ergebnissen führen (Rn. 574), kommt es dann nicht mehr an. Dasselbe gilt übrigens auch umgekehrt, wenn etwa der Bund in einem Bereich tätig wird, für den er sich nicht auf eine seiner Kompetenzen (Rn. 98) stützen kann (etwa im Kommunalrecht oder im Schulrecht): Hier wäre das entsprechende Bundesgesetz insgesamt verfassungswidrig und ungültig.

577   **Lösungsvorschlag zum Fall Rn. 573:** Gem. Art. 30 i.V.m. Art. 70 Abs. 1 GG haben grds. die Länder das Recht zur Gesetzgebung, soweit das Grundgesetz nicht dem Bund eine Gesetzgebungsbefugnis verleiht. Nach Art. 74 Abs. 1 Nr. 1 GG besitzt der Bund unter anderem die Gesetzgebungskompetenz für das Strafrecht. Daraus folgt gem. Art. 72 Abs. 1 GG, dass die Gesetzgebungskompetenz der Länder im Bereich des Strafrechts erlischt, sobald und soweit der Bund von seiner Gesetzgebungskompetenz Gebrauch macht. Der Bund hat das Strafrecht mit dem Strafgesetzbuch und dem sog. Nebenstrafrecht des Bundes umfassend geregelt, d.h. eine „Vollkodifikation" geschaffen, die es den Ländern in diesem Bereich nur erlaubt, gesetzgeberisch tätig zu werden, soweit das durch Bundesrecht zugelassen ist (s. die Art. 1 ff. des Einführungsgesetzes zum Strafgesetzbuch – EGStGB). Im vorliegenden Fall hatte L daher gar keine Kompetenz, einen eigenen Landesstrafkodex zu erlassen. Dieses Landesgesetz ist daher von Anfang an verfassungswidrig und ungültig (nichtig). Auf die Kollisionsvorschrift des Art. 31 GG braucht daher nicht zurückgegriffen zu werden (so jedenfalls die h.M. im Schrifttum, vgl. etwa *Pieroth*, in: Jarass/Pieroth, Grundgesetz, Art. 31 Rn. 3).

§ 9. Bundesstaat

bb) Rechtsfolgen von Kollisionen

Vor dem Hintergrund der Kompetenzverteilung werden Kollisionen zwischen Bundes- und Landesrecht in den meisten Fällen ausgeschlossen. Sollte es doch dazu kommen, regelt Art. 31 GG die Rechtsfolge: Landesrecht wird durch Bundesrecht gebrochen, d.h. **derogiert**. Es ist von Anfang an, gegenüber jedermann und in allen Fällen **ungültig** und **nichtig,** d.h. wirkungslos (Rn. 135, 148). Dies gilt nach h.M. auch für die Fälle, in denen Bundes- und Landesrecht übereinstimmende Rechtsfolgen anordnen. 578

Wird verfassungsmäßiges Bundesrecht erst später erlassen (etwa wenn der Bund erst nach Jahren von einer ihm zustehenden Gesetzgebungskompetenz Gebrauch macht), verliert bestehendes Landesrecht mit Inkrafttreten des kollidierenden Bundesrechts seine Geltung. Derogiertes Landesrecht **lebt** auch **nicht wieder auf**, wenn das vorrangige Bundesrecht später seinerseits wieder aufgehoben wird. (Etwas anderes kann nur für den Fall gelten, in dem das Bundesrecht mit Wirkung für die Vergangenheit – *ex tunc* – aufgehoben wird; dann gilt das Bundesrecht als nie erlassen und konnte deshalb das Landesrecht auch nie aufheben.) 579

Art. 31 GG gilt dabei grds. für **Recht aller Rangstufen.** Das bedeutet, dass jede (verfassungsmäßige) Vorschrift des Bundesrechts jede Norm des Landesrechts verdrängt, ohne dass es auf den jeweiligen Rang ankommt. So kann sogar eine bundesrechtliche Vorschrift im Rang einer Rechtsverordnung eine Norm des Landesverfassungsrechts derogieren (Rn. 140 f.). Auch wenn sich Verwaltungsvorschriften (Rn. 1186) des Bundes und eines Landes widersprechen, verdrängt die Bundesregelung wegen Art. 31 GG die des Landes (vgl. Rn. 1355, 1362). 580

b) Sonderregelungen

aa) Verhältnis von Bundes- und Landesgrundrechten

Eine Besonderheit zur allgemeinen Aussage des Art. 31 GG enthält **Art. 142 GG:** Danach bleiben Bestimmungen der **Landesverfassungen** insoweit in Kraft, als sie **in Übereinstimmung** mit den Art. 1 bis 18 GG Grundrechte gewährleisten. Das Kompetenzproblem (Rn. 575 ff.) als Vorfrage zur Kollision von Normen stellt sich dabei nicht, da sowohl der Bund als auch die Länder kraft ihrer Verfassungshoheit berechtigt sind, Grundrechte in ihre jeweiligen Verfassungen aufzunehmen. 581

Soweit sowohl das Grundgesetz als auch eine oder mehrere Landesverfassungen für einen Gewährleistungsbereich (z.B. die Meinungsfreiheit, vgl. Art. 5 Abs. 1 Satz 1 GG) ein Grundrecht enthalten, wird das **Landesgrundrecht nicht derogiert, sondern bleibt in Kraft.** So ermöglicht es Art. 142 GG übrigens, dass die Landesverfassungsgerichte am Maßstab der jeweiligen Landesgrundrechte Recht sprechen können. 582

Voraussetzung für das Fortgelten eines Landesgrundrechts ist allerdings nach Art. 142 GG, dass es mit dem entsprechenden Bundesgrundrecht **über-** 583

einstimmt. Nicht entscheidend ist dabei der gleiche Wortlaut der Grundrechte in der betreffenden Landesverfassung und im Grundgesetz. Übereinstimmung liegt vielmehr vor,
- wenn sich die Gewährleistungsbereiche und die Schranken der jeweiligen Grundrechte **nicht widersprechen,** aber auch
- wenn ein Landesgrundrecht gegenüber einem Grundrecht des Grundgesetzes einen geringeren oder einen weitergehenden Schutz verbürgt, *„wenn das jeweils engere Grundrecht als Mindestgarantie zu verstehen ist und daher nicht den Normbefehl enthält, einen weitergehenden Schutz zu unterlassen"* (BVerfGE 96, 345 [365] – *Landesverfassungsgerichte*).

584 Allerdings ist zu beachten, dass Landesgrundrechte im letztgenannten Fall **mit einfachem Bundesrecht kollidieren** können, nämlich dann, wenn der Bundesgesetzgeber ein Gesetz erlässt, das zwar mit den Grundrechten des Grundgesetzes konform geht, aber ein Landesgrundrecht oder sogar mehrere Landesgrundrechte verletzt. Dann findet die **Regel des Art. 31 GG** uneingeschränkt Anwendung: Das Landesgrundrecht wird durch entgegenstehendes Bundesrecht (jeden Ranges) derogiert.

bb) Verhältnis von sonstigem Landesverfassungsrecht zu Bundesrecht

585 Über Art. 142 GG hinaus nimmt die h.M. an, dass auch sonstiges Landes*verfassungs*recht grds. bestehen bleibt. Grund ist die prinzipielle **Verfassungshoheit** der Länder (Rn. 559). Dies gilt so lange, wie deren verfassungsmäßige Ordnung den Grundsätzen des republikanischen, demokratischen und sozialen Rechtsstaates im Sinne des Grundgesetzes entspricht (Homogenitätsgebot, Rn. 564). **Art. 31 GG** greift nur ein, wenn sich eine Landesverfassung **in Widerspruch** zu Regeln des **Bundesrechts** setzt.

7. Bundestreue

586 **Fall** (angelehnt an *BVerfGE 8, 122ff. – Atomwaffen-Volksbefragung*): Um der Bundesrepublik mehr weltpolitisches Gewicht zu verleihen, denkt die Bundesregierung über eine Ausrüstung der Bundeswehr mit Atomwaffen nach. Die P-Partei ist empört und will diese Pläne bekämpfen. Da sie auf Bundesebene nicht über den notwendigen Rückhalt in der Bevölkerung verfügt, geht sie im Bundesland L auf kommunaler Ebene vor: Die dortigen Gemeinden A, B, C und D – allesamt „Hochburgen" der P-Partei – beschließen, ihre Gemeindebürger amtlich zu befragen, ob sie der Ausrüstung der Bundeswehr mit Atomwaffen zustimmen. Die Bundesregierung hält diese Beschlüsse für verfassungswidrig und ersucht die Landesregierung des Landes L, die Beschlüsse durch die landeseigenen Kommunalaufsichtsbehörden beanstanden und erforderlichenfalls aufheben zu lassen. Die Landesregierung von L hält dem entgegen, dass sie die Beschlüsse der Gemeinden für rechtmäßig halte und sich deshalb außerstande sehe, dem Ersuchen der Bundesregierung zu entsprechen.
(Lösungsvorschlag: Rn. 595)

§ 9. Bundesstaat

Das Grundgesetz enthält zahlreiche und detaillierte Regelungen zur Verteilung der Zuständigkeiten zwischen Bund und Ländern und damit zur Koordination der Aufgaben im Bundesstaat. Eine lückenlose Erfassung aller denkbaren Situationen und damit eine vorweggenommene Lösung aller föderativen Probleme sind freilich nicht möglich. Um für nicht ausdrücklich vom Grundgesetz geregelte Fälle ein **funktionierendes Miteinander** von Bund und Ländern zu gewährleisten, wurde der **Grundsatz der Bundestreue** entwickelt. Aus ihm folgt die **Pflicht zu bundesfreundlichem Verhalten.** Das bedeutet, dass der Gesamtstaat und die Gliedstaaten ihre Interessen wechselseitig anerkennen, achten und abstimmen sowie in diesem Rahmen auf die Belange der jeweils anderen Einheit(en) Rücksicht nehmen und einander erforderlichenfalls unterstützen. Mutatis mutandis lässt sich der Grundsatz der Bundestreue mit dem zivilrechtlichen Institut von Treu und Glauben (§ 242 BGB) vergleichen; ähnlich wie dort folgen daraus das Verbot des (Verfassungs-)Rechtsmissbrauchs und das Verbot der Umgehung von (Verfassungs-)Recht (lat. *fraus legis*).

587

Die Bezeichnungen „Bundestreue" oder „bundesfreundliches Verhalten" könnten dazu verleiten, nur einseitig an föderative Pflichten der Länder gegenüber dem Bund zu denken. Dies wäre ein Missverständnis: Bundestreue meint die Verpflichtung aller staatlichen Einheiten, dem Bundesstaat als der gemeinsamen Organisation „treu" zu bleiben, ihn zu erhalten und zu fördern. Der Grundsatz der Bundestreue strahlt daher in **zwei Richtungen:**

588

- Zum einen müssen die **Länder** bei der Wahrnehmung ihrer Aufgaben und Befugnisse Rücksicht auf die Belange des Bundes sowie der anderen Länder nehmen.
- In gleichem Maße ist aber auch der **Bund** gehalten, bei seinem Handeln die Interessen der Länder angemessen zu berücksichtigen.

Die Pflicht zu bundesfreundlichem Verhalten ist im Grundgesetz nicht ausdrücklich normiert. Es handelt sich vielmehr um einen anerkannten **Satz des ungeschriebenen Verfassungsrechts.** In der Vergangenheit wurde diese Pflicht vom Bundesverfassungsgericht (meist im Rahmen von Bund-Länder-Streitigkeiten gem. Art. 93 Abs. 1 Nr. 3 GG, Rn. 1585 ff.) konkretisiert. Dabei wurden insb. folgende Fallgruppen herausgearbeitet.

589

a) **Kompetenzausübungsschranken:** Bei der Wahrnehmung ihrer verfassungsrechtlichen Zuständigkeiten (Kompetenzen, Rn. 98) sind sowohl der Bund als auch die Länder stets verpflichtet, die Auswirkungen ihres Handelns auf die jeweils anderen föderativen Einheiten zu berücksichtigen. Dies kann im Einzelfall bedeuten, dass der Bund oder ein Land auf die Ausübung seiner ihm eigentlich zustehenden Kompetenzen verzichten muss, wenn dadurch andere Mitglieder des Bundesstaats unvertretbar beeinträchigt oder geschädigt würden (*BVerfGE 61, 149 [205] – Staatshaftungsgesetz; BVerfGE 98, 106 [118 f.] – Verpackungsteuer*).

590

591 **b) Mitwirkungspflichten bei kommunalen Anhörungen:** Plant der Bund eine Regelung, die die kommunale Selbstverwaltung (Rn. 646 ff.) beeinträchtigen kann, ist eine vorherige Anhörung der betroffenen Gemeinden erforderlich. Staatsrechtlich bestehen zwischen dem Bund und den Gemeinden aber keine unmittelbaren Rechtsbeziehungen, die eine Anhörung ermöglichen. Daher verpflichtet der Grundsatz der Bundestreue das jeweilige Land, die Anhörung durchzuführen *(BVerfGE 56, 298 [322] – Fluglärm).*

592 **c) Mitwirkungs- und Schutzpflichten bei inter- oder supranationalen Verpflichtungen:** Völkerrechtliche Verträge verpflichten ausschließlich den Bund gegenüber anderen Staaten (vgl. Art. 32 Abs. 1 GG, Rn. 603). Innerstaatlich obliegt der Vollzug dieser völkerrechtlichen Verpflichtungen aber aufgrund der Kompetenzordnung des Grundgesetzes nicht selten den Ländern. Daher ist der Bund gehalten, die Länder rechtzeitig zu informieren und zu beteiligen (vgl. auch Art. 32 Abs. 2 GG). Umgekehrt sind die Länder gehalten, bei der Erfüllung völkerrechtlicher Verträge mitzuwirken und die Verpflichtungen des Bundes zu beachten *(BVerfGE 6, 309 [361] – Reichskonkordat; BVerfGE 32, 199 [219] – Richterbesoldung III).* In noch stärkerem Umfang gilt das bei Verpflichtungen des Bundes aus der Mitgliedschaft der Bundesrepublik in der Europäischen Union. Grundlegende Aspekte der Bundestreue wurden insoweit 1992 bereichsspezifisch im sog. **Europa-Artikel 23** des Grundgesetzes (Rn. 827 ff.) ausformuliert. Ergänzend gilt auch hier der Grundsatz der Bundestreue, insb. bei der Pflicht der Länder, Richtlinien der Europäischen Union in deutsches Recht umzusetzen. Umgekehrt ist der Bund verpflichtet, im Vorfeld eng mit den Ländern zusammenzuarbeiten sowie deren Interessen zu berücksichtigen und zu vertreten *(BVerfGE 92, 203 [239] – EG-Fernsehrichtlinie).*

593 **d) Verfahren vor Erteilung einer Weisung des Bundes:** Führen die Länder Bundesgesetze im Auftrag des Bundes aus, kann ihnen der Bund gem. Art. 85 Abs. 3 GG dazu Weisungen erteilen (näher dazu Rn. 1363 ff.). Vor Ausübung dieses Weisungsrechts ist der Bund aus dem Grundsatz der Bundestreue prinzipiell verpflichtet, dem Land die Weisung anzukündigen, es anzuhören und deutlich zu machen, dass er die Stellungnahme des Landes in seine Überlegungen einbezogen hat *(BVerfGE 81, 310 [327, 334] – Kalkar II).*

594 **e) Föderative Gleichbehandlung:** Der Grundsatz der Bundestreue verpflichtet den Bund dazu, die Interessen aller Länder gleichmäßig zu beachten und die von einer Maßnahme betroffenen Länder in gleicher Weise zu beteiligen. Es ist ihm insb. verwehrt, zwischen den Ländern nach parteipolitischen Gesichtspunkten zu differenzieren *(BVerfGE 12, 205 [255 f.] – Deutschland-Fernsehen-GmbH).*

595 **Lösungsvorschlag zum Fall Rn. 586:** Für Verteidigungsfragen ist ausschließlich der Bund zuständig (Art. 73 Abs. 1 Nr. 1, Art. 87a, 87b GG). Die Verteidigungspolitik stellt insb. keine örtliche Angelegenheit i.S.v. Art. 28 Abs. 2 Satz 1 GG dar. Mit der Initiierung einer „Volksbefragung" überschreiten die Gemeinden ihre Zuständigkeit und greifen

§ 9. Bundesstaat 159

in eine Kompetenz ein, die ausschließlich dem Bund zusteht. Der Bund selbst aber hat rechtlich keine Möglichkeit, unmittelbar im Wege der Staatsaufsicht gegen Gemeinden vorzugehen; dies ist Aufgabe des Landes, dem die Gemeinde angehört. Daher ist es Ausfluss der Pflicht zu bundesfreundlichem Verhalten, dass ein Land im Rahmen seiner Kommunalaufsicht gegen Gemeinden einschreitet, die sich auf dem Gebiet der Verteidigung eine Kompetenz anmaßen. Das Land L bricht die Bundestreue, wenn es nicht gegen die Gemeindebeschlüsse zur Durchführung einer Volksbefragung über Atomwaffen in der Bundesrepublik vorgeht, obwohl die Bundesregierung darum ersucht hatte. (Zu beachten ist allerdings, dass sich Deutschland in Art. 3 Abs. 1 des 2+4-Vertrags [Rn. 175] völkerrechtlich verpflichtet hat, auf atomare Waffen zu verzichten.)

Soweit es zwischen dem Bund und einem Land zu einer **Meinungsverschiedenheit** darüber kommt, ob der Grundsatz der Bundestreue angemessen beachtet wurde, können sowohl der Bund als auch das Land vor dem Bundesverfassungsgericht einen sog. **Bund-Länder-Streit** (Art. 93 Abs. 1 Nr. 3 GG, Rn. 1585 ff.) anstrengen und auf diese Weise eine verbindliche Klärung der Frage erreichen. Dem Bund steht daneben auch das Mittel des Bundeszwangs nach Art. 37 GG zur Verfügung (Rn. 597 ff.). 596

8. Bundeszwang

Der sog. **Bundeszwang** (auch: **Bundesexekution**) ist in **Art. 37 GG** geregelt: Wenn ein Land die ihm nach dem Grundgesetz oder einem anderen Bundesgesetz obliegenden Bundespflichten nicht erfüllt, kann die Bundesregierung mit Zustimmung des Bundesrates die notwendigen Maßnahmen treffen, um das Land im Wege des Bundeszwangs zur Erfüllung seiner Pflichten anzuhalten. Dazu gehört auch die – ungeschriebene – Pflicht zu bundesfreundlichem Verhalten (Rn. 587 ff.). Formelle Voraussetzung für die Durchführung des Bundeszwangs ist ein **Beschluss der Bundesregierung** unter **Zustimmung des Bundesrates**. 597

Auf dieser Grundlage kann dann das Land mit allen „notwendigen Maßnahmen" zur Erfüllung seiner Bundespflicht angehalten werden. Diese Rechtsfolge erinnert an die polizeirechtliche Generalklausel (Rn. 478) und eröffnet der Bundesregierung auf den ersten Blick einen sehr weiten Ermessensspielraum in der Wahl der Mittel. Gleichwohl ergeben sich Grenzen, insb. 598

– darf die **Bundeswehr** im Rahmen des Bundeszwangs nur unter den Voraussetzungen des Art. 87a Abs. 4 GG **eingesetzt** werden;
– ist stets der **Grundsatz der Verhältnismäßigkeit** (Rn. 507 ff.) zu beachten: Verfassungsmäßig sind daher nur solche Maßnahmen, die geeignet, erforderlich (also das mildeste Mittel) und angemessen (verhältnismäßig i.e.S.) sind, um das Land zur Erfüllung seiner Bundespflichten anzuhalten.

Als **Mittel des Bundeszwangs** kommen nach Art. 37 Abs. 2 GG **Weisungen** der Bundesregierung oder ihres Beauftragten in Betracht, und zwar sowohl gegenüber dem Land und seinen Behörden als auch gegenüber anderen 599

Ländern und deren Behörden. Die Weisungen dürften außer bei unabweisbarer Eilbedürftigkeit aber nur dann verhältnismäßig sein, wenn das Land zuvor erfolglos zur Abhilfe aufgefordert wurde.

600 Aus alledem ergibt sich, dass der Bundeszwang lediglich bei schwerwiegenden Störungen der Bundesstaatlichkeit als **letztes Mittel** (lat. *ultima ratio*) zulässig ist. In der Geschichte der Bundesrepublik hat er bislang noch keine Rolle gespielt.

601

Bundeszwang nach Art. 37 GG	
Voraussetzungen	1. Verletzung von Bundespflichten durch ein Land 2. Beschluss der Bundesregierung 3. Zustimmung des Bundesrates
Mittel	alle notwendigen Maßnahmen, insb. umfassendes Weisungsrecht der Bundesregierung; Beachtung des Verhältnismäßigkeitsgrundsatzes

9. Auswärtige Beziehungen

602 Die Pflege der Beziehungen zu anderen Staaten ist eine besondere Staatsfunktion, die häufig mit dem Begriff der **auswärtigen Gewalt** belegt wird. Die zugehörigen **Kompetenzen** (Rn. 98) stellen im System der horizontalen Gewaltenteilung (Rn. 885) jedoch keine „vierte Gewalt" neben der Legislative, der Exekutive und der Judikative dar. Vielmehr werden damit die Aufgaben und Befugnisse bzgl. des internationalen Handelns eines Staates umschrieben. Zuständig dafür ist in aller Regel die **Exekutive**, insb. die Regierung (Rn. 1241 f., 1248).

a) Verbandskompetenz des Bundes als Grundsatz

603 Im Bundesstaat stellt sich die Frage, welche Regierung die **Kompetenzen der auswärtigen Gewalt** wahrnimmt: die Regierung des Gesamtstaates oder der Gliedstaaten. Angesprochen ist damit die **Verbandskompetenz**, also die Frage, welche staatliche Ebene (welcher „Verband", welche juristische Person, Rn. 84 ff., 98) zuständig ist. Für die Bundesrepublik Deutschland wird diese Frage durch **Art. 32 GG** entschieden. **Absatz 1** stellt den Grundsatz auf, dass die Pflege der Beziehungen zu auswärtigen Staaten **Sache des Bundes** ist. Damit wird die grundsätzliche Kompetenzvermutung zugunsten der Länder (Art. 30, 70 Abs. 1, Art. 83, 92 GG) im Bereich der auswärtigen Beziehungen zugunsten des Bundes umgekehrt. Sinn dessen ist, Deutschland als Staat zu einem einheitlich Auftreten nach außen zu befähigen. Im Übrigen entspricht Art. 32 Abs. 1 GG dem Prinzip, dass in einem Bundesstaat nur dem Gesamtstaat der Status als Völkerrechtssubjekt zukommt (Rn. 531).

§ 9. Bundesstaat 161

Das Tatbestandsmerkmal „**auswärtige Staaten**" wird weit ausgelegt: Darunter fallen alle Völkerrechtssubjekte, auch internationale Organisationen. Für die Europäische Union enthält Art. 23 GG Spezialvorschriften (Rn. 827 ff.). Ebenfalls im weiten Sinn zu verstehen ist der Begriff der „**Pflege der Beziehungen**": Umfasst davon sind nicht nur die Anbahnung, die Verhandlung und der Abschluss völkerrechtlicher Verträge, sondern auch alle übrigen Handlungen mit völkerrechtlichem Bezug, etwa die Anerkennung von Staaten und die Aufnahme diplomatischer Beziehungen, der Beitritt zu internationalen Organisationen, die Verhängung von Embargo-Maßnahmen, Staatsbesuche oder Reden staatlicher Amtsträger im Ausland. 604

b) Sonderregelungen

Art. 32 Abs. 2 und 3 GG stellen Sondervorschriften für den Abschluss völkerrechtlicher Verträge dar. 605

– Nach **Art. 32 Abs. 2 GG** ist vor dem Abschluss eines Vertrages, der die besonderen Verhältnisse eines Landes berührt, das betroffene Land rechtzeitig zu hören. Die Verbandskompetenz bleibt jedoch beim Bund. Dieses Anhörungsgebot kompensiert – ein Stück weit – den Verlust an völkerrechtlicher Eigenständigkeit der Länder. Die **besonderen Verhältnisse eines Landes** sind jedoch nur betroffen, wenn Verpflichtungen aus einem völkerrechtlichen Vertrag das Gebiet, die Verfassung, die spezifische Rechtslage, die besonderen wirtschaftlichen Interessen oder die kulturelle Eigenart eines Landes berühren.

– Art. **32 Abs. 3 GG** ermächtigt ausnahmsweise die Länder, völkerrechtliche Verträge abzuschließen. Voraussetzung für diesen Übergang der Verbandskompetenz im Einzelfall ist allerdings, dass die konkrete Vertragsmaterie in die Gesetzgebungskompetenz der Länder fällt (Rn. 1072 ff.). Außerdem muss die **Bundesregierung** dem konkreten Vertragsabschluss vorher **zustimmen** (eine damit verwandte Regelung stellt Art. 24 Abs. 1a GG dar, hierzu Rn. 811). 606

> **Merke:** Art. 32 Abs. 1 GG legt fest, dass die Pflege auswärtiger Beziehungen ausschließlich in den Kompetenzbereich des Bundes fällt. Die Absätze 2 und 3 stellen Sondervorschriften für den Abschluss völkerrechtlicher Verträge dar. 607

c) Organkompetenz

Der Verbandskompetenz (Rn. 603) nachgeordnet ist die Organkompetenz: Sie beantwortet die Frage, welches Organ (Rn. 87, 98, 891 f.) innerhalb des Verbandes (Bund oder Land) zuständig ist (wenn die jeweilige Verbandskompetenz vorliegt). Für die **auswärtige Gewalt des Bundes** wird die Organkompetenz durch **Art. 59 GG** geregelt. Formal liegt sie nach Absatz 1 beim Bundespräsidenten. Die eigentliche Willensbildung innerhalb des Bundes erfolgt jedoch durch die Bundesregierung, den Bundeskanzler oder das Auswär- 608 tige Amt (Art. 65 GG, Rn. 1248 ff., 1290 ff.). Außerdem bedürfen zahlreiche völkerrechtliche Verträge nach Art. 59 Abs. 2 Satz 1 GG eines Vertragsgesetzes (Rn. 817). Die Organkompetenzen innerhalb eines (Bundes-)**Landes** werden durch die jeweilige Landesverfassung festgelegt.

III. Kooperativer Föderalismus

1. Verschränkung der bundesstaatlichen Gewalten

609 Die **Trennung der Kompetenzen** (Rn. 98) im Bundesstaat (vertikale Gewaltenteilung, Rn. 566 f.) hat zur Folge, dass sowohl der Bund als auch die Länder ihre Aufgaben grds. selbständig und eigenverantwortlich wahrzunehmen haben und demgemäß über eigene Organe der Gesetzgebung, der vollziehenden sowie der rechtsprechenden Gewalt verfügen (**bundesstaatliches Trennungsprinzip**). Anderenfalls könnten Bund und Länder ihre Funktionen nicht wirksam erfüllen.

Beispiele
– auf Seiten des Bundes: Bundestag, Bundeskanzler und Bundesministerien, Bundespolizei und Bundesfinanzverwaltung, Bundesverfassungsgericht, Bundesgerichtshof u.v.a.;
– auf Seiten der Länder: Landtag, Ministerpräsident und Landesministerien, Landespolizei und Landesfinanzverwaltung, Landesverfassungsgericht, Amts-, Land- und Oberlandesgerichte u.v.a.

610 Trotz dieser vertikalen Gewaltenteilung hat sich das Grundgesetz aber **nicht für eine strikte Separierung** der staatlichen Bereiche von Bund und Ländern entschieden, sondern – jedenfalls z.T. – für eine mehr oder weniger **intensive Verschränkung der bundesstaatlichen Gewalten** (vgl. auch Rn. 900 ff.):

611 – So wirken die Länder bei der **Gesetzgebung** des Bundes über den Bundesrat mit (vgl. im Einzelnen Art. 23 sowie Art. 76 und 77 GG) und können so je nach der Art des jeweiligen Gesetzes mehr oder weniger stark **Einfluss auf die Bundesgesetzgebung** nehmen (näher dazu Rn. 1128 ff.). Dies ist als Ausgleich dafür zu verstehen, dass die Länder in ihrer generellen Gesetzgebungszuständigkeit nach Art. 70 GG durch die ausschließliche (Art. 71, 73 GG) und vor allem durch die sog. konkurrierende (Art. 72, 74 GG) Gesetzgebungskompetenz des Bundes beschränkt werden.

612 – Auch an der **Wahl des Bundespräsidenten** als Staatsoberhaupt der Bundesrepublik Deutschland (Art. 59 Abs. 1 GG) sind die Länder maßgebend beteiligt (Rn. 1307 ff.): Die Wahl erfolgt durch die Bundesversammlung (Art. 54 Abs. 1 Satz 1 GG), der neben den Mitgliedern des Bundestages eine gleich hohe Anzahl von Mitgliedern angehört, die von den Volksvertretungen der Länder (Landtage, Rn. 278) gewählt werden (Art. 54 Abs. 3 GG).

613 – Des Weiteren erfolgt die **Ausführung von Bundesrecht** prinzipiell durch die Länder. Dies beruht auf der Grundregel des Art. 83 Hs. 1 GG, wonach

§ 9. Bundesstaat   163

die Länder die Bundesgesetze als eigene Angelegenheit nach Maßgabe von Art. 84 GG ausführen (näher Rn. 1348 ff.).
– Die **rechtsprechende Gewalt** ist jedenfalls in quantitativer Hinsicht weit überwiegend den Gerichten der Länder anvertraut (Rn. 1449 f.). Bei ihrer Tätigkeit wenden die Gerichte der Länder – wegen der überaus zahlreichen Gesetzgebungskompetenzen des Bundes (Rn. 1072 ff.) – aber **überwiegend Bundesrecht** an (insb. das Bürgerliche Gesetzbuch und das Strafgesetzbuch sind Bundesrecht und beruhen auf der konkurrierenden Kompetenz des Bundes nach Art. 72 Abs. 1 i.V.m. Art. 74 Abs. 1 Nr. 1 GG). Dabei unterliegen die Entscheidungen der Gerichte der Länder im Regelfall der Revision durch den jeweiligen obersten Gerichtshof des Bundes (Art. 95 GG).   614

Diese **Kompetenzverteilung** und **Gewaltenverschränkung**, wie sie derzeit bestehen, müssen allerdings **nicht für alle Zeiten** so bleiben. Im Rahmen einer Änderung des Grundgesetzes, für die der Bund die Gesetzgebungskompetenz besitzt, sind hier durchaus Modifikationen denkbar. Zu beachten ist dabei allerdings die sog. Ewigkeitsgarantie des Art. 79 Abs. 3 GG: Einschlägig ist hier vor allem das Gebot, dass die **grundsätzliche Mitwirkung der Länder bei der Gesetzgebung** erhalten bleiben muss. Daneben ist die **Bundesstaatlichkeit in ihren Wesenselementen** über die Grundsätze des Art. 20 Abs. 1 GG unabänderlich.   615

2. Wahrung der Gleichwertigkeit der Lebensverhältnisse

Über die ausdrücklich angelegte Verschränkung der föderativen Gewalten hinaus liefert das Grundgesetz weitere Anhaltspunkte, die – insb. in wirtschaftlicher Hinsicht – gegen eine Abkapselung von Bund und Ländern sowie der Länder untereinander sprechen. Das lässt sich vor allem entnehmen   616
– aus **Art. 72 Abs. 2 GG,** der von der *Herstellung gleichwertiger Lebensverhältnisse im Bundesgebiet* und von der *Wahrung der Rechts- und Wirtschaftseinheit* spricht,
– aus **Art. 91a Abs. 1 GG,** der Aufgaben benennt, die *für die Gesamtheit bedeutsam* und *zur Verbesserung der Lebensverhältnisse erforderlich* sind (dazu sogl. unter Rn. 618 ff.), sowie
– aus der finanzverfassungsrechtlichen Vorschrift des **Art. 106 Abs. 3 Satz 4 Nr. 2 GG,** der über die Gleichwertigkeit hinausgehend sogar die *Einheitlichkeit der Lebensverhältnisse im Bundesgebiet* als Ziel vorgibt.

Um diesen Verfassungsaufträgen gerecht zu werden, ist eine **Zusammenarbeit** von Bund und Ländern notwendig, die über die Anforderungen des Homogenitätsgebots (Rn. 564) und über die Verschränkung der Gewalten (Rn. 610 ff.) hinausgeht. Hierzu wurden insb. in den 1960er Jahren die Grundlagen bereitet, teils durch verschiedene Änderungen des Grundgesetzes (Rn. 618 ff.), teils durch freiwillige Kooperationsformen, die von der Verfassung nicht ausdrücklich geregelt, aber zugelassen werden (Rn. 627 ff.).   617

3. Gemeinschaftsaufgaben, Verwaltungszusammenarbeit

618 Eine föderative Besonderheit stellen die Vorschriften zu den **Gemeinschaftsaufgaben** (Art. 91a, 91b GG) und zur **Verwaltungszusammenarbeit** (Art. 91c bis Art. 91e GG) dar. Auf den dort genannten Gebieten soll eine besondere Kooperation von Bund und Ländern ermöglicht und gefördert werden. Damit bilden diese Bestimmungen zugleich eine **Ausnahme vom** für die Kompetenzverteilung grundlegenden **Trennungsprinzip** im Bundesstaat (Rn. 609), insb. vom Verbot der Mischverwaltung (Rn. 1345). Art. 91a bis Art. 91e GG stellen also Sondervorschriften zu den Art. 30, 70 ff., 83 ff. und 104a Abs. 1 GG dar, die **eng auszulegen** sind. Die Aufzählung der Bereiche, in denen Bund und Länder zusammen arbeiten können, ist abschließend.

619 Gemeinschaftsaufgaben i.d.S. sind

– die Verbesserung der regionalen **Wirtschaftsstruktur,** die Verbesserung der **Agrarstruktur** und des **Küstenschutzes** nach Art. 91a GG sowie
– die Förderung von **Wissenschaft, Forschung und Lehre** sowie die internationale **Evaluation des Bildungswesens** nach Maßgabe von Art. 91b GG;

dabei handelt es sich im Ausgangspunkt um Aufgaben der Länder, an denen der Bund mitwirken kann (so die Legaldefinition von Art. 91a Abs. 1 GG).

620 Die Vorschriften zur *Verwaltungszusammenarbeit* ermöglichen

– die Kooperation bei **informationstechnischen Systemen** gem. Art. 91c GG (gemeint sind damit die elektronischen Mittel zur Verarbeitung und Übertragung von Daten – sog. IT-Zusammenarbeit),
– die Erstellung von **Studien zum Vergleich** der Bundes- und Landesverwaltungen (für anglophile Leser: *benchmarking*), um deren Leistungsfähigkeit zu fördern (Art. 91d GG – eine Spezialregelung dazu enthält Art. 91b Abs. 3 GG) sowie
– gem. Art. 91e GG die Zusammenarbeit von Bund und Ländern bei der „Grundsicherung für Arbeitsuchende", d.h. derzeit konkret die Bildung von **„Arbeitsgemeinschaften"** („ARGE") der Bundesagentur für Arbeit (BA) mit Kommunen (Städten, Landkreisen, Rn. 647 ff.) beim Arbeitslosengeld II („Hartz IV"). Das entsprechende Bundesgesetz ist das Zweite Buch Sozialgesetzbuch (§§ 6 ff. und § 44b SGB II, dazu Rn. 696).

621 Die Art. 91a ff. GG wollen grds. nur zur Zusammenarbeit „anregen"; **verpflichtet** werden Bund und Länder dadurch **nicht.** So spricht Art. 91b Abs. 1 Satz 1 GG ausdrücklich von „können", nicht von „müssen". Dieser politische Spielraum wird in Art. 91a GG durch dessen Absatz 2 verdeutlicht, wonach die Gemeinschaftsaufgaben durch Bundesgesetz näher bestimmt werden. Dieses Gesetz bedarf jedoch der Zustimmung des Bundesrates (Rn. 1138 ff.); d.h. der Bund kann den Ländern Gemeinschaftsaufgaben nicht oktroyieren. Ähnliches gilt für Art. 91c und Art. 91d GG. Eine Ausnahme bildet Art. 91c Abs. 4 GG, der

§ 9. Bundesstaat 165

dem Bund die Errichtung eines IT-Verbindungsnetzes zur Pflicht macht und ihm dafür die ausschließliche Gesetzgebungskompetenz verleiht (Rn. 1078 ff. – s. das IT-Netzgesetz). Auch Art. 91e GG sieht die Zusammenwirkung von Bund und Ländern „in der Regel", d.h. im Prinzip mit der Möglichkeit von Ausnahmen, vor.

Im Übrigen ist bei Art. 91a bis Art. 91e GG jeweils zu differenzieren: **622**
- Soll die Kooperation zwischen Bund und Ländern durch zustimmungsbedürftiges **Bundesgesetz** erfolgen, also unter maßgeblicher Beteiligung des Bundestages und des Bundesrates (so Art. 91a Abs. 2 und 3, Art. 91c Abs. 4 und 5 sowie Art. 91e Abs. 3 GG)?
- Oder reicht – wie insb. bei Art. 91b sowie Art. 91c Abs. 2 und 3 GG – jeweils eine **Vereinbarung** aus? (Der Begriff der Vereinbarung ist dabei weit auszulegen und umfasst Verwaltungsabkommen und Staatsverträge – Rn. 634 f. – ebenso wie nur politische Absprachen.)

Schließlich ist auch die **Frage der Finanzierung** unterschiedlich geregelt: Art. 91a Abs. 3 GG ordnet eine verbindliche Kostenquotelung an, während Art. 91b Abs. 3 und Art. 91c Abs. 2 Satz 4 GG die Kostenfrage den einschlägigen Vereinbarungen überlassen.

Merke: Die Vorschriften über Gemeinschaftsaufgaben und die Verwaltungszusammenarbeit (Art. 91a bis Art. 91e GG) stellen eine Ausnahme vom Prinzip der Trennung der Verwaltungskompetenzen von Bund und Ländern dar. Sie lassen die sonst vom Grundgesetz verbotene Mischverwaltung zu (Rn. 1345). **623**

Keine **Gemeinschaftsaufgaben** i.e.S. sind die Mischfinanzierungstatbestände in **Art. 104a Abs. 3** sowie **Art. 104b** bis **Art. 104d GG**. Auch dort werden staatliche Aufgaben angeschnitten, allerdings ausschließlich unter dem Gesichtspunkt der Kostentragung. Die dort genannten Bereiche werden daher häufig als „unechte Gemeinschaftsaufgaben" bezeichnet (Rn. 744 f.). **624**

Gemeinschaftsaufgaben und Verwaltungszusammenarbeit im Grundgesetz **625**

Art. 91a GG	Art. 91b GG	Art. 91c GG	Art. 91d GG	Art. 91e GG
– regionale Wirtschaftsstruktur, – Agrarstruktur – Küstenschutz	– wissenschaftliche Forschung – internationale Bildungsevaluation	gemeinsame IT-Systeme und IT-Netze, IT-Zugang zu Verwaltungsleistungen	Leistungsvergleichsstudien (z.B. „Benchmarking")	Grundsicherung für Arbeitsuchende („Hartz IV")
Bundesgesetz	Vereinbarung (Ausn.: Art. 91c IV, V GG)			Bundesgesetz
Ausgabenverteilung nach Art. 91a III GG	Ausgabenverteilung grds. durch Vereinbarung frei regelbar (Ausn.: Art. 91c IV, V GG)			Ausgabenverteilung gem. Bundesgesetz

4. Verfassungsrechtlich nicht geregelte Kooperationsformen

626 **Fall:** Die Länder schließen zwei Staatsverträge über die Finanzierung des öffentlich-rechtlichen Rundfunks durch sog. Rundfunkbeiträge (Rundfunkfinanzierungsvertrag und Rundfunkbeitragsstaatsvertrag, bis 2012 Rundfunkgebührenstaatsvertrag), die von allen Landesparlamenten durch Zustimmungsgesetz ratifiziert werden. Diese Staatsverträge legen unter anderem die Höhe der Rundfunkgebühren fest, die von den jeweiligen Landesrundfunkanstalten erhoben werden. Die Schlussbestimmungen enthalten die Verpflichtung der Länder zum Erlass und zur Anwendung von Gesetzen zur Erfüllung des Vertrages; eine Kündigungsmöglichkeit des Vertrages besteht frühestens nach zwei Jahren. Kurz nach der Ratifizierung finden im Land L Landtagswahlen statt, die einen Regierungswechsel zur Folge haben. Die neue Regierung hält die festgelegte Beitragshöhe für unzumutbar für die Bürger des Landes L, in dem eine Arbeitslosigkeit von rund 20 % herrscht. Mit Hilfe der neuen Landtagsmehrheit wird das Zustimmungsgesetz zu den genannten Staatsverträgen aufgehoben. Damit besteht im Land L keine gesetzliche Grundlage mehr zur Beitragserhebung. Die anderen Länder sehen darin einen Verstoß gegen die Verpflichtungen des Landes L.
(Lösungsvorschlag: Rn. 637)

a) Entwicklungen in der Praxis; verfassungsrechtliche Zulässigkeit

627 Die grundgesetzliche Festlegung von echten und unechten Gemeinschaftsaufgaben schließt es nicht aus, dass auch über diese verfassungsrechtlich geregelten Fälle hinaus **weitere Formen des Zusammenwirkens** zwischen dem Bund und den Ländern oder zwischen den Ländern untereinander stattfinden. Vor allem seit den 1960er Jahren sind in der Praxis vor allem zwischen den Ländern zahlreiche Kontakte, Gremien und Einrichtungen entstanden. Durch solche „außerverfassungsrechtlichen" **Kooperationsformen** wollen sich die föderativen Einheiten abstimmen und eventuell sogar einheitlich vorgehen, um einen hohen Wirkungsgrad bei der Aufgabenwahrnehmung sowie gleichwertige Verhältnisse im Gesamtstaat zu erreichen.

628 Das **Grundgesetz** steht solchen nicht von ihm vorgegebenen oder zumindest vorgeformten Kooperationserscheinungen **nicht entgegen,** solange sie sich nicht in Widerspruch zum verfassungsrechtlichen Rahmen setzen. Vor diesem Hintergrund muss jede Kooperation getrennt daraufhin geprüft werden, ob sie mit den verfassungsrechtlichen Vorgaben, insb. mit den Kompetenzvorschriften der Art. 70 ff., Art. 83 ff. und Art. 104a ff. GG, vereinbar ist.

629 Die **Möglichkeiten der Zusammenarbeit** reichen dabei von **bloß tatsächlichen Kontakten** über **politische Absprachen** bis hin zu **Staatsverträgen** und **gemeinsamen Einrichtungen**. Dementsprechend sind auch Intensität sowie Bindungswirkung von Kooperationen außerhalb des grundgesetzlich vorgesehenen Bereichs sehr unterschiedlich.

b) Kooperationsformen ohne rechtliche Bindungswirkung

630 Zu den Kooperationsformen ohne rechtliche Bindungswirkung zählen vor allem **informelle Kontakte**.

- Darunter fallen Besprechungen zwischen den zuständigen Ministerien verschiedener Länder, die *anlassbezogen nur bei Bedarf* stattfinden, etwa um abgestimmte Maßnahmen zu treffen.
- Des Weiteren gehören dazu **Konferenzen** und **Ausschüsse (Kommissionen)**. Hierbei treffen sich die Ministerpräsidenten, die Minister, die Amtschefs, Abteilungsleiter oder Referatsleiter aus den Staatskanzleien oder Ministerien *institutionalisiert und in regelmäßigen Abständen*, um aktuelle Themen zu besprechen, welche die Länder gemeinsam berühren. Ziel solcher Zusammenkünfte ist es, Leitlinien für ein einheitliches Vorgehen festzulegen. Beispiele sind die Konferenz der Regierungschefs von Bund und Ländern (§ 31 GeschO BReg) oder die Kultusministerkonferenz (KMK).
- Im Rahmen von Kommissionen erarbeiten die Länder nicht selten **Musterentwürfe für bestimmte, bedeutendere Landesgesetze**. Diese sollen den Gesetzgebern der Länder als Orientierungsmaßstab dienen, um ein Auseinanderdriften der Rechtsordnungen in den Ländern zu verhindern. So existieren etwa eine Musterbauordnung (MBO) sowie Musterentwürfe für ein einheitliches Polizeigesetz (MEPolG) oder für das Verwaltungsverfahrensgesetz (MEVwVfG).

c) Kooperationsformen mit rechtlicher Bindungswirkung

Als Träger originärer Hoheitsgewalt (Rn. 531) steht es den Ländern frei, in Bereichen ihrer Zuständigkeit **Vereinbarungen** miteinander zu treffen. Dabei handelt es sich i.d.R. um **öffentlich-rechtliche Verträge** auf staatsrechtlicher Ebene (also *nicht* um Verträge im Sinne des Zivilrechts, vgl. § 311 Abs. 1 BGB), die **rechtsverbindlich** sind *("pacta sunt servanda")*. An solchen Vereinbarungen kann – je nach Sachlage – auch der Bund beteiligt werden.

- Dazu zählen zunächst die **Staatsverträge**. Sie werden abgeschlossen, wenn der betreffende Regelungsbereich dem **Parlamentsvorbehalt** (Rn. 286 ff.) unterfällt und damit ein formelles Landesgesetz erforderlich ist. Beispiele sind die verschiedenen Staatsverträge im Rundfunkbereich, etwa der Staatsvertrag für Rundfunk und Telemedien (Rundfunkstaatsvertrag – RStV), der Rundfunkfinanzierungsstaatsvertrag (RFinStV) oder der Rundfunkbeitragsstaatsvertrag (RBeitrStV). Staatsverträge werden – insoweit ähnlich wie völkerrechtliche Verträge – von den zuständigen Ministerien entworfen, von den Ministerpräsidenten oder den Ministern verhandelt und paraphiert, anschließend von den Landesparlamenten durch **Vertragsgesetz** in Landesrecht umgesetzt und am Ende ratifiziert.
- Soweit für den zu regelnden Bereich kein Parlamentsvorbehalt besteht, können die Länder öffentlich-rechtliche Verträge in Form von **Verwaltungsabkommen** (Regierungsabkommen) schließen. Hierdurch werden die Länder zwar in gleichem Maße rechtlich gebunden wie durch Staatsverträge. Der Unterschied besteht darin, dass Verwaltungsabkommen Staatsinterna bleiben, dass sie also nicht als Basis für die Begründung von Rechten oder Pflichten für den Bürger dienen können.

636 – Auf der Grundlage von Staatsverträgen oder Verwaltungsabkommen können die Länder **gemeinsame Einrichtungen** (auch: Gemeinschafts- oder Zwischenländereinrichtungen) bilden, etwa gemeinsame Behörden oder juristische Personen des öffentlichen Rechts. Diese nehmen zentral und bundesweit gemeinsame Aufgaben der Länder wahr, gehören jedoch nicht zur Bundesverwaltung, sondern bleiben Landesverwaltung. Gemeinsame Einrichtungen müssen formal einem der beteiligten Bundesländer (typischerweise dem Sitzland) zugeordnet werden. Nur so bleibt die Zweigliedrigkeit des deutschen Bundesstaats (Rn. 531) gewahrt; nur so lässt sich für den Bürger ein eindeutiger Rechtsschutz (nämlich gegen ein bestimmtes Bundesland) gewährleisten. Beispiele für gemeinsame Einrichtungen sind die Stiftung für Hochschulzulassung (SfH) als öffentlich-rechtliche Stiftung nordrhein-westfälischen Rechts oder das Zweite Deutsche Fernsehen (ZDF) als Anstalt des öffentlichen Rechts mit Sitz in Mainz.

637 **Lösungsvorschlag zum Fall Rn. 626:** Das Land L könnte verpflichtet sein, die Erhebung und Einziehung der Rundfunkbeiträge so zu ermöglichen, wie das in den Staatsverträgen vorgesehen ist. Rechtsgrundlage dafür könnten die einschlägigen Bestimmungen der Staatsverträge selbst sein. Indem das Land L die Staatsverträge ratifiziert hat, ist es Vertragspartei geworden und staatsrechtlich gebunden. Ändern sich daraufhin die politischen Mehrheitsverhältnisse, wird das Land L dadurch nicht aus seinen Verpflichtungen entlassen. Die Länder haben die Staatsverträge geschlossen, um durch eine bundeseinheitliche Finanzierung die verfassungsrechtlich vorgeschriebene Grundversorgung der Bevölkerung durch den öffentlich-rechtlichen Rundfunk zu gewährleisten. Verabschiedet sich ein Land aus diesem Konzept, indem es das Zustimmungsgesetz und damit die rechtliche Grundlage für die Beitragserhebung beseitigt, beeinträchtigt es dadurch die Interessen der anderen Länder erheblich. Damit wird auch gegen den Grundsatz der Bundestreue (Rn. 587 ff.) verstoßen. Er *„verpflichtet im Kern jedes Land, bei der Inanspruchnahme seiner Rechte die gebotene Rücksicht auf die Interessen der anderen Länder und des Bundes zu nehmen und nicht auf Durchsetzung rechtlich eingeräumter Positionen zu dringen, die elementare Interessen eines anderen Landes schwerwiegend beeinträchtigen"* (BVerfGE 34, 216 [232] – Coburg II). Damit verletzt das Verhalten des Landes L nicht nur dessen Verpflichtungen aus den Staatsverträgen, sondern auch dessen verfassungsrechtliche Pflicht zu bundesfreundlichem Verhalten.

IV. „Unitarischer Bundesstaat" – Reform der föderativen Ordnung

1. Vereinheitlichung, Nivellierung, Blockierung

a) Unitarische Tendenzen im Staatsorganisationsrecht

638 Bereits seit Inkrafttreten des Grundgesetzes 1949, besonders aber seit den Regierungsjahren der ersten „großen Koalition" auf Bundesebene (1966–1969) war eine teils offene, teils schleichende, aber dennoch stetige Tendenz zur Vereinheitlichung und Zentralisierung zu beobachten. Politisch stand dahinter der Wunsch nach **Gleichförmigkeit** und **Einheitlichkeit der Lebensverhält-**

nisse. Paradigmatisch hierfür stehen die Normen der Art. 91a und 106 Abs. 3 Satz 4 Nr. 2 GG (Rn. 616), die 1969 in das Grundgesetz inkorporiert wurden. Demgegenüber geriet die Idee des Föderalismus, die Vielfalt in einer gewissen Einheit propagiert, ins Hintertreffen. So entwickelte sich die Bundesrepublik zusehends zum **„unitarischen Bundesstaat"** (so *Konrad Hesse* schon 1962).

Als Symptome sind hier zu nennen:

— ein **Übermaß an Gesetzgebungskompetenzen für den Bund,** insb. in Art. 74 GG;
— der **Einfluss der Länder auf die Bundesgesetzgebung,** vor allem bei zustimmungsbedürftigen Steuergesetzen gem. Art. 105 Abs. 3 GG (Rn. 721, 724);
— die **Gemeinschaftsaufgaben** der Art. 91a, 91b, aber auch die Verwaltungszusammenarbeit nach Art. 91e GG (Rn. 618 ff.);
— eine Vielzahl an **Mischfinanzierungstatbeständen** u.dgl., insb. in Art. 91a Abs. 3, Art. 91b Abs. 3, Art. 91e Abs. 2 Satz 2, Art. 104a Abs. 3, Art. 104b, 104c und 104d, Art. 106 Abs. 8, Art. 106a und 106b sowie Art. 125c GG. Dadurch werden die föderativen Finanzverantwortlichkeiten verwischt und Einflussnahmen des Bundes als Geldgeber auf die Politik der Länder ermöglicht (s. etwa Art. 104b Abs. 2 Satz 1, Art. 104c Satz 2 und 3, Art. 114 Abs. 2 Satz 2 GG);
— der **Finanzausgleich** des Art. 107 Abs. 2 und des Art. 143d Abs. 4 GG mit seinen Nivellierungseffekten (Rn. 730 ff.).

639

Die Gefahren solcher Entwicklungen liegen auf der Hand: Die **Trennung der Kompetenzen** im Bundesstaat (Rn. 609 ff.) wird **verwischt.** Der Bund drängt den **politischen Gestaltungsspielraum der Länder** durch seine zahlreichen Gesetzgebungskompetenzen **zurück** und nimmt die Länder über Mischfinanzierungen **„an den goldenen Zügel".** Andererseits wird den Ländern über den Bundesrat die Möglichkeit eröffnet, viele **Vorhaben des Bundes zu blockieren.** Fatal daran ist, dass auf diese Weise die **Verantwortlichkeiten** der verschiedenen föderativen Ebenen und ihrer Politiker verschwimmen, insb. gegenüber dem Wähler.

640

b) Unitarische Wirkung der Grundrechte

Nur kurz kann im Rahmen des Staatsorganisationsrechts auf den m.E. **stärksten Motor der Vereinheitlichung** eingegangen werden: auf die unitarische Wirkung der Grundrechte, die – wie **Art. 1 Abs. 3 GG** ausdrücklich betont – Gesetzgebung, vollziehende Gewalt und Rechtsprechung als unmittelbar geltendes Recht binden (Rn. 504 ff.). Der bundesstaatliche Effekt besteht darin, dass Bindungsadressaten (selbstverständlich) auch die Legislative, Exekutive und Judikative der **Länder** sind. So wohltuend das für die Freiheit des Einzelnen und für die Rechtsstaatlichkeit ist, so schwer wiegen die Nachteile für den Föderalismus: Insbesondere die Landesparlamente müssen ihre Produkte, die Landesgesetze, nach den Grundrechten des Grundgesetzes ausrichten.

641

Das Ergebnis sind in vielen Bereichen **gleichförmige Gesetze** auf dem Gebiet der Gesetzgebungskompetenzen der Länder, obwohl dort auf den ersten Blick föderative Gestaltungsfreiheit herrschen sollte.

642 Verstärkt wird diese legislative Unitarisierung seit Jahrzehnten durch die **Rechtsprechung des Bundesverfassungsgerichts.** Seit den 1950er Jahren hat das Bundesverfassungsgericht seine Kontrolldichte am Maßstab der Grundrechte auch gegenüber Parlamentsgesetzen nach und nach enorm ausgeweitet, was die Mütter und Väter des Grundgesetzes 1948/1949 so sicherlich nicht vorausgesehen hatten. Einige Rechtsgebiete hat es sogar weitgehend selbständig gestaltet, z.T. aus sehr dürren Worten des Grundgesetzes. Den Entscheidungen des Bundesverfassungsgerichts kommt durchschlagende Bedeutung zu: Nach **§ 31 Abs. 1 BVerfGG** *(bitte nachschlagen und lesen!)* binden diese Entscheidungen in ihrem jeweiligen Tenor die Verfassungsorgane des Bundes und der Länder sowie alle Gerichte und Behörden.

Beispiele: Als „Parade-Rechtsgebiet" steht hier das Rundfunkrecht, das seit jeher in der Gesetzgebungskompetenz der Länder liegt (Art. 30, 70 Abs. 1 Hs. 1 GG). Durch die zahlreichen sog. Rundfunkentscheidungen des Bundesverfassungsgerichts bleibt den Ländern hier regelmäßig nur die Möglichkeit der nachvollziehenden Gesetzgebung (s. nur *BVerfGE 57, 295ff. – FRAG; BVerfGE 73, 118ff. – Niedersachsen; BVerfGE 83, 238ff. – WDR* u.v.a.). Ein anderes Beispiel ist das Versammlungsrecht, das seit 2006 in der Gesetzgebungskompetenz der Länder liegt, von der Rechtsprechung des Bundesverfassungsgerichts aber so geprägt ist, dass den Landesgesetzgebern hier kaum mehr nennenswerter Gestaltungsspielraum zukommt (vgl. *BVerfGE 69, 315ff. – Brokdorf; BVerfGE 104, 92ff. – Wackersdorf; BVerfGE 111, 147ff. – NPD-Kundgebung*). Weitere Beispiele lassen sich anfügen, so etwa das Hochschulrecht, das Recht der polizeilichen Datenerhebung u.a.m.

2. Gegensteuerung: Reform der föderativen Ordnung

a) Verfassungsreform von 1994

643 Die unitarische Wirkung der Grundrechte (Rn. 641 f.) ist notwendige Begleiterscheinung der gleichen Freiheit der Bürger in ganz Deutschland und muss insofern akzeptiert werden. Im staatsorganisationsrechtlichen Bereich hingegen liegen die Dinge anders. Hier begann die Politik in den 1990er Jahren, die **Nachteile unitarischer Tendenzen** zu erkennen. Ein erster Schritt war die **Verschärfung** der Voraussetzungen für die **konkurrierende Bundesgesetzgebung** in Art. 72 Abs. 2 GG a.F. durch die Verfassungsreform von **1994,** die vom Bundesverfassungsgericht sehr ernst genommen wurde (*BVerfGE 106, 62 [144] – Altenpflege; BVerfGE 111, 10 [30f.] – Ladenschlussgesetz; BVerfGE 111, 226 [252] – Juniorprofessur*).

b) Föderalismusreformen I und II

644 Die Erkenntnis der Reformbedürftigkeit der bundesstaatlichen Ordnung führte 2003 dazu, dass Bundestag und Bundesrat die „Kommission zur Modernisierung der bundesstaatlichen Ordnung" – besser bekannt als **„Födera-**

§ 9. Bundesstaat 171

lismuskommission" – einsetzten. Da aber keine Einigung zwischen Bund und Ländern bezüglich der Zuständigkeiten in den Bereichen Bildung und Hochschulen zu erreichen war, gab die Kommission Ende 2004 ihre Arbeit zunächst auf. Die Bildung der (zweiten, vgl. Rn. 638) „großen Koalition" auf Bundesebene im November 2005 ermöglichte dann doch einen Kompromiss. Dies führte zur Föderalismusreform von 2006 (sog. **Föderalismusreform I**), durch die das Grundgesetz zum 1.9.2006 in zentralen staatsorganisationsrechtlichen Bereichen geändert wurde. Zu nennen sind insb. die Rückführung der Gesetzgebungskompetenzen des Bundes und die Verringerung der Bundesgesetze, die der Zustimmung des Bundesrates bedürfen.

Nur etwa drei Monate nach Abschluss der Föderalismusreform I im Jahr 2006 setzten Bundestag und Bundesrat die „Gemeinsame Kommission zur Modernisierung der Bund-Länder-Finanzbeziehungen" (die sog. Föderalismuskommission II) ein. Nach mehrjährigem Ringen wurde 2009 ein Kompromiss erzielt, der zum 1.8.2009 in eine weitere Änderung des Grundgesetzes mündete **(Föderalismusreform II)**. Bereits die Föderalismusreform II kehrte die Bestrebungen nach einer Entflechtung der Bund-Länder-Beziehungen teilweise wieder in Richtung einer Unitarisierung um. Diese Entwicklung setzt sich in weiteren Verfassungsänderungen aus den Jahren 2010, 2015, 2017 und 2019 fort. Es scheint, als wüchse in der deutschen Politik eine Abneigung gegen föderative Unterschiede und damit „Ungleichheiten". 645

V. Kommunale Selbstverwaltung

1. Begriff der Gemeinden und Gemeindeverbände

Der föderative Aufbau der Bundesrepublik weist **zwei staatliche Ebenen** auf: den Bund und die Länder (Rn. 531 ff.). Der politischen Realität wird diese Verfassungsrechtslage jedoch nicht vollkommen gerecht. Landläufig ist der Dreiklang „Bund – Länder – Gemeinden" zu hören. Damit wird unter den Gesamt- und die Gliedstaaten die kommunale Ebene gestellt. 646

Unter **Kommunen** versteht man in Deutschland 647

– die **Gemeinden** einschließlich der **Städte** als Gemeindearten mit erweitertem Aufgabenspektrum,
– die **Landkreise** (bisweilen auch schlicht als Kreise bezeichnet) sowie
– in wenigen größeren Bundesländern kommunale Gebietskörperschaften der höheren Ebene, so die **Bezirke** in Bayern und die **Landschaftsverbände** in Nordrhein-Westfalen.

In der zentralen Vorschrift für die kommunale Selbstverwaltung, in **Art. 28 Abs. 2 GG,** spricht das Grundgesetz jedoch nicht von (Land-)Kreisen, sondern von **Gemeindeverbänden** (Satz 2). Darunter versteht es jedoch die **Land-** 648 kreise und, soweit errichtet, die Gebietskörperschaften der höheren Ebene (Bezirke, Landschaftsverbände). Insofern gibt der Begriff des Gemeindeverbandes häufig Anlass für Missverständnisse: Anders als nach dem Wortlaut zu vermuten, sind Mitglieder eines „Gemeindeverbandes" nicht die Gemeinden, sondern die jeweiligen Einwohner (also insb. die Kreisbürger).

649

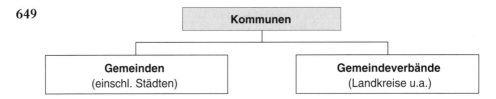

650 Um es nochmals ganz klar zu sagen: Die **Kommunen** stellen keine weitere staatliche Ebene dar. Sie bilden vielmehr einen **Teil der Länder,** wenn sie dort auch rechtlich und politisch stark verselbständigt agieren dürfen. Rechtlich korrekt formuliert sind Kommunen **landesunmittelbare Gebietskörperschaften des öffentlichen Rechts.**

2. Rechtsstellung der Kommunen

651 Die **herausgehobene Stellung** der Kommunen wurzelt in der Geschichte (preußische Gemeindereform des *Freiherrn vom und zum Stein* 1808) und stellt seither ein Charakteristikum deutschen Rechts- und Verfassungslebens dar. Das **Grundgesetz garantiert die kommunale Selbstverwaltung** in einer seiner Kernvorschriften, in **Art. 28 Abs. 2.** Diese Vorschrift durchbricht die prinzipielle Verfassungshoheit der Länder und gilt dort als Durchgriffsnorm **unmittelbar** (Rn. 565). Abgesehen davon finden sich vergleichbare Garantien der gemeindlichen Selbstverwaltung in den Landesverfassungen.

652 Die Gewährleistung der kommunalen Selbstverwaltung ist **keine Bestandsgarantie,** die jeder einzelnen Kommune zustünde. Vielmehr darf der Staat, insb. wenn er dies mit ausreichenden Argumenten begründen kann und wenn die Verhältnismäßigkeit gesichert ist, einzelne Gemeinden oder Gemeindeverbände in ihrem Gebietsbestand ändern, zusammenlegen oder sogar auflösen (kommunale Gebietsreform). Die kommunale Selbstverwaltungsgarantie ist daher *insoweit* **kein subjektives Recht,** sondern (lediglich) eine sog. **institutionelle Garantie** (vgl. *BVerfGE 86, 90 [107] – Kommunale Bestands- und Gebietsänderungen Niedersachsen; BVerfGE 107, 1 [24] – Verwaltungsgemeinschaft Sachsen-Anhalt*).

3. Wirkungskreis der Kommunen

a) Selbstverwaltungsangelegenheiten

Nach **Art. 28 Abs. 2 Satz 1 GG** muss den Gemeinden das Recht gewährleistet sein, **alle Angelegenheiten** der örtlichen Gemeinschaft im Rahmen der Gesetze **in eigener Verantwortung** zu regeln. Diese Garantie der gemeindlichen Selbstverwaltung ist elementar. Sie gewährleistet den Gemeinden im Sinne eines **Aufgabenverteilungsprinzips** eine umfassende Wahrnehmungskompetenz (**Universalität** – freilich begrenzt auf die örtlichen Belange) und prinzipiell eine eigenverantwortliche Erfüllung (**Autonomie**). Wesentlicher Ausdruck dessen ist das Recht der Kommunen, ihr eigenes Ortsrecht in Form von Satzungen zu erlassen (kommunale Rechtssetzungsautonomie, vgl. Rn. 1224 ff.). All dies gilt jedoch nur **„im Rahmen der Gesetze"**; d.h. der Bundes- und vor allem die Landesgesetzgeber können anderes bestimmen, solange sie dabei die gemeindliche Selbstverwaltung nicht in ihrem Kern und darüber hinaus auch nicht in unverhältnismäßiger Weise aushöhlen. Wegen der gemeindlichen Verwaltungsautonomie beschränkt sich die staatliche Aufsicht darauf zu kontrollieren, ob die Gemeinden ihre Angelegenheiten dem geltenden Recht gemäß wahrnehmen (**Rechtsaufsicht**).

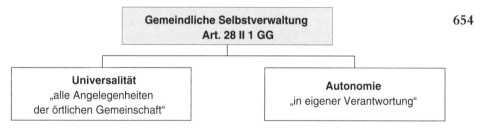

Art. 28 Abs. 2 Satz 2 GG statuiert die Selbstverwaltungsgarantie auch für die **Gemeindeverbände** (insb. die **Landkreise**). Diese Gewährleistung ist freilich wesentlich **schwächer ausgestaltet,** was sich schon aus dem Wortlaut ergibt: Der Aufgabenbereich der Gemeindeverbände ist nicht universal (also weder alle örtlichen noch alle überörtlichen Angelegenheiten), sondern gesetzlich vorgegeben; im Übrigen besteht das Recht der Selbstverwaltung nur nach Maßgabe der Gesetze.

b) Auftragsangelegenheiten

Keine **Verwaltungsautonomie** der Kommunen besteht von vornherein in den Angelegenheiten, die der Staat zur Erfüllung nach Weisung auf die Gemeinden und Gemeindeverbände überträgt. Diese sog. **Auftragsangelegenheiten** sind keine Angelegenheiten der örtlichen Gemeinschaft i.S.v.

Art. 28 Abs. 2 Satz 1 GG, also keine Selbstverwaltungsangelegenheiten, sondern ehemalige Staatsaufgaben, die zwar von den Gemeinden im eigenen Namen wahrgenommen werden, bei denen der Staat aber das kommunale Verwaltungsermessen insb. durch **Weisungen** lenken darf und demgemäß nicht nur die Rechtsaufsicht, sondern auch die **Fachaufsicht** ausübt.

657
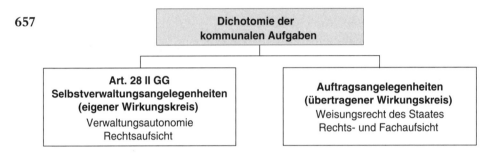

4. Unmittelbare demokratische Legitimation

658 Die kommunale Selbstverwaltungsgarantie ist stets im Zusammenhang mit **Art. 28 Abs. 1 Satz 2 GG** zu lesen. Diese Normativbestimmung (Rn. 563 f.) schreibt den Ländern vor, dass das **Volk** (auch) in den Kreisen und Gemeinden eine **Vertretung** haben muss, die aus allgemeinen, unmittelbaren, freien, gleichen und geheimen Wahlen hervorgegangen ist (besondere Maßgaben dazu finden sich in den Sätzen 3 und 4). Diese kommunalen Volksvertretungen werden in den Gemeinden als Gemeinderäte, in den Städten als Stadträte und in den Landkreisen als Kreistage bezeichnet. Durch Art. 28 Abs. 1 Satz 2 und Abs. 2 GG wird das Prinzip der **demokratischen Dezentralisierung** in Deutschland verwirklicht: Die Selbstbestimmung des Volkes, die Volkssouveränität, findet ihren Ausdruck nicht nur in der demokratischen Legitimation der Parlamente, der Staatsverwaltung und der staatlichen Gerichte, sondern auch in der demokratischen Legitimation der sich selbst verwaltenden Kommunen.

659 **Merke:** Trotz ihrer unmittelbaren demokratischen Legitimation sind und bleiben die Gemeinden und Gemeindeverbände Teil der Verwaltung (der Exekutive). Die kommunalen Volksvertretungen (Gemeinderäte, Kreistage) haben keine Gesetzgebungskompetenz und sind daher auch nicht als Parlamente zu qualifizieren, sondern als Organe der Selbst*verwaltung* (*BVerfGE 120, 82 ff.* – 5 %-Sperrklausel Schleswig-Holstein).

5. Rechtsstreitigkeiten und Rechtsschutz

660 Das Rechtsverhältnis zwischen Staat und Kommunen ist **konfliktanfällig**. Beide Ebenen sind auf ihre Rechte bedacht und geraten miteinander vor allem dann in zwei typischen Konstellationen in Streit:

§ 10. Sozialstaat

– zum einen, wenn der Staat den Kommunen durch Gesetz „liebgewonnene" Kompetenzen (Rn. 98) entzieht (sog. Hochzonung von Aufgaben) oder Vorgaben für die Aufgabenerledigung macht;
– zum anderen, wenn es sich um die Finanzen dreht. Nicht selten versucht der Staat, ausgabenträchtige Aufgaben auf die Kommunen überzuwälzen, ohne diese im Gegenzug mit ausreichenden Finanzmitteln auszustatten. Daher ist in Art. 28 Abs. 2 GG als **„Finanzsicherungsklausel"** der neue Satz 3 angefügt worden (1994 der erste Halbsatz und 1997 der zweite Halbsatz).

Streitigkeiten zwischen Staat und Kommunen haben im Verlauf der vergangenen Jahrzehnte zu Prozessen vor dem Bundesverfassungsgericht und vor den Verfassungsgerichten der Länder geführt. Ermöglicht wird dies insb. durch das im Bund und mutatis mutandis in den Ländern bestehende Instrument der **Kommunalverfassungsbeschwerde**. Für das Bundesverfassungsgericht ist dieser Rechtsbehelf in Art. 93 Abs. 1 Nr. 4b GG geregelt, nach dem zweiten Halbsatz der Vorschrift aber subsidiär. Das heißt, dass das Bundesverfassungsgericht gegen ein Landesgesetz nur angerufen werden kann, wenn nicht Beschwerde beim zuständigen Landesverfassungsgericht erhoben werden kann. 661

Beispiele: Der „Klassiker" unter den Verfassungsgerichtsentscheidungen ist in diesem Bereich der Rastede-Beschluss des Bundesverfassungsgerichts vom 23.11.1988 *(BVerfGE 79, 127 ff.)*. Siehe daneben *BVerfGE 83, 37 ff.* – *Ausländerwahlrecht Schleswig-Holstein; BVerfGE 83, 60 ff.* – *Ausländerwahlrecht Hamburg; BVerfGE 86, 90 ff.* – *Kommunale Bestands- und Gebietsänderungen Niedersachsen; BVerfGE 91, 228 ff.* – *Gleichstellungsbeauftragte Schleswig-Holstein; BVerfGE 93, 37 ff.* – *Mitbestimmungsgesetz Schleswig-Holstein; BVerfGE 107, 1 ff.* – *Verwaltungsgemeinschaft Sachsen-Anhalt* u.a.

§ 10. Sozialstaat

Literaturhinweise: S. *Korioth*, Staatsrecht I, 4. Aufl. 2018, § 20; Th. I. *Schmidt*, Prüfe dein Wissen – Staatsrecht, 3. Aufl. 2013, Nr. 109–111; F. E. *Schnapp*, Was können wir über das Sozialstaatsprinzip wissen?, JuS 1998, 873–877; A. *Voßkuhle*/Th. *Wischmeyer*, Grundwissen – Öffentliches Recht: Das Sozialstaatsprinzip, JuS 2015, 693–695.

I. Geschichtlich-soziologischer Hintergrund

Das Prinzip der Sozialstaatlichkeit stellt eine **Reaktion auf die gesellschaftlichen und wirtschaftlichen Entwicklungen** im 19. und im beginnenden 20. Jh. dar: Aufgrund der „industriellen Revolution" sowie der damit verbundenen tiefgreifenden Veränderung des Arbeitsmarktes und des enormen Bevölkerungswachstums in Europa rückte die **„soziale Frage"** spätestens seit ca. 1850 immer stärker in den Vordergrund (das Wort „sozial" stammt vom lat. *socius* = Genosse, Teilnehmer, urspr. Gefolgsmann). 662

663 Der bürgerliche Rechtsstaat, der im Laufe des 19. Jh. erkämpft wurde, war in erster Linie auf die Sicherung von Freiheit und Eigentum angelegt (vgl. Rn. 455 ff.). Diese Rechtsgüter waren indes vergleichsweise nutzlos für eine immer breiter werdende **Arbeiterschicht**, die – gerade im Vergleich zu heute – in unvorstellbarer **Armut** lebte und daher auch ihre „bürgerlichen Freiheiten" nicht genießen konnte. Politische Konsequenz daraus war die Entstehung der **sozialen Bewegung**, die von den Gewerkschaften über sozialistische Parteien bis hin zum Marxismus-Leninismus reichte.

664 Darauf musste der **bürgerliche Rechtsstaat reagieren**, wenn er überleben wollte. In Deutschland finden sich erste Ansätze in der Sozialgesetzgebung des Bismarckreichs (1883–1889), eine Verstärkung in der Weimarer Zeit (Rn. 689) und schließlich der Übergang vom bürgerlichen zum **sozialen Rechtsstaat** seit 1949. Dessen Ziel ist der **Ausgleich zwischen Freiheit und Gleichheit** durch **staatliche Intervention**, um auf diese Weise eine **Umverteilung** (Rn. 693 f.) von Vermögen in der Gesellschaft zu bewirken.

665 Sozialstaatliche Umverteilungsmaßnahmen greifen – insb. über Steuerzahlungspflichten (Rn. 693) – z.T. erheblich in vermögensrechtliche Positionen („Hab und Gut") der „wohlhabenden Schichten" ein. Juristisch werden diese Maßnahmen durch Gesetze ermöglicht, die im Parlament mehrheitlich beschlossen und erforderlichenfalls mit staatlichen Zwang vollzogen werden (Rn. 286, 322). Auf Dauer kann dies jedoch nur gelingen, wenn in der Gesellschaft ein gewisses **Zusammengehörigkeitsgefühl** besteht, eine Bereitschaft, füreinander einzustehen (**Solidarität**, ehem. „Brüderlichkeit" = *fraternité* als Schlagwort der französischen Revolution 1789). Politisch scheint dies – bis auf weiteres – nur innerhalb solcher gesellschaftlicher Strukturen umsetzbar zu sein, die ein Mindestmaß an Homogenität aufweisen (vgl. Staatsvolk, Rn. 258). Insoweit gewinnt der Begriff Sozial*staat* elementare Bedeutung.

II. Sozialstaatlichkeit als Staatsgrundlage

1. Objektives Verfassungsprinzip

a) Unabänderlichkeit

666 Nach der Staatsfundamentalnorm des Art. 20 Abs. 1 GG (Rn. 226 ff.) ist die Bundesrepublik Deutschland ein **„sozialer Bundesstaat"**. Damit gehört das Sozialstaatsprinzip zu den Staatsgrundlagen, die von **Art. 79 Abs. 3 GG** als unabänderlich geschützt werden (Rn. 788 ff.). Darüber hinaus legt die Normativbestimmung des Art. 28 Abs. 1 Satz 1 GG (Rn. 559 ff.) die verfassungsmäßige Ordnung in den Ländern auf den **„sozialen Rechtsstaat"** fest. Schließlich darf sich die Bundesrepublik gem. Art. 23 Abs. 1 Satz 1 GG nur unter der

Voraussetzung an der Entwicklung der Europäischen Union beteiligten, dass diese „**sozialen Grundsätzen**" verpflichtet ist.

b) Verpflichtung des Staates

Das Sozialstaatsprinzip hat den Charakter eines **objektiven Rechtssatzes** (Rn. 78) und stellt somit **unmittelbar geltendes Recht** dar. Es verpflichtet Gesetzgeber, vollziehende Gewalt und Rechtsprechung (Art. 20 Abs. 3 GG). Ganz allgemein verfolgt die Festlegung auf den Sozialstaat den Zweck, die sozialen Verhältnisse und die Verteilung der wirtschaftlichen Macht in Deutschland zu einem gewissen **Ausgleich** zu bringen, so dass Auswüchse, insb. grobe Disparitäten vermieden werden. Die vom Grundgesetz anerkannte Freiheit des Einzelnen (insb. gem. Art. 2 Abs. 1, Art. 12 Abs. 1, Art. 14 GG) dient auch der Schaffung von individuellem Wohlstand; sie soll aber nicht dazu missbraucht werden, die Freiheit sozial schwächerer Mitbürger einzuschränken und deren **Chancengleichheit** (Art. 3 Abs. 1 GG) zu verbauen. Das Sozialstaatsprinzip ist freiheitlich unterfangen; es darf **nicht** in eine **Nivellierung** auf niedriger Ebene und in **Rückschritt** umschlagen – der wirtschaftliche und soziale Zusammenbruch der totalitär-sozialistischen Staatenwelt zum Ende des 20. Jh. liefert dafür ein drastisches Beispiel. 667

c) Keine Ansprüche unmittelbar aus dem Sozialstaatsprinzip

aa) Grundsatz

Dem Sozialstaatsprinzip als rein objektivem Verfassungsgrundsatz fehlt die subjektive Dimension. Art. 20 Abs. 1 und Art. 28 Abs. 1 Satz 1 GG begründen **keine subjektiv-öffentlichen Rechte** für den Einzelnen (Rn. 79). Das bedeutet, dass sich der Bürger grds. nicht auf das Sozialstaatsprinzip stützen kann, um daraus individuelle Ansprüche gegen den Staat herzuleiten und gerichtlich einzuklagen (vgl. *BVerfGE 27, 253 [283] – Besatzungsschäden*). Dies kann er nur, soweit ihm durch einfachgesetzliche Regelungen soziale Rechte gewährt werden (s. exemplarisch die §§ 2 ff. des Ersten Buches Sozialgesetzbuch – SGB I). 668

Aus dem Sozialstaatsprinzip ergibt sich außerdem **keine Garantie** dafür, dass ein einmal **erreichtes sozialstaatliches Niveau** für alle Zeit erhalten bleibt. Der Staat kann eine gerechte Sozialordnung nur im Rahmen seiner (finanziellen) Mittel gewährleisten. Über die Eigentumsgarantie des Art. 14 GG sind jedoch solche sozialrechtlichen Rechtspositionen geschützt, die der Einzelne durch eigene Leistung erworben hat, insb. Rentenversicherungsansprüche, die durch Beitragszahlungen erworben wurden (*Manssen*, Staatsrecht II, Rn. 698 f.). 669

bb) Ausnahmen

Ausnahmsweise gilt etwas anderes: Allgemein anerkannt ist ein Anspruch auf **Gewährleistung des Existenzminimums,** der sich unmittelbar aus dem Sozialstaatsprinzip sowie aus Art. 1 Abs. 1 und Art. 2 Abs. 2 Satz 1 GG ergibt 670

(s. Rn. 681 und *BVerfGE 43, 13 [19] – Waisenrente; BVerfGE 99, 216 [233] – Kinderleistungsausgleich*).

671 Außerdem trifft den Staat das sog. **Kapazitätserschöpfungsgebot**. Daraus folgt ein Anspruch des Einzelnen dahingehend, dass vorhandene öffentliche Einrichtungen erschöpfend ausgenutzt werden müssen. Relevant wurde dies vor allem beim Zugang zum Medizinstudium in Verbindung mit dem Grundrecht auf freie Wahl der Ausbildungsstätte aus Art. 12 Abs. 1 GG *(BVerfGE 33, 303 [332f.] – Numerus clausus I; BVerfGE 147, 253 [305ff. Rn. 103ff.] – Studienplatzvergabe Medizin)*. Eine Pflicht zur Kapazitätserweiterung besteht demgegenüber nicht: Reichen die vorhandenen Kapazitäten aufgrund einer Mangellage nicht aus, müssen sie grds. nicht aufgestockt werden.

672 **Merke:** Das Sozialstaatsprinzip gehört dem objektiven Recht an. Der Bürger kann daraus grds. nicht unmittelbar subjektiv-öffentliche Rechte herleiten.

2. Gestaltungsauftrag an den Gesetzgeber

a) Staatszielbestimmung

673 Als objektives Verfassungsprinzip richtet sich die Verpflichtung zur Sozialstaatlichkeit **in erster Linie** an den **Gesetzgeber**. Er hat die **Aufgabe, für eine gerechte Sozialordnung zu sorgen** *(BVerfGE 94, 241 [263] – Kindererziehungszeiten)*. Er muss das Sozialstaatsprinzip bei seiner legislativen Tätigkeit fortwährend beachten (nicht nur berücksichtigen), und zwar auf allen Gebieten der Gesetzgebung, nicht nur im speziellen Bereich des eigentlichen Sozialrechts (vgl. *BVerfGE 1, 97 [105] – Hinterbliebenenrente; BVerfGE 71, 66 [80] – Witwenrente/DDR*). Auf diese Weise wird es möglich, das **soziale Leistungsrecht** dynamisch an das jeweils volkswirtschaftlich verkraftbare Niveau **anzupassen**. Diese inhaltliche Offenheit zeugt zudem vom Respekt der Verfassung vor dem einfachen Gesetzgeber, der den Weg zur Sozialstaatlichkeit im **demokratischen Willensbildungsprozess** finden soll. Wegen dieser primären Inpflichtnahme des Gesetzgebers ist das Sozialstaatsprinzip nicht nur als Staatsgrundlage, sondern zugleich auch als **Staatszielbestimmung** zu qualifizieren (Rn. 243 ff.).

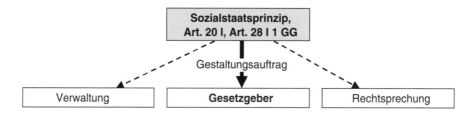

b) Gestaltungsspielraum

Im Wettbewerb der politischen Meinungen und damit auch im Kampf um Wählerstimmen wird nicht selten auf das Grundgesetz zurückgegriffen, das den Gesetzgeber angeblich verpflichte, die eine oder anderen soziale Maßnahme zu ergreifen. Dies ist, von Ausnahmen abgesehen (Rn. 670 f., 681 f.), falsch. So eindeutig das Grundgesetz die Frage des „Ob" einer Sozialstaatlichkeit beantwortet, so offen ist es bei der Frage des „Wie": Hier steht dem Gesetzgeber ein **weiter Gestaltungsspielraum** zu (*BVerfGE 103, 271 [288] – Pflegeversicherung IV –* st.Rspr.). Diesen Spielraum darf der Gesetzgeber im rechtsstaatlichen Rahmen auf demokratische Weise ausfüllen (vgl. Rn. 515). 674

Auf unterverfassungsrechtlicher Ebene gehört das Maß an Sozialstaatlichkeit zu den **politisch umkämpftesten Gegenständen** überhaupt. Wer darüber streitet, nimmt gerne die **„soziale Gerechtigkeit"** in Anspruch – ein Schlagwort, das nach *Friedrich v. Hayek* „völlig leer und inhaltslos" sein soll (1976). Jedenfalls aber steht die bereits von *Aristoteles* in seiner Nikomachischen Ethik (322 v.Chr.) diskutierte *iustitia distributiva*, die „Gerechtigkeit" der Verteilung von Gütern in der Gesellschaft, niemals *a priori* fest. Sie beruht stets **auf subjektiver Wertung.** 675

Ort für die Austragung des Streits darüber sind in der Demokratie das **Parlament**, die freien **Medien**, **Versammlungen** und **Vereinigungen**. *„Was jeweils praktisch zu geschehen hat, wird also in ständiger Auseinandersetzung aller an der Gestaltung des sozialen Lebens beteiligten Menschen und Gruppen ermittelt."* Dabei *„spielt sich ein Prozess der Klärung und Wandlung [...] ab. Die schließlich erreichten Entscheidungen werden gewiss stets mehr den Wünschen und Interessen der einen oder anderen Gruppe oder sozialen Schicht entsprechen; die Tendenz der Ordnung und die in ihr angelegte Möglichkeit der freien Auseinandersetzung zwischen allen realen und geistigen Kräften wirkt aber [...] in Richtung auf Ausgleich und Schonung der Interessen aller"* (*BVerfGE 5, 85 [198] – KPD-Verbot*). 676

c) Kollidierende Abwägungsfaktoren

Das Sozialstaatsprinzip kollidiert nicht selten mit anderen Zielen von Verfassungsrang, denen der Staat **gleichrangig verpflichtet** ist. Der Gesetzgeber ist hier zu einer umfassenden Berücksichtigung und zu einer schonenden Abwägung aufgerufen. 677

— Eine Verfassungsdirektive, die dem Sozialstaatsprinzip widerstreiten kann, ist das **gesamtwirtschaftliche Gleichgewicht** (Art. 109 Abs. 2 GG, Rn. 748 f.). Ein Übermaß an Umverteilung kann das Wirtschaftswachstum und die Preisniveaustabilität hemmen sowie dem Ziel der Vollbeschäftigung zuwiderlaufen. 678

— Ein weiterer Abwägungsfaktor sind die **Grundrechte** als Bausteine einer objektiven Wertordnung (*Manssen*, Staatsrecht II, Rn. 49 ff.). Sie gewährleisten auch den wirtschaftlich stärkeren Bürgern und Unternehmen grds. 679

die **Freiheit** zur individuellen, insb. **wirtschaftlichen Entfaltung**. In diese Rechtspositionen darf der Staat auch im Rahmen seiner Sozialgesetzgebung nur insoweit eingreifen, als dies geeignet, erforderlich und **verhältnismäßig** ist (Rn. 507 ff.). Der Sozialstaat des Grundgesetzes muss **freiheitlich** und **rechtsstaatlich** bleiben.

680 – Schließlich hat der Gesetzgeber die sog. **intergenerative Gerechtigkeit** zu beachten (vgl. *BVerfGE 103, 242 [263 ff.] – Pflegeversicherung III; BVerfGE 119, 96 [141 ff.] – Bundeshaushalt 2004*; vgl. auch Rn. 761, 771). Es ist unangemessen, wenn – wie dies seit Jahrzehnten tatsächlich geschieht – die gegenwärtige Generation ihr sozialstaatliches Leistungsniveau über massive Staatsverschuldung und damit auf Kosten ihrer Kinder finanziert.

d) Untergrenze

681 Bei aller Unbestimmtheit des verfassungsrechtlichen Sozialstaatsprinzips und bei aller Gestaltungsfreiheit des Gesetzgebers wird eine Untergrenze anerkannt, die nicht unterschritten werden darf: „Zwingend ist [...], dass der Staat die Mindestvoraussetzungen für ein menschenwürdiges Dasein seiner Bürger schafft" *(BVerfGE 82, 60 [80] – Kindergeld)*. Das bedeutet: Aus dem Sozialstaatsprinzip in Verbindung mit dem Gebot zur Achtung und zum Schutz der Menschenwürde (Art. 1 Abs. 1 GG) und dem Grundrecht auf Leben und körperliche Unversehrtheit (Art. 2 Abs. 2 Satz 1 GG) erwächst dem Staat die **Pflicht zur Gewährleistung des Existenzminimums** eines jeden in Deutschland lebenden Menschen. Bleibt der Gesetzgeber dahinter zurück, verstößt er gegen das grundrechtliche **Untermaßverbot** (dazu *Manssen*, Staatsrecht II, Rn. 53 ff.).

682 Einfachgesetzlich umgesetzt wird dies insb. durch das **Sozialhilferecht** (Hilfe zum Lebensunterhalt; Grundsicherung im Alter und bei Erwerbsminderung) sowie durch das Recht der Grundsicherung für Arbeitsuchende (**Arbeitslosengeld II**, s. Rn. 696). Zugleich bildet „*der existenznotwendige Bedarf [...] von Verfassungs wegen die Untergrenze für den Zugriff durch die Einkommensteuer* (*BVerfGE 87, 153 [169] – Existenzminimum I*).

683 **Merke:** Das Sozialstaatsprinzip hat die Qualität eines objektiv geltenden Rechtssatzes, der sich in erster Linie an den Gesetzgeber richtet. Dieser wird verpflichtet, das Sozialstaatsprinzip im Rahmen einer Abwägung mit widerstreitenden Verfassungsdirektiven in allen Rechtsgebieten umzusetzen. Auf welche Weise und in welchem Maß das geschieht, liegt in der Einschätzungsprärogative (im Beurteilungsspielraum) des Gesetzgebers. Ausnahmen gelten für die Gewährleistung des Existenzminimums und bei der Ausschöpfung von vorhandenen Kapazitäten.

3. Bedeutung für Verwaltung und Rechtsprechung

684 Neben dem Gesetzgeber sind auch die vollziehende Gewalt und die Rechtsprechung zur Beachtung des Sozialstaatsprinzips verpflichtet. Die Bindungs-

§ 10. Sozialstaat

wirkung ist allerdings eine andere: Das verfassungsrechtlich unbestimmte Sozialstaatsprinzip in Gesetze umzusetzen, ist allein Aufgabe des Gesetzgebers. Die **Verwaltung** erfüllt ihren sozialstaatlichen Auftrag vor allem durch den rechtmäßigen **Vollzug der Sozialgesetze**. Dabei hat sie die Gesetze **verfassungskonform** und verfassungsorientiert, d.h. vor allem sozialstaatskonform, auszulegen und anzuwenden sowie ihr zustehende Ermessensspielräume in diesem Sinn auszufüllen (Rn. 215 f.). Ähnliches gilt für die Rechtsprechung. Das Sozialstaatsprinzip stellt isoliert betrachtet jedoch **keine Grundlage für Eingriffe** in Rechtspositionen des Einzelnen dar; auch ermächtigt es als solches die Verwaltung **nicht zur Gewährung** von sozialen Leistungen.

III. Weiterer Normbefund

1. Einzelnormen im Grundgesetz

Außer in den zentralen Vorschriften des Art. 20 Abs. 1, des Art. 28 Abs. 1 Satz 1 und des Art. 23 Abs. 1 Satz 1 GG kommt das Sozialstaatsprinzip noch in anderen Normen des Grundgesetzes zum Ausdruck, vor allem im Grundrechtsteil: **685**

– **Art. 3 Abs. 3 Satz 2 GG** normiert das Verbot der Benachteiligung von Behinderten. Dieses Benachteiligungsverbot konkretisiert den Förderungs- und Integrationsauftrag, der dem Sozialstaatsprinzip innewohnt.

– **Art. 6 Abs. 4 GG** begründet für jede Mutter einen unmittelbaren Anspruch auf Schutz und Fürsorge, der das Sozialstaatsprinzip insoweit verdrängt *(BVerfGE 32, 273 [279] – Mutterschutz)*. Seinen daraus entspringenden Umsetzungsauftrag hat der Gesetzgeber insb. durch Erlass des Mutterschutzgesetzes (MuSchG) erfüllt. **686**

– **Art. 14 Abs. 2 GG** schreibt die Sozialpflichtigkeit des Privateigentums fest. Damit trifft den Gesetzgeber die Pflicht, bei der Bestimmung von Inhalt und Schranken des Eigentums und des Erbrechts stets das Wohl der Allgemeinheit zu beachten und in ein ausgewogenes Verhältnis mit dem Privateigentum zu bringen *(BVerfGE 95, 64 [84] – Mietpreisbindung)*. Die darüber hinausgehende Sozialisierungsklausel des Art. 15 GG hat keine Bedeutung erlangt. **687**

– Der Katalog des **Art. 74 Abs. 1 GG** teilt dem **Bund** außerdem die **Gesetzgebungskompetenz** für nahezu das gesamte Sozialrecht zu (s. insb. die Nummern 6, 7, 9, 10, 12, 13, 14, 15, 16, 19, 19a, 20, daneben auch Art. 73 Abs. 1 Nr. 13 GG). Für die Landesgesetzgeber bleibt daneben wenig Raum. Daraus ergibt sich zwar **keine Verfassungspflicht** zur Gesetzgebung durch den Bund. Sehr wohl aber kann daraus die Erwartung des Grundgesetzes abgeleitet werden, das Sozialrecht weitgehend bundeseinheitlich zu kodifizieren. **688**

2. Zurückhaltung des Grundgesetzes

689 Bei der weiteren Ausformung des Sozialstaatsprinzips hält sich das Grundgesetz auffallend zurück. Dies ergibt sich zum einen aus dem historischen Vergleich mit der **Weimarer Reichsverfassung** von 1919, die ganz konkrete Regelungen zur Wirtschafts- und Sozialordnung enthielt, etwa ein Recht auf Arbeit (Art. 163 Abs. 2 Satz 1 WRV), ein Recht auf eine gesunde Wohnung, insb. für kinderreiche Familien und Kriegsteilnehmer (Art. 155 Abs. 1 WRV). Auch ein **systematischer Vergleich** innerhalb des Grundgesetzes ergibt, dass wesentlich mehr Vorschriften zur Ausformung des Demokratie-, Rechtsstaats- und Bundesstaatsprinzips zu finden sind als zur Sozialstaatlichkeit.

690 Hierfür bestehen mehrere **Ursachen,** die sich aus den politischen Umständen der Jahre 1948/1949 erklären:

– Die Erarbeitung des Grundgesetzes erfolgte unter den frischen Erlebnissen der nationalsozialistischen Diktatur und des verlorenen Weltkriegs. Als Reaktion darauf wollte der Verfassungsgeber **vorrangig** eine unumstößlich **demokratisch-rechtsstaatliche Ordnung** errichten.

691 – Ferner war man sich bewusst, dass sich sozialstaatliche Gewährleistungen nicht auf knappe Formeln reduzieren lassen, wenn sie tatsächlich erfüllbar sein sollen. Insb. Art. 1 Abs. 3 GG legt aber fest, dass alle Grundrechte unmittelbar geltendes Recht sind und damit **effektiv durchsetzbar** sein müssen (Rn. 504 ff.). „**Leere soziale Versprechungen**" wollte das Grundgesetz vermeiden, um in seiner Ganzheit **ernst genommen** zu werden.

692 – Zudem herrschten zwischen den beiden großen Parteien, der CDU und der SPD, tiefgreifende **Meinungsverschiedenheiten** bzgl. der **Wirtschaftsordnung:** Die CDU favorisierte die Marktwirtschaft, die SPD hingegen die Planwirtschaft. Der (unausgesprochene) **Kompromiss** bestand darin, die Entscheidung dieser Frage in der Verfassung **offen zu lassen** und dem einfachen Gesetzgeber zu überantworten. Dies akzeptierte die SPD vor allem deshalb, weil sie fest davon ausging, die künftige Bundesregierung und Mehrheit im Bundestag zu stellen.

3. Einfachgesetzliche Ausgestaltung

a) Umverteilung als Methode der Sozialstaatlichkeit

693 Bei der einfachgesetzlichen Ausformung der Sozialstaatlichkeit verzichtet der Gesetzgeber häufig auf schlichte Gebote oder Verbote. Stattdessen greift er mit **finanziellen Instrumenten** lenkend in gesellschaftliche und wirtschaftliche Prozesse ein. Vereinfacht ausgedrückt geschieht dies dadurch, dass der Gesetzgeber Vorschriften erlässt, aufgrund deren dem „sozial Starken" etwas genommen wird, um es dem „sozial Schwachen" zu geben. Im modernen **Finanzstaat** (Rn. 698 ff.) erfolgt diese **Umverteilung** zumeist durch die

§ 10. Sozialstaat

Kombination von Steuer- und Sozial(leistungs)gesetzen: Wegen des Grundsatzes der Besteuerung nach der individuellen Leistungsfähigkeit, der aus Art. 3 Abs. 1 GG abgeleitet wird, müssen wohlhabendere Personen vergleichsweise mehr Steuern zahlen (vgl. bereits *BVerfGE 9, 237 [243] – Ehegattenbesteuerung –* seither st.Rspr.). Insbesondere der **progressive (= ansteigende) Einkommensteuertarif** (vgl. § 32a Abs. 1 Satz 2 Nr. 2 und 3 EStG) soll bewirken, dass wirtschaftlich leistungsfähigere Steuerpflichtige einen höheren Anteil ihres Einkommens an den Staat zahlen als leistungsschwächere Bürger (so erbringen die einkommensstärksten 20 % der Steuerpflichtigen mehr als 70 % des Einkommensteueraufkommens).

Von den dadurch generierten Staatseinnahmen wird ein beträchtlicher Teil nach Maßgabe der Sozialgesetze (Rn. 696) als Staatsausgaben an Personen erbracht, die in aller Regel (wesentlich) weniger Steuern zahlen und die jeweils einen sozialgesetzlich bestimmten Tatbestand erfüllen, aus dem ihnen ein **Leistungsanspruch** erwächst, der zumeist auf eine staatliche Geldzahlung (Transferleistung) gerichtet ist (vgl. § 2 Abs. 1 SGB I). In z.T. abgeschwächterem Maße liegt der Gedanke der Umverteilung auch dem Sozialversicherungsrecht zugrunde: Hier zahlen die leistungsfähigeren Beschäftigen (sowie deren Arbeitgeber) proportional höhere Beiträge als andere Beschäftigte. Die Leistungen sind in den Versicherungszweigen jedoch grds. für alle Berechtigten gleich (Ausnahmen insb.: Renten der Gesetzlichen Rentenversicherung oder Arbeitslosengeld I, nicht aber Arbeitslosengeld II = „Hartz IV"). Nicht zu vernachlässigen ist zudem die sog. **Infrastruktur,** die der Staat aus Steuermitteln seinen Bürgern unmittelbar bereitstellt (Verkehrswege, Kindergärten, Schulen, Universitäten u.a.m.).

b) Hohe Sozialquote

Seit der Verkündung des Grundgesetzes ist der Gesetzgeber seiner Verfassungspflicht zur Ausgestaltung des Sozialstaates umfassend nachgekommen. Die sog. **Sozial(leistungs)quote** schwankt in Deutschland seit Jahrzehnten um die **30 %-Marke**; d.h. ca. ein Drittel aller im Inland erzeugten Waren und Dienstleistungen (= Bruttoinlandsprodukt) werden für soziale Zwecke verwendet (nach aktuellen Hochrechnungen rund 965 Mrd. Euro im Jahr 2017). Von den **Einnahmen des Bundes** (2018 ca. 356 Mrd. Euro) fließen 50 % in die soziale Sicherung (2018 rund 180 Mrd. Euro; davon ca. 119 Mrd. Euro allein an Bundeszuweisungen für die gesetzliche Renten-, Kranken- und Arbeitslosenversicherung).

694

695

c) Einzelbereiche

696 Folgender Katalog, der nicht abschließend ist, vermittelt einen Eindruck von der umfassenden Umsetzung des Sozialstaatsprinzips durch den Gesetzgeber:

Sachbereiche	Gesetze (Auswahl)	
I. Traditionelle Zweige des Sozialrechts		
1. Sozialrecht: Allgemeines	SGB I	Allgemeiner Teil
	SGB X	Sozialverwaltungsverfahren
2. Sozialversicherung (Art. 74 I Nr. 12, Art. 87 II GG) → **Gegenseitigkeitsprinzip** (vielfach durchbrochen)	SGB III SGB IV SGB V SGB VI SGB VII SGB XI	Arbeitslosengeld I Allgemeine Vorschriften Krankenversicherung Rentenversicherung Unfallversicherung Pflegeversicherung
3. Soziale Fürsorge („Daseinsfürsorge") Existenzminimum, Kinder-/ Jugendfürsorge (Art. 74 I Nr. 7, Art. 2 II i.V.m. Art. 1 I GG) → **Bedürftigkeitsprinzip**	SGB II SGB VIII SGB XII JuSchG	Arbeitslosengeld II Kinder- und Jugendhilfe Sozialhilfe Jugendschutz
4. Soziale Entschädigung (Sozialversorgung) a) Kriegsfolgenbewältigung (Art. 73 I Nr. 11, Art. 74 I Nr. 6, 9, 10, Art. 120, 120a GG)	BVG BVFG LAG u.a.	Versorgung der Kriegsopfer und Kriegsgefangenen, Eingliederung der Vertriebenen und Flüchtlinge, Lastenausgleich;
b) Entschädigung von Opfern von Gewalttaten, Impfgeschädigten, Soldaten u.a. (Art. 74 I Nr. 7, 19, Art. 73 I Nr. 1 GG) → **Prinzip des typisierten Bedarfs**	OEG IfSG SVG	Versorgung der Opfer von Gewalttaten und Impfschäden sowie der Soldaten
II. Weitere Gebiete mit starker sozialrechtlicher Prägung		
1. Sozialer Ausgleich a) Familienleistungsausgleich (Kindergeld, Elterngeld, Elternzeit)	EStG BEEG	Kindergeld Elterngeld
b) Ausbildungs-, Berufs- u. Arbeitsförderung	BAföG AFBG SGB III	Ausbildungsförderung Berufsaufstiegsförderung Arbeitsförderung

§ 10. Sozialstaat

Sachbereiche	Gesetze (Auswahl)	
c) Rehabilitation und Eingliederung von Menschen mit Behinderungen	SGB IX	Rehabilitation und Teilhabe behinderter Menschen
d) Sicherung angemessenen Wohnens	WoGG	Wohngeld
e) Umverteilung durch das Steuerrecht (Art. 74 I Nr. 7, 13, 18, Art. 105 II GG u. a.) → **Herstellung von Chancengleichheit**	EStG	Steuerprogression u. v. a. soz. Lenkungsnormen
2. Daseinsvorsorge a) insb. Versorgung mit Wasser, Strom, Gas, Wärme; ÖPNV; b) daneben: Schulen, Jugend- und Sporteinrichtungen, Krankenhäuser, Altenheime, Freizeiteinrichtungen Art. 28 II 1, Art. 30, 70 GG (Landesrecht)	GO, LKrO u. a.	Erfüllung durch die Städte, Gemeinden und Landkreise im Rahmen von freiwilligen und pflichtigen Aufgaben der kommunalen Selbstverwaltung (Rn. 646 ff.)
3. Teile des Privatrechts a) Arbeitsrecht (Art. 74 I Nr. 12 GG)	ArbSchG ArbZG KSchG	Arbeitsschutz Begrenzung der Arbeitszeit Kündigungsschutz u. a. Sozialauswahl bei Kündigung
b) soziales Mietrecht, Verbraucherschutzrecht (Art. 74 I Nr. 1 Fall 1, Nr. 16 GG u. a.)	BGB u. a.	Verbraucherverträge, Verbrauchsgüterkauf, Verbraucherdarlehensvertrag, soziales Mietrecht, Reisevertrag u. a.

Abkürzungen:
AFBG: Gesetz zur Förderung der beruflichen Aufstiegsfortbildung; **ArbSchG:** Gesetz über die Durchführung von Maßnahmen des Arbeitsschutzes zur Verbesserung der Sicherheit und des Gesundheitsschutzes der Beschäftigten bei der Arbeit (Arbeitsschutzgesetz); **ArbZG:** Arbeitszeitgesetz; **BAföG:** Bundesgesetz über individuelle Förderung der Ausbildung (Bundesausbildungsförderungsgesetz); **BEEG:** Bundeselterngeld- und Elternzeitgesetz; **BVFG:** Gesetz über die Angelegenheiten der Vertriebenen und Flüchtlinge (Bundesvertriebenengesetz); **BGB:** Bürgerliches Gesetzbuch; **BVG:** Gesetz über die Versorgung der Opfer des Krieges (Bundesversorgungsgesetz); **EStG:** Einkommensteuergesetz; **GO:** Gemeindeordnung (Landesrecht); **IfSG:** Gesetz zur Verhütung und Bekämpfung von Infektionskrankheiten beim Menschen (Infektionsschutzgesetz); **JuSchG:** Jugendschutzgesetz; **KSchG:** Kündigungsschutzgesetz; **LAG:** Gesetz über den Lastenausgleich (Lastenausgleichsgesetz); **LKrO:** Landkreisordnung (Landesrecht); **OEG:** Gesetz über die Entschädigung für Opfer von Gewalttaten (Opferentschädigungsgesetz); **ÖPNV:** Öffentlicher Personennahverkehr (div. Landesgesetze); **SGB:** Sozialgesetzbuch (derzeit zwölf Bücher, SGB I–XII); **SVG:** Gesetz über die Versorgung für die ehemaligen Soldaten der Bundeswehr und ihre Hinterbliebenen (Soldatenversorgungsgesetz); **WoGG:** Wohngeldgesetz.

§ 11. Finanzstaat, Finanzverfassung

Literaturhinweise: *S. Korioth*, Staatsrecht I, 4. Aufl. 2018, § 19 II V d, § 21 V; *Th. I. Schmidt*, Prüfe dein Wissen – Staatsrecht, 3. Aufl. 2013, Nr. 733–747; *H. Tappe/R. Wernsmann*, Öffentliches Finanzrecht, 2. Aufl. 2019; *K.-A. Schwarz/E. Reimer*, Einführung in das Finanz- und Haushaltsverfassungsrecht (Art. 104a bis 115 GG), JuS 2007, 119–126, 219–225; *F. Schoch*, Verfassungsrechtliche Anforderungen an die Erhebung von Sonderabgaben, JURA 2010, 197–202; *F. Scheffczyk*, Steuerertragsaufteilung und Finanzausgleich nach dem Grundgesetz, JuS 2013, 124–128; *U. Kramer/T. Hinrichsen/Th. Lauterbach*, Die Schuldenbremse des Grundgesetzes, JuS 2012, 896–902.

I. Bedeutung

697 Die Finanzverfassung findet sich im zehnten Abschnitt des Grundgesetzes, überschrieben mit „Das Finanzwesen" (Art. 104a bis 115 GG), und damit – was eine Besonderheit des Grundgesetzes im Vergleich zu anderen Staaten ist – in einem eigenständigen Abschnitt.

1. Finanzstaat

698 In der Gesellschaft unserer Tage wird **staatliche Macht** nicht mehr wie ehedem durch Polizei und Militär ausgeübt, sondern **vor allem durch Geld:**
– zum einen auf der Seite des **Nehmens,** insb. durch staatlichen Zwang zur Zahlung von Steuern und anderen Abgaben;
– zum anderen auf der Seite des **Gebens,** durch z.T. massive Verhaltensbeeinflussung im Rahmen von Wirtschaftssubventionen oder sozialen Transferzahlungen.

699 Den praktischen Beweis hierfür liefert die **Staatsquote, die bei deutlich über 40% liegt:** Das heißt, dass fast jeder zweite Euro, der in Deutschland privat erwirtschaftet wird, anschließend vom Staat beansprucht, nach politischen Kriterien umgeschichtet und wieder verausgabt wird. Vor diesem Hintergrund wird der moderne Staat nicht zu Unrecht als **Finanzstaat** bezeichnet. Das bedeutet nicht etwa, dass der Staat Geld im Überfluss hätte, sondern vielmehr, dass er seine Politik ganz wesentlich durch das Medium des Geldes verwirklicht, sei es unmittelbar (z.B. durch „BAföG", Kindergeld, Wohngeld, Arbeitslosengeld, Sozialhilfe, Rentenversicherungsleistungen u.a.), oder sei es indirekt durch Bereitstellung von öffentlichen Einrichtungen (Infrastruktur wie Schulen, Universitäten, Schwimmbäder, aber auch Straßen- und Schienenwege und andere Bereiche der Daseinsvorsorge).

700 **Merke:** ohne Finanzstaat kein Sozialstaat.

2. Gliederung der Finanzverfassung

Die Vorschriften zum Finanzwesen im Grundgesetz lassen sich in zwei Teile gliedern: **701**
- Die erste Regelungseinheit bildet die **Finanzverfassung i.e.S.** (Art. 104a bis 109 GG). Darin werden die „Finanzkompetenzen" zwischen dem Bund und den Ländern verteilt – eine Angelegenheit von allergrößter Bedeutung, denn ohne Finanzkraft lässt sich politisch nichts gestalten. Hier werden insb. folgende Fragen beantwortet: Wer darf die Steuern erheben? Wer darf sie gesetzlich regeln? Wem fließt ihr Aufkommen zu? Welche staatliche Einheit muss die anfallenden Staatsaufgaben finanzieren? Müssen „reichere" Länder finanzschwächere Länder unterstützen (Finanzausgleich)? Wer entscheidet, wie Ausgaben und Einnahmen einander zugeordnet werden?
- Den zweiten Teil bildet die **Haushaltsverfassung** (Art. 110 bis 115 GG). **702** Diese Vorschriften befassen sich mit der Koordination von Einnahmen und Ausgaben, mit Haushaltsplan und Haushaltsgesetz, mit Haushaltsvollzug und Haushaltskontrolle sowie mit der wichtigen Frage der Staatsverschuldung. Die Art. 110 bis 115 GG gelten **nur für den Bund**. Die entsprechenden Regelungen für das Haushaltsrecht der Länder befinden sich in den Landesverfassungen.

Finanzverfassung i.e.S.	Haushaltsverfassung
Art. 104a–109a GG: „Finanzhoheiten" (Rn. 715, 747)	Art. 110–115 GG *(gelten nur für den Bund)*
hohe bundesstaatliche Relevanz	demokratische Bedeutung (Rn. 755)

703

II. Finanzverfassung im engeren Sinn

Ziel der Finanzverfassung i.e.S. ist es vor allem, die Einnahmen und Ausgaben (d.h. die Ausgabenlasten) sachgerecht, also gleichmäßig zwischen Bund und Ländern aufzuteilen. Insofern kommt der Finanzverfassung große Bedeutung für das Funktionieren der deutschen **Bundesstaatlichkeit** zu. Sie soll *„Bund und Länder finanziell in die Lage […] versetzen, die ihnen verfassungsrechtlich zukommenden Aufgaben auch wahrzunehmen; erst dadurch kann die staatliche Selbständigkeit von Bund und Ländern real werden"* (BVerfGE 72, 330 [383] – Finanzausgleich II). **704**

1. Steuern und andere Abgaben

a) Bedeutung und Begriff der Steuer

705 Die Art. 105 bis 108 GG befassen sich vorrangig mit den sog. Steuerhoheiten, d.h. mit der Zuteilung der Kompetenzen (Rn. 98) im Steuerbereich. Für das Hintergrundverständnis ist wichtig, dass das **Steueraufkommen etwa 75% des Finanzbedarfs** von Bund und Ländern deckt. Deutschland ist damit nicht nur Finanzstaat (Rn. 698 ff.), sondern auch **Steuerstaat.** Ohne fortlaufende Steuereinnahmen wäre der Staat innerhalb kurzer Zeit handlungsunfähig. Daher finden sich in der Finanzverfassung detaillierte Vorschriften über die Steuerkompetenzen.

706 Was eine Steuer ist, wird im Grundgesetz nicht definiert. Traditionell versteht man unter Steuern **Geldleistungen**, die **nicht eine Gegenleistung** für eine besondere Leistung darstellen und von einem **öffentlich-rechtlichen** Gemeinwesen zur **Erzielung von Einnahmen** allen auferlegt werden, bei denen der Tatbestand zutrifft, an den das Gesetz die Leistungspflicht knüpft *(BVerfGE 93, 319 [346] – Wasserpfennig*; s. die einfachgesetzliche Definition in § 3 Abs. 1 der Abgabenordnung – AO).

b) Andere Abgaben

707 Neben den Steuern gibt es andere Geldleistungspflichten gegenüber dem Staat, die mit hoheitlichem Zwang durchgesetzt werden können. Der gemeinsame Oberbegriff lautet **Abgabe.**

Abgaben			
Steuern	Vorzugslasten: – Gebühren, – Beiträge	Sonderabgaben	sonstige Abgaben

708 Wichtig für den Zugang zu den Art. 104a ff. GG ist, dass **nichtsteuerliche Abgaben** (also Gebühren, Beiträge, Sonderabgaben und sonstige Abgaben) **nicht vom Steuerbegriff des Grundgesetzes umfasst** werden. Wenn die Art. 105, 106, 107 Abs. 1 und Art. 108 GG die Steuerkompetenzen begründen und verteilen (Rn. 715 ff.), dann sind diese Vorschriften nicht – auch nicht analog – auf andere Abgaben anwendbar *(BVerfGE 108, 1 [13] – Rückmeldegebühr Baden-Württemberg* – st.Rspr.). Für die Kompetenzabgrenzung gelten daher insoweit die allgemeinen Vorschriften zur Gesetzgebung (Art. 70 ff. GG, Rn. 1072 ff.) und zur Verwaltung (Art. 83 ff. GG, Rn. 1348 ff.).

709 Zu beachten ist, dass sich – anders als bei Steuern (Rn. 716 ff.) – im Grundgesetz **keine besonderen Vorschriften zur Ertragskompetenz** für nichtsteuerliche Abgaben finden. Behalten darf das Aufkommen aus einer nichtsteuerlichen Abgabe grds. diejenige Körperschaft, die

§ 11. Finanzstaat, Finanzverfassung 189

– die (Verwaltungs-)Leistung erbringt, für welche die Abgabe entrichtet wird, oder
– den Aufwand trägt, den die Abgabe ausgleichen soll.

Dies wird i.d.R. diejenige Körperschaft sein, welche die betreffende Abgabe verwaltet (erhebt), d.h. anfordert und einzieht *(BVerfGE 105, 185 [193] – UMTS)*. Daher folgt bei nichtsteuerlichen Abgaben die Ertragskompetenz grds. der Erhebungskompetenz.

Gebühren und Beiträge werden als **Vorzugslasten** bezeichnet, weil der Bürger hier in den Genuss einer konkreten öffentlichen Leistung (eines „Vorzugs") kommt. Bei **Gebühren** ist dies unmittelbar der Fall. 710

Beispiel: Verwaltungsgebühren, etwa für die Ausstellung eines Personalausweises, oder Benutzungsgebühren, etwa für die Benutzung einer öffentlichen Einrichtung wie einer Bücherei (zur Hochschul-Rückmeldegebühr *BVerfGE 108, 1ff.*, zu Studiengebühren *BVerfGE 112, 226ff.*).

Beiträge hingegen eröffnen nur die *Möglichkeit* zur Inanspruchnahme einer staatlichen Einrichtung und Leistung und damit eines besonderen Vorteils. 711

Beispiel: Straßenausbaubeiträge, die von den Eigentümern der anliegenden Grundstücke erhoben werden: Eine öffentliche Straße erschließt das Grundstück; sie regelmäßig zu benutzen bietet deshalb gerade den Anliegern einen besonderen Vorteil. Der Beitrag ist allerdings auch dann rechtmäßig, wenn der Anlieger dartut, die konkrete Straße niemals zu benutzen (weil er z.B. im Ausland wohnt).

Sonderabgaben sind Geldleistungspflichten, die „voraussetzungslos", also *nicht* für einen konkreten Vorteil oder wenigstens für die Möglichkeit eines Vorteils aus der Inanspruchnahme einer staatlichen Einrichtung oder Leistung geschuldet werden; das unterscheidet sie deutlich von den Vorzugslasten. Wegen des Fehlens eines solchen konkreten Zusammenhangs zwischen Leistung und Gegenleistung verschwimmen aber die Grenzen zur Steuer. Das macht die Sonderabgaben so „gefährlich": Mit ihrer „Erfindung" könnte der Gesetzgeber die „Begrenzungs- und Schutzfunktion der Finanzverfassung", insb. die strengen steuerverfassungsrechtlichen Kompetenzvorschriften (Rn. 715 ff.) umgehen. Denn anders als Steuern sind Sonderabgaben im Grundgesetz nicht ausdrücklich geregelt; die Gesetzgebungskompetenz richtet sich nach den allgemeinen Vorschriften (Art. 70 ff. GG; vgl. Rn. 1072 ff.). Abgesehen davon werden den Bürgern mit Sonderabgaben zusätzliche – d.h. über die Steuern hinausgehende – Lasten auferlegt. Aus diesen Gründen bedürfen Sonderabgaben einer *besonderen* sachlichen Rechtfertigung und sind **nur in seltenen Ausnahmefällen zulässig** *(BVerfGE 135, 155 [207 Rn. 122] – Filmförderung* – st.Rspr.). 712

Folgende Voraussetzungen müssen für Finanzierungs-Sonderabgaben vorliegen: 713

– Der Gesetzgeber muss einen **Sachzweck** verfolgen, d.h. die Sonderabgabe muss eine *besondere* öffentliche Aufgabe finanzieren, sie darf nicht nur – wie Steuern – der allgemeinen Einnahmeerzielung dienen.

190 Teil II. Staatsgrundlagen und Staatsziele

- Sonderabgabepflichtig darf nur eine **homogene,** von der Allgemeinheit abgrenzbare **Gruppe** sein.
- Diese Gruppe muss in einer spezifischen Beziehung **(Sachnähe)** zu dem mit der Sonderabgabe verfolgten Zweck stehen, also eine **besondere Finanzierungsverantwortung** tragen.
- Das Aufkommen der Sonderabgabe muss grds. **gruppennützig** verwendet werden (ausnahmsweise reicht eine andere sachgerechte Verknüpfung aus).
- Die Einnahmen aus der Sonderabgabe müssen in den jeweiligen Haushaltsplan (Rn. 756) eingestellt werden, um eine hinreichende demokratische **Information** und **Dokumentation** sicherzustellen.
- Die Sonderabgabe darf nur **zeitlich begrenzt** erhoben werden.

Beispiele: BVerfGE 55, 274 ff. – Berufsausbildungsabgabe; BVerfGE 67, 256 ff. – Investitionshilfeabgabe; BVerfGE 82, 159 ff. – Absatzfondsgesetz I; BVerfGE 91, 186 ff. – Kohlepfennig; BVerfGE 92, 91 ff. – Feuerschutzabgabe; BVerfGE 93, 319 ff. – Wasserpfennig; BVerfGE 110, 370 ff. – Klärschlamm-Entschädigungsfonds; BVerfGE 113, 128 ff. – Solidarfonds Abfallrückführung; BVerfGE 122, 316 ff. – Absatzfondsgesetz II; BVerfGE 123, 132 ff. – Forstabsatzfonds; BVerfGE 124, 235 ff. – BaFin-Umlage; BVerfGE 124, 348 ff. – Einlagensicherungsbeiträge; BVerfGE 135, 155 ff. – Filmförderung; BVerfGE 136, 194 ff. – Weinabgabe.

714 Der Kanon der Abgaben ist **nicht abschließend.** Daneben bestehen z.B. Verbandslasten, korporative Beiträge oder Sozialversicherungsbeiträge. Nach der Rechtsprechung des Bundesverfassungsgerichts ist es auch zulässig, wenn der Staat andere Abgaben (**„sonstige Abgaben",** etwa Sonderabgaben i.w.S.) „erfindet" – soweit diese nicht gegen verfassungsrechtliche Vorschriften verstoßen *(BVerfGE 93, 319 [342] – Wasserpfennig).*

2. Steuerhoheiten (Steuerkompetenzen)

715 Aufgabe der Finanzverfassung ist es, die Zuständigkeiten von Bund und Ländern im Bereich der Steuern voneinander abzugrenzen, um die Funktionsfähigkeit des Bundesstaates zu gewährleisten. Dazu knüpft das Grundgesetz an **vier „Steuerhoheiten"** an. Dies sind die drei herkömmlichen staatlichen Zuständigkeiten, nämlich die Gesetzgebungskompetenz (Rn. 1072 ff.), die Verwaltungskompetenz (Rn. 1338 ff.) und die Rechtsprechungskompetenz (Rn. 1449 ff.). Hinzu tritt die ganz entscheidende Ertragskompetenz, die die Frage beantwortet, welcher staatlichen Einheit die Steuereinnahmen zufließen.

Steuerkompetenzen („Steuerhoheiten")			
Steuergesetzgebungskompetenz	Steuerverwaltungskompetenz	Steuerrechtsprechungskompetenz	Steuerertragskompetenz
Art. 105, 71, 72 GG	Art. 108 GG	Art. 92, 108 VI GG	Art. 106 GG

§ 11. Finanzstaat, Finanzverfassung

Wichtig ist zu wissen, dass das Grundgesetz in seiner Finanzverfassung **eigenständige Kompetenzzuweisungen** speziell für den Bereich der Steuern aufstellt, die die allgemeinen Kompetenzkataloge (Art. 70 ff., Art. 83 ff. GG) als *leges speciales* (Rn. 149) **verdrängen**.

a) Steuerertragskompetenz

Die Steuerertragskompetenzen sind für die Praxis enorm wichtig: Sie bestimmen, welcher Körperschaft (dem Bund, den Ländern oder den Gemeinden) das Aufkommen aus der jeweiligen Steuerart zusteht. Demgemäß spricht man von Bundessteuern, von Landessteuern und von Gemeindesteuern.

Steuerertragshoheit		
Bundessteuern, Art. 106 I GG	Landessteuern, Art. 106 II GG	Gemeindesteuern, Art. 106 VI GG
Gemeinschaftsteuern, Art. 106 III, IV GG		Art. 106 V, Va GG

Die einzelnen Bundes- und Landessteuern sind namentlich in Art. 106 Abs. 1 und Abs. 2 GG aufgeführt. In diesen beiden Absätzen fehlen die wichtigsten Steuerarten, nämlich die **Einkommensteuer**, die **Körperschaftsteuer** und die **Umsatzsteuer**, die zusammen über zwei Drittel des Steueraufkommens ausmachen. Diese drei Steuern fließen dem Bund und den Ländern gemeinsam zu und werden daher als **Gemeinschaftsteuern** bezeichnet. An der Einkommensteuer und an der Körperschaftsteuer sind Bund und Länder jeweils **zur Hälfte** beteiligt (Art. 106 Abs. 3 Satz 2 GG). Hingegen gibt das Grundgesetz für die Verteilung des Aufkommens der Umsatzsteuer zwischen Bund und Ländern in Art. 106 Abs. 3 Satz 3 bis 6 GG nur Leitlinien vor, überlässt diese hochbrisante Entscheidung jedoch im Übrigen dem Bundesgesetzgeber, der davon in § 1 des Finanzausgleichsgesetzes (FAG) Gebrauch macht. Auf diese Weise verschafft sich der Bund seit langem das Übergewicht in der Finanzausstattung – eine für die deutsche Bundesstaatlichkeit ungute Entwicklung. Denn dadurch sind insb. finanzschwächere Länder auf Finanzhilfen des Bundes (Rn. 744 f.) angewiesen, sozusagen Kostgänger des Bundes. Dabei und bei der Umsatzsteuerverteilung selbst scheint der Bund der Versuchung, politischen Einfluss auf die Politik der Länder auszuüben, immer weniger widerstehen zu können, was auch verfassungsrechtlich äußerst bedenklich ist.

Merke: Die Einzelsteuern werden im juristischen Bereich ohne Fugen-s geschrieben, also *nicht* Einkommenssteuer, sondern Einkommensteuer usw. (Ausnahme: Umwandlungssteuer).

Unter **den Ländern** wird das Steueraufkommen nach dem **Prinzip der örtlichen Vereinnahmung** verteilt, d.h. die jeweiligen Steuereinnahmen

716

717

718

719

bleiben bei dem Land, dessen Finanzämter sie erheben (Art. 107 Abs. 1 Satz 2 GG). Eine Ausnahme gilt vor allem für die Umsatzsteuer: Hier herrscht der Grundsatz der Verteilung nach der **Einwohnerzahl** gem. Art. 107 Abs. 1 Satz 4 GG. Dieser Grundsatz wird indessen durch den Finanzausgleich nach Art. 107 Abs. 2 GG kräftig aufgeweicht (Rn. 731).

720 Die **Gemeinden** sind staatsrechtlich ein Teil der Länder (Rn. 650). Dies wird durch Art. 106 Abs. 9 GG bestätigt. Allerdings besitzen sie das Recht auf Selbstverwaltung (Rn. 651), das sie nur dann effektiv ausüben können, wenn sie über eigene Finanzquellen verfügen (Art. 28 Abs. 2 GG, insb. Satz 3). Demzufolge werden sie in Art. 106 Abs. 6 GG mit eigenen Steuerquellen bedacht, nämlich mit dem Aufkommen der **Gewerbesteuer** und der **Grundsteuer**. Zudem stehen ihnen gem. Art. 106 Abs. 5 und 5a GG jeweils ein Anteil am Aufkommen der Einkommensteuer und der Umsatzsteuer zu sowie das Aufkommen der örtlichen Verbrauch- und Aufwandsteuern (dazu gehören etwa die Zweitwohnungsteuer, die Hundesteuer oder die Vergnügungsteuer).

b) Steuergesetzgebungskompetenz

721 Art. 105 GG enthält für den Bereich der Steuern eigenständig geregelte Gesetzgebungskompetenzen, die das System der Art. 70 bis 74 GG ergänzen und modifizieren.

Steuergesetzgebungshoheit				
Bundeskompetenz				**Landes-kompetenz**
ausschließlich, Art. 105 I i.V.m. Art. 71 GG	konkurrierend, Art. 105 II i.V.m. Art. 72 I GG			Art. 70 i.V.m. Art. 105 IIa GG
	Ertragskompetenz des Bundes		Erforderlichkeit zur Herstellung gleichwertiger Lebensverhältnisse oder zur Wahrung der Rechts- oder Wirtschaftseinheit, Art. 72 II GG	
	ganz, Art. 106 I GG	zum Teil, Art. 106 III GG		
	Zustimmungsbedürftigkeit des Bundesrates nach Art. 105 III GG			

722 Das eindeutige **Schwergewicht** der Steuergesetzgebungszuständigkeit liegt beim **Bund**. Dies ergibt sich aus Art. 105 Abs. 2 GG, wonach der Bund die konkurrierende Legislativkompetenz für alle *übrigen* Steuern hat, d.h. für alle Steuern außerhalb von Art. 105 Abs. 1 und 2a GG. Bei reinen Landessteuern (Rn. 716 f.) ist die Erforderlichkeit einer bundesgesetzlichen Regelung zur Herstellung gleichwertiger Lebensverhältnisse oder Wahrung der Rechts- oder Wirtschaftseinheit im gesamtstaatlichen Interesse (Art. 72 Abs. 2 GG) zu prüfen. Diese Voraussetzung hat das Bundesverfassungsgericht bei der Steuergesetzgebung bisher bejaht *(BVerfGE 138, 136 [176 Rn. 107ff.] – Erbschaftsteuer III)*. So verbleibt den Ländern lediglich die Gesetzgebungskompetenz für die örtlichen Verbrauch- und Aufwandsteuern sowie die Bestimmung des Steuersatzes für die Grunderwerbsteuer, deren Aufkommen indes z.T. den Gemeinden zufließt und im Übrigen eher marginale Bedeutung hat.

Die **Verzahnung** (die Inkongruenz) **von Steuerertrags- und Steuergesetzgebungskompetenz** im deutschen Bundesstaat wirft ein schweres Problem auf: Die Länder sind kraft Finanzverfassungsrechts nicht in der Lage, eine eigenständige Einnahmenpolitik zu verfolgen, weil sie die ihnen zufließenden Landessteuern nicht gesetzgeberisch regeln dürfen, sondern dabei auf den Bund angewiesen sind. Dies schwächt ihre Haushaltsautonomie (Rn. 746 ff.) und auf diesem Wege ihr föderatives Gewicht. 723

Eine „Rache" bleibt den Ländern indes: Nach Art. 105 Abs. 3 GG bedürfen alle Bundesgesetze über Steuern, deren Aufkommen ganz oder z.T. den Ländern (oder den Kommunen) zufließt, der **Zustimmung des Bundesrates** (Rn. 1138 ff.). Dies betrifft vor allem die überaus bedeutenden Gemeinschaftsteuern, also die Einkommensteuer, die Körperschaftsteuer und die Umsatzsteuer, aber auch die Landes- und Gemeindesteuern. So lässt sich resümieren, dass Bund und Länder auf dem Gebiet der Steuergesetzgebung derart „aneinandergekettet" sind, dass die eine föderative Ebene ohne die andere wenig gestalten kann. Problematisch ist dies vor allem in Zeiten, in denen im Bundestag und im Bundesrat verschiedene politische Mehrheiten herrschen. Die Vergangenheit hat gezeigt, dass es dadurch zu **langjährigen Steuerblockaden** kommen kann. Die beiden Föderalismusreformen (Rn. 644 f.) haben an dieser Verfassungslage nichts geändert. 724

c) Steuerverwaltungs- und Steuerrechtsprechungskompetenz

Liegt die Steuergesetzgebungskompetenz fast zur Gänze in der Hand des Bundes, verhält es sich nahezu umgekehrt bei der Steuerverwaltung – die traditionellerweise mit dem „nobler" klingenden Namen Finanzverwaltung bezeichnet wird. 725

Steuerverwaltungshoheit		
Bundesfinanzbehörden	Landesfinanzbehörden	Gemeinden
Art. 108 I GG	Art. 108 II, III GG, z.T. in **Bundesauftragsverwaltung**	Art. 108 IV 2 GG

Durch eigene Behörden – nämlich durch die **Zollverwaltung** (näher Rn. 270) – verwaltet der Bund im Wesentlichen die in Art. 108 Abs. 1 GG genannten Abgaben. Daneben besteht als Bundesoberbehörde das **Bundeszentralamt für Steuern** (vgl. Art. 108 Abs. 4 Satz 1 Hs. 2 i.V.m. Art. 87 Abs. 3 Satz 1 GG). 726

727 Das Gros der Steuern wird durch die Finanzbehörden der Länder verwaltet (Art. 108 Abs. 2 Satz 1 GG), die je nach Größe des Landes zwei- oder dreistufig gegliedert sind. Oberste Behörden sind regelmäßig die **Finanzministerien** und örtliche Behörden die **Finanzämter**. Als Mittelbehörden bestehen teils Oberfinanzdirektionen, teils besondere Landesämter. Kleine Länder (die Stadtstaaten, das Saarland u.a.) haben auf Mittelbehörden verzichtet. In vielen Ländern haben auch die **Gemeinden** Funktionen in der Steuerverwaltung, indem sie die ihnen zufließenden Steuern (vor allem Grund- und Gewerbesteuer) festsetzen. Die Vorarbeit dazu wird jedoch i.d.R. von den Finanzämtern geleistet (durch sog. Steuermessbescheide).

728 Die weitgehende Landeskompetenz in der Finanzverwaltung darf jedoch nicht darüber hinwegtäuschen, dass der Bund hier starke Einflussrechte besitzt. Dies beruht auf Art. 108 Abs. 3 GG, wonach die Länder im Auftrag des Bundes tätig werden, soweit sie Steuern verwalten, die ganz oder teilweise dem Bund zufließen (also **Bundesauftragsverwaltung der Bundes- und Gemeinschaftssteuern**). Dabei unterstehen die Landesfinanzbehörden gem. Art. 85 Abs. 3 und 4 GG der Rechts- und der Fachaufsicht sowie den Weisungen des Bundes (Rn. 1363f.). In der Praxis der Finanzverwaltung kommt daher dem Bundesministerium der Finanzen eine sehr starke Stellung zu.

729 Das von den Finanzbehörden des Bundes, der Länder und zum großen Teil auch der Gemeinden anzuwendende Verfahren ist auf der Grundlage der Gesetzgebungskompetenz des Art. 108 Abs. 5 GG durch ein einheitliches Gesetz geregelt, nämlich durch die **Abgabenordnung (AO)**. Nach Art. 108 Abs. 6 GG wird die **Finanzgerichtsbarkeit** durch Bundesgesetz geregelt. Dies ist mit dem Erlass der Finanzgerichtsordnung (FGO) geschehen. Die Finanzgerichtsbarkeit ist – als Ausnahme von der Regel (Rn. 1449ff.) – zweistufig gegliedert in die Finanzgerichte der Länder und in den Bundesfinanzhof (BFH, s. auch Art. 95 Abs. 1 GG).

3. Finanzausgleich zwischen Bund und Ländern

730 Die Verteilung der Steuereinnahmen zwischen Bund und Ländern (Art. 106 Abs. 1 bis 6, Art 106b GG) sowie zwischen den Ländern (Art. 107 Abs. 1 GG) kann zu einem **Ungleichgewicht** führen: In Deutschland hat sich in den vergangenen Jahrzehnten ein Wohlstandsgefälle entwickelt; **„reichere" Länder** (Baden-Württemberg, Bayern, Hamburg, Hessen) stehen **„ärmeren" Ländern** (etwa Bremen, Berlin, Mecklenburg-Vorpommern, Saarland) gegenüber. Ursache ist vor allem die geografisch ungleiche Verteilung von Zentren mit leistungsstarken privatwirtschaftlichen Unternehmen und dementsprechend wohlhabenden Gesellschaftsschichten einerseits sowie von strukturschwachen Regionen mit geringer Industrialisierung und weniger Handels und Dienstleistungsvolumen andererseits, häufig gepaart mit erhöhter Arbeitslosigkeit. Verstärkt wird das durch die Verteilung der Zuständigkeiten der Finanzämter

bei der Steuervereinnahmung, die sich nach der Steuersystematik und der Verwaltungseffizienz, nicht immer aber nach dem Ort der Erwirtschaftung oder der Leistungsfähigkeit richten (vgl. Rn. 719, 727). So „sprudeln" in prosperierenden Gebieten die Steuereinnahmen, der Bedarf an sozialen Transferleistungen ist gering; in strukturschwachen Regionen verhält es sich umgekehrt. Dieses Ungleichgewicht bei den Steuereinnahmen hat spürbare Auswirkungen auf die Haushalte der jeweiligen Länder. Um hier eine gewisse Milderung zu erreichen, besteht der Finanzausgleich zwischen Bund und Ländern, der sog. **bundesstaatliche Finanzausgleich,** der grds. zwei Stufen aufweist:
- zum einen den horizontalen Finanzausgleich zwischen den Ländern (bis einschließlich 2019 Länderfinanzausgleich, ab 2020 sog. Finanzkraftausgleich),
- zum anderen einen vertikalen Finanzausgleich in Form ergänzender Zuweisungen des Bundes an besonders leistungsschwache Länder (Bundesergänzungszuweisungen).

a) Finanzkraftausgleich („Umsatzsteuer-Finanzausgleich", horizontaler Finanzausgleich)

Im Bundesstaat kommt den Ländern nicht die autonome Position von völkerrechtlich souveränen Staaten zu (Rn. 531). Vielmehr herrscht hier der *„bundesstaatliche[n] Gedanke der Solidargemeinschaft, des bündischen Einstehens füreinander"* (BVerfGE 86, 148 [214] – Finanzausgleich III). Dementsprechend fordert Art. 107 Abs. 2 Satz 1 bis 4 GG einen **Finanzausgleich zwischen den Ländern** (horizontaler Finanzausgleich). 731

- **Maßstab** für den Finanzausgleich ist die jeweilige **Finanzkraft** des Landes, d.h. grds. alle seine Einnahmen, nicht nur ihr Steueraufkommen (einschließlich der Finanzsituation seiner Kommunen, Rn. 646 ff.). Die Einnahmenvolumina sind in absoluten Zahlen von Land zu Land sehr verschieden; um sie vergleichbar zu machen, bietet es sich an, sie durch die Einwohnerzahl des jeweiligen Landes zu dividieren *(BVerfGE 101, 158 [223] – Finanzausgleich IV).*
- Art. 107 Abs. 2 Satz 1 Hs. 1 GG spricht nur von einem **angemessenen** Ausgleich. Ziel der Korrektur darf mithin nicht die finanzielle Gleichstellung (Ergebnisgleichheit) der Länder sein, vielmehr müssen deren Eigenstaatlichkeit und finanzielle Selbständigkeit gewahrt bleiben. Daher darf die Leistungsfähigkeit der gebenden Länder nicht entscheidend geschwächt und die Länderfinanzen dürfen insgesamt nicht nivelliert werden (**Schwächungs-** und **Nivellierungsverbot,** s. *BVerfGE 116, 327 [380] – Finanzausgleich V*).
- Bis zur Reform des Finanzausgleichs von 2017 erhielten die finanzschwachen Länder auf dieser Grundlage unmittelbar Ausgleichsansprüche gegen die wohlhabenderen Länder, die diese aus ihren Haushalten zahlen mussten. Diese Zahlungen (z.T. in Milliardenhöhe) waren politisch über Jahrzehnte ein Streitthema zwischen den Ländern. Die Reform von 2017 löst dies auf geschickte Art und Weise: Der Länderfinanzausgleich erfolgt ab 2020 (Art. 143g GG) in Form von **Zu-** und **Abschlägen** bei der Ver-

teilung der **Länderanteile** bei der (enorm aufkommensstarken) **Umsatzsteuer** (Art. 107 Abs. 2 Satz 2 bis 4 GG). Der Effekt ist verblüffend: Die finanzschwachen Länder werden wohl annähernd genauso viel erhalten, die finanzstärkeren Länder annähernd genauso viel „zahlen" wie vorher. Allerdings werden die entsprechenden Beträge bereits im Rahmen der Umsatzsteuerverteilung umgeschichtet, den finanzstarken Ländern wird also von vornherein weniger zugeteilt. Dies scheint dort offenbar politisch leichter zu „verkaufen" sein (nach dem Motto: „was man gar nicht erst bekommt, braucht man dann wenigstens nicht wieder herzugeben").

b) Bundesergänzungszuweisungen (vertikaler Finanzausgleich)

732   Es kommt vor, dass der Länderfinanzausgleich nicht hinreicht, um alle Bundesländer in die Lage zu versetzen, ihren staatlichen Aufgaben nachzukommen. Daher ermöglicht Art. 107 Abs. 2 Satz 5 und 6 GG, dass der Bund – subsidiär – leistungsschwachen Ländern aus seinen Mitteln Zuweisungen zur ergänzenden Deckung ihres allgemeinen Finanzbedarfs gewährt (sog. **Bundesergänzungszuweisungen,** vertikaler Finanzausgleich). Maßgebend dafür ist nicht – wie bei Art. 107 Abs. 2 Satz 1 bis 4 GG – die unterschiedliche Finanzkraft der Länder, also ein bloßer Aufkommensvergleich (Rn. 731), sondern die **Leistungsschwäche** eines Landes, d.h. ein besonders ungünstiges **Verhältnis** zwischen dessen Finanzaufkommen und dessen **Ausgabenlasten**. Dabei muss der Bund das föderative Gebot der Gleichbehandlung aller Länder beachten und deren Finanzkraftreihenfolge einhalten (**Gleichbehandlungsgebot** und **Nivellierungsverbot**, s. *BVerfGE 101, 158 [224] – Finanzausgleich IV*).

733   Die Grundform stellen dabei die **allgemeinen Bundesergänzungszuweisungen** dar. Daneben kann der Bund durch sog. **Sonderbedarfs-Bundesergänzungszuweisungen** Sonderlasten einzelner Länder abmildern, soweit und solange außergewöhnliche Gegebenheiten vorliegen, etwa bei extremen Haushaltsnotlagen *(BVerfGE 116, 327 [382ff.] – Finanzausgleich V)*. Darüber hinaus darf der Bund ab 2020 aufgrund von Art. 107 Abs. 2 Satz 6 GG **Gemeindesteuerkraftzuweisungen** und **Forschungsförderungs-Ergänzungszuweisungen** leisten, ohne dabei durch die Maßstäbe des Art. 107 Abs. 2 Satz 1 bis 3 GG (d.h. durch das Nivellierungsverbot, Rn. 732) beschränkt zu sein. Abgesehen davon ist auf die **Sanierungshilfen** hinzuweisen, die der Bund den Ländern Bremen und Saarland – insoweit als Alternative zu Sonderbedarfs-Bundesergänzungszuweisungen – nach Maßgabe von Art. 143d Abs. 4 GG gewähren kann.

c) Überblick – gesetzliche Ausgestaltung – Streitanfälligkeit

734   Betrachtet man die Finanzverteilung in der Bundesrepublik in einer groben Zusammenfassung, ergibt sich ein vierstufiges Modell, das auch als Finanzausgleich i.w.S. bezeichnet werden kann:

Finanzverteilung und Finanzausgleich in Deutschland		
1. Stufe	Verteilung des Steueraufkommens zwischen Bund und Ländern („primär-vertikaler Finanzausgleich")	Art. 106 GG
2. Stufe	Verteilung des Steueraufkommens zwischen den Ländern („primär-horizontaler Finanzausgleich")	Art. 107 I GG
3. Stufe	„Umsatzsteuer-Finanzausgleich" zwischen den Ländern („sekundär-horizontaler Finanzausgleich")	Art. 107 II 1–4 GG
4. Stufe	Bundesergänzungszuweisungen für finanzschwache Länder („sekundär-vertikaler Finanzausgleich")	Art. 107 II 5, 6 GG

Die Ausgestaltung des bundesstaatlichen Finanzausgleichs obliegt nach Maß- 735 gabe von Art. 107 Abs. 2 GG im Einzelnen dem Bundesgesetzgeber. Die groben und abstrakten Parameter des Finanzausgleichs müssen dabei im **Maßstäbegesetz** (MaßstG) festgelegt werden; die Ausgestaltung im Einzelnen erfolgt im **Finanzausgleichsgesetz** (FAG). Beide Gesetze bedürfen der Zustimmung des Bundesrates. Um hier „Mauscheleien" vorzubeugen, fordert das Bundesverfassungsgericht, dass die einzelnen Kriterien verständlich und nachvollziehbar benannt und begründet werden *(BVerfGE 101, 158 [223 ff.] – Finanzausgleich IV)*.

Wenn es um Geld geht, hört auch im Bundesstaat die Freundschaft auf. Da- 736 her verwundert es nicht, dass die gesetzlichen Regelungen des Finanzausgleichs **sehr streitanfällig** sind. Das Bundesverfassungsgericht musste sich bereits mehrmals damit befassen: *BVerfGE 1, 117 ff. – Finanzausgleich I; BVerfGE 72, 330 ff. – Finanzausgleich II; BVerfGE 86, 148 ff. – Finanzausgleich III; BVerfGE 101, 158 ff. – Finanzausgleich IV; BVerfGE 116, 327 ff. – Finanzausgleich V*.

d) Kommunaler Finanzausgleich

Nicht zum bundesstaatlichen Finanzausgleich gehört der **kommunale Finanzaus-** 737 **gleich**. Er betrifft die Verteilung der Einnahmen des jeweiligen Landes an seine Kommunen (Rn. 647). Angedeutet ist er in Art. 106 Abs. 7 GG. Für die Regelung der Finanzausstattung der Kommunen sind die Landesparlamente zuständig. Als Rechtsgrundlagen bestehen i.d.R. die (Kommunal-)Finanzausgleichsgesetze der Länder.

4. Lastenverteilung zwischen Bund und Ländern

Einnahmen werden benötigt, um **Ausgaben leisten** zu können. Unter 738 diesem Aspekt erhebt sich schnell die Frage, welche Einheit im Bundesstaat überhaupt welche Ausgabenlasten zu tragen hat. Klar ist: Je weniger Ausgabeverpflichtungen eine Einheit hat, je mehr Ausgabenlasten von anderen Einheiten zu tragen sind, desto mehr Freiheiten zu politischer Gestaltung verbleiben.

Im Grundgesetz ist es vor allem **Art. 104a GG,** der die damit verbundenen grundlegenden Fragen beantworten will.

a) Prinzipien für die Verteilung der Finanzlasten

739 In Deutschland ist die bundesstaatliche Verteilung der Ausgabenlasten von zwei Prinzipien geprägt, die in Art. 104a Abs. 1 Hs. 1 GG festgelegt werden:
– zum einen durch das Prinzip der **Trennung der Finanzlasten** (Ausgabenlasten), zum Ausdruck gebracht durch das Wort „gesondert" **(finanzverfassungsrechtliches Trennungsprinzip),**

740 – zum anderen durch das **finanzverfassungsrechtliche Konnexitätsprinzip.** Danach muss diejenige bundesstaatliche Ebene die Ausgaben finanzieren, die die kostenverursachende Aufgabe zu erfüllen hat (Konnexität von Aufgaben- und Ausgabenverantwortung). Die Ausgabenlast trägt mithin derjenige, dem die **Verwaltungskompetenz** zukommt, insb. also derjenige, der ein Gesetz vollzieht. Wer die Verwaltungskompetenz besitzt, ergibt sich für Bundesgesetze aus den Art. 83 ff. GG; Landesgesetze werden stets vom jeweiligen Land vollzogen.

741 Der Begriff der Ausgaben bedarf dabei der klarstellenden Differenzierung:
– **Zweckausgaben** (Sachausgaben) sind solche, mit denen ein Gesetz unmittelbar vollzogen wird, die selbst Gesetzeszweck sind, also etwa soziale Transferzahlungen (z.B. BAföG, Wohngeld, Sozialhilfe) oder Subventionen (Zuwendungen insb. an Wirtschaftsunternehmen). Die Zweckausgaben sind gemeint, wenn Art. 104a GG schlicht von Ausgaben spricht.

742 – Dagegen sind **Verwaltungsausgaben** die Aufwendungen zum Betrieb des Verwaltungsapparats, vor allem die Personalkosten oder die sog. sächlichen Verwaltungsausgaben für die Anschaffung, Herstellung oder Unterhaltung von beweglichen und unbeweglichen Sachen (z.B. Polizeifahrzeuge, EDV, Grundstücke, Gebäude). Für sie trifft **Art. 104a Abs. 5 Satz 1 Hs. 1 GG** eine einheitliche und abschließende Regelung: Die Verwaltungsausgaben trägt diejenige bundesstaatliche Einheit, bei deren Behörden sie entstehen (strenges Konnexitätsprinzip).

743 Bemerkenswert am bundesstaatlichen Konnexitätsprinzip gem. Art. 104a Abs. 1 Hs. 1 GG ist, dass es prinzipiell **nicht auf den Veranlassungszusammenhang** und damit nicht auf die für Juristen so geläufige Kausalität abstellt: Häufig zahlt **nicht** der Bund, der die **Kosten** durch seine Gesetze **verursacht,** sondern es zahlen die Länder, die die Gesetze vollziehen (Rn. 1348 ff.). Insoweit besteht für den Bund die politische Versuchung, sich auf Kosten der Länder gegenüber dem Bürger in seinen gesetzesveranlassten Wohltaten zu „sonnen".

b) Ausnahmen, insb. Mischfinanzierungstatbestände

744 Wegen der soeben beschriebenen Schwachstelle des bundesstaatlichen Konnexitätsprinzips kann Art. 104a Abs. 1 Hs. 1 GG nicht ohne Korrekturen blei-

ben. Unter anderem deswegen statuiert das Grundgesetz **Durchbrechungen des Konnexitätsprinzips,** die insb. in Art. 104a Abs. 2 bis 4 und 6 GG sowie in anderen Vorschriften enthalten sind. Rechtsfolge sind oftmals sog. **Mischfinanzierungen,** d.h. der Bund beteiligt sich in Höhe einer bestimmten Ausgabenquote (zur Kritik s. Rn. 639). Diese Durchbrechungen sind als Ausnahmen in der nachfolgenden Tabelle aufgelistet.

Grundsätze, Art. 104a I Hs. 1 GG	Ausnahmen, Art. 104a I Hs. 2 GG
1. **Finanzlastentrennung, Verbot der Mischfinanzierung:** – Bund finanziert Bundesaufgaben, – Länder finanzieren Landesaufgaben 2. **(Aufgaben-)Konnexität:** – Ausgabenverantwortung folgt der Aufgabenverantwortung, d.h. der Verwaltungskompetenz (Art. 83 ff.); **Art. 104a V 1 Hs. 1:** Ausgabenlast umfasst auch **Verwaltungsausgaben;** – keine Ausgabenverantwortung des Veranlassers der Ausgaben (des Gesetzgebers, Art. 70 ff.)	1. **Bundesauftragsverwaltung,** Art. 104a II: Bund trägt Zweckausgaben 2. **Leistungsgesetze:** – fakultative Mischfinanzierung, Art. 104a III; – Pflichtleistungen ggü. Dritten zulasten der Länder: Zustimmung des Bundesrates, Art. 104a IV 3. **Supra- und internationale Pflichtverletzungen,** Art. 104a VI, Art. 109 V 4. **Finanzhilfen des Bundes für Investitionen der Länder und Kommunen,** Art. 104b bis Art. 104d 5. **Gemeinschaftsaufgaben, Verwaltungszusammenarbeit,** Art. 91a III, Art. 91b III, Art. 91c II 4, Art. 91e II 2 6. **Sonderbelastungen:** Bund trägt durch ihn veranlasste Sonderbelastungen, Art. 106 VIII 7. **Öffentlicher Personennahverkehr:** Bundeszuschuss, Art. 106a 8. **Zuschüsse zur Sozialversicherung** u.a.: Bundeslast, Art. 120 I 4 9. **Finanzhilfen des Bundes für Seehafenlasten und Bundesprogramme zur Förderung des ÖPNV,** Art. 125c II

745

Als Mischfinanzierungstatbestände i.e.S. gelten dabei die Art. 91a, 91b, 104b, 104c, 104d und 125c GG.

5. Haushaltshoheit

a) Grundsatz der Haushaltsautonomie

Staatseinnahmen und **Staatsausgaben** stehen nicht beziehungslos nebeneinander, sondern bedürfen der **Koordination.** Insbesondere müssen die Einnahmen prognostiziert, vollständig erfasst und sodann planmäßig auf die einzelnen Verwendungszwecke verteilt werden, um den staatlichen Bereich

746

schließlich als Ausgaben wieder zu verlassen. Diese und damit zusammenhängende Tätigkeiten werden als Haushaltswesen oder **Haushaltswirtschaft** bezeichnet, die Frage der Kompetenz (Rn. 98) als **Haushaltshoheit**. Art. 109 Abs. 1 GG legt fest, dass der Bund und die Länder in ihrer Haushaltswirtschaft selbständig und voneinander unabhängig sind. Der darin zum Ausdruck gebrachte **Grundsatz der Haushaltsautonomie** ist für die Eigenständigkeit von Bund und Ländern essentiell. Ohne die prinzipielle Haushaltsautonomie seiner Glieder wäre der Bundesstaat eine leere Hülse.

747

Haushaltshoheit

Grundsatz, Art. 109 I GG	Ausnahmen, Art. 109 II–V, Art. 109a GG
Haushaltsautonomie von Bund und Ländern	– Einhaltung der EU-Haushaltsdisziplin; Berücksichtigung des gesamtwirtschaftlichen Gleichgewichts – Begrenzung der Staatsverschuldung („Schuldenbremse") – Grundsatzgesetzgebung des Bundes für das Haushaltsrecht u.a. – Lastenverteilung zwischen Bund und Ländern bei Sanktionen der EU – Vermeidung von Haushaltsnotlagen mithilfe des Stabilitätsrates

b) Einschränkungen

748 Die Absätze 2 bis 5 von Art. 109 GG wurden durch die Föderalismusreform II (Rn. 645) neu gefasst. Sie statuieren gewichtige **Einschränkungen der Haushaltsautonomie** von Bund und Ländern, vor allem um im Bundesstaat ein gewisses Maß an Einheitlichkeit zu schaffen.

– Art. 109 Abs. 2 GG verpflichtet Bund und Länder, die Vorgaben der EU zur Haushaltsdisziplin gemeinsam zu erfüllen (vgl. Rn. 827 ff.). Gemeint sind damit insb. der **„Stabilitäts- und Wachstumspakt"**, der von der EU auf der Grundlage von Art. 126 AEUV formuliert wurde. Die damit zusammenhängenden sog. **Defizitkriterien** verpflichten jeden EU-Mitgliedstaat, dass dessen öffentliches Defizit (d.h. der Saldo seiner Staatsausgaben und -einnahmen) 3 % des jeweiligen Bruttoinlandprodukts und dessen öffentliche Gesamtverschuldung 60 % des jeweiligen Bruttoinlandprodukts *nicht* überschreiten (zur Definition des Bruttoinlandprodukts s. Rn. 695).

749 – Außerhalb des institutionellen Rahmens der EU wurde am 2.3.2012 der Vertrag zur Stabilität, Koordinierung und Steuerung in der Wirtschafts- und Währungsunion (SKS-Vertrag, sog. **Fiskalpakt** oder **Fiskalvertrag**) unterzeichnet, ein völkerrechtlicher Vertrag, dem Bundestag und Bundesrat mit verfassungsändernder Mehrheit (Art. 23 Abs. 1 Satz 3, Art. 79 Abs. 2 GG) zugestimmt haben (vgl. dazu *BVerfGE 132, 195 ff. – ESM/Fiskalpakt I* und

BVerfGE 135, 317 ff. – ESM/Fiskalpakt II). Er verpflichtet die Bundesrepublik völkerrechtlich unter anderem dazu, ein strukturelles gesamtstaatliches Finanzierungsdefizit von 0,5 % des nominalen Bruttoinlandsprodukts nicht zu überschreiten, d.h. die jährliche (Netto-)Neuverschuldung des Bundes, der Länder, der Kommunen und Sozialversicherungsträger darf insgesamt nach Herausrechnung von Konjunkturschwankungen nicht mehr betragen als 0,5 % des Gesamtwerts aller im jeweiligen Jahr in Deutschland hergestellten und zum Endverbrauch bestimmten Güter zu Marktpreisen (vgl. das Gesetz v. 15.7.2013, BGBl. I S. 2398). Diese „völkerrechtliche Schuldenbremse" besteht neben der „nationalen Schuldenbremse" (dazu sogl. Rn. 750).

– Art. 109 Abs. 3 GG stellt den Kern der Föderalismusreform II (Rn. 645) **750** dar: die sog. **Schuldenbremse,** die die Neuverschuldung von Bund und Ländern spürbar begrenzen soll. Satz 1 enthält den Grundsatz des Neuverschuldungsverbots.

- Nach Satz 2 Fall 1 dürfen Kredite zwar zur Gegensteuerung in einem Konjunkturabschwung aufgenommen werden **(konjunkturschwankungsbedingte Kredite);** sie müssen jedoch in der folgenden Wachstumsphase wieder getilgt werden (daher der Ausdruck „Symmetrie": Kreditaufnahme im Abschwung – Tilgung im Aufschwung).
- Satz 2 Fall 2 lässt – über den Einsatz von Staatskrediten zur Konjuntursteuerung hinaus – Ausnahmen für Naturkatastrophen und außergewöhnliche Notsituationen zu **(Notlagenkredite);** nach Satz 3 ist jedoch auch für solche „Notlagenkredite" eine Tilgungsregelungen vorzusehen.
- Abgesehen davon darf sich der Bund nach Satz 4 regelmäßig mit Krediten in Höhe von bis zu 0,35 % des nominalen Bruttoinlandprodukts verschulden. Für die **Länder** gilt dieses 0,35 %-Kriterium indessen nicht, wie Satz 5 Hs. 2 ausdrücklich klarstellt. Insoweit enthält Art. 109 Abs. 3 GG für die Länder **unmittelbar geltendes** und vorrangiges Bundes-**Verfassungsrecht** (sog. Durchgriffsnormen, Rn. 565).

– Art. 109 Abs. 4 GG eröffnet die Möglichkeit, die Grundsätze des **Haushalts-** **751** **rechts,** der **konjunkturgerechten Haushaltswirtschaft** und der **Finanzplanung** einheitlich für Bund und Länder durch Bundesgesetz zu regeln.

Von dieser sog. **Grundsatzgesetzgebungskompetenz** hat der Bund im Haushaltsgrundsätzegesetz (HGrG) und im Gesetz zur Förderung der Stabilität und des Wachstums der Wirtschaft (Stabilitätsgesetz – StabG) Gebrauch gemacht.

– Art. 109 Abs. 5 GG verteilt die Lasten von Sanktionsmaßnahmen der EU **752** zur **Sicherung der Haushaltsdisziplin** zwischen Bund und Länder. Solche Sanktionsmaßnahmen sind gem. Art. 126 Abs. 3 ff. AEUV möglich.

– Art. 109a Abs. 1 GG dient der Vermeidung von **Haushaltsnotlagen,** d.h. von **753** Situationen, in denen der Bund oder ein Land derart „überschuldet" sind, dass die Erfüllung der staatlichen Aufgaben ernsthaft gefährdet ist. Dazu wurde der **Stabilitätsrat** als Überwachungsgremium errichtet. Nach Art. 109a Abs. 2 GG wacht er auch über die Einhaltung der „Schuldenbremse" (Rn. 750).

III. Haushaltsverfassung

1. Geltungsbereich

754 Die Vorschriften des Grundgesetzes zur Haushaltsverfassung finden sich im Wesentlichen in den **Art. 110 bis 115 GG.** Der grundlegende Unterschied zur Finanzverfassung i.e.S. (Art. 104a bis 109a GG) liegt darin, dass sich die Art. 110 bis 115 GG **nur an den Bund,** nicht aber an die Länder richten. Für die Länder gelten zwar vergleichbare Regelungen; diese befinden sich jedoch in den Landesverfassungen. Der Grund dafür liegt in der **Haushaltsautonomie** nach Art. 109 Abs. 1 GG: Wenn Bund und Länder in ihrer Haushaltswirtschaft selbständig und voneinander unabhängig sind (Rn. 746 f.), dann müssen sie auch jeweils ihre eigene Haushaltsverfassung besitzen.

2. Haushaltsplan und Haushaltsgesetz

a) Parlamentarisches Budgetrecht

755 **Art. 110 GG** bildet den **Kern des Haushaltsverfassungsrechts** und besitzt enorm hohe Bedeutung für die demokratische Staatsordnung. In seinem Absatz 2 legt er fest, dass das *Parlament* über den Haushalt entscheidet, und zwar dadurch, dass der Haushaltsplan durch das Haushaltsgesetz festzustellen ist (**parlamentarisches Budgetrecht – Haushaltsgrundsatz der Gesetzförmigkeit**, vgl. Rn. 286 ff.). Damit ist zugleich gesagt, dass nicht die Exekutive die Bestimmungsgewalt über die Verwendung der Staatseinnahmen hat, sondern die Volksvertretung (vgl. *BVerfGE 45, 1 [32] – Haushaltsüberschreitung*). Dies ist von großer Tragweite: Wer das Sagen über das Ob und Wofür der Staatsausgaben hat, ist in der Lage, die Verwaltung und damit einen Großteil der gesamten Staatstätigkeit zu steuern (sog. **Haushaltssteuerung**).

b) Haushaltsplan

756 Wie aber kann das Parlament über die Verwendung der Staatseinnahmen bestimmen? Das Mittel dazu ist der **Haushaltsplan,** eine Hunderte, oft sogar Tausende von Seiten dicke, in Einzelpläne, Kapitel und Titel gegliederte, zumeist überaus detaillierte Auflistung aller in einem Haushaltsjahr zu erwartenden Einnahmen und aller geplanten Ausgaben (der sog. Voranschläge oder Veranschlagungen, vgl. Art. 110 Abs. 1 Satz 1 Hs. 1 GG). Aufgestellt wird der *Entwurf* des Haushaltsplans für jedes Haushaltsjahr gesondert von der Exekutive, beginnend bei den jeweiligen Verwaltungsbehörden für ihren Bereich, gesammelt von den Fachministerien, weitergeleitet und geprüft durch das Bundesministerium der Finanzen, sodann von der Bundesregierung diskutiert, beschlossen und mit der Vorlage des Haushaltsgesetzes in den Bundestag eingebracht (Art. 110 Abs. 3 GG).

c) Haushaltsgesetz

Der Entwurf des Haushaltsplans wird zusammen mit dem Entwurf des jährlichen **Haushaltsgesetzes** von der Bundesregierung grds. vor Beginn des Haushaltsjahres in den Bundestag eingebracht, dort beraten und ggf. abgeändert. Daraufhin beschließt der Bundestag das Haushaltsgesetz wie jedes andere Bundesgesetz (Art. 77 Abs. 1 Satz 1 GG, Rn. 1127 – der Bundesrat hat nur eine Einspruchsmöglichkeit, Rn. 1130 ff.). Durch das Haushaltsgesetz wird gem. **Art. 110 Abs. 2 Satz 1 GG** der Haushaltsplan **festgestellt** (Rn. 438). Damit erlangen Haushaltsgesetz und Haushaltsplan Rechtsverbindlichkeit. Dies ist von großer Bedeutung: Denn aufgrund der einzelnen Ausgabentitel im Haushaltsplan wird die zuständige Behörde rechtlich ermächtigt, die dort jeweils aufgeführten Geldbeträge für den im Haushaltsplan angegebenen Zweck zu verwenden (d.h. die Ausgaben zu leisten, vgl. § 3 Abs. 1 der Bundeshaushaltsordnung – BHO). 757

Eine weitere Besonderheit der Ausgabentitel des Haushaltsplans liegt darin, dass sie die Verwaltung nur berechtigen, **nicht** aber **verpflichten,** die entsprechenden Ausgaben zu leisten. Verbunden damit ist zugleich die wichtige Konsequenz, dass der Haushaltsplan **nicht für oder gegen den Bürger** wirkt. Dieser kann sich also nicht auf die Veranschlagungen im Haushaltsplan berufen (ausdrücklich bestimmt in § 3 Abs. 2 BHO). 758

d) Haushaltsgrundsätze

Angesichts der hohen Bedeutung des Haushaltsplans *(BVerfGE 79, 311 [329] – Staatsverschuldung)* wurde im Laufe der Zeit eine Reihe von „Haushaltsgrundsätzen" aufgestellt. Teils finden sie sich ausdrücklich in der Verfassung (insb. in Art. 110 Abs. 1 und 2 GG), teils wurden sie durch Auslegung entwickelt und von der Rechtsprechung anerkannt *(BVerfGE 119, 96 [118 ff.] – Bundeshaushalt 2004).* Diese Haushaltsgrundsätze dienen dem parlamentarischen Budgetrecht und wollen die demokratische Bestimmungsmacht der Volksvertretung vor schleichender Aushöhlung sichern. 759

Wichtige Haushaltsgrundsätze 760

Rechtsgrundlage im GG	Bezeichnung	Inhalt
Art. 110 I 1 Hs. 1	Vollständigkeit	Alle Einnahmen und Ausgaben müssen im Haushaltsplan enthalten (= veranschlagt) sein; es darf keine „Schattenhaushalte" geben.
	Einheit	Es darf nur einen Haushaltsplan geben.
	Wahrheit und Klarheit (Transparenz)	Die Einnahmen und Ausgaben müssen realitätsgerecht geschätzt und so übersichtlich wie möglich aufgelistet werden.

(Fortsetzung auf der nächsten Seite)

Rechtsgrundlage im GG	Bezeichnung	Inhalt
	Einzelveranschlagung	Insbesondere die Ausgaben müssen jeweils nach Zwecken getrennt aufgeführt werden.
	Bruttoveranschlagung	Einnahmen und Ausgaben dürfen nicht miteinander saldiert werden.
Art. 110 I 2 (vgl. Art. 115 II 1)	Ausgleich	Die Gesamtbeträge der Einnahmen und Ausgaben müssen gleich hoch sein.
Art. 110 II 1	Jährlichkeit (Annuität)	Für jedes Kalenderjahr wird ein gesonderter Haushaltsplan grds. jährlich durch den Bundestag festgestellt.
	Vorherigkeit	Der Haushaltsplan muss grds. vor Beginn des Haushaltsjahres festgestellt werden.
	Gesetzförmigkeit	Der Haushaltsplan wird vom Bundestag durch das Haushaltsgesetz festgestellt.

3. Kreditfinanzierung – Staatsschuldenrecht

761   Übersteigen die im Haushaltsplan veranschlagten Ausgaben die erwarteten Einnahmen aus Steuern, anderen Abgaben und sonstigen Erträgen, ist der Haushaltsplan nicht ausgeglichen; es entsteht eine Deckungslücke, ein **(Haushalts-)Defizit**. Die Politik ist – wohl seit jeher – versucht, in solchen Situationen nicht etwa die Staatsausgaben entsprechend zu kürzen, sondern stattdessen schlankerhand die Einnahmen zu erhöhen, und zwar im Wege der **Kreditaufnahme**. Diese Kredite aber müssen verzinst und getilgt werden; daher belasten sie die Haushalte in der Zukunft. Auf diese Weise verschaffen sich die gegenwärtigen Generationen ein Maß an Wohlstand, das sie nicht selbst erarbeitet haben, das ihnen nicht zusteht; sie leben auf Kosten ihrer Kinder und verstoßen so gegen die „**Generationengerechtigkeit**".

762   Gegen eine solche „Schuldenpolitik" will das Grundgesetz in Bezug auf den Bundeshaushalt durch **Art. 115** Vorsorge treffen. Nach Art. 115 Abs. 1 Fall 1 GG bedarf jede Aufnahme von Krediten einer Ermächtigung durch **Bundesgesetz** (in der Praxis regelmäßig durch das jährliche Haushaltsgesetz, Rn. 757 f.). Damit entscheidet nicht die Regierung, sondern das Parlament (der Bundestag) über Grund und Höhe der Verschuldung des Bundes. Dieser sog. **staatsschuldenrechtliche Parlamentsvorbehalt** (vgl. Rn. 755, 286 ff.) konnte allerdings den „Marsch in den Verschuldungsstaat" nicht verhindern; er wurde von vielen Abgeordneten gebilligt, um wirtschafts- und sozialpolitische Anliegen zu finanzieren.

§ 11. Finanzstaat, Finanzverfassung 205

Fatalerweise hat sich das Bundesverfassungsgericht nicht in der Lage ge- 763
sehen, dieser „Schuldenpolitik" des Bundes durch die gebotene restriktive
Auslegung der damaligen Verfassungsvorgaben (Art. 115 Abs. 1 Satz 2 GG a.F.)
Einhalt zu gebieten *(BVerfGE 119, 96 [137 ff.] – Bundeshaushalt 2004)*. Rund 40
Jahre lang häuften alle Regierungskoalitionen nacheinander einen enormen
„Schuldenberg" an: Zum 31.12.2017 waren die öffentlichen Haushalte mit
1 914 261 000 000 **(= 1,914 Billionen) Euro** verschuldet, davon allein der
Bund mit über 1 213 435 000 000 (= 1,213 Billionen) Euro und die Länder
mit 570 708 000 000 (= 570,708 Milliarden) Euro, – Beträge, für die künftige
Generationen werden „büßen" müssen. Es ist der Föderalismusreform II zu
verdanken, dass Art. 115 GG im Jahr 2009 geändert wurde. Seither konkretisiert Absatz 2 der Norm zusammen mit einem Ausführungsgesetz (dem Artikel 115-Gesetz – G 115) die Vorgaben von Art. 109 Abs. 3 GG n.F. für den
Bund (sog. **Schuldenbremse**, Rn. 750).

Ein neueres Problem des Staatsschuldenrechts stellen **Gewährleistungen** dar: Das sind 764
insb. Bürgschaften (vgl. §§ 765 ff. BGB) und Garantien, aufgrund deren sich der Staat
verpflichtet, für Schulden Dritter (Hauptschuldner) einzustehen. Der Staat wird daraus
nur in Anspruch genommen, wenn vom Dritten keine Erfüllung zu erlangen ist (daher
die Bezeichnung **Eventualverbindlichkeiten**). So hat die Bundesrepublik Deutschland
im Rahmen der **„Euro-Rettungsschirme"** Garantien in dreistelliger Milliardenhöhe
abgegeben. Soweit diese Garantien fällig werden, wäre der Bundeshaushalt damit belastet.
Verfassungsrechtlich verlangt Art. 115 Abs. 1 Fall 2 GG für die Übernahme von Bürgschaften, Garantien und anderen Gewährleistungen durch den Bund ein Bundesgesetz
(Art. 76 ff. GG, Rn. 1103 ff.), durch das das Bundesministerium der Finanzen bis zur Höhe
eines bestimmten oder bestimmbaren Betrags ermächtigt wird, Gewährleistungen zu
einem bestimmten Zweck einzugehen. Das Problem liegt dabei darin, dass das Grundgesetz dem Gesetzgeber – anders als bei der Kreditaufnahme (Rn. 763) – keine Obergrenze
vorgibt. Das Bundesverfassungsgericht hat sich hier bislang sehr zurückgehalten und
dem Gesetzgeber einen weiten Einschätzungsspielraum zugestanden *(BVerfGE 129, 124
[182] – Griechenland-Hilfe)*.

4. Nothaushaltsrecht und Notbewilligungsrecht

Wird der Haushaltsplan – aufgrund von Verzögerungen im Gesetzgebungs- 765
verfahren oder politischer Ablehnung durch das Parlament – nicht oder nicht
rechtzeitig vor Beginn des Haushaltsjahres festgestellt (Art. 110 Abs. 2 Satz 1
GG), ist die Verwaltung nicht ermächtigt, Ausgaben zu leisten. Damit müsste
im Grunde ab dem 1. Januar jede ausgabenverursachende Staatstätigkeit eingestellt werden; das Gemeinwesen wäre lahmgelegt. Um dies zu vermeiden,
wird die Bundesregierung durch das sog. **Nothaushaltsrecht des Art. 111 GG**
ermächtigt, vorläufig und vorübergehend die notwendigen Ausgaben zu leisten
(Absatz 1) und in begrenztem Maße sogar Kredite aufzunehmen (Absatz 2).

Abgesehen davon stellt der Haushaltsplan eine Prognose der Einnahmen 766
und Ausgaben für die Zukunft dar. Während des Haushaltsvollzuges kann

es zu Abweichungen kommen, insb. wenn mehr Ausgaben zu leisten sind, als im Haushaltsplan veranschlagt sind. Halten sich diese Abweichungen in einem vertretbaren Maß, wird die Verwaltung ermächtigt, mit Zustimmung des Bundesministeriums der Finanzen nach **Art. 112 GG außerplanmäßige oder überplanmäßige Ausgaben** zu leisten. Im Übrigen aber muss der Haushaltsplan durch ein sog. **Nachtragshaushaltsgesetz** angepasst werden (vgl. Art. 110 Abs. 3 GG).

5. Haushaltskontrolle

767 *„Vertrauen ist gut, Kontrolle ist besser."* Im Bereich des Haushaltsrechts wird diese (nicht authentische, aber *Lenin* zugeschriebene) Binsenweisheit durch **Art. 114 GG** umgesetzt. Nach Absatz 1 muss die **Bundesregierung** durch den Bundesminister der Finanzen über ihr Haushaltsgebaren jeweils im Folgejahr **Rechenschaft ablegen,** und zwar gegenüber Bundestag und Bundesrat. In der Haushaltspraxis entfaltet diese Rechenschaftspflicht kaum regulierende Wirkung, weil nach Ablauf des Haushaltsjahres die Gelder verausgabt sind und Sanktionen für unwirtschaftliches Verhalten nicht zu befürchten sind. Denn der Bundestag hat in seiner jeweiligen Mehrheit bislang noch nie Interesse daran gezeigt, den Haushaltsvollzug der – von ihm gestützten – Bundesregierung zu kritisieren oder gar politisch zu demontieren. In der Literatur ist der entsprechende Vorgang drastisch, aber treffend als „Wegräumung der Budgetleiche" beklagt worden (*Kurt Heinig*, 1949).

768 Einen kleinen Lichtblick gewährt Art. 114 Abs. 2 GG. Er verwurzelt den **Bundesrechnungshof** als Organ für die Prüfung der Rechnung im Verfassungsrecht und stattet seine Mitglieder mit richterlicher Unabhängigkeit (vgl. Art. 97 GG, Rn. 1433 ff.) aus. Aus der weiten Formulierung des Prüfungsumfangs (Rechnung sowie Wirtschaftlichkeit und Ordnungsmäßigkeit der Haushalts- und Wirtschaftsführung) ergibt sich, dass der Bundesrechnungshof bei seiner Tätigkeit nicht auf das rein arithmetische Nachvollziehen der Haushaltsrechnung oder gar auf eine Belegprüfung beschränkt ist; das wäre eine bloße Ordnungsmäßigkeitskontrolle. Vielmehr ist er berechtigt und verpflichtet, die **Wirtschaftlichkeit** der Haushalts- und Wirtschaftsführung des Bundes zu beurteilen, also das ökonomische Verhältnis von Mitteleinsatz und Erfolg (Nutzen). Soweit der Bund den Ländern Finanzmittel zuweist (Rn. 744 f.), darf der Bundesrechnungshof gem. Art. 114 Abs. 2 Satz 2 Hs. 2 GG auch bei den Ländern prüfen. Bei dieser Art von **Finanzkontrolle** kann der Bundesrechnungshof durchaus eigene Überlegungen anstellen, insb. Alternativkonzepte entwickeln. Spezifische Weisungskompetenzen stehen dem Bundesrechnungshof allerdings nicht zu; seine schärfste Waffe sind seine Berichte (Art. 114 Abs. 2 Satz 3 GG), die als **„Bemerkungen"** jährlich veröffentlicht werden und, nicht selten pressewirksam, „Verschwendungen" in der Bundesverwaltung brandmarken.

§ 12. Umwelt- und Tierschutz

Literaturhinweise: *S. Korioth,* Staatsrecht I, 4. Aufl. 2018, § 21 II, III; *Th. I. Schmidt,* Prüfe dein Wissen – Staatsrecht, 3. Aufl. 2013, Nr. 85; *H. Holste,* „und die Tiere" – Das Staatsziel Tierschutz in Art. 20a GG, JA 2002, 907–912; *S. Westphal,* Art. 20a GG – Staatsziel „Umweltschutz", JuS 2000, 339–343; *B. Reinhardt,* Art. 20a GG – Staatsziel „Umweltschutz", JuS 2000, 1245–1246.

I. Schutzgegenstand und Zukunftsbezug

Fall (angelehnt an *BVerfG-K, NJW 1998, 3264 ff.* – *Waldschäden*): F ist Eigentümer größerer Waldflächen und Inhaber eines forstwirtschaftlichen Betriebs, dessen Erträge aufgrund des seit Jahren stagnierenden Waldzuwachses spürbar zurückgehen. F führt dies auf die allgemeine Luftverunreinigung durch den Straßenverkehr und die Industrie zurück. Er verlangt daher vom Bund Schadensersatz i.H.v. 50 000 Euro. Nach erfolgloser Beschreitung des Zivilrechtswegs erhebt F Verfassungsbeschwerde vor dem Bundesverfassungsgericht. Wenn schon jeder anerkannte Naturschutzverband wegen der Vernachlässigung irgendwelcher fremder Waldflächen klagen dürfe, so müsse ihm – dem F – aus seiner Eigentumsgarantie (Art. 14 Abs. 1 GG) erst recht gerichtlicher Schutz gewährt werden. Zu Recht?
(Lösungsvorschlag: Rn. 778)

769

Nach **Art. 20a GG** schützt der Staat die natürlichen Lebensgrundlagen sowie die Tiere, und zwar „auch in Verantwortung für die künftigen Generationen". Diese Vorschrift wurde **1994** in das Grundgesetz eingefügt und **2002** um den Schutz der Tiere als Mitgeschöpfe ergänzt. Zu den **natürlichen Lebensgrundlagen** gehören die Umweltgüter Boden, Wasser, Luft, Landschaft und Klima sowie Fauna und Flora. Das Staatsziel Tierschutz stärkt den ethisch motivierten Schutz der Tiere, stellt daher auf das einzelne empfindungsfähige Tier ab, nicht aber auf den Schutz ganzer Tierarten. **Schutz** i.S.v. Art. 20a GG meint die Unterlassung von Schädigungen, die Abwehr von Gefahren, aber auch die Vorsorge gegen Risiken.

770

Durch die Formulierung *„auch in Verantwortung für die künftigen Generationen"* wird auf die Menschen Bezug genommen, die noch nicht geboren sind; Ziel der Norm ist also ausdrücklich auch der sog. **Nachweltschutz**. Damit tut sich (auch) die Demokratie schwer: Die Abgeordneten fühlen sich ihren Wählern verpflichtet, die sich nicht selten aus älteren Bevölkerungsschichten zusammensetzen. Ein politisches Gegengewicht der Kinder besteht nicht (vgl. Rn. 349). Die **Belastung künftiger Generationen** – verursacht durch Umweltzerstörung, aber auch durch horrende Staatsverschuldung (Rn. 761) – wird vielfach in Kauf genommen. Ob die Fassung von Art. 20a GG hier gegenzusteuern vermag, erscheint fraglich.

771

II. Normadressaten

772 Zum Umwelt- und Tierschutz verpflichtet ist gem. Art. 20a GG der **Staat** durch seine gesetzgebenden, vollziehenden und rechtsprechenden Organe (zur horizontalen Gewaltenteilung Rn. 885).

1. Legislative

773 Erstadressat des Umwelt- und Tierschutzgebotes ist der Gesetzgeber; dies entspricht seiner **Erstzuständigkeit** bei der Verfassungsinterpretation (vgl. *BVerfGE 101, 158 [218, 236] – Finanzausgleich IV*). Dabei wird ihm ein weiter **Einschätzungs- und Gestaltungsspielraum** eingeräumt (vgl. Rn. 515). Dies lässt sich bereits unmittelbar aus Art. 20a GG entnehmen: Umwelt- und Tierschutz werden „nur" **im Rahmen der verfassungsmäßigen Ordnung** gewährt. Die Legislative hat diese Schutzgüter mit anderen Rechtspositionen und Interessen von Verfassungsrang **abzuwägen**, etwa mit den Zielen des Wirtschaftswachstums und der Erhaltung von Arbeitsplätzen (s. Art. 109 Abs. 2 GG, Rn. 748 ff.) oder mit den individuellen Freiheitsrechten (so ist etwa aus Art. 2 Abs. 1 GG ein „Grundrecht auf Autofahren" abgeleitet worden).

774 Daraus folgt, dass der Umwelt- und Tierschutz **nicht absolut** wirkt, dass **nicht jede umweltbelastende Maßnahme** des Gesetzgebers unzulässig und **verfassungswidrig** ist. Sonst müssten streng genommen die Einleitung jeglicher Schadstoffe in Gewässer, das Autofahren oder auch das Heizen mit fossilen Energieträgern mehr oder weniger von heute auf morgen verboten werden, um nur einige Beispiele zu nennen. Als unzulässig werden vielmehr nur solche Maßnahmen anzusehen sein, die bei vernünftiger Würdigung der Sachlage mit dem Umwelt- und Tierschutz schlechterdings unvereinbar sind, etwa weil sie unabsehbare und unverantwortbare Risiken befürchten lassen, insb. dauerhafte Schädigungen wichtiger Umweltgüter.

775 Im Übrigen entfaltet Art. 20a GG seine Bedeutung für den Gesetzgeber als **Abwägungsfaktor von Verfassungsrang**. Die Legislative darf den Umwelt- und Tierschutz nicht außer Betracht lassen, sondern muss ihn „optimieren", d.h. ihm so weit wie möglich zum Durchbruch verhelfen.

2. Exekutive und Judikative

776 Die vollziehende Gewalt und die Rechtsprechung sind auch beim Umwelt- und Tierschutz an Gesetz und Recht gebunden. Dieses **Gebot der Gesetzmäßigkeit** von Verwaltung und Rechtsprechung ergibt sich bereits aus Art. 20 Abs. 3 GG (Rn. 431 ff.) und wird in Art. 20a GG wiederholt. Daher bietet Art. 20a GG der Exekutive insb. keine unmittelbare Ermächtigungsgrundlage für Eingriffe in Rechte des Einzelnen. Der Vorrang und der Vorbehalt des

§ 12. Umwelt- und Tierschutz   209

Gesetzes (Rn. 444 ff., 454 ff.) werden durch Art. 20a GG nicht außer Kraft gesetzt. Andererseits müssen Verwaltung und Rechtsprechung den Umwelt- und Tierschutz bei ihren Tätigkeiten beachten, ganz maßgeblich also bei der **Auslegung und Anwendung von Gesetzen.** Vor allem gilt dies bei der Konkretisierung von unbestimmten Rechtsbegriffen (Rn. 476) oder als Abwägungsfaktor bei administrativem oder richterlichem Ermessen.

III. Rechtscharakter

Der rechtliche Charakter des Umwelt- und Tierschutzgebots war im Rahmen der Diskussionen um seine Aufnahme in das Grundgesetz umstritten. Aus Wortlaut, systematischer Stellung, Entstehungsgeschichte und Zweck von Art. 20a GG folgt, dass die Norm kein subjektives Recht (keinen Anspruch), insb. **kein Grundrecht** statuiert. Es handelt sich vielmehr um eine **objektive Verpflichtung** des Staates, um den Handlungsauftrag, auf eine Verwirklichung des Umwelt- und Tierschutzes hinzuwirken. Damit stellt Art. 20a GG ein Staatsziel im besten Sinn des Wortes dar (Rn. 243 ff.).   777

Lösungsvorschlag zum Fall Rn. 769: Soweit F seine Verfassungsbeschwerde auf die Verletzung von Art. 20a GG stützen würde, wäre sie bereits unzulässig, weil diese Vorschrift kein subjektives Recht einräumt, auf das sich der Einzelne vor dem Bundesverfassungsgericht berufen kann.   778
F könnte die Verfassungsbeschwerde aber auf eine mögliche Verletzung seines Eigentumsgrundrechts aus Art. 14 GG gründen (Einzelheiten zu diesem Grundrecht bei *Manssen*, Staatsrecht II, Rn. 693 ff.). Eine Berührung des Schutzbereichs von Art. 14 Abs. 1 GG liegt hier zwar vor, weil die Nutzbarkeit des Waldeigentums des F beeinträchtigt ist. Allerdings hat der Bund diese Beeinträchtigung nicht durch einen Eingriff verursacht. Die Luftverschmutzung ist maßgeblich auf die Ausübung der grundrechtlichen Freiheiten anderer Bürger (Autofahrer, emittierende Industriebetriebe) zurückzuführen. In Betracht käme höchstens eine eingriffsgleiche staatliche Beeinträchtigung infolge einer Verletzung staatlicher Schutzpflichten, konkret: dadurch, dass es der Staat unterlassen hat, gesetzliche Verbote zum Schutz des Waldes und seiner Eigentümer zu erlassen (hierzu *Manssen*, Staatsrecht II, Rn. 50 ff.). Hierbei ist indes der Einschätzungs- und Gestaltungsspielraum des demokratischen Gesetzgebers zu beachten, der den Umwelt- und Tierschutz mit anderen Rechtspositionen und Interessen von Verfassungsrang abzuwägen hat. Dass der Gesetzgeber den Umwelt- und Tierschutz als Abwägungsfaktor offensichtlich und schwerwiegend vernachlässigt hat, ist nicht ersichtlich (vgl. *BVerfG-K, NJW 1998, 3264 ff. – Waldschäden*; a.A. vertretbar). Auf den Vergleich zum Klagerecht von Naturschutzverbänden kann sich F nicht berufen. Deren Rechtsposition folgt nicht aus Art. 20a GG, sondern vielmehr aus den §§ 63 f. des Bundesnaturschutzgesetzes (BNatSchG). Damit hat der Gesetzgeber einfachgesetzliche Vorschriften geschaffen, die als solche zu beachten sind und für die individuelle Betroffenheit des F nichts hergeben. Die Verfassungsbeschwerde des F ist daher zumindest unbegründet und hat keine Aussicht auf Erfolg.

§ 13. Bestand des Verfassungsstaates – „wehrhafte Demokratie"

Literaturhinweise: *S. Korioth*, Staatsrecht I, 4. Aufl. 2018, § 13, § 30 II 3; *Th. I. Schmidt*, Prüfe dein Wissen – Staatsrecht, 3. Aufl. 2013, Nr. 65–67, 135–141; *Ch. Bickenbach*, Vor 75 Jahren: Die Entmächtigung der Weimarer Reichsverfassung durch das Ermächtigungsgesetz, JuS 2008, 199–203; *M. Sichert*, Das Parteiverbot in der wehrhaften Demokratie, DÖV 2001, 671–681; *U. Krämer*, Die freiheitlich demokratische Grundordnung und ihr Schutz durch die „wehrhafte Demokratie" des Grundgesetzes, UBWV 2009, 11–19.

I. Hintergrund

779   Das Grundgesetz versteht sich als freiheitliche **„Angebotsverfassung"**. Es ist auf die aktive Teilnahme der Bürger am demokratischen Willensbildungsprozess ausgerichtet und fördert deren Teilhabe (Partizipation) an Staat und Gesellschaft. Dazu garantiert und gewährt es **vielfältige individuelle und kollektive Freiheiten,** etwa die Meinungs-, Informations-, Presse- und Rundfunkfreiheit (Art. 5 Abs. 1 GG), die Versammlungs-, Vereinigungs- und Parteienfreiheit (Art. 8, 9 und 21 GG) oder das Wahlrecht (Art. 28 Abs. 1 Satz 2, Art. 38 GG). Diese Offenheit birgt jedoch die **Gefahr,** dass diverse „Feinde der Freiheit" die auch ihnen zustehenden Freiheitsrechte gerade dazu missbrauchen, die freiheitliche demokratische Grundordnung zu bekämpfen.

780   Traumatisch hallen in diesem Zusammenhang die Worte von *Joseph Goebbels*, des späteren „Reichspropagandaministers", vor der „Machtergreifung" der Nationalsozialisten nach: *„Wir gehen in den Reichstag hinein, um uns im Waffenarsenal der Demokratie mit deren eigenen Waffen zu versorgen. Wir werden Reichstagsabgeordnete, um die Weimarer Gesinnung mit ihrer eigenen Unterstützung lahmzulegen. Wenn die Demokratie so dumm ist, uns für diesen Bärendienst Freifahrkarten und Diäten zu geben, so ist das ihre eigene Sache. [...] Wir kommen als Feinde. Wie der Wolf in der Schafherde, so kommen wir"* (aus: Was wollen wir im Reichstag, in: Der Angriff, 30.4.1928, S. 1 f.).

781   Angesichts dessen waren sich die Mütter und Väter des Grundgesetzes 1948/1949 einig: Solchen und ähnlich perfiden Verhaltensweisen darf eine Verfassungsordnung nicht preisgegeben werden, auch und gerade nicht um der Freiheit willen. Das Grundgesetz ist daher ganz bewusst zu einer **wehrhaften Demokratie** ausgestaltet worden („keine Freiheit den Feinden der Freiheit").

II. Schutz des Verfassungskörpers

782   **Fall:** Um die Finanz- und Haushaltsmisere des Bundes zu beenden, beschließt der Bundestag mit der einfachen Mehrheit der Koalitionsfraktionen das „Staatsstrukturreformgesetz (StStRefG)". Durch dieses „Gesetzespaket" soll ein für alle Mal sichergestellt werden, dass keine verschwenderische Regierung mehr an die Macht komme, die dem

§ 13. Bestand des Verfassungsstaates – „wehrhafte Demokratie" 211

Volk „nach dem Mund rede" und „Wahlgeschenke verteile". Auch sollen die „finanziellen Begehrlichkeiten der Abgeordneten" wirkungsvoll unterbunden werden und das Gesetzgebungs- und Budgetrecht nur noch in einer Hand liegen. Dazu bestimmt Art. 1 StStRefG, dass sich der Bundestag selbst auflöst. Durch Art. 2 StStRefG wird die Bundesregierung abgeschafft. Art. 3 StStRefG überträgt alle bisherigen Kompetenzen des Bundestages und der Bundesregierung dem Bundespräsidenten. Nach Art. 4 StStRefG wird der Bundespräsident ermächtigt, zukünftig einen Nachfolger selbst zu ernennen, der für seine besondere Sparsamkeit bekannt sein muss. Der Text des Grundgesetzes wird durch diese Artikel des StStRefG allerdings nicht modifiziert. Ist das „Staatsstrukturreformgesetz" mit dem Grundgesetz vereinbar? (Lösungsvorschlag: Rn. 794)

Im Ausgangspunkt ist das Grundgesetz, wie sein Name schon besagt, als „Verfassungs-*Gesetz*" zu begreifen. Nach juristischer Dogmatik kann **jedes Gesetz** vom Parlament mit den Stimmen der Mehrheit der Abgeordneten (also vom Gesetzgeber) durch ein anderes Gesetz **geändert oder aufgehoben** werden. Ginge das beim Grundgesetz so einfach, ließe sich die Verfassungsordnung vergleichsweise reibungslos beseitigen. Um dieses Risiko zu minimieren, haben die Mütter und Väter des Grundgesetzes versucht, es durch drei Vorkehrungen zu einem **Bollwerk der freiheitlichen demokratischen Grundordnung** auszubauen. 783

1. Erschwerte Abänderbarkeit

Als Verfassung des Bundes fällt das Grundgesetz in die **Gesetzgebungskompetenz des Bundes.** Anträge zur Änderung des Grundgesetzes durchlaufen daher das Gesetzgebungsverfahren der Art. 76 ff. GG (Rn. 1103 ff.). Erforderlich ist insb. ein Beschluss des Bundestages gem. Art. 77 Abs. 1 Satz 1 GG. Dazu bedarf es nach Art. 42 Abs. 2 Satz 1 GG grds. (nur) der Mehrheit der abgegebenen Stimmen (Rn. 310, 311). Diese sog. einfache Mehrheit genügt für Änderungen des Grundgesetzes nicht: Sie bedürfen nach **Art. 79 Abs. 2 GG** der Zustimmung von **zwei Dritteln** der Mitglieder des **Bundestages.** Bezug genommen wird damit auf die Verfassungsdefinition des Art. 121 GG, die auf die gesetzliche Mitgliederzahl des Bundestages abstellt. Diese bemisst sich nach § 1 Abs. 1 Satz 1 und § 6 BWahlG und kann von Wahlperiode zu Wahlperiode differieren (näher Rn. 950 ff., 965 ff.). 784

Ob ein Gesetz der **Zustimmung des Bundesrates** bedarf, ergibt sich aus den jeweiligen – verstreuten – Vorschriften des Grundgesetzes (Rn. 1138 ff.). Für Grundgesetzänderungen ist dies in **Art. 79 Abs. 2 GG** festgelegt, und zwar in besonderer Weise: Notwendig ist hiernach nicht nur die Zustimmung der Mehrheit der Stimmen des Bundesrates, wie dies Art. 52 Abs. 3 Satz 1 GG vorschreibt, sondern die Zustimmung von **zwei Dritteln** der Stimmen des Bundesrates. 785

Die beiden Beteiligungs- und Zustimmungsquoren in Bundestag *und* Bundesrat werden als **doppelt qualifizierte Mehrheit** bezeichnet (Rn. 309 ff.). Dem liegt die Überzeugung zugrunde, dass die Verfassung grundlegende 786

Entscheidungen für das Staatsleben enthält. Sie sollen nicht zur Disposition der jeweils „einfachen" politischen Mehrheit im Bundestag stehen, sondern das Ergebnis eines partei- und i.d.R. koalitionsübergreifenden Kompromisses sein. Diese erschwerte Abänderbarkeit verleiht der Verfassung eine gewisse Dauerhaftigkeit **(Kontinuitätsgewähr)**.

2. Verbot der Verfassungsdurchbrechung

787   Nach **Art. 79 Abs. 1 Satz 1 GG** kann das Grundgesetz nur durch ein Gesetz geändert werden, das den Wortlaut des Grundgesetzes ausdrücklich ändert oder ergänzt. Eine Verfassungsänderung muss somit am Verfassungsdokument selbst vorgenommen werden (etwa durch Ergänzung, Umformulierung oder Streichung). Ausgeschlossen wird damit – gespeist aus den schlechten Erfahrungen der Weimarer Republik – die Modifikation des Grundgesetzes durch ein ihm widersprechendes einfaches Gesetz, das zwar mit Zweidrittelmehrheit beschlossen wird, die Verfassung in ihrem Wortlaut aber unberührt lässt. Dieses **Gebot der Textänderung** stellt sicher, dass alle Normen von Verfassungsrang in einem Dokument zusammengefasst und förmlich verbrieft sind.

   Beispiel: Ein einfaches Parlamentsgesetz, das die Einführung der Todesstrafe in das Strafgesetzbuch zum Inhalt hätte, wäre schon wegen Art. 79 Abs. 1 Satz 1 GG verfassungswidrig und nichtig, solange die Bestimmung des Art. 102 GG existiert (zur Frage der Abänderbarkeit des Art. 102 GG s. *Jarass*, in: Jarass/Pieroth, Grundgesetz, Art. 102 Rn. 1).

3. Unabänderlicher Kernbestand – „Ewigkeitsklausel"

788   Gem. **Art. 79 Abs. 3 GG** ist eine Änderung des Grundgesetzes unzulässig, durch die die Gliederung des Bundes in Länder, die grundsätzliche Mitwirkung der Länder bei der Gesetzgebung oder die in den Art. 1 und 20 GG niedergelegten Grundsätze berührt werden. Auf diese Weise entzieht Art. 79 Abs. 3 GG die Staatsgrundlagen der Bundesrepublik Deutschland (Rn. 220 ff.) *a priori* der Änderungskompetenz des Gesetzgebers. Ihr Bestand wird *„auf ewig"* garantiert – d.h. jedenfalls solange, wie die Bundesrepublik Deutschland als Staat Bestand hat und ihre Rechtsordnung nicht durch eine **Revolution** oder **Debellation** (kriegerische Vernichtung) beseitigt wird. In diesem Sinne ist Art. 79 Abs. 3 GG mit der Bezeichnung **„Ewigkeitsklausel"** (oder **„Ewigkeitsgarantie"**) versehen worden.

789   Geschichtlich gesehen ist Art. 79 Abs. 3 GG eine **Absage** an die zur Zeit der Weimarer Republik vertretene Auffassung, der parlamentarische Gesetzgeber besitze eine *unbegrenzte* Verfügungsgewalt über die Verfassung (sog. **demokratischer Relativismus**). Ausgeschlossen wird dadurch eine „legale" Umkehrung der Verhältnisse, die sich dem Anschein nach auf verfassungsmäßigen Bahnen bewegt.

Beispiel: Das „Gesetz zur Behebung der Not von Volk und Reich" (sog. Ermächtigungsgesetz) v. 24.3.1933 (RGBl. I S. 141). Es erteilte der Reichsregierung in Art. 1 die Kompetenz, förmliche Reichsgesetze zu erlassen und hob damit insb. die Gewaltenteilung auf.

Inhaltlich umfasst die sog. Ewigkeitsklausel die Garantie der Menschenwürde (Art. 1 GG) *und* die in Art. 20 GG niedergelegten Verfassungsgrundsätze. Wichtig ist dabei Folgendes: 790

— Das Wort „*und*" bringt klar zum Ausdruck, dass die in den Art. 2 bis 19 GG garantierten **Grundrechte** in ihrer heutigen Form nicht als unabänderlich festgeschrieben werden, sondern einer Modifikation zugänglich sind. Allerdings muss dabei der „**Menschenwürdekern**" unangetastet bleiben, der jedem Grundrecht innewohnt und über Art. 1 GG geschützt wird *(BVerfGE 109, 279 [311] – Lauschangriff; Manssen*, Staatsrecht II, Rn. 217). Außerdem sichert Art. 20 GG einen hinreichenden Grundrechtestandard: Eine Demokratie ohne Meinungsfreiheit (Art. 5 Abs. 1 Satz 1 Fall 1 GG) oder ohne Versammlungsfreiheit (Art. 8 GG) wäre nicht denkbar (Rn. 327).

— Die anderen beiden in Art. 79 Abs. 3 GG enthaltenen „Ewigkeitsverbürgungen" – die Gliederung des Bundes in Länder und die grundsätzliche Mitwirkung der Länder bei der Gesetzgebung – sind besondere Ausprägungen des **Bundesstaatsprinzips** und insofern ebenfalls in Art. 20 Abs. 1 GG verwurzelt (vgl. Rn. 549, 615). 791

— Nicht erfasst von Art. 79 Abs. 3 GG wird das **Widerstandsrecht** in Art. 20 Abs. 4 GG. Denn dieser Absatz wurde erst nach Festlegung des „Ewigkeitsbestandes" an Art. 20 GG angefügt, nämlich 1968 im Rahmen der sog. Notstandsgesetze. Art. 20 Abs. 4 ist zwar ein grundrechtsgleiches Recht, hat aber bisher (glücklicherweise) noch keine praktische Rolle gespielt; entsprechend ungeklärt sind seine Voraussetzungen und Rechtsfolgen. Das Bundesverfassungsgericht hat das Widerstandsrecht kryptisch als *„das letzte Mittel zur Erhaltung oder Wiederherstellung des Rechts"* bezeichnet *(BVerfGE 123, 267 [333] – Lissabon).* 792

Art. 79 Abs. 3 GG **selbst** kann **nicht** durch Verfassungsänderung nach Art. 79 Abs. 1 und 2 GG modifiziert oder gar aufgehoben werden. Zwar ließe sich rein formaljuristisch in eine solche Richtung argumentieren, weil der Wortlaut von Art. 79 Abs. 3 GG nicht dessen Änderung selbst ausschließt. Allerdings widerspräche dies dem eindeutigen Zweck der Norm: Art. 79 Abs. 3 GG will die in ihm aufgezählten Staatsgrundlagen wirkungsvoll und dauerhaft schützen; seine Abänderbarkeit würde genau diesen Schutz beseitigen. Ob andere Wege zur Umgehung von Art. 79 Abs. 3 GG bestehen, ist str. Ein Teil des Schrifttums vertritt, dass eine Aufhebung durch die verfassungsgebende Gewalt, nämlich durch das Volk selbst, nach Maßgabe des **Art. 146 GG** zulässig ist. Nach a.A. soll selbst dies nicht statthaft sein, weil in Art. 79 Abs. 3 GG unverzichtbare überverfassungsrechtliche Werte zum Ausdruck kommen, die über das Grundgesetz hinaus fortwirken sollen. 793

794 **Lösungsvorschlag zum Fall Rn. 782:** Das „Staatsstrukturreformgesetz (StStRefG)" ist mit dem Grundgesetz vereinbar, wenn und soweit es formell und materiell verfassungsmäßig ist. Gegen die formelle Verfassungsmäßigkeit bestehen zwar insoweit keine Bedenken, als der Bund für Änderungen des Grundgesetzes zuständig ist. Allerdings könnte dem „StStRefG" Art. 79 Abs. 1 Satz 1 GG entgegenstehen. Die Vorschrift gebietet, dass eine Verfassungsänderung nur durch Änderung des Verfassungstextes vorgenommen werden kann und nicht durch ein der Verfassung widersprechendes einfaches Gesetz. Das „StStRefG" ändert das Grundgesetz inhaltlich in mehrfacher Hinsicht: Bundestag und Bundesregierung werden abgeschafft; die Kompetenzen des Bundespräsidenten werden tiefgreifend erweitert; seine Wahl wird ausgeschlossen. Gleichwohl lässt das StStRefG das Grundgesetz in seinem textlichen Bestand unberührt. Damit stellt es eine verfassungswidrige Verfassungsdurchbrechung dar.

Im Übrigen ist Art. 79 Abs. 2 GG verletzt, weil das StStRefG vom Bundestag nur mit einfacher Mehrheit (Art. 42 Abs. 2 Satz 1 GG, Rn. 309) beschlossen wird, obwohl eine Mehrheit von zwei Dritteln der Mitglieder des Bundestages und der Stimmen des Bundesrates erforderlich gewesen wäre.

Materiell, d.h. inhaltlich ist die Änderung des Grundgesetzes gem. Art. 79 Abs. 3 GG zulässig, soweit insb. die in Art. 20 GG niedergelegten Grundsätze nicht berührt werden. *„Art. 79 Abs. 3 GG bindet die staatliche Entwicklung in Deutschland an den in ihm bezeichneten Kerngehalt der grundgesetzlichen Ordnung […], ohne selbst die verfassungsgebende Gewalt normativ binden zu können"* (BVerfGE 89, 155 [180] – Maastricht). Der verfassungsändernde Gesetzgeber kann demzufolge das Parlaments- und Regierungssystem nach seinem Ermessen ausgestalten – soweit er dadurch nicht gegen die Staatsgrundlagenbestimmungen des Art. 20 GG verstößt. Genau dies ist hier aber der Fall: Mit der Vereinigung aller wesentlichen staatlichen Leitungsbefugnisse im Amt des Bundespräsidenten und mit der Regelung, dass dieser auch seinen Nachfolger bestimmt, werden das Rechtsstaats- und das Demokratieprinzip in eklatanter Weise verletzt. Folglich verstößt das StStRefG gegen Art. 79 Abs. 1, Abs. 2 und Abs. 3 GG. Es stellt sich also in dreifacher Hinsicht als verfassungswidrig dar und ist mithin nichtig.

III. Schutz gegen Bedrohungen aus dem staatlichen Binnenbereich

795 Neben Angriffen auf den Textkörper der Verfassung seitens des Gesetzgebers (d.h. vor allem seitens der Abgeordneten des Bundestages) kann das Grundgesetz auch durch andere **staatliche Organe** oder durch die Personen bedroht werden, die die Funktionen dieser Organe ausfüllen (**Organwalter,** Rn. 87, 891). Hiergegen schützt sich die Verfassung durch eigene Vorschriften.

1. Verfassungstreuepflicht der Beamten und Richter

796 Grundlegend für das „Überleben" der Verfassungsordnung ist die **Loyalität der staatlichen Bediensteten** gegenüber ihrem Dienstherrn. Die Pflicht der Beamten und Richter zur Verfassungstreue ist zwar im Grundgesetz nicht ausdrücklich benannt, ergibt sich aber aus **Art. 33 Abs. 5 GG** als **hergebrachter Grundsatz des Berufsbeamtentums** *(BVerfGE 39, 334 [347ff.] – Extremisten).*

§ 13. Bestand des Verfassungsstaates – „wehrhafte Demokratie" 215

Aufgenommen wird der Begriff der „**Treue**" i.d.S. durch Art. 33 Abs. 4 GG: Mit Angehörigen des öffentlichen Dienstes, die in einem öffentlich-rechtlichen Dienst- und *Treue*verhältnis stehen, sind die Berufsbeamten und Berufsrichter gemeint. Dadurch erfolgt eine vertiefte Rückbindung an die freiheitliche demokratische Grundordnung bei Ausübung der Staatsgewalt, die mit einer stabilen und gesetzestreuen Verwaltungs- und Rechtsprechungstätigkeit steht und fällt (vgl. Rn. 1385).

2. Richteranklage

Der freiheitlich-demokratische Rechtsstaat ist nicht nur auf eine loyale Beamtenschaft angewiesen, sondern auch auf **loyale Richter.** Bei ihnen besteht die Besonderheit der personellen richterlichen Unabhängigkeit (Rn. 1433): Gem. **Art. 97 Abs. 2 GG** können hauptamtlich und planmäßig endgültig eingestellte Richter grds. nicht gegen ihren Willen des Amtes enthoben oder versetzt werden. Diese Regel wird durch **Art. 98 Abs. 2 Satz 1 GG** verschärft: Bei Verstoß gegen die Grundsätze des Grundgesetzes oder gegen die verfassungsmäßige Ordnung eines Landes können Bundesrichter auf Antrag des Bundestages durch Urteil des Bundesverfassungsgerichts in ein **anderes Amt** oder in den **Ruhestand versetzt** werden. Im Falle eines vorsätzlichen Verstoßes kann sogar auf **Entlassung** (insb. mit Verlust der Dienst- und Versorgungsbezüge) erkannt werden (Art. 98 Abs. 2 Satz 2 GG). Gleiches kann für Landesrichter durch die jeweilige Landesverfassung bestimmt werden (Art. 98 Abs. 5 GG). 797

3. Präsidentenanklage

Verletzt der **Bundespräsident** vorsätzlich das Grundgesetz oder ein anderes Bundesgesetz, kann er nach **Art. 61 GG** vom Bundestag oder Bundesrat vor dem Bundesverfassungsgericht angeklagt werden (sog. Präsidentenanklage, s. Rn. 1337). 798

Eine Entsprechung für den **Bundeskanzler** oder die **Bundesminister** sieht das Grundgesetz nicht vor, eine Grundlage für eine „Kanzler-" oder „Ministeranklage" existiert nicht. Allerdings steht dem Bundestag das jederzeitige Recht zu, dem Bundeskanzler das Vertrauen zu entziehen (sog. **Misstrauensvotum,** Rn. 1268).

IV. Schutz gegen Bedrohungen aus der Gesellschaft

Fall (nach *BVerfGE 5, 85 ff.* – *KPD-Verbot*): Die KPD propagierte die Errichtung einer marxistisch-leninistischen Gesellschaftsordnung unter der „Diktatur des Proletariats". Zu diesem Ziel rief sie nachdrücklich zur Beseitigung des herrschenden „imperialistisch-kapitalistischen Systems" und insb. zum Sturz der Bundesregierung auf. Die Bundesregierung leitete daher ein Verbotsverfahren gegen die KPD ein. Die KPD tat unter anderem dar, 799 sie sei weder im Bundestag noch in einem Landesparlament mit Abgeordneten vertreten und könne somit nicht effektiv gegen die Verfassung arbeiten. Wie hat das Bundesverfassungsgericht im Jahr 1956 entschieden? Würde die Entscheidung heute ebenso ausfallen? (Lösungsvorschlag: Rn. 805)

800   Das Grundgesetz setzt sich auch gegen Angriffe zur Wehr, die nicht vom staatlichen Binnenbereich herrühren, sondern ihren Ursprung auf dem **nichtstaatlichen**, dem **gesellschaftlichen Feld** haben (zur Unterscheidung s. Rn. 520). Hierfür hält es die „Trias" der Art. 9 Abs. 2, Art. 18 sowie Art. 21 Abs. 2 und 3 GG bereit.

1. Verwirkung von Grundrechten

801   Nach Art. 18 GG können bestimmte Grundrechte verwirkt werden, wenn sie zum **Kampf gegen die freiheitliche demokratische Grundordnung** (Rn. 238 ff.) eingesetzt werden. Die in der Vorschrift abschließend aufgezählten verwirkbaren Grundrechte zeichnen sich dadurch aus, dass sie in erhöhtem Maße für die **Teilhabe am Prozess der politischen Willensbildung** von Bedeutung sind (insb. die sog. Kommunikationsgrundrechte der Art. 5, 8 und 9 GG). Durch die Grundrechtsverwirkung soll gerade die agitatorische Teilnahme an der öffentlichen Meinungsbildung verringert werden. Anders als der Wortlaut vermuten lässt, tritt die Verwirkung nicht von selbst, also *ipso iure* ein, sondern muss durch das Bundesverfassungsgericht ausgesprochen werden (Art. 18 Satz 2 GG, § 13 Nr. 1 i.V.m. §§ 36 bis 41 BVerfGG). Rechtsfolge der Grundrechtsverwirkung ist, dass der Betroffene sich auf das verwirkte Grundrecht nicht mehr berufen kann. Einfachgesetzliche Bestimmungen bleiben jedoch anwendbar.

2. Vereinsverbot

802   Gem. Art. 9 Abs. 2 GG sind **Vereinigungen**, die sich **gegen die verfassungsmäßige Ordnung** richten, verboten. Ein Verbot kann jedoch nach h.M. nicht schon dann erfolgen, wenn die Vereinigung die verfassungsmäßige Ordnung lediglich ablehnt, erforderlich ist vielmehr das **Ziel der Untergrabung** dieser Ordnung. Wie bei Art. 18 GG tritt die Verbotswirkung nicht *ipso iure* ein, sondern muss durch die zuständige Verbotsbehörde gem. § 3 des Vereinsgesetzes (VereinsG) ausgesprochen werden. Im Gegensatz zum Parteiverbot bedarf es jedoch keiner Entscheidung des Bundesverfassungsgerichts.

3. Parteiverbot

803   Art. 21 Abs. 2 GG erklärt Parteien, die nach ihren Zielen oder nach dem Verhalten ihrer Anhänger darauf ausgehen, die **freiheitliche demokratische Grundordnung** (Rn. 238 ff.) zu **beeinträchtigen** oder zu beseitigen oder den Bestand der Bundesrepublik Deutschland zu gefährden, für **verfassungswid-**

§ 13. Bestand des Verfassungsstaates – „wehrhafte Demokratie" 217

rig. Diesen Tatbestand, insb. die Wörter „*darauf ausgehen*", legt das Bundesverfassungsgericht eng aus, und zwar in zweifacher Hinsicht:
– Bereits im KPD-Urteil vom 17.8.1956 forderte es nicht nur, dass eine Partei die „*obersten Prinzipien einer freiheitlichen demokratischen Ordnung [...] nicht anerkennt; es muss vielmehr eine aktiv kämpferische, aggressive Haltung gegenüber der bestehenden Ordnung hinzukommen*" (BVerfGE 5, 85 [85, Leitsatz 5] – *KPD-Verbot*).
– Im NPD-Urteil vom 17.1.2017 schränkte das Gericht noch weiter ein: Um die Verfassungswidrigkeit feststellen und die Partei verbieten zu können, müssten „*konkrete Anhaltspunkte von Gewicht vorliegen, die es zumindest möglich erscheinen lassen, dass das gegen die Schutzgüter des Art. 21 Abs. 2 GG gerichtete Handeln einer Partei erfolgreich sein kann (Potentialität)*" (*BVerfGE 144, 20 [224f. Rn. 585] – NPD-Verbot II*). Ob eine solche Auslegung noch mit dem Wortlaut von Art. 21 Abs. 2 GG vereinbar ist (vgl. allg. Rn. 207 ff.), wird wohl das Geheimnis des Bundesverfassungsgerichts bleiben. Jedenfalls erfüllte die NPD nach Überzeugung des Gerichts diese Voraussetzung der **Potentialität** nicht, sodass der Verbotsantrag des Bundesrates im Ergebnis keinen Erfolg hatte.

Allerdings können Parteien, die verfassungswidrige Ziele verfolgen, aber mangels Potentialität nicht verfassungswidrig sind, nach Art. 21 Abs. 3 GG von der staatlichen **Parteienfinanzierung ausgeschlossen** werden (näher Rn. 410). Deutlich wird dieser Unterschied an Gefährlichkeit einer Partei im **Wortlautvergleich:** Art. 21 Abs. 2 GG spricht – strenger – von „*darauf ausgehen*", Art. 21 Abs. 3 Satz 1 GG abgeschwächt von „*darauf ausgerichtet sein*".

Zu beachten ist, dass gem. Art. 21 Abs. 4 Fall 1 GG **ausschließlich das Bundesverfassungsgericht** dazu berufen ist, über die Frage der Verfassungswidrigkeit einer Partei zu entscheiden. Darin unterscheiden sich Parteien deutlich von anderen Vereinigungen (Rn. 802 und *Manssen*, Staatsrecht II, Rn. 556 ff.). Dieses „**Verbotsmonopol**" des Bundesverfassungsgerichts wird als sog. **Parteienprivileg** bezeichnet, in dem die besondere verfassungsrechtliche Stellung der Parteien und deren große Bedeutung für die Demokratie zum Ausdruck kommen: Kein anderes Staatsorgan, insb. nicht die Regierung oder das Parlament, ist befugt, über die Verfassungswidrigkeit einer Partei zu entscheiden (§ 13 Nr. 2 i.V.m. §§ 43 bis 47 BVerfGG). Deshalb ist eine politische Partei bis zu einem entsprechenden Urteilsspruch als verfassungsmäßig zu behandeln. 804

Das „**Parteiverbotsverfahren**" vor dem Bundesverfassungsgericht ist im Bundesverfassungsgerichtsgesetz (BVerfGG) geregelt: Einen „**Verbotsantrag**" können nach § 43 Abs. 1 BVerfGG nur der Bundestag, der Bundesrat oder die Bundesregierung stellen. Nach § 43 Abs. 2 BVerfGG gilt dies ausnahmsweise auch für Landesregierungen, wenn sich die Organisation der betreffenden Partei auf das Gebiet eines Landes beschränkt. Nicht antragsberechtigt ist die betroffene Partei mit dem – umgekehrten – Begehren auf Feststellung, sie 804a sei verfassungskonform *(BVerfGE 133, 100 [106 Rn. 17] – NPD)*. Nach § 45 BVerfGG entscheidet das Bundesverfassungsgericht zunächst in einem **Vorverfahren** über die Zulässigkeit des „Verbotsantrags". Nur wenn sich der Antrag sodann im Hauptverfahren als begründet erweist, wird die Partei mit konstitutiver (rechtsbegründender) Wirkung **für verfassungswidrig erklärt.** Hierfür ist nach § 15 Abs. 4 BVerfGG eine Zweidrittelmehrheit im zuständigen Senat erforderlich (grds. sechs von acht Richtern).

804b Rechtsfolgen der Verfassungswidrigkeit sind gem. § 46 Abs. 3 BVerfGG die **Auflösung der Partei** und das **Verbot von Ersatzorganisationen.** Vollzogen wird das „Parteiverbot" durch den Bundesinnenminister oder die Landesregierungen nach Maßgabe der §§ 32 und 33 PartG. Als wichtigste parlamentarische Konsequenz verlieren die Abgeordneten, die Mitglieder der betroffenen Partei waren, nach § 46 Abs. 1 Nr. 5, Abs. 4 BWahlG ihre Bundestagsmandate. Dies wird mit der Begründung kritisiert, die Abgeordneten besäßen nach Art. 38 Abs. 1 Satz 2 GG ein freies Mandat (Rn. 281 ff.) und seien ihrer Partei nicht unmittelbar verantwortlich. Allerdings kann das Ziel, verfassungsfeindliche *„Ideen selbst aus dem Prozess der politischen Willensbildung auszuscheiden [... ,] nicht erreicht werden, wenn es den wesentlichsten Exponenten der Partei, den Abgeordneten, weiterhin möglich bliebe, die Ideen ihrer Partei an der Stätte, wo die echten politischen Entscheidungen fallen, zu vertreten und bei Abstimmungen zur Geltung zu bringen" (BVerfGE 2, 1 [73 f.] – SRP-Verbot).*

805 **Lösungsvorschlag zum Fall Rn. 799:** Durch die mit der „Diktatur des Proletariats" einhergehende Aufteilung der Menschen in „führende Klasse" und „geführte Klasse" verlieren die Individuen zwangsläufig ihre Gleichheit und ihre Eigenschaft als Staatsbürger und Grundrechtsträger. Die von der KPD propagierte Gesellschaftsordnung widersprach somit grundsätzlichen Wertentscheidungen des Grundgesetzes. Die erforderliche aktiv-kämpferische Haltung konnte in dem Aufruf zum Sturz der Bundesregierung erblickt werden. Der Vortrag der KPD, sie habe geringe politische Gestaltungskraft, war nach der damaligen Rechtsprechung des Bundesverfassungsgerichts irrelevant. Eine Partei konnte vielmehr auch dann verfassungswidrig sein, wenn *„nach menschlichem Ermessen keine Aussicht darauf besteht, dass sie ihre verfassungswidrige Absicht in absehbarer Zukunft werde verwirklichen können" (BVerfGE 5, 85 [143])*. Im Jahr 1956 hat das Bundesverfassungsgericht die KPD daher verboten. Angesichts der einschränkenden Auslegung des Merkmals des „Darauf-Ausgehens" und der daher geforderten „Potentialität" hätte das Bundesverfassungsgericht die KPD nach seiner heutigen Rspr. wohl nicht verboten.

806 Im Jahr 2001 sollte auf Anträge von Bundestag, Bundesrat und Bundesregierung hin die NPD verboten werden. Dieses damalige Parteiverbotsverfahren wurde indes 2003 vom Bundesverfassungsgericht eingestellt. Grund war ein nicht behebbares Verfahrenshindernis, da die NPD durch V-Leute des Verfassungsschutzes (Rn. 807) beobachtet wurde, die unmittelbar vor und sogar noch während des Verbotsverfahrens auch *im Vorstand* der Partei vertreten waren *(BVerfGE 107, 339 ff. – NPD-Verbot I).* Im zweiten Verfahren der Jahre 2013–2017 waren dagegen noch vor Beginn des Verfahrens alle V-Leute auf der Führungsebene der NPD „abgeschaltet" worden, sodass kein Verfahrenshindernis mehr anzunehmen war *(BVerfGE 144, 20 [167 f. Rn. 427] – NPD-Verbot II).*

V. Exekutiver Verfassungsschutz

Neben den materiellen Vorschriften zum Schutz der Verfassungsordnung sieht das Grundgesetz auch die Möglichkeit für einen behördlichen Verfassungsschutz vor: Nach **Art. 73 Abs. 1 Nr. 10 lit. b GG** hat der Bund die ausschließliche Gesetzgebungszuständigkeit für die **Zusammenarbeit des Bundes und der Länder** zum Schutz der freiheitlichen demokratischen Grundordnung, des Bestandes und der Sicherheit des Bundes oder eines Landes (dort ausdrücklich **definiert als Verfassungsschutz**). Davon hat der Bund durch das Bundesverfassungsschutzgesetz (BVerfSchG) Gebrauch gemacht. Im Übrigen besitzen die Länder die Gesetzgebungskompetenz für den Landesverfassungsschutz (vgl. Rn. 469, 484). Als Verfassungsschutzbehörden bestehen in den Ländern zumeist Landesämter für Verfassungsschutz, im Bund das Bundesamt für Verfassungsschutz (BfV). Dazu wird dem Bund in **Art. 87 Abs. 1 Satz 2 GG** die Verwaltungskompetenz eingeräumt. Aufgabe der Verfassungsschutzbehörden ist es, Informationen über verfassungsfeindliche Bestrebungen zu sammeln und auszuwerten (§ 3 Abs. 1 BVerfSchG). Dabei dürfen sie auch nachrichtendienstliche Mittel anwenden (vgl. § 8 Abs. 2 BVerfSchG); polizeiliche Befugnisse oder Weisungsbefugnisse gegenüber der Polizei stehen ihnen indes nicht zu (vgl. § 8 Abs. 3 BVerfSchG).

807

§ 14. Offene Staatlichkeit – Deutschland in Europa

Literaturhinweise: *S. Korioth*, Staatsrecht I, 4. Aufl. 2018, § 21 IV, § 34; *Th. I. Schmidt*, Prüfe dein Wissen – Staatsrecht, 3. Aufl. 2013, Nr. 490–492; *S. Hölscheidt/M. Ridinger/A. Zitterbart*, Grundzüge des Völkerrechts und seine Bezüge zum Europa- und Verfassungsrecht (Teil 2), JURA 2005, 224–230; *S. Richter*, Die EU-Verfassung ist tot, es lebe der Reformvertrag!, EuZW 2007, 631–633; *A. Scheidler*, Einführung in das Völkerrecht, JURA 2004, 9–13; *B. Schöbener*, Das Verhältnis des EU-Rechts zum nationalen Recht der Bundesrepublik Deutschland, JA 2011, 885–894; *A. Voßkuhle/ A.-K. Kaufhold*, Grundwissen – Öffentliches Recht: Offene Staatlichkeit, JuS 2013, 309–311; *R. Wahl*, Der offene Staat und seine Rechtsgrundlagen, JuS 2003, 1145–1151; *A. Weber*, Vom Verfassungsvertrag zum Vertrag von Lissabon, EuZW 2008, 7–14.

I. Normbefund

Ein herausstechendes Merkmal des Grundgesetzes ist seine **Offenheit gegenüber** dem **Völkerrecht** und der **europäischen Integration** (Einheitsbildung). Dies kommt an mehreren Stellen deutlich zum Ausdruck, so in Art. 1 Abs. 2, Art. 9 Abs. 2, Art. 23 sowie in der sog. Völkerrechtstrias der Art. 24 bis 26 *(bitte jeweils nachlesen)*. Sie stellen zusammen mit der Präambel klar, dass das Grundgesetz „von der Eingliederung des von ihm verfassten Staates in die Völkerrechtsordnung der Staatengemeinschaft" ausgeht *(BVerfGE 75, 1 [17] – Ne bis in idem)*.

808

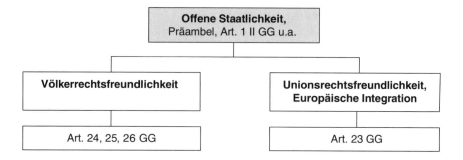

II. Völkerrechtsoffenheit und Völkerrechtsfreundlichkeit des Grundgesetzes

809 **Fall** (angelehnt an *BVerfGE 96, 68 ff. – Diplomatenrecht*): B war von 1981 bis 1989 als Botschafter eines ausländischen Staates in der DDR akkreditiert. Seit 1983 ermittelt die zuständige Staatsanwaltschaft gegen B wegen eines Bombenanschlags in West-Berlin, bei dem es Verletzte und auch ein Todesopfer gab. Gegen B erging ein Haftbefehl, der nach der deutschen Vereinigung 1989 in Vollzug gesetzt werden sollte. B beruft sich auf seine diplomatische Immunität als Teil des universell geltenden Völkergewohnheitsrechts, die die Bundesrepublik als Rechtsnachfolgerin der DDR zu achten habe. Hat B Recht? Wer ist in Deutschland zur verbindlichen Feststellung dieser Frage berufen? (Lösungsvorschlag: Rn. 826)

1. Internationale Zusammenarbeit

a) Übertragung von Hoheitsrechten

810 Nach Art. 24 Abs. 1 GG kann der **Bund** (vgl. Rn. 603) durch Gesetz **Hoheitsrechte** auf zwischenstaatliche Einrichtungen übertragen. Durch diese Form internationaler Zusammenarbeit (vgl. *BVerfGE 111, 307 [317f.] – Görgülü*) wird es möglich, dass der Bund sozusagen „ein Stück seiner Staatsmacht" – auch Befugnisse zu Eingriffen in Rechte des Einzelnen – abgibt und deren Ausübung auf **völkerrechtliche Organisationen** überträgt. Zwischenstaatliche Einrichtungen i.d.S. sind beispielsweise der Internationale Strafgerichtshof (IStGH) in Den Haag, die Europäische Kernenergie-Agentur (Nuclear Energy Agency – NEA) in Paris oder das Europäische Patentamt (European Patent Office – EPO) in München. Die Übertragung von Hoheitsrechten erfordert einen **völkerrechtlichen Vertrag**, an dem die Bundesrepublik Deutschland beteiligt ist und durch den sie gegenüber den anderen Vertragsstaaten verpflichtet wird. Diesem Vertrag muss durch ein Vertragsgesetz nach Art. 59 Abs. 2 Satz 1 GG zugestimmt werden (Rn. 817).

811 Seit 1993 ermächtigt Art. 24 Abs. 1a GG ergänzend die **Länder** (vgl. Rn. 606), Hoheitsrechte auf **grenznachbarschaftliche** Einrichtungen zu übertragen. Dabei muss es sich um eine Erledigung von Aufgaben mit regio-

§ 14. Offene Staatlichkeit – Deutschland in Europa   221

nalem Bezug handeln (z.B. Abfall- oder Abwasserbeseitigung einschließlich entsprechender Gebührenerhebung). Weitere Voraussetzung ist, dass die Länder für die Wahrnehmung der betreffenden staatlichen Aufgaben und Befugnisse zuständig sind, d.h. dass sie nach Maßgabe der Art. 30, 70 ff. und 83 ff. GG die föderative **Kompetenz** (Rn. 98) dafür besitzen. Schließlich ist die **vorherige Zustimmung** der Bundesregierung erforderlich. Ob für die Hoheitsrechtsübertragung ein **Landesgesetz** erforderlich ist, ähnlich wie dies Art. 59 Abs. 2 Satz 1 GG auf Bundesebene vorgibt (Rn. 816 f.), richtet sich nach dem Verfassungsrecht des jeweiligen Landes. Eines Landesgesetzes bedarf es jedenfalls dann, wenn das Land seine Kommunen (Rn. 647) zur grenznachbarschaftlichen Zusammenarbeit ermächtigen will.

b) System kollektiver Sicherheit

Seine Integrationsbereitschaft zeigt das Grundgesetz darüber hinaus in Art. 24 Abs. 2 und 3. Nach Absatz 2 kann sich der Bund zur Wahrung des Friedens einem **System kollektiver Sicherheit** einordnen, d.h. in eine Organisation, die ihre Mitglieder vor militärischen Bedrohungen oder gar Angriffen schützen soll. Dazu zählen die Vereinten Nationen (UNO) und nach h.M. auch der Nordatlantikpakt (die NATO). Für den Beitritt zu einem solchen Sicherheitssystem und dessen wesentliche Umgestaltung sind wiederum ein **völkerrechtlicher Vertrag** sowie ein **Vertragsgesetz** nach Maßgabe des Art. 59 Abs. 2 Satz 1 GG notwendig (vgl. *BVerfGE 90, 286 [344 ff.] – Adria-Einsatz; BVerfGE 104, 151 [199 ff.] – NATO-Strategiekonzept*). 812

Gleiches gilt für Art. 24 Abs. 3 GG, der den Bund verpflichtet, zur zwischenstaatlichen Streitbeilegung einer internationalen (Schieds-)Gerichtsbarkeit beizutreten, soweit diese allgemein, umfassend und obligatorisch ist. Bislang besteht eine solche internationale Gerichtsbarkeit allerdings nicht; insb. der Internationale Gerichtshof (IGH) in Den Haag stellt keinen Fall des Art. 24 Abs. 3 GG dar, da seine Gerichtsbarkeit nicht obligatorisch ist. Und der Internationale Strafgerichtshof (IStGH) fällt nicht darunter, weil er nicht bei zwischen*staatlichen* Streitigkeiten schlichtet, sondern individuelle Völkerstraftaten verfolgt. 813

c) Grenzen der Übertragung von Hoheitsrechten

Die Übertragung von Hoheitsrechten ist **nicht schrankenlos** zulässig (*BVerfGE 58, 1 [40] – Eurocontrol*). Art. 24 GG deckt die Übertragung nur, soweit die Grundstruktur der Verfassung erhalten bleibt und soweit durch die Rechtsetzung der zwischenstaatlichen Einrichtung keine Verfassungsänderung droht (*BVerfGE 37, 271 [279] – Solange I*). 814

2. Übernahme von Völkerrecht in nationales Recht

a) Völkerrechtliche Verträge

Nach h.M. stellen Völkerrecht und nationales Recht zwei verschiedene Rechtskreise dar (**dualistische Sicht** im Gegensatz zur monistischen Sicht). 815

Rechte und Pflichten des Völkerrechts wirken demnach nicht unmittelbar im innerstaatlichen Bereich, sondern zunächst nur zwischen den Staaten und anderen Völkerrechtssubjekten. Insbesondere der Einzelne kann sich grundsätzlich nicht auf völkerrechtliche Normen berufen.

816 Für die Übernahme völkerrechtlicher Bestimmungen in nationales Recht gibt das Grundgesetz prinzipiell den Weg des Art. 59 Abs. 2 Satz 1 GG vor: Danach bedürfen völkerrechtliche Verträge der Zustimmung in Form eines Bundesgesetzes, wenn sie

- die **politischen Beziehungen des Bundes** regeln, d.h. die Existenz, die territoriale Unversehrtheit, die Unabhängigkeit und die maßgebliche Stellung der Bundesrepublik betreffen (z.B. Friedens-, Bündnis- oder Abrüstungsverträge), oder

- sich auf **Gegenstände der (Bundes-)Gesetzgebung** beziehen, d.h. wenn für ihren innerstaatlichen Vollzug nach dem Vorbehalt des Gesetzes ein Parlamentsgesetz erforderlich ist (Rn. 454 ff.). Das Bestimmungswort „Bundes-" ist daher missverständlich: Der Tatbestand von Art. 59 Abs. 2 Satz 1 GG ist auch erfüllt, wenn die Länder die Gesetzgebungskompetenz haben (Art. 70 GG, Rn. 1073 ff.).

817 Ein Bundesgesetz i.S.v. Art. 59 Abs. 2 Satz 1 GG wird **Vertragsgesetz** genannt (Alternativbezeichnungen: Ratifikationsgesetz, Transformationsgesetz oder Zustimmungsgesetz – nicht zu verwechseln mit Zustimmungsgesetzen i.S.v. Art. 77 Abs. 2a, Art. 78 Fall 1 GG, s. Rn. 1138 ff.). Das Vertragsgesetz ermächtigt den Bundespräsidenten, den völkerrechtlichen Vertrag zu ratifizieren (vgl. Art. 59 Abs. 1 Satz 2 GG, Rn. 1314). **Ratifikation** ist das feierliche Versprechen, den völkerrechtlichen Vertrag als bindend anzusehen und seine innerstaatliche Einhaltung zu gewährleisten. Zu diesem Zweck bewirkt das Vertragsgesetz die Übernahme der Vertragsbestimmungen in nationales Recht, indem es den **Rechtsanwendungsbefehl** erteilt, den völkerrechtlichen Vertrag innerstaatlich zu vollziehen. Dabei erlangt der Vertrag innerstaatliche Geltung, behält aber seinen völkerrechtlichen Charakter (sog. **Vollzugstheorie** der h.M. – a.A. „**Transformationstheorie**", wonach das Vertragsgesetz den Vertrag in nationales Recht umwandelt = transformiert).

818 Art. 59 Abs. 2 Satz 1 GG legt auch den **Rang** des mit dem Rechtsanwendungsbefehl versehenen und damit innerstaatlich geltenden völkerrechtlichen Vertrags fest: Er steht auf einer Stufe mit formellen Bundesgesetzen (Parlamentsgesetzen) und damit auf der Ebene unterhalb des Grundgesetzes (vgl. Rn. 141). Mit anderen Worten kann der Vertrag das Grundgesetz nicht brechen und im Übrigen nach der Lex-posterior-Regel (Rn. 150) durch später erlassene Bundesgesetze verdrängt werden („Vertragsüberschreibung", engl. Treaty Override, *BVerfGE 141, 1 [19 ff., 32 ff. Rn. 46, 49 ff., 77, 80 ff.]*).

b) Allgemeine Regeln des Völkerrechts

Eine Ausnahme vom Erfordernis eines Vertragsgesetzes zur Umsetzung völkerrechtlicher Bestimmungen nach Art. 59 Abs. 2 Satz 1 GG macht Art. 25 GG. Diese Vorschrift ist besonderer Ausdruck der Völkerrechtsfreundlichkeit des Grundgesetzes *(vgl. BVerfGE 111, 307 [317f.] – Görgülü)*. Nach Art. 25 Satz 1 GG *sind* die allgemeinen Regeln des Völkerrechts Bestandteil des Bundesrechts. Sie werden demnach unmittelbar durch Art. 25 GG „adoptiert"; eines Vertragsgesetzes nach Art. 59 Abs. 2 Satz 1 GG bedarf es also nicht **(Adoptionstheorie)**. Dies hat Konsequenzen für Gesetzgeber, vollziehende Gewalt und Gerichte: Sie müssen die allgemeinen Regeln des Völkerrechts bei ihrem Handeln als verbindliche Normen sowohl beachten als auch anwenden. Ob eine allgemeine Regel des Völkerrechts vorliegt, entscheidet das Bundesverfassungsgericht im Verfahren der sog. **Normverifikation** und **Normqualifikation** (Art. 100 Abs. 2 GG).

819

Nach Art. 25 Satz 2 GG gehen die allgemeinen Regeln des Völkerrechts den einfachgesetzlichen Regelungen vor und erzeugen Rechte und Pflichten unmittelbar für die Bewohner des Bundesgebietes. Gesagt ist damit zweierlei:

820

– Anders als die völkerrechtlichen Verträge, die nach ihrer Ratifikation auf einer Ebene mit den einfachen Bundesgesetzen stehen (Rn. 818), räumt Art. 25 Satz 2 GG den allgemeinen Regeln des Völkerrechts Vorrang vor dem einfachen Gesetzesrecht ein *(BVerfGE 111, 307 [318f.] – Görgülü)*. Nach ganz h.M. besteht jedoch kein Vorrang gegenüber dem Grundgesetz, da sonst insb. die Ewigkeitsgarantie aus Art. 79 Abs. 3 GG (Rn. 132f., 788ff.) unterlaufen werden könnte (vgl. auch Rn. 824f.).
– Auf die allgemeinen Regeln des Völkerrechts kann sich jedermann berufen, soweit sie subjektive Rechte (Rn. 79) begründen (was sehr selten ist).

Als „Knackpunkt" von Art. 25 GG ist freilich zu beachten, dass die Vorschrift nur die **allgemeinen Regeln** des Völkerrechts inkorporiert. Dazu gehören nur das Völkergewohnheitsrecht (Art. 38 Abs. 1 lit. b IGH-Statut) sowie die allgemeinen Rechtsgrundsätze der Kulturvölker (Art. 38 Abs. 1 lit. c IGH-Statut):

821

– **Völkergewohnheitsrecht** entsteht, wenn eine Regel von der überwiegenden Mehrheit der Staaten als notwendig anerkannt wird. Das ist der Fall, wenn eine solche Rechtsüberzeugung in einer entsprechenden Staatenpraxis zum Ausdruck kommt (vgl. Rn. 442; Beispiele sind das allgemeine Gewaltverbot, die Staatenimmunität oder das Diplomatenrecht).
– Zu den **allgemeinen Rechtsgrundsätzen der Kulturvölker** zählen die Prinzipien, die sich in den Rechtsordnungen der zivilisierten Staaten finden (etwa die Rückabwicklung einer ungerechtfertigten Bereicherung oder der Grundsatz von Treu und Glauben).

3. Friedliches Zusammenleben der Völker

822 Nach Art. 26 Abs. 1 Satz 1 GG sind Handlungen, die geeignet sind und in der Absicht vorgenommen werden, das friedliche Zusammenleben der Völker zu stören, verfassungswidrig. Dazu zählt insb. die *Vorbereitung* der **Führung eines Angriffskriegs**. Im Wege des Erst-Recht-Schlusses (Rn. 202) gilt dies auch für das *tatsächliche Führen* eines solchen Kriegs. Definiert wird Angriffskrieg als Anwendung von Waffengewalt gegen einen anderen Staat, die dessen Souveränität, territoriale Unversehrtheit oder politische Unabhängigkeit beeinträchtigt. Vorbereitet wird ein Angriffskrieg etwa durch Lieferung oder Bezug von Massenvernichtungswaffen zu diesem Zweck. Als andere friedenstörende Handlungen i.S.v. Art. 26 Abs. 1 Satz 1 GG kommen in Betracht die **finanzielle oder logistische Unterstützung völkerrechtswidriger gewaltsamer Maßnahmen** von Drittstaaten oder das Propagieren von **rassistischem oder religiösem Hass,** das zu Feindseligkeit oder Gewalt aufhetzt.

823 Gem. Art. 26 Abs. 1 Satz 2 GG sind die von Absatz 1 Satz 1 der Vorschrift erfassten Handlungen unter Strafe zu stellen. Das ist in den §§ 80, 80a StGB geschehen (vgl. auch die §§ 6 ff. des deutschen **Völkerstrafgesetzbuches** – VStGB).

Zu beachten ist, dass weder das Völkerrecht noch das Grundgesetz Gewalt verbieten, wenn diese als **Selbstverteidigung** gegen einen bewaffneten Angriff gerechtfertigt ist (Art. 51 Satz 1 UN-Charta).

4. Grenze der Völkerrechtsoffenheit: Vorrang der Verfassung

824 Trotz seiner Völkerrechtsoffenheit ist das Grundgesetz nicht die *„weitesten Schritte der Öffnung für völkerrechtliche Bindungen gegangen"*. Denn insb. das Völkervertragsrecht gilt **innerstaatlich** nur nach der Zustimmung des Bundestages durch förmliches Gesetz (Vertragsgesetz, Rn. 817) oder aufgrund von Art. 25 GG (Rn. 819). *„Dem Grundgesetz liegt deutlich die klassische Vorstellung zu Grunde, dass es sich bei dem Verhältnis des Völkerrechts zum nationalen Recht um ein Verhältnis zweier unterschiedlicher Rechtskreise handelt und dass die Natur dieses Verhältnisses aus der Sicht des nationalen Rechts nur durch das nationale Recht selbst bestimmt werden kann [...]. Die Völkerrechtsfreundlichkeit entfaltet Wirkung nur im Rahmen des demokratischen und rechtsstaatlichen Systems des Grundgesetzes"* *(BVerfGE 111, 307 [318] – Görgülü).*

825 Auch wenn die völkerrechtlichen Regeln durch das Vertragsgesetz innerstaatliche Geltung haben, steht **im Rang über ihnen das Grundgesetz.** Das gilt sogar für die allgemeinen Regeln des Völkerrechts, die nach Art. 25 GG keines Rechtsanwendungsbefehls bedürfen (Rn. 819 ff.). *„Das Grundgesetz [...] verzichtet [...] nicht auf die in dem letzten Wort der deutschen Verfassung liegende Souveränität"* *(BVerfGE 111, 307 [319] – Görgülü).* Dies ändert nichts daran, dass völkerrechtliche Verträge und Völkergewohnheitsrecht (Rn. 815 ff., 821) die

§ 14. Offene Staatlichkeit – Deutschland in Europa 225

Auslegung des Grundgesetzes maßgeblich beeinflussen können und daher in diesem Rahmen heranzuziehen sind *(BVerfGE 111, 307 [317] – Görgülü).*

Lösungsvorschlag zum Fall Rn. 809: B hat Recht, wenn der von ihm behauptete 826 Satz des Völkergewohnheitsrechts tatsächlich besteht. Das für diese Frage einschlägige Diplomatenrecht ist „klassischerweise" Völkergewohnheitsrecht, das jedoch mittlerweile großteils durch völkerrechtliche Verträge überlagert ist (z.B. durch das Wiener Übereinkommen über diplomatische Beziehungen – WÜD). Im Übrigen entsteht Völkergewohnheitsrecht nur so weit, wie es durch die Staaten anerkannt wird. Die Immunität einer Person wird durch deren Anerkennung als Vertreter des Entsendestaates seitens des Empfangsstaates begründet (sog. Agrément). Die Immunität betrifft nur das Rechtsverhältnis dieser beiden Staaten. Es existiert kein völkergewohnheitsrechtlicher Grundsatz, nach dem ein Nachfolgestaat verpflichtet sei, die durch ein Agrément des Vorgängerstaates anerkannte diplomatische Immunität einer Person zu beachten. Daher wirkte die Immunität des B nur gegenüber den staatlichen Organen der ehemaligen DDR; sie wirkt jedoch nicht im Rahmen der Staatennachfolge gegenüber der Bundesrepublik Deutschland. Somit kann sich B nicht auf eine diplomatische Immunität berufen.

Die Entscheidung über das Bestehen oder Nichtbestehen allgemeiner Regeln des Völkerrechts i.S.v. Art. 25 GG ist gem. Art. 100 Abs. 2 GG dem Bundesverfassungsgericht vorbehalten.

III. Verwirklichung eines vereinten Europas – Europäische Union

Schon seit 1949 (Rn. 170) beteuert die **Präambel** des Grundgesetzes den 827 Willen des Deutschen Volkes, gleichberechtigtes Glied eines vereinten Europas zu werden. Nach der deutschen Wiedervereinigung kam 1992 der neu gefasste **Art. 23** GG hinzu, der die Bundesrepublik, d.h. den Bund und die Länder, berechtigt und verpflichtet, zur Verwirklichung eines vereinten Europas bei der Entwicklung der Europäischen Union mitzuwirken (Absatz 1 Satz 1). In diesem Verfassungsauftrag (Staatszielbestimmung, Rn. 243 ff.) kommt der Grundsatz der **Europarechtsfreundlichkeit** zum Ausdruck, der neben den Grundsatz der Völkerrechtsfreundlichkeit tritt *(BVerfGE 123, 267 [347, 401] – Lissabon).*

1. Historische Leitlinien

Die Europäische Union (EU) ist ein **Verbund von europäischen Staa-** 828 **ten** (Mitgliedstaaten) mit speziellem – supranationalem – Rechtscharakter. Ihre Vorgänger waren von 1952 bis 2002 die Europäische Gemeinschaft für Kohle und Stahl (EGKS – Montanunion) sowie – vor allem – seit 1957/1958 die Europäische Wirtschaftsgemeinschaft (EWG), deren Organe 1965/1967 mit denen der Europäischen Atomgemeinschaft (EAG) fusionierten. Durch den Vertrag von Maastricht von 1992/1993 wurde die EWG in **Europäische Gemeinschaft** (EG) umbenannt und die Europäische Union (EU) gegründet.

829 2004 scheiterte der „Vertrag über die Verfassung von Europa (VVE)" an ablehnenden Volksentscheiden in Frankreich und in den Niederlanden. Der überarbeitete Reformvertrag vom Dezember 2007 – der **Vertrag von Lissabon** – verzichtete auf den leidenschaftlichen Begriff der „Verfassung". Zu Recht, denn als Verfassung sollte nur die originäre Grundordnung eines *Staates* bezeichnet werden (Rn. 124). Die EU ist jedoch kein Staat; sie verfügt nur über abgeleitete Herrschaftsgewalt, d.h. über Hoheitsmacht, die ihr von den Mitgliedstaaten eingeräumt wurde (*BVerfGE 123, 267 [349]* – *Lissabon;* näher Rn. 833 ff.).

Ursprünglich sollte der Vertrag von Lissabon zum 1.1.2009 Rechtswirksamkeit erlangen. Zu Verzögerungen kam es jedoch infolge der ablehnenden ersten Volksabstimmung in Irland vom 13.6.2008; erst ein zweites Referendum am 2.10.2009 ließ den Vertrag passieren. Nachdem der damalige polnische und schließlich auch der seinerzeitige tschechische Staatspräsident ihre Verweigerungshaltung aufgegeben hatten, konnte der Vertrag zum **1.12.2009 in Kraft** treten.

830 Der Vertrag von Lissabon besteht seinerseits im Wesentlichen aus zwei Vertragswerken:

– aus dem (reformierten) **Vertrag über die Europäische Union (EUV)** und
– aus dem **Vertrag über die Arbeitsweise der Europäischen Union (AEUV)**, der den Vertrag zur Gründung der Europäischen Gemeinschaft (EGV) novellierte.

Daneben enthält der Vertrag von Lissabon unter anderem 37 **Protokolle**, die insb. Klarstellungen und für einige Mitgliedstaaten Ausnahmeregelungen vorsehen (etwa die Nichtanwendung der EU-Grundrechte-Charta in Großbritannien, Polen und der Tschechischen Republik, vgl. Rn. 848).

831 Durch den Vertrag von Lissabon trat die EU an die Stelle der EG. Die EAG blieb neben der EU als selbständige supranationale Organisation bestehen. Der Vertrag von Lissabon ist – wie auch seine Vorgänger, Rn. 828 – ein **völkerrechtlicher Vertrag** (Rn. 815 ff.), den die Mitgliedstaaten der EU untereinander geschlossen haben; das EU-Recht (Unionsrecht) ist daher in seinem Ausgangspunkt (besonderes) Völkerrecht.

832 **Merke:** Unterscheiden Sie zwischen dem **Recht der Europäischen Union** einerseits und dem **sonstigen Europarecht** andererseits. Letzteres beruht auf anderen völkerrechtlichen Verträgen unterschiedlicher europäischer Staaten (zumeist *auch* von Staaten wie etwa Russland oder der Türkei, die nicht der EU angehören); es hat daher mit dem Rechtskreis der EU nichts zu tun. Beispiele für das „sonstige" Europarecht sind die Konventionen des Europarats, insb. die (europäische) **Konvention zum Schutze der Menschrechte und Grundfreiheiten (EMRK)**, die Deutschland 1952 ratifiziert hat und die am 3.9.1953 im Rang eines einfachen Bundesgesetzes in Kraft getreten ist (vgl. Rn. 817 f.).

2. Rechtsnatur der Europäischen Union – Staatenverbund

Nach Art. 47 EUV besitzt die EU **Rechtspersönlichkeit**. Sie ist aber **kein Bundesstaat**. Denn in einem Bundesstaat kommt nur dem Gesamtstaat, nicht aber den Gliedstaaten eigene völkerrechtliche Souveränität zu (vgl. Rn. 532). Demgegenüber besitzt die EU keine originäre Staatsgewalt. Nach wie vor leitet sie ihre Rechtsmacht durch die Legitimation der Mitgliedstaaten ab; diese bleiben souveräne Staaten und sind die „Träger der EU" sowie die „Herren der Verträge" *(BVerfGE 89, 155 [190] – Maastricht; BVerfGE 123, 267 [349, 381] – Lissabon).* Dementsprechend besitzt die EU **keine „Kompetenz-Kompetenz"**. Das heißt, sie kann ihre Zuständigkeiten und Befugnisse nicht aus eigener Macht erweitern, sondern ist davon abhängig, von den Mitgliedstaaten ausdrücklich mit entsprechenden Kompetenzen (Rn. 98) für bestimmte Bereiche ausgestattet zu werden (sog. **Prinzip der begrenzten Einzelermächtigung**, Art. 5 EUV, Art. 7 AEUV). Nur wenn und soweit die Mitgliedstaaten der EU Hoheitsrechte übertragen (Rn. 846), kann die EU Recht setzen und (selbst) vollziehen oder – was der Regelfall ist – durch die Mitgliedstaaten vollziehen lassen. 833

Neben der Bundesregierung haben der Bundestag und die Parlamente der Länder darüber zu wachen, dass die EU ihre begrenzten Kompetenzen nicht überschreitet. Dies gilt vor allem bei Änderungen des Primärrechts (EUV und AEUV), die aufgrund des Vertrags von Lissabon z.T. ohne erneutes Ratifikationsverfahren möglich sind (s. das vereinfachte Änderungsverfahren gem. Art. 48 Abs. 6 EUV n.F. sowie die sog. Brückenverfahren nach Art. 48 Abs. 7 EUV u.dgl.). Hier hat das Bundesverfassungsgericht im sog. Lissabon-Urteil *(BVerfGE 123, 267 [351 ff.])* eine besondere „Integrationsverantwortung" angemahnt, die insb. durch das Integrationsverantwortungsgesetz (IntVG) gewährleistet werden soll (s. auch Rn. 859). 834

Die EU ist aber auch **kein Staatenbund** (vgl. Rn. 537 f.). Bei einem solchen Zusammenschluss mehrerer Staaten aufgrund völkerrechtlichen Vertrags bleibt deren Souveränität unangetastet. Der Staatenbund kann in den Vertragsstaaten kein unmittelbar geltendes Recht setzen (Rn. 816 ff.). Im Gegensatz dazu wurde der EU die Kompetenz übertragen, in zahlreichen Politikbereichen **einheitlich geltendes – supranationales – Recht** zu setzen, das in den Mitgliedstaaten **unmittelbar gilt**. Dadurch wird die Souveränität der Mitgliedstaaten z.T. erheblich eingeschränkt; zugleich liegt darin eines der herausstechenden Wesensmerkmale der EU. 835

Daraus ergibt sich, dass die EU eine **supranationale Organisation** *sui generis* (eigener Art) mit eigener Rechtspersönlichkeit darstellt, die zwischen Bundesstaat und Staatenbund steht. Das Bundesverfassungsgericht hat sie als „**Staatenverbund**" bezeichnet *(BVerfGE 89, 155 [190] – Maastricht; BVerfGE 123, 267 [348, 350, 379] – Lissabon).* Solange und soweit die EU ihre supranationalen Kompetenzen vertragsgemäß ausübt, treten die nationalen Kompetenzen der Mitgliedstaaten zurück. Mit der Kompetenzzuweisung und Übertragung von 836

228　Teil II. Staatsgrundlagen und Staatsziele

Hoheitsrechten auf die EU entsteht aus staatsrechtlicher Sicht eine **zusätzliche, übergeordnete Hoheitsgewalt** (Rn. 854).

837　**Merke:** Die EU ist als supranationale Organisation ein Staatenverbund eigener Art. Durch den Reformvertrag von Lissabon wurde sie als Rechtsnachfolgerin der EG mit eigener Rechtspersönlichkeit ausgestattet.

3. Organe der Europäischen Union und ihre Aufgaben

838　Ähnlich wie ein Staat handelt die EU als juristische Person insb. durch ihre Organe (vgl. Rn. 87 ff.). Art. 13 Abs. 2 EUV listet die Organe der EU auf:

Organe der EU	Rechtsgrundlagen
Europäisches Parlament (EP)	Art. 14 EUV, Art. 223 ff. AEUV
Europäischer Rat	Art. 15 EUV, Art. 235 f. AEUV
Rat (Ministerrat)	Art. 16 EUV, Art. 237 ff. AEUV
Europäische Kommission	Art. 17 f. EUV, Art. 244 ff. AEUV
Gerichtshof der Europäischen Union (EuGH)	Art. 19 EUV, Art. 251 ff. AEUV
Europäische Zentralbank (EZB)	Art. 13 EUV, Art. 282 ff. AEUV
Rechnungshof	Art. 13 EUV, Art. 285 ff. AEUV

a) Europäisches Parlament

839　Das **Europäische Parlament** (EP) setzt sich aus 750 Vertretern zusammen, die in ihren Mitgliedstaaten direkt vom Volk gewählt wurden. Auf Deutschland entfallen 96 Abgeordnete. **Wahlgleichheit** (Rn. 360 ff.) besteht nicht, da insb. die kleineren Mitgliedstaaten mehr Abgeordnete entsenden, als ihnen nach ihrer Bevölkerungsquote zustünden. Seit 2009 wird das Europäische Parlament gleichberechtigt neben dem Rat als „europäischer Gesetzgeber" tätig und übt gemeinsam mit ihm das Haushalts(bewilligungs)recht aus. Zudem kontrolliert das Europäische Parlament die Europäische Kommission und wählt deren Präsidenten. Das Europäische Parlament ist *„kein Repräsentationsorgan eines europäischen Volkes"*. Das zeigt sich daran, dass es als *„Vertretung der Völker in den jeweils zugewiesenen nationalen Kontingenten von Abgeordneten"*, nicht [aber] als *„Vertretung der Unionsbürger als ununterschiedene Einheit nach dem Prinzip der Wahlgleichheit angelegt ist"* (BVerfGE 123, 267 [372] – Lissabon).

b) Europäischer Rat

840　Der **Europäische Rat** soll der EU die für ihre Entwicklung erforderlichen Impulse verleihen und die allgemeinen politischen Zielvorstellungen dafür

§ 14. Offene Staatlichkeit – Deutschland in Europa   229

vorgeben. Bei der Rechtsetzung der EU wird er – anders als der Rat (Rn. 841) – nicht tätig. Er setzt sich zusammen aus den Staats- und Regierungschefs der Mitgliedstaaten, dem Präsidenten der Kommission sowie einem hauptamtlichen **Präsidenten** als Vorsitzenden, der vom Europäischen Rat mit qualifizierter Mehrheit gewählt wird.

c) Rat

Der (Minister-)**Rat der Europäischen Union** darf nicht mit dem Europäischen Rat (Rn. 840) verwechselt werden. Anders als dieser besteht er aus je einem nationalen **Fachminister** als Vertreter der Mitgliedstaaten. Je nach zu beratender Angelegenheit **wechselt die Zusammensetzung** des Rats (Finanzminister, Innenminister, Justizminister usw.). Die wichtigste Aufgabe des Rates ist die Rechtsetzung (gemeinsam mit dem Europäischen Parlament). **841**

d) Europäische Kommission

In die **Europäische Kommission** (kurz Kommission genannt) entsendet jeder der derzeit 27 Mitgliedstaaten einen seiner Staatsangehörigen. Als „Regierung" der EU kommt der Kommission insb. das sog. **Initiativmonopol** bei der Rechtsetzung zu. Das bedeutet, dass der Rat und das Parlament Sekundärrecht (Rn. 852) nur aufgrund eines Vorschlages der Kommission setzen können. Daneben übt die Kommission die Koordinierungs- und **Verwaltungsfunktionen** aus, vollzieht den Haushaltsplan der EU und nimmt i.d.R. die Vertretung der EU nach außen wahr. Außerdem wacht die Kommission als „**Hüterin des Unionsrechts**" darüber, dass die Mitgliedstaaten ihre unionsrechtlichen Pflichten erfüllen. **842**

Geleitet wird die Kommission von einem **Präsidenten,** der auf Vorschlag des Europäischen Rates vom Europäischen Parlament gewählt wird. Daneben nimmt der **Hohe Vertreter für Außen- und Sicherheitspolitik** eine herausgehobene Stellung ein. Er wird vom Europäischen Rat mit qualifizierter Mehrheit ernannt und ist einer der Vizepräsidenten der Kommission.

e) Gerichtshof der Europäischen Union

Der **Gerichtshof** der Europäischen Union (EuGH) ist für verbindliche Entscheidungen zur Auslegung und Anwendung des Unionsrechts zuständig. Seit Jahrzehnten begreift er sich als „Motor" Europas, indem er in seiner Rechtsprechung die Kompetenzen der EU offensiv klarstellt. Er besteht aus einem Richter je Mitgliedstaat und den Generalanwälten. Zum EuGH gehören außerdem das (Europäische) Gericht (EuG) und – als Teil des EuG – das „Gericht für den öffentlichen Dienst der Europäischen Union" als Fachgericht. Weitere Fachgerichte (etwa für Urheber- und Patentrecht) sind geplant. **843**

f) Europäische Zentralbank

844 Die **Europäische Zentralbank** (EZB) ist gemeinsame Behörde der Mitgliedstaaten der Europäischen Währungsunion. Sie bildet zusammen mit den nationalen Zentralbanken das Europäische System der Zentralbanken (ESZB), das für die Währungspolitik der EU zuständig ist. Vorrangiges Ziel dabei ist die Gewährleistung einer Preisniveaustabilität.

g) Rechnungshof

845 Aufgabe des **Rechnungshofs** ist die Prüfung der Rechtmäßigkeit und Ordnungsmäßigkeit der Einnahmen und Ausgaben der EU sowie die Wirtschaftlichkeit der Haushaltsführung. Er besteht aus je einem Vertreter pro Mitgliedstaat.

4. Europäische Integration und ihre Grenzen

a) Übertragung von Hoheitsrechten – formelle Voraussetzungen

846 Zur Errichtung einer supranationalen Organisation wie der EU (Rn. 835 f.) ist es erforderlich, dass ihr die Mitgliedstaaten Hoheitsrechte übertragen (Rn. 833). Dies ermöglicht in Deutschland **Art. 23 Abs. 1 Satz 2 GG,** der *lex specialis* zu Art. 24 Abs. 1 GG darstellt (Rn. 149 und 810 ff.). Die Übertragung besteht in der Entscheidung, die **unmittelbare Anwendung** von Hoheitsakten (Rn. 96) der Union in Deutschland zuzulassen. Dazu bedarf es eines **formellen Bundesgesetzes** mit **Zustimmung des Bundesrates.** Hierdurch verzichtet die Bundesrepublik auf einen Teil ihrer Staatsgewalt (ihrer Aufgaben und Befugnisse) und unterwirft sich insoweit den Rechtsakten der EU, die dann keines weiteren Rechtsanwendungsbefehls mehr bedürfen (vgl. Rn. 817, 852). Die übertragenen Hoheitsrechte können im Einzelfall sogar gegen den Willen der Bundesrepublik ausgeübt werden. Als Legitimationsgrund hierfür wird angeführt, dass die Mitgliedsstaaten an der Willensbildung und vor allem an der Rechtsetzung in der EU unmittelbar beteiligt sind (insb. über den Rat als Organ der EU, s. Rn. 841).

b) Materielle Voraussetzungen: Anforderungen an die Europäische Union

847 Insbesondere für die Übertragung von Hoheitsrechten stellt das Grundgesetz Maßgaben auf (vgl. Art. 23 Abs. 1 Satz 2 GG: „hierzu"). Daraus wird ersichtlich, dass die Europarechtsfreundlichkeit des Grundgesetzes (Rn. 827) nicht bedingungslos besteht. Nach Art. 23 Abs. 1 Satz 1 GG muss die EU **demokratischen, rechtsstaatlichen** und **sozialen Grundsätzen** entsprechen, **föderativ** ausgestaltet sein und das **Prinzip der Subsidiarität** beachten. Nach dem Subsidiaritätsgrundsatz des Art. 5 Abs. 3 EUV darf die Union nur handeln, soweit das verfolgte Ziel in angemessener Weise nicht durch eigenständiges

§ 14. Offene Staatlichkeit – Deutschland in Europa   231

Tätigwerden der Mitgliedstaaten erreicht werden kann. Einen Verstoß gegen das Subsidiaritätsprinzip können Bundestag und Bundesrat im Wege der sog. **Subsidiaritätsklage** vor dem Gerichtshof der Europäischen Union (EuGH) rügen (näher Rn. 1555).

Außerdem verlangt Art. 23 Abs. 1 Satz 1 GG, dass die EU einen **Grund-** 848 **rechtsschutz** für die Bürger gewährleistet, der im Wesentlichen dem des Grundgesetzes (Art. 1 bis 19 GG) entspricht. Dies ist erreicht worden durch die Anerkennung von Grundrechten in der **Rechtsprechung** des EuGH sowie durch die **Charta der Grundrechte der Europäischen Union** (EU-GRCh). Diese Charta wurde im Jahr 2000 proklamiert, erlangte gem. Art. 6 Abs. 1 EUV seit 1.12.2009 rechtlich bindenden Charakter und steht auf einer Ebene mit dem unionalen Primärrecht (EUV und AEUV, s. Rn. 830, 852). Sehr umstritten ist dabei, inwieweit die Grundrechte-Charta auch die EU-Mitgliedstaaten bindet; die Auslegung des insoweit einschlägigen Art. 51 Abs. 1 Satz 1 EU-GRCh („Durchführung des Rechts der Union") ist Gegenstand einer Kontroverse zwischen EuGH und Bundesverfassungsgericht (einerseits *EuGH, NJW 2013, 1415 ff., Rn. 16 ff.* – *Åkerberg Fransson*, andererseits *BVerfGE 133, 277 [313 ff. Rn. 88 ff.]* – *Antiterrordatei*).

Abgesehen von der EU-Grundrechte-Charta besteht auf europäischer Ebene noch 849 ein zweiter Menschenrechtskatalog: die Konvention zum Schutze der Menschenrechte und Grundfreiheiten (EMRK, Rn. 832). Zwar gibt Art. 6 Abs. 2 EUV vor, dass die EU der EMRK beitreten soll; dies dürfte nach dem ablehnenden Gutachten des EuGH vom 18.12.2014 (*DÖV 2016, 36 ff.*) allerdings in weite Ferne gerückt sein. Immerhin aber gelten die Grundrechte der EMRK nach Art. 6 Abs. 3 EUV in Form von allgemeinen Grundsätzen als Teil des Unionsrechts.

c) Besondere Mehrheitsvoraussetzungen – Grenzen der Integration

Art. 23 Abs. 1 Satz 3 GG zügelt die Ermächtigung des Satzes 2: Soweit durch 850 die Übertragung von Hoheitsrechten das Grundgesetz seinem Inhalt nach geändert oder ergänzt wird oder soweit solche Modifikationen ermöglicht werden, ist dies nur unter den **Voraussetzungen des Art. 79 Abs. 2 und 3 GG** zulässig. Das bedeutet:

– Insbesondere zur Änderung der vertraglichen Grundlagen der Union (d.h. zur Änderung des Primärrechts, Rn. 852) ist die **Zustimmung** von **zwei Dritteln** der Mitglieder des Bundestages und zwei Dritteln der Stimmen des Bundesrates notwendig, wenn dadurch in der Sache das Grundgesetz modifiziert wird.
– Zudem werden bestimmte Fortentwicklungen des Unionsrechts ausgeschlossen, nämlich solche, die die Gliederung des Bundes in Länder, die grundsätzliche Mitwirkung der Länder bei der Gesetzgebung oder die in Art. 1 und Art. 20 GG niedergelegten Grundsätze berühren. Damit wird klargestellt, dass die **Ewigkeitsgarantie** des Art. 79 Abs. 3 GG (Rn. 788 ff.) auch eine **Sperrwirkung** für deutsche Zustimmungsakte auf Unionsebene entfaltet.

851 Eine Besonderheit hat das Bundesverfassungsgericht in diesem Zusammenhang aus Art. 38 Abs. 1 Satz 2 GG hergeleitet: Jeder wahlberechtigte Bürger hat einen Anspruch darauf, dass die soeben genannten Vorgaben aus Art. 23 und 79 GG im Prozess der europäischen Integration eingehalten werden (Rn. 250, *BVerfGE 134, 366 [397 Rn. 53]* – *OMT I*; *BVerfGE 142, 123 [193f. Rn. 134f.]* – *OMT II*).

5. Verhältnis des Unionsrechts zum deutschen Recht

a) Primär- und Sekundärrecht

852 Voraussetzung eines jeden Rechts, das ernst genommen werden will, ist seine Geltung, d.h. seine verbindliche Wirkung gegenüber den Adressaten. Für die Frage des Geltungsgrundes ist zwischen primärem und sekundärem Unionsrecht zu differenzieren:

- Das **Primärrecht** besteht aus den völkerrechtlichen Gründungsverträgen einschließlich ihrer Änderungen und Ergänzungen (insb. Vertrag von Lissabon: EUV, AEUV; daneben EU-GRCh, Rn. 830).
- Das **Sekundärrecht** ist das Recht, das die Organe der EU selbst setzen. Es besteht aus Verordnungen, Richtlinien und Beschlüssen i.S.v. Art. 288 Abs. 1 bis 4 AEUV:
Verordnungen und Beschlüsse gelten in den Mitgliedstaaten **unmittelbar.** Rechtsgrund hierfür ist die entsprechende Anordnung dieser unmittelbaren Geltung im Primärrecht, konkret in Art. 288 Abs. 2 und 4 AEUV. Das Bundesverfassungsgericht lässt diese unmittelbare Wirkung indes nur zu, solange und soweit sich die EU im Rahmen ihrer Kompetenzen bewegt *(BVerfGE 123, 267 [353ff.]* – *Lissabon)*.

853 Anders als Verordnungen oder Beschlüsse richten sich Richtlinien der EU nach Art. 288 Abs. 3 AEUV unmittelbar zunächst grds. *nur* an die Mitgliedstaaten. Diese sind aber verpflichtet, den Inhalt der Richtlinie mit Wirkung für und gegen den Bürger in ihr jeweiliges nationales Recht zu integrieren. Auch darüber „wacht" der EuGH.

b) Rang des Unionsrechts – Anwendungsvorrang

854 Die unmittelbare Geltung des Unionsrechts besagt noch nichts über seinen Rang. Seine Bedeutung wäre zu vernachlässigen, wenn es vom nationalen Recht der Mitgliedstaaten (also etwa durch ein Bundesgesetz) verdrängt werden könnte. Tatsächlich ist das Gegenteil der Fall: Das **Unionsrecht** steht im **Rang über dem nationalen Recht;** dadurch unterscheidet es sich vom Völkerrecht (Rn. 818). Ausdrücklich wird dieser Vorrang zwar weder durch das Unionsrecht noch durch das Grundgesetz angeordnet, allerdings vom Gerichtshof der Europäischen Union (EuGH) in st.Rspr. so entschieden (seit *EuGH, Slg. 1964, 1251* – *Costa/E.N.E.L.*) und durch alle Mitgliedstaaten der EU weitgehend anerkannt (vgl. *BVerfGE 31, 145 [173f.]* – *Milchpulver*).

Kommt es zu einer **Kollision** von Unionsrecht und nationalem Recht 855
(Rn. 147 ff.) und kann diese auch nicht durch eine unionsrechtsfreundliche
Auslegung der nationalen Vorschriften vermieden werden, wird das nationale Recht indes nicht ein für alle Mal ungültig (nichtig); es besteht also kein
Geltungsvorrang (Rn. 135, 148). Das Unionsrecht genießt vielmehr „nur"
Anwendungsvorrang (d.h. Subsidiarität des nationalen Rechts, s. Rn. 136).
Das bedeutet, dass das nationale Recht in Kraft bleibt, aber im Einzelfall immer
so weit verdrängt wird, wie es dem Unionsrecht entgegensteht.

Ob nationales Recht dem Unionsrecht entgegensteht, inwieweit es anzu- 856
wenden und wie es auszulegen ist, entscheidet allein der Gerichtshof der Europäischen Union (Art. 19 EUV, Art. 251 ff. AEUV). Vor allem die nationalen
Revisionsgerichte müssen bei ihnen schwebende Verfahren aussetzen und
eine entsprechende Vorlagefrage an den Gerichtshof richten, wenn es für ihre
Entscheidung auf Gültigkeit oder Auslegung von Unionsrecht ankommt (sog.
Vorabentscheidungsverfahren nach Art. 267 AEUV, vgl. Rn. 1584).

c) Verhältnis des Unionsrechts zu Grundrechten des Grundgesetzes

Der Anwendungsvorrang des Unionsrechts stieß in Deutschland in Bezug 857
auf die Grundrechte auf anhaltenden Widerstand. Fraglich war, ob eine Verordnung, Richtlinie oder gar ein Beschluss der EU (Rn. 852) die Grundrechte
des Grundgesetzes verdrängen könne. Vor allem das Bundesverfassungsgericht
tat sich sehr schwer, seine **Kontrollkompetenz** zurückzunehmen – und zwar
auch gegenüber deutschen Hoheitsakten (Gesetzen), die Richtlinien der EU
umsetzten *(BVerfGE 37, 271 [281] – Solange I)*. Seit 1987, spätestens seit 2000
aber erkennt auch das Bundesverfassungsgericht den (Anwendungs-)Vorrang
des Unionsrechts umfassend an und nimmt insoweit **keine Prüfung am
Maßstab der Grundrechte mehr** vor. Voraussetzung hierfür ist jedoch, dass
auf Unionsebene *generell* ein Grundrechtsschutz gewährleistet wird, der vom
Niveau her mit dem des Grundgesetzes vergleichbar ist *(BVerfGE 73, 339 [378,
387] – Solange II; BVerfGE 102, 147 [164] – Bananenmarkt)*. Diese Rechtsprechung
hat das Bundesverfassungsgericht 2015 mit Blick auf Art. 23 Abs. 1 Satz 3
i.V.m. Art. 79 Abs. 3 GG relativiert: Gegenüber den dort als unabänderlich
festgeschriebenen Art. 1 und 20 GG dürfe es keinen Anwendungsvorrang des
Unionsrechts geben *(BVerfGE 140, 317 [336 f. Rn. 40 ff.] – Europäischer Haftbefehl)*.
Soweit deutsche Hoheitsakte dagegen nicht durch das Unionsrecht determiniert sind, also nicht in Durchführung des Rechts der Union im Sinne von
Art. 51 Abs. 1 Satz 1 EU-GRCh ergehen, bilden die Grundrechte des Grundgesetzes den alleinigen Prüfungsmaßstab (die Einzelheiten sind zwischen dem
EuGH und dem Bundesverfassungsgericht sehr umstr., s. Rn. 848).

6. Aspekte der horizontalen und vertikalen Gewaltenteilung

858 **Fall:** In mehreren Mitgliedstaaten der EU ist zu beobachten, dass immer mehr Kinder und Jugendliche regelmäßig und ausgiebig Fernsehsendungen mit Gewaltdarstellungen ansehen. Daraus resultieren nach einer Studie massive psychische Störungen, die nicht selten zu unkontrollierten Gewaltausbrüchen führen. Die Europäische Kommission hält die einschlägigen Jugendschutzbestimmungen der Mitgliedstaaten für unzureichend und bringt eine entsprechende Richtlinie zum Jugendmedienschutz auf den Weg. Die Bundesregierung begrüßt diesen Richtlinienvorschlag und spricht sich für eine Zustimmung Deutschlands im Rat der EU aus. Die Bundesländer indes stehen einzelnen Vorschriften der geplanten Richtlinie ablehnend gegenüber. Der Bundesrat bestimmt daher Landesminister M, der die Richtlinie sehr kritisch sieht, als Vertreter Deutschlands für diese Angelegenheit bei den Verhandlungen im Ministerrat. Die Bundesregierung ist damit nicht einverstanden und entsendet einen anderen, ihr genehmeren Vertreter zu den Verhandlungen. Der Bundesrat fühlt sich durch das Verhalten der Bundesregierung in seinen Rechten aus Art. 23 GG verletzt. Zu Recht?
(Lösungsvorschlag: Rn. 863)

859 Art. 23 GG erteilt nicht nur den Auftrag für die Integration Deutschlands in die EU und stellt dafür Bedingungen (Absatz 1), sondern regelt auch ausführlich die Mitwirkungsrechte des **Bundestages,** des **Bundesrates** und der **Länder** in Angelegenheiten der EU (Absatz 1a bis 6). Der Hintergrund für diese Vorschriften besteht darin, dass die Pflege der auswärtigen Beziehungen (zu dem die Angelegenheiten der EU nach wie vor zählen) nach Art. 32 Abs. 1 GG grds. Sache des Bundes ist (Verbandskompetenz, Rn. 603) und in diesem Rahmen die Organkompetenz (Rn. 98) der **Bundesregierung** begründet ist (soweit sich nicht Art. 59 Abs. 2 Satz 1 GG einschlägig erweist, Rn. 608, 816 ff.). Diese Kompetenzen werden durch Art. 23 Abs. 1a bis 6 GG abgefedert, indem – auf der Ebene der **horizontalen** Gewaltenteilung – Bundestag und Bundesrat **Beteiligungsrechte** erhalten. So sind Bundestag und Bundesrat nach Art. 23 Abs. 2 Satz 2 GG in Angelegenheiten der Europäischen Union umfassend und zum frühestmöglichen Zeitpunkt zu unterrichten *(BVerfGE 131, 152 [202] – Unterrichtungsrechte/ESM).*

Auf der Grundlage von **Art. 23 Abs. 7 GG** und der Rechtsprechung des Bundesverfassungsgerichts *(BVerfGE 123, 267 ff. – Lissabon)* sind das Gesetz über die Zusammenarbeit von Bundesregierung und Deutschem Bundestag in Angelegenheiten der EU (EUZBBG), das Integrationsverantwortungsgesetz (IntVG, vgl. Rn. 834) sowie das Gesetz über die Zusammenarbeit von Bund und Ländern in Angelegenheiten der EU (EUZBLG) ergangen.

860 Bei der Erweiterung der vertikalen Gewaltenteilung „nach oben" auf die EU muss die **bundesstaatliche Gewaltenverteilung** beachtet werden. Zwar erfolgt die Übertragung von deutschen Hoheitsrechten gem. Art. 23 Abs. 1 Satz 2 GG durch **Bundesgesetz,** und zwar auch dann, wenn die Gesetzgebungskompetenz für die betroffene Angelegenheit den Ländern zusteht (Art. 70 GG). Gleichwohl sichert Art. 23 GG die **Beteiligung der Länder** an der Europapolitik, indem dem **Bundesrat** Mitwirkungsrechte eingeräumt werden (s. allg. Art. 23 Abs. 1, 2 und 4 GG):

§ 14. Offene Staatlichkeit – Deutschland in Europa 235

– Nach Art. 23 Abs. 1 Satz 2 GG bedarf die Übertragung von Hoheitsrechten auf die EU durch Bundesgesetz der **Zustimmung des Bundesrates.**
– Die Pflicht zur **Berücksichtigung der Interessen der Länder** besteht nach Art. 23 Abs. 5 Satz 1 GG sogar, soweit nach der Kompetenzverteilung des Grundgesetzes für die jeweilige Angelegenheit der Bund zuständig ist. Eine **erhöhte Berücksichtigungspflicht** trifft die Bundesregierung nach Art. 23 Abs. 5 Satz 2 GG, soweit die Angelegenheit die Länder in ihren Gesetzgebungskompetenzen, ihren Behörden oder ihrem Verwaltungsverfahren berührt (näher Rn. 1070). 861
– Ein besonders starkes Gewicht kommt den Ländern und dem Bundesrat zu, wenn es auf der Ebene der EU um eine Materie geht, die im Schwerpunkt die ausschließliche Gesetzgebungskompetenz der Länder auf den Gebieten der **schulischen Bildung,** der **Kultur** oder des **Rundfunks** betrifft. Dann hat der Bund nach Art. 23 Abs. 6 Satz 1 GG die Rechte, die der Bundesrepublik Deutschland als Mitgliedstaat der EU zustehen, auf einen vom Bundesrat benannten Vertreter der Länder zu übertragen. Dieser tritt dann bei der EU als Verhandlungsführer der Bundesrepublik auf, muss sich allerdings mit der Bundesregierung abstimmen (Art. 23 Abs. 6 Satz 2 GG). 862

Lösungsvorschlag zum Fall Rn. 858: In Betracht kommen könnte eine Verletzung des Bundesrates in seinen Rechten aus Art. 23 Abs. 6 Satz 1 GG. Danach wird die Wahrnehmung der Rechte, die der Bundesrepublik Deutschland als Mitgliedstaat der EU zustehen, vom Bund auf einen vom Bundesrat benannten Vertreter der Länder übertragen, wenn im Rahmen der Angelegenheiten der EU im Schwerpunkt ausschließliche Gesetzgebungsbefugnisse der Länder auf den Gebieten der schulischen Bildung, der Kultur oder des Rundfunks betroffen sind. Die Umsetzung einer Richtlinie der EU zum Jugendmedienschutz fällt innerstaatlich als Rundfunkangelegenheit in die ausschließliche Gesetzgebungskompetenz der Länder. Daher muss die Bundesregierung die Ausübung der Rechte der Bundesrepublik Deutschland einem vom Bundesrat benannten Vertreter übertragen. Dieser ist jedoch seinerseits nach Art. 23 Abs. 6 Satz 2 GG gehalten, unter Beteiligung und in Abstimmung mit der Bundesregierung zu handeln und die gesamtstaatliche Verantwortung des Bundes zu wahren. Aus diesem „Rückbindungsmechanismus" folgt zugleich, dass sich die Bundesregierung nicht über die Vorschrift des Art. 23 Abs. 6 Satz 1 GG hinwegsetzen darf, auch wenn der Bundesrat einen ihr „nicht genehmen" Vertreter benennt. Folglich hat die Bundesregierung die Rechte des Bundesrates aus Art. 23 Abs. 6 Satz 1 GG verletzt. Dies kann der Bundesrat im Wege des Organstreits nach Art. 93 Abs. 1 Nr. 1 GG vor dem Bundesverfassungsgericht rügen. 863

Teil III. Organe, Kompetenzen und Funktionen

§ 15. Gewaltenteilung

Literaturhinweise: *S. Korioth*, Staatsrecht I, 4. Aufl. 2018, § 18 V, § 22; *Th. I. Schmidt*, Prüfe dein Wissen – Staatsrecht, 3. Aufl. 2013, Nr. 115, 462–466; *G. Britz*, Das Verhältnis von Verfassungsgerichtsbarkeit und Gesetzgebung, JURA 2015, 319–325; *A. Voßkuhle/ A.-K. Kaufhold*, Grundwissen – Öffentliches Recht: Der Grundsatz der Gewaltenteilung, JuS 2012, 314–316; *S. Richter*, Die EU-Verfassung ist tot, es lebe der Reformvertrag!, EuZW 2007, 631–633; *A. Weber*, Vom Verfassungsvertrag zum Vertrag von Lissabon, EuZW 2008, 7–14; *R. Weber-Fas*, Freiheit durch Gewaltenteilung – Montesquieu und der moderne Verfassungsstaat, JuS 2005, 882–884.

I. Allgemeine Bedeutung

1. Drei Funktionen

a) Legislative, Exekutive und Judikative

864   Die Staatsgewalt wird vom Volk in Wahlen und Abstimmungen und durch *besondere Organe der Gesetzgebung, der vollziehenden Gewalt und der Rechtsprechung* ausgeübt. Mit dieser Formulierung in **Art. 20 Abs. 2 Satz 2** legt das **Grundgesetz** die deutsche Staatsordnung nicht nur auf die repräsentative Demokratie (Rn. 290 ff.), sondern zugleich auch auf die Gewaltenteilung fest. Das Adjektiv „besondere [Organe]" ist freilich redaktionell verunglückt. Es ist i.S.v. *„voneinander gesonderte* [Organe]" zu verstehen.

865   Nach historischem Vorbild (Rn. 879 ff.) erfolgt dabei eine **Dreiteilung** in

– die gesetzgebende Gewalt (Gesetzgebung = **Legislative,** vom lat. Partizip zu *legem ferre* = ein Gesetz einbringen),
– die vollziehende Gewalt (**Exekutive,** von lat. *exsequi* ausführen, vollstrecken) und
– die rechtsprechende Gewalt (Rechtsprechung = **Judikative,** von lat. *iudicare* = Recht sprechen).

Die vollziehende Gewalt untergliedert sich weiter in **Regierung** (Gubernative, von lat. *gubernare* = steuern, lenken) und **Verwaltung** (Administrative/ Administration, von lat. *administrare* = verrichten, verwalten).

866

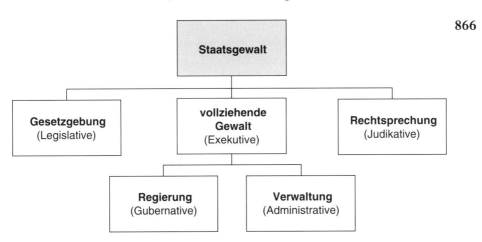

b) Trennung und Zuordnung

Die Gewaltenteilung ist ein **Kennzeichen jedes modernen freiheitlichen** 867
Staates. Ihr Konzept besteht zunächst darin, die einzelnen Gewalten voneinander zu **trennen**. Mit dieser funktionellen Isolierung darf es jedoch nicht sein Bewenden haben. In einem zweiten Schritt müssen die Aufgaben der Legislative, Exekutive und Judikative bestimmten Organen **zugeordnet** werden (näher zum Begriff des Organs und zur organisatorischen Gewaltenteilung in Rn. 891 ff.). Auf diese Weise wird ein unkoordiniertes Nebeneinander vermieden; nur so kann es zu einer gegenseitigen Ergänzung und Kontrolle kommen, die das Gemeinwohl bestmöglich fördert.

Konzept der Gewaltenteilung
1. Aufteilung der staatlichen Funktionen Gesetzgebung, vollziehende Gewalt und Rechtsprechung **(Gewaltentrennung)**
2. Überantwortung zu voneinander weisungsunabhängigen Organen, die die Staatsfunktionen im Rahmen festgelegter Kompetenzen ausüben **(Gewaltenzuordnung)**

2. Drei Beweggründe

Die Teilung der Staatsgewalten entspringt **drei Beweggründen,** die der 868
Idee der „**Festigung der Staatsgewalt durch Mäßigung**" Rechnung tragen.

a) Rechtsstaatliches Motiv

Die Gewaltenteilung ist zunächst ein zentrales Element des Rechtsstaa- 869
tes (Rn. 422 ff.). Die Verteilung der staatlichen Aufgaben und Kompetenzen (Rn. 98) auf verschiedene Organe oder Organgruppen soll eine **Konzentra-**

tion der staatlichen Macht verhindern und die damit verbundene **Gefahr des Machtmissbrauchs bannen**. Beweggrund ist das elementare Interesse des Einzelnen wie auch der Gesellschaft als Ganzes an möglichst weitgehender individueller und kollektiver Freiheit.

870 Die Teilung der Gewalten bewirkt zudem – mehr oder weniger von selbst – die gegenseitige Kontrolle der Staatsorgane und damit die **Mäßigung der Staatsherrschaft** (vgl. *BVerfGE 95, 1 [15] – Südumfahrung Stendal*). Im angloamerikanischen Bereich wird insofern von einem System der „**checks and balances**" gesprochen.

b) Demokratisches Motiv

871 Die Gewaltenteilung verfolgt zudem einen demokratischen Zweck. Die verschiedenen Staatsorgane sind in unterschiedlicher Weise **demokratisch legitimiert** (Rn. 262 ff.). Ihre wechselseitige Zuordnung soll ein ausgewogenes Zusammenspiel von Repräsentation und Integration gewährleisten. Durch die **unterschiedliche personelle Besetzung** der verschiedenen Staatsorgane wird eine **mehrdimensionale Repräsentation** der verschiedenen politischen Strömungen im staatlichen Bereich ermöglicht und diesen jeweils ein angemessener Anteil an der staatlichen Willensbildung gesichert.

c) Motiv der Effektivität

872 Die Gewaltenteilung dient außerdem dem Ziel der möglichst **wirkungsvollen Erfüllung** der staatlichen Aufgaben, das dem Grundgesetz ungeschrieben zu Grunde liegt („organadäquate Funktionenordnung"). Eine so verstandene Effektivität lässt sich durch Arbeitsteilung und Spezialisierung besser erreichen als durch monokratische Strukturen. In diesem Sinne zielt Gewaltenteilung nach der Rechtsprechung des Bundesverfassungsgerichts darauf ab, dass „*staatliche Entscheidungen möglichst richtig, das heißt von den Organen getroffen werden, die dafür nach ihrer Organisation, Zusammensetzung, Funktion und Verfahrensweise über die besten Voraussetzungen verfügen*" (*BVerfGE 68, 1 [86] – Pershing*). Arbeitsteilung erfordert allerdings auch **Koordination und Kooperation.** Jedes System der Gewaltenteilung, das funktionieren will, muss die einzelnen Organe einander so zuordnen, dass gegenseitige Blockaden so weit wie möglich verhindert werden.

873

Beweggründe der Gewaltenteilung		
Mäßigung der Staatsgewalt	Legitimation der Staatsgewalt	Festigung der Staatsgewalt
Verhinderung von Machtmissbrauch → Rechtsstaatlichkeit	Integration möglichst vieler politischer Meinungen → Demokratie	Organisation in sachgerechter Weise → Effektivität

Merke: Gewaltenteilung ist die Aufspaltung der Staatsgewalt in verschiedene Funktionen und deren Zuordnung zu mehreren, voneinander getrennten Staatsorganen. Der Zweck der Gewaltenteilung besteht vor allem in der Machtbegrenzung zur Sicherung der individuellen Freiheit.

874

II. Ideengeschichte der Gewaltenteilung

1. Antike

Ansätze zu einer ersten Form der Gewaltenteilung finden sich bei *Aristoteles* (384–322 v.Chr.). Gemeinsames Merkmal aller Staatsordnungen sei die Existenz **dreier Gruppen von Aufgaben.** In diesem Sinne müsse eine Verfassung die folgenden Fragen regeln:

875

– *erstens*, wer zu beraten und zu entscheiden habe,
– *zweitens*, welche Behörden gebildet werden sollten, worin ihre Zuständigkeiten bestehen sollten und in welcher Weise diese Behörden zu besetzen seien und
– *drittens*, wer mit der Rechtspflege zu betrauen sei.

Der griechische Historiker *Polybios* (201–120 v.Chr.) beschäftigte sich unter anderem mit den Gründen für den **Aufstieg Roms.** Zuzuschreiben sei dieser der **Elastizität** der republikanischen Verfassung, die es ermöglichte, Macht zu begrenzen und zu kontrollieren, Zusammenarbeit zwischen den sozialen Kräften und den politischen Gewalten zu erzwingen und Stabilität zu gewährleisten. Die römische Mischverfassung basierte auf der Verbindung eines monarchischen Elements (Konsulat, allerdings abgeschwächt durch die Prinzipien der Annuität und Kollegialität), eines aristokratischen Elements (Senat) und eines demokratischen Elements (Volksversammlung).

876

2. Gewaltenmonismus, Absolutismus

Der französische Staatstheoretiker *Jean Bodin* (1530–1596, Hauptwerk: *Les six livres de la République,* dt. Sechs Bücher über den Staat, 1576) betrachtete – vor dem Hintergrund der Gräuel der **französischen Religionskriege** – jegliche Teilung der Staatsgewalt als Ursache für Unordnung im Staat. Daher verwarf er die Lehre von der gemischten Staatsform („*Les marques de souveraineté sont indivisibles.*"). Immerhin entwickelte er Gedanken zur richterlichen Unabhängigkeit: Seiner Ansicht nach sei es für die Würde eines Monarchen vorteilhafter, sich richterlicher Tätigkeit zu enthalten und lediglich das Recht der Richterernennung auszuüben („*Il n'est pas expédient que les princes jugeassent en personne.*").

877

878 Auch der englische Philosoph *Thomas Hobbes* (1588–1679) stand der Gewaltenteilung skeptisch gegenüber, auch er freilich angesichts der unheilvollen Erfahrungen des **englischen Bürgerkriegs** (1642–1649). In seiner staatstheoretischen Schrift *Leviathan* (1651) geißelte er den gesetzlosen Naturzustand (lat. unter Verwendung des Plautus-Zitats *homo homini lupus* = der Mensch ist dem anderen Menschen ein Wolf; vgl. auch *bellum omnium contra omnes* = Krieg aller gegen alle). Sicherheit und Schutz könne nur eine übergeordnete, gleichsam allmächtige Instanz bieten, auf die die Menschen durch einen **Gesellschaftsvertrag** unwiderruflich „alle Macht" übertrügen. Als Ideengeber des Absolutismus verurteilte *Hobbes* die Trennung der Staatsgewalten; nur der Richter müsse unabhängig sein.

3. Moderne Gewaltenteilungslehren

879 Die absoluten Monarchien, insb. die Herrschaft *Ludwigs XIV.* von Frankreich (1638–1715), überzogen Europa mit Kriegen und führten zu zahlreichen Exzessen. Als Reaktion entwickelte sich die **Naturrechtslehre** des 17. und 18. Jh., die den Gedanken der Gewaltenteilung in das politische Denken zurückbrachte.

a) John Locke

880 John *Locke* (1632–1704) verfasste nach dem Sturz der Stuarts in England anonym seinen *Second Treatise of Government* (Zweite Abhandlung über die Regierung, 1690). Danach sei eine Regierung nur legitim, wenn sie die Zustimmung der Regierten besitze und die **natürlichen Rechte** des Menschen (Leben, Freiheit und Eigentum) schütze. Dies werde vor allem durch die **Gewaltenteilung garantiert.** Dabei sei die Legislative die höchste aller Gewalten *(„[...] wer einem anderen Gesetze geben kann, muss notwendigerweise höher stehen als er" – „[...] alle Gewalten müssen von ihr [der Legislative] abgeleitet und ihr untergeordnet sein.").*

881 Eine gesonderte **richterliche Gewalt** konzipierte Locke **nicht,** sondern ordnete sie der Legislative zu. Stattdessen postulierte er eine *„föderative Gewalt",* die sich auf die nach außen gerichtete Tätigkeit des Staates beziehen sollte, sowie eine *„prärogative Gewalt",* d.h. die dem König verbleibende Macht.

882 Lockes Ideen beeinflussten in erheblichem Maße die **Verfassungsgebung** in den unabhängig gewordenen **Vereinigten Staaten von Amerika** (1787), in **Frankreich** (1791) sowie – über diesen Weg – in den meisten modernen Staaten.

b) Charles de Montesquieu

883 Der südfranzösische Adelige *Charles de Secondat Baron de Montesquieu* (1689–1755) entwickelte in seinem Werk *De l'esprit des lois* (Vom Geist der Gesetze, 1748) die **klassische Dreiteilung der Gewalten** *(„Il y a dans chaque Etat trois sortes de pouvoirs: la puissance législative [Legislative], la puissance exécutrice des choses*

qui dépendent du droit des gens [Exekutive], et la puissance exécutrice de celles qui dépendent du droit civil [Judikative]."). Die Exekutive sollte beim Monarchen, die Legislative bei der Volksvertretung sowie bei der Vertretung des Adels und die Rechtsprechung bei den Gerichten liegen.

Legislative		Exekutive	Judikative
Vertretung d. Adels („Erste Kammer")	Volksvertretung („Zweite Kammer")	Monarch	Gerichte

c) „Hinkende Gewaltenteilung" im 19. Jahrhundert

Das von *Montesquieu* herausgearbeitete Gewaltenteilungsmodell gelangte über die französische Verfassung von 1814 ins nachnapoleonische **Deutschland** (Rn. 154). In vielen Verfassungen der deutschen Staaten des 19. Jh. wurde allerdings die **Position der Volksvertretungen** entscheidend dadurch **geschwächt**, dass diese die Gesetzgebung nur im Einvernehmen mit dem Monarchen ausüben konnten. So lautete beispielsweise Art. 62 Abs. 1 der Preußischen Verfassungsurkunde von 1850: *„Die gesetzgebende Gewalt wird gemeinschaftlich durch den König und durch zwei Kammern ausgeübt. Die Übereinstimmung des Königs und beider Kammern ist zu jedem Gesetze erforderlich."* Damit kam es zu einem **Dualismus** zwischen Volksvertretung und Monarchen; Demokratie und Volkssouveränität wurden erst verspätet mit der Weimarer Reichsverfassung von 1919 Wirklichkeit (vgl. Rn. 156).

884

Legislative		Exekutive	Judikative
Vertretung des Adels	Volksvertretung	Monarch	Gerichte

III. Gewaltenteilung im Grundgesetz

1. Horizontale und vertikale Gewaltenteilung

a) Rechtsstaatliche Gewaltenteilung

„Die in Art. 20 Abs. 2 Satz 2 GG normierte Teilung der Gewalten ist ein tragendes Organisations- und Funktionsprinzip" des Grundgesetzes (*BVerfGE 95, 1 [15] – Südumfahrung Stendal*). **Art. 20 Abs. 2 Satz 2** und **Abs. 3 GG** sowie auch **Art. 1 Abs. 3 GG** richten Bund und Länder an der **klassischen dreigliedrigen Gewaltenteilung** in Legislative, Exekutive und Judikative aus. Fortgesetzt wird dies in den Überschriften der Abschnitte VII, VIII und IX des Grundgesetzes, näher ausgestaltet in Einzelvorschriften. Da diese Art von Gewaltenteilung die

885

Konzentration staatlicher Macht verhindern und die Freiheit des Einzelnen sichern soll (Rn. 126), ist sie im Rechtsstaatsprinzip verwurzelt und kann daher **rechtsstaatliche Gewaltenteilung** genannt werden (Rn. 430). Eine synonyme Bezeichnung ist **horizontale Gewaltenteilung,** weil die gesetzgebende, die vollziehende und die rechtsprechende Gewalt prinzipiell in einem Verhältnis der Gleichordnung, nicht aber der Über-Unterordnung zueinander stehen.

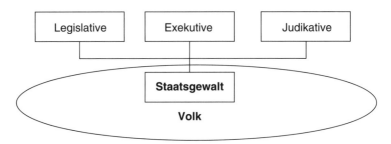

b) Bundesstaatliche Gewaltenteilung

886 Das Grundgesetz hat sich nicht nur für die rechtsstaatliche Gewaltenteilung, sondern auch für die Bundesstaatlichkeit entschieden (Art. 20 Abs. 1 GG, Rn. 531 ff.). Im Bundesstaat tritt neben die horizontale (rechtsstaatliche) Gewaltenteilung zusätzlich die **vertikale** (bundesstaatliche = föderative) Gewaltenteilung. Darunter versteht man die **Aufteilung der Staatsgewalt zwischen Bund und Ländern** (Rn. 566 ff.). Nimmt man horizontale und vertikale Gewaltenteilung zusammen, ergibt sich eine Vervielfachung der einzelnen Teile der Staatsgewalt.

		Legislative	**Exekutive**	**Judikative**	
vertikal	**dynamische Elemente**	• Bundestag • Bundesrat	• Bundesregierung	• Gerichte des Bundes	**statische Elemente**
			• Bundesverwaltung		
		• Landes- parlamente	• Landesregierungen	• Gerichte der Länder	
			• Landesverwaltungen		
		horizontal			

Die Darstellung der vertikalen Gewaltenteilung erfolgt im Rahmen des Kapitels Bundesstaatlichkeit (Rn. 531 ff.).

2. Arten der horizontalen Gewaltenteilung

a) Funktionelle Gewaltenteilung

Art. 20 Abs. 2 Satz 2 GG gibt die Trias staatlicher Gewalten vor und gewährt jeder einzelnen **funktionelle Eigenständigkeit.** 887

– Der **Legislative** obliegt die Normierung der Rechtsordnung und damit die **dauerhafte Regelung** des Zusammenlebens in Bezug auf **künftige Sachverhalte.** In ihr soll die politische Willensbildung in grundlegenden Fragen stattfinden, die einer rechtsverbindlichen, stabilen Entscheidung bedürfen. Ergebnis der Willensbildung und zugleich grundlegendes Steuerungsmittel für die gesamte Staatstätigkeit ist das **formelle Gesetz** als abstrakt-genereller Hoheitsakt. In der parlamentarischen Demokratie des Grundgesetzes liegt das Schwergewicht der Legislative, insb. die Kompetenz zum Beschluss von Gesetzen, beim **Parlament** (Bundestag, Landtage, s. Rn. 278).

– Die **Exekutive** erfüllt die Funktionen von Regierung und Verwaltung. Ihre Aufgaben bestehen damit in der **staatsleitenden politischen Programmierung** und der **Gesetzesvorbereitung** (Regierung) sowie im **individualisierenden Vollzug** der Gesetze (Verwaltung). Der Schwerpunkt der Arbeit der vollziehenden Gewalt liegt damit in der **Gegenwart.** 888

– Die **Judikative** übt demgegenüber die **Kontrolle** darüber aus, ob die Gesetze verfassungsmäßig sind und ob sie korrekt angewendet wurden. In diesem Rahmen trifft die Rechtsprechung verbindliche Entscheidungen über **vergangene Sachverhalte.** 889

> **Merke:** Verknüpft werden die Gewalten durch das **Parlamentsgesetz:** Der Legislative obliegt die Gesetzgebung, der Exekutive der Gesetzesvollzug und der Judikative die Kontrolle am Maßstab des Gesetzes. 890

b) Organisatorische Gewaltenteilung

Art. 20 Abs. 2 Satz 2 GG verpflichtet zur Errichtung besonderer (d.h. voneinander gesonderter) **Organe**, damit die Funktionen der drei Staatsgewalten auf diese Weise besser erfüllt werden können (Rn. 87). Gemeint sind damit Organe im juristischen Sinn (von griech. *órganon*, svw. Werkzeug). Deren Merkmale sind 891

– ihre organisatorische Verselbständigung zur Wahrnehmung einer jeweils spezifischen Aufgabe und
– ihre **Unabhängigkeit** vom Wechsel ihrer (Amts-)Inhaber (**Organwalter**, Rn. 87).

Rechtliche Selbständigkeit (Rechtsfähigkeit) erlangen Organe dadurch gerade nicht; sie berechtigen und verpflichten vielmehr den Rechtsträger (die juristische Person), dem sie angehören (also z.B. den Bund oder ein Land, s. Rn. 84 ff.).

892 **Staatsorgane** sind – wie die Bezeichnung schon sagt – Organe des Staates (Bund oder Land); sie sind zu unterscheiden von den Organen sonstiger juristischer Personen (etwa der Bürgermeister einer Gemeinde, der Vorstand eines Vereins u.dgl.). Für das Verfassungsrecht von besonderer Relevanz sind die obersten Staatsorgane (vgl. auch Rn. 1499, 1504):

Oberste Staatsorgane (Verfassungsorgane) des Bundes	
1. Bundestag	Art. 38–48 GG
2. Bundesrat	Art. 50–53 GG
3. Gemeinsamer Ausschuss	Art. 53a, 115a GG
4. Vermittlungsausschuss (str.)	Art. 77 II GG
5. Bundesversammlung	Art. 54 GG
6. Bundespräsident	Art. 54–61 GG
7. Bundesregierung	Art. 62–69 GG
8. Bundesverfassungsgericht	Art. 93–94 GG
9. Bundesrechnungshof (str.)	Art. 114 II GG

Zu den sonstigen Staatsorganen des Bundes zählen insb. die Bundesbehörden (Rn. 1374 ff.) und die Bundesgerichte (Rn. 1453). Für die Länder gilt Entsprechendes (Landesverfassungsorgane, Landesbehörden, Landesgerichte u.a.m.).

893 Die Zahl der obersten Staatsorgane entspricht nicht der Zahl der Staatsgewalten nach der horizontalen Gewaltenteilung, sie ist also nicht auf drei begrenzt. Es besteht vielmehr eine gewollte **Inkongruenz zwischen der funktionellen und der organisatorischen Gewaltenteilung.** Hinzu tritt, um die Komplexität zu vervollständigen, dass die Staatsorgane i.d.R. nicht einheitlich einer Funktion zuzuordnen sind.

Beispiel: Die legislativen Aufgaben werden zwar in erster Linie vom Bundestag wahrgenommen (Art. 77 Abs. 1 Satz 1 GG); am Gesetzgebungsverfahren sind jedoch der Bundesrat und die Bundesregierung beteiligt. Exekutive (gubernative) Funktionen erfüllen vor allem die Bundesregierung, z.T. auch der Bundespräsident. Klar ist die Sache indes beim Bundesverfassungsgericht, das nur Aufgaben der Judikative (Verfassungsgerichtsbarkeit) wahrnimmt.

894 Bei alldem steht jedem obersten Staatsorgan ein **Kernbereich** zu, über dessen Funktion kein anderes Organ verfügen darf (vgl. *BVerfGE 9, 268 [281] – Personalvertretungsgesetz Bremen;* näher Rn. 903 f.). Aus diesem Grund sind **Mischorgane** mit Entscheidungskompetenzen in mehreren zentralen verfassungsrechtlichen Bereichen **unzulässig.**

c) Personelle Gewaltenteilung

895 Sollen die funktionale und die organisatorische Gewaltenteilung wirksam sein, müssen sie durch eine personelle Gewaltenteilung ergänzt werden. Diese äußert sich darin, dass **Organwalter** (d.h. Personen, die die Funktionen ausüben, die den Organen zugewiesen sind, Rn. 87, 891) grds. **nicht zugleich einem anderen Organ angehören** und für es handeln dürfen. Man spricht hier von **Inkompatibilität,** d.h. von der Unvereinbarkeit zwischen verschie-

denen öffentlichen Ämtern. Anderenfalls ließe sich die Gewaltenteilung durch gezielte „Personalunionen" mühelos umgehen, etwa durch Vereinigung der Ämter des Bundespräsidenten, des Bundestagspräsidenten und des Bundeskanzlers in einer Person.

Konsequent wird die personelle Gewaltenteilung nur für die **Rechtsprechung** durchgeführt. Nach **Art. 94 Abs. 1 Satz 3 GG** dürfen die Mitglieder (Richter) des Bundesverfassungsgerichts weder dem Bundestag, dem Bundesrat, der Bundesregierung noch entsprechenden Organen eines Landes angehören. Für die Richter aller anderen Gerichte ist Ähnliches einfachgesetzlich bestimmt, und zwar durch § 4 des Deutschen Richtergesetzes (DRiG). 896

Im Schnittbereich von **Legislative und Exekutive** bestehen bestimmte Inkompatibilitäten von (exekutivem) Amt und (Abgeordneten-)Mandat. Verfassungsrechtliche Regelungen hierzu finden sich in Art. 55 GG (Bundespräsident) und Art. 137 Abs. 1 GG (öffentlicher Dienst). Dabei ist zu beachten, dass letztere Vorschrift es dem Gesetzgeber überlässt, ob und inwieweit er Inkompatibilitätsvorschriften aufstellt. Auf Bundesebene bestehen entsprechende Regelungen insb. in den §§ 5 ff. des Abgeordnetengesetzes (AbgG) und in § 5 des Bundesministergesetzes (BMinG). Das Amt eines Landesministers wird mit der Mitgliedschaft im Bundestag grds. für vereinbar gehalten, ebenso „Doppelmandate" im Bundestag und in einem Landtag. Dagegen darf ein Mitglied der Bundesregierung nicht zugleich Mitglied einer Landesregierung sein (§ 4 BMinG). 897

Arten der Gewaltenteilung		
funktional	organisatorisch	personell
durch Unterteilung in – Gesetzgebung, – vollziehende Gewalt, – Rechtsprechung	durch gesonderte Organe, etwa – Parlament (Bundestag, Landtage), – Regierung und Verwaltungsbehörden, – Gerichte	insb. durch Inkompatibilitäten, z.B. – Art. 55 GG, – Art. 94 I 3 GG, – Art. 137 I GG, – einfachgesetzliche Regelungen
Zuordnung der Gewalten (Gewaltenverschränkung)		

898

3. Gewaltenverschränkung

Fall *(BVerfGE 95, 1 ff. – Südumfahrung Stendal):* Die Planung von Straßen, Wasserwegen, Flughäfen, Eisenbahnstraßen u. dgl. gehört grds. zum Zuständigkeitsbereich der Verwaltung. Gegner konkreter Planungen können deren Umsetzung durch Verwaltungsstreitverfahren z.T. über Jahre hinweg verzögern. Um dies zu vermeiden und das Zusammenwachsen zwischen alten und neuen Bundesländern zu beschleunigen, beschließt der Bundestag durch ein sog. Investitionsmaßnahmengesetz unmittelbar über die Eisenbahnneubaustrecke zur Südumfahrung der Stadt Stendal. K, der in der Nähe dieser so geplanten Eisenbahnstrecke wohnt, meint, dieses Gesetz verstoße gegen die Gewaltenteilung. Zu Recht? (Lösungsvorschlag: Rn. 905) 899

a) Funktionsverzahnungen – Ineinandergreifen der Gewalten

900 Die drei Gewalten sind im Grundgesetz nicht strikt voneinander getrennt. Insbesondere zwischen Legislative und Exekutive bestehen **zahlreiche** – bewusst eingeplante – **Überschneidungen.** Bewirkt werden dadurch Gewaltenverschränkungen, die sowohl organisatorischer als auch personeller oder funktionaler Art sind. Mit den Worten des Bundesverfassungsgerichts ist das Gewaltenteilungsprinzip *„nirgends rein verwirklicht. Auch in den Staatsordnungen, die das Prinzip anerkennen, sind gewisse Überschneidungen der Funktionen und Einflussnahmen der einen Gewalt auf die andere gebräuchlich"* (BVerfGE 3, 225 [247] – Art. 117 Abs. 1 GG).

901 Eine Ursache dafür ist, dass das Grundgesetz das Demokratie- und das Gewaltenteilungsprinzip im **parlamentarischen Regierungssystem** verbindet: Bundesregierung (Exekutivspitze) und Bundestag (Legislative) sind zwar voneinander unabhängige Organe mit eigenen Kompetenzen (Rn. 98). Eine enge – gerade parteipolitische – Beziehung zwischen beiden Organen ergibt sich jedoch daraus, dass der **Bundeskanzler** gem. Art. 63 GG **vom Bundestag gewählt** wird (Rn. 1252 ff.) und während seiner Amtszeit vom **Vertrauen** der Mehrheit der Mitglieder des Bundestages abhängig ist (Art. 67 und 68 GG, Rn. 1268 ff.). Darüber hinaus stammen in der politischen Praxis die meisten Regierungsmitglieder aus dem Bundestag und bleiben auch nach der Übernahme ihres Ministeramtes Abgeordnete. So stehen sie in engem **politischem Kontakt** zu ihren Parteien und Fraktionen. Die Gewaltenteilung zwischen Parlament und Regierung wird dadurch abgeschwächt und durch eine **„parteipolitische Brücke"** verbunden.

902 Ein weiterer Kristallisationspunkt für die Gewaltenverschränkung ist die maßgebliche Mitwirkung der Regierung an der **Gesetzgebung** durch das Parlament (Gesetzesinitiativrecht nach Art. 76 Abs. 1 Fall 1 GG, Rn. 1111 ff.) und über Rechtsverordnungen (Art. 80 GG, Rn. 1182 ff.). In der Gegenrichtung kann der Bundestag das Finanzgebaren der Exekutive über die Feststellung des **Haushaltsplans** einschließlich der Kreditermächtigung steuern (Art. 110 Abs. 2, Art. 115 Abs. 1 GG, Rn. 755, 762) und sie auf diese Weise kontrollieren (Art. 114 Abs. 1 GG). Außerdem bedürfen **völkerrechtliche Verträge** grds. der Zustimmung des Bundestages (Art. 59 Abs. 2 Satz 1 GG, Rn. 810 f.).

b) Grenzen der Gewaltenverschränkung

903 Die Gewaltenverschränkung darf nicht so weit gehen, dass wesensbestimmende Merkmale des betroffenen Funktionsbereichs angetastet werden *(BVerfGE 34, 52 [59] – Prüfungsgebühr Hessen)*. Das bedeutet:
- Keine der drei Gewalten darf ein von der Verfassung nicht vorgesehenes **Übergewicht** über eine andere Gewalt erhalten.
- Keine Gewalt darf der für die Erfüllung ihrer verfassungsmäßigen Aufgaben erforderlichen Kompetenzen beraubt werden.

§ 15. Gewaltenteilung   247

Insbesondere besteht **kein Gewaltenmonismus** in Form eines umfassenden 904
Parlamentsvorbehalts *(BVerfGE 68, 1 [87] – Pershing)*. Das heißt vor allem, dass
das Parlament *nicht* in allen Angelegenheiten mitreden und mitbestimmen darf.
Der **Kernbereich** der jeweiligen Staatsgewalt, namentlich der Kernbereich
der Regierung, muss unangetastet bleiben. Unvereinbar damit wäre, „dass eine
der Gewalten die ihr von der Verfassung zugeschriebenen typischen Aufgaben verliert"
(BVerfGE 95, 1 [15] – Südumfahrung Stendal). Dies wäre etwa dann der Fall, wenn
dem Parlament das Recht zur Gesetzgebung genommen würde oder wenn die
Gerichte nicht mehr letztverbindlich Recht sprechen dürften (vgl. Rn. 794).

Lösungsvorschlag zum Fall Rn. 899: Der Bundestag hat gegen den Grundsatz der 905
Gewaltenteilung verstoßen, wenn er durch den Erlass des Investitionsmaßnahmengesetzes
die wesensbestimmenden Merkmale der Funktion der Exekutive angetastet hat, insb. wenn
er in deren Kernbereich eingegriffen hat. Der Legislative fällt die Aufgabe der Normsetzung
zu. Der Exekutive obliegt hingegen die Vollziehung der Gesetze im Einzelfall.
Nach diesen Merkmalen kann staatliche Planung weder eindeutig der Legislative noch
der Exekutive zugeordnet werden. Planung stellt weder eine generell-abstrakte Vorgabe
für eine unbestimmte Vielzahl von Fällen dar (Legislative), noch kann sie als individualisierender
Gesetzesvollzug verstanden werden (Exekutive). Es handelt sich vielmehr um
einen komplexen Prozess der Gewinnung, Auswahl und Verarbeitung von Informationen,
der Zielsetzung und der Auswahl einzusetzender Mittel. Der Exekutive obliegt insofern
jedenfalls die Planvorbereitung. Einen Plan beschließen darf jedoch *auch* der Gesetzgeber,
sofern die Materie ihrer Natur nach geeignet ist, gesetzlich geregelt zu werden. In den
Kernbereich exekutiver Eigenverantwortung wird dadurch nicht eingegriffen. Daher
verstößt das Investitionsmaßnahmengesetz nicht gegen die Gewaltenteilung.

c) Strikte Gewaltentrennung im Bereich der Rechtsprechung

Fall *(BVerfGE 34, 269 ff. – Soraya)*: Im April 1961 veröffentlichte ein Boulevardmagazin 906
ein angebliches Exklusivinterview mit der geschiedenen Ehefrau des damaligen Schahs von
Persien, Prinzessin Soraya. Das Interview war jedoch frei erfunden. Auf Klage von Soraya
wurden Verlag und Journalist zur Zahlung von Schmerzensgeld wegen Verletzung des
Persönlichkeitsrechts der Prinzessin verurteilt. Eine entsprechende Rechtsgrundlage im
Bürgerlichen Gesetzbuch hierfür bestand damals ebenso wenig wie heute (vgl. § 253 Abs. 2
BGB, bis 2001 § 847 BGB a.F.). Verstieß die Verurteilung gegen die Gewaltenteilung?
(Lösungsvorschlag: Rn. 909)

Wesentlich zurückhaltender mit der Gewaltenverschränkung ist das Grund- 907
gesetz bei der **Rechtsprechung:** Sie ist nach Art. 92 GG ausschließlich den
Richtern anvertraut (Rn. 1427, vgl. auch *BVerfGE 7, 183 [188] – eidliche Zeugenvernehmung*).
Allerdings bestehen hier personelle Einwirkungsmöglichkeiten von Parlament und Regierung in Form der **Wahl** oder **Ernennung der
Richter** (vgl. nur Art. 94 Abs. 1 Satz 2, Art. 95 Abs. 2 GG).

Stets problematisch im Verhältnis von Legislative und Judikative ist fol- 908
gende Frage: Darf der Richter das Gesetz auf Sachverhalte anwenden, die
der Gesetzgeber nicht geregelt hat, womöglich gar nicht regeln wollte? Tut
der Richter dies, kann er damit gegen die Gewaltenteilung verstoßen. Denn
gem. **Art. 20 Abs. 3 Hs. 2 GG** ist die Rechtsprechung an Gesetz und Recht

gebunden (Rn. 440 ff.). Sie ist jedoch nicht ausschließlich darauf beschränkt, das geschriebene Gesetz in den Grenzen des Wortsinns anzuwenden, sondern hat außerdem die **Aufgabe zur schöpferischen Rechtsfortbildung** (Rn. 201 ff.). Diese kann es *„erfordern, Wertvorstellungen, die der verfassungsmäßigen Rechtsordnung immanent, aber in den Texten der geschriebenen Gesetze nicht oder nur unvollkommen zum Ausdruck gelangt sind, in einem Akt des bewertenden Erkennens [...] ans Licht zu bringen und in Entscheidungen zu realisieren. Der Richter muss sich dabei von Willkür freihalten"* (BVerfGE 34, 269 [287] – Soraya).

909 **Lösungsvorschlag zum Fall Rn. 906:** Die Verurteilung zur Zahlung von Schmerzensgeld könnte gegen die Gewaltenteilung verstoßen. Denn § 253 Abs. 2 BGB sieht diese Rechtsfolge nur für Verletzungen des Körpers, der Gesundheit, der Freiheit oder der sexuellen Selbstbestimmung vor. Indem die Gerichte Schmerzensgeld auch für Verletzungen des Persönlichkeitsrechts zugestehen, wollen sie einen wirksamen Schutz dieses Rechtguts erreichen. Das Persönlichkeitsrecht wird als sog. unbenanntes Grundrecht aus Art. 2 Abs. 1 i.V.m. Art. 1 Abs. 1 GG abgeleitet (*Manssen*, Staatsrecht II, Rn. 254 ff.). Dieser hohe Rang rechtfertigt eine schöpferische Rechtsfortbildung durch die Zivilgerichte. Bei § 253 Abs. 2 BGB – genauer gesagt: bei der Vorgängervorschrift des § 847 BGB a.F. – handelt es sich um Recht, das im Kern lange Zeit vor Erlass des Grundgesetzes und vor der Herausarbeitung des Persönlichkeitsrechts gesetzt wurde. Daher steht einer Rechtsfortbildung auch keine eindeutig widersprechende Entscheidung des Gesetzgebers entgegen.

910

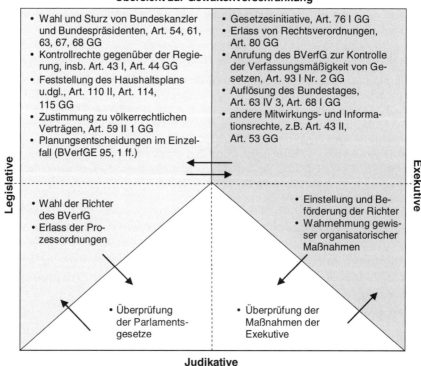

§ 16. Gesetzgebung; Bundestag und Bundesrat

I. Funktionen der Gesetzgebung

Nach dem Konzept der horizontalen Gewaltenteilung (Rn. 885) kommt die **911**
Aufgabe der Gesetzgebung im Wesentlichen der **Legislative** zu (zur Gesetzgebung der Exekutive s. Rn. 1182 ff.). In diesem Rahmen setzt das Parlament abstrakt-generelles Recht in Form von **Gesetzen** (im formellen *und* materiellen Sinn, s. Rn. 271, 431, 434 ff.).

– Gesetze stellen in der rechtsstaatlichen und parlamentarischen Demokratie die **zentrale Handlungsform des Parlaments** dar (**Steuerungsfunktion**). Sie sind Rechtssätze, die von der parlamentarischen Volksvertretung in dem dafür von Verfassungs wegen vorgesehenen Verfahren erlassen werden. In ihnen kommt – jedenfalls idealtypisch – der Wille der (Mehrheit der) parlamentarischen Volksvertretung zum Ausdruck.
– Das Parlament wird vom Volk gewählt (für den Bundestag s. Art. 38 Abs. 1 **912**
Satz 1 GG). Seine Hauptaufgabe besteht darin, das **gesellschaftliche Zusammenleben** dort, wo es notwendig ist, durch Gesetze zu regeln. Gesetze sind Vorgaben, nach denen sich jeder Bürger zu richten hat. Darüber hinaus stellen sie auch die Grundlage für staatliches Handeln dar (Art. 20 Abs. 3 GG), das durch sie **demokratisch legitimiert** wird (**Legitimationsfunktion**).
– Das demokratische Gesetzgebungsverfahren vollzieht sich in weitgehender **913**
Publizität und Transparenz sowie unter Berücksichtigung der unterschiedlichen gesellschaftlichen Strömungen (**Publizitätsfunktion**).
– Gesetze dienen zudem der **Rechtssicherheit** der Bürger, indem sie im Vo- **914**
raus sagen, was Recht ist. Mit Hilfe möglichst klarer und bestimmter Vorschriften wollen sie Verbindlichkeit, Vorhersehbarkeit und Dauerhaftigkeit gewährleisten (**Garantiefunktion**, Rn. 468 ff.).
– Indem die Gesetze dem Staat die Grenzen seiner Handlungsspielräume **915**
ziehen, gewähren sie **rechtsstaatliche Freiheit** (**Freiheitssicherungsfunktion**). Der Einzelne soll vor unvorhersehbarem oder gar willkürlichem Verhalten des Staates geschützt werden. Gesetze geben dem Einzelnen Rechtsschutzmöglichkeiten an die Hand, um sich gegen rechtswidrige Eingriffe zu wehren.

Merke: Die Funktionen der Gesetzgebung sind die *Steuerungsfunktion*, die *Legitimations-* **916**
funktion, die *Publizitätsfunktion*, die *Garantiefunktion* sowie die *Freiheitssicherungsfunktion*.

II. Bundestag

Literaturhinweise: *S. Korioth*, Staatsrecht I, 4. Aufl. 2018, § 23; *Th. I. Schmidt*, Prüfe dein Wissen – Staatsrecht, 3. Aufl. 2013, Nr. 495–537; *W. Frenz*, Abgeordnetenrechte, JA 2010, 126–128; *E. M. Frenzel*, Bewährungsprobe für das parlamentarische Informationsrecht, JURA 2010, 220–226; *Th. Harks*, Das Fragerecht der Abgeordneten, JuS 2014, 979–982; *V. Schwanengel*, Die parlamentarische Kontrolle des Regierungshandelns, JURA 2018, 463–476; *T. du Mesnil de Rochemont/M. W. Müller*, Die Rechtsstellung der Bundestagsabgeordneten, JuS 2016, 504–506, 603–608; *Ch. M. Burkiczak*, Die verfassungsrechtlichen Grundlagen der Wahl des Bundestages, JuS 2009, 805–809; *M. Morlok/H. Kühr*, Wahlrechtliche Sperrklauseln und die Aufgaben einer Volksvertretung, JuS 2012, 385–393; *H. Lackner*, Grundlagen des Wahlprüfungsrechts nach Art. 41 GG, JuS 2010, 307–311; *T. Walter*, Indemnität und Immunität (Art. 46 GG) im Überblick, JURA 2000, 496–502; *Th. Wilrich*, Der Bundestagspräsident, DÖV 2002, 152–158; *B. Straßburger*, Anfängerklausur – Öffentliches Recht: Staatsorganisationsrecht – Einsetzung des Hauptausschusses, JuS 2015, 714–719; *M. Morlok/Ch. Hientzsch*, Das Parlament als Zentralorgan der Demokratie – Eine Zusammenschau der einschlägigen parlamentsschützenden Normen, JuS 2011, 1–9; *J. Krüper/H. Kühr*, Der Lebenszyklus politischer Parteien – Eine „evolutionäre" Einführung in das Parteienrecht – Teil 4, ZJS 2014, 346–355; *M. Schulte*, Das Recht der Untersuchungsausschüsse, JURA 2003, 505–512; *T. Hebeler/J. Schulz*, Prüfungswissen zum Untersuchungsausschussrecht, JuS 2010, 969–974.

917 Am **7.9.1949** trat der Deutsche Bundestag zu seiner ersten konstituierenden Sitzung in **Bonn,** der damals provisorischen Bundeshauptstadt, zusammen. Er ist seitdem das **parlamentarisch-demokratische Zentrum** der Bundesrepublik Deutschland. Seit der Wiedervereinigung am **3.10.1990** und der ersten gesamtdeutschen Wahl vom **2.12.1990** nimmt der Deutsche Bundestag seine Aufgaben als gesamtdeutsches Parlament wahr – für den Bund. Die Länder verfügen mit den Landtagen (in den Stadtstaaten unter anderer Bezeichnung) im Rahmen ihrer Gesetzgebungskompetenzen (Rn. 1072 ff.) über eigene Parlamente. **1999** verlegte der Bundestag seinen Sitz von Bonn in die neue (und alte) Hauptstadt **Berlin** (Art. 22 Abs. 1 Satz 1 GG), und zwar unter anderem in das Gebäude des ehemaligen Reichstags (Arbeitsbeginn am 1./6.9.1999).

1. Rechtsstellung und Funktionen

a) Rechtsgrundlagen

918 Wegen seiner elementaren Bedeutung für die repräsentativ-parlamentarische Demokratie ist der Deutsche Bundestag das erste Verfassungsorgan, mit dem sich das Grundgesetz systematisch befasst (in seinem III. Abschnitt, **Art. 38 bis 48 GG**). Außerhalb dieses Abschnitts knüpfen weitere Vorschriften des Grundgesetzes an den Bundestag an und verleihen ihm je nach Regelungskontext Rechte und Pflichten (etwa Art. 63, 67, 68, 76, 77, 110 Abs. 2, Art. 114 Abs. 1 GG u.a.m.).

§ 16. Gesetzgebung; Bundestag und Bundesrat

Ergänzt werden diese Regelungen durch **einfachgesetzliche Vorschriften**, etwa das Abgeordnetengesetz (AbgG), das Untersuchungsausschussgesetz (PUAG), das Bundeswahlgesetz (BWahlG), sowie durch die **Geschäftsordnung des Deutschen Bundestages** (GeschO BT), die auf der Organautonomie des Bundestags basiert (vgl. Art. 40 Abs. 1 Satz 2 GG, s. Rn. 1107 f.). 919

b) Rechtsstellung und Untergliederungen

Die offizielle Bezeichnung des deutschen Bundesparlaments ist **Deutscher Bundestag** (das Adjektiv ist Namensbestandteil und beginnt daher mit einem Großbuchstaben – s. Art. 38 Abs. 1 Satz 1 GG –, wird jedoch bereits im Text des Grundgesetzes selbst nicht immer hinzugefügt, vgl. Art. 39 ff. GG). Der Bundestag ist die durch Wahl bestimmte **Vertretung des deutschen Volkes im Bund** als Gesamtstaat der Bundesrepublik Deutschland. Damit ist er das einzige Verfassungsorgan, das unmittelbare demokratische Legitimation besitzt. 920

Ferner ist der Bundestag ein **oberstes Staatsorgan des Bundes** mit einem großen Maß an **Selbständigkeit**. Er ordnet seine Angelegenheiten selbst und ist **keinerlei Weisungen** unterworfen. Insbesondere regelt er selbst wichtige Fragen seiner Organisation und seines Verfahrens in seiner **Geschäftsordnung** (Art. 40 Abs. 1 Satz 2 GG). Die Selbständigkeit des Bundestages erweist sich auch darin, dass er seinen **Präsidenten,** dessen Stellvertreter und die Schriftführer selbst wählt (Art. 40 Abs. 1 Satz 1 GG) und dass dem Bundestagspräsidenten das Hausrecht und die Polizeigewalt in den Gebäuden des Bundestages zustehen (Art. 40 Abs. 2 Satz 1 GG, § 7 Abs. 2 Satz 1 GeschO BT). Ohne seine Genehmigung dürfen keine Durchsuchungen und Beschlagnahmen durchgeführt werden (Art. 40 Abs. 2 Satz 2 GG). Diese Autonomie ist vor dem Hintergrund des Kampfes der Volksvertretung um **Emanzipation** gegenüber der ehemals monarchischen Exekutive zu sehen. 921

Der Bundestag besteht zum einen aus den **Abgeordneten** (Mitgliedern des Bundestages, MdB), die sich ihrerseits zu Fraktionen oder Gruppen zusammenschließen können und für die tägliche parlamentarische Arbeit Ausschüsse bilden. Zum anderen verfügt der Bundestag über eine **Leitung** (insb. den **Bundestagspräsidenten**) und eine Verwaltung. 922

c) Aufgaben

Die hauptsächlichen Aufgaben (Hauptfunktionen) des Bundestags sind: 923
- die Beratung und der Beschluss von Bundesgesetzen (Art. 77 Abs. 1 Satz 1 GG, Rn. 1122 ff.), zu der auch die Feststellung des Haushaltsplans des Bundeshaushalts (Art. 110 Abs. 2 GG, Rn. 756 ff.) zählt **(Gesetzgebungsfunktion)**;
- die Kontrolle der Exekutive, insb. der Bundesregierung **(Kontrollfunktion**, s. hierzu das Zitierrecht aus Art. 43 Abs. 1 GG, im Übrigen Rn. 321 ff.; zum Kernbereich exekutiver Eigenverantwortung s. Rn. 937, 1248);
- die Wahl oder Mitwirkung bei der Bildung anderer Verfassungsorgane **(Kreationsfunktion),** etwa die Wahl des Bundeskanzlers (Art. 63 GG) und

der Hälfte der Richter des Bundesverfassungsgerichts (Art. 94 Abs. 1 Satz 2 GG), die Wahl des Bundespräsidenten in der Bundesversammlung (Art. 54 GG) oder die Beschickung des Gemeinsamen Ausschusses (Art. 53a GG);
- die Ermöglichung des wichtigsten Forums der politischen Auseinandersetzung und Willensbildung (**Repräsentations-, Öffentlichkeits- und Willensbildungsfunktion**).

d) Beschlüsse, Beschlussfähigkeit, Beschlussfassung

924   In **Beschlüssen** tut der Bundestag – wie andere Parlamente und Kollegialorgane auch – seine Meinungen kund und setzt so seinen Willen durch. Dies ist die Äußerungsform, in der Sachentscheidungen verbindlich getroffen werden. Berufen dazu ist grds. das **Plenum** (lat. svw. voll), also die Gesamtheit aller Abgeordneten in der Vollversammlung des Bundestages (Rn. 929). Auf diese Weise nimmt der Bundestag seine Repräsentationsfunktion wahr (Rn. 278 ff.), d.h. durch die Mitwirkung aller seiner Mitglieder in einer **öffentlichen** Plenarsitzung (Art. 42 Abs. 1 Satz 1 GG, Rn. 328), nicht durch einzelne Abgeordnete, eine Gruppe von Abgeordneten, Ausschüsse (Rn. 1002) oder die parlamentarische Mehrheit (vgl. *BVerfGE 130, 318 [347] – Beteiligungsrechte des Bundestages/EFSF*).

925   Voraussetzung für einen Beschluss sind die Beschlussfähigkeit und die Beschlussfassung. Die **Beschlussfähigkeit** des Bundestages ist nicht im Grundgesetz geregelt, sondern in § 45 GeschO BT. Dazu muss mehr als die Hälfte seiner Mitglieder (Rn. 929, 950 ff.) im Sitzungssaal anwesend sein (Abs. 1). Dies gilt allerdings nur, wenn die Beschlussfähigkeit gem. § 45 Abs. 2 GeschO BT bezweifelt wird. Ansonsten können Beschlüsse auch wirksam gefasst werden, wenn weniger als die Hälfte der Abgeordneten zugegen ist. Dies gilt auch für Gesetzesbeschlüsse (Art. 77 Abs. 1 Satz 1 GG, Rn. 1127). Die **Beschlussfassung** erfolgt nach Art. 42 Abs. 2 Satz 1 Hs. 1 GG mit der **Mehrheit** der *abgegebenen* Stimmen (Rn. 310 f., vgl. auch § 48 Abs. 2 GeschO BT).

e) Selbstversammlungsrecht; kein Selbstauflösungsrecht

926   Nach Art. 39 Abs. 3 Satz 1 GG bestimmt der Bundestag *selbst* den Schluss und den Wiederbeginn seiner Sitzungen (= durch eine Tagesordnung gegliederte Beratungseinheiten). Im Unterschied zu den Volksvertretungen der konstitutionellen Zeit (19. Jh.) kommt ihm daher ein **Selbstversammlungsrecht** zu.

927   Demgegenüber besitzt der Bundestag **kein Recht zur Selbstauflösung**. Zwar hat die Gemeinsame Verfassungskommission 1993 über ein solches Recht diskutiert, es im Ergebnis aber verworfen. Vorzeitige Neuwahlen können nur unter den Voraussetzungen von Art. 63 Abs. 4 und Art. 68 GG angesetzt werden (Rn. 1258, 1283).

Merke: Der Deutsche Bundestag ist die demokratische Vertretung des deutschen Volkes 928
(„Herz der Demokratie"). Als ein oberstes Bundesorgan besitzt er ein großes Maß an
Selbständigkeit. Er ist Hauptorgan der Gesetzgebung, kontrolliert die Exekutive und
wählt insb. den Bundeskanzler.

2. Abgeordnete (Mitglieder des Bundestages)

Die **Zahl der Mitglieder** des Bundestages wird durch das Grundgesetz 929
nicht festgelegt, sondern dem Bundesgesetzgeber überlassen (Art. 38 Abs. 3
GG). Nach § 1 Abs. 1 Satz 1 BWahlG besteht der Bundestag – vorbehaltlich der
sich aus diesem Gesetz ergebenden Abweichungen (Rn. 967 ff.) – aus **598 Abgeordneten.**

a) Rechtsstellung der Abgeordneten und Rechtsgrundlagen

Zentrale Vorschrift für die Rechtsstellung der Abgeordneten ist **Art. 38** 930
Abs. 1 Satz 2 GG. Danach sind sie *Vertreter des ganzen Volkes, an Aufträge und
Weisungen nicht gebunden und nur ihrem Gewissen unterworfen.* Als Abgeordnete
sind sie Inhaber eines **öffentlichen Amtes,** d.h. sie haben die ihnen übertragenen Aufgaben und Befugnisse nicht im persönlichen Interesse, sondern als
Dienst am Gemeinwohl wahrzunehmen. Trotzdem sind sie nicht Angehörige
des öffentlichen Dienstes (also insb. keine Beamten). Als Organteile des Bundestages nehmen sie an dessen Willensbildung teil. Daher sind die ihnen zukommenden **Rechte und Pflichten** nicht subjektiver, sondern **organschaftlicher**
Art. Das sind Rechtspositionen, die den Abgeordneten nicht – wie subjektive
Rechte – als Personen (Menschen) zustehen, sondern nur wegen und in ihrer Eigenschaft als Organteile des Bundestages (Statusrechte). Sie können im
Wege des Organstreitverfahrens geltend gemacht werden, wenn Antragsgegner
ein Verfassungsorgan (Rn. 892 ff.) ist (Art. 93 Abs. 1 Nr. 1 GG, vgl. Rn. 332,
1504 ff.). Dagegen ist bei Verletzung von Statusrechten durch eine Behörde
oder ein Gericht – nach Erschöpfung des Rechtswegs – die Verfassungsbeschwerde statthaft *(BVerfGE 134, 141 [169 f. Rn. 83 ff.] – Ramelow;* vgl. zur parallel gelagerten Abgrenzung bei politischen Parteien Rn. 1507).

Weitere **normative Grundlagen** für die Stellung der Abgeordneten finden 931
sich in den Art. 46 bis 48 GG sowie in den einfachgesetzlichen Vorschriften des
Abgeordnetengesetzes, des Bundeswahlgesetzes und der Geschäftsordnung des
Deutschen Bundestages.

b) Freies Mandat

Die Abgeordneten haben ein **freies Mandat.** Dies folgt unmittelbar aus 932
Art. 38 Abs. 1 Satz 2 GG, wenn dort die Bindung an Aufträge und Weisungen
ausdrücklich ausgeschlossen wird (Rn. 282). Das freie Mandat gewährleistet
nicht nur die freie Willensbildung und -betätigung des Abgeordneten, sondern

auch die freie Kommunikationsbeziehung zwischen dem Abgeordneten und dem Wähler sowie die Freiheit des Abgeordneten vor exekutiver Beobachtung, Beaufsichtigung und Kontrolle *(BVerfGE 134, 141 [171 ff. Rn. 91 ff.] – Ramelow).*

933 Das **freie Mandat** der Abgeordneten kann in ein **Spannungsfeld** zur Politik ihrer **Partei** geraten, mit deren maßgeblicher Hilfe sie in den Bundestag gewählt wurden und deren Einfluss im Parlament sich in der jeweiligen **Fraktion** (Rn. 989 ff.) fortsetzt. Eine *rechtliche* Bindung der Abgeordneten an den politischen Willen einer Partei oder Fraktion wird durch Art. 38 Abs. 1 Satz 2 GG ausgeschlossen, eine *politische* Bindung hingegen nicht. In diesem Rahmen ist zu **unterscheiden** zwischen verfassungswidrigem Fraktionszwang und verfassungskonformer Fraktionsdisziplin:

– **Fraktionszwang** liegt vor, wenn eine Fraktion oder Partei Maßnahmen ergreift und Sanktionen androht, die unmittelbar bestimmend auf die Entscheidungsfreiheit des Abgeordneten einwirken.

– **Fraktionsdisziplin** beschreibt im Gegensatz dazu die innere und äußere *politische* Verpflichtung der Abgeordneten, ihre Entscheidungsfreiheit zugunsten der Fraktion, der Partei und auch im Interesse ihrer Wähler einzuschränken.

934 Die **Grenzen** zwischen Zwang und Disziplin verlaufen dort, wo ein von der „Fraktionslinie" abweichender Abgeordneter **unter Druck gesetzt** wird. Als zulässig erachtet werden jedoch namentliche Probeabstimmungen und fraktionsinterne Sitzungen, in denen „Abweichler" argumentativ in die Pflicht genommen werden. Bei nachhaltigen und schwerwiegenden Verstößen gegen die „Fraktionslinie" kann der Rückruf eines Abgeordneten aus einem Ausschuss oder gar sein Ausschluss aus der Fraktion gerechtfertigt sein. Begründet wird dies mit der Notwendigkeit, politische Mehrheiten im Parlament zu organisieren (vgl. *BVerfGE 80, 188 [233 f.] – Wüppesahl).*

c) Gleiches Mandat

935 Von der „Gleichheit des Mandats" (Abgeordnetengleichheit, s. auch Rn. 995) ist im Wortlaut des Art. 38 Abs. 1 Satz 2 GG nichts zu finden. Sie wird jedoch im Wege der (teleologischen) Auslegung hergeleitet: Grundlage ist zum einen das Prinzip der repräsentativen Demokratie (Rn. 277 ff.), zum anderen die Wahlrechtsgleichheit (Rn. 360 ff.). Daher zieht das Bundesverfassungsgericht dafür Art. 38 Abs. 1 Satz 1 und 2 GG heran und bezeichnet diese Vorschriften insoweit sogar als „besondere Gleichheitssätze" *(BVerfGE 102, 224 [238] – Abgeordnetenentschädigung Thüringen; BVerfGE 130, 318 [352] – Beteiligungsrechte des Bundestages/EFSF).* Art. 3 Abs. 1 GG tritt als subsidiär zurück. Rechtsfolge daraus ist eine formelle (d.h. strikte) Gleichheit im Abgeordnetenstatus. Die Ungleichbehandlung von Abgeordneten bedarf daher – ebenso wie eine Beeinträchtigung der Wahlrechtsgleichheit (Rn. 363) – einer besonderen Rechtfertigung. Im Konkreten ist daraus gefolgert worden, dass allen Abgeordneten

§ 16. Gesetzgebung; Bundestag und Bundesrat 255

bei ihrer parlamentarischen Arbeit gleiche Mitwirkungsbefugnisse (Rn. 936 f.) zukommen *(BVerfGE 130, 318 [342])* und dass insb. haushaltspolitische Entscheidungen im Bundestagsplenum und nicht in Ausschüssen oder anderen Gremien getroffen werden, in denen nur ausgewählte Abgeordnete Rede- und Stimmrecht haben *(BVerfGE 130, 318 [347])*. Daher verstießen Regelungen gegen die Gleichheit des Mandats, die den Oppositionsfraktionen *spezifische* Rechte verleihen (auch in Zeiten einer „großen Koalition" mit „erdrückender" Mehrheit, *BVerfGE 142, 25 [60 f. Rn. 95 ff.]* – *Oppositionsrechte*; s. auch Rn. 327).

d) Organschaftliche Mitwirkungsrechte

Aus ihrer durch Art. 38 Abs. 1 Satz 2 GG verbürgten Rechtsstellung als **936** weisungsunabhängige Vertreter des ganzen Volkes resultieren für die Abgeordneten bestimmte organschaftliche Rechte (Statusrechte, vgl. Rn. 930). Nach st. Rspr. des Bundesverfassungsgerichts (vgl. *BVerfGE 130, 318 [342]* – *Beteiligungsrechte des Bundestages/EFSF*) sind dies in erster Linie

– das Recht zur **Beteiligung** an Verhandlungen, Abstimmungen und Wahlen des Bundestages durch Wortbeiträge (**Rederecht,** § 27 Abs. 1, § 31 GeschO BT) und Stimmabgabe (**Stimmrecht,** §§ 48 ff. GeschO BT),
– das Recht zur **Information** (Akteneinsichtsrecht, § 16 GeschO BT; Frage- und Auskunftsrechte, insb. § 27 Abs. 2, § 105 GeschO BT),
– diverse Antragsrechte mit der Möglichkeit, bestimmte **Themen** zum Gegenstand parlamentarischer Debatten zu machen (**Initiativrechte,** § 20 Abs. 2 Satz 3, § 82 Abs. 1 GeschO BT),
– das Recht, sich mit anderen Abgeordneten zu einer **Fraktion** zusammenzuschließen (§ 10 GeschO BT).

Mitwirkungsbefugnisse der Abgeordneten			
Beteiligung	Information	Initiative	Fraktionsbildung
Rederecht und Stimmrecht	Akteneinsichts-, Frage- und Auskunftsrechte	diverse Antragsrechte	Voraussetzung: mindestens 5% der Abgeordneten

Das Frage- und Auskunftsrecht des einzelnen Abgeordneten (Interpella- **937** tionsrecht, vgl. Rn. 330) gegenüber der Bundesregierung dient vor allem zur Kontrolle der Exekutive. Eine Pflicht zur Beantwortung besteht jedoch nur, soweit sich diese Fragen auf Gegenstände beziehen, die in die **Zuständigkeit der Bundesregierung** fallen. Anderenfalls fehlt es an der erforderlichen Regierungsverantwortung gegenüber dem Bundestag *(BVerfGE 139, 194 [224 f. Rn. 107]* – *Parl. Informationsrecht)*. Im Übrigen bildet der **Kernbereich exekutiver Eigenverantwortung** der Bundesregierung (Rn. 1248) eine Grenze für das Frage- und Auskunftsrecht. Er ergibt sich aus dem Gewaltenteilungsprinzip (Art. 20 Abs. 2 Satz 2, Abs. 3 GG, *BVerfGE 137, 185 [234 Rn. 136]* – *Bundes-*

sicherheitsrat). Danach müssen Fragen erst dann beantwortet werden, wenn die interne Willensbildung der Bundesregierung abgeschlossen ist. Überdies darf die Antwort auch nach Abschluss der Willensbildung verweigert werden, soweit nach den Entscheidungsgründen oder dem Verlauf der Beratungen gefragt wird. Grenzen für das Frage- und Auskunftsrecht setzen neben dem Kernbereich exekutiver Eigenverantwortung auch die **Grundrechte** und – ausnahmsweise – das **Staatswohl** *(vgl. BVerfGE 146, 1 [38ff. Rn. 84ff.] – Oktoberfest-Attentat; BVerfGE 147, 50 [147 Rn. 247] – Parl. Informationsrecht II).*

e) Indemnität und Immunität

938   Die organschaftlichen Mitwirkungsrechte der Abgeordneten werden durch eine Reihe verfassungsrechtlicher Schutzpositionen abgesichert. Die wichtigsten davon sind die Indemnität und die Immunität:

– **Indemnität** bedeutet gem. **Art. 46 Abs. 1 GG**, dass der Abgeordnete zu keiner Zeit wegen **Äußerungen oder Abstimmungen** in parlamentarischen Vorgängen oder in parlamentarischer Funktion gerichtlich, dienstlich oder sonst verfolgt oder zur Verantwortung gezogen werden darf. Die Indemnität bezieht sich insb. auf zivilrechtliche Schadensersatzansprüche und Disziplinarmaßnahmen (kraft Beamtenrechts), aber auch auf die Straftatbestände der Beleidigung (§ 185 StGB) und der üblen Nachrede (§ 186 StGB), nicht jedoch auf Verleumdungen (§ 187 StGB, s. Art. 46 Abs. 1 Satz 2 GG). Die Indemnität schützt die Abgeordneten lebenslang und ist nicht aufhebbar (arg. *zu keiner Zeit* in Art. 46 Abs. 1 Satz 1 GG).

939   – Die **Immunität** ist in Art. 46 Abs. 2 bis 4 GG geregelt. Ihr Zweck besteht darin, dass die Abgeordneten nicht von der Exekutive an ihrer Amtsausübung gehindert werden. Immunität schützt vor **strafrechtlicher Verfolgung** in jeder Hinsicht (also nicht nur, wie die Indemnität, bei Äußerungsdelikten). Sie gilt aber nur während der Zeit des Abgeordnetenmandats. Eine Ausnahme gilt für die Festnahme bei Begehung einer Straftat *("in flagranti")* oder im Laufe des folgenden Tages (Art. 46 Abs. 2 Hs. 2 GG). Die Immunität kann durch Beschluss des Bundestags **aufgehoben** werden (s. hierzu insb. § 107 GeschO BT).

940   **Merke:** Die Abgeordneten des Bundestages verfügen über ein freies Mandat (Art. 38 Abs. 1 Satz 2 GG) und sind deshalb an Aufträge und Weisungen nicht gebunden. Dadurch kann es zu Spannungen kommen zwischen dem Mandat und den politischen Vorstellungen der Fraktion, der der Abgeordnete angehört. Als zulässig erachtet werden Maßnahmen der Fraktionsdisziplin. Verfassungswidrig ist demgegenüber eine Unterdrucksetzung des Abgeordneten im Wege des Fraktionszwangs.
Das freie Mandat des Abgeordneten wird abgesichert durch dessen Indemnität (Art. 46 Abs. 1 GG) und Immunität (Art. 46 Abs. 2 bis 4 GG).

3. Wahlen zum Deutschen Bundestag

Gem. Art. 38 Abs. 1 Satz 1 und Art. 39 GG werden die Abgeordneten des Bundestags in allgemeiner, unmittelbarer, freier, gleicher und geheimer Wahl auf vier Jahre gewählt. Die darin zum Ausdruck kommenden **Wahlrechtsgrundsätze** und das Gebot der **Periodizität der Wahlen** sind allen demokratischen Staaten gemein. Sie wurden daher bereits im Rahmen des Demokratieprinzips abgehandelt (Rn. 339 ff., 354 ff.). 941

a) Wahlsysteme

Das Grundgesetz überlässt die Entscheidung über das Wahlsystem dem Bundesgesetzgeber (Art. 38 Abs. 3 GG), der dabei jedoch Art. 38 Abs. 1 und 2 GG sowie die Chancengleichheit der Parteien (Rn. 391 ff.) zu beachten hat. Die Ausgestaltung des Wahlsystems wird nur vor dem Hintergrund der **beiden grundsätzlichen Modelle** verständlich: dem System der Persönlichkeitswahl **(Mehrheitswahl)** und dem System der Listenwahl **(Verhältniswahl)**. 942

aa) Mehrheitswahlsystem

Bei einer Wahl nach dem System der **Persönlichkeits-** oder **Mehrheitswahl** wird das Wahlgebiet in so viele Wahlkreise eingeteilt, wie Abgeordnete gewählt werden sollen. In jedem Wahlkreis wird ein Kandidat direkt gewählt. Gewählt ist jeweils der Kandidat, der die meisten Stimmen auf sich vereinen kann. Hier lässt sich weiter differenzieren: 943

– Genügt die **relative Mehrheit,** so hat derjenige Bewerber die Wahl gewonnen, der im Verhältnis zu seinen Konkurrenten die meisten Stimmen auf sich vereinigt, und zwar auch ohne mehr als die Hälfte der abgegebenen Stimmen zu erhalten. Dies ist die schwächste Form einer politischen Mandatierung.
– Für die **absolute Mehrheit** ist hingegen erforderlich, dass ein Wahlbewerber mehr als die Hälfte der abgegebenen Stimmen erringt.

Das Mehrheitswahlsystem sorgt für eine vergleichsweise **enge Anbindung** des einzelnen Abgeordneten an die Wähler seines Wahlkreises, was Regierungspolitik und Parlamentsarbeit **volksnah** macht. Zum anderen haben i.d.R. nur große Parteien die Chance, in das Parlament einzuziehen, was einer **Parteienzersplitterung entgegenwirkt** und stabile Mehrheitsverhältnisse garantiert. 944

bb) Verhältniswahlsystem

Findet die Wahl nach dem System der **Verhältnis-** oder **Listenwahl** statt, so wird das Wahlgebiet entweder nicht oder nur in einige wenige große Wahlkreise unterteilt. Dort wird – statt zwischen konkreten Einzelpersonen – zwischen von den Parteien aufgestellten Listen von Abgeordneten gewählt. Jede 945

Partei entsendet so viele Abgeordnete ins Parlament, wie prozentual Stimmen auf ihre Liste entfallen. Bei einer sog. **starren Liste** kann der Wähler an ihrer Zusammensetzung nichts ändern. Handelt es sich hingegen um eine sog. **freie Liste,** kann der Wähler Änderungen vornehmen: Er kann z.B. die Reihenfolge der auf der Liste vorgeschlagenen Kandidaten verändern, einem Kandidaten auf der Liste mehrere Stimmen zukommen lassen (sog. Kumulieren) oder Kandidaten aus anderen Listen übernehmen (sog. Panaschieren).

946 **Vorteil des Verhältniswahlsystems** ist seine Konformität mit dem Grundsatz der Wahlgleichheit (Rn. 360 ff.): Jede Stimme hat den **gleichen Zähl-** und **Erfolgswert,** da die Listenbewerber der Parteien exakt nach dem jeweiligen Proporz ins Parlament einrücken. Beim Mehrheitswahlsystem hingegen setzt sich nur der Kandidat durch, der die (absolut oder relativ) meisten Stimmen errungen hat. Die Stimmen für die Konkurrenten „verfallen" und werden daher im Ergebnis ungleich gewichtet. Dies führt häufig zu einem Zwei-Parteien-System; kleinere Parteien werden benachteiligt.

b) Kombinationslösung des Bundeswahlgesetzes

947 Das Bundeswahlgesetz (BWahlG) verknüpft für die Wahlen zum Bundestag die **Grundsätze der Verhältniswahl mit Elementen der Persönlichkeitswahl (§ 1 BWahlG).** Grundsätzlich entscheiden die für eine Partei prozentual abgegebenen Stimmen über die Zusammensetzung des Bundestages (System der Verhältniswahl/Listenwahl). Allerdings ist das Bundesgebiet gleichwohl in 299 Wahlkreise aufgeteilt, in denen der Wähler Wahlkreiskandidaten („Direktkandidaten") wählt (Element der Mehrheitswahl/Persönlichkeitswahl). Diese Kombination führt dazu, dass jeder Wähler nicht nur über eine, sondern über zwei Stimmen verfügt (§ 4 BWahlG): Mit der **Erststimme** („Direktstimme", § 5 BWahlG) wählt er den Wahlkreisbewerber („Direktkandidaten"), mit der – entscheidenden – **Zweitstimme** („Listenstimme", § 6 BWahlG) beteiligt er sich an der Entscheidung über das Parteienverhältnis im Bundestag.

948 **Merke:** Die Abgeordneten des Deutschen Bundestags werden im Wege der sog. personalisierten Verhältniswahl gewählt (§ 1 Abs. 1 Satz 2 BWahlG).

§ 16. Gesetzgebung; Bundestag und Bundesrat

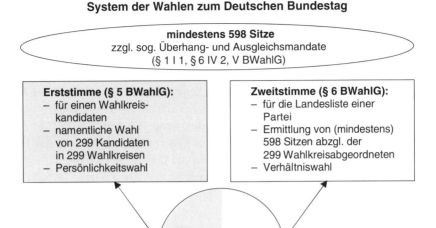

System der Wahlen zum Deutschen Bundestag 949

Die **Grundzüge** des Wahlsystems stellen sich danach wie folgt dar: 950
- Der Bundestag setzt sich mindestens aus **598 Abgeordneten** zusammen (§ 1 Abs. 1 Satz 1 BWahlG). Nach § 1 Abs. 2 BWahlG werden 299 von ihnen **direkt** in den einzelnen Wahlkreisen gewählt (Wahlkreis- oder Direktmandate), weitere 299 über die **Landeslisten** der Parteien (Listenmandate). Die Gesamtzahl der Abgeordneten kann sich durch sog. Überhang- und Ausgleichsmandate erhöhen (Rn. 952 f.).
- Jeder Wähler hat **zwei Stimmen,** die sog. Erst- und die sog. Zweitstimme. Mit der Erststimme wählt er den Wahlkreiskandidaten, mit der Zweitstimme die Landesliste (§ 4 BWahlG).
- Maßgeblich für die Zusammensetzung des Bundestages ist das **Verhältnis der Zweitstimmen.** Jede Partei muss prozentual so viele Sitze im Bundestag erhalten, wie Zweitstimmen für sie abgegeben werden (arg. § 6 Abs. 6 Satz 1 BWahlG).
- Voraussetzung für die Berücksichtigung einer Partei ist allerdings, dass auf die Partei mindestens 5% der Zweitstimmen entfallen (sog. **5%-Sperrklausel,** § 6 Abs. 3 Satz 1 Fall 1 BWahlG, Rn. 962 f.). Dies gilt nicht für Parteien nationaler Minderheiten (insb. Dänen in Schleswig-Holstein, § 6 Abs. 3 Satz 2 BWahlG) oder, wenn die Partei mindestens drei Direktmandate erringt (sog. **Grundmandatsklausel,** § 6 Abs. 3 Satz 1 Fall 2 BWahlG, Rn. 965 f.).
- Die schwierigste Prozedur besteht darin, das Verhältnis der Zweitstimmen 951 in der Sitzverteilung im Bundestag (d.h. in Mandaten) abzubilden (**Sitzzu-**

teilungsverfahren). Die Vorgaben dazu enthält § 6 BWahlG, der in seiner Kompliziertheit anspruchsvolle mathematische Textaufgaben insofern übertrifft, als er schlecht gegliedert und aus sich selbst heraus nicht verständlich ist. Die Ursachen seiner Komplexität beruhen darauf, dass zwar auf Bundesebene gewählt wird, aber wegen des Bundesstaatsprinzips (Rn. 531 ff.) gleichwohl auf die föderative Untergliederung in Länder Rücksicht genommen wird, was verfassungsrechtlich zulässig ist. Bewerkstelligt wird dies über Landeswahlvorschläge (**Landeslisten**, § 1 Abs. 2 Fall 2, §§ 27 ff. BWahlG). Aber auch bei einer solchen Listenwahl müssen auf das Bundesgebiet bezogen der Wahlrechtsgrundsatz der Erfolgswertgleichheit der Stimmen (Rn. 362 f.) und die Chancengleichheit der Parteien (Rn. 391 ff.) beachtet werden. Auch wenn Juristen keine Mathematiker sind (lat. *iudex non calculat,* svw. der Richter rechnet nicht), soll im Folgenden versucht werden, das seit 2013 geltende Sitzzuteilungsverfahren in zehn Schritten zu erklären:

952 **Erste Verteilung (erster Durchgang)**
1. Schritt: Zunächst sind – vorläufige – **Landessitzkontingente** festzustellen, d.h. die 598 Sitze des Bundestages werden auf die Länder verteilt; Verhältnismaßstab ist der Anteil der deutschen Bevölkerung (§ 6 Abs. 2 Satz 1 Hs. 1 i.V.m. § 3 Abs. 1 Satz 2 BWahlG). Dabei findet das sog. Divisorverfahren mit Standardrundung nach *Sainte-Laguë/Schepers* Anwendung (§ 6 Abs. 2 Satz 2 bis 7 BWahlG, s. Rn. 959 ff.). Diese Landessitzkontingente sind jedoch nur vorläufiger Natur; sie werden in den Schritten 6 bis 8 korrigiert.
2. Schritt: Ermittelt werden sodann die von jeder Partei auf *Bundes*ebene errungenen Zweitstimmen (§ 4 Fall 2 BWahlG) und die jeweils gewonnenen Wahlkreise (Direktmandate aus dem Erststimmenergebnis, § 4 Fall 1 und § 5 BWahlG). Beide Summen werden benötigt, um festzustellen, welche Parteien **bei der Sitzverteilung** (3. bis 9. Schritt) zu berücksichtigen sind. Denn dabei kommen grds. nur Parteien zum Zuge, die mindestens 5 % der bundesweit abgegebenen Zweitstimmen oder mindestens drei Direktmandate (sog. Grundmandate) errungen haben (§ 6 Abs. 3 BWahlG, Rn. 962 f. und 965 f.).
3. Schritt: Auf der Grundlage der zu berücksichtigenden Zweitstimmen (2. Schritt) werden für jedes *Land* gesondert die **mandatsrelevanten Zweitstimmen** festgestellt, die für die einzelnen Landeslisten abgegeben worden sind (§ 6 Abs. 1 Satz 1 BWahlG). Nicht mandatsrelevant sind die in § 6 Abs. 1 Satz 2 BWahlG bezeichneten Stimmen, d.h. insb. die Zweitstimmen derjenigen Wähler, die ihre Erststimme für solche erfolgreichen Kandidaten abgegeben haben,
– die als Einzelbewerber angetreten sind (§ 20 Abs. 3 BWahlG) oder
– die von Parteien aufgestellt wurden, die an der 5 %-Klausel gescheitert sind, ohne mindestens drei Grundmandate errungen zu haben.
Denn diese Wähler nehmen bereits mit ihren Erststimmen unmittelbar Einfluss auf die Zusammensetzung des Bundestags, weil *insoweit* kein Verhältnisausgleich stattfindet (vgl. den 5. und 9. Schritt); zu einer Ungleichbehandlung kommt es dadurch also nicht.
4. Schritt: Die zu berücksichtigenden und mandatsrelevanten Zweitstimmen (2. und 3. Schritt) werden für jedes Land gesondert auf das jeweilige Landessitzkontingent (s. 1. Schritt) verteilt (§ 6 Abs. 2 Satz 1 Hs. 2 BWahlG). Dabei verringert sich das jeweilige Landessitzkontingent nach Maßgabe von § 6 Abs. 1 Satz 3 BWahlG, der auf § 6 Abs. 1 Satz 2 verweist (s. 3. Schritt Satz 2). Anschließend werden die Anteile der einzelnen Parteien an dem verringerten Landessitzkontingent ermittelt. Der Anteil der jeweiligen Partei richtet sich nach dem **Verhältnis** der *Zweit*stimmen, die für die einzelnen Parteien

§ 16. Gesetzgebung; Bundestag und Bundesrat

abgegeben wurden (sog. **Parteienproporz**). Ermittelt wird dieser wiederum (s. schon 1. Schritt) im sog. Divisorverfahren (§ 6 Abs. 2 Satz 2 bis 7 BWahlG, Rn. 959 ff.).

5. Schritt: Von den im 4. Schritt ermittelten Sitzen, die einer Partei nach ihrem Zweitstimmenergebnis zustehen, müssen die Direktmandate abgezogen werden, d.h. die Sitze, die die Partei schon durch das Erststimmenergebnis in den Wahlkreisen errungen hat (vorläufiger **Verhältnisausgleich**, § 6 Abs. 4 Satz 1 BWahlG). Erringt eine Partei mehr Wahlkreismandate, als ihr nach dem Parteienproporz Sitze zustehen, bleiben ihr diese Wahlkreismandate als sog. **Überhangmandate** erhalten (§ 6 Abs. 4 Satz 2 BWahlG, Rn. 967 ff.).

Hier endet der erste Durchgang: Diese erste – vorläufige – Sitzverteilung gibt das Mandatsverhältnis nicht gleichheitsgerecht i.S.v. Art. 38 Abs. 1 Satz 1 GG wieder, weil (a) errungene Überhangmandate den Parteienproporz verzerren und weil (b) die Landessitzkontingente im 1. Schritt nach dem Bevölkerungsanteil errechnet wurden, nicht jedoch nach der Zahl der jeweils in einem Land abgegebenen (Zweit-)Stimmen (§ 6 Abs. 1 Satz 1 BWahlG). Deshalb folgt nun die zweite – endgültige – Sitzverteilung.

Zweite Verteilung (zweiter Durchgang) 953

6. Schritt: Der zweite Durchgang (die zweite Verteilung) in § 6 Abs. 5 und 6 BWahlG korrigiert Gleichheitswidrigkeiten der ersten Verteilung. Er beginnt damit, dass die **Gesamtzahl der Sitze des Bundestags** durch sog. **Ausgleichsmandate** so weit **erhöht** wird, bis sich alle Wahlkreismandate (Direktmandate) auf Listenmandate anrechnen lassen. Maßgeblich ist dabei faktisch die Partei, die im 5. Schritt die meisten Überhangmandate errungen hat. In diesem Verhältnis werden die Sitze der anderen Parteien (durch Ausgleichsmandate) erhöht. Dadurch verschwindet der Verzerrungseffekt der Überhangmandate (§ 6 Abs. 5 BWahlG – sog. **Vollausgleich**).

7. Schritt: Aufgrund der so ermittelten neuen Gesamtsitzzahl werden die Sitze auf Bundesebene unter den Parteien verteilt (sog. **Oberverteilung**): Maßgeblich dafür ist das Verhältnis zwischen der Gesamtsitzzahl und den *bundes*weit für eine Partei abgegebenen mandatsrelevanten Zweitstimmen (**Bundesproporz**, § 6 Abs. 6 Satz 1 BWahlG). Dabei findet wiederum das Divisorverfahren Anwendung (Rn. 959 ff.). Dieser Schritt bestimmt die Sitzverhältnisse und damit den „Wahlgewinner".

8. Schritt: Auf die Oberverteilung folgt die *landes*bezogene **Unterverteilung**, d.h. die Ermittlung der Sitze, die nach Maßgabe der mandatsrelevanten Zweitstimmen auf die jeweilige Partei entfallen (**Landesproporz**, § 6 Abs. 6 Satz 2 BWahlG). Betrachtet wird also nur jeweils eine Partei, deren bundesweite Gesamtsitzzahl bereits im 7. Schritt festgestellt wurde. Ausgehend davon wird hier ermittelt, wie sich diese Gesamtzahl auf die jeweiligen Landeslisten der Partei verteilt. Die Berechnung des Verhältnisses zwischen den Zweitstimmen für die einzelnen Landeslisten einer Partei erfolgt erneut nach dem Divisorverfahren (Rn. 959 ff.).

9. Schritt: Von der Sitzzahl jeder Landesliste einer Partei wird die Zahl der Direktmandate abgezogen (endgültiger **Verhältnisausgleich**, § 6 Abs. 6 Satz 3 BWahlG). Soweit danach Sitze verbleiben, werden diese nach der **Reihenfolge der jeweiligen Landesliste** besetzt; dabei bleiben erfolgreiche Wahlkreiskandidaten, die auf der Liste stehen, unberücksichtigt (§ 6 Abs. 6 Satz 4 und 5 BWahlG).

Mehrheitssicherung 954

10. Schritt: Der letzte Schritt hat mit den beiden Durchgängen (Verteilungen) nichts zu tun. Er soll sicherstellen, dass eine Partei, die bundesweit die Mehrheit der *Zweit*stimmen errungen hat, auch tatsächlich die Mehrheit der Sitze im Bundestag erhält (sog. **Mehrheitssicherungsklausel**, § 6 Abs. 7 BWahlG). Dazu werden dieser Partei erforderlichenfalls zusätzliche Mandate zugewiesen (wiederum nach dem Divisorverfahren, Rn. 959 ff.), so dass sich die Gesamtsitzzahl des Bundestages weiter erhöht.

955

Umrechnung der Zweitstimmen in Bundestagsmandate	
Erste Verteilungsstufe *(vorläufig)*	**Zweite Verteilungsstufe** *(endgültig)*
a) Wie viele Sitze erhalten die Länder? Verhältnismaßstab: deutsche Bevölkerung, § 6 II 1 Hs. 1 BWahlG (Rn. 952 Schritt 1)	a) Wie viele Sitze erhalten die Parteien? Verhältnismaßstab: bundesweit zu berücksichtigende Zweitstimmen, § 6 V, VI 1 BWahlG (Rn. 953 Schritt 6 und 7)
b) Wie viele Sitze erhalten die Landeslisten? Verhältnismaßstab: landesweit zu berücksichtigende Zweitstimmen, § 6 II 1 Hs. 2 BWahlG, dabei Herausrechnung nach § 6 I 2 und III BWahlG (Rn. 952 Schritt 2–5)	b) Wie viele Sitze erhalten die Landeslisten? Verteilungsmaßstab: landesweit zu berücksichtigende Zweitstimmen, § 6 VI 2 BWahlG, anschl. Abrechnung der Direktmandate, § 6 VI 3 BWahlG; Ermittlung der erfolgreichen Listenkandidaten, § 6 IV 4 BWahlG (Rn. 953 Schritt 8 und 9)
Ermittlung der Verhältniszahlen jeweils anhand des Divisorverfahrens nach *Sainte-Laguë/Schepers*, vgl. § 6 II 2–7 BWahlG	

Anschließend (außerhalb der Verteilungsstufen): Mehrheitssicherung, § 6 VII BWahlG.

c) Berechnungsmethoden

956 Da gem. § 1 Abs. 1 Satz 2 BWahlG nach dem Verhältniswahlsystem gewählt wird, müssen die Stimmenanteile, die auf die Parteien entfallen, in Sitze umgerechnet werden (Ähnliches gilt für die Ermittlung der Landessitzkontingente, Rn. 952 f.). Hierfür stehen mehrere Methoden zur Auswahl: Für viele Volksvertretungen (Landtage, Gemeinderäte, Kreistage) findet das **Höchstzahlverfahren** Anwendung, das von *Victor d'Hondt* entwickelt wurde. Alternativen dazu sind insb. das von *Thomas Hare* und *Horst F. Niemeyer* entwickelte Verfahren der mathematischen Proportion und das Divisorverfahren von *André Sainte-Laguë* und *Hans Schepers*. Für die **Bundestagswahlen** kam bis 1983 das Verfahren nach *d'Hondt* und bis 2005 das Verfahren von *Hare/Niemeyer* zur Anwendung. Seit 2009 gibt § 6 Abs. 2 Satz 2 bis 7 BWahlG das **Divisorverfahren** nach *Sainte-Laguë/Schepers* vor.

957 Zur Veranschaulichung folgendes Rechenbeispiel:
Es sollen 14 Sitze vergeben werden. 16 800 Personen haben gewählt und ihre (Zweit-)Stimmen wie folgt abgegeben:

§ 16. Gesetzgebung; Bundestag und Bundesrat   263

Partei	Stimmen
A	7 500
B	6 500
C	2 000
D	800

aa) Höchstzahlverfahren nach d'Hondt

Das *d'Hondt'sche* **Höchstzahlverfahren** beginnt mit der Teilung der für 958
eine Partei abgegebenen Stimmen durch 1, 2, 3, 4 usw. Diese Teilung erfolgt
so lange, bis anhand der sich so ergebenden Höchstzahlen alle Sitze verteilt
sind. Diese Vorgehensweise hat den Vorteil, sehr einfach zu sein, begünstigt
aber große Parteien. Nach dem obigen Rechenbeispiel ermittelt sich die Sitzverteilung wie folgt:

Divisor	A-Partei	B-Partei	C-Partei	D-Partei
:1	7 500 (1)	6 500 (2)	2 000 (7)	800
:2	3 750 (3)	3 250 (4)	1 000 (---)	(bleiben
:3	2 500 (5)	2 166,6 (6)	666,6 (---)	wegen der
:4	1 875 (8)	1 625 (9)		5%-Klausel
:5	1 500 (10)	1 300 (11)		unberück-
:6	1 250 (12)	1 083,3 (13)		sichtigt)
:7	1 071,4 (14)	928,6 (---)		
Mandate	7	6	1	–

bb) Divisorverfahren nach Sainte-Laguë/Schepers

Beim Divisorverfahren mit Standardrundung nach *Sainte-Laguë/Schepers* 959
werden die Sitze – ähnlich wie nach *d'Hondt* – durch eine Division ermittelt,
hier allerdings mit Hilfe eines **einheitlichen Zuteilungsdivisors.** Jede Landesliste erhält so viele Sitze, wie sich nach Teilung aller *auf sie entfallenden* Zweitstimmen durch den Zuteilungsdivisor ergeben (§ 6 Abs. 2 Satz 2 BWahlG).

$$\frac{\text{Summe der durch die Landesliste errungenen Zweitstimmen}}{\text{Zuteilungsdivisor}}$$

Der Zuteilungsdivisor ermittelt sich seinerseits durch eine **weitere Divi-** 960
sion, nämlich dadurch, dass die Gesamtzahl der Zweitstimmen *aller* Landeslisten durch die Gesamtzahl der zu vergebenden Parlamentssitze geteilt wird
(§ 6 Abs. 2 Satz 6 BWahlG).

$$\frac{\text{Gesamtzahl der Zweitstimmen aller Landeslisten}}{\text{Gesamtzahl der Sitze}}$$

Bei den in Rn. 959 errechneten Sitzzahlen werden die Zahlenbruchteile 961
unter 0,5 abgerundet, solche über 0,5 aufgerundet (§ 6 Abs. 2 Satz 3 BWahlG).

Zahlenbruchteile, die genau gleich 0,5 sind, werden einheitlich so **auf- oder abgerundet,** dass die Gesamtzahl der zu vergebenden Sitze erhalten bleibt (§ 6 Abs. 2 Satz 4 BWahlG). Weicht die auf diese Weise errechnete Sitzzahl von der Gesamtzahl der zu vergebenden Sitze ab, wird der Zuteilungsdivisor **herauf- oder herabgesetzt,** damit beide Zahlen übereinstimmen (§ 6 Abs. 2 Satz 7 BWahlG). Für diese Herauf- oder Herabsetzung sind keine festen Werte vorgegeben; sie erfolgt vielmehr so lange mit beliebig gegriffenen Zahlen, bis die Summe der errechneten Sitze mit der Gesamtzahl der zu vergebenden Sitze übereinstimmt. In der Praxis dürften dabei Algorithmen verwendet werden. Die Sitzverteilung im Rechenbeispiel (Rn. 957) erfolgt danach folgendermaßen:

	A-Partei	**B-Partei**	**C-Partei**	**D-Partei**
Stimmenzahl	7 500	6 500	2 000	800 (bleiben wegen der 5%-Klausel unberück-sichtigt)
Zuteilungsdivisor	: (16 800 : 14 =) 1 200			
Quotient	= 6,25	= 5,41	= 1,66	
Rundung	6	5	2	---
Kontrolle: vorl. Ge-samtzahl der Sitze	6 + 5 + 2 = 13			
Herabsetzung des Zuteilungsdivisors	: 1 175			
Quotient	= 6,38	= 5,53	= 1,70	---
Mandate	**6**	**6**	**2**	---
Kontrolle: Gesamt-zahl der Sitze	6 + 6 + 2 = 14			

d) 5%-Sperrklausel

962 Nach § 6 Abs. 3 Satz 1 Fall 1 BWahlG werden bei der Verteilung der Sitze auf die Landeslisten nur Parteien berücksichtigt, die mindestens **5%** der im Wahlgebiet abgegebenen gültigen **Zweitstimmen** erhalten. Diese sog. 5%-(Sperr-) Klausel („5%-Hürde") ist verfassungsrechtlich nicht unproblematisch:

– Sie führt zu einer Beeinträchtigung der Wahlrechtsgleichheit i.S.v. Art. 38 Abs. 1 Satz 1 GG, die wegen der hohen demokratischen Relevanz von Wahlen strikt formal zu begreifen ist (Rn. 360 ff.): Zwar haben alle von den Wählern abgegebenen Zweitstimmen den gleichen **Zählwert, nicht** jedoch den gleichen **Erfolgswert** (Rn. 362 f.). Denn Stimmen, die auf eine Partei entfallen, die nicht über 5% am Gesamtanteil der Stimmen erreicht, gehen „verloren" (vgl. Rn. 952).

§ 16. Gesetzgebung; Bundestag und Bundesrat 265

– Im Übrigen wird dadurch in die **Chancengleichheit** der Parteien aus Art. 21 Abs. 1 i.V.m. Art. 3 Abs. 1 GG eingegriffen (Rn. 391 ff.), da kleineren Parteien der Zugang zum Parlament verwehrt wird.

Der Eingriff der 5 %-Klausel in die Wahlrechtsgleichheit ist allerdings gerechtfertigt, wenn der Wahlgesetzgeber dafür „zwingende", d.h. besondere, sachlich legitimierte Gründe vorbringen kann, die also von mindestens gleichem Gewicht wie die Wahlrechtsgleichheit sind. Als einen solchen Grund hat das Bundesverfassungsgericht für die Wahlen zum Bundestag anerkannt, die **Zersplitterung** der Sitzverteilung im Bundestag zu verhindern und auf diese Weise die **Handlungs- und Entscheidungsfähigkeit (Funktionsfähigkeit) des Parlaments** zu gewährleisten. Denn der Bundestag ist auf Bundesebene das zentrale Gesetzgebungsorgan (Rn. 1122) und das Kreationsorgan der Bundesregierung (Rn. 1252 ff.). Daher ist § 6 Abs. 3 Satz 1 Fall 1 BWahlG verfassungsgemäß *(BVerfGE 131, 316 [344] – Bundeswahlgesetz 2011; vgl. auch BVerfGE 82, 322 [337ff.] – Listenverbindung Sperrklausel,* zum inhaltsgleichen § 6 Abs. 6 Satz 1 BWahlG a.F.). 963

Im Europawahlrecht hat das Bundesverfassungsgericht wiederholt Sperrklauseln für verfassungswidrig erklärt *(BVerfGE 129, 300 [324ff.] – 5 %-Sperrklausel; BVerfGE 135, 259 [280ff. Rn. 34 ff.] – 3 %-Sperrklausel).* Denn das Bundesverfassungsgericht war der Ansicht, dass eine mögliche Parteienzersplitterung keine Auswirkungen auf die Handlungsfähigkeit des Europäischen Parlaments habe. Betont wurde, dass diese Argumente nicht auf den Bundestag übertragbar seien *(BVerfGE 146, 327 [354, 357 Rn. 67, 76] – Wahlprüfung Bund).* 964

e) Grundmandatsklausel

Die sog. Grundmandatsklausel des § 6 Abs. 3 Satz 1 Fall 2 BWahlG sichert Parteien, die „an der 5 %-Hürde gescheitert" sind, den Einzug in den Bundestag, wenn sie mindestens drei Wahlkreismandate (Direktmandate) errungen haben. Sie erhalten dann nicht nur die jeweiligen Direktmandate, sondern so viele Mandate, wie es ihrem Zweitstimmenanteil entspricht (anders bei nur zwei Direktmandaten: Dann ziehen nur diese beiden Kandidaten in den Bundestag ein). Auch die Grundmandatsklausel kann zu einer **Beeinträchtigung der Wahlrechtsgleichheit** (bzgl. des Erfolgswerts der Stimmen) **und der Chancengleichheit** der Parteien führen (Rn. 360 ff., 391 ff.). So entsendet z.B. eine Partei, auf die 4,99 % der Zweitstimmen entfallen und zwei Direktmandate erringt, nur zwei Abgeordnete in den Bundestag. Anders eine Partei, auf die nur 1 % der Zweitstimmen entfällt, die aber drei Direktmandate errungen hat: Sie entsendet nicht nur drei Mandatsträger ins Parlament, sondern darüber hinaus so viele, wie ihrem Zweitstimmenanteil entsprechen (Rn. 952 f., 959 ff.). 965

Nach Ansicht des Bundesverfassungsgerichts sind solche Ungleichbehandlungen gerechtfertigt. Denn durch die Wahl von drei Direktkandidaten kommt eine besondere politische Kraft der jeweiligen Partei zum Ausdruck. Im Sinne der **Integrationsfunktion** von Wahlen soll Parteien mit **regionalen Schwerpunkten,** die in diesen Gebieten eine größere Bevölkerungsgruppe reprä- 966 sentieren, der Einzug ins Parlament nicht verwehrt werden *(BVerfGE 95, 408 [417ff.] – Grundmandatsklausel,* zu § 6 Abs. 6 Satz 1 BWahlG a.F., der mit § 6 Abs. 3 Satz 1 BWahlG n.F. übereinstimmt).

f) Überhangmandate

967 Eine weitere Besonderheit des Wahlsystems zum Bundestag besteht darin, dass sog. Überhangmandate entstehen können: Erringt eine Partei in einem Bundesland **mehr Direktmandate, als** ihr nach dem Ergebnis der *Zweit-*stimmen **Sitze im Bundestag** zustehen (Rn. 951 f.), so bleiben gem. § 6 Abs. 4 Satz 2 BWahlG alle Direktmandate erhalten. Konsequenz ist, dass sich die Gesamtzahl der Abgeordneten im Bundestag erhöht (§ 6 Abs. 5 Satz 2 i.V.m. § 1 Abs. 1 Satz 1 BWahlG). Sieht der Gesetzgeber keinen Ausgleich vor (wie dies bis einschließlich der Wahlen zum 17. Deutschen Bundestag 2009 der Fall war), verschiebt sich dadurch das Sitzverhältnis (der Parteienproporz) zulasten der anderen Parteien (Rn. 952 f.); die Wahlrechtsgleichheit gem. Art. 38 Abs. 1 Satz 1 GG wird beeinträchtigt (Erfolgswertgleichheit, Rn. 362 f.), ebenso die Chancengleichheit der Parteien (Rn. 391 ff.).

968 Deswegen hält das Bundesverfassungsgericht den Gesetzgeber nicht für befugt, unbegrenzt viele Überhangmandate zuzulassen, ohne dass es einen **Ausgleich** zugunsten der anderen Parteien im Bundestag gibt. Ansonsten werde der Charakter der Bundestagswahl als Verhältniswahl (Rn. 947, 950) aufgehoben *(BVerfGE 131, 316 [357ff.] – Bundeswahlgesetz 2011).* In Mandaten ausgedrückt akzeptiert das Bundesverfassungsgericht Überhangmandate höchstens bis etwa zur Hälfte der Zahl von Abgeordneten, die für die Bildung einer Fraktion erforderlich ist. Gem. § 10 Abs. 1 GeschO BT sind das ca. 15 Abgeordnete (vgl. Rn. 994).

969 Die Problematik der Überhangmandate wurde 2013 **entschärft:** Nach dem – recht „verklausulierten" – § 6 Abs. 5 BWahlG n.F. erhöht sich die Gesamtsitzzahl des Bundestages bei Überhangmandaten (§ 6 Abs. 4 Satz 2 BWahlG) gleichmäßig (d.h. verhältnismäßig) zugunsten aller Parteien (s. Rn. 953). Damit werden der Wahlrechtsgleichheit und der Chancengleichheit der Parteien Genüge getan (vgl. § 6 Abs. 6 BWahlG) – freilich um den „Preis" (im wahrsten Sinne des Wortes) einer ggf. spürbaren Erhöhung der Abgeordnetenzahl. So zählt der Bundestag in seiner 19. Wahlperiode **709 (!)** Abgeordnete statt 598, wovon § 1 Abs. 1 BWahlG grundsätzlich ausgeht (Rn. 950).

g) Wahlprüfung

970 Was kann der Bürger tun, wenn er meint, dass **Wahlen nicht „fair"** abgelaufen sind? Herkömmlicherweise steht ihm – als Ausfluss des Rechtsstaatsprinzips – der Rechtsweg zu den zuständigen Gerichten offen (Art. 19 Abs. 4 GG). In der hochpolitischen und damit hochbrisanten Angelegenheit von Parlamentswahlen besteht jedoch die **Gefahr,** dass der **einheitliche Gesamtakt** einer Wahl **durch zahlreiche Rechtsbehelfe** verschiedenster Betroffener

§ 16. Gesetzgebung; Bundestag und Bundesrat

gegen einzelne Wahlhandlungen und -maßnahmen beeinträchtigt wird, die vor mehreren Gerichten anhängig gemacht werden. Dem will **Art. 41 Abs. 1 Satz 1 GG** entgegenwirken: Danach ist die **Wahlprüfung Sache des** (neu konstituierten) **Bundestags** *(vgl. BVerfGE 74, 96 [101] – Abstimmungsinitiative für Volksentscheid;* s. auch § 49 BWahlG und § 1 Abs. 1 WahlPrüfG). Art. 19 Abs. 4 GG (dazu *Manssen,* Staatsrecht II, Rn. 779 ff.) wird insoweit verdrängt.

Wahlprüfung ist die **Kontrolle** aller Entscheidungen und Maßnahmen, die sich *unmittelbar* auf das Wahl*verfahren* beziehen, auf **Wahlfehler,** d.h. auf Verstöße gegen formelles und materielles Wahlrecht bei der Wahlvorbereitung, der Wahlhandlung und der Feststellung des Wahlergebnisses. **Nicht** dazu gehören – anders als bei der Prüfung durch das Bundesverfassungsgericht (dazu Rn. 973) – die **Wahlrechtsnormen** selbst (etwa die 5 %-Klausel gem. § 6 Abs. 3 Satz 1 Fall 1 BWahlG, Rn. 962 f.; *vgl. BVerfGE 121, 266 [290] – negatives Stimmgewicht*). Prüfungsrelevante Wahlfehler können nicht nur von amtlichen Wahlorganen begangen werden, sondern auch von Dritten *(BVerfGE 89, 243 [251] – CDU Hamburg),* etwa von Parteien in deren Verfahren zur **Wahlbewerberaufstellung,** das wegen Art. 21 Abs. 1 Satz 3 GG demokratischen Grundsätzen entsprechen muss (Rn. 385 ff.; § 21 BWahlG). 971

Das Verfahren der Wahlprüfung durch den Bundestag ist im **Wahlprüfungsgesetz (WahlprüfG)** festgelegt, nicht dagegen die Folgen bei festgestellten Verstößen: Wann muss also die gesamte Wahl für ungültig erklärt und deshalb wiederholt werden? Das Bundesverfassungsgericht fordert hier jeweils eine **Einzelfallentscheidung,** die sich an einer **Abwägung** von Art und Schwere des Verstoßes mit dem demokratisch gebotenen Bestandserhaltungsinteresse des gewählten Parlaments zu orientieren hat. Ausgeschlossen soll es jedenfalls sein, *„Wahlbeeinflussungen einfacher Art und ohne jedes Gewicht schlechthin zum Wahlungültigkeitsgrund zu erheben"* (*BVerfGE 103, 111 [135] – Wahlprüfung Hessen*). 972

Gegen die Entscheidungen des Bundestages in Wahlprüfungsangelegenheiten kann gem. Art. 93 Abs. 1 Nr. 5 i.V.m. **Art. 41 Abs. 2 GG** binnen einer Frist von zwei Monaten **(Wahlprüfungs-)Beschwerde** vor dem Bundesverfassungsgericht erhoben werden (§ 13 Nr. 3 i.V.m. § 48 BVerfGG, vgl. Rn. 1467). Anders als bei der Wahlprüfung durch den Bundestag (Rn. 971) kann das Bundesverfassungsgericht dabei auch Wahlrechtsnormen auf deren Verfassungsmäßigkeit kontrollieren. Die Wahlprüfungsbeschwerde ist der vorrangige Rechtsbehelf, wenn Wahlfehler gerügt werden sollen. In diesem Fall ist die Verfassungsbeschwerde (Rn. 1468 ff.) subsidiär und damit unzulässig. 973

Im Vorfeld der Wahl kann sich eine Partei an das Bundesverfassungsgericht wenden, wenn sie nicht als wahlvorschlagsberechtigt i.S.v. § 18 BWahlG anerkannt wurde (Nichtanerkennungsbeschwerde gem. Art. 93 Abs. 1 Nr. 4c GG i.V.m. § 13 Nr. 3a, §§ 96a ff. BVerfGG). 974

4. Leitung und Verwaltung des Bundestages

a) Bundestagspräsident und Stellvertreter

aa) Wahl und Stellung des Bundestagspräsidenten

975 Der Bundestag wählt für die **Dauer der Wahlperiode** einen seiner Abgeordneten zum Bundestagspräsidenten (Art. 40 Abs. 1 Satz 1 GG, § 2 GeschO BT). Diese Wahl erfolgt gem. § 2 Abs. 1 Satz 1, § 49 GeschO BT mit verdeckten Stimmzetteln, also **geheim**. Gewählt ist, wer die Stimmen der **Mehrheit der Mitglieder des Bundestages** (Rn. 309 ff.) auf sich vereinigt. Parlamentarischer Brauch ist dabei, den Kandidaten zu wählen, der von der stärksten Fraktion vorgeschlagen wird. Weitere Einzelheiten bestimmt § 2 Abs. 2 und 3 GeschO BT (dazu Rn. 983).

976 Nicht geregelt ist in der Geschäftsordnung die **Abwahl** des Bundestagspräsidenten. Sie ist daher nur im Wege einer **Durchbrechung** der Geschäftsordnung mit Zweidrittelmehrheit der anwesenden Mitglieder denkbar (§ 126 Hs. 1 GeschO BT). Die **Amtszeit** des Bundestagspräsidenten **endet** mit dem Ende der Wahlperiode, d.h. mit dem Zusammentritt des neuen Bundestages (Art. 39 GG). Den Vorsitz in der konstituierenden Sitzung führt der Alterspräsident, das älteste Mitglied des Bundestags (§ 1 Abs. 2 und 3 GeschO BT).

977 Protokollarisch steht der Bundestagspräsident an zweiter Stelle hinter dem Bundespräsidenten. Die Vertretung des Bundespräsidenten bei dessen Verhinderung wird dagegen durch den Präsidenten des Bundes*rates* wahrgenommen (Art. 57 GG, Rn. 1038).

bb) Funktionen des Bundestagspräsidenten

978 Der Bundestagspräsident besitzt die **oberste Leitungs- und Verwaltungskompetenz** im Bundestag. Er ist Vorsitzender des Bundestagspräsidiums (§ 5 GeschO BT) und zugleich Vorsitzender des Ältestenrats (§ 6 Abs. 1 GeschO BT) sowie des Gemeinsamen Ausschusses (§ 7 Abs. 1 GeschO GemAussch).

979 Der Bundestagspräsident **vertritt** den Bundestag nach außen (§ 7 Abs. 1 Satz 1 Fall 1 GeschO BT). Nach innen regelt er die **Geschäfte** (§ 7 Abs. 1 Fall 2 GeschO BT) und ist oberste Dienstbehörde der Bundestagsbeamten (§ 7 Abs. 4 GeschO BT). Darüber hinaus wahrt er die **Ordnung** in den Gebäuden des Bundestages (Rn. 921).

980 Dem Bundestagspräsidenten obliegen die Bestimmung der Rednerreihenfolge (§ 28 GeschO BT) und die Erteilung des Wortes (§ 27 GeschO BT). Er kann Abgeordnete zur **Ordnung** rufen und Ordnungsverletzungen sanktionieren (§ 44a Abs. 5 AbgG, § 36 GeschO BT). Darüber hinaus setzt er alljährlich die Höhe der staatlichen Mittel zur **Parteienfinanzierung** fest (§ 19a Abs. 1 Satz 1 PartG, näher Rn. 398 ff.).

981 Neben diesen besonderen Funktionszuständigkeiten behält der Bundestagspräsident seine **Stellung**, sein **Stimmrecht** und seine sonstigen parlamentarischen Rechte **als Abgeordneter** (Rn. 936). Aufgrund seines Amtes ist er

§ 16. Gesetzgebung; Bundestag und Bundesrat 269

jedoch dazu angehalten, diese Rechte zurückhaltend auszuüben, da die Öffentlichkeit ihn in erster Linie in seiner Funktion als Bundestagspräsident sieht.

cc) Stellvertreter

Fall: Bei der Wahl der Stellvertreter des Bundestagspräsidenten scheitert S – der Kandidat der politisch sehr umstrittenen Partei P – auch im dritten Wahlgang an der erforderlichen Mehrheit im Parlament. 310 Abgeordnete stimmen gegen ihn, 36 enthalten sich. Die Fraktion der P-Partei, der ein Stellvertreterposten im Bundestagspräsidium zusteht, hält dennoch an S als ihrem Kandidaten fest. Was wird der Bundestagspräsident tun? (Lösungsvorschlag: Rn. 984) 982

Nach der Wahl des Bundestagspräsidenten werden dessen **Stellvertreter** gewählt (Art. 40 Abs. 1 Satz 1 GG, § 2 GeschO BT). Die Anzahl der Stellvertreter kann von Wahlperiode zu Wahlperiode variieren, da **jede Fraktion** des Bundestags durch **mindestens einen Vizepräsidenten** vertreten ist (§ 2 Abs. 1 Satz 2 GeschO BT). Auch bei der Wahl der Stellvertreter entspricht es parlamentarischem Brauch, den von der jeweiligen Fraktion vorgeschlagenen Kandidaten zu unterstützen. Findet sich dennoch nach drei Wahlgängen für einen Kandidaten keine Mehrheit, gilt der Wahlvorschlag grundsätzlich als endgültig gescheitert. § 2 Abs. 3 Satz 1 GeschO BT regelt, dass nur dann weitere Wahlgänge mit demselben – zuvor dreimal gescheiterten – Kandidaten zulässig sind, wenn darüber eine Vereinbarung im Ältestenrat (Rn. 986 f.) getroffen wurde. Dies entspricht dem allgemeineren Prinzip der Begrenzung parlamentarischer Entscheidungsfindungsprozesse, um bei Wahlen und Abstimmungen in vertretbarer Zeit zu Ergebnissen zu gelangen. 983

Lösungsvorschlag zum Fall Rn. 982: Der Bundestagspräsident wird den Ältestenrat einberufen, der über die Zulässigkeit weiterer Wahlgänge entscheidet. Eine unablässige Wiederholung des Wahlgangs des Stellvertreters widerspräche dem Erfordernis der Begrenzung parlamentarischer Entscheidungsfindungsprozesse. Wenn deshalb im Ältestenrat keine weiteren Wahlgänge nach § 2 Abs. 3 Satz 1 GeschO BT vereinbart werden, ist der konkrete Vorschlag der P-Fraktion „verbraucht". Dann ist dem Bundestagspräsidenten zu raten, der P-Fraktion nahezulegen, einen anderen Kandidaten für den Posten des Stellvertreters zu nominieren. In diesem Fall beginnt das Wahlverfahren gem. § 2 Abs. 3 Satz 2 GeschO BT von vorne. 984

b) Präsidium

Das **Präsidium** besteht aus dem Präsidenten und dessen Stellvertretern (§ 5 GeschO BT). Es erörtert in seinen Sitzungen **organisatorische** und **verwaltungstechnische Angelegenheiten**. Es wirkt an Personalangelegenheiten der Bundestagsverwaltung und beim Abschluss wichtiger Verträge mit. Auch Fragen der Öffentlichkeitsarbeit werden im Präsidium beraten. Es tritt regelmäßig in jeder Sitzungswoche des Bundestages zusammen. 985

c) Ältestenrat

986 Der **Ältestenrat** ist ein parlamentarisches Gremium, das aus dem Bundestagspräsidenten, seinen Stellvertretern (Präsidium) und 23 weiteren Abgeordneten besteht, die nach dem Stärkeverhältnis der Fraktionen bestellt werden (§ 12 Satz 1 GeschO BT).

987 Der Ältestenrat unterstützt den Bundestagspräsidenten bei der **Führung der Geschäfte** des Bundestages (§ 6 Abs. 2 GeschO BT). In seinen **Sitzungen** erfolgt eine Verständigung zwischen den Fraktionen und dem Bundestagspräsidenten über innere Angelegenheiten des Bundestages sowie die Koordinierung des Geschäftsablaufs im Hinblick auf Sitzungstermine und Tagesordnung. Im Ältestenrat können darüber hinaus in nichtöffentlicher Sitzung **Konflikte** zwischen verschiedenen Organteilen des Bundestages gelöst, Fragen zur Auslegung der Geschäftsordnung geklärt und interfraktionelle Absprachen getroffen werden. Der Ältestenrat entscheidet nicht per Mehrheitsbeschluss, sondern **einvernehmlich** (§ 6 Abs. 2 GeschO BT). Kommt es zu keiner einvernehmlichen Lösung, ergeht ein Bundestagsbeschluss. Abgesehen davon beschließt der Ältestenrat über innere Angelegenheiten, die nicht gesetzlich oder verfassungsrechtlich dem Bundestagspräsidenten oder dem Präsidium vorbehalten sind (§ 6 Abs. 3 GeschO BT). Darunter fallen z.B. die Verteilung von Räumlichkeiten oder der Voranschlag zum **Haushaltseinzelplan** des Bundestages.

d) Bundestagsverwaltung

988 Der Bundestag verfügt über eine eigene **Bundestagsverwaltung,** die von dem Direktor des Bundestages geleitet wird. Dieser untersteht unmittelbar dem Bundestagspräsidenten. Die Verwaltung ist in die Abteilungen *Parlamentarische Dienste, Wissenschaftliche Dienste* und *Zentrale Dienste* untergliedert.

5. Fraktionen

a) Funktionen

989 Parlamentsfraktionen stellen in politischer Hinsicht das **Spiegelbild** der Parteienlandschaft in einem Parlament dar. Staatsrechtlich handelt es sich bei einer Fraktion aber um eine **Untergliederung des Parlaments** und **nicht der Partei,** die freilich dadurch gekennzeichnet ist, dass ihre Mitglieder der betreffenden Partei angehören. Fraktionen sind – anders als die Parteien – *„der organisierten Staatlichkeit eingefügt"* (BVerfGE 20, 56 [104] – *Parteienfinanzierung II*). In dieser Eigenschaft üben sie die Scharnierfunktion politischer Parteien zwischen Staat und Gesellschaft in einem engeren Sinn aus, indem sie die Standpunkte ihrer Parteien in das Parlament einbringen und dort vertreten. Dabei sind sie auch für die Funktions- und Handlungsfähigkeit des Parlaments von entscheidender Bedeutung, da sie dort Mehrheiten zur Umsetzung politischer Programme organisieren. Das Bundesverfassungsgericht bezeichnet sie

§ 16. Gesetzgebung; Bundestag und Bundesrat

daher als *"notwendige Einrichtungen des Verfassungslebens und maßgebliche Faktoren der politischen Willensbildung"* (*BVerfGE 80, 188 [219] – Wüppesahl*).

b) Rechtsgrundlagen und Rechtsstellung

Das Grundgesetz trifft **keine eigenständige Regelung** zu den Fraktionen, erwähnt sie gleichsam beiläufig in Art. 53a Abs. 1 Satz 2 GG bei der Zusammensetzung des Gemeinsamen Ausschusses (eines Ersatzorgans für Bundestag und Bundesrat im Verteidigungsfall, vgl. Art. 115e GG). Allerdings werden Fraktionen als Institution verfassungsrechtlich dadurch gewährleistet, dass aus dem **freien Mandat des Abgeordneten** gem. Art. 38 Abs. 1 Satz 2 GG (Rn. 290 ff.) dessen Recht entspringt, sich **mit anderen Abgeordneten in Fraktionen zusammenzuschließen**. Einfachgesetzlich finden sich die maßgeblichen Vorschriften zu den Fraktionen auf Bundesebene – beschränkt auf das Nötigste – vor allem in den §§ 10 bis 12 GeschO BT und in den §§ 45 bis 54 AbgG. Danach gilt – ähnlich wie für Parteien (Art. 21 Abs. 1 Satz 3 GG, Rn. 385 ff.) – auch für Fraktionen, dass deren Organisation und Arbeitsweise auf den Grundsätzen der parlamentarischen Demokratie aufzubauen und an diesen auszurichten sind (**Demokratieverpflichtung**, § 48 Abs. 1 AbgG). Im Übrigen regeln die §§ 50 bis 54 AbgG vor allem das Finanzwesen der Fraktionen; nach § 50 Abs. 1 AbgG haben die Fraktionen im Bundestag einen Anspruch auf **Finanzierung aus dem Bundeshaushalt** (vgl. *BVerfGE 80, 188 [231] – Wüppesahl*).

990

Nach § 46 Abs. 1 AbgG sind Fraktionen **rechtsfähige Vereinigungen** von Bundestagsabgeordneten. Diese Vorschrift lässt offen, ob Fraktionen dem **öffentlichen oder dem privaten Recht** zuzuordnen sind. Ihre Verwurzelung im Bundestag als einem obersten Staatsorgan spricht dafür, sie als öffentlich-rechtliche Vereinigungen zu qualifizieren. Von dieser öffentlich-rechtlichen Rechtsform ist die Handlungsform zu unterscheiden: Im allgemeinen Rechtsverkehr (etwa bei der Beschäftigung von Fraktionsmitarbeitern oder beim Erwerb von Büromaterial) handeln die Fraktionen privatrechtlich. Dessen ungeachtet ist das Vereinsgesetz wegen seines § 2 Abs. 2 Nr. 2 auf Fraktionen jedenfalls nicht anwendbar.

991

Merke: Fraktionen genießen einen Doppelstatus. Zum einen sind sie juristische Personen des Privatrechts, zum anderen integraler Bestandteil des Verfassungsorgans Parlament (Bundestag oder Landtag).

992

aa) Bildung

Fall (angelehnt an *BVerfGE 96, 264 ff. – Fraktions- und Gruppenstatus*): Bei der Wahl zum 13. Bundestag bleibt die P-Partei unter der sog. 5%-Hürde (§ 6 Abs. 3 Satz 1 Fall 1 BWahlG, Rn. 962 f.), erzielt aber drei Direktmandate. Deshalb erhält sie nach der sog. Grundmandatsklausel des § 6 Abs. 3 Satz 1 Fall 2 BWahlG 30 Abgeordnetensitze. Nach seiner Konstituierung lehnt der Bundestag durch Beschluss den Antrag der Abgeordneten der P-Partei ab, sie gem. § 10 Abs. 1 Satz 2 GeschO BT als Fraktion anzuerkennen. Statt-

993

dessen werden die Abgeordneten aufgrund eines weiteren Beschlusses des Bundestages gem. § 10 Abs. 4 GeschO BT als Gruppe zugelassen. Die Abgeordneten der P-Partei sind der Ansicht, die Beschlüsse des Bundestages verstießen gegen den Grundsatz der Gleichbehandlung aller Abgeordneten. Eine Differenzierung zwischen Fraktionen und Gruppen sei nur dann zulässig, wenn die Funktionsfähigkeit des Bundestags dies zwingend gebiete. Die betreffenden Abgeordneten sehen dadurch ihre verfassungsmäßigen Rechte verletzt. (Lösungsvorschlag: Rn. 995)

994 Nach Maßgabe von § 10 Abs. 1 GeschO BT setzt die Bildung einer Fraktion voraus, dass ihr **mindestens 5 % der Mitglieder des Bundestages** angehören (Rn. 929, 967 ff.). Wenn der Bundestag also z.B. 600 Abgeordnete umfasst (Rn. 950 ff.), beträgt die Fraktionsbildungsuntergrenze 30 Abgeordnete. Diese Hürde – die besonders kleinere Parteien betrifft – entspringt freilich nicht dem Grundgesetz oder sonstigem Verfassungsrecht, sondern ist in der Geschäftsordnung des Bundestages festgelegt, die zu Beginn der Legislaturperiode vom Bundestag selbst beschlossen wird (Art. 40 Abs. 1 Satz 2 GG, Rn. 1108). Diese Regel wurde bereits auf entsprechenden Antrag hin vom Bundesverfassungsgericht am Grundgesetz gemessen. Es sah in dieser Sperrklausel **keine Gefährdung der Rechtsstellung derjenigen Abgeordneten,** die sich nicht in einer Fraktion zusammenschließen können, da sie ihre Rechte aus Art. 38 Abs. 1 Satz 2 GG auf andere Weise hinreichend ausüben könnten *(BVerfGE 96, 264 [278 ff.] – Fraktions- und Gruppenstatus)*.

995 **Lösungsvorschlag zum Fall Rn. 993:** Verletzt sein könnte der Grundsatz der Gleichbehandlung der Abgeordneten, der Art. 38 Abs. 1 Satz 2 GG entnommen wird. Danach umfasst der repräsentative Status der Abgeordneten des Bundestages unter anderem das Recht auf gleiche Teilhabe am Prozess der parlamentarischen Willensbildung. Dazu gehört auch das gleiche Recht, sich mit anderen Abgeordneten zu einer Fraktion zusammenzuschließen. Dem entgegen steht das Recht des Bundestags aus Art. 40 Abs. 1 Satz 2 GG, sich eine Geschäftsordnung zu geben, um seine Aufgaben effektiv erfüllen zu können. Die Regelungen der Geschäftsordnung können auch als Beschränkung der Rechte der einzelnen Abgeordneten wirken. Differenzierungen zwischen Abgeordneten bedürfen jedoch stets eines besonderen Grundes, der sich aus der Verfassung rechtfertigt. Eine solche Rechtfertigung für die Festsetzung einer Fraktionsmindeststärke liegt in der Gewährleistung der Funktionsfähigkeit des Parlaments. Die Versagung der Fraktionsstellung für kleinere Zusammenschlüsse von Abgeordneten begegnet der Gefahr, dass die parlamentarische Arbeit etwa durch eine Vielzahl von aussichtslosen, ggf. rechtsmissbräuchlichen Anträgen kleiner Gruppen behindert oder die Zahl der Vizepräsidenten des Bundestages (Rn. 983) aufgebläht wird. Dabei ist jedoch zu beachten, dass § 6 Abs. 3 Satz 1 Fall 1 BWahlG mit der sog. 5 %-Klausel bereits einer Zersplitterung der parteipolitischen Zusammensetzung des Bundestages entgegenwirken soll. Daher muss eine Partei, die die 5 %-Hürde „überspringt", i.d.R. auch eine Fraktion bilden können. Anders beurteilt sich die Lage, wenn eine Partei wegen der sog. Grundmandatsklausel gem. § 6 Abs. 3 Satz 1 Fall 2 BWahlG in den Bundestag einzieht. Hier wird die Gefahr der politischen Zersplitterung des Parlaments nicht bereits auf der Ebene des Wahlrechts verringert. Daher können Zusammenschlüsse von Abgeordneten solcher Parteien nicht das Recht auf Anerkennung als Fraktion in Anspruch nehmen. Die entsprechenden Beschlüsse des Bundestages verstoßen daher nicht gegen den Grundsatz der Abgeordnetengleichbehandlung aus Art. 38 Abs. 1 Satz 2 GG und sind folglich verfassungsmäßig.

§ 16. Gesetzgebung; Bundestag und Bundesrat

bb) Parlamentarische Rechte

Im parlamentsinternen Bereich besitzen die Fraktionen des Bundestages bedeutende Rechtspositionen. Dies sind allerdings keine subjektiv-öffentlichen Rechte, sondern **organschaftliche Rechte** (zum Begriff vgl. Rn. 930). So haben die Fraktionen maßgeblichen Einfluss auf die **Zusammensetzung des Ältestenrates und der Ausschüsse** sowie auf den **Vorsitz in den Ausschüssen** (vgl. § 6 Abs. 1, § 57 Abs. 2 Satz 1, § 12 GeschO BT). Außerdem sind folgende Rechte erwähnenswert:

996

Inhalt	Rechtsgrundlagen
Gesetzesinitiative	Art. 76 I Fall 2 GG, § 76 I Fall 1 i.V.m. § 75 I lit. a GeschO BT
Änderungsanträge zu Gesetzentwürfen in dritter Lesung	§ 85 I 1 Fall 1 GeschO BT
Antrag auf Beschluss des Bundestages zur Einberufung des Vermittlungsausschusses	§ 89 Fall 1 GeschO BT
Große und Kleine Anfragen	§ 76 I Fall 1 i.V.m. § 75 I lit. f, III, §§ 100 ff. GeschO BT

Auf **Grundrechte** können sich Fraktionen **nicht berufen,** jedenfalls soweit sie – wie in aller Regel – als öffentlich-rechtliche Vereinigungen handeln. Denn Grundrechte stellen in erster Linie Abwehrrechte des Bürgers gegen den Staat dar und gelten daher grds. nur für natürliche Personen sowie für inländische juristische Personen des Privatrechts (Art. 19 Abs. 3 GG, vgl. *Manssen,* Staatsrecht II, Rn. 73 ff.). Als Untergliederungen des Parlaments stehen die Fraktionen nicht in „Opposition" zum Staat, sie sind vielmehr Teil eines obersten Staatsorgans (des Bundestages).

997

Bei Verletzung oder unmittelbarer Gefährdung ihrer **organschaftlichen Rechte** steht den Fraktionen der **Rechtsweg zum Bundesverfassungsgericht** offen, und zwar im Wege des sog. **Organstreits** gem. Art. 93 Abs. 1 Nr. 1 GG (Rn. 1499 ff.). Der Wortlaut dieser Vorschrift benennt die Fraktionen zwar nicht unmittelbar als Antragsberechtigte; sie werden aber in der Geschäftsordnung eines obersten Bundesorgans – nämlich, wie in Rn. 990 gesehen, in den §§ 10 bis 12 GeschO BT – mit **eigenen Rechten** ausgestattet *(BVerfGE 70, 324 [351] – Wirtschaftspläne der Geheimdienste).* Darüber hinaus besteht die prozessuale Besonderheit, dass eine Fraktion in einem solchen Organstreitverfahren auch Rechte als verletzt geltend machen kann, die dem Bundestag als Gesamtorgan zustehen – obwohl eine Fraktion nur einen Teil des Bundesorgans Bundestag darstellt und auch wenn die Mehrheit des Bundestages diese Auffassung nicht teilt. Diese sog. **Prozessstandschaft** beruht auf dem **Minderheitenschutz** (Rn. 320 ff.) und wird vom Bundesverfassungsgericht in st.Rspr. judiziert

998

(BVerfGE 90, 286 [336] – Adria-Einsatz; BVerfGE 104, 151 [193] – NATO-Strategiekonzept, näher Rn. 1513).

cc) Ausschluss

999   Ein **Ausschluss aus der Fraktion** ist grds. zulässig. Wichtigster Fall ist der Verlust der Parteizugehörigkeit durch Austritt oder durch Ausschluss. Denn die **Parteizugehörigkeit** ist ein entscheidendes Kriterium für die Fraktionsmitgliedschaft (§ 10 Abs. 1 GeschO BT). Weiterhin kann der Fraktionsausschluss insb. damit gerechtfertigt werden, dass sich der betreffende Abgeordnete über Fraktionsbeschlüsse hinwegsetzt oder Fraktionspflichten missachtet. Allerdings darf das Mittel des Fraktionsausschlusses nicht dazu missbraucht werden, „unliebsame" Parteimitglieder „loszuwerden" und sie dadurch von qualifizierten parlamentarischen Mitwirkungsmöglichkeiten fernzuhalten. Daher muss das dem Ausschluss zugrunde liegende Verhalten des Mitglieds von einer **gewissen Dauer und Schwere** sein. Abgesehen davon kann ein Mitglied auch selbständig aus der Fraktion austreten: Abgeordnete sind wegen ihres freien Mandats aus Art. 38 Abs. 1 Satz 2 GG nicht verpflichtet, Mitglied einer Fraktion zu sein.

6. Gruppen

1000   Neben den Fraktionen können im Bundestag Gruppen i.S.v. § 10 Abs. 4 GeschO BT bestehen. Eine Gruppe kann sich ergeben aus dem Zusammenschluss
– mehrerer **parteiloser** Direktkandidaten oder auch
– der Abgeordneten einer Partei, die über die **Grundmandatsklausel** – also drei Direktmandate und ihren Anteil an den Zweitstimmen – in den Bundestag gewählt worden sind (Rn. 965).

1001   Die Anerkennung als Gruppe bildet die Grundlage für entsprechende **Gruppenrechte:** So muss mit Anerkennung als Gruppe insb. die Berücksichtigung in den parlamentarischen Gremien verbunden sein, die der proportionalen Größe der Gruppe im Parlament entspricht. Ein organschaftlicher Anspruch auf Gewährung der gleichen Rechte, die den Fraktionen zustehen, ergibt sich für die Gruppen hingegen nicht *(BVerfGE 96, 264 [278ff.] – Fraktions- und Gruppenstatus).*

7. Ausschüsse

a) Allgemeines

1002   Ausschüsse sind **Untergliederungen des Bundestags,** die für einen bestimmten Gegenstand oder Geschäftsbereich der parlamentarischen Arbeit zuständig sind. In ihnen – und nicht im Plenum (Rn. 924) – findet die **eigentliche Sacharbeit** des Parlaments statt, und zwar in nichtöffentlichen Sitzungen

(§ 69 Abs. 1 Satz 1 GeschO BT). So normiert § 54 Abs. 1 Satz 1 GeschO BT, dass der Bundestag zur Vorbereitung der Verhandlungen ständige Ausschüsse einsetzt. Diese Ausschüsse bringen die Gesetze zur „Abstimmungsreife". Die verbindlichen Entscheidungen (Beschlüsse) des Bundestages werden hingegen grds. vom Plenum in öffentlichen Sitzungen (Rn. 328, 924) getroffen.

Entsprechend der parlamentarischen Tradition in Deutschland kommt der Ausschussarbeit eine besondere Bedeutung zu. Ein wesentlicher Teil der **Informations-, Kontroll- und Untersuchungsaufgaben** des Bundestages wird durch die Ausschüsse wahrgenommen *(BVerfGE 84, 304 [323] – Fraktionsstatus)*. Dies prägt den gesamten Bereich der parlamentarischen Willensbildung, weshalb grds. jeder Ausschuss ein **verkleinertes Abbild des Plenums** sein muss *(BVerfGE 80, 188 [221 f.] – Wüppesahl)*. Niedergeschrieben ist dieses Prinzip in § 12 Satz 1, § 57 GeschO BT. 1003

Zu differenzieren ist zwischen den obligatorischen, also zwingend in jeder Legislaturperiode einzurichtenden, und den fakultativen Ausschüssen. **Obligatorische Ausschüsse** sind insb. die folgenden: 1004

Ausschuss	Rechtsgrundlage
Ausschuss für Angelegenheiten der EU	Art. 45 GG
Ausschuss für auswärtige Angelegenheiten	Art. 45a I Fall 1 GG
Verteidigungsausschuss	Art. 45a I Fall 2, II GG
Petitionsausschuss	Art. 45c GG
Haushaltsausschuss	§ 10a II, § 69a II 3, § 96 I 2 BHO
Wahlprüfungsausschuss	§§ 3 ff. WahlprüfG
Wahlausschuss für die Richter des BVerfG	§ 6 BVerfGG

Ein fakultativer Ausschuss besteht i.d.R. spiegelbildlich zu jedem Ressort (Bundesministerium). Diese Ausschüsse sind sog. **ständige Ausschüsse** i.S.v. § 54 Abs. 1 Satz 1 GeschO BT, weil sie in jeder Wahlperiode für deren gesamte Dauer eingerichtet werden und die **sachverständige parlamentarische Begleitung der Regierungsarbeit** erleichtern sollen. Insbesondere gibt es einen Rechtsausschuss, einen Finanzausschuss und einen Innenausschuss. Für einzelne Angelegenheiten kann der Bundestag nach Maßgabe von § 54 Abs. 1 Satz 2 GeschO BT **Sonderausschüsse** einsetzen. Zur Vorbereitung seiner Arbeiten kann jeder Ausschuss aus seiner Mitte Unterausschüsse mit bestimmten Aufträgen einsetzen (§ 55 Abs. 1 Satz 1 GeschO BT). 1005

Ein besonderes, weil weder im Grundgesetz noch in der Geschäftsordnung des Deutschen Bundestages vorgesehenes Phänomen ist der sog. **Hauptausschuss**. Er wurde erstmals nach der Bundestagswahl 2013 für ca. zwei Monate und sodann erneut nach der Bundestagswahl 2017 für drei Monate eingesetzt, bis jeweils die Koalitionsverhandlungen 1006 abgeschlossen, die Bundesregierung gebildet (Rn. 1251 ff.) und die „regulären" Ausschüsse eingesetzt waren. Bis dahin übernahm der Hauptausschuss die Aufgaben aller Ausschüsse. **Dies ist verfassungsrechtlich bedenklich,** jedenfalls soweit der Hauptausschuss auch für Angelegenheiten zuständig sein soll, für die vom Grundgesetz oder von einfachen Gesetzen gesonderte Ausschüsse gefordert werden (Rn. 1004).

1007 **Keine** Ausschüsse i.d.S. sind der **Gemeinsame Ausschuss** nach Art. 53a GG und der sog. **Vermittlungsausschuss** nach Art. 77 Abs. 2 GG (Rn. 1133 f.). Als Gremien, die von Bundestag *und* Bundesrat beschickt werden, sind sie vielmehr Verfassungsorgane. Keine Ausschüsse sind auch die mit der Kontrolle der Nachrichtendienste befassten Gremien (Parlamentarisches Kontrollgremium gem. PKGrG, G 10-Kommission gem. § 15 G 10, Vertrauensgremium gem. § 10a Abs. 2 BHO). Denn im Unterschied zu Ausschüssen gilt für sie die GeschO BT nicht, insb. müssen sie nicht nach dem Stärkeverhältnis der Fraktionen besetzt werden (Rn. 1003). Auch der Grundsatz der Diskontinuität (Rn. 341) findet insoweit keine Anwendung.

b) Untersuchungsausschüsse

aa) Allgemeines

1008 Nach **Art. 44 Abs. 1 Satz 1 GG** hat der Bundestag das Recht und auf Antrag eines Viertels seiner Mitglieder die Pflicht, einen Untersuchungsausschuss einzusetzen, der in öffentlicher Verhandlung die erforderlichen Beweise erhebt. Die Einsetzung von und das Verfahren in Untersuchungsausschüssen sind im Gesetz zur Regelung des Rechts der Untersuchungsausschüsse des Deutschen Bundestags (Untersuchungsausschussgesetz – **PUAG**, Erklärung der Abkürzung s. Rn. 115) näher geregelt.

1009 Untersuchungsausschüsse sind keine ständigen Ausschüsse, sondern anlassbezogene **Kontrollgremien.** Verfassungsrechtlicher Hintergrund ist das parlamentarische **Enquêterecht** (von franz. *s'enquérir > enquête* = Nachforschung, Untersuchung, Beweiserhebung). Es eröffnet dem Parlament insb. die Möglichkeit, Untersuchungsausschüsse zur Erforschung und **Aufklärung von Sachverhalten,** Missständen oder Mängeln einzusetzen (Rn. 331). Dadurch wird dem Bundestag ein effektives Werkzeug an die Hand gegeben, seine Kontrollaufgabe (Rn. 923) insb. gegenüber **Regierung** und Verwaltung auszuüben.

1010 Erlaubt ist daneben auch die Überprüfung des Verhaltens bestimmter Abgeordneter, insb. zur Wahrung des Ansehens des Bundestages (sog. **Kollegialenquête**). Immunität und Indemnität der Abgeordneten (Art. 46 GG, Rn. 938 ff.) stehen einer solchen Überprüfung nicht entgegen, da sie nicht innerhalb des Parlaments gelten.

bb) Einsetzung

1011 Die **Einsetzung** eines Untersuchungsausschusses erfolgt durch Beschluss des Bundestags (§ 1 Abs. 2 PUAG). Dieser Einsetzungsbeschluss *muss* auch auf Antrag einer qualifizierten Minderheit des Bundestages gefasst werden, nämlich eines Viertels seiner Mitglieder (sog. **Minderheitenquête**). Voraussetzung ist jedoch in jedem Falle, dass der Untersuchungsgegenstand bestimmt genug bezeichnet und als solcher zulässig ist.

Nach § 1 Abs. 3 PUAG ist ein Untersuchungsverfahren **nur zulässig** im Rahmen der verfassungsmäßigen Zuständigkeit des Bundestages (kodifizierte Rechtsprechung nach *BVerfGE 77, 1 [44] – Neue Heimat*). Vor diesem Hintergrund bestehen die folgenden **Zulässigkeitsschranken:** 1012

– Die **bundesstaatliche Kompetenzverteilung** muss gewahrt werden (s. insb. Art. 30 GG, Rn. 569 ff.). Vorgänge im Zuständigkeitsbereich eines Landes können grds. nicht von einem Untersuchungsausschuss des Bundestages überprüft werden.

– Kein Untersuchungsausschuss darf in den sog. **Kernbereich exekutiver Eigenverantwortung** (Rn. 937, 1248) eindringen. Unzulässig ist es deshalb, die Entscheidungsfindung der Bundesregierung auszuforschen und deren Verantwortung für die Arbeit der Nachrichtendienste zu beeinträchtigen (*„funktionsgerechte und organadäquate Aufgabenwahrnehmung"*, *BVerfGE 143, 101 [138 ff., Rn. 122 ff.] – NSA-Untersuchungsausschuss*). Abgesehen davon darf ein Untersuchungsausschuss nicht in **laufende Verwaltungs- oder Gerichtsverfahren** eingreifen *(BVerfGE 67, 100 [139] – Flick)*. 1013

– Des Weiteren muss am Untersuchungsgegenstand ein **öffentliches Interesse** von hinreichendem Gewicht bestehen (so *BVerfGE 77, 1 [44] – Neue Heimat*, str.). Bei Vorgängen im staatlichen Bereich ist dies per se der Fall. Werden hingegen Themen aus der Sozial- oder gar Privatsphäre eines Bürgers behandelt, müssen besondere Bezüge zum Gemeinwohl bestehen, die zudem von spürbarem Gewicht sein müssen. 1014

Hält der Bundestag einen Einsetzungsantrag für unzulässig, kann er ihn ablehnen. In diesem Fall haben die Antragsteller die Möglichkeit, im Wege des **Organstreitverfahrens** eine Klärung der Frage durch das Bundesverfassungsgericht herbeizuführen (Art. 93 Abs. 1 Nr. 1 GG, Rn. 1499 ff.). 1015

cc) Rechte und Verfahren

Nach Art. 44 Abs. 1 GG erhebt der Untersuchungsausschuss die erforderlichen Beweise prinzipiell in **öffentlicher** Verhandlung. Über **Beweiserhebungen** wird gem. § 17 PUAG beschlossen. Dazu reicht der Beweisantrag eines Viertels der Mitglieder des Untersuchungsausschusses aus – es sei denn, die Beweiserhebung ist unzulässig. Im Streitfall entscheidet darüber der Ermittlungsrichter des Bundesgerichtshofs (§ 17 Abs. 4 PUAG, vgl. § 130 GVG). 1016

Nach § 18 Abs. 1 PUAG sind vor allem die Bundesregierung und die Bundesbehörden insb. **zur Aktenvorlage verpflichtet.** Auch hier gilt wieder: In den Kernbereich politischer Willensbildung der Exekutive darf nicht eingegriffen werden (Rn. 903 ff., 937); im Einzelfall ist eine **Abwägung** zwischen den widerstreitenden Interessen vorzunehmen. Die Beweiserhebung findet jedenfalls 1017 dort ihre Grenzen, wo schutzwürdige **Geheimhaltungsinteressen** betroffen sind *(BVerfGE 124, 78 [123 ff.] – BND-Untersuchungsausschuss)*.

1018 Der Untersuchungsausschuss hat auch Beweiserhebungsrechte gegenüber **Privaten,** die er mit hoheitlicher Gewalt durchsetzen kann. Dabei ist er jedoch selbstverständlich und vor allem an die **Grundrechte** gebunden. Informationen dürfen nicht erhoben werden, soweit eine schutzwürdige Rechtsposition eines Bürgers entgegensteht (etwa das allgemeine Persönlichkeitsrecht aus Art. 2 Abs. 1 i.V.m. Art. 1 Abs. 1 GG, s. *Manssen*, Staatsrecht II, Rn. 254 ff.).

1019

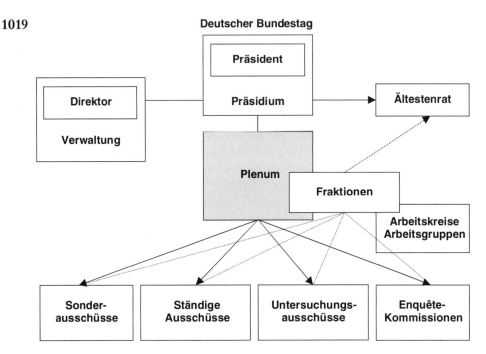

III. Bundesrat

Literaturhinweise: *S. Korioth*, Staatsrecht I, 4. Aufl. 2018, § 24; *Th. I. Schmidt*, Prüfe dein Wissen – Staatsrecht, 3. Aufl. 2013, Nr. 538–551; *K.-H. Dittrich/G. Hommel*, Staatsrecht: Die obersten Bundesorgane, UBWV 2005, 222–232; *T. Hebeler*, Verfassungsrechtliche Stellung und Funktion des Bundesrates, JA 2003, 522–528; *A. Scheidler*, Die obersten Bundesorgane in der Bundespublik Deutschland, UBWV 2011, 24–30; *Th. Würtenberger/E. Kunz*, Die Mitwirkung der Bundesländer in Angelegenheiten der Europäischen Union, JA 2010, 406–412.

1. Rechtsstellung und Rechtsgrundlagen

Der Bundesrat ist ein **eigenständiges oberstes Bundesorgan** (Verfassungsorgan). Die wesentlichen Verfassungsvorschriften über seine Zusammensetzung und das in diesem Gremium zu beachtende Verfahren finden sich in einem eigenen Abschnitt des Grundgesetzes in den **Art. 50 bis 53**. Zahlreiche **Mitwirkungsbefugnisse** des Bundesrates sind jedoch außerhalb dieses IV. Abschnitts **verstreut** nach Maßgabe des jeweiligen Sachzusammenhangs (s. insb. Art. 23 sowie Art. 76 und 77 GG). Hinzu treten einfachgesetzliche Vorschriften, die unterschiedliche Zustimmungs- oder Mitwirkungsrechte des Bundesrates begründen (etwa gem. §§ 1 ff. EUZBLG oder §§ 1 ff. IntVG, s. Rn. 859). Daneben gibt sich der Bundesrat – wie andere Verfassungsorgane auch – nach Art. 52 Abs. 3 Satz 2 GG in autonomer Entscheidung eine Geschäftsordnung (GeschO BR).

1020

2. Funktion des Bundesrates

a) Föderativ geprägtes Organ

Nach **Art. 50 GG**, der zentralen Funktionsvorschrift, wirken die **Länder** durch den Bundesrat bei der Gesetzgebung und Verwaltung des Bundes und in Angelegenheiten der Europäischen Union mit. Häufig wird er als die „**Vertretung der Länder**" bezeichnet, denn er soll die **Länderinteressen auf Bundesebene** zur Geltung bringen und darüber hinaus ein kontrollierendes und sachverständiges **föderatives Gegengewicht** zum unitarisch wirkenden Bundestag darstellen. Diese Beteiligung der Gliedstaaten an der politischen Willensbildung des Gesamtstaates wird durch Art. 79 Abs. 3 GG „auf ewig" garantiert (Rn. 788 ff.).

1021

> **Merke:** Obwohl der Bundesrat die Mitwirkung der Länder auf der Ebene des Gesamtstaates sicherstellen soll, ist er ein **Organ des Bundes**, nicht aber ein Organ der Länder oder eine „Länderkammer" (Rn. 1058).

1022

b) Mitwirkungsrechte

Art. 50 GG umschreibt die Aufgaben des Bundesrates nur sehr allgemein. Im Gegensatz zu anderen Verfassungsorganen (wie etwa dem Bundestag, dem Bundespräsidenten oder der Bundesregierung), besitzt der Bundesrat **keinen abgegrenzten eigenen Kompetenzbereich**. Stattdessen kommen ihm **Mitwirkungsrechte** zu, die sich als **Initiativ-, Informations-, Zustimmungs-** und **Einspruchsrechte** charakterisieren lassen. Dies verdeutlicht, dass der Bundesrat weniger gestaltend als vielmehr kontrollierend und korrigierend tätig wird.

1023

1024 Die Mitwirkungsrechte des Bundesrates sind in den Bereichen am stärksten ausgeprägt, in denen **wesentliche Belange der Länder** betroffen sind (vgl. B*VerfGE 1, 76 [79] – Steuerverwaltung*). Dies ist vor allem der Fall, wenn dem Bund Gesetzgebungs- oder Verwaltungsbefugnisse eingeräumt werden, die die Stellung der Länder als Gliedstaaten nachhaltig berühren (so etwa die Finanzen, Art. 104a Abs. 4, Art. 105 Abs. 3, Art. 106 Abs. 3 Satz 3, Art. 109 Abs. 3 und 4 GG, oder die Verwaltung, vgl. im Einzelnen Art. 84 ff. GG).

3. Geschichtlicher Hintergrund

1025 Die Idee, die Gliedterritorien an der Politik der Oberherrschaft zu beteiligen, reicht weit in die deutsche Geschichte zurück: Gewisse Vorformen des heutigen Bundesrates existierten bereits im Mittelalter zur Zeit des **Heiligen Römischen Reiches Deutscher Nation**. Ab dem 12. Jh. versammelten sich die weltlichen und geistlichen Reichsfürsten in Hoftagen. Ende des 15. Jh. kam die Bezeichnung **Reichstag** auf, in dem seither auch die Reichsstädte ihren Sitz hatten. Seit 1663 tagte er als „Immerwährender Reichstag" regelmäßig in Regensburg – bis zum Ende des alten Reichs im Jahre 1806.

1026 Der **Deutsche Bund** verfügte ab 1815 über die **Bundesversammlung.** Sie war der Kongress der weisungsgebundenen Gesandten der im Deutschen Bund zusammengeschlossenen Fürsten und freien Städte. Die – niemals in Kraft getretene – **Paulskirchenverfassung** von 1849 (Rn. 154) sah das **Staatenhaus** als zweite Kammer und Föderativorgan vor, das gleichberechtigt neben dem Volkshaus den Reichstag bilden sollte. Die **Reichsverfassung von 1871** schuf mit dem damaligen **Bundesrat** ein aus Vertretern der einzelnen Bundesstaaten bestehendes Organ, das maßgeblich an der Gesetzgebung und Verwaltung des Reichs mitwirkte.

1027 Vorläufer des heutigen Bundesrates war der **Reichsrat** der **Weimarer Reichsverfassung** von 1919. Er bestand aus Mitgliedern der Landesregierungen und garantierte die Beteiligung der Länder an Gesetzgebung und Verwaltung des Reichs.

4. Zusammensetzung und Organisation

a) Bestellung und Abberufung durch die Landesregierungen

1028 Nach **Art. 51 Abs. 1 Satz 1 GG** besteht der Bundesrat aus Mitgliedern der Regierungen der Länder. Wer Mitglied der Landesregierungen ist, richtet sich nach dem Verfassungsrecht des jeweiligen Landes. In den Flächenstaaten zählen dazu die **Ministerpräsidenten** und **Minister,** in den Stadtstaaten die Bürgermeister und Senatoren. Hinzu kommen die Staatssekretäre oder Staatsräte, soweit sie Sitz und Stimme im Kabinett haben.

§ 16. Gesetzgebung; Bundestag und Bundesrat 281

Die Mitglieder des Bundesrates werden nicht vom Volk oder von den Landtagen gewählt, sondern von der jeweiligen **Landesregierung bestellt.** Dies setzt einen entsprechenden Beschluss der Landesregierung voraus, der dem Präsidenten des Bundesrates gem. § 1 GeschO BR mitzuteilen ist. Die Mitgliedschaft im Bundesrat **endet** entweder mit dem Verlust des Ministeramtes oder mit der jederzeit möglichen **Abberufung.** Konsequenz dessen ist, dass jeder Regierungswechsel in einem Land auch zu einem Wechsel der Mitglieder dieses Landes im Bundesrat führt. Das kann eine mitunter spürbare Verschiebung der politischen Mehrheitsverhältnisse zur Folge haben. 1029

Nach **Art. 51 Abs. 1 Satz 2 GG** können die Mitglieder des Bundesrates durch andere Mitglieder der jeweiligen Landesregierungen **vertreten** werden. Bestellung und Abberufung erfolgen genauso wie bei ordentlichen Mitgliedern. In der Praxis werden alle Minister, die nicht Mitglieder des Bundesrates sind, zu **Vertretern** bestellt. Insofern kommt es nicht darauf an, wer zu einer Sitzung des Bundesrates erscheint: Jeder anwesende Minister im Bundesrat kann gleichzeitig seinen Kollegen vertreten. 1030

b) Stimmenverhältnis

Gem. Art. 51 Abs. 3 Satz 1 GG kann jedes Land so viele Mitglieder in den Bundesrat entsenden, wie es Stimmen hat. Nach **Art. 51 Abs. 2 GG** hat jedes Land mindestens drei Stimmen. Länder mit mehr als zwei Millionen Einwohnern haben vier, Länder mit mehr als sechs Millionen fünf, Länder mit mehr als sieben Millionen Einwohnern sechs Stimmen. Diese Regelung stellt einen **Mittelweg** dar **zwischen** 1031

– einer **egalitären Verteilung** (bei der jedes Land die gleiche Anzahl von Stimmen erhielte) und
– einer **proportionalen Verteilung** (bei der jedes Land eine seiner Bevölkerungszahl entsprechende Anzahl von Stimmen erhielte).

Die Feststellung der Einwohnerzahl erfolgt gem. § 27 GeschO BR nach dem Ergebnis der letzten **Volkszählung** bzw. deren amtlicher Fortschreibung. Einwohner ist derjenige, der in dem jeweiligen Land seinen Wohnsitz hat. Wegen des Wortlauts von Art. 51 Abs. 2 GG („Einwohner") werden nicht nur deutsche Staatsangehörige erfasst, sondern auch Staatenlose und Ausländer. 1032

1033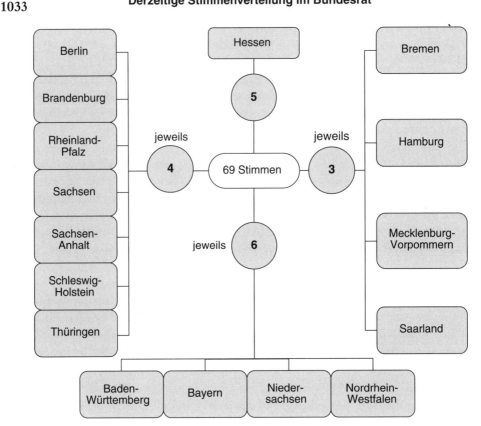

c) Plenum und Ausschüsse

1034 Das **Plenum** des Bundesrates besteht aus der Gesamtheit seiner 69 Mitglieder. Alle wesentlichen Entscheidungen, insb. Beschlüsse (Rn. 1045 ff.), werden vom Plenum in öffentlicher Verhandlung getroffen (Rn. 1044, zum Plenum des Bundestages vgl. Rn. 924).

1035 Die Hauptarbeit des Bundesrates findet jedoch in seinen **Ausschüssen** statt. Die Ausschüsse bereiten die Entscheidungen des Plenums vor. Jedes Land entsendet ein Mitglied in jeden Ausschuss (§ 11 Abs. 2 GeschO BR). Die Mitglieder haben gleiches Stimmengewicht. Wie auch die Ausschüsse des Bundestages (Rn. 1002 ff.) entsprechen die Ausschüsse des Bundesrates in etwa dem Ressortzuschnitt der Bundesministerien. In den Ausschüssen des Bundesrates können sich dessen Mitglieder (Landesminister) gem. Art. 52 Abs. 4 GG insb. von **Ministerialbeamten** vertreten lassen, so dass dort i.d.R. Expertenwissen versammelt ist. Nach § 37 Abs. 2 Satz 1 GeschO BR sind die Sitzungen der Ausschüsse – im Gegensatz zu den Plenarsitzungen – nicht öffentlich.

§ 16. Gesetzgebung; Bundestag und Bundesrat

Einen Ausschuss besonderer Art stellt gem. Art. 52 Abs. 3a GG die **Europakammer** dar: Er ist der einzige Ausschuss des Bundesrates, der nicht ausschließlich vorbereitend tätig wird, sondern selbständig Entscheidungen treffen kann. Seine Beschlüsse haben die gleiche Wirkung wie die Beschlüsse des Bundesrates. Aus diesem Grund findet dort gem. Art. 52 Abs. 3a Hs. 2 GG dieselbe Stimmgewichtung wie im Plenum statt. Auch für das Verfahren der Beschlussfassung gelten in der Europakammer die gleichen Grundsätze wie im Bundesrat selbst. 1036

d) Präsident

Der **Präsident des Bundesrates** wird gem. Art. 52 Abs. 1 GG – ergänzt durch § 5 Abs. 1 GeschO BR – vom Bundesrat aus seinen Mitgliedern für ein Jahr gewählt. Diesbezüglich haben sich die Länder in der sog. **Königsteiner Vereinbarung** vom 30.8.1950 darauf geeinigt, reihum die Ministerpräsidenten der Bundesländer zu wählen, und zwar nach der Reihenfolge von deren Bevölkerungszahl. Diese Vereinbarung gilt inzwischen als Verfassungsgewohnheitsrecht (vgl. Rn. 442). 1037

Der Präsident des Bundesrates nimmt als dessen Vorsitzender die **Aufgaben** wahr, die typischerweise dem Präsidenten eines vergleichbaren Gremiums zukommen. Insbesondere beruft er nach Art. 52 Abs. 2 GG den Bundesrat ein. Darüber hinaus ist der Präsident des Bundesrates gem. Art. 57 GG **Vertreter des Bundespräsidenten.** Solange der Bundesratspräsident den Bundespräsidenten vertritt, ist er von seinen Präsidialgeschäften im Bundesrat ausgeschlossen, um Interessenkonflikte zu vermeiden (§ 7 Abs. 1 GeschO BR). 1038

e) Vergleich zwischen Bundestag und Bundesrat

Gerade für Lernzwecke kann ein **Vergleich zwischen Bundestag und Bundesrat** hilfreich sein: 1039
- Während der Bundestag für vier Jahre (Legislatur-/Wahlperiode) gewählt wird (Art. 39 Abs. 1 Satz 1 GG) und sich danach jeweils neu konstituiert, ist der Bundesrat ein **permanentes** („ewiges") **Organ.** Nur einzelne Gruppen seiner Mitglieder wechseln entsprechend den landespolitischen Gegebenheiten und Zyklen zu unterschiedlichen Zeitpunkten (Rn. 1029). Der **Grundsatz der** (parlamentarischen) **Diskontinuität** gilt insofern nur für den Bundestag (vgl. § 125 Satz 1 GeschO BT und Rn. 341).
- Der Bundestag ist das **zentrale Gesetzgebungsorgan** des Bundes (Art. 77 Abs. 1 Satz 1 GG). Demgegenüber ist der Bundesrat an der Gesetzgebung des Bundes **nur beteiligt,** sei es im sog. Vorverfahren (Rn. 1053 f., 1111 ff.), sei es durch das Erfordernis der Zustimmung oder durch die Möglichkeit zum Einspruch (Rn. 1055 ff., 1128 ff.). 1040
- Die Abgeordneten des Bundestages werden **unmittelbar durch das Volk gewählt** (Art. 38 Abs. 1 Satz 1 GG), die Mitglieder des Bundesrates durch die jeweilige Landesregierung bestellt (Art. 51 Abs. 1 Satz 1 GG). Der Bundestag 1041

ist im Sinne des Demokratieprinzips das direkte Repräsentativorgan des Volkes und spiegelt die politische Meinungsvielfalt der Bevölkerung wider. Demgegenüber werden die Mitglieder des Bundesrates weder unmittelbar durch das Volk noch durch die Landesparlamente gewählt, sondern **von den Landesregierungen bestellt.** Zwischen Volk und Bundesrat besteht daher eine nur mittelbare Legitimationskette (Rn. 264). Die unmittelbare Repräsentation des Volkes ist auch nicht die Funktion des Bundesrates, sondern vielmehr die Vertretung der Interessen der Länder.

1042 – Die Abgeordneten des Bundestages sind Träger eines **freien, repräsentativen Mandats** (Art. 38 Abs. 1 Satz 2 GG); eine (Stell-)Vertretung ist daher nicht möglich. Sie genießen zudem Indemnität und Immunität (Art. 46 GG) sowie ein Zeugnisverweigerungsrecht (Art. 47 GG). Die Mitglieder des Bundesrates sind hingegen **an Weisungen** ihrer Regierungen **gebunden;** eine **Vertretung** ist daher möglich (Art. 51 Abs. 1 GG). Die aus dem freien Mandat fließenden Privilegien der Indemnität, Immunität und des Zeugnisverweigerungsrechts bestehen für die Mitglieder des Bundesrates nicht (sie können sich aber auf die ihnen als Mitglieder einer Landesregierung zustehenden Rechte berufen).

1043	**Bundestag**	**Bundesrat**
	• Diskontinuität: Wahlperiode von vier Jahren	• Kontinuität: unabhängig von Wahlperioden
	• zentrales Gesetzgebungsorgan	• Mitwirkung bei der Bundesgesetzgebung
	• Wahl der Abgeordneten durch das Volk = unmittelbare demokratische Legitimation	• Bestellung der Mitglieder durch die Landesregierung = mittelbare demokratische Legitimation
	• freies Mandat, Indemnität, Immunität, Zeugnisverweigerungsrecht	• Weisungsgebundenheit; kein freies Mandat
	• Vertretung nicht zulässig	• Vertretung zulässig

5. Verfahren

a) Regelungen im Grundgesetz

1044 Vorschriften über das **Verfahren im Bundesrat** finden sich in Art. 52 GG, ergänzend in der **Geschäftsordnung** des Bundesrates (Art. 52 Abs. 3 Satz 2 GG, vgl. Rn. 1108). Das Grundgesetz beschränkt sich auf wenige Grundzüge:
– die Wahl des **Präsidenten** des Bundesrates, Art. 52 Abs. 1 GG;
– die **Einberufung** des Bundesrates durch seinen Präsidenten, Art. 52 Abs. 2 GG;

§ 16. Gesetzgebung; Bundestag und Bundesrat

– die Quoren für Wahlen und Beschlussfassungen, Art. 52 Abs. 3 Satz 1 GG;
– das **Öffentlichkeitsprinzip**, Art. 52 Abs. 3 Satz 3 und 4 GG.

b) Beschlüsse, Beschlussfähigkeit, Beschlussfassung

Seine Sachentscheidungen fällt der Bundesrat in Form von Beschlüssen (Def. in Rn. 924). Nach **Art. 52 Abs. 3 Satz 1 GG** fasst der Bundesrat seine Beschlüsse mit der Mehrheit seiner Stimmen; das Wort „mindestens" ist entbehrlich. Daraus folgt dreierlei: 1045

– Für die Beschlussfähigkeit und die Beschlussfassung kommt es – anders als im Bundestag (Rn. 925, 309 ff.) – nicht darauf an, wie viele Mitglieder anwesend sind, sondern darauf, wie viele **Stimmen** vertreten sind. Pro Land genügt die Anwesenheit **eines** (vertretungsbereiten und vertretungsberechtigten) Mitglieds, um die Gesamtzahl der Stimmen abzugeben, die dem Land zustehen. Dies folgt aus einer Wortlautauslegung von Art. 52 Abs. 3 Satz 1 i.V.m. Art. 51 Abs. 3 Satz 2 GG.

– Art. 52 Abs. 3 Satz 1 GG verlangt für Beschlussfassungen die **Mehrheit der Stimmen** des Bundesrates. Ein Beschluss kommt demzufolge zustande, wenn von den insgesamt 69 Stimmen (Rn. 1033 f.) mindestens 35 Stimmen für den jeweiligen Antrag abgegeben werden (sog. einfache Mitgliedermehrheit oder **absolute Mehrheit,** vgl. Rn. 311). Bedarf es für einen Beschluss hingegen einer Zweidrittelmehrheit (insb. gem. Art. 79 Abs. 2 GG), sind 46 Ja-Stimmen erforderlich. In beiden Fällen haben Stimmenthaltungen deshalb die gleiche Bedeutung wie Gegenstimmen. 1046

– Dies hat Auswirkungen auf die **Beschlussfähigkeit** des Bundesrates. Sie ist anzunehmen, solange bei Einstimmigkeit aller anwesenden oder vertretenen Stimmen die Mehrheit nach Art. 52 Abs. 3 Satz 1 GG erreicht werden kann. Daher genügt es, wenn mindestens 35 Stimmen abgegeben werden können (vgl. § 28 Abs. 1 GeschO BR). 1047

Merke: Ein Beschluss des Bundesrates kommt zustande, wenn mindestens 35 Stimmen für den jeweiligen Antrag abgegeben werden. 1048

c) Einheitliche Stimmabgabe

Nach Art. 51 Abs. 3 Satz 1 GG können die Stimmen eines Landes nur **einheitlich** und nur durch **anwesende** Mitglieder oder deren Vertreter abgegeben werden. Hierzu haben einige Länder in ihren Verfassungen entsprechende Regelungen getroffen (s. etwa Art. 49 Abs. 2 Verf Bad.-Württ.: *„Die Regierung beschließt [...] über die Stimmabgabe des Landes im Bundesrat [...]."*). 1049

Fall (angelehnt an *BVerfGE 106, 310 ff.* – *Zuwanderungsgesetz*): Im März 2002 fand im Bundesrat die Beschlussfassung darüber statt, ob dem Zuwanderungsgesetz die Zustimmung (Art. 77 Abs. 2a, Art. 78 GG) erteilt werden sollte. Dieses Gesetz enthielt unter anderem Neuregelungen zum Aufenthaltsrecht von Ausländern und war zwischen der 1050

damaligen „rot-grünen" Regierungskoalition auf Bundesebene und der CDU/CSU-Opposition heftig umstritten. Das Land Brandenburg wurde von einer SPD/CDU-Koalition regiert und konnte sich bei der Stimmabgabe im Bundesrat nicht einigen. Daher wurden unterschiedliche Voten abgegeben: Ein Minister der SPD stimmte mit ja, während ein Minister der CDU mit nein stimmte. Der Präsident des Bundesrates stellte daraufhin fest, dass das Land Brandenburg nicht einheitlich abgestimmt habe. Er fragte deshalb den ebenfalls anwesenden Ministerpräsidenten, wie das Land Brandenburg abstimme, woraufhin dieser antwortete: „Als Ministerpräsident des Landes Brandenburg stimme ich mit ja." Der Minister der CDU blieb bei seinem Nein und rief dies dem Präsidenten des Bundesrates zu. Daraufhin stellte der Präsident des Bundesrates fest, dass das Land Brandenburg insgesamt mit ja gestimmt habe. Hätte das Land Brandenburg nicht mit ja gestimmt, hätte der Beschluss des Bundesrates über die Zustimmung zum Zuwanderungsgesetz keine Mehrheit i. S. v. Art. 52 Abs. 3 Satz 1 GG erhalten. Stand die Feststellung des Bundesratspräsidenten mit dem Grundgesetz im Einklang?
(Lösungsvorschlag: Rn. 1052)

1051 Da die Stimmen eines Landes im Bundesrat nur einheitlich abgegeben werden können, erfolgt in der Praxis keine individuelle **Abstimmung** nach Stimmen, sondern **nach Ländern**. Dazu hat sich der „Brauch" entwickelt, dass ein Stimmführer die Stimmen für sein Land abgibt. Stimmt er entgegen den Beschlüssen seiner Landesregierung und verhält sich insofern weisungswidrig, so handelt er landesintern rechtswidrig. Extern, d.h. im Bundesrat, ist seine Abstimmung jedoch wirksam. Der Stimmführer kann allerdings landesintern (falls das Landesrecht dies bestimmt oder zulässt) für sein weisungswidriges Verhalten zur Rechenschaft gezogen werden. Wie auch in anderen Bereichen ist zwischen der externen Vertretungsmacht und der internen Willensbildung zu unterscheiden. Eine andere Handhabung würde in der Praxis zu Problemen führen: Es wäre immer wieder möglich, mit dem Hinweis, eine Stimmabgabe entspreche nicht dem Beschluss der Landesregierung, Bundesratsbeschlüsse in Zweifel zu ziehen.

1052 **Lösungsvorschlag zum Fall Rn. 1050:** Die Feststellung des Bundesratspräsidenten könnte gegen Art. 51 Abs. 3 Satz 2 GG verstoßen. Danach können die Stimmen eines Landes nur einheitlich abgegeben werden. Dies war vorliegend im Rahmen der ersten Befragung durch den Präsidenten des Bundesrates nicht erfolgt; die erste Stimmenabgabe war somit ungültig. Für die zweite Stimmenabgabe kommt es darauf an, ob eine „Stimmführerschaft" des Ministerpräsidenten anzuerkennen ist. Dies muss jedenfalls für den Fall abgelehnt werden, dass die Stimmen des Landes bereits uneinheitlich abgegeben wurden. Deshalb konnte bei der zweiten Befragung die Uneinheitlichkeit der ersten Stimmenabgabe nicht beseitigt und in ein einheitlich zustimmendes Votum umgedeutet werden. Mithin durfte der Bundesratspräsident die – wegen Uneinheitlichkeit ungültige – Stimmenabgabe für das Land Brandenburg nicht als Zustimmung werten, ohne gegen Art. 51 Abs. 3 Satz 2 GG zu verstoßen. Das Zuwanderungsgesetz war folglich mit Art. 78 GG unvereinbar und daher nichtig.

§ 16. Gesetzgebung; Bundestag und Bundesrat

6. Mitwirkung im Bereich der Legislative

Die wichtigste Aufgabe des Bundesrates ist seine **Mitwirkung bei der Bundesgesetzgebung,** und zwar in zwei Stadien: 1053
- *erstens* im sog. Vorverfahren nach Art. 76 GG, d.h. bevor ein Gesetz in den Bundestag eingebracht wird (sog. **erster Durchgang** beim Bundesrat), und
- *zweitens* nachdem der Bundestag das Gesetz beschlossen hat (Art. 77 Abs. 2 bis 4 GG – sog. **zweiter Durchgang** beim Bundesrat).

a) Vorverfahren

Gem. Art. 76 Abs. 1 Fall 3 GG besitzt der Bundesrat neben der Bundesregierung und dem Bundestag das **Gesetzesinitiativrecht.** Das heißt, er kann eine Gesetzesvorlage (= Gesetzentwurf mit Begründung, Rn. 1112) in den Bundestag einbringen und damit jederzeit ein Gesetzgebungsverfahren starten. Bevor eine Gesetzesvorlage in den Bundestag eingebracht wird, ist sie gem. Art. 76 Abs. 3 GG **zunächst der Bundesregierung zuzuleiten** und von dieser mit einer Stellungnahme zu versehen (zu Einzelheiten s. Art. 76 Abs. 3 Satz 1 bis 6 GG, Rn. 1116 f.). Wird ein Bundesgesetz hingegen von der Bundesregierung initiiert (was in der Staatspraxis den Regelfall darstellt), hat der **Bundesrat** nach Art. 76 Abs. 2 GG zunächst das **Recht,** dazu Stellung zu **nehmen** (Rn. 1114 f.). 1054

b) Beteiligung bei Zustimmungs- und Einspruchsgesetzen

Das Hauptgesetzgebungsorgan für Bundesgesetze ist der Bundestag, denn er beschließt die Gesetze gem. Art. 77 Abs. 1 Satz 1 GG. Anschließend wird nach Art. 77 Abs. 1 Satz 2 GG **jedes Gesetz stets dem Bundesrat zugeleitet** – unabhängig davon, von wem die Gesetzesinitiative ausging. Missfällt das vom Bundestag beschlossene Bundesgesetz dem Bundesrat, kann er gem. Art. 77 Abs. 2 Satz 1 GG den **Vermittlungsausschuss** anrufen, der dann versucht, auf einen Kompromiss hinzuarbeiten (Rn. 1133 f.). Im Übrigen ist zwischen Einspruchs- und Zustimmungsgesetzen zu unterscheiden (Rn. 1128 ff.): 1055
- Soweit im Grundgesetz nichts Abweichendes vorgesehen ist, kann der Bundesrat gegen ein Bundesgesetz, mit dem er nicht einverstanden ist, gem. Art. 77 Abs. 3 GG **Einspruch** einlegen. Dieser Einspruch kann vom Bundestag jedoch mit qualifizierter Mehrheit zurückgewiesen werden (Art. 77 Abs. 4 GG). Einspruchsgesetze kann der Bundesrat also **nur verzögern,** nicht aber verhindern (näher Rn. 1130 ff.). 1056
- Demgegenüber kommen sog. Zustimmungsgesetze nur zustande, wenn der Bundesrat seine **Zustimmung** erteilt (Art. 77 Abs. 2a, Art. 78 Fall 1 GG). Hier hat der Bundesrat also eine Art **Vetorecht** (Rn. 1138 ff.). In dieser Möglichkeit zur Blockierung von Bundesgesetzen drückt sich ein großes Stück der politischen Macht des Bundesrates aus. Welche Gesetze der Zustimmung des Bundesrates bedürfen, ist im Grundgesetz ausdrücklich 1057

festgelegt. Leider existiert keine Norm, die alle Fälle der Zustimmungsbedürftigkeit auflistet. Entsprechende Klauseln befinden sich verstreut – und teilweise sehr versteckt – im Grundgesetz (vgl. etwa Art. 84 Abs. 1 Satz 6, Art. 85 Abs. 1 Satz 1 Hs. 2 GG). Dessen ungeachtet ist der Katalog der Zustimmungsgesetze **enumerativ** (d.h. abschließend, s. Rn. 1147).

c) Keine zweite „Gesetzgebungskammer"

1058 Der Bundesrat ist **keine selbständige zweite „Gesetzgebungskammer"**. Denn anders als der Bundestag (Art. 77 Abs. 1 Satz 1 GG) beschließt er die Bundesgesetze nicht. Seine Mitwirkung beschränkt sich auf die in Art. 76 und 77 GG genannten Beteiligungsrechte. Hinzu tritt, dass die Zustimmungsbedürftigkeit von Bundesgesetzen (das „Vetorecht") systematisch und – seit der Föderalismusreform 2006 (Rn. 644) auch wieder – quantitativ die Ausnahme darstellt (vgl. *BVerfGE 37, 363 [380f.]* – *Zustimmungsgesetz*). Außerdem besteht der Bundesrat nicht aus Abgeordneten, sondern aus Mitgliedern der Landesregierungen (Art. 51 Abs. 1 GG).

7. Mitwirkung im Bereich der Exekutive

a) Zustimmungsbedürftige Rechtsverordnungen

1059 Besondere **Mitwirkungsrechte** im Bereich der Exekutive stehen dem Bundesrat bei bestimmten **Rechtsverordnungen** zu, die von der **Bundesregierung** oder von einem **Bundesministerium** erlassen werden können (Art. 80 Abs. 1 Satz 1 GG, näher Rn. 1192 ff.). Hierdurch sollen die bundesstaatlichen Rechtspositionen der Länder geschützt werden. Erreicht wird dies – ähnlich wie bei gewissen formellen Gesetzen (Rn. 1057) – über eine Zustimmungsbedürftigkeit.

1060 Die **Zustimmungsvorbehalte** finden sich im Wesentlichen in Art. 80 Abs. 2 GG, der zwischen den sog. Föderativverordnungen und den sog. Verkehrsverordnungen unterscheidet:
– Als **„Föderativverordnungen"** werden Rechtsverordnungen bezeichnet, die typischerweise dazu geeignet sind, die Belange der Länder in besonderem Maße zu berühren. Dies sind Verordnungen, die aufgrund von zustimmungsbedürftigen Gesetzen (Art. 80 Abs. 2 Fall 4 GG) ergehen oder im Rahmen des Vollzugs der Bundesgesetze durch die Länder (Art. 80 Abs. 2 Fall 5 und 6 GG; näher zu Landeseigenverwaltung und Bundesauftragsverwaltung Rn. 1350 ff.).
– **„Verkehrsverordnungen"** beziehen sich hingegen auf die Eisenbahnverkehrs-, Post- und Fernmeldeverbindungen in Gesamtdeutschland und betreffen damit in anderer Weise gliedstaatliche Belange.

1061 Die Zustimmungsvorbehalte des Art. 80 Abs. 2 GG gelten allerdings nur **„vorbehaltlich anderweitiger bundesgesetzlicher Regelung"**. Diese Klausel wird weit ausgelegt: Sie soll es ermöglichen, die Zustimmungsbedürftigkeit zu Rechtsverordnungen durch Bundesgesetz auszuschließen, aber auch besonders zu begründen (s. Rn. 1211).

b) Zustimmungsbedürftigkeit bei Maßnahmen der Verwaltungsorganisation

Neben bestimmten Rechtsverordnungen bedürfen auch **Verwaltungsvorschriften des Bundes** (Rn. 1186) der Zustimmung des Bundesrates. Dies gilt allerdings nicht, soweit Verwaltungsvorschriften an die Bundesverwaltung adressiert sind (vgl. Art. 86 Satz 1 GG), sondern nur wenn sie sich an die Verwaltungen der Länder richten. Betroffen sind die Fälle des **Vollzugs von Bundesgesetzen durch die Länder** (Art. 84 Abs. 2, Art. 85 Abs. 2 Satz 1 und Art. 108 Abs. 7 GG). Zuständig für den Erlass solcher Verwaltungsvorschriften ist nach einer Entscheidung des Bundesverfassungsgerichts ausschließlich die Bundesregierung als Kollegialorgan *(BVerfGE 100, 249 [261 f.] – Atomleitlinien).* 1062

Im Bereich des – besonders bundesstaatsrelevanten – Vollzugs der Bundesgesetze durch die Länder als eigene Angelegenheit (Rn. 1350 ff.) bestehen weitere Vorbehalte zugunsten des Bundesrates: So kann die Bundesregierung im Rahmen der **Bundesaufsicht** nur mit Zustimmung des Bundesrates Beauftragte („Kommissare") zu den nachgeordneten Behörden der Länder entsenden (Art. 84 Abs. 3 Satz 2 GG). Außerdem hat der Bundesrat über eine **Mängelrüge der Bundesregierung** gegen den mangelhaften Vollzug eines Bundesgesetzes durch ein Land zu befinden (Art. 84 Abs. 4 Satz 1 GG). Schließlich kann mit Zustimmung des Bundesrates ausnahmsweise durch Bundesgesetz die Möglichkeit von **Einzelweisungen** vorgesehen werden (Art. 84 Abs. 5 Satz 1 GG). 1063

Ganz ausnahmsweise darf der Bund in Verwaltungsbereichen der Länder bei dringendem Bedarf und Aufgabenbereichen, die erst nach der Verkündung des Grundgesetzes entstanden sind, bundeseigene Mittel- und Unterbehörden errichten. Das entsprechende Gesetz bedarf nach Art. 87 Abs. 3 Satz 2 GG der Zustimmung des Bundesrates. 1064

c) Notstand

Eine dritte Gruppe von Mitwirkungsrechten des Bundesrates besteht im Bereich des Staatsnotstands i. w. S.: 1065

– Maßnahmen des **Bundeszwangs** gegen ein Land nach Art. 37 Abs. 1 GG (sog. Bundesexekution, Rn. 597 ff.) bedürfen der Zustimmung des Bundesrates.

– Bei überregionalen **Naturkatastrophen oder Unglücksfällen** erwachsen für die Bundesregierung nach Maßgabe von Art. 35 Abs. 3 Satz 1 GG besondere Weisungs- und Einsatzrechte. Ähnliches gilt für die sog. Bundesintervention gem. Art. 91 Abs. 2 GG (Rn. 1408 ff.). Damit dadurch die föderative Ordnung nicht gefährdet wird, besitzt der Bundesrat nach Art. 35 Abs. 3 Satz 2 und Art. 91 Abs. 2 Satz 2 GG wirksame Widerspruchsrechte. 1066

– Außerdem bedarf die **Feststellung des Verteidigungsfalls** durch den Bundestag nach Art. 115a Abs. 1 Satz 1 GG der Zustimmung des Bundesrates (Ausnahme: Art. 115a Abs. 2, Art. 115e GG). Im Verteidigungsfall erwachsen dem Bundesrat nach Maßgabe von Art. 115c ff. GG eine Reihe weiterer Rechte. 1067

8. Mitwirkung im Bereich der Judikative

1068 Aufgrund der Gewaltenteilung, die im Bereich der Judikative strikt erfolgt (Rn. 907 ff.), stehen dem Bundesrat auf diesem Feld **keine inhaltlich-sachlichen Mitwirkungsrechte** zu. Ganz ohne Einfluss ist er jedoch auch hier nicht: Er wählt die Hälfte der Richter des Bundesverfassungsgerichts (Art. 94 Abs. 1 Satz 2 GG) und kann das Bundesverfassungsgericht in bestimmten Verfassungsstreitigkeiten anrufen (insb. gem. Art. 93 Abs. 1 Nr. 1, 2a, Art. 61 Abs. 1 GG und Art. 21 Abs. 4 und 5 GG i.V.m. § 43 Abs. 1 BVerfGG).

9. Mitwirkung in Angelegenheiten der Europäischen Union

1069 **Art. 23 Abs. 2 und Abs. 4 bis 7 GG** räumt dem Bundesrat auch in Angelegenheiten der EU maßgebliche Mitwirkungsrechte an der Willensbildung des Bundes ein. Zunächst trifft die Bundesregierung nach Art. 23 Abs. 2 Satz 2 GG eine umfassende und frühe **Informationspflicht** (*BVerfGE 131, 152 [202] – Unterrichtungsrechte/ESM;* zum Bundestag vgl. Rn. 859; zum Kernbereich exekutiver Eigenverantwortung s. Rn. 937, 1248).

1070 Sodann enthält Art. 23 Abs. 4 und 5 GG abhängig von der Bedeutung der unionsrechtlich zu regelnden Frage ein **abgestuftes Beteiligungssystem.** Insbesondere hat die Bundesregierung die Stellungnahme des Bundesrates zu berücksichtigen, wenn Interessen der Länder berührt werden (vgl. Rn. 859 ff.). Zu differenzieren ist hierbei zwischen „Berücksichtigung" und „maßgeblicher Berücksichtigung":

– **Berücksichtigung** i.S.v. Art. 23 Abs. 5 Satz 1 GG verlangt Kenntnisnahme und sachliche Auseinandersetzung. Eine Bindungswirkung für die Bundesregierung entfaltet die Stellungnahme des Bundesrates dabei indes nicht.
– Die Pflicht der Bundesregierung zur **„maßgeblichen Berücksichtigung"** in Art. 23 Abs. 5 Satz 2 Hs. 1 GG hat demgegenüber Bindungswirkung. Dies gilt nach § 5 Abs. 2 Satz 5 des Gesetzes über die Zusammenarbeit von Bund und Ländern in Angelegenheiten der Europäischen Union (abgedr. z.B. in Sartorius I Nr. 97) dann, wenn der Bundesrat seine Stellungnahme in einem sog. **„Beharrungsbeschluss"** mit Zweidrittelmehrheit bestätigt.

Mitwirkungsrechte des Bundesrates (vgl. Art. 50 GG) 1071

Legislative	Exekutive	EU-Angelegenheiten
– Gesetzesinitiativrecht, Art. 76 I GG; – „1. Durchgang", Art. 76 II GG; – „2. Durchgang", Art. 77 GG	– Zustimmung zu Rechtsverordnungen, Art. 80 II GG; – Beteiligung bei Maßnahmen der Verwaltungsorganisation, Art. 84 II/Art. 85 II, Art. 84 III–V, Art. 87 III 2 GG; – Beteiligung im Notstandsfall, Art. 35 III, Art. 37 I, Art. 91 II, Art. 115a ff. GG	– Informationsrecht, Art. 23 II 2 GG; – Recht zur Stellungnahme gegenüber der Bundesregierung mit unterschiedlicher Bindungswirkung, Art. 23 IV, V GG; – Recht zur Vertreterbenennung, Art. 23 VI 1 GG

Judikative: keine sachlich-inhaltliche Beteiligung, allerdings
– Mitwirkung an der Wahl der Richter des BVerfG, Art. 94 I 2 GG;
– Antragsberechtigung für verschiedene Verfassungsstreitverfahren, Art. 93 I Nr. 1, 2a GG u. a.

IV. Gesetzgebungskompetenzen

Literaturhinweise: *S. Korioth*, Staatsrecht I, 4. Aufl. 2018, § 19 II 5 a; *Th. I. Schmidt*, Prüfe dein Wissen – Staatsrecht, 3. Aufl. 2013, Nr. 602–628; *M. Fehling*, Gesetzgebungskompetenzen im Verfassungsrecht und im Unionsrecht, JURA 2016, 498–510; *W. Frenz*, Gesetzgebungskompetenzen nach der Föderalismusreform, JURA 2007, 165–169; *T. Hebeler*, Die Gesetzgebungskompetenz des Bundes und der Länder, JA 2010, 688–694; *J. Ipsen*, Die Kompetenzverteilung zwischen Bund und Ländern nach der Föderalismusnovelle, NJW 2006, 2801–2806.

1. System der Kompetenzverteilung – Ausgangsvermutung zugunsten der Länder

Im Bundesstaat gibt es nicht nur eine staatliche Ebene, deren (dafür vorgesehene) Organe für die Gesetzgebung zuständig sind, sondern zwei: den Bund und die Länder. Dies führt zu **Kollisionen,** wenn beide Ebenen auf **demselben Gebiet** Gesetze erlassen, die sich **inhaltlich widersprechen**. Aufgabe einer föderativen Verfassung ist es daher, die Gesetzgebungskompetenzen zu trennen und der jeweiligen Ebene klar und eindeutig zuzuordnen. 1072

Das Grundgesetz erfüllt diese Aufgabe im Wesentlichen mit seinen **Art. 70 bis 74.** Durch diese Vorschriften erfolgt die Aufteilung der Gesetzgebungszuständigkeiten auf den **Bund** und die **Länder.** Dieses Regelungspaket unterscheidet zwischen einem Grundsatz und den zugehörigen Ausnahmen. 1073
– Der **Grundsatz** wird in **Art. 70 Abs. 1 GG** statuiert. Danach haben die Länder das Recht der Gesetzgebung, soweit das Grundgesetz nicht dem

Bund Gesetzgebungsbefugnisse verleiht. Damit wird an die allgemeine Ausgangsvermutung zugunsten der Länder angeknüpft, die sich in Art. 30 GG findet (Rn. 569 ff.).

1074 – Die **Ausnahmen** werden in Art. 70 Abs. 1 Hs. 2, Abs. 2 GG angedeutet und vor allem in den **Art. 71 bis 74 GG** ausgeführt. Danach hat der Bund das Recht zur Gesetzgebung nur, soweit es ihm durch das Grundgesetz besonders verliehen wird. Diese Ausnahmen werden vom Grundgesetz selbst unterteilt in die **ausschließliche** Gesetzgebungskompetenz des Bundes (Art. 71 und 73 GG) und die **konkurrierenden** Gesetzgebungskompetenzen von Bund und Ländern (Art. 72 und 74 GG). Eine weitere, nicht in den Art. 70 bis 74 GG genannte Gesetzgebungskompetenz des Bundes ist die Grundsatzgesetzgebungskompetenz (Rn. 1097).

1075 Verteilung der Gesetzgebungskompetenzen zwischen Bund und Ländern

Zuständigkeit der Länder	Zuständigkeit des Bundes
Art. 70 I GG	Art. 71–74 GG
In der Staatspraxis eher nachrangig	Schwergewicht in der Staatspraxis

1076 Dieses Regelungskonzept erweckt für den unbefangenen Leser den Eindruck, als ob das Schwergewicht der Legislative bei den Ländern liege. Das ist jedoch nicht der Fall: In der **Praxis beherrscht der Bund die Gesetzgebung.** Die Länder wurden im Laufe der Jahrzehnte auf wenige „Reservate" zurückgedrängt. Zu ihnen gehören neben dem Landesverfassungs- und Landesverwaltungsrecht insb. drei Gebiete, die sich für studentische Zwecke auf die sehr grobe Merkformel „P-K-K" bringen lassen (für „Polizei" – „Kultur" – „Kommunales"). Einen kleinen Zugewinn für die Gesetzgebungskompetenz der Länder erbrachte die Föderalismusreform von 2006 (Rn. 644).

1077 **Merke:** Zu unterscheiden ist zwischen der (ausschließlichen) Gesetzgebungskompetenz der Länder, der ausschließlichen Gesetzgebungskompetenz des Bundes (Art. 71, 73 GG) und der konkurrierenden Gesetzgebungskompetenz von Bund und Ländern (Art. 72, 74 GG).
Soweit das Grundgesetz nicht dem Bund Gesetzgebungsbefugnisse verleiht, haben die Länder das Recht der Gesetzgebung (Art. 70 Abs. 1 GG).

2. Ausschließliche Gesetzgebungskompetenz des Bundes

a) Systematik – Umfang

1078 Die ausschließliche Gesetzgebungskompetenz des Bundes findet ihre Rechtsgrundlagen in den Art. 71 und 73 GG. **Systematisch** verhalten sich diese beiden Normen wie folgt: **Art. 71 GG** beschreibt **Inhalt und Grenzen** der ausschließlichen Gesetzgebungskompetenz. **Art. 73 GG** enthält demge-

§ 16. Gesetzgebung; Bundestag und Bundesrat 293

genüber einen **Katalog** von Sachbereichen, die unter diesen Kompetenztitel fallen. Hintergrund für die ausschließliche Gesetzgebung des Bundes ist das Bedürfnis, im Bundesstaat gewisse Materien übergreifend, d.h. auf nationaler Ebene, einheitlich zu regeln.

Nach Art. 71 GG haben die Länder im Bereich der ausschließlichen Gesetzgebung des Bundes die Befugnis zur Gesetzgebung nur, wenn und soweit sie hierzu in einem Bundesgesetz **ausdrücklich ermächtigt** werden. Eine solche Ermächtigung ist jedoch nur zulässig, wenn sie sich auf Einzelfragen bezieht. Die Regelung ganzer Sachgebiete darf der Bund nicht auf diese Weise an die Länder abgeben. Andererseits erwächst für die Länder keine Pflicht, einer entsprechenden Ermächtigung nachzukommen: Eine Ermächtigung berechtigt, verpflichtet aber nicht. 1079

b) Sachbereiche

Die Bereiche der ausschließlichen Gesetzgebungskompetenz des Bundes sind **nicht abschließend** im Katalog des Art. 73 GG aufgelistet. Vielmehr enthält das Grundgesetz an anderen Stellen verstreut und teilweise versteckt **zahlreiche** Kompetenzvorschriften für eine ausschließliche Bundesgesetzgebung. Ersichtlich wird das häufig daran, dass eine Vorschrift etwa besagt: „Das Nähere regelt ein Bundesgesetz" (z.B. Art. 21 Abs. 3, Art. 22 Abs. 1 Satz 3, Art. 38 Abs. 3 GG u.a.m.). 1080

Wichtige Sachbereiche der ausschließlichen Gesetzgebungskompetenz des Bundes (Tabelle *nicht* abschließend) 1081

Kompetenz-norm im GG	Inhalt
Art. 73 I	insb. auswärtige Angelegenheiten und Verteidigung; Staatsangehörigkeit; Luft- und Eisenbahnverkehr; Post und Telekommunikation; gewerblicher Rechtsschutz und Urheberrecht; internationaler Terrorismus und Verfassungsschutz
Art. 4 III	Kriegsdienstverweigerung
Art. 21 III	politische Parteien
Art. 38 III	Wahlen zum Bundestag
Art. 93 III, Art. 94 II	Bundesverfassungsgericht
Art. 105 I	Zölle und Finanzmonopole
Art. 106 III–Va, Art. 107	Bundes-Finanzausgleich i.w.S.

294   Teil III. Organe, Kompetenzen und Funktionen

1082   Zu beachten ist, dass **wichtige Kompetenzen** der ausschließlichen Gesetzgebung im Rahmen der europäischen Integration nach Art. 23 Abs. 1 Satz 2 **GG auf die Europäische Union übergegangen** sind, so insb.
- das Währungs-, Geld- und Münzwesen (Art. 73 Abs. 1 Nr. 4 GG),
- die Einheit des Zoll- und Handelsgebiets sowie der freie Warenverkehr (Art. 73 Abs. 1 Nr. 5 GG),
- das Zollwesen (Art. 105 Abs. 1 GG).

3. Konkurrierende Gesetzgebungskompetenzen

a) Systematik

1083   Die Systematik der konkurrierenden Gesetzgebung gleicht der der ausschließlichen Gesetzgebungskompetenz (Rn. 1078): **Art. 72 GG** beschreibt **Inhalt und Grenzen** der Gesetzgebungskompetenz, **Art. 74 GG** enthält einen **Katalog** von Sachbereichen, die unter diesen Kompetenztitel fallen.

1084   Durch die Föderalismusreform von 2006 hat Art. 72 GG eine neue Fassung erhalten. Seither ist die ehemals einheitliche konkurrierende Gesetzgebungskompetenz in **drei Unterarten** unterteilt, deren Umfang und Grenzen auseinandergehalten werden müssen:
- die sog. Kernkompetenz (Vorrangkompetenz),
- die sog. Bedarfskompetenz und
- die sog. Abweichungskompetenz.

b) „Kernkompetenz" („Vorrangkompetenz")

1085   Die sog. Kernkompetenz stützt sich auf **Art. 72 Abs. 1 GG**. In diesem Bereich haben die Länder die Befugnis zur Gesetzgebung nur, solange und soweit der Bund von seiner Gesetzgebungszuständigkeit keinen Gebrauch gemacht hat. Hat der Bund indes ein Gesetz erlassen, tritt eine **Sperrwirkung** für die Gesetzgebungskompetenz der Länder ein. Landesgesetze werden insoweit unwirksam. Bei der „Kernkompetenz" handelt es sich eigentlich *nicht* um eine Gesetzgebungs*konkurrenz* zwischen Bund und Ländern, sondern vielmehr um eine **vorrangige Gesetzgebungszuständigkeit des Bundes** und eine subsidiäre der Länder (daher die Bezeichnung „Vorrangkompetenz").

1086   Die entscheidende Frage besteht also darin, ob der Bund gem. Art. 72 Abs. 1 GG von seiner Gesetzgebungszuständigkeit **Gebrauch gemacht** hat. Dies hat er nicht nur dann,
- wenn er eine bestimmte Frage **ausdrücklich** durch Bundesgesetz geregelt hat, sondern auch dann,
- wenn er absichtsvoll auf eine Normierung **verzichtet** hat („beredtes Schweigen", vgl. *BVerfGE 98, 265 [300] – Schwangerenhilfeergänzungsgesetz*) oder
- wenn er eine bestimmte Materie insgesamt **abschließend** regeln wollte („Gesamtkodifikation", vgl. *BVerfGE 109, 190 [229] – Unterbringungsgesetz*).

§ 16. Gesetzgebung; Bundestag und Bundesrat   295

Welche **Sachbereiche** zur „Kernkompetenz" gehören, muss im Rahmen der **1087**
Subtraktionsmethode, d.h. im Umkehrschluss zu Art. 72 Abs. 2 und 3 GG
ermittelt werden: Es sind die Materien, die in diesen Absätzen nicht aufgelistet
sind, also die in Art. 74 Abs. 1 Nr. 1 bis 3, 6, 9, 10, 12, 14, 16–19, 23, 24 und 27
sowie in Art. 105 Abs. 2 Fall 1 GG genannten Bereiche und die in Art. 72 Abs. 3
Satz 1 GG ausgeklammerten Materien.

Wichtige Sachbereiche der „Kernkompetenz" des Bundes   **1088**
(Tabelle *nicht* abschließend)

Kompetenz-norm im GG	Inhalt
Art. 74 I Nr. 1	Bürgerliches Recht, Strafrecht, Gerichtsverfassung und Gerichtsverfahren, Rechtsanwaltschaft u.dgl.
Nr. 12	Arbeitsrecht, Betriebsverfassung, Sozialversicherung
Nr. 18	Bodenrecht (= Städtebaurecht)
Nr. 19	Teile des Gesundheitswesens
Nr. 24	Teile des Umweltschutzes (vgl. aber Rn. 1095 f.)
Art. 105 II Fall 1	Steuern, soweit sie auch dem Bund zufließen (Art. 106 I und III)

c) „Bedarfskompetenz" („Erforderlichkeitskompetenz")

Auf dem Feld der sog. Bedarfskompetenz genießt ein Bundesgesetz nicht **1089**
ohne weiteres Vorrang gegenüber der Landesgesetzgebung. Hier muss der
Bund vielmehr nachweisen, dass eine **bundeseinheitliche Regelung erforderlich** ist (daher auch die Bezeichnung „Erforderlichkeitskompetenz"). Wozu
das Bundesgesetz erforderlich sein muss, regelt **Art. 72 Abs. 2 GG**. Folgende
Zwecke kommen *alternativ* in Betracht:

– die Herstellung **gleichwertiger Lebensverhältnisse** im Bundesgebiet
  (Stichwort: „bundesstaatliches Sozialgefüge" – Abbau eines „Wohlstandsgefälles") oder
– die Wahrung der **Rechtseinheit** im gesamtstaatlichen Interesse (Stichwort:
  „funktionsfähige Rechtsgemeinschaft" – Vermeidung von „Rechtszersplitterung") oder
– die Wahrung der **Wirtschaftseinheit** im gesamtstaatlichen Interesse (Stichwort: „Funktionsfähigkeit des Wirtschaftsraums").

Einerseits legt das Bundesverfassungsgericht einen strengen Maßstab bei **1090**
der Prüfung der Erforderlichkeit an: Es lässt dem Gesetzgeber keinen Beurteilungsspielraum, ob die bundesgesetzliche Regelung einen der oben genannten
Zwecke erfüllt, sondern prüft dies in vollem Umfang selbst *(BVerfGE 110, 141*

[175] – Kampfhunde; BVerfGE 140, 65 [94 Rn. 65] – Betreuungsgeld). Andererseits wird das Merkmal der **Erforderlichkeit** in Art. 72 Abs. 2 Fall 2 und 3 GG durch das „gesamtstaatliche Interesse" aufgeweicht: Eine Verdrängung der Landesgesetzgebung ist nicht erst verfassungsgemäß, wenn ein Bundesgesetz unerlässlich für die Rechts- oder Wirtschaftseinheit ist; es genügt, dass der Bundesgesetzgeber andernfalls *„nicht unerheblich problematische Entwicklungen in Bezug auf die Rechts- und Wirtschaftseinheit erwarten darf"* (*BVerfGE 138, 136 [177 Rn. 110] – Erbschaftsteuer III).*

1091 Ist eine bundesgesetzliche Regelung erforderlich i.d.S., tritt mit deren Inkrafttreten die **Rechtsfolge** des **Art. 72 Abs. 1 GG** ein: Landesrecht wird insoweit unwirksam (**Sperrwirkung,** Rn. 1085). Fällt die Erforderlichkeit später weg, kann der Bund die jeweilige Materie gem. **Art. 72 Abs. 4 GG** durch Gesetz für die Landesgesetzgebung freigeben (**„Freigabegesetz"**). Ob diese Voraussetzungen vorliegen, überprüft das Bundesverfassungsgericht auf Antrag im sog. Kompetenzkontrollverfahren nach Art. 93 Abs. 1 Nr. 2a GG oder im sog. Kompetenzfreigabeverfahren nach Art. 93 Abs. 2 GG (näher Rn. 1549 f., 1551 ff.).

1092 Art. 72 Abs. 2 GG listet die Bereiche der „Bedarfskompetenz" **abschließend** (enumerativ) auf: Art. 74 Abs. 1 Nr. 4, 7, 11, 13, 15, 19a, 20, 22, 25 und 26 GG. Besondere Bedeutung hat hierbei die Gesetzgebungskompetenz des Bundes auf dem Gebiet der Wirtschaft erlangt *(BVerfGE 135, 155 [196 ff. Rn. 101 ff.] – Filmförderung).*

1093 **Wichtige Sachbereiche der „Bedarfskompetenz"**
(Tabelle *nicht* abschließend)

Kompetenz-norm im GG	Inhalt
Art. 74 I Nr. 7	öffentliche Fürsorge (= wichtige Teile des Sozialrechts)
Nr. 11	Wirtschaft (mit Ausn.)
Nr. 20	Lebens- und Genussmittel, Pflanzen- und Tierschutz u.a.
Nr. 22	Straßenverkehr
Art. 105 II Fall 2	Steuern, soweit sie nicht ohnehin (auch) dem Bund zufließen

d) „Abweichungskompetenz"

1094 Die sog. Abweichungskompetenz des **Art. 72 Abs. 3 GG** wurde 2006 in das Grundgesetz eingefügt (Rn. 644); sie stellt eine *echte* „konkurrierende" Gesetzgebung dar: Hier kann zunächst der Bund eine Gesetzgebungsmaterie an sich ziehen. Ein Bundesgesetz entfaltet hingegen **keine Sperrwirkung** (Rn. 1085). Denn die Länder können durch Landesgesetz vom Bundesgesetz abweichen (Satz 1). Um dies zu ermöglichen, tritt das Bundesgesetz im Prinzip frühestens

§ 16. Gesetzgebung; Bundestag und Bundesrat 297

sechs Monate nach seiner Verkündung in Kraft (Satz 2 – **Karenzzeit**). Außerdem wird insoweit der Vorrang des Bundesrechts (Art. 31 GG – „*lex superior*-Regel", Rn. 135, 148) aufgehoben. Das jeweils spätere Gesetz genießt **Anwendungsvorrang** (Satz 3 – *lex posterior derogat legi priori*, Rn. 150). Allerdings kann der Bund abweichendes Landesrecht anschließend erneut durch Bundesgesetz verdrängen, woraufhin wiederum die Länder reagieren können – usw. Einen **Wettlauf der Gesetzgeber** („Pingpongeffekt") hat es bisher nicht gegeben. Einige Länder (allen voran Bayern) haben von der Abweichungskompetenz in den Bereichen des Jagdwesens, des Naturschutzes, der Raumordnung und des Wasserhaushaltes Gebrauch gemacht, ohne dass der Bund darauf mit einer erneuten Regelung reagiert hätte.

Soweit Länder in diesen Fällen von Bundesgesetzen abweichen, wird dies jedenfalls in elektronisch verfügbaren Gesetzestexten üblicherweise in einer Fußnote vermerkt.

Welche Sachbereiche zur „Abweichungskompetenz" gehören, ist in Art. 72 Abs. 3 Satz 1 GG aufgezählt. Es handelt sich dabei vor allem um **umweltbezogene** Materien. Hinzu tritt der Sonderfall des Art. 84 Abs. 1 Satz 2 bis 4 GG (Rn. 1352). 1095

Sachbereiche der „Abweichungskompetenz" 1096

Kompetenz-norm im GG	Inhalt
Art. 74 I Nr. 28	Jagdwesen
Nr. 29	Naturschutz und Landschaftspflege
Nr. 30	Bodenverteilung
Nr. 31	Raumordnung
Nr. 32	Wasserhaushalt
Nr. 33	Hochschulzulassung und Hochschulabschlüsse
Art. 84 I 2–4	Behördeneinrichtung und Verwaltungsverfahren bei landeseigenem Vollzug von Bundesgesetzen

Die in Art. 72 III 1 Nr. 1, 2 und 5 GG in Klammern gesetzten („ausgeklammerten") Bereiche gehören allerdings zur sog. Kernkompetenz des Bundes (Rn. 1087 f.).

4. Grundsatzgesetzgebungskompetenz des Bundes

Die Grundsatzgesetzgebungskompetenz des Bundes ist sehr spezieller Art. Sie betrifft gem. **Art. 109 Abs. 4 GG** das Haushaltsrecht, die Haushaltswirtschaft und die Finanzplanung. Ihre Besonderheit liegt darin, dass der Bund Grundsatzgesetze erlässt, die einerseits von ihm selbst und andererseits von den Ländern umgesetzt und ausgefüllt werden müssen. Insoweit wird der Bund an seine eigenen Grundsatzgesetze gebunden. 1097

Beispiel: das Haushaltsgrundsätzegesetz des Bundes (HGrG), das der Bund durch die Bundeshaushaltsordnung (BHO) und die Länder durch die Landeshaushaltsordnungen (LHO) umgesetzt haben. – Neben Art. 109 Abs. 4 GG besteht ein weiterer Kompetenztitel des Bundes für eine Grundsatzgesetzgebung im Staatskirchenrecht nach Art. 140 GG i.V.m. Art. 138 Abs. 1 Satz 2 WRV, von dem allerdings bislang kein Gebrauch gemacht wurde.

5. „Ungeschriebene" Gesetzgebungskompetenzen des Bundes

1098   Auf den ersten Blick scheint es Art. 70 GG nicht zuzulassen, dass sich der Bund auf **Gesetzgebungskompetenzen** stützt, die ihm **nicht ausdrücklich** durch das Grundgesetz zugewiesen sind. Und doch erkennt die allgemeine Meinung gewisse „ungeschriebene" Gesetzgebungskompetenzen des Bundes an. Der Begriff ist irreführend, da auch diese Gesetzgebungskompetenzen ihre letzte Grundlage durchweg im geschriebenen Verfassungsrecht finden müssen. Die Methode ihrer Gewinnung ist die der Auslegung der Verfassungsbegriffe insb. in den Art. 73 und 74 GG (Rn. 192 ff.). Dessen ungeachtet wurden im Laufe der Jahrzehnte **drei Fallgruppen** für „ungeschriebene" Bundesgesetzgebungskompetenzen herausgearbeitet.

a) Bundeskompetenz kraft Sachzusammenhangs

1099   Dem Bund kann die Gesetzgebungskompetenz trotz Fehlens einer ausdrücklichen Zuweisung ausnahmsweise dann zustehen, wenn die Regelung mit einem der insb. in Art. 73 oder 74 GG genannten Gebiete in notwendigem und untrennbarem Sachzusammenhang steht. Erforderlich ist, dass ein dem Bund zugewiesenes Sachgebiet **verständigerweise nicht geregelt werden** kann, ohne dass **zugleich eine nicht ausdrücklich zugewiesene** Materie mitgeregelt wird. Insoweit gelten aber strenge Voraussetzungen, um den Eingriff in die Landeskompetenz so gering wie möglich zu halten.

Beispiele:
Sachzusammenhang
– der Regelungen zur Beratung vor Schwangerschaftsabbrüchen mit dem Strafrecht gem. Art. 74 Abs. 1 Nr. 1 GG *(BVerfGE 98, 265 [320ff.] – Schwangerenhilfeergänzungsgesetz)*;
– des Dienstleistungsverkehrs mit dem Waren- und Zahlungsverkehr mit dem Ausland gem. Art. 73 Abs. 1 Nr. 5 GG *(BVerfGE 110, 33 [48] – Außenwirtschaftsgesetz).*

Kein Sachzusammenhang
– des Baurechts mit dem Bodenrecht (Städtebaurecht/Bauplanungsrecht) gem. Art. 74 Abs. 1 Nr. 18 GG *(BVerfGE 3, 407 [421] – Baurechtsgutachten)*;
– der *technischen* Seite der Rundfunkveranstaltung mit dem Post- und Telekommunikationswesen gem. Art. 73 Abs. 1 Nr. 7 GG *(BVerfGE 12, 205 [237] – Deutschland-Fernsehen-GmbH.*

b) Annexkompetenz des Bundes

Bei der Annexkompetenz geht es nicht um die Ausdehnung der Gesetzgebungskompetenz von einem zugewiesenen Sachbereich auf einen anderen, sondern um die **Ausweitung einer zugewiesenen Materie** (Merksatz: „Die Kompetenz kraft Sachzusammenhangs geht in die Breite, die Annexkompetenz in die Tiefe."). Die typische Konstellation ist die folgende: In Art. 73 oder 74 GG wird dem Bund allgemein die Gesetzgebungskompetenz für einen Sachbereich zugewiesen. Daraus folgt, dass der Bund als Annex auch die Gesetzgebungskompetenz für die damit in *notwendigem* Zusammenhang stehenden *punktuellen* Regelungen zur Aufrechterhaltung der öffentlichen Sicherheit und Ordnung (Gefahrenabwehr) in Anspruch nehmen darf, obwohl das (allgemeine) Gefahrenabwehrrecht grds. Sache der Länder ist („Polizei", Rn. 1076).

1100

Beispiele:
Annexkompetenz des Bundes für Regelungen zur Gefahrenabwehr in den Bereichen
– des Gewerberechts gem. Art. 74 Abs. 1 Nr. 11 GG *(sog. Gewerbeordnungsrecht, BVerfGE 8, 143 [149] – Beschussgesetz)* oder
– des Luftverkehrsrechts gem. Art. 73 Abs. 1 Nr. 6 GG *(BVerfGE 132, 1ff. – Luftsicherheitsgesetz II).*

c) Bundeskompetenz kraft Natur der Sache

Eine Gesetzgebungskompetenz kraft Natur der Sache kann aufgrund **systematischer Auslegung** in Betracht kommen, wenn eine Materie „begriffsnotwendig" durch die Länder nicht geregelt werden kann, sondern zwingend nur einheitlich durch den Bund.

1101

Beispiele:
– Festlegung der Bundessymbole (Nationalhymne, Nationalfeiertag u.dgl. – vgl. auch Art. 22 GG);
– unaufschiebbare Aufgaben im Zusammenhang mit der deutschen Vereinigung 1990.

Gesetzgebungskompetenzen des Bundes			
ausschließliche, Art. 71, 73 GG u.a.m.	**konkurrierende**, Art. 72, 74, 105 II GG		**Grundsatz-**, vor allem Art. 109 IV GG
	Kernkompetenz	Bedarfskompetenz	Abweichungskompetenz	
daraus z.T. gewonnen: **„ungeschriebene"** Gesetzgebungskompetenzen			
kraft „Natur der Sache"	kraft Annexes	kraft Sachzusammenhangs	

1102

V. Gesetzgebungsverfahren

Literaturhinweise: *S. Korioth*, Staatsrecht I, 4. Aufl. 2018, § 31 I–III; *Th. I. Schmidt*, Prüfe dein Wissen – Staatsrecht, 3. Aufl. 2013, Nr. 629–654; *W. Kahl*, Die Zustimmungsbedürftigkeit von Bundesgesetzen nach Art. 84 I GG unter besonderer Berücksichtigung des Umweltverfahrensrechts, NVwZ 2008, 710–718; *M. Bäumerich/B. Fadavian*, Grundfälle zum Gesetzgebungsverfahren, JuS 2017, 1067–1073; *E. M. Frenzel*, Das Gesetzgebungsverfahren – Grundlagen, Problemfälle und neuere Entwicklungen, JuS 2010, 27–30, 119–124; *B. J. Hartmann/K. M. Kamm*, Gesetzgebungsverfahren in Bund, Land und Union, JURA 2014, 283–294; *T. Hebeler*, Die Einbringung von Gesetzesvorlagen gem. Art. 76 GG, JA 2017, 413–418; *T. Hebeler*, Die Beschlussfassung von Gesetzesvorlagen sowie die Mitwirkung des Bundesrates an der Gesetzgebung gem. Art. 77 GG, JA 2017, 484–490; *H. Meyer*, Das Prüfungsrecht des Bundespräsidenten, JZ 2011, 602–608; *Ch. Möllers*, Vermittlungsausschuss und Vermittlungsverfahren, JURA 2010, 401–407; *J. Rau*, Vom Gesetzesprüfungsrecht des Bundespräsidenten, DVBl. 2004, 1–8; *F. Schoch*, Die Prüfungskompetenz des Bundespräsidenten im Gesetzgebungsverfahren, JURA 2007, 354–361; *K. Schönfeldt/A. K. Mangold*, Examensklausur im Öffentlichen Recht – Sex sells?!, ZJS 2017, 566–578.

1. Funktion und Rechtsgrundlagen

a) Formelles Verfahren, beteiligte Organe

1103 Die Gesetzgebung vollzieht sich in einem **förmlichen (formellen) Verfahren**, d.h. in einem Prozess, der an genau festgelegte Verfahrens- und Formvorgaben gebunden ist und dessen Schwerpunkt im Parlament liegt. Produkt des förmlichen Gesetzgebungsverfahrens ist das **Gesetz im formellen Sinn (Parlamentsgesetz,** Rn. 434).

1104 Zu unterscheiden davon ist das **Gesetz im „nur-materiellen" Sinn**, d.h. eine abstrakt-generelle Vorschrift, die nicht im förmlichen Gesetzgebungsverfahren vom Parlament verabschiedet, sondern von der Exekutive erlassen wurde (**Rechtsverordnungen** und **Satzungen**, Rn. 437).

1105 **Zentrales Gesetzgebungsorgan** im förmlichen Gesetzgebungsverfahren ist das Parlament, auf Bundesebene also der **Bundestag**. Entsprechend der überaus wichtigen Stellung des formellen Gesetzes im modernen Staat sind am Gesetzgebungsverfahren jedoch auch **andere Verfassungsorgane** beteiligt (Bundesregierung, Bundesrat, Bundespräsident). Elementare Teile des formellen Gesetzgebungsverfahrens sind **öffentlich** (Art. 42 Abs. 1 Satz 1, Art. 52 Abs. 3 Satz 3 GG, vgl. aber Rn. 1002, 1035). Dadurch wird – neben der demokratischen Legitimation nach Art. 38 Abs. 1 GG – die informatorische Rückbindung an das Volk gewährleistet (Rn. 328, 924).

b) Rechtsgrundlagen und Rechtsfolgen von Verstößen

1106 Das Verfahren der Bundesgesetzgebung ist im Grundgesetz im Wesentlichen in den **Art. 76 bis 79 und Art. 82** geregelt. Verstöße gegen diese Normen haben die formelle Verfassungswidrigkeit und Nichtigkeit des Gesetzes zur Folge.

§ 16. Gesetzgebung; Bundestag und Bundesrat   301

Ergänzend treten die einschlägigen Vorschriften der **Geschäftsordnungen** 1107
hinzu. So sind für das Verfahren im Bundestag insb. die §§ 75 ff. GeschO BT
maßgeblich, für das Verfahren im Bundesrat die §§ 23 ff. GeschO BR. Das
Verfahren im Vermittlungsausschuss ist geregelt in der Gemeinsamen Geschäftsordnung des Bundestages und des Bundesrates für den Ausschuss nach
Artikel 77 des Grundgesetzes (GeschO VermA), das Verfahren der Bundesregierung insb. bei einer Gesetzesinitiative in den §§ 15, 16 Abs. 3 GeschO BReg.
Die Gesetzesvorlagen der Bundesregierung werden in den zuständigen Bundesministerien vorbereitet; das hierbei zu beachtende Verfahren folgt den §§ 40 ff.
der Gemeinsamen Geschäftsordnung der Bundesministerien (GGO).

Die **Geschäftsordnungen** von Bundestag, Bundesrat und Bundesregierung 1108
sind verfassungsrechtliche Rechtssätze im Rang unterhalb des Grundgesetzes.
Sie beruhen auf der Autonomie dieser Verfassungsorgane zur Regelung ihrer
internen Angelegenheiten (demgegenüber stellt die Gemeinsame Geschäftsordnung der Bundesministerien eine Verwaltungsvorschrift dar [Rn. 1186]).
Gemeinsam ist allen diesen Geschäftsordnungen, dass sie **nicht** in einem Gesetzgebungsverfahren (Rn. 1103 ff.) beschlossen werden, **bloße Rechtssätze
des Innenrechts** erzeugen und damit keinen Gesetzescharakter aufweisen
(vgl. Rn. 434 ff.). Daraus folgt, dass sich ein Verstoß gegen eine Geschäftsordnungsvorschrift grds. auf den Binnenbereich des jeweiligen Organs beschränkt.
Dies hat die wichtige Konsequenz, dass die **Verletzung einer Geschäftsordnungsvorschrift nicht zur Unwirksamkeit eines Gesetzes** führt. Einen
Anhaltspunkt dafür gibt der Wortlaut von Art. 82 Abs. 1 Satz 1 GG, der auf
Gesetze abstellt, die *nach den Vorschriften des Grundgesetzes* – nicht aber nach den
Vorschriften einer Geschäftsordnung – *zustande gekommen* sein müssen.

Wichtig ist folgende Differenzierung: 1109
- Verstöße gegen eine **Verfahrensvorschrift des Grundgesetzes** führen prinzipiell zur **Verfassungswidrigkeit und Nichtigkeit** des jeweiligen Gesetzes.
- Verstöße gegen eine Vorschrift einer Geschäftsordnung, die nicht zugleich einen Verstoß gegen eine Verfassungsnorm darstellen, sind zwar rechtswidrig, **berühren die Wirksamkeit des jeweiligen Gesetzes** indes **nicht**. Das Gesetz ist also **nicht nichtig**.

c) Abschnitte des Gesetzgebungsverfahrens

Das Gesetzgebungsverfahren nach Art. 76 ff. GG lässt sich in **drei Ab-** 1110
schnitte untergliedern:

1.	Vorverfahren (Einleitungsverfahren), Art. 76 GG
2.	Hauptverfahren, Art. 77, 78 GG
3.	Abschlussverfahren, Art. 82 GG

2. Vorverfahren (Einleitungsverfahren)

1111 In Gang gebracht wird das Verfahren zur Bundesgesetzgebung nach **Art. 76 Abs. 1 GG** dadurch, dass beim Bundestag eine **Gesetzesvorlage eingebracht** wird. Berechtigt dazu sind die Bundesregierung, der Bundesrat sowie der Bundestag „aus seiner Mitte". Damit beginnt das förmliche Gesetzgebungsverfahren **(Gesetzesinitiative)**.

a) Gesetzesvorlage

1112 Das Grundgesetz enthält **keine** Vorschriften darüber, in welcher **Form** die Gesetzesvorlage einzugehen hat (vgl. Rn. 1054). Aus dem Begriff „Vorlage" ergibt sich jedoch Folgendes:
– Die Vorlage muss einen vollständig ausformulierten Gesetzestext **(Gesetzentwurf)** enthalten (vgl. § 75 Abs. 1 lit. a, §§ 78 ff. GeschO BT).
– Außerdem muss der Gesetzentwurf mit einer **Begründung** versehen sein. Dies ergibt sich für Gesetzesvorlagen aus der Mitte des Bundestages aus § 76 Abs. 2 GeschO BT, für Vorlagen der Bundesregierung aus § 43 GGO. Ob diese geschäftsordnungsrechtlichen Begründungspflichten auch von Verfassungs wegen bestehen, ist umstritten (vgl. *BVerfGE 75, 246 [268] – Rechtsbeistand*; zu möglichen Auswirkungen Rn. 1108). Die Bedeutung der Entwurfsbegründung für die Auslegung des Gesetzes (Rn. 196) und das Rechtsstaatsprinzip (Rn. 466a) sollten hier gewisse Mindestanforderungen stellen.

Gesetzentwurf und Gesetzesbegründung ergeben zusammen die Gesetzesvorlage.

> **Merke:** Einer Begründung bedarf der Gesetzentwurf, *nicht* aber das Gesetz selbst („Der Gesetzgeber schuldet nichts als das Gesetz", Rn. 466a). Statt von „Gesetzesbegründung" sollte daher von Gesetzesmaterialien oder von Begründung des Gesetzentwurfs gesprochen werden (vgl. Rn. 196).
> Das Bundesverfassungsgericht stellt aber zunehmend Ausnahmen auf, insb. bei Gesetzen, die sich „um Geld drehen":
> - Gesetze zur Sicherung eines menschenwürdigen Daseins *(BVerfGE 125, 175 [226]; 132, 134 [165 f. Rn. 79] – Existenzminimum*; vgl. Rn. 681 ff.),
> - Gesetze zur Höhe der Beamten- und Richterbesoldung *(BVerfGE 139, 64 [126 f. Rn. 129 f.]; 140, 240 [295 Rn. 110])*,
> - Gesetze in bestimmten Konstellationen des Steuer-, Finanz- und Haushaltsrechts *(BVerfGE 79, 311 [345]; 119, 96 [147] – Staatsverschuldung; BVerfGE 101, 158 [224 f.] – Finanzausgleich IV; BVerfGE 115, 97 [116] – steuerrechtlicher Halbteilungsgrundsatz)*.

1113 **Adressat** jeder Gesetzesvorlage ist der **Bundestag**. Denn er hat im weiteren Verlauf über die Vorlage zu beraten und zu beschließen (Art. 77 Abs. 1 Satz 1 GG). Dazu werden die Gesetzesvorlagen den Abgeordneten als Bundestagsdrucksache (BT-Drucks./BT-Drs.) zugeleitet (Rn. 1121). Berechtigt zur Einbringung einer Gesetzesvorlage sind gem. Art. 76 Abs. 1 GG nur drei

§ 16. Gesetzgebung; Bundestag und Bundesrat

Organe (**Gesetzesinitiativrecht**): die Bundesregierung, der Bundesrat und der Bundestag selbst (aus seiner Mitte).

b) Gesetzesinitiativen der Bundesregierung

Gesetzesvorlagen der **Bundesregierung** (Art. 76 Abs. 1 Fall 1 GG) werden durch diese als Kollegialorgan mit Stimmenmehrheit beschlossen (§ 15 Abs. 1 lit. a, § 24 Abs. 2 Satz 1 GeschO BReg). Zahlenmäßig werden Gesetzesvorlagen in der Praxis überwiegend von der Bundesregierung eingebracht, da sich diese auf das in den Bundesministerien vorhandene Expertenwissen stützen kann. Im federführenden Ministerium wird ein sog. **Referentenentwurf** (RefE) erarbeitet. In dieser Phase findet eine Abstimmung mit anderen von der Materie betroffenen Bundesministerien sowie mit Interessengruppen und Verbänden statt. Nach der Beschlussfassung der Bundesregierung über den Referentenentwurf spricht man von **Regierungsentwurf** (RegE). Maßgeblich für das Verfahren sind die § 40 ff. GGO. 1114

Nach Art. 76 Abs. 2 Satz 1 GG müssen Gesetzesvorlagen der Bundesregierung zunächst dem Bundesrat zur Stellungnahme zugeleitet werden (sog. **erster Durchgang** beim Bundesrat – der zweite Durchgang erfolgt nach dem Gesetzesbeschluss im Bundestag gem. Art. 77 Abs. 1 Satz 2 GG). Nach Art. 76 Abs. 2 Satz 2 GG kann der Bundesrat innerhalb von sechs Wochen zu der Regierungsvorlage Stellung nehmen; verpflichtet ist er dazu nicht. Die Stellungnahmefrist kann verlängert oder verkürzt werden (s. dazu im Einzelnen Art. 76 Abs. 2 Satz 3 bis 5 GG). 1115

c) Gesetzesinitiativen des Bundesrates

Nach Art. 76 Abs. 1 Fall 3 GG steht auch dem **Bundesrat** das Gesetzesinitiativrecht zu. Voraussetzung dafür ist ein entsprechender Beschluss, den der Bundesrat gem. Art. 52 Abs. 3 Satz 1 GG mit der Mehrheit seiner Mitglieder fassen muss (Rn. 1045 ff.). Demgegenüber sind einzelne Bundesratsmitglieder oder gar die Länder nicht befugt, Gesetzesvorlagen in den Bundestag einzubringen. 1116

Vorlagen des Bundesrates sind dem Bundestag gem. Art. 76 Abs. 3 Satz 1 GG durch die Bundesregierung innerhalb von sechs Wochen zuzuleiten. Nach Art. 76 Abs. 3 Satz 2 GG soll die **Bundesregierung** hierzu **Stellung nehmen**. Wie bei Art. 76 Abs. 2 GG, so besteht auch nach Maßgabe von Art. 76 Abs. 3 Satz 3 bis 5 GG die Möglichkeit zur Fristverlängerung und -verkürzung. 1117

d) Gesetzesinitiativen aus der Mitte des Bundestages

Art. 76 Abs. 1 Fall 2 GG sieht vor, dass Gesetzesvorlagen auch „aus der Mitte des Bundestages" eingebracht werden können. Initiativberechtigt ist damit ein Teil der Abgeordneten des Bundestages. Wie viele Abgeordnete für eine Gesetzesinitiative erforderlich sind, regelt das Grundgesetz nicht. Kraft seiner Geschäftsordnungsautonomie hat der Bundestag in **§ 76 Abs. 1 GeschO BT** festgelegt, dass dazu prinzipiell die Unterzeichnung 1118

– durch eine Fraktion (Rn. 989 ff.) oder
– durch 5 % der Mitglieder des Bundestages

notwendig ist.

1119 Ist eine Gesetzesvorlage aus der Mitte des Bundestages **nicht von einer ausreichenden Zahl** von Abgeordneten unterzeichnet, im weiteren Verlauf aber vom Bundestag beraten und nach Art. 77 Abs. 1 Satz 1 GG beschlossen worden, führt dieser Mangel allein nicht zur Verfassungswidrigkeit und Nichtigkeit des Gesetzes. Denn die Abgeordnetenmindestzahl beruht auf Geschäftsordnungsrecht (§ 76 Abs. 1 GeschO BT), dessen Verletzung keine weiteren Wirkungen nach sich zieht (Rn. 1108). Im Übrigen lässt sich argumentieren, dass sich der Bundestag durch seine Beschlussfassung über die Gesetzesvorlage diese zu eigen gemacht hat.

1120 Bei Gesetzesvorlagen aus der Mitte des Bundestages findet ein **Vorverfahren nicht** statt. Es bedarf also keiner vorherigen Zuleitung an den Bundesrat oder an die Bundesregierung. Damit lassen sich Gesetzesvorhaben der Bundesregierung dadurch **beschleunigen,** dass sie von einer Fraktion eingebracht werden, die die Regierung stützt.

e) Befassungspflicht

1121 **Einbringung** i.S.v. Art. 76 Abs. 1 GG ist die Übergabe der Gesetzesvorlage (Rn. 1112) an den Bundes*tags*präsidenten (Rn. 975 ff.; vgl. § 7 Abs. 1 Satz 1 Fall 2 GeschO BT). Darin liegt zugleich der **Antrag,** die Vorlage geschäftsordnungsgemäß zu behandeln, zu beschließen und weiterzuleiten. Der Initiativberechtigte hat gegenüber dem Bundestag einen entsprechenden **verfassungsrechtlichen Anspruch** auf Beratung und Beschlussfassung (**Befassungspflicht** des Bundestages). Für Gesetzesvorlagen des Bundesrates ist dies ausdrücklich in Art. 76 Abs. 3 Satz 6 GG festgelegt; für Vorlagen der Bundesregierung und aus der Mitte des Bundestages gilt indes nichts anderes. Daraus folgt im Konkreten die Pflicht zur **Drucklegung** als Bundestagsdrucksache (BT-Drucks./BT-Drs.) und zur **Verteilung** an die Abgeordneten (§ 77 Abs. 1 GeschO BT). Außerdem hat die Aufnahme in die Tagesordnung einer Plenarsitzung zu erfolgen (Rn. 924).

3. Hauptverfahren im Bundestag

1122 Das **Kernstück** des Gesetzgebungsverfahrens besteht aus der Beratung und Beschlussfassung des Bundestages über die Gesetzesvorlage. In Abgrenzung zum Vorverfahren (Art. 76 GG) wird hierbei vom Hauptverfahren gesprochen. So wichtig dieser Verfahrensabschnitt ist, so wenig besagt darüber das Grundgesetz. Es bestimmt in seinem **Art. 77 Abs. 1 Satz 1** lapidar: Die *Bundesgesetze werden vom Bundestag beschlossen.* Zusätzlich fordert das Grundgesetz nur die Öffentlichkeit der Verhandlung im Bundestagsplenum (Art. 42 Abs. 1 Satz 1

§ 16. Gesetzgebung; Bundestag und Bundesrat   305

GG, Rn. 1105). Alles Weitere bleibt der Parlamentsautonomie des Bundestages überlassen, der dazu Regelungen in seiner **Geschäftsordnung** treffen kann (§§ 78 ff. GeschO BT).

a) Drei Beratungen (Lesungen)

Nach § 78 Abs. 1 Satz 1 Fall 1 GeschO BT werden Gesetzesvorlagen im Bundestag grds. in **drei Beratungen** (sog. **Lesungen**) behandelt: 1123

– In der **ersten Lesung** wird die Gesetzesvorlage entweder nach einer allgemeinen Aussprache im Plenum (Rn. 924) oder ohne eine solche (§ 79 Satz 1 GeschO BT) i.d.R. an einen Ausschuss oder an mehrere Ausschüsse überwiesen (§ 80 Abs. 1 Satz 1 GeschO BT). Die **Ausschüsse** leisten die Kärnerarbeit (Rn. 1002): Dort wird der **Entwurf geprüft und diskutiert,** unter anderem mit den Vertretern der Bundesregierung, die den Ausschussmitgliedern Rede und Antwort stehen. Nicht selten erfahren Gesetzentwürfe im jeweiligen Ausschuss mehr oder weniger bedeutende Änderungen. Die Beratung im Ausschuss endet i.d.R. mit einer Beschlussempfehlung und einem Bericht für das Plenum (vgl. § 81 Abs. 1 Satz 2 Hs. 1 GeschO BT).

– Die **zweite Lesung** kann ebenfalls mit einer allgemeinen Aussprache eröffnet werden. Beratungsgrundlage ist der in den Ausschüssen beschlossene Gesetzestext. Sodann sind dessen Bestimmungen **einzeln und nacheinander** zu beraten und zu beschließen (§ 81 Abs. 2 GeschO BT, Ausnahmen in den Absätzen 3 und 4). Dabei haben die Abgeordneten das Recht, Änderungsanträge zu stellen (§ 82 Abs. 1 GeschO BT). 1124

– Die **dritte Lesung** erfolgt, wenn in der zweiten Beratung keine Änderungen beschlossen worden sind, unmittelbar anschließend, anderenfalls am zweiten Tag nach Verteilung der Drucksachen mit den beschlossenen Änderungen (§ 84 Satz 1 GeschO BT). Auch die dritte Lesung kann mit einer allgemeinen Aussprache beginnen (§ 84 Satz 2 GeschO BT); auch in ihr können nach Maßgabe von § 85 GeschO BT Änderungsanträge gestellt werden. 1125

Die zitierten Bestimmungen über die Gesetzesberatungen stellen allerdings als Geschäftsordnungsvorschriften nur Binnenrecht des Bundestages dar. **Verstöße** dagegen führen nur dann zur Verfassungswidrigkeit und Nichtigkeit des Gesetzes, wenn damit zugleich eine Bestimmung des Grundgesetzes verletzt wird (vgl. Rn. 1108 f. und *BVerfGE* 29, 221 [234] – Jahresarbeitsverdienstgrenze). Verfassungsrelevant i.d.S. wäre die Verletzung des Rechts der parlamentarischen Minderheit (Opposition) auf Mitwirkung am Verfahren (Rn. 330). 1126

b) Schlussabstimmung

Nach Beendigung der dritten Lesung wird über den Gesetzentwurf in der sog. **Schlussabstimmung** abgestimmt. Nach dem Grundsatz des **Art. 42 Abs. 2 Satz 1 Hs. 1 GG** ist das Gesetz beschlossen, wenn es von der Mehrheit der *abgegebenen* Stimmen gebilligt wird (einfache Mehrheit, Rn. 310, 311 – zur Beschlussfähigkeit s. § 45 GeschO BT). Die Schlussabstimmung stellt den in 1127

Art. 77 Abs. 1 Satz 1 GG genannten Gesetzesbeschluss dar. Sie ist damit die Grundlage für das weitere Gesetzgebungsverfahren. Wegen des Grundsatzes der Unverrückbarkeit parlamentarischer Beschlüsse darf der Gesetzesbeschluss **nicht mehr geändert** werden.

4. Hauptverfahren: Beteiligung des Bundesrates

1128 An die Beschlussfassung im Bundestag schließt sich die Beteiligung des Bundesrates an. Der Bundestagspräsident leitet den Gesetzesbeschluss nach Art. 77 Abs. 1 Satz 2 GG unverzüglich dem Präsidenten des Bundesrates zu (vgl. § 6 Abs. 1 Satz 1 GeschO BR).

1129 Der Bundesrat ist jedoch **kein** neben dem Bundestag **gleichberechtigtes Gesetzgebungsorgan** (keine „zweite Kammer", Rn. 1058 ff.). Denn das Grundgesetz verlangt keine übereinstimmenden Gesetzesbeschlüsse von Bundestag und Bundesrat. Vielmehr hat der Bundesrat lediglich die Möglichkeit, die Gesetzesbeschlüsse des Bundestages zu prüfen und – falls er sie nicht billigt – dagegen **Einspruch einzulegen** oder seine **Zustimmung zu versagen**. Daher ist zwischen sog. Einspruchs- und Zustimmungsgesetzen zu unterscheiden.

a) Einspruchsgesetze

aa) Rechtswirkung und Reaktionsmöglichkeiten

1130 **Einspruchsgesetze** sind nach der Konzeption des Grundgesetzes **die Regel:** Anzunehmen ist dies stets dann, wenn das Grundgesetz nicht ausdrücklich bestimmt, dass ein Gesetz der Zustimmung des Bundesrates bedarf (vgl. etwa Art. 73 Abs. 2 oder Art. 74 Abs. 2 GG). Der Einspruch des Bundesrates gegen ein vom Bundestag beschlossenes Gesetz verhindert zunächst das Zustandekommen des Gesetzes (Art. 78 GG). Er kann jedoch gem. Art. 77 Abs. 4 GG vom Bundestag zurückgewiesen werden. Damit hat der Einspruch lediglich die Wirkung eines **suspensiven (aufschiebenden) Vetos.**

1131 Bei **Einspruchsgesetzen** hat der **Bundesrat** zwei Möglichkeiten der Reaktion:

– Hegt der Bundesrat Einwände gegen das vom Bundestag beschlossene Gesetz, hat er nach Art. 77 Abs. 2 Satz 1 GG die Möglichkeit, binnen drei Wochen die **Einberufung des Vermittlungsausschusses** zu verlangen. Dies muss der Bundesrat tun, wenn er beabsichtigt, gegen das Bundesgesetz **Einspruch** einzulegen (vgl. Art. 77 Abs. 3 Satz 1 GG).

1132 – Ist der Bundesrat mit dem vom Bundestag beschlossenen Gesetz einverstanden, dann ruft er **nicht** den **Vermittlungsausschuss** an und kann in der Folge auch **keinen Einspruch** einlegen. In diesem Fall kommt das Gesetz nach Ablauf der Einspruchsfrist (Art. 77 Abs. 3 GG) zustande (Art. 78 GG). Einer ausdrücklichen Zustimmung des Bundesrates bedarf es bei Einspruchsgesetzen nicht. Es schließen sich Ausfertigung und Verkündung an (Art. 82 Abs. 1 Satz 1 GG, Rn. 1156 ff.).

bb) Vermittlungsverfahren

Aufgabe des Vermittlungsausschusses ist es, einen **Einigungsvorschlag** auszuarbeiten, der die unterschiedlichen Standpunkte von Bundestag und Bundesrat zu einem Ausgleich bringt. Der Vermittlungsausschuss ist ein Verfassungsorgan (str.); er ist **paritätisch** mit je 16 Mitgliedern aus Bundestag und Bundesrat besetzt. Der Bundesrat entsendet einen Vertreter je Land. Die Vertreter des Bundestages werden von den Fraktionen grds. entsprechend ihrem Stärkeverhältnis im Bundestag benannt (Grundsatz der **Spiegelbildlichkeit**, s. *BVerfGE 112, 118 [140] – Sitzverteilung im Vermittlungsausschuss*). Die vom Bundesrat in den Vermittlungsausschuss entsandten Mitglieder sind gem. Art. 77 Abs. 2 Satz 3 GG – ausnahmsweise – **nicht an Weisungen gebunden;** für die Vertreter des Bundestages ergibt sich dies hingegen bereits aus Art. 38 Abs. 1 Satz 2 GG. Weitere Regelungen finden sich auf der Grundlage von Art. 77 Abs. 2 Satz 2 GG in der **„Gemeinsamen Geschäftsordnung des Bundestages und des Bundesrates für den Ausschuss nach Art. 77 des Grundgesetzes"** (GeschO VermA, abgedr. z.B. in Sartorius I Nr. 36). Zu beachten ist insb., dass das Verfahren **nicht öffentlich** ist (arg. § 6 GeschO VermA).

1133

Der Vermittlungsausschuss kann **Vorschläge zur Änderung, Ergänzung oder Streichung** von Vorschriften des beschlossenen Bundesgesetzes unterbreiten. Diese Vorschläge müssen jedoch im Rahmen des Anrufungsbegehrens (Art. 77 Abs. 2 Satz 1 GG) und des zugrundeliegenden Gesetzgebungsverfahrens bleiben *(BVerfGE 101, 297 [306 ff.] – Häusliches Arbeitszimmer)*. Insbesondere muss der Bundestag **zuvor** die Möglichkeit gehabt haben, sich im Gesetzgebungsverfahren mit der Thematik der vorgeschlagenen Regelungen zu befassen *(BVerfGE 125, 104 [123] – Vermittlungsausschuss)*. **Unzulässig** sind damit jedenfalls Änderungsvorschläge, die auf ein sachlich **neues Gesetz** hinauslaufen. Anderenfalls würde sich der Vermittlungsausschuss gleichsam ein Gesetzesinitiativrecht anmaßen, das ihm nicht zusteht. Im Übrigen bestünde die Gefahr, dass das öffentliche demokratisch-parlamentarische Gesetzgebungsverfahren unangemessen verkürzt würde *(BVerfGE 120, 56 [74 ff.] – Unternehmenssteuerreform)*. Die Vorschläge des Vermittlungsausschusses sind **nicht bindend.** Vielmehr hat der Bundestag über dessen Änderungsvorschläge gem. Art. 77 Abs. 2 Satz 5 GG **erneut Beschluss** zu fassen.

1134

cc) Einspruch

Nach Abschluss des Vermittlungsverfahrens und nach einem etwaigen erneuten Beschluss des Bundestages berät der Bundesrat über die Ergebnisse des Vermittlungsverfahrens. Sind die Bedenken des Bundesrates gegen das Gesetz nicht beseitigt, kann der Bundesrat nach Art. 77 Abs. 3 Satz 1 GG **Einspruch einlegen.** Die Einspruchsfrist beträgt **zwei Wochen;** ihr Beginn wird durch Art. 77 Abs. 3 Satz 2 GG festgelegt. Verstreicht die Frist hingegen ohne Einspruch des Bundesrates, ist das Gesetz zustande gekommen (Art. 78 GG).

1135

dd) Zurückweisung des Einspruchs

1136 Einen Einspruch des Bundesrates kann der **Bundestag zurückweisen**, wenn er ihn überstimmt. Dazu bedarf es nach Art. 77 Abs. 4 Satz 1 GG mindestens der Mehrheit der Mitglieder des Bundestages (Art. 121 GG). Etwas Besonderes gilt, wenn der Bundesrat seinen Einspruch mit Zweidrittelmehrheit beschlossen hat, also mit mindestens 46 Stimmen (Rn. 1046). Um einen solchen Einspruch zurückzuweisen, verlangt Art. 77 Abs. 4 Satz 2 GG eine „Mehrheit von zwei Dritteln, mindestens der Mehrheit der Mitglieder des Bundestages". Dies ist nicht eben leicht zu verstehen, weil zwei Bedingungen mit verschiedenen Bezügen ineinander verschachtelt werden:

- **Qualifizierte Abstimmungsmehrheit:** Erforderlich für die Zurückweisung des Einspruchs ist zunächst eine Mehrheit von zwei Dritteln. Sinn ergibt diese erste Bedingung nur, wenn „… der **abgegebenen** Stimmen" ergänzt wird, *nicht* aber „… der Mitglieder des Bundestages", denn dieses Beteiligungsquorum (Rn. 311) bezieht sich nur auf die zweite Bedingung.
- **Einfache Mitgliedermehrheit:** Die zweite Bedingung fordert, dass (kumulativ zur ersten Bedingung) mindestens die Mehrheit der **Mitglieder** des Bundestages für die Zurückweisung des Einspruchs stimmt. Diese Mehrheit berechnet sich gem. Art. 121 GG nach der gesetzlichen Mitgliederzahl des Bundestages (Rn. 45).

Der Grund für die zweite Bedingung liegt darin, dass eine Abstimmungsmehrheit von zwei Dritteln (erste Bedingung) etwa bereits erreicht wäre, wenn sich nur neun Abgeordnete an dem Beschluss zur Zurückweisung des Einspruchs beteiligten und davon sechs für die Zurückweisung stimmten (vgl. Rn. 925). Um solche „schwachqualifizierten Zweidrittelmehrheiten" zu vermeiden, fordert die zweite Bedingung *zusätzlich* die Mitgliedermehrheit.

Beispiel: Der Bundestag weise eine gesetzliche Mitgliederzahl von 639 auf. Für die Zurückweisung des Einspruchs des Bundesrates im Fall von Art. 77 Abs. 4 Satz 2 GG sind damit als Untergrenze zumindest 320 Ja-Stimmen erforderlich (= Mitgliedermehrheit). Diese Ja-Stimmenanzahl von 320 reicht jedoch nur aus, wenn höchstens 480 gültige Stimmen abgegeben werden (ohne Enthaltungen und ungültige Stimmen, s. Rn. 312), denn dann wird mit 320 Stimmen zugleich die Zweidrittelmehrheit erreicht. Geben dagegen 481 Abgeordnete ihre Stimme ab, sind 321 Ja-Stimmen für die Zweidrittelmehrheit notwendig. Bei 540 abgegeben Stimmen liegt die Zweidrittelmehrheit bei 360 usw.

Wird der Einspruch des Bundesrates mit der nach Art. 77 Abs. 4 GG erforderlichen Mehrheit des Bundestages zurückgewiesen, **kommt** das Gesetz **zustande** (Art. 78 Fall 5 GG). Anderenfalls ist das Gesetz **gescheitert**. Es bleibt dem jeweiligen Initianten (Rn. 1111) jedoch unbenommen, die gleiche Gesetzesvorlage erneut einzubringen.

§ 16. Gesetzgebung; Bundestag und Bundesrat

Merke: Einspruchsgesetze kommen zustande, wenn 1137
- der Bundesrat nicht innerhalb von drei Wochen den Vermittlungsausschuss anruft,
- der Bundesrat den Vermittlungsausschuss anruft, nach Abschluss des Verfahrens jedoch nicht innerhalb von zwei Wochen Einspruch einlegt,
- der Bundesrat Einspruch einlegt, diesen aber später zurücknimmt oder
- der Bundesrat Einspruch einlegt, der Bundestag diesen jedoch zurückweist.

b) Zustimmungsgesetze

aa) Verfahren

Soweit zu einem Gesetz die Zustimmung des Bundesrates erforderlich ist, 1138
hat der Bundesrat nach Art. 77 Abs. 2a GG **in angemessener Frist** über die Erteilung oder Verweigerung der Zustimmung zu beschließen. Verhindert werden sollen durch diese Vorschrift vor allem taktisch motivierte Verzögerungen des Gesetzgebungsverfahrens.

Bei Zustimmungsgesetzen hat der Bundesrat **drei Entscheidungsmöglichkeiten:** 1139

- Ist er mit dem vom Bundestag beschlossenen Gesetz einverstanden, **stimmt er** ihm **zu.** Damit kommt das Gesetz nach Art. 78 GG zustande.
- Hat der Bundesrat Einwände gegen das Gesetz, kann er – wie bei Einspruchsgesetzen – binnen drei Wochen nach Eingang des Gesetzesbeschlusses den **Vermittlungsausschuss anrufen** (Art. 77 Abs. 2 Satz 1 GG). Verpflichtet ist der Bundesrat dazu – anders als bei Einspruchsgesetzen (Rn. 1132) – jedoch nicht. Berechtigt zur Anrufung des Vermittlungsausschusses sind bei Zustimmungsgesetzen nach Art. 77 Abs. 2 Satz 4 GG auch der **Bundestag** und die **Bundesregierung.** Das Verfahren im Vermittlungsausschuss bei Zustimmungsgesetzen gleicht dem bei Einspruchsgesetzen (Rn. 1133 f.). Anschließend muss der Bundesrat in angemessener Frist (Art. 77 Abs. 2a GG) darüber Beschluss fassen, ob er dem Gesetz zustimmt. 1140
- Statt den Vermittlungsausschuss anzurufen, kann der Bundesrat auch sogleich nach Eingang des Gesetzesbeschlusses (Art. 77 Abs. 1 Satz 2 GG) seine **Zustimmung verweigern.** Anschließend können nach Art. 77 Abs. 2 Satz 4 GG der **Bundestag** oder die **Bundesregierung** den Vermittlungsausschuss anrufen. Andernfalls ist das Gesetz gescheitert. 1141

Merke: Zustimmungsgesetze kommen nur zustande, wenn der Bundesrat dem Gesetz 1142
zustimmt.

bb) Katalog der Zustimmungsgesetze

Von der Systematik des Grundgesetzes her sind Zustimmungsgesetze die 1143
Ausnahme von der Regel. Ein Gesetz bedarf nur dann der Zustimmung des Bundesrates, wenn das Grundgesetz dies **ausdrücklich bestimmt.** Das ist typischerweise dann der Fall, wenn ein Bundesgesetz die Interessen der Länder

in besonderem Maß berührt. „Ungeschriebene" Zustimmungsvorbehalte (etwa „kraft Natur der Sache", vgl. Rn. 1101) bestehen nicht.

1144 Bedauerlicherweise enthält das Grundgesetz keine Norm, in der die Zustimmungsgesetze aufgelistet sind. Hilfreich ist daher die Herausarbeitung von **Fallgruppen,** die allerdings nicht abschließend sind:

- Zustimmungsbedürftig sind zunächst gem. Art. 79 Abs. 2 GG **Änderungen des Grundgesetzes** (Rn. 785). Grund hierfür ist, dass dadurch das bundesstaatliche Gefüge in Mitleidenschaft gezogen und insb. die Kompetenzen der Länder beschnitten werden können.

1145 - Zustimmungsbedürftig sind des Weiteren Gesetze, die die **Verwaltungskompetenzen** der Länder berühren. Denn nach Art. 30 und 83 GG werden Bundes- und Landesgesetze grds. von den Ländern vollzogen (Rn. 1347 ff.). Die Verwaltungsorganisation und die Regelung des Verwaltungsverfahrens sind mithin prinzipiell Sache der Länder. Will der Bund hiervon Ausnahmen erreichen, die nicht bereits durch das Grundgesetz begründet sind, bedarf das entsprechende Gesetz der Zustimmung des Bundesrates. Leider sind die Zustimmungsvorbehalte auch insoweit recht verstreut (vgl. z.B. Art. 84 Abs. 1 Satz 6 und Abs. 5 Satz 1, Art. 85 Abs. 1 Satz 1 Hs. 2, Art. 87 Abs. 3 Satz 2 GG).

1146 - Eine dritte Fallgruppe sind Zustimmungsgesetze im Bereich der **Finanzverfassung** (Rn. 697 ff.). Denn die Verteilung der Finanzen ist für das Verhältnis zwischen Bund und Ländern von elementarer Bedeutung. Zustimmungsvorbehalte enthalten etwa Art. 104a Abs. 4 GG und zahlreiche Vorschriften in den Art. 106 bis 109 GG. Überaus bedeutsam ist die Zustimmungsbedürftigkeit zu den meisten wichtigen **Steuergesetzen** nach Art. 105 Abs. 3 GG.

- Daneben beziehen sich Zustimmungsvorbehalte auf Bundesgesetze im Zusammenhang mit der Europäischen Union (insb. Rn. 869, 874), der Länderneugliederung (Rn. 551 ff.) und dem Verteidigungsfall (Art. 115c, 115k, 115l GG).

§ 16. Gesetzgebung; Bundestag und Bundesrat   311

Katalog der zustimmungsbedürftigen Bundesgesetze nach dem GG			1147
Art. 16a II 2, III 1	Art. 91a II	Art. 115c I 2	
Art. 23 I 2, 3, Ia 3, VII	Art. 91c IV 2, V	Art. 115c I III	
Art. 29 VII 1, 2	Art. 91e III	Art. 115k III 2	
Art. 72 III 2	Art. 96 V	Art. 115l I 1	
Art. 73 II	Art. 104a IV, V 2, VI 4	Art. 120a I 1	
Art. 74 II	Art. 104b II 1	Art. 134 IV	
Art. 79 II	Art. 104c Satz 2 Art. 104d Satz 2	Art. 135 V	
Art. 84 I 3, 6, V 1	Art. 105 III	Art. 135a	
Art. 85 I 1 Hs. 2	Art. 106 III 3, V 2, Va 3, VI 5	Art. 143a I 2 i.V.m. Art. 87e V	
Art. 87 III 2	Art. 106a Satz 2	Art. 143a III 3	
Art. 87b I 3, 4, II 1, 2	Art. 106b Satz 2	Art. 143b II 3	
Art. 87c	Art. 107 I 2, II 1	Art. 143c IV	
Art. 87d II	Art. 108 II 2, IV 1, IVa, V 2	Art. 143d II 3, 5, III 2, IV 3	
Art. 87e V	Art. 109 IV, V 3	Art. 143e I 2	
Art. 87f I	Art. 109a I	Art. 143e III	

Vgl. auch Art. 80 II, Art. 81 GG

Merke: Ein Bundesgesetz ist typischerweise zustimmungsbedürftig, wenn es Interessen der Länder besonders berührt.   1148

cc) Änderungsgesetze

Probleme wirft die **Zustimmungsbedürftigkeit von Gesetzen** auf, mit denen zustimmungsbedürftige Gesetze **geändert** werden. Hier ist zu differenzieren: 1149

– Das Änderungsgesetz ist ohne weiteres zustimmungsbedürftig, wenn es **erstmalig** Vorschriften enthält, die eine Zustimmung des Bundesrates erfordern.

– Das Änderungsgesetz bedarf aber auch der Zustimmung, wenn es eine Vorschrift des ursprünglichen Gesetzes ändert, die **ihrerseits zustimmungsbedürftig** war.   1150

– Fraglich ist jedoch, ob das Änderungsgesetz auch dann der Zustimmung bedarf, wenn die ersten beiden Varianten nicht vorliegen, d.h. wenn das Änderungsgesetz selbst **keine neuen** zustimmungsbedürftigen Vorschrif-   1151

(Fortsetzung auf S. 313)

312   Teil III. Organe, Kompetenzen und Funktionen

1152   Gesetzgebungsverfahren im schematischen Überblick

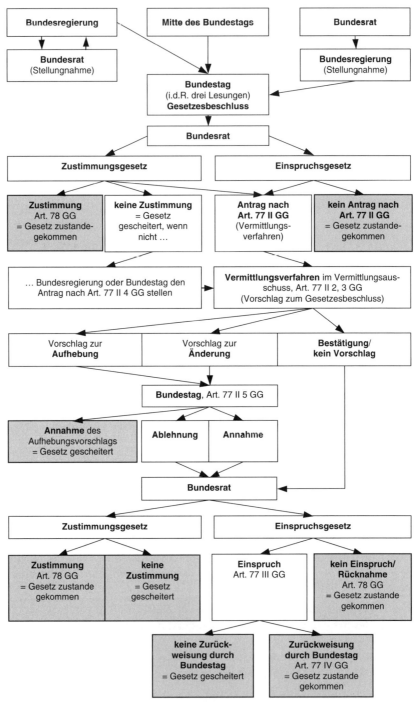

Anm.: grau unterlegt = Möglichkeit der Beendigung des Gesetzgebungsverfahrens

ten enthält und auch **keine** Vorschriften modifiziert, die für sich genommen eine **Zustimmungsbedürftigkeit ausgelöst** hatten. Entscheidend ist dabei die Sichtweise: Bezieht sich die Zustimmung des Bundesrates auf das gesamte Gesetz als Einheit oder nur auf die jeweils einschlägigen Vorschriften? Das Bundesverfassungsgericht **lehnt eine einheitliche Betrachtungsweise ab**. Es verneint demzufolge das Zustimmungserfordernis bei Änderungsgesetzen, die nur solche Vorschriften modifizieren, die für sich genommen ursprünglich keiner Zustimmung bedurften *(BVerfGE 37, 363 [382] – Zustimmungsgesetz)*. Eine Ausnahme erkennt es nur an, wenn nicht ausdrücklich geänderte zustimmungsbedürftige Bestimmungen in ihrer Bedeutung und Tragweite wesentlich betroffen werden *(BVerfGE 48, 127 [180f.] – Wehrpflichtnovelle)*.

5. Abschlussverfahren

Ist ein Bundesgesetz nach Maßgabe von Art. 78 GG zustande gekommen, so bedeutet das noch nicht, dass es in Kraft treten kann. Vielmehr folgt das Abschlussverfahren nach **Art. 82 Abs. 1 Satz 1 GG**: Das Gesetz muss vom Bundespräsidenten nach Gegenzeichnung ausgefertigt und im Bundesgesetzblatt (BGBl.) verkündet werden. 1153

a) Gegenzeichnung

Zustande gekommene Bundesgesetze sind dem Bundespräsidenten erst **nach Gegenzeichnung** vorzulegen. Wer die Gegenzeichnung vorzunehmen hat, ergibt sich aus der Vorschrift des Art. 58 Satz 1 GG. Es sind der **Bundeskanzler** oder der (die) **zuständige(n) Bundesminister**. Der Ausdruck „*Gegen*"-Zeichnung ist irreführend, weil er den Eindruck erweckt, dass die Unterschrift erst nach der Ausfertigung stattfände. Das Gegenteil ist der Fall: Das Gesetz wird *zunächst* (gegen)gezeichnet; erst danach wird die Gesetzesurkunde an den Bundespräsidenten weitergeleitet (so ausdrücklich § 29 Abs. 1 GeschO BReg). 1154

Im Übrigen ist zu beachten, dass nach Art. 58 Satz 1 GG die Gegenzeichnung des Bundeskanzlers *oder* des zuständigen Bundesministers ausreicht; § 29 Abs. 1 Satz 1 GeschO BReg verlangt hingegen die Gegenzeichnung des Bundeskanzlers *und* des zuständigen Bundesministers. Daher ist zu differenzieren: Für die Verfassungsmäßigkeit und Wirksamkeit eines Bundesgesetzes ist allein Art. 58 Satz 1 GG maßgebend; hinreichend ist demnach die alternative Gegenzeichnung. Organintern sind die Mitglieder der Bundesregierung jedoch (auch) an § 29 Abs. 1 Satz 1 GeschO BReg gebunden. Daher findet in der Verfassungspraxis die kumulative Gegenzeichnung statt. 1155

b) Ausfertigung

aa) Funktionen

1156 Ausfertigung ist die **Herstellung der Urschrift** des Gesetzes durch die Unterzeichnung des Bundespräsidenten. Die Ausfertigung hat folgende **Funktionen:**

- Bescheinigung des ordnungsgemäßen Verlaufs und Abschlusses des Gesetzgebungsverfahrens **(Legalitätsfunktion)**; damit agiert der Bundespräsident gleichsam als „Staatsnotar";
- Bestätigung, dass die Urschrift des Gesetzes mit dem von den gesetzgebenden Organen beschlossenen Gesetzestext wörtlich übereinstimmt **(Authentizitätsfunktion)**;
- Herausstellung, dass das Gesetz das Ergebnis einer politischen Willensbildung der dafür demokratisch legitimierten Organe darstellt und mit Ausfertigung und Verkündung abstrakt-generelle Verbindlichkeit erlangt **(Repräsentations-** und **Integrationsfunktion)**.

bb) Prüfungs- und Ausfertigungsverweigerungskompetenz

1157 Zu den „klassischen" Streitfragen im Rahmen des Art. 82 Abs. 1 Satz 1 GG gehört das Problem, ob dem Bundespräsidenten im Rahmen der Ausfertigung mit Rücksicht auf deren Legalitätsfunktion ein **Prüfungs- und Verweigerungsrecht** zusteht und – bejahendenfalls – wie weit es reicht.

1158 **Fall:** Angesichts der Bedrohung durch den internationalen Terrorismus wird der Bundestag aktiv:

a) Zur Effektivierung der Polizeiarbeit in Deutschland beschließt er mit Zustimmung des Bundesrates ein „Allgemeines Polizeigesetz (APolG)" für alle Polizeikräfte in Bund und Ländern.

b) Außerdem beschließt er in formell verfassungsgemäßer Weise ein Gesetz zur Änderung des Strafgesetzbuches, mit dem die Todesstrafe für Mord und Totschlag (§§ 211, 212 StGB) bei terroristischem Hintergrund eingeführt wird.

Muss der Bundespräsident die Gesetze ausfertigen?
(Lösungsvorschlag: Rn. 1162 und 1173)

1159 Nach dem Prinzip der **Gewaltenteilung** liegt die Funktion der Legislative vor allem in den Händen des demokratisch unmittelbar legitimierten Bundestages. Daraus folgt, dass der Bundespräsident die Ausfertigung eines Gesetzes **nicht** schon deswegen verweigern darf, weil er es aus **politischen** Erwägungen für unzweckmäßig hält.

1160 Fraglich ist jedoch, ob der Bundespräsident das Gesetz **in verfassungsrechtlicher Hinsicht** überprüfen darf. Hier ist zu differenzieren zwischen

- der **Kompetenz zur formellen Prüfung**, also der Frage, ob das Gesetz unter Beachtung der verfassungsrechtlichen Vorgaben über Zuständigkeit (Gesetzgebungskompetenz), Verfahren und Form zustande gekommen ist, und

§ 16. Gesetzgebung; Bundestag und Bundesrat   315

– der **Kompetenz zur materiellen Prüfung,** also der Frage, ob das Gesetz sachlich-inhaltlich mit den Vorgaben des Grundgesetzes, insb. mit den Grundrechten und den Verfassungsprinzipien (Staatsgrundlagen), vereinbar ist.

Ein **Recht zur formellen Prüfung** steht dem Bundespräsidenten unstreitig zu. Dies folgt aus dem **Wortlaut** des Art. 82 Abs. 1 Satz 1 GG, wonach der Bundespräsident nur die *„nach den Vorschriften dieses Grundgesetzes zustande gekommenen Gesetze"* ausfertigen muss. Bundesgesetze, die gegen die Vorschriften des Grundgesetzes über die Gesetzgebungskompetenzen und das Gesetzgebungsverfahren verstoßen, sind nicht in formell verfassungsmäßiger Weise zustande gekommen (s. aber die Differenzierung in Rn. 1126). Ihnen darf der Bundespräsident die Ausfertigung verweigern. 1161

Lösungsvorschlag zum Fall Rn. 1158 lit. a: Der Bundespräsident darf in vollem Umfang prüfen, ob ein Bundesgesetz formell verfassungsmäßig ist. Dazu gehört auch die Frage der Gesetzgebungskompetenz. Das allgemeine Polizeirecht fällt gem. Art. 70 Abs. 1 GG in den Bereich der Gesetzgebungskompetenz der Länder. Abgesehen von Spezialkompetenzen (etwa für die Bundespolizei und das Bundeskriminalamt nach Art. 73 Abs. 1 Nr. 5, 9a und 10 lit. a GG) ist der Bund nicht befugt, auf diesem Gebiet Gesetze zu erlassen. Daher ist das „Allgemeine Polizeigesetz" formell verfassungswidrig. Der Bundespräsident ist mithin nicht zur Ausfertigung verpflichtet; er hat das Recht, seine Unterschrift zu verweigern. 1162

Umstritten ist, ob der Bundespräsident auch über ein **Recht zur materiellen Prüfung** verfügt. Der **Wortlaut** des Art. 82 Abs. 1 Satz 1 GG ist insoweit nicht eindeutig, steht einer materiellen Prüfung aber nicht entgegen: Auch bei Gesetzen, die den inhaltlichen Vorgaben des Grundgesetzes widersprechen, lässt sich vertreten, dass sie nicht *„nach den Vorschriften dieses Grundgesetzes zustande gekommen"* sind. 1163

Keine befriedigende Aussage ist auch der Vorschrift über den **Amtseid** des Bundespräsidenten zu entnehmen (Art. 56 GG). Dadurch wird der Bundespräsident zwar verpflichtet, *das Grundgesetz zu wahren und zu verteidigen.* Dieser Eid begründet jedoch selbst **keine (neuen) Rechte,** sondern verfolgt nur das Ziel, den Bundespräsidenten zur ordnungsgemäßen Erfüllung seiner anderweitig bestehenden Kompetenzen anzuhalten. Ebenso verhält es sich mit der **Präsidentenanklage** (Art. 61 GG): Allein aus der Möglichkeit einer Anklage vor dem Bundesverfassungsgericht ergibt sich keine Prüfungspflicht. 1164

Ansatzpunkt für die Lösung der Frage ist die **Bindung aller Staatsgewalt an Recht und Gesetz** nach **Art. 20 Abs. 3 GG.** Diese Norm verbietet es dem Bundespräsidenten als Teil der Staatsgewalt, der Verfassung zuwider zu handeln. Auf den ersten Blick folgt für ihn daraus die Pflicht zu verhindern, dass ein materiell verfassungswidriges Gesetz in Kraft tritt. Allerdings ist dabei Folgendes zu beachten: 1165

– Von seiner verfassungsrechtlichen Funktion her besitzt der Bundespräsident kaum originäre Entscheidungsbefugnisse; er nimmt primär die **Aufgabe der Repräsentation** wahr (Rn. 1311 ff.). 1166

- Eine umfassende materielle Prüfungskompetenz des Bundespräsidenten würde das **Machtgleichgewicht zulasten der Legislativorgane** Bundestag und Bundesrat verschieben. Die Verweigerung der Ausfertigung kommt einem peremtorischen (dauernden) Veto gleich und durchbricht daher die Gewaltenteilung.
- Auch Bundestag, Bundesrat und Bundesregierung sind bei ihrer Tätigkeit an die verfassungsmäßige Ordnung gebunden. Diese Organe haben in erster Linie dafür Sorge zu tragen, dass nur verfassungskonforme Gesetze erlassen werden. Insbesondere der Bundestag darf verfassungswidrige Gesetze nicht beschließen. Bei einem Streit zwischen Bundestag und Bundespräsident über die Verfassungswidrigkeit eines Gesetzes sollte **dem Parlament der Einschätzungsvorrang** zukommen. Dies gilt umso mehr, als die Verfassungswidrigkeit eines Gesetzes zumeist nicht offensichtlich ist.
- Vom Grundgesetz berufenes Organ für die **Überprüfung der Verfassungsmäßigkeit** eines Gesetzes ist das Bundesverfassungsgericht (Art. 93 Abs. 1 Nr. 2 Fall 1, Nr. 4a, Art. 100 Abs. 1 GG). Auf dem Umweg der Ausfertigungskompetenz sollte dem Bundespräsidenten nicht die Rolle einer „kleinen Verfassungsgerichtsbarkeit" zugestanden werden.

1167 Andererseits kann dem Bundespräsidenten im Hinblick auf Art. 20 Abs. 3 GG nicht zugemutet werden, ein offensichtlich verfassungswidriges Gesetz „sehenden Auges" auszufertigen. Gesetze, denen die materielle Verfassungswidrigkeit „auf der Stirn geschrieben steht", muss der Bundespräsident nicht ausfertigen. Das Recht zur materiellen Prüfung beschränkt sich demnach auf **offensichtliche** oder **schwerwiegende Verfassungsverstöße**, d.h. auf eine **Evidenzkontrolle**.

1168 In allen anderen Fällen kann insb. der Bundestag im Wege des **Organstreitverfahrens** gem. Art. 93 Abs. 1 Nr. 1 GG feststellen lassen, dass die Verweigerung der Ausfertigung im konkreten Fall gegen Art. 82 Abs. 1 Satz 1 GG verstößt.

1169 Bisher wurde die Befugnis des Bundespräsidenten zur Prüfungs- und Ausfertigungsverweigerung nur in Bezug auf verfassungswidrige Gesetze diskutiert, Gesetze also, die dem Grundgesetz widersprechen. Wie aber sieht es **unionsrechtswidrigen Bundesgesetzen** aus? Darf der Bundespräsident Gesetzen, die seiner Überzeugung nach gegen europäisches Unionsrecht (Rn. 852 ff.) verstoßen, die Ausfertigung verweigern?

1170 – Zwar ergibt sich aus Art. 23 Abs. 1 Satz 1 GG der Verfassungsauftrag, dass die Bundesrepublik bei der Entwicklung der Europäischen Union mitwirkt (Rn. 827). Diese **Integrationsverpflichtung** wird allerdings sehr allgemein verstanden; aus ihr wird bislang nicht das konkrete Verbot abgeleitet, unionsrechtswidrige Gesetze auszufertigen.
 – Auch Art. 20 Abs. 3 GG steht der Ausfertigung unionsrechtswidriger Gesetze nicht entgegen. Danach ist auch der Bundespräsident (bei der Aus-

fertigung als Teil der Gesetzgebung) an die verfassungsmäßige Ordnung gebunden. Jedoch zählt das **Unionsrecht nicht** zur **verfassungsmäßigen Ordnung** Deutschlands: Es steht als supranationales Recht einerseits über ihr, genießt aber andererseits nur Anwendungsvorrang; diesem entgegenstehendes Recht verfällt also nicht insgesamt der Nichtigkeit (Rn. 854 f.). Weist ein Sachverhalt keinen unionsrechtlichen Bezug auf, darf ein unionsrechtswidriges Gesetz angewendet werden.

- Für eine Befugnis zur Prüfung und erforderlichenfalls zur Verweigerung der Ausfertigung spricht das Unionsrecht selbst, nämlich dessen Pflicht zur **Unionstreue** gem. Art. 4 Abs. 3 Unterabs. 3 EUV (Rn. 830). Danach unterstützen die Mitgliedstaaten die EU bei der Erfüllung ihrer Aufgabe und unterlassen alle Maßnahmen, die die Verwirklichung der Ziele der Union gefährden könnten. Genau dies aber könnte der Fall sein, wenn der Bundespräsident ein unionsrechtswidriges Bundesgesetz ausfertigt. Auch hier dürften aber ähnliche Argumente gelten wie bei verfassungswidrigen Gesetzen (Rn. 1166): Art. 4 Abs. 3 Unterabs. 3 EUV bindet auch Bundestag, Bundesrat und Bundesregierung. Als Staatsorgan mit eher repräsentativen Aufgaben ist der Bundespräsident nicht zur **Unionsrechtskontrolle** von Gesetzen berufen; diese Funktion obliegt dem **EuGH** (Rn. 856). Zudem verdrängt das Unionsrecht unionsrechtswidrige Bundesgesetze (**Anwendungsvorrang**, Rn. 855).

Daher darf der Bundespräsident einem unionsrechtswidrigen Gesetz allenfalls 1171 dann die Ausfertigung verweigern, wenn es offensichtlich gegen Unionsrecht verstößt (beachten Sie: Eine formelle Prüfung findet insoweit nicht statt, weil das Unionsrecht keine Vorgaben für das deutsche Gesetzgebungsverfahren enthält).

Merke: Der Bundespräsident kann die Ausfertigung eines formell verfassungswidrigen 1172 Bundesgesetzes verweigern. Bezüglich der materiellen Verfassungsmäßigkeit steht ihm nur eine „**Evidenzkontrolle**" zu. Ebenfalls auf eine solche Evidenzkontrolle beschränkt sich seine Kompetenz bei **unionsrechtswidrigen** Bundesgesetzen.

Lösungsvorschlag zum Fall Rn. 1158 lit. b: Nach Art. 102 GG ist die Todesstrafe ab- 1173 geschafft. Dies gilt ausnahmslos, auch gegenüber Terroristen. Daher ist hier die materielle Verfassungswidrigkeit des Gesetzes zur Änderung des Strafgesetzbuches offensichtlich. Mithin darf der Bundespräsident die Ausfertigung im Rahmen seiner Evidenzkontrolle verweigern.

c) Verkündung

Verkündung ist die **amtliche Veröffentlichung** des Bundesgesetzes im 1174 **Bundesgesetzblatt** (Teil I enthält die innerstaatlichen Gesetze und Rechtsverordnungen, Teil II die völkerrechtlichen Verträge u.dgl.). Die Notwendigkeit der Verkündung ergibt sich aus dem Rechtsstaatsprinzip: Dem Bürger muss es möglich sein, vom Inhalt der Gesetze aus amtlicher Quelle Kenntnis zu erlangen (Gebot der Rechtssicherheit, Rn. 468 ff.).

1175 In der Staatspraxis erfolgt die Verkündung unter der Regie des **Bundesministeriums der Justiz**. Zum Teil wird vertreten, dass der Bundespräsident nach der Ausfertigung die Verkündung anordnet (den „Verkündungsbefehl" erteilt). Diese Konstruktion ist nicht erforderlich, da der Wortlaut von Art. 82 Abs. 1 Satz 1 GG nicht dazu zwingt, dass die Verkündung vom Bundespräsidenten vorzunehmen ist.

1176 Mit der Verkündung eines Bundesgesetzes ist das Gesetzgebungsverfahren **abgeschlossen**. Von diesem Zeitpunkt an liegt ein „fertiges" Gesetz vor, gegen das unter anderem ein Normenkontrollverfahren nach Art. 93 Abs. 1 Nr. 2 GG eingeleitet werden kann.

6. Inkrafttreten

1177 Von der Verkündung eines Gesetzes ist sein Inkrafttreten zu unterscheiden. Dies wird auch aus Art. 82 GG deutlich, der beide Tatbestände in verschiedenen Absätzen behandelt.

– Nach **Art. 82 Abs. 2 Satz 1 GG** soll jedes Gesetz den Tag seines Inkrafttretens bestimmen. Zumeist geschieht das in der letzten Vorschrift des Gesetzes. Bezug genommen wird dabei nicht selten auf den Tag der Verkündung (z.B. *„Dieses Gesetz tritt drei Tage nach seiner Verkündung in Kraft."*). Dies ist der Tag der Ausgabe des Bundesgesetzblattes (s. sogl. Rn. 1178). Probleme können sich ergeben, wenn im Gesetz bestimmt wird, dass es *vor* seiner Verkündung in Kraft treten soll (**echte Rückwirkung**, hierzu Rn. 490, 495).

1178 – Fehlt eine gesetzliche Bestimmung, so tritt das Gesetz gem. **Art. 82 Abs. 2 Satz 2 GG** mit dem vierzehnten Tage nach Ablauf des Tages in Kraft, an dem das Bundesgesetzblatt ausgegeben worden ist. **Ausgabe** ist der Tag des erstmaligen Inverkehrbringens des entsprechenden Heftes (der entsprechenden Nummer) des Bundesgesetzblattes *(BVerfGE 87, 48 [60] – Asylantrag)*. Der Ausgabetag selbst wird bei der Berechnung der Frist nach Art. 82 Abs. 2 Satz 2 GG nicht mitgezählt (Rechtsgedanke des § 187 Abs. 1 BGB). Er ergibt sich aus der Kopfzeile auf Seite 1 der jeweiligen Nummer des Bundesgesetzblattes. Nicht verwechselt werden darf er mit dem Tag der Ausfertigung (d.h. der Unterzeichnung durch den Bundespräsidenten, Rn. 1156), mit dem Bundesgesetze in aller Regel zitiert werden *(„Gesetz vom …")*.

7. Verwerfungsmonopol des Bundesverfassungsgerichts

1179 Wird im Gesetzgebungs**verfahren** gegen eine Verfassungsvorschrift (Art. 76, 77, 82 GG) verstoßen, führt dies zur **Verfassungswidrigkeit** des jeweiligen Gesetzes (anders bei bloßen Verletzungen der Geschäftsordnungen, Rn. 1108 f.). Dasselbe gilt, wenn der Bund ein Gesetz erlässt, für das er nicht nach Maßgabe von Art. 71 ff. GG **zuständig** ist. Desgleichen führen auch Verstöße gegen **materielles** Verfassungsrecht (insb. gegen die Wertordnung

§ 16. Gesetzgebung; Bundestag und Bundesrat

der Grundrechte oder gegen Staatsgrundlagen) zur Verfassungswidrigkeit des Gesetzes.

Verfassungswidrige Gesetze sind grds. **unwirksam (nichtig)**, d.h. sie erzeugen keine Rechtswirkungen, begründen also weder Rechte noch Pflichten. Die Verfassungswidrigkeit ist jedoch in den seltensten Fällen offensichtlich; häufig ist sie umstritten. Vor diesem Hintergrund stellt sich die große Frage, wer die **Verfassungswidrigkeit verbindlich feststellt** (lat. *quis iudicabit?*): jeder einzelne Bürger, jede Behörde, jedes Gericht? Dies würde wegen der unterschiedlichen Ansichten schnell zu Rechtszersplitterung und Chaos führen. Daher hat das Grundgesetz die Kompetenz zur Entscheidung darüber, ob ein formelles Gesetz (ein Parlamentsgesetz) verfassungswidrig und damit nichtig ist, beim Bundesverfassungsgericht konzentriert: Das Bundesverfassungsgericht besitzt das **Verwerfungsmonopol für formelle Gesetze** (anders bei Rechtsverordnungen, s. Rn. 1182 ff.). Um eine solche Feststellung zu beantragen, bestehen mehrere Verfahren (insb. abstrakte Normenkontrolle gem. Art. 93 Abs. 1 Nr. 2 GG, konkrete Normenkontrolle gem. Art. 100 Abs. 1 GG, Verfassungsbeschwerde gem. Art. 93 Abs. 1 Nr. 4a GG, Rn. 1468 ff., 1523 ff., 1556 ff.). Solange das Bundesverfassungsgericht nicht die Verfassungswidrigkeit und Nichtigkeit eines Gesetzes festgestellt hat, gilt das Gesetz und muss befolgt werden.

1180

Aufbauschema für die Prüfung der Verfassungsmäßigkeit von Bundesgesetzen

I. Formelle Verfassungsmäßigkeit

1. Zuständigkeit (= Gesetzgebungskompetenz, Art. 70 ff. GG)
2. Verfahren (Art. 76 ff. GG)
3. Form (Art. 82 GG)

II. Materielle Verfassungsmäßigkeit

1. Vereinbarkeit mit Grundrechten (Art. 1 ff. GG) (als „Bausteine einer objektiven Wertordnung")
2. Vereinbarkeit mit Staatsgrundlagen (Verfassungsprinzipien, insb. Demokratie, Rechtsstaat, Republik, Bundesstaat, Sozialstaat)
3. Vereinbarkeit mit sonstigem Verfassungsrecht

1181

VI. Rechtsverordnungen

Literaturhinweise: *S. Korioth*, Staatsrecht I, 4. Aufl. 2018, § 31 IV; *Th. I. Schmidt*, Prüfe dein Wissen – Staatsrecht, 3. Aufl. 2013, Nr. 663–675; *Th. v. Danwitz*, Rechtsverordnungen, JURA 2002, 93–102; *K. Meßerschmidt*, Rechtsverordnungen: Rechtmäßigkeit und Rechtsschutz, JURA 2016, 747–761; *Th. Schwarz*, Das Zitiergebot bei Rechtsverordnungen (Art. 80 Abs. 1 Satz 3 GG), DÖV 2002, 852–857; *N. Rütz*, Unwirksamkeit von Rechtsverordnungen nach Wegfall ihrer Ermächtigungsgrundlage?, JURA 2005, 821–824; *A. Voßkuhle/Th. Wischmeyer*, Grundwissen – Öffentliches Recht: Die Rechtsverordnung, JuS 2015, 311–314.

1. Begriff und Bedeutung

a) Exekutive Rechtsetzung

1182 Rechtsverordnungen enthalten **Rechtsnormen** (Rn. 435), die **von der Exekutive erlassen** werden. Dies ist ihre Besonderheit: Anders als bei formellen Gesetzen ist der **Normgeber** nicht das Parlament, sondern die Regierung, ein Ministerium oder eine Verwaltungsbehörde. Demzufolge ist auch das **Verfahren** ein anderes: nicht das verfassungsrechtlich vorgeformte, weitgehend öffentliche, formelle Gesetzgebungsverfahren im Parlament (Art. 76 ff. GG), sondern zumeist ein nicht-öffentliches Verfahren innerhalb der Regierung, innerhalb eines Ministeriums oder innerhalb einer anderen Behörde.

1183 Systematisch lässt sich nach dem Normgeber differenzieren:

– Rechtsverordnungen können von der Regierung oder einem oder mehreren Ministerien erlassen werden. Solche **„legislativen Rechtsverordnungen"** dienen i.d.R. der allgemeinverbindlichen Gesetzeskonkretisierung und -weiterführung. Sie können daher der Gesetzgebung i.w.S. zugeordnet werden.

1184 – Demgegenüber sind Rechtsverordnungen, die von nachgeordneten Behörden erlassen werden, eher der Verwaltungstätigkeit zuzuordnen (**„administrative Rechtsverordnungen"**). Gängige Beispiele sind die Polizeiverordnungen oder andere Verordnungen der Städte, Gemeinden oder Landkreise. Ihre Ermächtigungsgrundlagen finden sich im Polizei- und Kommunalrecht der Länder.

b) Gesetze im „nur-materiellen" Sinn

1185 **Inhaltlich** unterscheiden sich die Rechtsnormen in Rechtsverordnungen **nicht** von den Rechtsnormen in formellen Gesetzen (Parlamentsgesetzen). In der Regel besitzen sie abstrakt-generelle Verbindlichkeit, so dass es für den Bürger zunächst keinen Unterschied macht, ob er ein formelles Gesetz oder eine Rechtsverordnung zu befolgen hat. Sowohl Parlamentsgesetze als auch Rechtsverordnungen sind Gesetze im materiellen Sinn. Während Parlamentsgesetze aber zugleich auch Gesetze im formellen Sinn darstellen, werden Rechtsverordnungen als **Gesetze im nur-materiellen Sinn bezeichnet** (Rn. 437).

Eine in der Praxis überaus bedeutsame Rechtsverordnung, mit der jeder Bürger nahezu täglich zu tun hat, ist die **Straßenverkehrsordnung (StVO)**. Sie wird aufgrund von § 6 Abs. 1 des Straßenverkehrsgesetzes (StVG) vom Bundesverkehrsministerium (mit Zustimmung des Bundesrates) erlassen (s. Rn. 1211).

c) Abgrenzung und Rang

1186 Rechtsverordnungen sind streng von **Verwaltungsvorschriften** zu unterscheiden. Gemeinsam ist ihnen nur der Normgeber, nämlich die Exekutive. Sachlich hingegen enthalten Rechtsverordnungen Rechtsnormen, also abstrakt-generelle Vorschriften (Rn. 435), die für jedermann verbindlich sind, für Bürger, Behörden und Gerichte. Dagegen kommt **Verwaltungsvorschriften keine Außenwirkung** zu; sie berechtigen und verpflichten nicht generell, sondern nur behörden- oder verwaltungsintern. Daher enthalten sie keine Rechts*normen*, sondern nur Rechts*sätze* des sog. Innenrechts.

Im Hinblick auf die **Normenhierarchie** nimmt die Rechtsverordnung im Rang ihres jeweiligen bundesstaatlichen Rechtskreises teil. Rechtsverordnungen des Bundes gehen aus diesem Grund landesrechtlichen Regelungen und damit auch den formellen Landesgesetzen, ja sogar den Landesverfassungen vor (Art. 31 GG, Rn. 575 ff.). Im Übrigen stehen sie **unterhalb des formellen Gesetzes** (Rn. 434). Im Kollisionsfall müssen sie deshalb dem Parlamentsgesetz weichen.

1187

2. Delegation der Rechtsetzungsgewalt: Ermächtigungsvorbehalt

Rechtsetzung durch die vollziehende Gewalt (Exekutive) in Form von Rechtsverordnungen bildet eine **Ausnahme zum Legislativvorbehalt des Parlaments** (vgl. Art. 77 Abs. 1 Satz 1 GG). Rechtsverordnungen besitzen nicht dasselbe Legitimationsniveau wie formelle Gesetze, da sie nicht vom unmittelbar demokratisch gewählten Parlament (vgl. Art. 38 Abs. 1 Satz 1 GG) beschlossen werden.

1188

Rechtfertigungsgrund hierfür sind vor allem **praktische Bedürfnisse**. Im modernen Staat, von dem in vielfacher Weise Regelungen gefordert werden, ist die Verlagerung von Rechtsetzungsbefugnissen auf die Exekutive **unverzichtbar**. Anderenfalls würden die Parlamente mit dem Erlass von Rechtsnormen geringer politischer Bedeutung überlastet. Die Anzahl der Rechtsverordnungen ist wesentlich höher als die der Parlamentsgesetze (schätzungsweise beruhen *zwei Drittel* des Bundesrechts auf Rechtsverordnungen).

1189

Bedürfnisse der Praxis allein können der Exekutive in der rechtsstaatlichen Demokratie jedoch keinen Freibrief zur Normsetzung ausstellen. Zwar ist auch die Exekutive, vor allem die Regierung, mittelbar demokratisch legitimiert. Dies allein reicht als Sicherungsfaktor aber nicht aus. Hinzutreten muss eine **sachlich-inhaltliche Steuerung** des Verordnungsgebers durch ein Parlamentsgesetz. Nur durch eine solche formell-gesetzliche **Ermächtigungsgrundlage,** die insb. die Grenzen der Ermächtigung unmissverständlich festlegt, lässt sich die **Rechtsetzungsgewalt** zulässigerweise **delegieren** (Rn. 1198).

1190

Merke: keine Verordnung ohne Ermächtigung.

1191

3. Rechtsverordnungen aufgrund Bundesgesetzes

a) Verfassungsgrundlage und Funktion

1192 Für Rechtsverordnungen aufgrund Bundesgesetzes werden die Voraussetzungen für die Delegation der Rechtsetzungsgewalt in **Art. 80 GG** geregelt. Ergänzende Bestimmungen finden sich in Art. 82 GG (Ausfertigung, Verkündung und Inkrafttreten). Art. 80 Abs. 1 GG ist die Antwort des demokratischen Rechtsstaats auf die ausufernde Praxis exekutiver Rechtsetzung in der Weimarer Republik (1919–1932), die in einen krassen **Missbrauch des Verordnungsrechts** und in die Einebnung der Unterschiede zwischen den Rechtsquellen durch das nationalsozialistische Regime (1933–1945) mündete. Art. 80 GG versucht das **Spannungsfeld** zwischen Entlastung und Funktionssicherung der Legislative einerseits und Demokratieprinzip sowie materieller Gewaltenteilung andererseits aufzulösen. Dazu stellt diese Verfassungsvorschrift spezifische Anforderungen an die gesetzliche Ermächtigungsgrundlage, an das Rechtsetzungsverfahren und an die Rechtsverordnung selbst.

b) Anwendungsbereich

1193 Art. 80 GG gilt nur für den Erlass von **Rechtsverordnungen, die aufgrund eines formellen Bundesgesetzes** ergehen. Für Rechtsverordnungen, die aufgrund eines Landesgesetzes erlassen werden sollen, finden sich entsprechende Vorschriften in den Landesverfassungen. Diese dürfen jedoch in ihren rechtsstaatlichen Garantien, insb. bzgl. des Bestimmtheitsgebots, nicht wesentlich hinter Art. 80 Abs. 1 GG zurückbleiben (vgl. *BVerfGE 107, 1 [15] – Verwaltungsgemeinschaften Sachsen-Anhalt*). Bereits aus dem Wortlaut von Art. 80 GG ergibt sich, dass diese Vorschrift **weder** auf **Satzungen** (Rn. 1222 ff.) **noch** auf **Verwaltungsvorschriften** (Rn. 1186) anwendbar ist.

1194 Die aufgrund von Art. 80 GG ergehenden Rechtsverordnungen selbst sind
- entweder **Bundesrecht,** wenn sie von der Bundesregierung oder von einem Bundesministerium erlassen werden,
- oder **Landesrecht,** wenn sie von der Landesregierung erlassen werden.

c) Ermächtigungsadressaten (Delegatare)

1195 Art. 80 Abs. 1 **Satz 1** GG zählt die möglichen **Delegatare** der Ermächtigung (die möglichen Verordnungsgeber) auf. Nur die Bundesregierung, ein Bundesminister(ium) oder die Landesregierungen können zum Erlass von Rechtsverordnungen ermächtigt werden. Der Ermächtigungsadressat muss in der formell-gesetzlichen Ermächtigungsgrundlage genau bezeichnet werden. Das folgt aus dem allgemeinen Gebot der Bestimmtheit der Ermächtigung zum Erlass einer Rechtsverordnung.

1196 Bereits aus dem Begriff „Ermächtigung" ergibt sich, dass der Adressat i.d.R. **nicht** zum Erlass einer Verordnung **verpflichtet** ist. Etwas anderes gilt für Situationen, in denen entweder der Wortlaut der Ermächtigungsgrundlage selbst zur Verordnungsgebung zwingt oder eine von parlamentarischer Seite erfolgte gesetzliche Regelung einer Rechtsverordnung (einer „Durchführungsverordnung") bedarf, um anwendbar oder praktikabel zu sein *(BVerfGE 78, 249 [272] – Fehlbelegungsabgabe).*

Art. 80 Abs. 1 Satz 4 GG stellt klar, dass eine **Weiterübertragung der Verordnungsermächtigung** möglich ist. Eine solche Subdelegation muss jedoch bereits in der formell-gesetzlichen Ermächtigungsgrundlage („durch Gesetz") zugelassen sein. Des Weiteren ist eine „Übertragungsverordnung" („Delegationsverordnung") erforderlich. Als Subdelegatare kommen nur Behörden des jeweils nachgeordneten Bereichs in Betracht. Die Weiterübertragung führt nicht zum Kompetenzverlust des gesetzlich zur Übertragung Ermächtigten; sie kann daher jederzeit durch Verordnung geändert oder aufgehoben werden („Rückholbarkeit"). 1197

d) Ermächtigungsumfang und -inhalt

aa) Ermächtigungsgrundlage

Kernaussage von **Art. 80 Abs. 1 GG** ist, dass Rechtsverordnungen stets einer Ermächtigungsgrundlage bedürfen. Die Ermächtigung kann – mit Ausnahme der Subdelegation gem. Art. 80 Abs. 1 Satz 1 GG nur *durch Gesetz* erteilt werden. Gemeint ist damit ein **formelles, vom Bundestag beschlossenes Gesetz** unter Mitwirkung des Bundesrates. 1198

Die Ermächtigung zum Erlass von Rechtsverordnungen hat **keinen Kompetenzverlust des Parlaments** zur Folge. Der Gesetzgeber (Bundestag) kann die Verordnungsmaterie jederzeit wieder an sich ziehen („Rückholbarkeit"), die formell-gesetzliche Ermächtigungsgrundlage aufheben und eine bereits erlassene Rechtsverordnung durch formelles Gesetz außer Kraft setzen *(BVerfGE 22, 330 [346] – Milchauszahlungspreise).* 1199

Erst recht (rechtswissenschaftlich gesprochen: *per argumentum a fortiore,* Rn. 202) ist der Gesetzgeber berechtigt, alle oder einzelne Vorschriften einer bereits erlassenen Rechtsverordnung **durch formelles Gesetz zu ändern.** Dabei ist er aber an die Grenzen der gesetzlichen Ermächtigungsgrundlage gebunden *(BVerfGE 114, 196 [239] – Beitragssatzsicherungsgesetz).* Sollten die formell-gesetzlich modifizierten Verordnungsvorschriften später wieder durch den Verordnungsgeber geändert werden dürfen, fügte die Staatspraxis früher eine sog. **Entsteinerungsklausel** in das Änderungsgesetz ein. Eine solche Klausel ist jedoch nicht erforderlich und hat nur klarstellende Bedeutung *(BVerfGE 114, 196 [240] – Beitragssatzsicherungsgesetz).* 1200

bb) Delegationsbeschränkung: Parlamentsvorbehalt

Art. 80 Abs. 1 GG will vor allem verhindern, dass der Bundestag seine Gesetzgebungskompetenzen im Übermaß auf die vollziehende Gewalt delegiert. Insofern verschärft er den Vorbehalt des Gesetzes (Rn. 454 ff.) zum **Parlamentsvorbehalt** *(BVerfGE 101, 1 [34] – Hennenhaltungsverordnung):* Norma- 1201 tive Angelegenheiten von Wichtigkeit müssen durch Parlamentsgesetz geregelt werden (**Wesentlichkeitsvorbehalt,** Rn. 296 ff.). Weniger wichtige Angelegenheiten stehen demgegenüber einer Regelung durch Rechtsverordnung offen, soweit das Parlament seine Legislativgewalt auf die Exekutive überträgt.

cc) Bestimmtheitsgebot

1202 Um den Parlamentsvorbehalt abzusichern, besteht **Art. 80 Abs. 1 Satz 2 GG:** Danach muss der Bundestag Inhalt, Zweck und Ausmaß der gesetzlichen Ermächtigungsgrundlage **bestimmen** und damit eine vorprägende Regelungsentscheidung treffen (allg. zum Bestimmtheitsgebot s. Rn. 470 ff.). Dabei bezieht sich

– „**Inhalt**" vor allem auf das von der Ermächtigung umfasste Sachgebiet,
– „**Zweck**" auf das Ziel, das mit der Rechtsverordnung erreicht werden soll, und
– „**Ausmaß**" auf die Grenzen der Ermächtigung.

1203 Eine genaue Abgrenzung der drei Kriterien ist jedoch nicht möglich, da sie sich zum Teil überschneiden. Entscheidend ist, dass damit **Pauschal-** oder **Globalermächtigungen** unterbunden werden sollen, mit denen sich das Parlament selbst „entmächtigt" und seine gesetzgebende Gewalt faktisch auf die Regierung überträgt. Insoweit stellt Art. 80 Abs. 1 Satz 2 GG eine Ausprägung der Wesentlichkeitslehre (Rn. 286) dar. Im Übrigen soll die Ermächtigungsgrundlage die Tendenz und das Programm der künftigen Rechtsverordnung so genau umreißen, dass der Bürger schon anhand der Ermächtigungsgrundlage vorhersehen kann, was ihm gegenüber zulässig ist.

1204 Je gewichtiger oder wesentlicher die zu regelnde Materie ist, desto größer muss die Bestimmtheit von Inhalt, Zweck und Ausmaß der Ermächtigung sein. Allerdings ist es nicht erforderlich, dass die Ermächtigungsgrundlage in ihrem Wortlaut so genau wie überhaupt möglich gefasst wird; sie muss nur „**hinreichend bestimmt**" sein. Dazu reicht es aus, dass sich die erforderliche Bestimmtheit durch Auslegung nach den allgemein gültigen Auslegungsmethoden (Rn. 192 ff.) ermitteln lässt *(BVerfGE 58, 257 [277 f.] – Schulausschluss).*

e) Anforderungen an die Rechtsverordnung selbst

1205 Das **Verordnungsgebungsverfahren** selbst ist weder im Grundgesetz noch in einem Parlamentsgesetz allgemein normiert. Spezialvorschriften bestehen – insb. wegen ihrer Grundrechtsrelevanz – jedoch für den Erlass von Polizeiverordnungen nach dem jeweiligen Landespolizeirecht. Im Übrigen richtet sich das Verordnungsgebungsverfahren zumeist nach dem Binnenrecht des jeweiligen Verordnungsgebers, also i.d.R. nach der jeweiligen **Geschäftsordnung.**

§ 16. Gesetzgebung; Bundestag und Bundesrat

aa) Zurechnung zum Ermächtigungsadressaten

In diesem Zusammenhang muss die Geschäftsordnung sicherstellen, dass die Rechtsverordnung dem Ermächtigungsadressaten materiell auch **zugerechnet** werden kann. Ist der Verordnungsgeber ein Kollegialorgan (die Bundesregierung oder eine Landesregierung), so ist zu gewährleisten, dass sich auch die **Mehrheit** der Mitglieder (Minister) an dem Verordnungsgebungsverfahren **beteiligt** *(BVerfGE 91, 148 [165 ff.] – Umlaufverfahren).* 1206

Dies muss erfolgen 1207

– durch persönliche **Abstimmung** bei einem entsprechenden Beschluss in einer (Kabinetts-)Sitzung (Rn. 1300) (Beschlussverfahren, vgl. § 15 Abs. 1 lit. b, § 24 GeschO BReg) oder
– durch schriftliche **Willensbekundung** im sog. Umlaufverfahren. Bloßes Schweigen gilt hier – wie grds. auch im Übrigen – *nicht* als Zustimmung.

bb) Zustimmungsbedürftigkeit

Manche Rechtsverordnungen der Bundesregierung oder eines Bundesministeriums bedürfen der **Zustimmung des Bundesrates**. Dies erinnert an die Zustimmungsbedürftigkeit gewisser formeller Bundesgesetze (Rn. 1147). Art. 80 Abs. 2 GG enthält die meisten Tatbestände solcher zustimmungsbedürftigen Rechtsverordnungen. 1208

Zustimmungsbedürftige Rechtsverordnungen der Bundesregierung oder eines Bundesministeriums 1209

„Föderativverordnungen"	„Verkehrsverordnungen"
Rechtsverordnungen – aufgrund von zustimmungsbedürftigen Gesetzen, Art. 80 II Fall 4 GG, – im Rahmen der Landeseigenverwaltung und der Bundesauftragsverwaltung, Art. 80 II Fall 5 und 6 GG	bestimmte Rechtsverordnungen – bzgl. der Benutzung von Post und Telekommunikation, Art. 80 II Fall 1 GG, – bzgl. der Eisenbahnen, Art. 80 II Fall 2 und 3 GG

Die „**Föderativverordnungen**" werden so genannt, weil sie bundesstaatliche Interessen berühren: einerseits die Rechte des Bundesrates bei der Gesetzgebung, andererseits die Rechte der Länder bei der Ausführung von Bundesgesetzen. Die „**Verkehrsverordnungen**" betreffen die Mobilität und Kommunikation in Gesamtdeutschland und tangieren damit auch in besonderer Weise die Belange der Gliedstaaten. 1210

Art. 80 Abs. 2 GG enthält allerdings auch einen **Vorbehalt für anderweitige bundesgesetzliche Regelungen**. Dieser Vorbehalt wird weit ausgelegt: Durch Bundesgesetz kann die Zustimmungsbedürftigkeit zu Rechtsverordnungen ausgeschlossen, aber auch besonders begründet werden. 1211

So ergibt sich die Zustimmungsbedürftigkeit der Straßenverkehrsordnung (StVO), einer „Verkehrsverordnung" des Bundes, der eine weitaus größere Bedeutung als den in Rn. 1060 genannten Verordnungen zukommt, aus § 6 Abs. 1 des Straßenverkehrsgesetzes (StVG), nicht aber aus Art. 80 Abs. 2 GG.

cc) Zitiergebot

1212 Nach **Art. 80 Abs. 1 Satz 3 GG** ist in der Rechtsverordnung die Ermächtigungsgrundlage anzugeben, also die formell-gesetzliche Norm, auf die sich die Verordnung stützt. Adressat dieses **Zitiergebots** ist der Verordnungsgeber; Zwecke sind die Selbstkontrolle, die externe Richtigkeitskontrolle sowie die rechtsstaatliche Normenklarheit.

dd) Ausfertigung, Verkündung, Inkrafttreten

1213 Aus Gründen der Rechtssicherheit und Rechtsklarheit müssen nicht nur Parlamentsgesetze, sondern auch Rechtsverordnungen ausgefertigt und verkündet werden. Die **Ausfertigung** erfolgt nach **Art. 82 Abs. 1 Satz 2 GG** von der Stelle, die die Rechtsverordnung erlassen hat (Bundesregierung, Bundesministerium, Landesregierung). Solange die Ermächtigungsgrundlage selbst noch nicht in Kraft getreten ist, darf die Rechtsverordnung nicht ausgefertigt werden (vgl. *BVerfGE 34, 9 [21 ff.]* – *Hausgut-Entscheidung*). Veröffentlichungsmedium ist in aller Regel das **Bundesgesetzblatt, Teil I**.

1214 Gem. **Art. 82 Abs. 2 Satz 2 GG** treten Rechtsverordnungen, soweit in ihnen nichts anderes bestimmt ist, mit dem vierzehnten Tag nach Ablauf des Tages in Kraft, an dem das Bundesgesetzblatt ausgegeben worden ist (zur Berechnung s. Rn. 1178).

f) Prüfungsaufbau

1215 Die Prüfung von Rechtsverordnungen ist zweigeteilt: Zunächst ist die Verfassungsmäßigkeit der formell-gesetzlichen Ermächtigungsgrundlage zu untersuchen, anschließend die Rechtmäßigkeit der Rechtsverordnung selbst.

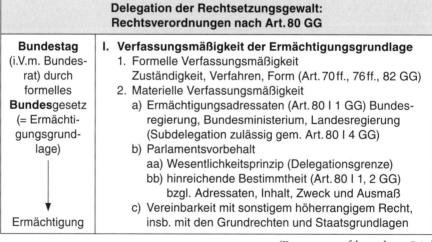

	Delegation der Rechtsetzungsgewalt: Rechtsverordnungen nach Art. 80 GG

Bundestag (i.V.m. Bundesrat) durch formelles **Bundes**gesetz (= Ermächtigungsgrundlage) ↓ Ermächtigung	I. **Verfassungsmäßigkeit der Ermächtigungsgrundlage**
	 1. Formelle Verfassungsmäßigkeit
	    Zuständigkeit, Verfahren, Form (Art. 70 ff., 76 ff., 82 GG)
	 2. Materielle Verfassungsmäßigkeit
	    a) Ermächtigungsadressaten (Art. 80 I 1 GG) Bundesregierung, Bundesministerium, Landesregierung (Subdelegation zulässig gem. Art. 80 I 4 GG)
	    b) Parlamentsvorbehalt
	      aa) Wesentlichkeitsprinzip (Delegationsgrenze)
	      bb) hinreichende Bestimmtheit (Art. 80 I 1, 2 GG)
	        bzgl. Adressaten, Inhalt, Zweck und Ausmaß
	    c) Vereinbarkeit mit sonstigem höherrangigem Recht, insb. mit den Grundrechten und Staatsgrundlagen

(Fortsetzung auf der nächsten Seite)

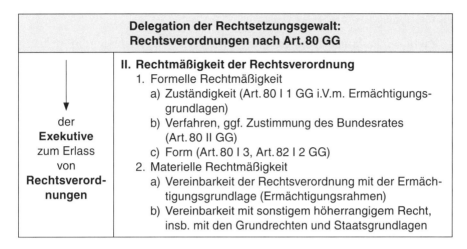

g) Rechtsfolgen von Rechtsverstößen

aa) Verfassungswidrigkeit der Ermächtigungsgrundlage

Ist die **formell-gesetzliche Ermächtigungsgrundlage** von Anfang an 1216 nichtig (z.B. mangels Gesetzgebungskompetenz), ist auch die Rechtsverordnung unheilbar unwirksam (ungültig, nichtig). Hingegen bleibt die Rechtsverordnung wirksam, wenn die Ermächtigungsgrundlage später wegfällt *(BVerfGE 78, 179 [198] – Heilpraktikergesetz)*.

bb) Rechtswidrigkeit der Rechtsverordnung

Ist die Rechtsverordnung **nicht mit ihrer Ermächtigungsgrundlage** 1217 **vereinbar,** überschreitet sie insb. deren Grenzen, ist sie nichtig *(BVerfGE 101, 1 [30, 37] – Hennenhaltungsverordnung)*. Dasselbe gilt, wenn die Rechtsverordnung gegen das **Zitiergebot** (Rn. 1212) oder **sonstiges höherrangiges Recht** verstößt *(BVerfGE 101, 1 [43 f.] – Hennenhaltungsverordnung)*.

Bei **Fehlern im Verordnungsgebungsverfahren** ist hingegen zu diffe- 1218 renzieren:

– Wird lediglich gegen eine **Geschäftsordnungsvorschrift** verstoßen und liegt darin nicht zugleich eine Verfassungs- oder Gesetzesverletzung, ist der Fehler unbeachtlich; die Rechtsverordnung ist wirksam (s. dazu entsprechend Rn. 1108).

– Liegt zugleich ein Verfassungs- oder Gesetzesverstoß vor, soll die Rechts- 1219 verordnung gleichwohl nur unwirksam sein, wenn diese Rechtsverletzung **offensichtlich** ist *(BVerfGE 91, 148 [175 f.] – Umlaufverfahren)*. Dies dürfte der Fall sein bei der Verletzung von Vorlagepflichten, von wesentlichen Beteiligungsvorschriften oder bei mangelhafter Ausfertigung und Verkündung.

cc) Verwerfungskompetenz

1220 Zwischen Parlamentsgesetzen und Rechtsverordnungen besteht hinsichtlich der Verwerfungskompetenz ein bedeutender **Unterschied:**

– **Verfassungswidrige Parlamentsgesetze** des Bundes können nur vom Bundesverfassungsgericht verworfen werden **(Verwerfungsmonopol)**, und zwar im Verfahren der abstrakten Normenkontrolle (Art. 93 Abs. 1 Nr. 2 GG, Rn. 1523 ff.), der konkreten Normenkontrolle (Art. 100 Abs. 1 GG, Rn. 1556 ff.) oder der Verfassungsbeschwerde (Art. 93 Abs. 1 Nr. 4a GG, Rn. 1468 ff.). Bis dahin muss jedes Gesetz beachtet und insb. von allen Behörden und Gerichten angewendet werden (Anwendungsgebot im Rahmen des Vorrangs des Gesetzes, Rn. 445 ff.).

1221 – Bei **rechtswidrigen Rechtsverordnungen** besteht das Verwerfungsmonopol des Bundesverfassungsgerichts nicht. Von Bürgern und Behörden müssen sie zwar beachtet werden, nicht aber von Gerichten: Jedes **Gericht** kann eine von ihm als *rechtswidrig* erachtete Rechtsverordnung im Einzelfall, d.h. im jeweiligen Streitfall, unangewendet lassen (sog. **Inzidentkontrolle und -verwerfung**). Darüber hinaus stellt das Verwaltungsprozessrecht ein Verfahren bereit, in dem die Rechtswidrigkeit und Ungültigkeit von Rechtsverordnungen auf Antrag **allgemeinverbindlich** festgestellt werden kann: die sog. **prinzipale Normenkontrolle** nach § 47 der Verwaltungsgerichtsordnung (VwGO). Alles Weitere dazu gehört zum Stoff des Verwaltungsprozessrechts (s. *Detterbeck*, Allgemeines Verwaltungsrecht, Rn. 1405 ff.).

VII. Satzungen

Literaturhinweise: *S. Detterbeck*, Allgemeines Verwaltungsrecht, 17. Aufl. 2019, Rn. 94 ff., 844 ff.; *Th. I. Schmidt*, Prüfe dein Wissen – Staatsrecht, 3. Aufl. 2013, Nr. 61, 62; *A. Funke/A. Papp*, Rechtsprobleme kommunaler Satzungen, JuS 2010, 395–400; *U. Becker/M. Sichert*, Einführung in die kommunale Rechtsetzung am Beispiel gemeindlicher Benutzungssatzungen, JuS 2000, 144–148.

1. Delegation der Rechtsetzungsgewalt

1222 Die **Rechtsetzungsgewalt** steht als „klassisch" hoheitliche Funktion grds. dem **Staat** zu (Gesetzgebung durch Bund und Länder, vgl. Art. 20 Abs. 2 Satz 2 GG). Primär zur Rechtsetzung berufenes Staatsorgan ist das **Parlament** (vgl. Art. 77 Abs. 1 Satz 1 GG). Jedoch ist auch in der rechtsstaatlichen Demokratie anerkannt, dass die Rechtsetzung nicht ausnahmslos unmittelbar durch den Staat wahrgenommen werden muss. Der Staat ist vielmehr unter bestimmten Voraussetzungen berechtigt, Teile seiner Rechtsetzungsgewalt auf **Dritte** zu übertragen *(BVerfGE 111, 191 [215 ff.] – Notarkassen)*.

Von Verfassungs wegen taugliche Delegatare können jedoch nicht natürliche **1223**
oder juristische Personen des Privatrechts sein, sondern nur **juristische Personen des öffentlichen Rechts** außerhalb des Staates. In Betracht kommen insb.
- die kommunalen Gebietskörperschaften (Städte, Gemeinden, Landkreise u.a., Rn. 647 ff.),
- die berufsständischen Selbstverwaltungskörperschaften (Rechtsanwaltskammern, Notarkammern, Steuerberaterkammern, Industrie- und Handelskammern, Handwerkskammern u.a.m.),
- die Universitäten oder Fakultäten (z.B. hinsichtlich Studien- und Prüfungsordnungen),
- die Sozialversicherungsträger (Bundesagentur für Arbeit, Deutsche Rentenversicherung, Krankenkassen, Unfallkassen u.v.a.) und
- die Rundfunkanstalten.

Man spricht von der **Verleihung autonomer Rechtsetzungsgewalt** im **1224**
Rahmen der **mittelbaren Staatsverwaltung** (Rn. 1375). Dadurch werden die juristischen Personen des öffentlichen Rechts berechtigt, **ihre eigenen Angelegenheiten** verbindlich zu regeln (z.B. innere Verwaltung, Festlegung ihrer Aufgaben oder Rechtsbeziehungen zu ihren Mitgliedern oder Benutzern).

2. Satzung als Rechtsetzungsinstrument

Die Rechtsetzung durch Träger der mittelbaren Staatsverwaltung kann **1225**
nicht durch formelles Gesetz erfolgen, da nur der Staat über ein Parlament verfügt. Das Regelungsinstrument, dessen sich die juristischen Personen im Rahmen ihrer autonomen Rechtsetzungsgewalt bedienen, ist die **Satzung**. Insofern wird auch von **Satzungsautonomie** gesprochen. Das Bundesverfassungsgericht definiert Satzungen als *„Rechtsvorschriften, die von einer […] juristischen Person des öffentlichen Rechts im Rahmen der ihr gesetzlich verliehenen Autonomie mit Wirksamkeit für die ihr angehörigen und unterworfenen Personen erlassen werden"* *(BVerfGE 10, 20 [49 f.] – Preußischer Kulturbesitz)*. Satzungen enthalten **abstraktgenerelle Regelungen** und damit **Rechtsnormen**, die veröffentlicht werden müssen. Sie sind allerdings kein staatliches, sondern **autonomes Recht**.

Da Satzungen nicht im förmlichen Gesetzgebungsverfahren durch das Par- **1226**
lament beschlossen werden, sind sie **Gesetze im „nur-materiellen" Sinn**. Darin gleichen sie Rechtsverordnungen (Rn. 1182 ff.). Von diesen unterscheiden sich Satzungen aber dadurch, dass sie nicht von der staatlichen Exekutive (Regierung, Staatsverwaltung) erlassen werden, sondern von juristischen Personen des öffentlichen Rechts, die vom Staat verselbständigt sind.

In der Normenhierarchie nehmen Satzungen (wie Rechtsverordnungen) **1227**
am Rang ihres jeweiligen **bundesstaatlichen Rechtskreises** teil. Satzungen einer *bundes*unmittelbaren juristischen Person (Rn. 1375) gehen aus diesem Grund denen einer *landes*unmittelbaren juristischen Person vor. Im Übrigen

stehen Satzungen im **Rang unter dem Gesetz;** sie sind also auf der untersten Stufe der Normenpyramide angesiedelt (Rn. 140 f.). Im Kollisionsfall müssen Satzungen deshalb staatlich gesetztem Recht weichen.

1228 Der Erlass der Satzungen erfolgt in aller Regel durch das kollegial besetzte Beschlussorgan der jeweiligen juristischen Person.

> **Beispiel:** Satzungen der Gemeinde werden durch den Gemeinderat beschlossen, Satzungen des Landkreises durch den Kreistag, Satzungen der Universität durch den Senat, Satzungen der Fakultät durch den Fakultätsrat, Satzungen der Kammern grds. durch deren (Mitglieder-)Versammlungen.

3. Rechtfertigung und Grenzen

1229 Das übertragene Recht zum Erlass von Rechtsnormen in Gestalt von Satzungen ist **Ausfluss des Selbstverwaltungsrechts** der juristischen Personen des öffentlichen Rechts (s. Rn. 646 ff.). *„Die Prinzipien der Selbstverwaltung und der Autonomie wurzeln im demokratischen Prinzip und entsprechen dem freiheitlichen Charakter der Verfassung; sie ermöglichen gesellschaftlichen Gruppen, in eigener Verantwortung die Ordnung der sie berührenden Angelegenheiten mit zu gestalten"* *(BVerfGE 111, 191 [215 f.] – Notarkassen).*

1230 Es liegt aber auf der Hand, dass nichtstaatliche Stellen bei der autonomen Rechtsetzung bestimmten **Grenzen** unterworfen sein müssen. *„Die Einrichtung [... der] Selbstverwaltung als Ausprägung des Demokratieprinzips des Art. 20 Abs. 2 GG mit dem Ziel der Verwirklichung der freien Selbstbestimmung [...] darf nicht dazu führen, dass der Gesetzgeber sich seiner Regelungsverantwortung entäußert. [...] Dies gilt insbesondere bei Regelungen, die mit Grundrechtseingriffen verbunden sind"* *(BVerfGE 111, 191 [216] – Notarkassen).*

1231 Die verfassungsrechtlichen Maßgaben des **Art. 80 Abs. 1 GG** gelten indes nur für Rechtsverordnungen kraft Bundesrechts, **nicht für Satzungen,** und zwar weder unmittelbar noch analog *(BVerfGE 97, 332 [343] – Kindergarten-Staffelgebühren).* Allerdings besteht eine Reihe von spezifischen Maßgaben, die vor allem aus dem Rechtsstaats- und aus dem Demokratieprinzip herausgearbeitet wurden:

1232 – Zunächst muss die Befugnis, Satzungen zu erlassen, stets **durch formelles Gesetz verliehen** werden. Dadurch wird gewährleistet, dass die Satzungsautonomie auf eine Willensentschließung des vom Volk bestellten Gesetzgebungsorgans (des Parlaments) zurückgeführt werden kann.

1233 – Ferner darf die Selbstverwaltungskörperschaft nur innerhalb ihres personellen und sachlichen **Aufgabenbereichs** Satzungen erlassen, d.h. nur zur **Regelung ihrer (eigenen) Angelegenheiten.**

1234 – Außerdem muss sichergestellt sein, dass die Satzungsvorschriften das Ergebnis eines demokratischen Willensbildungsprozesses im Inneren des Selbst-

verwaltungsträgers darstellen. Das **Beschlussorgan,** das die Satzung erlässt, muss **nach demokratischen Grundsätzen gebildet** werden.
– Darüber hinaus muss die Regelung **wesentlicher Fragen** des Gemeinwesens sowie von **Sachverhalten mit Grundrechtsbezug** durch **formelles Gesetz vorgeformt** sein (Wesentlichkeitslehre, Parlamentsvorbehalt, Rn. 286 ff.). In diesem Rahmen muss sich die ausfüllende Satzung bewegen. Dies gilt vor allem für Satzungsvorschriften, aufgrund deren in grundrechtliche Freiheiten eingegriffen werden darf.
– Schließlich dürfen Satzungen – selbstredend – nicht gegen sonstiges höherrangiges Recht verstoßen (**Vorrang des Gesetzes,** Rn. 444 ff.).

1235

1236

Merke: Satzungen sind die typische Regelungsform von Selbstverwaltungskörperschaften. Sie stellen Gesetze im „nur-materiellen" Sinn dar.
Sie können nur kraft gesetzlicher Verleihung von einem binnendemokratisch gebildeten Beschlussorgan erlassen werden, müssen sich im Rahmen der Aufgaben der Selbstverwaltungskörperschaft halten und dürfen nicht gegen höherrangiges Recht verstoßen. Sind wesentliche Fragen des Gemeinwohls betroffen oder ist Grundrechtsrelevanz gegeben, muss das Parlament durch formelles Gesetz den Rahmen für die Satzung vorgeben.

1237

§ 17. Regierung und Verwaltung

I. Vollziehende Gewalt (Exekutive): Überblick

Literaturhinweise: *S. Korioth,* Staatsrecht I, 4. Aufl. 2018, § 32 I; *Th. I. Schmidt,* Prüfe dein Wissen – Staatsrecht, 3. Aufl. 2013, Nr. 682–688.

1. Negativdefinition

Die vollziehende Gewalt (Exekutive) ist nach dem traditionellen Konzept der horizontalen Gewaltenteilung (Rn. 885) nach der gesetzgebenden und vor der rechtsprechenden die „zweite" Staatsgewalt. Im Gegensatz zu den beiden anderen Gewalten zeichnet sich die Exekutive durch ein breit gefächertes Funktionsfeld sowie durch differenzierte Strukturen und mannigfache organisatorische Erscheinungsformen aus. Daher ist eine halbwegs griffige positive Begriffsbestimmung bislang nicht recht gelungen. Stattdessen wird in einer Art Subtraktionsmethode folgende „klassische" **Negativdefinition** verwendet:

1238

Merke: Unter Exekutive versteht man alle Staatsgewalt, die nicht Gesetzgebung und nicht Rechtsprechung ist.

1239

Funktionen der vollziehenden Gewalt sind insb. die Ausführung der Gesetze (auch: der Gesetzesvollzug), die Gestaltung im gesetzesfreien Raum sowie

1240

die Gesetzesvorbereitung. Häufig wird die Exekutive gegenüber dem Bürger **unmittelbar gestaltend** tätig, also **bezogen auf den Einzelfall**. Innerhalb der Exekutive lässt sich nach der Art der wahrgenommenen Funktion eine Unterteilung in **Gubernative** (Regierungstätigkeit) und **Administration** (Verwaltung) vornehmen.

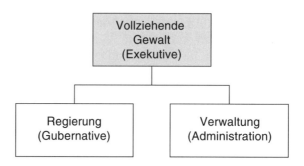

2. Regierung (Gubernative)

1241 Unter Gubernative versteht man die **Regierungstätigkeit**. Sie ist gekennzeichnet durch schöpferische, gestaltende Tätigkeit mit dem Ziel der materiellen **Staatsleitung:** Es werden politische Leitungsaufgaben wahrgenommen und richtungweisende Entscheidungen (gesellschafts-)politischer Art getroffen. Der Regierung obliegt es, im Rahmen eines Programms die grundsätzliche „politische Marschrichtung" zu bestimmen. Dazu gesellt sich die Kompetenz der Regierung zur **Öffentlichkeitsarbeit** *(BVerfGE 105, 279 [301ff.] – Osho;* s. auch Rn. 365).

1242 Darüber hinaus hat sie die Aufgabe der **Gesetzesvorbereitung:** Gem. Art. 76 Abs. 1 Fall 1 GG ist die Bundesregierung berechtigt, Gesetzesvorlagen einzubringen (Rn. 1114 f.) und somit unmittelbar auf die Arbeit des Parlamentes einzuwirken (für die Landesregierungen ist in den Verfassungen der Länder Ähnliches bestimmt). Die Minister haben ferner das Recht und die Pflicht zur **Aufsicht** über die Verwaltung und insb. über den Gesetzesvollzug im jeweiligen **Geschäftsbereich (Ressort)**.

3. Verwaltung (Administration)

1243 Zur Tätigkeit der Verwaltung gehört zunächst die **Ausführung der Gesetze.** Darunter versteht man die **konkret-individuelle Anwendung** abstrakt-genereller Rechtsnormen (Gesetze). Vorgaben des Gesetzgebers werden so „im Alltag" umgesetzt (sog. gesetzesakzessorische Verwaltung). Aufgrund der strikten Handhabung des Vorbehalts des Gesetzes (Rn. 454 ff.) hat die gesetzesakzessorische Verwaltung im Rechtsstaat des Grundgesetzes stark zugenommen.

Soweit – in verfassungskonformer Weise – keine besonderen Gesetze als **1244** konkreter Handlungs- und Rechtfertigungsmaßstab bestehen, handelt die Verwaltung **im „gesetzesfreien" Raum** (sog. gesetzesfreie Verwaltung). Diese Bezeichnung darf allerdings nicht dahingehend missverstanden werden, dass die Verwaltung frei von jeglicher rechtlicher Bindung agieren könnte. Sie ist und bleibt vielmehr stets an Recht und Gesetz gebunden (Art. 20 Abs. 3 GG). „Gesetzesfrei" bedeutet lediglich, dass die Verwaltung hier nicht aufgrund spezifischer gesetzlicher Ermächtigung oder Verpflichtung, gestützt auf konkrete Befugnisnormen, tätig wird.

> **Merke:** Die Exekutive lässt sich untergliedern in Gubernative, welche die Aufgabe der Staatsleitung wahrnimmt, und Administration, die mit dem Gesetzesvollzug betraut ist. **1245**

4. Schnittstellen

Gubernative und Administration stehen sich indes nicht als zwei hartleibig **1246** getrennte Blöcke gegenüber. Die Schnittstelle bilden vielmehr die **Minister,** die sowohl Mitglieder der Regierung als auch Spitze der jeweiligen Verwaltung (ihres Geschäftsbereichs = Ressorts) sind.

Die Exekutive weist auch Berührungspunkte mit der **Legislative** auf. Im **1247** Rahmen ihres Initiativrechts kann sie Anstöße zum Erlass formeller Gesetze geben (Rn. 1114 ff.). Darüber hinaus ist sie unter bestimmten Voraussetzungen und in gewissem Rahmen berechtigt, selbst Rechtsnormen zu setzen und somit unmittelbar geltendes Recht zu schaffen (nämlich Rechtsverordnungen und Satzungen, s. Rn. 1182 ff., 1222 ff.).

II. Bundesregierung

Literaturhinweise: *S. Korioth,* Staatsrecht I, 4. Aufl. 2018, § 28; *Th. I. Schmidt,* Prüfe dein Wissen – Staatsrecht, 3. Aufl. 2013, Nr. 574–599; *Ph. Austermann,* Die Wahl des Bundeskanzlers gemäß Art. 63 GG, DÖV 2013, 865–874; *G. Beaucamp,* Konflikte in der Bundesregierung, JA 2001, 478–481; *Ch. M. Burkiczak,* Kanzlerwahl, Misstrauensvotum und Vertrauensfrage – Das Amt des Bundeskanzlers nach dem Grundgesetz und in der Staatspraxis, JURA 2002, 465–468; *T. Gas,* Die Auflösung des Bundestages nach Art. 68 GG mittels unechter (auflösungsgerichteter) Vertrauensfrage, BayVBl. 2006, 65–72; *J. Heck/M. Heffinger,* Die Bildung der Bundesregierung in Krisensituationen, DÖV 2018, 739–745; *U. Krämer,* Konstruktives Misstrauensvotum und Vertrauensfrage als Auswege aus parlamentarischen Krisen, UBWV 2007, 394–400; *K. v. Lewinski,* Ein Kanzler will Neuwahlen, JA 2006, 439–444; *E. J. Lohse,* Klausur – Öffentliches Recht: „Die Hüter der Verfassung", JA 2014, 519–526; *F. Reimer,* Vertrauensfrage und Bundestagsauflösung bei parlamentarischer Anscheinsgefahr, JuS 2005, 680–683; *W.-R. Schenke,* Die Bundesrepublik als Kanzlerdemokratie – zur Rechtsstellung des Bundeskanzlers nach dem Grundgesetz, JZ 2015, 1009–1018.

1. Rechtsstellung und Bedeutung

1248 Die Bundesregierung ist ein oberstes Verfassungsorgan des Bundes. Sie nimmt Aufgaben der **materiellen Staatsleitung** wahr und bildet zugleich die **Spitze der Bundesverwaltung.** Damit kommt ihr die zentrale Stellung in der Exekutive des Bundes zu: Im Rahmen ihrer gubernativen Aufgaben besitzt sie originäre politische Gestaltungs- und Entscheidungsbefugnisse (Rn. 1241), insb. auch in der Außen- und Europapolitik (Art. 23 Abs. 2 bis 7 GG, Art. 32 Abs. 1, Art. 59 GG, Rn. 602 ff.). Hierbei wird die Bundesregierung durch den Bundestag und den Bundesrat kontrolliert (Rn. 923). Diese Kontrolle findet ihre Grenzen im sog. **Kernbereich exekutiver Eigenverantwortung,** *„der einen grundsätzlich nicht ausforschbaren Initiativ-, Beratungs- und Handlungsbereich einschließt"* (BVerfGE 131, 152 [206] – Unterrichtungsrechte/ESM). Zudem kann die Bundesregierung Einfluss auf den Vollzug der Gesetze nehmen. Dies gilt nicht nur, soweit die Gesetze durch bundesunmittelbare oder bundesmittelbare Verwaltung vollzogen werden (Art. 86 bis 89 GG, Rn. 1374 ff.), sondern auch, soweit die Länder die Bundesgesetze ausführen (Art. 83 bis 85 GG, Rn. 1348 ff.). Die sich daraus ergebende herausragende Bedeutung, die der Bundesregierung im Verfassungsleben zukommt, spiegelt sich in den einschlägigen verfassungsrechtlichen Rechtsgrundlagen, den Art. 62 bis 69 GG, nur bedingt wider.

1249 Die Bundesregierung ist gem. Art. 62 GG als **Kollegialorgan** konzipiert. Sie setzt sich aus dem Bundeskanzler und den Bundesministern zusammen. Bundeskanzler und Bundesminister werden insb. bei ihren Sitzungen auch als **(Bundes-)Kabinett** bezeichnet (Rn. 1300). Die Parlamentarischen Staatssekretäre unterstützen die Bundesregierung in ihrer Arbeit, sind aber wegen Art. 62 GG nicht deren Mitglieder (näher Rn. 1304).

1250 **Merke:** Die Bundesregierung ist ein Kollegialorgan, das aus dem Bundeskanzler und den Bundesministern besteht. Der Bundeskanzler selbst ist – anders als der Bundespräsident – kein eigenständiges Verfassungsorgan, ebenso wenig sind dies die Bundesminister.

2. Regierungsbildung

1251 Die Bildung der Bundesregierung stellt ein wichtiges Glied in der Kette der demokratischen Legitimation gegenüber dem Staatsvolk dar (Rn. 262 ff.). Sie ist gem. Art. 63 und 64 GG **zweistufig** organisiert:
– Zunächst wählt der Bundestag den Bundeskanzler (Art. 63 GG),
– sodann bestimmt der Bundeskanzler die Bundesminister (Art. 64 Abs. 1 GG).

Eine Wahl der Bundesminister durch den Bundestag findet somit nicht statt. Vielmehr stellt der Bundeskanzler das **legitimatorische Bindeglied** für die gesamte Bundesregierung dar (vgl. Rn. 370 ff.).

§ 17. Regierung und Verwaltung

a) Wahl des Bundeskanzlers

Der Bundeskanzler wird **zu Beginn einer Legislaturperiode** (Art. 69 Abs. 2 Hs. 1, Art. 39 GG) durch den neu konstituierten Bundestag gewählt. Für diese Wahl stellt das Grundgesetz in Art. 63 **drei gestufte Möglichkeiten** zur Verfügung: eine vorrangige und zwei subsidiäre.

1252

aa) Wahl auf Vorschlag des Bundespräsidenten

Regelmäßig steht gem. Art. 63 Abs. 1 GG derjenige Kandidat zur Wahl, der durch den Bundespräsidenten vorgeschlagen worden ist. Eine bestimmte **Frist** muss der Bundespräsident dabei nicht beachten. Er ist jedoch verpflichtet, einen Vorschlag insb. dann zu unterbreiten, wenn Koalitionsverhandlungen erfolgreich abgeschlossen, aber auch wenn sie gescheitert sind. Bei seinem **Vorschlag** ist der Bundespräsident verfassungsrechtlich weder an Koalitionsvereinbarungen noch an die Erwartungen der Bevölkerung oder staatlicher Stellen gebunden; er **entscheidet frei**. In der Staatspraxis wird sich der Bundespräsident jedoch für den Kandidaten der (voraussichtlichen) Regierungsfraktion oder -koalition entscheiden, da nur dieser hinreichende Aussicht hat, tatsächlich gewählt zu werden. Zudem könnte das Scheitern eines vorgeschlagenen Kandidaten einen Prestigeverlust des Bundespräsidenten nach sich ziehen.

1253

Gewählt wird gem. Art. 63 Abs. 1 GG **ohne Aussprache**, d.h. ohne offene Personaldebatte im Plenum (Rn. 924, vgl. im Übrigen § 4 Satz 1 GeschO BT). Nicht ausgeschlossen werden dadurch allerdings Diskussionen und Vereinbarungen im Vorfeld, insb. im Rahmen der Bundestagswahlen (Art. 38 Abs. 1 Satz 1 GG, Rn. 941 ff.).

1254

Gewählt ist gem. Art. 63 Abs. 2 Satz 1 GG, wer die **Stimmen der Mehrheit der Mitglieder des Bundestages** auf sich vereinigt. Nach Art. 121 GG ist dies die Mehrheit der gesetzlichen Mitgliederzahl des Bundestages nach Maßgabe der §§ 1 und 6 Abs. 5 BWahlG (Rn. 45). Daher wird bei dieser Art der **absoluten Mehrheit** (Rn. 311) gemeinhin von „Kanzlermehrheit" gesprochen – auch dort, wo es gar nicht um die Wahl des Bundeskanzlers geht.

1255

bb) Wahl auf Initiative des Bundestages mit „Kanzlermehrheit"

Scheitert die Wahl des durch den Bundespräsidenten vorgeschlagenen Kandidaten, so kann der Bundestag gem. Art. 63 Abs. 3 GG binnen 14 Tagen aus **eigener Initiative** einen Bundeskanzler wählen. Der Bundespräsident hat sein Vorschlagsrecht verwirkt und die Benennung eines Kandidaten obliegt nur noch dem Parlament. Innerhalb der 14-Tages-Frist können beliebig viele Wahlgänge durchgeführt werden. Gewählt ist nach Art. 63 Abs. 3 GG, wer die „Kanzlermehrheit" (Rn. 1255) auf sich vereinigt.

1256

cc) Wahl auf Initiative des Bundestages mit einfacher Mehrheit

Führt auch das Verfahren nach Art. 63 Abs. 3 GG zu keinem positiven Ergebnis, so erfolgt gem. Art. 63 Abs. 4 Satz 1 GG *ein* neuer Wahlgang. Ab-

1257

weichend von den vorherigen Wahlgängen ist bei zwei Kandidaten derjenige gewählt, wer zumindest eine **einfache Abstimmungsmehrheit** erringen kann (vgl. dazu Art. 42 Abs. 2 Satz 1 Hs. 1 GG, Rn. 310, 311, 314). Stehen mehr als zwei Kandidaten zur Wahl, bedarf es nicht einmal einer einfachen Mehrheit (Rn. 310, 311), sondern es genügt die **relative Mehrheit** der abgegebenen Stimmen (Rn. 310, 318).

b) Ernennung des Bundeskanzlers

1258 Ein vom Bundestag mit absoluter Mehrheit seiner Mitglieder („**Kanzlermehrheit**") gewählter Kandidat muss vom Bundespräsidenten ernannt werden (Art. 63 Abs. 2 Satz 2, Abs. 4 Satz 2 GG). Vereinigt ein Kandidat dagegen lediglich die **einfache** oder gar nur eine **relative Abstimmungsmehrheit** auf sich, besitzt der Bundespräsident nach Art. 63 Abs. 4 Satz 3 GG ein **Wahlrecht**: Entweder ernennt er den Gewählten trotz der Perspektive instabiler Mehrheitsverhältnisse und erschwerter Regierungsarbeit (sog. **Minderheitskanzler**) binnen sieben Tagen. Oder er löst den Bundestag auf und ebnet somit den Weg für dessen **Neuwahl** (Art. 39 Abs. 1 Satz 4 GG).

c) Ernennung der Bundesminister

1259 **Fall:** Nach seiner Wahl und Ernennung zum Bundeskanzler möchte K ein Wahlkampfversprechen einlösen und bestimmt M, einen aktiven Pazifisten, zum Bundesminister der Verteidigung. Bundespräsident P weigert sich, M zu ernennen, da dieser infolge seines radikalen Engagements für die Friedensbewegung nicht die erforderliche Kompetenz besitze und befürchten lasse, dass die Bundeswehr unter seiner Führung ernsten Schaden nehme. K meint hingegen, er als Bundeskanzler dürfe sich seine Kabinettsmitglieder selbst aussuchen. P stehe in dieser Frage kein Prüfungsrecht zu. Wer hat Recht?
Variante: Wie wäre der Fall zu beurteilen, wenn P die Ernennung deswegen verweigerte, weil dem M infolge einer Verurteilung wegen verfassungsfeindlicher Einwirkung auf die Bundeswehr (§ 89 StGB) die Fähigkeit aberkannt wurde, öffentliche Ämter zu bekleiden (§§ 92a, 45 Abs. 2 StGB)?
(Lösungsvorschläge: Rn. 1264)

1260 Nach Art. 64 Abs. 1 Fall 1 GG werden die Bundesminister auf Vorschlag des Bundeskanzlers vom Bundespräsidenten ernannt. Dabei ist problematisch, ob und inwieweit dem **Bundespräsidenten** ein **Prüfungsrecht** und ggf. ein Recht zur Verweigerung der Ernennung zukommt. Der Wortlaut des Art. 64 Abs. 1 GG ist insofern **unscharf**: Einerseits räumt er dem Bundespräsidenten kein Ermessen ein („*werden ... ernannt*" statt „*kann ... ernennen*"). Andererseits darf der Bundeskanzler dem Bundespräsidenten die Minister nur zur Ernennung *vorschlagen*.

1261 Die Frage ist ähnlich zu beantworten wie die nach der Kompetenz des Bundespräsidenten, die Bundesgesetze bei der Ausfertigung auf ihre Verfassungsmäßigkeit zu überprüfen (Rn. 1157 ff.). Ausgangspunkt ist hier wie dort die **Bindung** des Bundespräsidenten **an Gesetz und Recht** (Art. 20 Abs. 3 GG):

1262 – Danach besitzt der Bundespräsident die Befugnis, die **rechtlichen Voraussetzungen** für die Ernennung zu kontrollieren, etwa die Amtsfähigkeit

§ 17. Regierung und Verwaltung

(§ 45 StGB) oder Inkompatibilitäten (Art. 66 GG, §§ 4, 5 des Bundesministergesetzes – BMinG). Es kann einem Staatsoberhaupt nicht zugemutet werden, bei offensichtlich verfassungs- oder sonst rechtswidrigen Handlungen mitzuwirken.

– Anders verhält es sich bzgl. eines **politischen Prüfungsrechts**: Die Auswahl der Bundesminister ist grds. Aufgabe des Bundeskanzlers im Rahmen von dessen Kabinettsbildungsrecht (Rn. 1291 f.). Er allein trägt die politische Verantwortung für die Bundesminister und hat für deren Fehler einzustehen. Ein hierauf bezogenes Prüfungsrecht des Bundespräsidenten würde diese Kompetenz des Bundeskanzlers beeinträchtigen. 1263

> **Lösungsvorschlag zum Fall Rn. 1259:** Die Weigerung des P, M zu ernennen, ist nur verfassungsmäßig, soweit dem P bei der Ernennung eines Bundesministers ein Prüfungsrecht zukommt. Der Wortlaut von Art. 64 Abs. 1 Fall 1 GG lässt sich in die eine oder andere Richtung interpretieren. Eine historische, systematische und teleologische Auslegung des Grundgesetzes ergibt, dass es die Aufgabe des Bundeskanzlers ist, die Bundesminister zu bestimmen (Personalkompetenz, Kabinettsbildungsrecht). Zwar ist der Akt der Ernennung nach Art. 64 Abs. 1 Fall 1 GG Sache des Bundespräsidenten; ihm kommt aber allenfalls ein formelles Prüfungsrecht zu. Anhaltspunkte, die auf fehlende rechtliche Voraussetzungen des M für das in Frage stehende Amt hindeuten, sind nicht ersichtlich. Die Ansicht des P, M sei für den Posten des Bundesministers der Verteidigung wegen seines radikalen Engagements in der Friedensbewegung nicht geeignet, ist eine rein politische Beurteilung. Derentwegen darf der Bundespräsident die Ernennung nicht verweigern. (Die Verfassungswidrigkeit der Ernennungsverweigerung ließe sich im Organstreitverfahren gem. Art. 93 Abs. 1 Nr. 1 GG durch das Bundesverfassungsgericht feststellen.)
> Anders in der **Variante**: Hier fehlt dem M eine formelle Voraussetzung, zum Bundesminister ernannt zu werden, da er kraft Richterspruchs kein öffentliches Amt bekleiden darf (§§ 89, 92a, 45 Abs. 2 StGB). Die Frage der Amtsfähigkeit wird vom formellen Prüfungsrecht des Bundespräsidenten umfasst. Bei einem evidenten Rechtsverstoß, wie es in der Variante der Fall ist, darf der Bundespräsident nicht gezwungen sein, eine Ernennung vorzunehmen.

1264

> **Merke:** Nur der Bundeskanzler wird unmittelbar vom Bundestag gewählt. Die Bundesminister werden vom Bundespräsidenten auf Vorschlag des Bundeskanzlers ernannt. Über den Bundeskanzler wird die gesamte Bundesregierung demokratisch legitimiert und zugleich der parlamentarischen Kontrolle zugeführt.

1265

3. Amtszeit des Bundeskanzlers

a) Legislaturende und „Rücktritt"

Das Amt des Bundeskanzlers endet gem. Art. 69 Abs. 2 Hs. 1 GG „regulär" mit dem **Zusammentritt eines neuen Bundestages**. Diese Kopplung der Amtszeit des Bundeskanzlers an die Dauer der Legislaturperiode ist die Konsequenz aus der Tatsache, dass der Bundestag den Bundeskanzler wählt (Art. 63 GG, Rn. 1252 ff.). Salopp formuliert hat jeder Bundestag „seinen" Bundeskanzler. 1266

1267 Ein **freiwilliger „Rücktritt"** des Bundeskanzlers ist stets möglich, ohne dass dies ausdrücklich geregelt wäre. Im Grunde handelt es sich dabei freilich um ein Entlassungsgesuch des Bundeskanzlers an den Bundespräsidenten, dem dieser entsprechen muss. In diesem Fall muss der Bundestag einen **neuen Bundeskanzler wählen** (Art. 63 GG). Dies gilt auch im Fall des Todes des Bundeskanzlers.

b) Misstrauensvotum

1268 Gem. **Art. 67 GG** kann der Bundestag dem Bundeskanzler das Misstrauen aussprechen. Ein erfolgreicher Misstrauensantrag hat die Konsequenz, dass der Bundeskanzler sein Amt verliert. Diese Regelung ist die schärfste Waffe des Parlaments gegen die Regierung. An ihr zeigt sich deutlich die **politische wie verfassungsrechtliche Abhängigkeit** der Exekutivspitze vom Bundestag; sie ist Ausfluss des parlamentarischen Regierungssystems (Rn. 294). Ausgeschlossen ist ein Misstrauensantrag gegen einen nur geschäftsführenden Bundeskanzler (Rn. 1285a), weil die Voraussetzungen, die Art. 63 GG für die Wahl eines neuen Bundeskanzlers vorsieht (Rn. 1252 ff.), dadurch umgangen würden.

aa) „Destruktives" Misstrauensvotum

1269 Die Ausgestaltung des Misstrauensvotums in Art. 67 GG unterscheidet sich in einem wesentlichen Punkt von dessen Vorgängervorschrift, dem Art. 54 der **Weimarer Reichsverfassung** von 1919 (WRV). Danach konnte der Reichstag den Reichskanzler durch Entzug seines Vertrauens stürzen, ohne einen Nachfolger zu bestimmen (sog. destruktives Misstrauensvotum). Dies führte zu instabilen Minderheitsregierungen, die vom Reichspräsidenten abhängig waren, im Parlament indes keinen Rückhalt besaßen.

bb) „Konstruktives" Misstrauensvotum

1270 Art. 67 Abs. 1 Satz 1 GG bestimmt hingegen, dass der Bundestag dem Bundeskanzler das Misstrauen **nur dadurch** aussprechen kann, dass er zugleich einen **neuen Kanzler wählt** (sog. konstruktives Misstrauensvotum). Auf diese Weise wird verhindert, dass parlamentarische Gruppierungen – geeint allein in ihrer Ablehnung der gegenwärtigen Regierung – ein Machtvakuum erzeugen. Der über Art. 67 GG an die Macht gekommene Bundeskanzler ist im Vergleich zu dem nach Art. 63 GG gewählten nicht von schwächerer Rechtsstellung, sondern besitzt vielmehr *„volle demokratische Legitimität"* (BVerfGE 62, 1 [43] – Vertrauensfrage I).

1271 **Merke:** Der Bundestag kann dem Bundeskanzler sein Misstrauen nur aussprechen, indem er einen neuen Bundeskanzler wählt.

cc) Verfahren

1272 Laut § 97 Abs. 1 Satz 2 GeschO BT ist der Misstrauensantrag von einem **Viertel der Mitglieder** des Bundestages oder einer Fraktion, die mindestens

§ 17. Regierung und Verwaltung 339

ein Viertel der Mitglieder des Bundestages umfasst, zu unterzeichnen und in einer Weise zu stellen, dass dem Bundestag ein namentlich benannter Kandidat als Nachfolger vorgeschlagen wird. Zwischen dem Antrag und der Wahl müssen nach Art. 67 Abs. 2 GG 48 Stunden liegen. Die Wahl des Nachfolgers muss gem. Art. 67 Abs. 1 Satz 1 GG i.V.m. Art. 121 GG mit absoluter Mehrheit (**„Kanzlermehrheit"**, Rn. 1255) erfolgen. Nach erfolgreich durchgeführter Wahl ist der Bundespräsident gem. Art. 67 Abs. 1 Satz 2 GG verpflichtet, den gestürzten Bundeskanzler zu entlassen und den Neugewählten zu ernennen.

c) Vertrauensfrage

Fall: Die A/B-Regierungskoalition verfügt im Bundestag nur über eine Mehrheit von drei Abgeordneten. Gestützt darauf hat die Regierungskoalition bislang aber alle ihre politischen Vorhaben verwirklichen können. Als sie sich aufgrund von repräsentativen Meinungsumfragen im politischen Aufwind zu befinden meint, möchte sie sich durch eine Neuwahl mit einer solideren Mehrheit ausstatten. Daher stellt Bundeskanzler K in Absprache mit den Regierungsfraktionen von A und B die Vertrauensfrage, die planmäßig scheitert. Daraufhin beantragt K beim Bundespräsidenten fristgerecht die Auflösung des Bundestages. Was ist dem Bundespräsidenten zu raten?
(Lösungsvorschlag: Rn. 1285) 1273

Neben Art. 67 GG ist eine weitere Möglichkeit, wie die Amtszeit des Bundeskanzlers ein Ende finden kann, die **Vertrauensfrage** gem. **Art. 68 GG**. Während die Initiative beim konstruktiven Misstrauensvotum vom Bundestag ergriffen werden muss, kann die Vertrauensfrage nur vom Bundeskanzler selbst gestellt werden. Ein geschäftsführender Bundeskanzler (Rn. 1285a) darf die Vertrauensfrage nicht stellen, weil er nur durch das Ersuchen des Bundespräsidenten nach Art. 69 Abs. 3 GG und nicht durch eine Wahl des neu konstituierten Bundestages legitimiert ist (Rn. 262 f.). 1274

aa) Erfolg und Scheitern der Vertrauensfrage

Erhält der entsprechende Antrag die Zustimmung der Mehrheit der Mitglieder des Bundestages (Art. 121 GG, **„Kanzlermehrheit"**, Rn. 1255), hat dies keine verfassungs*rechtlichen* Folgen. Der Bundeskanzler wird jedoch *politisch* gestärkt aus der Abstimmung hervorgehen. 1275

Scheitert die Vertrauensfrage, kann der Bundeskanzler nach seinem Ermessen unter den folgenden Möglichkeiten wählen: 1276

– Er führt die Regierung fort, obwohl er sich einer belastbaren Mehrheit im Parlament nicht gewiss sein kann (sog. **Minderheitskanzler**). Der negative Ausgang einer Vertrauensfrage bedeutet folglich nicht zwingend das Ende der Amtszeit des Bundeskanzlers.

– Zur Stärkung der Position des Bundeskanzlers kann die Bundesregierung gem. Art. 81 Abs. 1 Satz 1 GG mit Zustimmung des Bundesrates den Antrag stellen, dass der Bundespräsident für eine bestimmte, als dringlich bezeichnete Gesetzesvorlage den **Gesetzgebungsnotstand** erklärt. Auf diesem 1277

Wege gelten Gesetze trotz Ablehnung im Bundestag als zustande gekommen, soweit der Bundesrat zustimmt (Art. 81 Abs. 2 Satz 1 GG). Das Grundgesetz kann gem. Art. 81 Abs. 4 GG auf diese Weise jedoch nicht geändert werden.

1278 – Stattdessen kann der Bundeskanzler **zurücktreten** und somit die Wahl eines neuen Regierungschefs gem. Art. 63 GG auslösen. (Diese Möglichkeit ist im Übrigen nicht von einer gescheiterten Vertrauensfrage abhängig; es steht dem Bundeskanzler vielmehr zu jeder Zeit frei zurückzutreten, s. Rn. 1267.)

1279 – Schließlich kann der Bundeskanzler den Bundespräsidenten gem. Art. 68 Abs. 1 Satz 1 GG ersuchen, den Bundestag **aufzulösen.** Diese Entscheidung steht im Ermessen des Bundespräsidenten. Das Auflösungsrecht erlischt indes drei Wochen nach der Abstimmung über die Vertrauensfrage oder auch dann, wenn der Bundestag mit „Kanzlermehrheit" (Rn. 1255) einen anderen Regierungschef wählt (Art. 68 Abs. 1 Satz 2 GG). Nach Auflösung des Bundestages kommt es zu **Neuwahlen** innerhalb von sechzig Tagen (Art. 39 Abs. 1 Satz 4 GG).

1280

Mögliche Konsequenzen einer gescheiterten Vertrauensfrage		
Fortführung der Regierung	„Rücktritt" des Bundeskanzlers	Auflösung des Bundestages
ggf. mithilfe Gesetzgebungsnotstands	Neuwahl des Bundeskanzlers	Neuwahl des Bundestages

bb) Echte Vertrauensfrage

1281 Die Vertrauensfrage ist primär ein Instrument, mittels dessen sich der Regierungschef der **parlamentarischen Unterstützung** vergewissern kann (sog. **echte Vertrauensfrage**). Dadurch sollen die Arbeitsfähigkeit der Regierung sichergestellt und rechtliche Reaktionsmöglichkeiten auf den Zustand einer parlamentarisch-politischen Krise geboten werden. In diesem Sinne ist es zulässig, den Antrag gem. Art. 68 GG mit einem bestimmten **Gesetzesvorhaben** zu **verbinden** (vgl. Art. 81 Abs. 1 Satz 2 GG) und so die Entscheidung über das (umstrittene) Gesetz zugleich zur Entscheidung über das Amt des Regierungschefs zu machen.

cc) Unechte Vertrauensfrage

1282 Die Vertrauensfrage kann aber auch der Dokumentation dienen, dass eine sinnvolle Regierungsarbeit mangels parlamentarischer Unterstützung nicht mehr möglich ist. Diese sog. **unechte Vertrauensfrage** kann der Bundeskanzler dann dazu einsetzen, um eine Auflösung des Bundestages und Neuwahlen herbeizuführen.

1283 Zu beachten ist dabei indessen, dass dem Bundestag ein **Selbstauflösungsrecht nicht** zusteht und Neuwahlen erst am Ende der Legislaturperiode stattfinden sollen (Rn. 927). Voraussetzung für die Auflösung des Bundestages durch den Bundespräsidenten ist daher

– nicht nur, dass die Vertrauensfrage allein äußerlich negativ beantwortet worden ist (sog. **formelle Auflösungslage**),
– sondern auch eine **„materielle Auflösungslage"**, in der sich der Kanzler des Vertrauens des Bundestages *tatsächlich* nicht mehr sicher sein kann, mithin eine Beeinträchtigung der Handlungsfähigkeit der Bundesregierung infolge der Mehrheitsverhältnisse im Bundestag.

Dabei steht dem Bundeskanzler jedoch ein **Einschätzungsspielraum** zu, den das Bundesverfassungsgericht nur eingeschränkt überprüft *(BVerfGE 114, 121 [155 ff.] – Vertrauensfrage II)*. Die Auflösung des Bundestages infolge einer „unechten" Vertrauensfrage ist daher nur verfassungswidrig, wenn keinerlei Anhaltspunkte für den Verlust der Handlungsfähigkeit der Bundesregierung ersichtlich gewesen sind. 1284

Lösungsvorschlag zum Fall Rn. 1273: Laut Sachverhalt ist die Bundesregierung handlungsfähig, auch wenn sie sich nur auf eine Mehrheit von drei Abgeordneten stützen kann. Denn sie hat bisher alle ihre politischen Projekte umsetzen können. Die Vertrauensfrage von K ist daher unechter Natur. Mit ihr soll über die Auflösung des Bundestages dessen Neuwahl erreicht werden. Voraussetzung dafür ist eine „materielle Auflösungslage", bei der dem Bundeskanzler jedoch ein weiter Einschätzungsspielraum zusteht (str.). Gefordert werden dafür gleichwohl Anhaltspunkte irgendwelcher Art, die auf den Verlust der Handlungsfähigkeit der Bundesregierung hindeuten. Hierfür ist im Sachverhalt jedoch nichts ersichtlich. Damit ist der Antrag des Bundeskanzlers nach Art. 68 Abs. 1 Satz 1 GG verfassungswidrig. Der Bundespräsident ist gehalten, die Auflösung des Bundestages zu verweigern (str.). 1285

d) Geschäftsführende Bundesregierung

Ein Staat darf nicht ohne Regierung sein, um nicht handlungsunfähig zu werden. Dazu könnte es auf Bundesebene kommen, solange nach Zusammentritt eines neuen Bundestages noch kein Bundeskanzler gewählt ist (Rn. 1252 ff., 1266) oder wenn der Bundeskanzler „zurückgetreten" ist (Rn. 1267, 1278). Dagegen trifft das Grundgesetz Vorsorge, indem es in Art. 69 Abs. 3 GG bestimmt, dass der Bundeskanzler, wenn er vom Bundespräsidenten darum gebeten wird, **seine Geschäfte** solange **weiterführen** muss, bis ein Nachfolger ins Amt kommt. Für die Bundesminister gilt Entsprechendes; im Übrigen bleiben sie zusammen mit einem geschäftsführenden Bundeskanzler ihrerseits geschäftsführend im Amt. 1285a

4. Amtszeit der Bundesminister

Der **Bundeskanzler** ist das **Bindeglied** zwischen dem Bundestag und den Bundesministern. Deren Amtszeit ist daher an die des Bundeskanzlers gekoppelt: Endet das Amt des Regierungschefs, hat dies zwingend auch das Ende der Ämter der Bundesminister zur Folge (Art. 69 Abs. 2 Hs. 2 GG – **Akzessorietät der Ministerämter**; s. auch Art. 69 Abs. 3 GG, Rn. 1285a). 1286

1287 Eine Abwahl oder ein Misstrauensvotum gegen einzelne oder alle Bundesminister sieht das Grundgesetz nicht vor. Eine **parlamentarische Kontrolle** der Minister findet somit nur **über den Bundeskanzler** statt. Im Rahmen seines materiellen Kabinettsbildungsrechts (Rn. 1291 f.) kann der Kanzler jederzeit die Entlassung eines Bundesministers durch den Bundespräsidenten erwirken. Dabei ist das Tatbestandsmerkmal „auf Vorschlag des Bundeskanzlers" in Art. 64 Abs. 1 Fall 2 GG missverständlich: Dem Bundespräsidenten steht bei einem solchen Gesuch kein Ermessen zu (vgl. dazu auch Rn. 1260 ff.).

1288 Im Übrigen können die Bundesminister wie der Bundeskanzler jederzeit auf eigenen Wunsch **„zurücktreten"**, d.h. genauer: den Bundeskanzler bitten, dem Bundespräsidenten ihre Entlassung „vorzuschlagen" (Art. 64 Abs. 1 Fall 2 GG). Der Bundeskanzler ist dann gehalten, dem Bundespräsidenten einen neuen Kandidaten zur Ernennung anzubieten. Gleiches gilt im Fall des Todes eines Ministers.

5. Aufgaben und interne Organisation

1289 Als oberstem Organ der Exekutive kommen der Bundesregierung **vielfältige Aufgaben** zu, die vielerorts, jedoch nicht abschließend im Grundgesetz geregelt sind. Zu **unterscheiden** ist dabei zwischen

– den Aufgaben, die der Bundesregierung als Kollegialorgan obliegen, und
– den Aufgaben, die dem Bundeskanzler oder den einzelnen Bundesministern allein zustehen.

a) Bundeskanzler

aa) Geschäftsleitungskompetenz

1290 Der Bundeskanzler besitzt eine besonders starke Stellung in der Politik. Als Vorsitzender der Bundesregierung hat er zunächst deren Geschäfte zu führen und die Sitzungen zu leiten (**„Geschäftsleitungskompetenz"**, Art. 65 Satz 4 GG i.V.m. §§ 2, 6 und 22 Abs. 1 GeschO BReg).

bb) Organisations- und Personalkompetenz (Kabinettsbildungsrecht)

1291 Aufgrund seines Vorschlagsrechts für die Ernennung und Entlassung der Bundesminister ist der Bundeskanzler dazu berufen, Zahl und Art der Bundesministerien (Ressorts) zu bestimmen und deren Geschäftsbereiche voneinander abzugrenzen (**„Organisationskompetenz"**, Art. 64 Abs. 1 GG i.V.m. § 9 Satz 1 GeschO BReg). Dabei ist der Bundeskanzler nur an wenige verfassungsrechtliche Vorgaben gebunden: Institutionell garantiert werden durch das Grundgesetz lediglich drei Bundesministerien (personalisiert durch die Benennung der jeweiligen Bundesminister): das Bundesministerium der Verteidigung (Art. 65a GG), das Bundesministerium der Finanzen (Art. 108 Abs. 3 Satz 2, Art. 112 Satz 1, Art. 114 Abs. 1 GG) sowie das Bundesministerium der Justiz (Art. 96 Abs. 2 Satz 4 GG). Der Bundeskanzler kann jederzeit neue

§ 17. Regierung und Verwaltung   343

Bundesministerien errichten und bestehende Bundesministerien auflösen oder zusammenlegen.

Eng mit der Festlegung der Bundesministerien verknüpft ist auch die Bestimmung der Bundesminister (**„Personalkompetenz"**). Sie gehört ebenfalls zu den Aufgaben des Bundeskanzlers. Obgleich die Ernennung der Minister nach Art. 64 Abs. 1 GG zum Zuständigkeitsbereich des Bundespräsidenten zählt, trifft der Bundeskanzler die eigentliche Entscheidung (Rn. 1259). Organisationskompetenz und Personalkompetenz werden oftmals auch unter dem Begriff **„Kabinettsbildungsrecht"** zusammengefasst. **1292**

cc) Richtlinienkompetenz

Die wichtigste Kompetenz des Bundeskanzlers ist die sog. **„Richtlinienkompetenz"**, oftmals auch mit **„Kanzlerprinzip"** umschrieben. Gem. **Art. 65 Satz 1 GG** *bestimmt der Bundeskanzler die Richtlinien der Politik und trägt hierfür die Verantwortung*. Wie weit der Begriff der „Richtlinie" i.d.S. genau reicht, ist freilich schwer festzulegen. Nach dem Wortlaut des Art. 65 Satz 1 GG und der herausgehobenen Stellung des Bundeskanzlers innerhalb der Bundesregierung fallen darunter zweifelsohne die **allgemeinen und grundlegenden politischen Entscheidungen**. Zu beachten ist in jedem Falle, dass eine Richtlinie des Bundeskanzlers nur organintern, also innerhalb der Bundesregierung wirkt. Andere Organe (Rn. 87) werden dadurch nicht gebunden. **1293**

Streitigkeiten können jedoch entstehen, wenn der Bundeskanzler seinen Ministern gegenüber konkrete **Weisungen im Einzelfall** erteilt. Insofern könnte man annehmen, dass hierin ein Eingriff in den Kompetenzbereich der Bundesminister vorliegt, denn die Ausgestaltung der Ressortarbeit ist den jeweils zuständigen Ministern übertragen („Ressortkompetenz" nach Art. 65 Satz 2 GG, Rn. 1296). In den „internen" Bereich der Bundesministerien darf der Bundeskanzler hiernach grds. nicht eingreifen. **1294**

Gleichwohl kann dem Bundeskanzler ein Einzelfallweisungsrecht gegenüber seinen Ministern **nicht** von vornherein **versagt** sein: In **wichtigen politischen Angelegenheiten** oder in **Krisensituationen** muss es dem Kanzler möglich sein, Entscheidungen gerade auch für den Einzelfall selbst zu treffen. Dies ergibt sich daraus, dass der Bundeskanzler die Verantwortung für die Regierungspolitik trägt (Art. 65 Satz 1 Hs. 2 GG) und dass nur er durch ein konstruktives Misstrauensvotum seines Amtes enthoben werden kann (Art. 67 GG, Rn. 1268 ff.). Voraussetzung für eine Weisung des Bundeskanzlers ist jedoch, dass eine Frage von besonderer politischer Bedeutung zugrunde liegt und der Kernbereich der ministeriellen Arbeit unangetastet bleibt. **1295**

b) Bundesminister

Nach Art. 65 Satz 2 GG leitet jeder Bundesminister seinen Geschäftsbereich selbständig und unter eigener Verantwortung (sog. **Ressortprinzip**). Die Minister sind also die Leiter ihrer jeweiligen Bundesministerien und der **1296** nachgeordneten Bundesbehörden. Die daraus fließende **Organisationsgewalt** (etwa in Personal- oder internen Finanzfragen) üben sie autonom aus (s. aber Art. 86 GG, dazu Rn. 1381). Gleiches gilt für die politischen Entscheidungen innerhalb des Ressorts. Insoweit sind die Bundesminister **keinen Weisungen unterworfen**. Die Autonomie der Bundesminister findet ihre **Grenze** an der **Richtlinienkompetenz** des Bundeskanzlers (Art. 65 Satz 1 und 2 GG, Rn. 1293). Herausgehobene politische Entscheidungen kann der Bundeskanzler an sich ziehen, auch wenn sie nur ein Ressort betreffen.

c) Bundesregierung als Kollegium

1297 Die Bundesregierung zerfällt nicht nur in den Bundeskanzler und die Bundesminister mit ihren jeweiligen Kompetenzen. **Wesentliche Funktionen** werden auch durch sie als Kollegium wahrgenommen. Dazu gibt sich die Bundesregierung nach Maßgabe von Art. 65 Satz 4 GG eine **Geschäftsordnung** (GeschO BReg, vgl. Rn. 1108). Nach dem sich aus Art. 65 Satz 3 GG, § 9 Satz 2 GeschO BReg ergebenden **Kabinettsprinzip** entscheidet die Bundesregierung als Regierungskollegium über Meinungsverschiedenheiten zwischen Bundesministern. Das Kabinett hat insofern eine Vermittlerfunktion, soll Streitigkeiten schlichten und verschiedene Meinungen der Ministerien angemessen zum Ausgleich bringen.

1298 Abgesehen davon spricht das Grundgesetz die Bundesregierung an vielen Stellen als **Kollegialorgan** an. Hierzu zählen insb.:
– das Recht zur Gesetzesinitiative (Art. 76 Abs. 1 Fall 1 GG);
– die Mitwirkung im Gesetzgebungs-Vorverfahren (Art. 76 Abs. 2 und 3 GG);
– das Recht zur Anrufung des Vermittlungsausschusses (Art. 77 Abs. 2 Satz 4 GG);
– der Erlass zahlreicher Rechtsverordnungen (Art. 80 GG);
– der Erlass von Verwaltungsvorschriften (Art. 84 Abs. 2, Art. 85 Abs. 2, Art. 86 Satz 1 GG);
– die Überwachung des Vollzugs der Bundesgesetze durch die Landesbehörden (Art. 84 Abs. 3 bis 5, Art. 85 Abs. 3 und 4 GG);
– prinzipiell die Einrichtung von Bundesbehörden (Art. 86 Satz 2 GG);
– das Recht zur Anrufung des Bundesverfassungsgerichts (insb. nach Art. 93 Abs. 1 Nr. 2, 3 und 4 GG).

1299 Neben den ausdrücklich normierten Aufgaben kommt der Bundesregierung ganz allgemein die **Funktion der Staatsleitung** zu, etwa im Bereich der Öffentlichkeitsarbeit (*BVerfGE 105, 279 [301ff.] – Osho*; s. auch Rn. 365). Bei Äußerungen im Rahmen ihrer Aufgaben sind die Bundesregierung als Kollegium wie auch ihre einzelnen Mitglieder an das **Neutralitätsgebot** im Wahl und Parteienwettbewerb gebunden (*BVerfGE 138, 102 [115ff. Rn. 45, 49, 53] – Schwesig*; s. Rn. 367).

§ 17. Regierung und Verwaltung 345

Die Bundesregierung als Kollegium trifft ihre Entscheidungen in Form **1300** von **Beschlüssen** (§ 15 Abs. 1 GeschO BReg). Erforderlich dazu ist gem. § 24 Abs. 2 Satz 1 GeschO BReg die (einfache) **Stimmenmehrheit.** Dazu tagt die Bundesregierung grds. in gemeinschaftlicher **Sitzung** (als Kabinett, § 20 Abs. 1 GeschO BReg). In diesem Rahmen ist sie **beschlussfähig,** wenn einschließlich des Vorsitzenden die Hälfte der Bundesminister anwesend ist (§ 24 Abs. 1 GeschO BReg; zum sog. Umlaufverfahren s. Rn. 1206 f.).

Bei der Beschlussfassung der Bundesregierung sind die Minister **nicht an** **1301** **Weisungen** des Bundeskanzlers (Rn. 1296) gebunden. Denn der Sinn einer Kabinettsentscheidung besteht gerade in der freien politischen Meinungsbildung und Abstimmung. Könnte der Bundeskanzler die Abstimmung durch Weisung beeinflussen, würde die Funktion des Regierungskollegiums weitgehend sinnlos.

6. Staatssekretäre

Die Staatssekretäre sind **keine Mitglieder der Bundesregierung** (Art. 62 **1302** GG). Sie sind ihr aber organisatorisch zugeordnet. Zu unterscheiden sind die (beamteten) Staatssekretäre von den Parlamentarischen Staatssekretären:

– Der **Staatssekretär** i.e.S. (oftmals auch als beamteter Staatssekretär bezeich- **1303** net) ist im jeweiligen Ressort der ständige Vertreter des Bundesministers und Vorgesetzter aller übrigen Bediensteten des Bundesministeriums. Als Mittler zwischen den einzelnen Abteilungen des Ministeriums und dem Minister ist er zuständig für die Planung und Koordination der Ministerialarbeit, für die Weiterleitung der Vorlagen an den Minister und für die Aufsicht über den gesamten Mitarbeiterstab des Ministeriums. Anders als der Parlamentarische Staatssekretär ist er Berufsbeamter. Er kann aber – als sog. politischer Beamter – jederzeit in den Ruhestand versetzt werden, insb. dann, wenn sein Minister zu der Meinung gelangt, eine vertrauensvolle Zusammenarbeit sei nicht mehr gewährleistet (§ 54 Abs. 1 Nr. 1 des Bundesbeamtengesetzes – BBG).

– Der **Parlamentarische Staatssekretär** kann den Mitgliedern der Bundes- **1304** regierung „beigegeben" werden (§ 1 Abs. 1 Hs. 1 ParlStG). Er unterstützt den Bundeskanzler oder den jeweiligen Bundesminister bei der Erfüllung seiner Aufgaben (§ 1 Abs. 2 ParlStG). Im Gegensatz zum beamteten Staatssekretär hat der Parlamentarische Staatssekretär keine leitende Funktion im Ministerium, sondern vielmehr eine **vermittelnde Funktion** zwischen Regierung und Parlament. Sein genauer Aufgabenbereich ist nicht gesetzlich geregelt, sondern wird vom jeweiligen Minister eigenständig festgelegt (§ 14a GeschO BReg).

III. Bundespräsident

Literaturhinweise: *S. Korioth*, Staatsrecht I, 4. Aufl. 2018, §§ 26, 27; *Th. I. Schmidt*, Prüfe dein Wissen – Staatsrecht, 3. Aufl. 2013, Nr. 536–548; *Ch. M. Burkiczak*, Die Bundesversammlung und die Wahl des Bundespräsidenten – Rechtliche Grundlagen und Staatspraxis, JuS 2004, 278–282; *Ch. Gröpl/S. Zembruski*, Äußerungsbefugnisse oberster Staatsorgane und Amtsträger, JURA 2016, 268–279; *Th. Helm/M. Platzer*, Klausur – Öffentliches Recht: „Der schneidige Bundespräsident und sein Rücktritt", JA 2013, 284–289; *U. Krämer*, Der Bundespräsident – Rechtsstellung, Wahl und Kompetenzen, UBWV 2008, 1–10; *A. Scheidler*, Die obersten Bundesorgane in der Bundespublik Deutschland, UBWV 2011, 141–145.

1. Rechtsstellung

a) Rechtsgrundlagen und historischer Hintergrund

1305   Der Bundespräsident ist eines der Verfassungs- und obersten Bundesorgane. Demgemäß widmet ihm das Grundgesetz einen eigenen, fünften Abschnitt **(Art. 54 bis 61 GG)**; allerdings knüpfen auch Vorschriften außerhalb dieses Abschnitts an das Amt des Bundespräsidenten an (z.B. Art. 63 Abs. 2 Satz 2, Abs. 4 Satz 2 und 3, Art. 64 Abs. 1, Art. 67 Abs. 1, Art. 68 Abs. 1, Art. 82 Abs. 1 Satz 1 GG). Der Bundespräsident ist das **Staatsoberhaupt** der Bundesrepublik Deutschland. Dies ergibt sich aus einer Gesamtschau insb. von Art. 59 Abs. 1, Art. 60 Abs. 1 und 2 sowie Art. 82 Abs. 1 Satz 1 GG.

1306   Ein Blick auf **Verfassungsgeschichte** und **Verfassungsvergleichung** zeigt, dass es üblich war und ist, das Amt des Staatsoberhauptes mit einer breiten Machtfülle auszustatten. So war der Monarch und ist der Staatspräsident (USA, Frankreich u.v.a.) häufig das zentrale Entscheidungsorgan der Staatsleitung. Ähnlich verhielt es sich mit dem **Reichspräsidenten** in der Weimarer Republik: Er konnte den Reichstag auflösen (Art. 25 Abs. 1 WRV), den Reichskanzler entlassen (Art. 53 WRV), Volksentscheide anordnen (Art. 73 Abs. 1, 4 WRV) und war Oberbefehlshaber der „Wehrmacht" (Art. 47 WRV – offizielle und einfachgesetzliche Bezeichnung bis 1935: „Reichswehr"). Diese starke Stellung wurde und wird als ein Faktor angesehen, der den Nationalsozialisten zur „Machtergreifung" verhalf. Daher haben die Väter und Mütter des Grundgesetzes die **Kompetenzen des Bundespräsidenten** bewusst **schwach** ausgestaltet. Er ist von der materiellen Staatsleitung weitgehend ausgeschlossen. Zentrale Gremien sind stattdessen der Bundestag und die Bundesregierung mit dem Bundeskanzler.

b) Wahl durch die Bundesversammlung

1307   Nach Art. 54 Abs. 1 Satz 1 GG wird der Bundespräsident nicht vom Volk, sondern von der **Bundesversammlung** gewählt. Diese ist ein Verfassungsorgan, das allerdings nur für die Wahl des Bundespräsidenten gebildet wird und sich nach erfolgreicher Wahl wieder auflöst (Art. 54 Abs. 3 bis 5 GG). Die

Bundesversammlung besteht gem. Art. 54 Abs. 3 GG aus den Mitgliedern des Bundestages und einer gleichen Anzahl von Mitgliedern, die jeweils von den Volksvertretungen der Länder (Landtagen u.dgl.) nach den Grundsätzen der Verhältniswahl gewählt werden (wie viele Mitglieder ein Land entsendet, bestimmt sich nach seiner amtlichen Bevölkerungszahl). Diese „Delegierten der Länder" müssen nicht Mitglieder des jeweiligen Landtags sein (Einzelheiten im BPWahlG [Sartorius I Nr. 33]). Grund für die paritätische Besetzung der Bundesversammlung ist die deutsche Bundesstaatlichkeit *(BVerfGE 136, 277 [306 f. Rn. 81] – Bundesversammlung I).*

Zum Bundespräsidenten **wählbar** ist nach Art. 54 Abs. 1 Satz 2 GG jeder Deutsche (i.S.v. Art. 116 Abs. 1 GG), der das Wahlrecht zum Bundestag besitzt (Art. 38 Abs. 2 GG) und mindestens 40 Jahre alt ist. Gewählt ist nach Art. 54 Abs. 6 Satz 1 GG, wer die Stimmen der Mehrheit der Mitglieder der Bundesversammlung (Art. 121 GG), also die **absolute Mehrheit,** erhält. Sollte nach Durchführung zweier Wahlgänge keiner der Kandidaten diese Mehrheit auf sich vereinigt haben, so reicht im dritten Wahlgang die **relative Mehrheit** aus, d.h., es ist gewählt, wer die meisten Stimmen auf sich vereinigt (Art. 54 Abs. 6 Satz 2 GG) – bei mehr als zwei Kandidaten muss dies nicht die Mehrheit der abgegebenen Stimmen sein (s. allg. Rn. 310, 318). **1308**

Für die Bestimmung der Rechte der Mitglieder der Bundesversammlung kann nicht auf die Rechte der Abgeordneten des Bundestages aus Art. 38 Abs. 1 Satz 2 GG (Rn. 936) zurückgegriffen werden *(BVerfGE 136, 277 [312 Rn. 99] – Bundesversammlung I).* Die Mitglieder der Bundesversammlung haben aus Art. 54 Abs. 1 Satz 1 GG lediglich das Recht, den Bundespräsidenten zu wählen. Daraus folgen die Befugnis, am Wahlakt teilzunehmen, der Anspruch auf Zählung der jeweils abgegebenen Stimmen sowie ein Anspruch auf Gleichbehandlung. Darüber hinaus haben die Mitglieder der Bundesversammlung insb. **kein** aus dem Grundgesetz ableitbares **Rederecht** *(BVerfGE 136, 277 [314 ff. Rn. 105 ff.] – Bundesversammlung I; BVerfGE 138, 125 [133 Rn. 25] – Bundesversammlung II).* **1309**

c) Amtszeit; Vertretung

Die Amtszeit des Bundespräsidenten beträgt gem. Art. 54 Abs. 2 Satz 1 GG **fünf Jahre.** Eine anschließende Wiederwahl ist nur einmal zulässig (Art. 54 Abs. 2 Satz 2 GG). Aus dem Wort „anschließend" wird entnommen, dass eine Wiederwahl auch nach zwei vollen Amtszeiten zulässig ist, wenn zwischen der zweiten und der dritten Amtszeit ein anderer Bundespräsident amtiert hat. Vertreter des Bundespräsidenten ist gem. Art. 57 GG der Präsident des Bundes*rates* (Rn. 1038 – nicht zu verwechseln mit dem Präsidenten des Bundes*tages*, Rn. 975 ff.). **1310**

2. Kompetenzen

a) Repräsentation und Integration

1311 Auch wenn der Bundespräsident kaum genuine Regierungsaufgaben zu erfüllen hat, darf seine Bedeutung im staatlichen und gesellschaftlichen Bereich nicht unterschätzt werden. Nach der Konzeption des Grundgesetzes ist er eine **unabhängige** und **weisungsfreie Instanz,** die über dem alltäglichen politischen Geschehen steht und jenseits umstrittener Fragen zentrale Werte der Bundesrepublik Deutschland vermitteln soll. Der Bundespräsident ist eine **neutrale Integrationsgewalt,** die die Einheit des Staates symbolisiert und unterschiedliche gesellschaftliche Gruppen verbinden soll *(BVerfGE 136, 323 [331f. Rn. 24f.] – Gauck).* Dieses Betätigungsfeld lässt sich mit dem Schlagwort der „**Staatspflege**" umreißen.

1312 Neben dieser einenden, integrierenden Funktion ist es Sache des Bundespräsidenten, auf aktuelle **gesellschaftliche Probleme** hinzuweisen und **Denkanstöße** zu geben. Zwar nimmt er diese Aufgabe nicht im Rahmen einer förmlichen Beteiligung an der Regierungsarbeit wahr. Aufgrund der Würde und der Autorität des Amtes kommt indessen auch nicht-rechtsförmigen Handlungen des Staatsoberhauptes Gewicht zu, etwa Reden und Stellungnahmen *(BVerfGE 136, 277 [311 Rn. 94] – Bundesversammlung I; BVerfGE 136, 323 [334f. Rn. 30f.] – Gauck).*

1313 Ihre Grundlagen finden diese Repräsentations- und Integrationsaufgaben **nicht** in **geschriebenem** Recht. Sie ergeben sich vielmehr traditionell aus der Stellung eines Staatsoberhauptes. Dabei übt der Bundespräsident Staatsgewalt im Sinne von Art. 20 Abs. 2 GG aus und ist gem. Art. 1 Abs. 3 und Art. 20 Abs. 3 GG an die Grundrechte sowie an Gesetz und Recht gebunden. Deshalb hat er zu Zielen und Aktivitäten von politischen Parteien und gesellschaftlichen Gruppen eine gewisse **Distanz** zu wahren *(BVerfGE 136, 277 [311 Rn. 94f.] – Bundesversammlung I; BVerfGE 136, 323 [332 Rn. 25f.] – Gauck).* Insbesondere hat er das Recht der politischen Parteien auf **Chancengleichheit** (Rn. 391 ff.) zu achten und darf nicht in den Wahlkampf eingreifen. Wenn der Bundespräsident jedoch Missstände und Fehlentwicklungen aufgreift (Rn. 1312), darf er die sie seiner Ansicht nach verursachenden Parteien kritisieren, auch in zugespitzter Wortwahl. Darin unterscheiden sich seine Befugnisse von denen der Bundesregierung, die enger sind (Rn. 367). Die Grenzen hin zur Verfassungswidrigkeit sollen (erst) dort liegen, wo der Bundespräsident seine Integrationsfunktion evident vernachlässigt und willkürlich Partei ergreift. Dies ist zum Beispiel bei Äußerungen der Fall, die keinen Beitrag zur sachlichen Diskussion liefern, sondern beleidigend oder gar schmähend und damit ausgrenzend wirken *(BVerfGE 136, 323 [333ff. Rn. 27ff.] – Gauck; BVerfGE 138, 102 [113 Rn. 37] – Schwesig).*

b) Völkerrechtliche Vertretung der Bundesrepublik Deutschland

Gem. Art. 59 Abs. 1 Satz 1 und 2 GG **vertritt der Bundespräsident den Bund völkerrechtlich** und schließt in dessen Namen völkerrechtliche Verträge (Rn. 815 ff.). Diese Vorschrift darf nicht missverstanden werden: Sie besagt nicht, dass der Bundespräsident die Kompetenz besitzt, aus eigenem Antrieb und nach eigenen Vorstellungen außenpolitisch aktiv zu werden. Vielmehr verleiht ihm die Norm nur die Befugnis, die von der Bundesregierung oder der Legislative (Art. 59 Abs. 2 Satz 1 GG) getroffenen Entscheidungen auf internationaler Ebene zu **repräsentieren** und zu **ratifizieren.** Damit fallen das rechtliche Können im Außenverhältnis und das rechtliche Dürfen im Innenverhältnis auseinander. 1314

Hintergrund der Zentrierung der Vertretungsbefugnis ist, dass das **Völkerrecht** auf eine **klare Zuständigkeitsordnung** bei der Vertretung von Völkerrechtssubjekten ausgerichtet ist. Es soll eindeutig erkennbar sein, welches konkrete Staatsorgan (hier: der Bundespräsident) den jeweiligen Rechtsträger (die Bundesrepublik Deutschland) berechtigen und verpflichten kann. 1315

c) Ernennungs- und Entlassungskompetenz

Der Bundespräsident ernennt und entlässt 1316
- den **Bundeskanzler** (Art. 63 Abs. 2 Satz 2, Abs. 4 Satz 2 und 3, Art. 67 Abs. 1, Art. 68 Abs. 1 GG, Rn. 1258),
- die **Bundesminister** (Art. 64 Abs. 1 GG, Rn. 1260) und
- die **Bundesrichter, Bundesbeamten, Offiziere** und **Unteroffiziere** der Bundeswehr (Art. 60 Abs. 1 GG). Deren Ernennung ist Voraussetzung für die Begründung eines Beamten-, Richter- oder Soldatenverhältnisses (Rn. 1385 ff.).

Gerade bei der Richter-, Beamten und Soldatenernennung hat der Bundespräsident seine Kompetenzen allerdings **weitestgehend übertragen** (Art. 60 Abs. 3 GG). Nur bei den sog. Spitzenämtern hat er sich die persönliche Ernennung vorbehalten.

Ein eigener **Entscheidungsspielraum** steht dem Bundespräsidenten in diesem Rahmen **nicht** zu. Dies gilt sowohl für Ernennungen und Entlassungen des Bundeskanzlers und der Bundesminister (zum eingeschränkten Prüfungsrecht s. Rn. 1260 f.) als auch für die der Bundesrichter, Bundesbeamten und Soldaten. Dementsprechend bedürfen diese Maßnahmen der **Gegenzeichnung** nach Art. 58 Satz 1 GG (Rn. 1329 ff. – Ausnahme: Art. 58 Satz 2 GG). 1317

d) Begnadigungsrecht

Art. 60 Abs. 2 GG räumt dem Bundespräsidenten die Befugnis ein, im Einzelfall für den Bund das Begnadigungsrecht auszuüben. Begnadigung meint den Verzicht auf die Vollstreckung einer strafrechtlichen Sanktion. Das Begnadigungsrecht nimmt eine Sonderstellung im Rechtsstaat ein: Nach der 1318

350   Teil III. Organe, Kompetenzen und Funktionen

Auffassung des Bundesverfassungsgerichts ergibt sich aus der historischen Entwicklung und aus der unbedingten Übertragung auf den Bundespräsidenten, dass *„ebenso wie positive Gnadenakte auch ablehnende Gnadenentscheidungen einer gerichtlichen Nachprüfung nicht unterliegen"* (BVerfGE 25, 352 [362] – Gnadenentscheidung). Art. 19 Abs. 4 GG gilt somit nicht für den Erlass oder die Ablehnung eines Gnadenaktes (**„Gnade geht vor Recht"**). Gerichtlicher Kontrolle unterliegt allerdings der Widerruf eines Gnadenerweises *(BVerfGE 30, 108 [111] – Gnadenwiderruf)*.

e) „Reservebefugnisse"

1319   Für die **Ausnahmesituation,** dass das parlamentarische Regierungssystem temporär versagen sollte, d.h. dass Bundesregierung und Bundestag ihre Aufgabe der Staatsleitung nicht mehr wahrnehmen können, räumt das Grundgesetz dem Bundespräsidenten Möglichkeiten ein, um **der Krise auf legalem Wege zu begegnen** (sog. Reservebefugnisse). In diesen Fällen besitzt er eine eigenständige Entscheidungskompetenz und nimmt so ausnahmsweise unmittelbar an der Staatsleitung teil:

1320   – Scheitert die Wahl des Bundeskanzlers, so kann der Bundespräsident gem. **Art. 63 Abs. 4 Satz 3 GG** entweder den Kanzler ernennen, dessen Wahl zuvor an der erforderlichen Mehrheit (vgl. Art. 121 GG) gescheitert war (sog. **Minderheitskanzler**), oder den Bundestag auflösen und somit eine Neuwahl initiieren.

1321   – Der Bundespräsident kann den Bundestag ferner nach **Art. 68 Abs. 1 GG** auf Antrag des Bundeskanzlers auflösen, wenn eine von diesem gestellte **Vertrauensfrage** im Bundestag gescheitert ist, wenn der Bundeskanzler also über keine Mehrheit im Bundestag mehr verfügt.

1322   Umstritten ist, unter welchen Voraussetzungen der Bundespräsident den Bundestag auflösen darf. Hier fordert die h.M. neben dem Scheitern der Vertrauensfrage (sog. formelle Auflösungslage) auch eine sog. **materielle** Auflösungslage, d.h. eine Situation, in der sich der Kanzler des Vertrauens des Bundestages *tatsächlich* nicht mehr sicher sein kann. Allerdings wird dem **Bundeskanzler** – nicht dem Bundespräsidenten – bei dieser Frage ein politischer Einschätzungsspielraum zugestanden. Daher darf sich der Bundespräsident dem Vorschlag des Bundeskanzlers, den Bundestag aufzulösen, nur dann widersetzen, wenn keinerlei Anhaltspunkte für den Verlust der Handlungsfähigkeit der Bundesregierung ersichtlich sind (Rn. 1282 ff.). Nur daraufhin findet eine Kontrolle durch das Bundesverfassungsgericht statt *(BVerfGE 114, 121 [155 f.] – Vertrauensfrage II)*.

1323   **Merke:** Voraussetzung für eine Bundestagsauflösung gem. Art. 68 Abs. 1 Satz 1 GG ist, dass sich die Mehrheitsverhältnisse im Bundestag tatsächlich zu Ungunsten des Bundeskanzlers gewandelt haben, dass also eine materielle Auflösungslage vorliegt. Bei der Beurteilung dieser Frage steht dem Bundeskanzler aber ein politischer Einschätzungsspielraum zu.

f) Ausfertigung von Bundesgesetzen

Gem. Art. 82 Abs. 1 Satz 1 GG fertigt der Bundespräsident die nach den Vorschriften des Grundgesetzes zustande gekommenen Bundesgesetze aus, bevor sie im Bundesgesetzblatt verkündet werden. Ausfertigung bedeutet die Herstellung einer **Urschrift des Gesetzestextes** durch Unterzeichnung. Sie ist Voraussetzung für das Inkrafttreten eines Gesetzes (Rn. 1177). 1324

Dabei stellt sich die Frage, ob dem Bundespräsidenten eine **Kompetenz zur Prüfung** des Bundesgesetzes auf seine Verfassungsmäßigkeit und ggf. eine Befugnis zur Verweigerung der **Ausfertigung** zukommt. Nach h.M. darf der Bundespräsident Gesetze **in vollem Umfang** nur auf ihre **formelle Verfassungsmäßigkeit** prüfen. Demgegenüber steht ihm bezüglich der **materiellen Verfassungsmäßigkeit** lediglich ein Recht zur **Evidenzkontrolle** zu (ausführlich dazu Rn. 1157 ff.). 1325

(nicht besetzt) 1326/1327

3. Vorbehalt der Gegenzeichnung

Fall: Besorgt um die seines Erachtens drastisch zunehmende Kinderarmut in Deutschland, möchte Bundespräsident P eine kritische Grundsatzrede zur Sozialpolitik der Bundesregierung halten. Bundeskanzler K ist der Auffassung, dies dürfte P erst tun, nachdem ihm – dem K – die Rede zur Gegenzeichnung vorgelegt worden sei. Trifft diese Auffassung zu? 1328
(Lösungsvorschlag: Rn. 1336)

a) Funktion

Gem. **Art. 58 Satz 1 GG** bedürfen Anordnungen und Verfügungen des Bundespräsidenten zu ihrer Gültigkeit der **Gegenzeichnung** durch den Bundeskanzler oder durch den zuständigen Bundesminister. **Ausnahmen** davon normiert Art. 58 Satz 2 GG im Wesentlichen für die Fälle, in denen es um das Amt des Bundeskanzlers selbst oder um die damit verbundene Auflösung des Bundestages geht. 1329

Durch die Gegenzeichnung wird die **Billigung** des Handelns des Bundespräsidenten zum Ausdruck gebracht. Bei schriftlichen Akten des Bundespräsidenten muss die Gegenzeichnung ebenfalls **schriftlich** erfolgen; im Übrigen wird ein mündliches oder gar konkludent zum Ausdruck gebrachtes Einverständnis für ausreichend erachtet. Erst nach Gegenzeichnung sind Anordnungen und Verfügungen des Staatsoberhauptes **wirksam**. Sinn dieser Gegenzeichnungspflicht ist der **Ausschluss** des Bundespräsidenten **von politischen Handlungen mit Entscheidungscharakter**. Über die Gegenzeichnung wird letztlich die **parlamentarische Kontrolle** und **Legitimation** vermittelt. 1330

1331 Beachte: Die Gegenzeichnung führt nur zur Übernahme der *politischen* Verantwortung durch die Bundesregierung. *Rechtlich* muss der Bundespräsident für sein Handeln auch nach erfolgter Gegenzeichnung einstehen. Daher bleiben Organstreitverfahren (Art. 93 Abs. 1 Nr. 1 GG) und Präsidentenanklage (Art. 61 GG) zulässig.

b) Umfang

1332 Umstritten ist, wie das Begriffspaar „Anordnungen und Verfügungen" zu verstehen und auszulegen ist:

– Vertreten wird, dass davon *nur* **rechtlich verbindliche, nach außen wirkende, rechts- und schriftförmige Entscheidungen** des Bundespräsidenten umfasst werden. Dafür spreche der natürliche Wortsinn (grammatische Auslegung, Rn. 194). Auch die Rechtsfolge der (Un-)Gültigkeit passe bei Tathandlungen (Realakten) nicht.

1333 – Die (wohl überwiegende) Gegenauffassung will das Begriffspaar weit auslegen und **alle amtlichen wie politisch bedeutsamen Handlungen** des Bundespräsidenten darunter fassen, also insb. auch Reden, Interviews, Stellungnahmen usw. Für diese Meinung sprächen Sinn und Zweck von Art. 58 Satz 1 GG (teleologische Auslegung, Rn. 197): Die Norm solle eine einheitliche Regierungspolitik sicherstellen und insofern „Alleingänge" des Bundespräsidenten unterbinden. Aufgrund der Stellung des Bundespräsidenten als Staatsoberhaupt komme gerade nicht-rechtsförmigen Handlungen des Bundespräsidenten erhebliches Gewicht zu.

1334 In ihren praktischen Ergebnissen treffen sich beide Meinungen. Dies liegt daran, dass auch die erste Auffassung den Bundespräsidenten bei nichtrechtsförmigen Handlungen Bindungen unterwirft. Diese sollen sich jedoch nicht aus Art. 58 Satz 1 GG, sondern aus dem Institut der **Verfassungsorgantreue** ergeben. Dieses nicht ausdrücklich normierte Prinzip besagt, dass die Verfassungsorgane – also auch der Bundespräsident – bei Ausübung ihrer Kompetenzen zu gegenseitiger Rücksichtnahme verpflichtet sind.

c) Rechtsfolgen

1335 Bis zur Gegenzeichnung sind Anordnungen und Verfügungen des Bundespräsidenten schwebend unwirksam. Sie entfalten daher **keine Rechtswirkung,** insb. keine Rechtsverbindlichkeit. Problematisch ist die Rechtsfolge der fehlenden Gegenzeichnung bei nicht-rechtsförmigen Handlungen (sofern man diese einer Gegenzeichnungspflicht unterwirft, Rn. 1333). Solche Realakte können ohnehin keine „Gültigkeit" erlangen. Konsequent erscheint es, für diesen Fall die **politische Verantwortung** der Bundesregierung **auszuschließen.**

1336 **Lösungsvorschlag zum Fall Rn. 1328:** Die Grundsatzrede, die P halten möchte, bedarf der Gegenzeichnung, wenn sie eine „Anordnung oder Verfügung" i.S.v. Art. 58

Satz 1 GG darstellt. Reden stellen Realakte dar, die keine Rechtsförmigkeit aufweisen und daher nicht gültig oder ungültig sein können. Allerdings kann gerade solchen rein tatsächlichen Handlungen des Bundespräsidenten erhebliche politische Bedeutung zukommen. Insbesondere die Ausrichtung der Sozialpolitik gehört zu den Grundsatzfragen, die der Richtlinienkompetenz des Bundeskanzlers vorbehalten sind (Art. 65 Satz 1 GG, Rn. 1293 ff.). Daher ist es geboten, Art. 58 Satz 1 GG auch darauf zu erstrecken und eine Gegenzeichnungsbedürftigkeit in Form einer politischen Billigung anzunehmen. K liegt daher mit seiner Auffassung richtig.

Nach a.A. bedarf die Grundsatzrede zwar keiner Gegenzeichnung i.S.v. Art. 58 Satz 1 GG. Allerdings ist der Bundespräsident aufgrund seiner Pflicht zur Verfassungsorgantreue gehalten, sich zuvor mit der Bundesregierung abzustimmen.

4. Präsidentenanklage

Das Grundgesetz sieht die Möglichkeit einer vorzeitigen „Abwahl" des Bundespräsidenten – etwa nach Art des Misstrauensvotums gem. Art. 67 GG – nicht vor. Einen Ausgleich schafft die sog. Präsidentenanklage, mit der das Verhalten des Bundespräsidenten einer **Rechtskontrolle durch das Bundesverfassungsgericht** zugeführt werden kann: 1337

- Erforderlich ist zunächst ein **Antrag** auf Anklageerhebung, der gem. Art. 61 Abs. 1 Satz 2 GG von einem Viertel der Mitglieder des Bundestages (Art. 121 GG) oder von einem Viertel der Stimmen des Bundesrates gestellt werden muss.
- Die Entscheidung über die **Anklageerhebung** bedarf nach Art. 61 Abs. 1 Satz 3 GG einer Mehrheit von zwei Dritteln der Mitglieder des Bundestages (Art. 121 GG) oder der Stimmen des Bundesrates.
- Es folgt die Prüfung des Bundesverfassungsgerichts, ob der Bundespräsident das Grundgesetz oder ein anderes Bundesgesetz **vorsätzlich verletzt** hat (Art. 61 Abs. 1 Satz 1 GG).
- Stellt das Bundesverfassungsgericht fest, dass der Bundespräsident eine solche vorsätzliche Verletzung begangen hat, so kann es ihn gem. Art. 61 Abs. 2 Satz 1 GG **seines Amtes entheben**.

IV. Verwaltungskompetenzen, insbesondere Vollzug von Bundesgesetzen

Literaturhinweise: *S. Korioth*, Staatsrecht I, 4. Aufl. 2018, § 19 II 5 b, § 32 II; *Th. I. Schmidt*, Prüfe dein Wissen – Staatsrecht, 3. Aufl. 2013, Nr. 665–688; *A. Voßkuhle/ A.-B. Kaiser*, Grundwissen – Öffentliches Recht: Die Ausführung von Bundesgesetzen – Verwaltungskompetenzen, JuS 2017, 316–318; *E. M. Frenzel*, Grundfälle zu den Art. 83 ff. GG, JuS 2012, 1082–1086; *J. Ipsen*, Die Ausführung der Bundesgesetze durch die Länder, NdsVBl. 2014, 209–212; *H. Maurer*, Die Ausführung der Bundesgesetze durch die Länder, JuS 2010, 945–953; *F. E. Schnapp*, Mischverwaltung im Bundesstaat nach der Föderalismusreform, JURA 2008, 241–244.

1. Gesetzesakzessorische und nicht-gesetzesakzessorische Verwaltung

a) Gesetzesakzessorische Verwaltung

1338 Neben der Regierung stellt die Verwaltung den zweiten Teil der Exekutive dar (Rn. 1240 ff.). Gerade im modernen Staat kommt ihr eine eminent wichtige Bedeutung zu: Mit dem **Vollzug der Gesetze,** die das Parlament vorgibt, hat die Verwaltung die Aufgabe, die **Staatsaufgaben im Einzelfall zu verwirklichen.**

> **Beispiele:** Das Parlament setzt durch die Steuergesetze fest, ob und welche Steuern der Staat erhebt. Die Steuergesetze müssen sodann von der Finanzverwaltung (insb. von den Finanzämtern) vollzogen werden. Desgleichen gibt das Parlament abstrakt-generell vor, in welchen Fällen bedürftige Bürger Wohngeld, Sozialhilfe u.dgl. erhalten. Die entsprechenden Gesetze müssen von den zuständigen Verwaltungsbehörden umgesetzt und ausgeführt werden.

1339 Die Bedeutung der Verwaltung wird durch die Wortwahl des Grundgesetzes selbst unterstrichen, wenn es als Umschreibung für die gesamte Exekutive die Bezeichnung „**vollziehende Gewalt**" verwendet (etwa in Art. 1 Abs. 3 oder Art. 20 Abs. 2 Satz 2 und Abs. 3 Hs. 2 GG). Dadurch wird die Hauptaufgabe der Exekutive aufgegriffen, nämlich der Vollzug der Gesetze, der den Verwaltungsbehörden obliegt. Insofern spricht man auch von **gesetzesakzessorischer Verwaltung,** was sich mit gesetzesabhängiger, gesetzesgebundener Verwaltung verdeutschen ließe. Allein das trifft die Sache nicht recht, denn an die Gesetze gebunden und von ihnen abhängig ist die gesamte Verwaltung, darüber hinaus sind es auch die Regierung sowie die Rechtsprechung und die gesetzgebende Gewalt, solange sie ein Gesetz nicht ändert oder aufhebt (vgl. Art. 20 Abs. 3 GG, Rn. 440). Besser umschrieben wird die Gesetzesakzessorietät i.d.S. mit der Aufgabe, ein vom Gesetzgeber vorgegebenes Programm zu verwirklichen und dabei häufig mit hoheitlichen Mitteln zu handeln.

> **Beispiele:** Die Polizei hat die Aufgabe, Gefahren für die öffentliche Sicherheit oder Ordnung abzuwehren. Dazu stehen ihr gesetzlich bestimmte Befugnisse für Eingriffe in Rechte des Einzelnen zur Verfügung. Die Ämter für Ausbildungsförderung sollen bedürftige Studenten finanziell unterstützen; Art und Maß der Leistungen sowie damit zusammenhängende Modalitäten sind – schon aus Gleichheitsgesichtspunkten – im Bundesausbildungsförderungsgesetz (BAföG) im Einzelnen vorgegeben. Die Festsetzung des monatlichen Zuschusses erfolgt hoheitlich (nämlich durch Verwaltungsakt).

b) Nicht-gesetzesakzessorische Verwaltung

1340 Soweit die Verwaltung nicht strikt mit dem Vollzug eines Gesetzes beauftragt ist, wird von **nicht-gesetzesakzessorischer** oder **„gesetzesfreier" Verwaltung** gesprochen. Wie gerade gesagt (Rn. 1339), darf der Ausdruck „Gesetzesfreiheit" nicht zu der Annahme verleiten, die Verwaltung sei insoweit überhaupt nicht an Gesetze gebunden. Mit Rücksicht auf den Vorrang des Gesetzes (Rn. 445 ff.) ist das Gegenteil der Fall. Der Unterschied liegt vielmehr darin, dass die Verwaltung in diesem Bereich nicht durch ein Fachgesetz zu einem bestimmten, mehr oder weniger eng umschriebenen Handeln verpflichtet ist, sondern einen gewissen Gestaltungsspielraum besitzt. Wegen des Vorbehalts des Gesetzes (Rn. 455 ff.) ist „gesetzesfreie" Verwaltung daher nur bei den Staatsaufgaben anzutreffen, die nicht mit Eingriffen in Rechte des Einzelnen verbunden sind und die auch nicht so „wesentlich" sind, dass sie einer gesetzlichen Regelung bedürften (Rn. 286 ff.).

Beispiele: weite Teile der Wirtschafts- und Kulturförderung, aber auch der kommunalen Selbstverwaltung (Rn. 646 ff.), soweit keine Pflichtaufgaben bestehen (Art. 28 Abs. 2 Satz 1 GG).

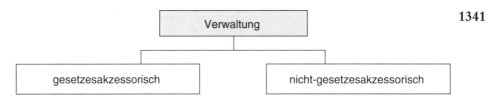

1341

2. Verwaltung im Bundesstaat

a) Bundes- und Landesverwaltung – Kommunalverwaltung

Dass die Verwaltung die Gesetze vollziehen muss (gesetzesakzessorische Verwaltung) und darüber hinaus in ihr zugestandenen Aufgabenbereichen selbständig handeln darf (nicht-gesetzesakzessorische Verwaltung), ergibt sich aus ihrer ureigenen Funktion und bedarf im Grunde keiner verfassungsrechtlichen Ausformung. Schwieriger ist die Sache im **Bundesstaat,** in dem **mehrere staatliche Ebenen** bestehen, die ihre eigenen Gesetzgebungskompetenzen (Rn. 1072 f.) und **ihre eigenen, voneinander getrennten Verwaltungen** haben.

1342

Beispiel: In der Bundesrepublik Deutschland bestehen die Bundesverwaltung und die Verwaltungen der Länder nebeneinander,
– auf Bundesebene etwa der Auswärtige Dienst, die Bundesfinanzverwaltung, die Wasser- und Schifffahrtsverwaltung, die Bundespolizei, die Bundesministerialverwaltungen sowie zahlreiche Bundesoberbehörden u.a.m.;
– auf der Ebene der Länder jeweils die allgemeine innere Verwaltung, die Landesfinanzverwaltung, die Verwaltung durch die Landesministerien u.a.m.

Zur Landesverwaltung gehört aus der Sicht des Grundgesetzes prinzipiell auch die **Kommunalverwaltung,** d.h. die Verwaltung durch die Gemeinden (einschließlich der Städte) sowie durch die Gemeindeverbände (insb. die Landkreise). Zwar stellen die Kommunen als Gebietskörperschaften eigenständige juristische Personen des öffentlichen Rechts dar und besitzen das Recht zur **Selbstverwaltung (Art. 28 Abs. 2 GG,** Rn. 646 ff.). Im Hinblick auf die

1343

1344 Unterscheidung von Bundes- und Landesverwaltung

Bundesverwaltung	Landesverwaltung
	Kommunalverwaltung

b) Verbot der Mischverwaltung

1345   Ausgangspunkt bei der Verteilung der Verwaltungskompetenzen ist das grundsätzliche Verbot der Mischverwaltung (vgl. *BVerfGE 63, 1 [37ff.]* – *Schornsteinfeger; BVerfGE 119, 331 [365] – ARGE*). Das bedeutet, dass eine bestimmte Verwaltungsaufgabe entweder von einer Bundesbehörde oder von einer Landesbehörde erledigt werden muss. Damit sollen **föderative Kompetenzkonflikte vermieden** werden, vor allem das „Hin- und Herschieben" der Verantwortung (noch salopper ausgedrückt: die „organisierte Unverantwortlichkeit" zwischen Bund und Ländern). Das Verbot der Mischverwaltung gilt strikt, soweit eine Behörde nach außen gegenüber dem Bürger handelt (zu Ausnahmen s. Rn. 618 ff.). Zulässig sind indes im Binnenbereich der Verwaltung Koordinierungsgremien.

Beispiel: Bekannt sind hier insb. die institutionalisierten Gremien zur Abstimmung zwischen den Verwaltungsspitzen, etwa die ständigen Konferenzen spezifischer Landesminister (z.B. die Innen-, Finanz-, Justiz- oder Wissenschaftsministerkonferenz, vgl. Rn. 631).

c) Spezifische Funktion einer Bundesverfassung

1346   Aufgabe des Grundgesetzes als einer bundesstaatlichen Verfassung ist es nicht nur, die Gesetzgebungskompetenzen auf den Bund und die Länder zu verteilen (Rn. 1072 ff.), sondern auch die Verwaltungskompetenzen. Es muss also insb. geklärt werden, **welche Verwaltung welches Gesetz vollzieht.** Diese Zuordnung erscheint nur auf den ersten Blick trivial, und zwar unter der Voraussetzung, dass die Bundesverwaltung die Bundesgesetze vollzieht und die Landesverwaltung die Gesetze des jeweiligen Landes. Dies mag in manchen Bundesstaaten so sein, verhält sich im Grundgesetz im Prinzip aber gerade nicht so, wie sogleich zu sehen sein wird. Dass dies so ist und wie die Modalitäten im Einzelnen aussehen, ergibt sich aus den **Art. 83 ff. GG**, dem VIII. Abschnitt des Grundgesetzes, überschrieben mit „Die Ausführung der Bundesgesetze und die Bundesverwaltung".

3. Ausführung der Landesgesetze

1347   Die Art. 83 ff. GG setzen sich nur mit den Verwaltungskompetenzen bei der Ausführung der *Bundes*gesetze auseinander. Dies folgt bereits aus der Über-

§ 17. Regierung und Verwaltung 357

schrift des VIII. Abschnitts, aber auch aus dem eindeutigen Wortlaut seiner Vorschriften. Nicht geregelt wird also die Ausführung der Landesgesetze. Hier verbleibt es daher bei dem bundesstaatlichen **Grundprinzip des Art. 30 Hs. 1 GG**, wonach die Ausübung der staatlichen Befugnisse und die Erfüllung der staatlichen Aufgaben Sache der Länder ist (Rn. 569 ff.). Daraus folgt, dass die **Landesgesetze von Landesbehörden ausgeführt** werden, d.h. genauer: die Gesetze eines bestimmten Bundeslandes werden von den Behörden ebendieses Landes ausgeführt. Der **Bund** darf auf die Ausführung der **Landesgesetze** prinzipiell **keinen Einfluss** nehmen, d.h. er darf den Landesbehörden keine Weisungen erteilen oder Verwaltungsvorschriften erlassen.

Beispiel: Die Polizeigesetze der Länder werden von den Polizeibehörden des jeweiligen Landes ausgeführt, ebenso die Schulgesetze usw. Behörden der Bundesverwaltung, etwa das Bundespolizeipräsidium oder das Bundesministerium für Bildung und Forschung, haben insoweit keinerlei Mitspracherecht.

4. Ausführung der Bundesgesetze

a) Allgemeines

Um gleich zu Beginn das Wichtigste ganz klar zu sagen: Der Bund führt bei 1348 weitem nicht alle Bundesgesetze selbst aus; vielmehr lautet die Regel gerade anders herum: **Art. 83 Hs. 1 GG** statuiert das Prinzip, wonach die **Bundesgesetze von den Ländern ausgeführt** werden (und zwar als **eigene Angelegenheit**, Rn. 1350 ff.). Diese Regel stellt eine spezifische Ausprägung der vertikalen Gewaltenteilung und zugleich Gewaltenverschränkung zwischen Bund und Ländern dar (allg. dazu Rn. 900 ff.). Die beiden Arten der Ausführung der Bundesgesetze durch die Länder und ihre Modalitäten werden in **Art. 84 und 85 GG** näher bestimmt (sog. Landeseigenverwaltung und Landesverwaltung im Auftrag des Bundes). Nur **ausnahmsweise führt der Bund seine Gesetze selbst** aus. Wann und unter welchen Voraussetzungen das der Fall ist, ergibt sich aus den **Art. 86 ff. GG**.

Ausführung der Bundesgesetze			1349
durch die Länder		durch den Bund	
als eigene Angelegenheit (Landeseigenverwaltung), Art. 83, 84 GG	im Auftrag des Bundes (Bundesauftragsverwaltung), Art. 85 GG	Bundesverwaltung, Art. 87 ff. i.V.m. Art. 86 GG	

b) Landeseigenverwaltung

1350 Der Regelfall der Ausführung von *Bundes*gesetzen ist die Landeseigenverwaltung. Dies setzt Art. 83 Hs. 1 GG fest. Was darunter zu verstehen ist, ergibt sich aus Art. 84 GG. Ausgangspunkt ist die Formulierung, dass die Länder die Bundesgesetze **„als eigene Angelegenheit"** ausführen. Daraus folgt, dass die Länder die Ausführung des jeweiligen Bundesgesetzes zu ihrer eigenen Sache machen müssen, dass sie prinzipiell dafür die **Verantwortung** tragen, so als wären es ihre eigenen Gesetze.

1351 **Merke:** Die Bundesgesetze werden grds. von den Ländern in Landeseigenverwaltung ausgeführt. In Anbetracht der Zahl der Bundesgesetze kommt diese Verwaltungsform äußerst häufig vor. Etwas anderes (Bundesauftragsverwaltung, Bundesverwaltung) gilt nur, wenn es vom Grundgesetz ausdrücklich bestimmt wird.

1352 Ein Merkmal der Landeseigenverwaltung ist die **Organisationshoheit,** die in Art. 84 Abs. 1 Satz 1 GG zum Ausdruck kommt: Die Länder sind in diesem Bereich berechtigt (aber auch verpflichtet), die erforderlichen **Behörden einzurichten** und das von den Behörden zu beachtende **Verwaltungsverfahren zu regeln.** Der Begriff der Behördeneinrichtung ist weit auszulegen; er umfasst nicht nur die innere Organisation, sondern auch die Errichtung (Gründung, Bildung) und die Festlegung des spezifischen Aufgabenkreises (Art. 84 Abs. 1 Satz 2 bis 4 GG statuiert einen – hier nicht zu vertiefenden – Sonderfall der sog. Abweichungsgesetzgebung der Länder, vgl. Rn. 1094 ff.).

Beispiel: die Ausführung des Passgesetzes, des Personalausweisgesetzes und des Bundesmeldegesetzes durch die Einwohner(melde)ämter oder die Ausführung des Straßenverkehrsgesetzes und der darauf beruhenden Rechtsverordnungen (Straßenverkehrsordnung, Straßenverkehrszulassungsordnung, Fahrerlaubnisverordnung) durch die Straßenverkehrsbehörden, die Kfz-Zulassungsstellen und die Führerscheinstellen. Dass diese Ämter – je nach Landesrecht – bei den Städten und Landkreisen ressortieren, bestätigt nur die Organisationshoheit der Länder.

1353 **Ausnahmsweise,** nämlich wenn ein **besonderes Bedürfnis** besteht, kann der Bund das **Verwaltungsverfahren** (nicht aber die Behördenorganisation) für die Ausführung eines bestimmten Gesetzes **durch Bundesgesetz verbindlich und einheitlich** regeln (Art. 84 Abs. 1 Satz 5 GG). Bei einem solchen Bundesgesetz haben die Länder jedoch starke Möglichkeiten der Mitsprache, weil dazu die **Zustimmung** des Bundesrates (Rn. 1138 ff.) erforderlich ist.

1354 Lange Jahrzehnte galt das Bonmot, dass die **„Gemeindeverwaltung die billigste Verwaltung"** sei. Dahinter stand die verbreitete Übung des Bundes, in seinen Gesetzen zu bestimmen, dass die Gemeinden oder Gemeindeverbände für die Ausführung zuständig seien. Die daraus resultierenden Verwaltungskosten (die Personal- und Sachausgaben) belasteten weder den Bundeshaushalt noch die Haushalte der Länder, sondern „nur" die der Kommunen, was dort nicht selten zu einer finanziellen Überbeanspruchung führte. Seit der Föderalismusreform von 2006 (Rn. 644) ist diese Abwälzungsmöglichkeit für den Bund versperrt: Art. 84 Abs. 1 Satz 7 GG stellt eigens klar, dass den Gemeinden und Gemeindeverbänden durch Bundesgesetz keine Aufgaben mehr übertragen werden dürfen (Übergangsregelung: Art. 125a Abs. 1 Satz 1 GG; Ausnahme in Art. 91e GG, Rn. 620).

Trotz der Organisationshoheit der Länder bei der Landeseigenverwaltung behält Art. 84 Abs. 2 bis 5 GG dem **Bund** bestimmte **Einwirkungsmöglichkeiten** vor: 1355

- Nach Art. 84 Abs. 2 GG kann die Bundesregierung für die Ausführung der Bundesgesetze allgemeine **Verwaltungsvorschriften** erlassen (das sind konkretisierende Regelungen, die nur die Verwaltung, nicht aber den Bürger oder die Gerichte binden, Rn. 1186) – dies allerdings nur mit Zustimmung des Bundesrates.

- Gem. Art. 84 Abs. 3 GG übt die Bundesregierung die Aufsicht darüber aus, dass die Länder die Bundesgesetze dem geltenden Recht gemäß ausführen. Das heißt, die Bundesregierung überwacht, ob die zuständigen Landesbehörden dabei rechtmäßig vorgehen **(Rechtsaufsicht)**. 1356

- Soweit das jeweilige Bundesgesetz den Behörden Spielräume bei seiner Ausführung belässt, darf die Bundesregierung **keine Weisungen** gegenüber den Landesbehörden erteilen. Die **Fachaufsicht** steht dem Bund (im Gegensatz zur Rechtsaufsicht) **nicht** zu. Etwas anderes gilt nur ganz ausnahmsweise unter den Voraussetzungen des Art. 84 Abs. 5 GG. 1357

- Wird ein Bundesgesetz durch die Behörden eines Landes rechtswidrig ausgeführt, darf die Bundesregierung nach Art. 84 Abs. 4 Satz 1 GG die sog. **Mängelrüge** erheben. Anschließend kann in dieser Angelegenheit der Bundesrat angerufen werden (Satz 1), sodann erforderlichenfalls das Bundesverfassungsgericht (Satz 2, vgl. Rn. 1592). 1358

Die mit der Ausführung eines Bundesgesetzes in Landeseigenverwaltung verbundenen **Kosten** trägt gem. Art. 104a Abs. 1 GG grds. das jeweilige **Land** (Rn. 739 ff.). Allerdings kann sich der Bund an den Kosten beteiligen (Art. 104a Abs. 3 Satz 1 GG). In jedem Falle bedarf ein Bundesgesetz, das für die Länder mit Ausgaben verbunden ist, der **Zustimmung des Bundesrates** (Art. 104a Abs. 4 GG). 1359

c) Landesverwaltung im Bundesauftrag („Bundesauftragsverwaltung")

Die sog. Bundesauftragsverwaltung ist in **Art. 85 GG** geregelt, der Begriff wird dort allerdings so nicht verwendet. Er ist auch missverständlich: Denn die Bundesauftragsverwaltung ist **keine Bundesverwaltung, sondern Landesverwaltung,** allerdings im Auftrag des Bundes *(BVerfGE 81, 310 [331] – Kalkar II).* Dieser Zusatz stellt klar, dass die Landesbehörden hier deutlich stärker an die Vorgaben des Bundes gebunden sind als bei der Landeseigenverwaltung. 1360

Genauer ist daher die Bezeichnung „Landesverwaltung im Auftrag des Bundes" (oder „im Bundesauftrag").

Beispiele: Nach Art. 90 Abs. 3 GG werden die Bundesstraßen (= Bundesfernstraßen ohne Bundesautobahnen) von den Ländern im Bundesauftrag verwaltet, nach Art. 87c GG i.V.m. § 24 AtomG vollziehen prinzipiell die Länder das Atomgesetz im Auftrag des Bundes. Ganz versteckt, dafür aber umso bedeutender, wird in Art. 108 Abs. 3 GG die Bundesauftragsverwaltung für Bundes- und Gemeinschaftsteuern (Rn. 717) angeordnet, soweit diese durch die Länder verwaltet werden (Art. 108 Abs. 2 GG). Daraus folgt, dass insb. die Finanzämter der Länder bei der Einkommens-, Körperschafts- und Umsatzbesteuerung dem Regime der Bundesauftragsverwaltung unterliegen. – Geldleistungsgesetze, deren Ausgaben der Bund mindestens zur Hälfte trägt, werden gem. Art. 104a Abs. 3 Satz 2 GG ebenfalls im Bundesauftrag ausgeführt.

1361 In Art. 85 Abs. 1 GG kommt die stärkere Bindung allerdings noch nicht deutlich zum Ausdruck, denn danach bleibt die **Einrichtung der Behörden** auch bei der Bundesauftragsverwaltung grds. **Sache der Länder,** es sei denn, das jeweilige Bundesgesetz bestimmt mit Zustimmung des Bundesrates etwas anderes. Nicht erwähnt ist in Art. 85 Abs. 1 Satz 1 GG die Kompetenz zur Regelung des **Verwaltungsverfahrens;** anders als im Rahmen von Art. 84 Abs. 1 Satz 1 GG bedürfen entsprechende bundesgesetzliche Regelungen keiner Zustimmung des Bundesrates *(BVerfGE 126, 77 [100 ff.] – Zuverlässigkeitsprüfung Privatpilot).* Seit der Föderalismusreform von 2006 (Rn. 644) wird den Gemeinden und Gemeindeverbänden auch im Bereich der Bundesauftragsverwaltung in Art. 85 Abs. 1 Satz 2 GG ein besonderer Schutz vor Überlastung durch Bundesgesetz zuteil.

1362 Auch Art. 85 Abs. 2 GG regelt noch nichts Aufsehenerregendes: Ähnlich wie in Art. 84 Abs. 2 GG wird der Bundesregierung gestattet, mit Zustimmung des Bundesrates allgemeine **Verwaltungsvorschriften** zu erlassen (vgl. Rn. 1062, 1186). Hinzu tritt die Regelungsbefugnis für die Ausbildung der **Bediensteten** und das Einvernehmenserfordernis bei der Ernennung der Leiter der Mittelbehörden (Art. 85 Abs. 2 Satz 2 und 3 GG).

1363 **Prägend** für die Bundesauftragsverwaltung ist **Art. 85 Abs. 3 und 4 GG.** Für das Verständnis bietet es sich an, mit Absatz 4 zu beginnen. Nach Satz 1 erstreckt sich die Bundesaufsicht auf die **Gesetzmäßigkeit** *und* die **Zweckmäßigkeit** der Ausführung des jeweiligen Gesetzes. Hierin besteht ein Unterschied zur Landeseigenverwaltung nach Art. 84 Abs. 3 GG. Nicht nur die Rechtmäßigkeit (Gesetzmäßigkeit) des Gesetzesvollzugs unterliegt der Aufsicht der Bundesregierung (Rechtsaufsicht), sondern auch die Zweckmäßigkeit **(Fachaufsicht).** Dies bedeutet, dass der Bund den Ländern auch dort Vorgaben machen kann, wo das jeweilige Gesetz Spielräume lässt, insb. bei der Auslegung unbestimmter Rechtsbegriffe im Rahmen des **Verwaltungsermessens** (dazu Rn. 476). Das Mittel, mit dem der Bund seine Auffassung einer rechtmäßigen und zweckmäßigen Gesetzesausführung zum Ausdruck bringen kann, ist die **Weisung** gem. Art. 85 Abs. 3 GG *(bitte lesen!).* Eine Weisung ist für die Zivil-

§ 17. Regierung und Verwaltung 361

verwaltung das, was der Befehl beim Militär ist, also die verbindliche Anordnung (einer vorgesetzten Behörde gegenüber einer nachgeordneten Behörde), eine bestimmte Handlung vorzunehmen oder zu unterlassen. (Insofern gleicht die Auftragsverwaltung dem bürgerlichrechtlichen Auftragsverhältnis, bei dem der Auftraggeber zu Weisungen berechtigt ist, vgl. § 665 BGB.)

Vor dem Hintergrund dieser Weisungshierarchie verwundert es nicht, **1364** dass auf diesem Feld der Bundesauftragsverwaltung – und dort vor allem im Rahmen der Atomaufsicht – bereits mehrere **Rechtsstreitigkeiten vor dem Bundesverfassungsgericht** geführt wurden (insb. *BVerfGE 81, 310 ff. – Kalkar II; BVerfGE 84, 25 ff. – Schacht Konrad; BVerfGE 100, 249 ff. – Atomleitlinien; BVerfGE 102, 167 ff. – Bundesstraße 75; BVerfGE 104, 249 ff. – Biblis*).

Fall (angelehnt an *BVerfGE 81, 310 ff. – Kalkar II*): 1988 wies das Bundesumweltministerium B das zuständige Landesumweltministerium des Landes L an, in einem atomrechtlichen Verfahren die Genehmigung für das Kernkraftwerk K zu erteilen. L ist der Ansicht, diese Weisung sei rechtswidrig, weil sie gegen die Vorschriften des Atomgesetzes verstoße. Daher sieht er sich in seinen verfassungsmäßigen Rechten verletzt. (Lösungsvorschlag: Rn. 1368) **1365**

Kennzeichnend für die Bundesauftragsverwaltung ist, dass die Länder an **1366** die Verwaltungsauffassung des Bundes gebunden sind und das jeweilige Gesetz nach den Vorgaben des Bundes ausführen müssen. Das Bundesverfassungsgericht differenziert hier zwischen **Wahrnehmungskompetenz** (nach außen gegenüber Dritten) und **Sachkompetenz** (Entscheidungsmacht in der Sache): Während die Wahrnehmungskompetenz bei den Ländern liegt, haben diese die Sachkompetenz nur so lange inne, wie sie der Bund nicht an sich zieht und erforderlichenfalls entsprechende Weisungen erteilt.

Dabei können die Länder nur unter engen Voraussetzungen in ihren verfas- **1367** sungsmäßigen Rechten verletzt sein:

– entweder, wenn die Inanspruchnahme der **Weisungsbefugnis als solche gegen die Verfassung verstößt**, etwa weil der Bund eine Weisung in einem Verwaltungsbereich erteilt, der der Landes(eigen)verwaltung, nicht aber der Bundesauftragsverwaltung unterliegt,
– wenn die Weisung nicht klar genug erteilt wird **(Gebot der Weisungsklarheit)** oder
– wenn die Weisung gegen die **Pflicht zu bundesfreundlichem Verhalten** (Rn. 593), d.h. insb. zu gegenseitiger Rücksichtnahme, verstößt. Das Bundesverfassungsgericht fordert dabei insb., dass dem betroffenen Land vor Weisungserlass Gelegenheit zur Stellungnahme gegeben wird.

Lösungsvorschlag zum Fall Rn. 1365: L ist nur dann in seinen verfassungsmäßigen **1368** Rechten verletzt, wenn die Inanspruchnahme der Weisungsbefugnis als solche gegen das Grundgesetz verstößt, wenn das Gebot der Weisungsklarheit verletzt ist oder wenn die Weisung gegen die Pflicht zu bundesfreundlichem Verhalten verstößt. L beruft sich auf keinen dieser drei Fälle, sondern nur darauf, dass die Weisung gegen die Vorschriften des Atomgesetzes verstoße und daher rechtswidrig sei (zur Differenzierung zwischen Rechtswidrigkeit und Verfassungswidrigkeit s. Rn. 20 f.). Eine solche Rechtswidrigkeit ist für die Verletzung der Rechte eines Landes im Rahmen der Bundesauftragsverwaltung indes unerheblich. Selbst wenn sie vorläge, die Weisung also i.d.S. rechtswidrig sein sollte, wäre L nicht in seinen verfassungsmäßigen Rechten verletzt. Daher ist die Weisung des B nicht verfassungswidrig. L muss ihr selbst dann nachkommen, wenn sie gegen das Atomgesetz verstößt.

1369 Angesichts der erheblichen Einwirkungsrechte des Bundes bei der Bundesauftragsverwaltung ist es konsequent, dass der **Bund** die aus der Ausführung des jeweiligen Gesetzes erwachsenden **Kosten in Form der Zweckausgaben** (Rn. 741) trägt (Art. 104a Abs. 2 GG – nicht aber die Verwaltungsausgaben, s. Rn. 742).

1370 Tabellarisch lassen sich die wichtigsten Gemeinsamkeiten und Unterschiede zwischen der Landeseigenverwaltung und der Bundesauftragsverwaltung wie folgt darstellen:

Landeseigenverwaltung, Art. 84 GG	Landesverwaltung im Bundesauftrag, Art. 85 GG
Regelfall des Vollzugs der Bundesgesetze, Art. 83 Hs. 1 GG	Ausn.: Katalogtatbestände (Art. 87c, 90 II, Art. 104a III 2, Art. 108 III GG u.a.)
Organisationshoheit des jeweiligen Landes, Art. 84 I, Art. 85 I GG	
Recht der Bundesregierung zum Erlass allgemeiner Verwaltungsvorschriften mit Zustimmung des Bundesrates, Art. 84 II, Art. 85 II 1 GG	
– reine **Rechtsaufsicht** der Bundesregierung, Art. 84 III GG, – bei Rechtsverstößen, Art. 84 IV GG: Mängelrüge, Beschluss des Bundesrates, ggf. Anrufung des BVerfG, – Einzelweisungen nur in gesetzlich bestimmten Ausnahmefällen, Art. 84 V GG	– **Rechts-** und **Fachaufsicht** der Bundesregierung, Art. 85 IV GG, – **Weisungsrecht** des zuständigen Bundesministeriums, Art. 85 III GG; ⇒ Wahrnehmungskompetenz bei den Ländern, Sachkompetenz nur, solange der Bund davon keinen Gebrauch macht
Kostentragung grds. durch die Länder, Art. 104a I 1 GG (Ausn.: Art. 104a III GG)	Tragung der Zweckausgaben durch den Bund, Art. 104a II GG

d) Bundesverwaltung

aa) Systematisierung

1371 Ein – geringer – Teil von Bundesgesetzen wird vom Bund ausgeführt, sei es durch Bundesbehörden, sei es durch bundesunmittelbare juristische Personen des öffentlichen Rechts. Festgelegt ist das in den **Art. 86 ff. GG**.

Merke: Der umgekehrte Fall, nämlich dass der Bund ein Landesgesetz ausführt, ist im Grundgesetz nicht vorgesehen. **1372**

Systematisch differenzieren lässt sich dabei in dreierlei Hinsicht, nämlich **1373**
– zwischen **obligatorischer** und **fakultativer** Bundesverwaltung (d.h. zwischen der Verwaltung, die der Bund errichten muss – z.B. gem. Art. 87 Abs. 1 Satz 1, Abs. 2 Satz 1 GG –, und der Verwaltung, die der Bund zwar nicht errichten muss, aber, wenn er das möchte, errichten darf – etwa Art. 87 Abs. 1 Satz 2, Abs. 3 GG –),
– zwischen **unmittelbarer** und **mittelbarer** Bundesverwaltung sowie
– zwischen Bundesverwaltung mit und ohne **Verwaltungsunterbau** (gemeint ist hier die Frage, ob unter den Bundesministerien oder Bundesoberbehörden noch Mittelbehörden und örtliche Behörden bestehen).

bb) Unmittelbare und mittelbare Bundesverwaltung

Erläuterungsbedürftig sind die Begriffe unmittelbare und mittelbare Bundesverwaltung: Bei der **unmittelbaren Bundesverwaltung** vollzieht der Bund das jeweilige Gesetz durch *eigene* Behörden, d.h. durch Organe (Rn. 87), die ihm als Rechtsträger selbst zugeordnet sind. Träger der entsprechenden Rechte und Pflichten ist und bleibt der Bund. Insoweit liegt **Bundes*eigen*verwaltung** vor. **1374**

Demgegenüber spricht man von **mittelbarer Bundesverwaltung**, wenn der Bund (durch entsprechendes Organisationsgesetz) rechtlich selbständige juristische Personen errichtet (**Körperschaften, Anstalten** und **Stiftungen des öffentlichen Rechts** oder auch **Gesellschaften privaten Rechts**). Diese „Trabanten" erlangen mit ihrer Gründung selbst **Rechtsfähigkeit** und werden damit Träger von eigenständigen Rechten und Pflichten. Verwirrenderweise hat sich dafür im Sprachgebrauch der Begriff der **„bundesunmittelbaren"** Körperschaften, Anstalten oder Stiftungen des öffentlichen Rechts eingebürgert. Das Wort „bundesunmittelbar" meint dabei nicht, dass es sich um bundeseigene Behörden handelt; nach wie vor liegt mittelbare Bundesverwaltung vor. „Bundesunmittelbar" will nur verdeutlichen, dass die betreffenden Körperschaften, Anstalten oder Stiftungen durch *Bundes*gesetz errichtet wurden und unmittelbar der Aufsicht des *Bundes* unterliegen. **1375**

Davon abzugrenzen ist der Verwaltungsbereich der *Länder*, die ebenfalls juristische Personen des öffentlichen Rechts errichten können oder ggf. müssen (was sie etwa mit den Universitäten, Gemeinden oder Landkreisen getan haben). Diese „Trabanten" der Länder stellen mittelbare *Landes*verwaltung dar und werden – ebenso verwirrend – als **landesunmittelbare** Körperschaften, Anstalten oder Stiftungen bezeichnet. **1376**

1377 Wichtige Zweige der unmittelbaren und mittelbaren Bundesverwaltung

Norm des GG	Verwaltungszweig
Art. 87 I 1	– Auswärtiger Dienst, – Bundesfinanzverwaltung (insb. Zollverwaltung, Art. 108 I), – Wasser- und Schifffahrtsverwaltung (Art. 89)
Art. 87 I 2	– Bundespolizei (ehem. Bundesgrenzschutz), – Bundeskriminalamt, – Bundesamt für Verfassungsschutz
Art. 87 II	Deutsche Rentenversicherung Bund u.a.
Art. 87b	Bundeswehrverwaltung *(Die Bundeswehr selbst zählt gem. Art. 87a nicht zur Bundesverwaltung, sondern bildet den Sonderbereich der Streitkräfte.)*
Art. 87d I	Bundesluftverkehrsverwaltung (Deutsche Flugsicherung GmbH = als Eigengesellschaft privatisiert)
Art. 87e I 1	Bundeseisenbahnverkehrsverwaltung (Eisenbahn-Bundesamt)
Art. 87f II 2	Bundesverwaltung im Bereich des Postwesens und der Telekommunikation (Bundesnetzagentur)
Art. 88	Deutsche Bundesbank

cc) Bundesoberbehörden und neue bundesunmittelbare Körperschaften oder Anstalten des öffentlichen Rechts

1378 Ein Quell für neue Institutionen der Bundesverwaltung ist **Art. 87 Abs. 3 Satz 1 GG.** Danach können für Angelegenheiten, für die dem Bund die Gesetzgebung zusteht, durch Bundesgesetz errichtet werden

– selbständige Bundesoberbehörden, d.h. Behörden der unmittelbaren Bundesverwaltung, die dem zuständigen Ministerium direkt unterstehen und keinen Verwaltungsunterbau aufweisen, und
– neue bundesunmittelbare Körperschaften und Anstalten des öffentlichen Rechts (Rn. 1375).

1379 Von der Ermächtigung des Art. 87 Abs. 3 Satz 1 GG hat der Bund – anders als von Art. 87 Abs. 3 Satz 2 GG – **reichlich Gebrauch** gemacht, da insb. eine Zustimmung des Bundesrates zum entsprechenden Errichtungsgesetz nicht erforderlich ist.

Beispiele: das Bundesamt für Wirtschaft und Ausfuhrkontrolle (BAFA), das Bundesverwaltungsamt (BVA), das Kraftfahrt-Bundesamt (KBA), das Bundesamt für Güterverkehr (BAG), das Bundesamt für Migration und Flüchtlinge (BAMF), das Statistische Bundesamt. Derzeit bestehen ungefähr 70 Bundesoberbehörden.

§ 17. Regierung und Verwaltung

Eine bekannte bundesunmittelbare Körperschaft des öffentlichen Rechts ist die Bundesagentur für Arbeit (BA); Beispiel für eine bundesunmittelbare Anstalt des öffentlichen Rechts ist die Bundesanstalt für Finanzdienstleistungsaufsicht (BaFin).

dd) Ungeschriebene Verwaltungskompetenzen des Bundes

Diskutiert wird, ob über die Vorschriften des Grundgesetzes hinaus noch **ungeschriebene Verwaltungskompetenzen** des Bundes bestehen, etwa kraft Natur der Sache und kraft Sachzusammenhangs. Im Vergleich zu den Gesetzgebungskompetenzen (Rn. 1098 ff.) ist hier noch stärkere Zurückhaltung geboten. Denn der Grundsatz der Art. 30, 83 GG gilt auch hier (Rn. 569 ff., 1348): Prinzipiell sind die Länder für die Verwaltung zuständig, der Bund nur dann, wenn das Grundgesetz eine andere Regelung trifft oder zulässt (ausführlich dazu *BVerfGE 108, 169 [178 f.] – Telekommunikationslinien*).

1380

Beispiele: der deutsche Auslandsrundfunk durch die Deutsche Welle, eine bundesunmittelbare Anstalt des öffentlichen Rechts; die aus der Staatsleitung folgende Informationskompetenz der Bundesregierung, die im Rahmen ihrer Öffentlichkeitsarbeit auch auf aktuelle streitige, die Öffentlichkeit erheblich berührende Fragen eingehen und dabei vor sog. Jugendsekten warnen darf *(BVerfGE 105, 279 [301] – Osho)*. – Ausdrücklich abgelehnt hat das Bundesverfassungsgericht allerdings eine ungeschriebene Verwaltungskompetenz des Bundes für den überregionalen Rundfunk *(BVerfGE 12, 205 [250 ff.] – Deutschland-Fernsehen-GmbH,* s. auch Rn. 1382).

ee) Organisationsvorgaben

Für die Organisation der unmittelbaren und mittelbaren Bundesverwaltung gibt **Art. 86 GG** Leitlinien. Zuständig für die **Einrichtung der Bundesbehörden** (Satz 2) und für den Erlass von **allgemeinen Verwaltungsvorschriften** (Satz 1) ist die **Bundesregierung** und prinzipiell nicht der jeweilige Ressortminister (Art. 65 Satz 2 GG, Rn. 1298). In beiden Fällen kann jedoch durch Gesetz etwas anderes bestimmt werden; d.h. der Bundestag hat als zuständiger Gesetzgeber insb. die Möglichkeit, die Behörden durch Gesetz einzurichten oder den Ressortminister zum Erlass der Verwaltungsvorschriften zu ermächtigen. Ungeachtet von Art. 86 Satz 2 GG, der nur von *Einrichtung* der Behörden spricht, muss deren *Errichtung* und Zuständigkeitsabgrenzung wegen des **organisatorischen Vorbehalts des Gesetzes** (Rn. 454 ff.) in aller Regel durch Gesetz bestimmt werden (diff. *BVerfGE 40, 237 [250] – Dienst- und Vollzugsordnung*).

1381

5. Zuständigkeit für die nicht-gesetzesakzessorische Verwaltung

Nicht eigens geregelt hat das Grundgesetz die Zuständigkeitsverteilung für die nicht-gesetzesakzessorische („gesetzesfreie") Verwaltung (Rn. 1340). Dies könnte den Bund dazu verleiten, sich in diesem Bereich Verwaltungsaufgaben anzunehmen, insb. in privater Rechtsform, etwa durch Bundeseigengesellschaften (z.B. GmbHs, deren Geschäftsanteile sich ausschließlich im Besitz des

1382

Bundes befinden). Dem hat das Bundesverfassungsgericht jedoch schon 1961 einen Riegel vorgeschoben: *„Art. 30 GG gilt aber sowohl für die gesetzesakzessorische wie für die ‚gesetzesfreie' Erfüllung öffentlicher Aufgaben. Das ergibt sich zwingend aus dem Verhältnis von Art. 30 GG zum VIII. Abschnitt des Grundgesetzes (Art. 83 bis 91 GG) und daraus, dass dieser Abschnitt von der Bundesverwaltung auch insofern handelt, als sie gesetzesfreie Verwaltung ist"* (BVerfGE 12, 205 [246] – Deutschland-Fernsehen-GmbH). Daraus folgt, dass die Verwaltung, die **nicht unmittelbar mit dem Vollzug von Gesetzen** befasst ist, wegen der Ausgangsvermutung des **Art. 30 Hs. 1 GG** grds. in **Landeshoheit** erfolgen muss. Etwas anderes gilt nur, wenn der Bund sich auf eine Bundesverwaltungskompetenz der Art. 87 ff. GG stützen kann.

V. Öffentlicher Dienst

1. Hintergrund – Differenzierung

1383   Um seinen vielfältigen Aufgaben nachkommen zu können, braucht der Staat **Menschen, die ihre Arbeitskraft in seinen Dienst** stellen. Dieser Dienst ist treuhänderisch dem Gemeinwohl (Rn. 529) verpflichtet – das ist die eigentliche Bedeutung des **öffentlichen Amtes**. Einige herausgehobene Beispiele dafür wurden bereits behandelt, insb. der Bundespräsident, die Parlamentsabgeordneten, die Regierungsmitglieder (Bundeskanzler und Bundesminister). In seinem alltäglichen Geschäft wirken jedoch viele Tausende weiterer Personen mit: die Beamten, die Richter, die Soldaten sowie die Arbeitnehmer im öffentlichen Dienst.

1384   Grundlegend unterscheiden lässt sich dabei zwischen

- den Personen, die zum Staat in einem **öffentlich-rechtlichen** Dienst- und Treueverhältnis stehen (**öffentlicher Dienst i.e.S.**, „Staatsdiener"): die Beamten, Richter und – mit gewissen Einschränkungen – auch die Berufssoldaten;
- den Personen, die mit dem Staat als Arbeitgeber einen **privatrechtlichen** Arbeitsvertrag abgeschlossen haben (**öffentlicher Dienst i.w.S.**): die Arbeitnehmer im öffentlichen Dienst (die früher geläufige Unterscheidung zwischen Angestellten und Arbeitern wurde 2005/2006 aufgegeben; seither ist die Bezeichnung „Beschäftigte" geläufig).

2. Öffentlicher Dienst i.e.S. (Berufsbeamte)

1385   Im Grundgesetz ansatzweise geregelt ist der öffentliche Dienst i.e.S., das Berufsbeamtentum, zu dem – ungeachtet der für sie bestehenden Besonderheiten – auch die Richter und Berufssoldaten zählen. Die zentralen Verfassungsnormen finden sich in **Art. 33 Abs. 4 und 5 GG**. Oberstes Ziel ist es, eine

§ 17. Regierung und Verwaltung 367

stabile, gesetzestreue Verwaltung und Rechtsprechung zu sichern *(BVerfGE 99, 300 [315] – Beamtenkinder).*

a) Funktionsvorbehalt

Nach Art. 33 Abs. 4 GG ist die Ausübung hoheitsrechtlicher Befugnisse als ständige Aufgabe i.d.R. den Angehörigen des öffentlichen Dienstes zu übertragen, die in einem **öffentlich-rechtlichen Dienst- und Treueverhältnis** zum Staat stehen. Damit wird der Staat verpflichtet, diese hoheitlichen Tätigkeiten grds. Berufsbeamten und Richtern vorzubehalten. Ein entsprechender Anspruch des Einzelnen korrespondiert mit dieser staatlichen Pflicht allerdings nicht. 1386

Hoheitsrechtliche Befugnisse (Rn. 96) werden im Rahmen der Eingriffsverwaltung ausgeübt (z.B. Polizei und Finanzverwaltung). Die Leistungsverwaltung (z.B. Zahlung von Sozialleistungen, Gewährung von Subventionen u.a.; vgl. Rn. 454, 463) fällt unter Art. 33 Abs. 4 GG, soweit sie besondere Grundrechtsrelevanz besitzt, also geeignet ist, die Freiheit oder Gleichheit zu beeinträchtigen. Nicht dazu zählen soll überwiegend die sog. Fiskalverwaltung (rein wirtschaftliches Handeln des Staates, s. Rn. 458). Seit langem sehr umstritten ist die Tätigkeit der Lehrer; hier wird mitunter vernachlässigt, dass die Notengebung hoheitlicher Natur ist. 1387

Abweichungen vom Funktionsvorbehalt lässt Art. 33 Abs. 4 GG in zweifacher Hinsicht zu: 1388

– Vorübergehend (als **nicht-ständige Aufgabe**) dürfen hoheitsrechtliche Befugnisse auch anderen Personen als Berufsbeamten und Richtern, also insb. Arbeitnehmern im öffentlichen Dienst, übertragen werden.
– In begründeten Ausnahmefällen dürfen Dritte auch ständig mit hoheitsrechtlichen Befugnissen betraut werden. Dies ergibt sich aus der Formulierung „in der Regel". Ein Beispiel dafür ist die sog. Beleihung Privater mit Eingriffsrechten (etwa Piloten an Bord ihrer Flugzeuge). Voraussetzung dafür ist jedoch stets ein formelles Gesetz (Rn. 434).

b) Hergebrachte Grundsätze des Berufsbeamtentums

Art. 33 Abs. 5 GG verpflichtet den Gesetzgeber, die hergebrachten Grundsätze des Berufsbeamtentums zu berücksichtigen, nach der Rechtsprechung z.T. sogar zu beachten *(BVerfGE 99, 300 [314] – Beamtenkinder).* Dabei handelt es sich um rechtliche **Merkmale des Berufsbeamtentums,** die sich in der historischen Entwicklung **herausgebildet** und **bewährt** haben. Sie dürfen seit der Föderalismusreform von 2006 (Rn. 644) aber „*fortentwickelt*" werden. 1389

– Dazu zählt die **Fürsorgepflicht des Dienstherrn.** Sie „*verpflichtet den Dienstherrn, den Beamten gegen unberechtigte Anwürfe in Schutz zu nehmen, ihn entsprechend seiner Eignung und Leistung zu fördern, bei seinen Entscheidungen die wohlverstandenen Interessen des Beamten in gebührender Weise zu berücksichtigen*" 1390

(BVerfGE 43, 154 [165] – Datenzentrale Schleswig-Holstein). Die Fürsorgepflicht bezieht sich auch auf die Angehörigen und Hinterbliebenen.

1391 – Ein damit zusammenhängender Grundsatz ist der Anspruch auf eine **amtsangemessene Alimentation,** d.h. insb. auf eine „funktionsgerechte" Besoldung und Versorgung. Diese Alimentation hat jedoch nicht den Charakter einer Gegenleistung für erbrachte Arbeit, wie dies in der Privatwirtschaft der Fall ist. Vielmehr soll sie zur Unabhängigkeit der Bediensteten in wirtschaftlicher Hinsicht beitragen.

1392 – Der Fürsorgepflicht des Dienstherrn entspricht die den Bediensteten treffende **Treuepflicht,** die mehrere Einzelaspekte enthält (Pflichten aus dem öffentlichen Amt). Dazu gehört vor allem, dass der Beamte *„diesen Staat und seine Verfassung als einen hohen positiven Wert erkennt und anerkennt, für den einzutreten sich lohnt"* (BVerfGE 39, 334 [348] – Extremisten). Neben dieser Pflicht zur **Staats-, Verfassungs-** und **Gesetzestreue** gehört zur Treuepflicht auch das **Streikverbot** *(BVerfGE 148, 296 [347, 361 ff. Rn. 121, 144 ff.]).*

1393 – In parteipolitischen Fragen wird vom Beamten **Zurückhaltung** erwartet. Die **dienstliche Neutralität** des Bediensteten stellt eine entscheidende Grundlage dafür dar, dass die Bürger dem Staat vertrauen können (zur Pflicht zur Unparteilichkeit s. Rn. 530).

1394 – Weitere hergebrachte Grundsätze sind die **Bindung auf Lebenszeit** und die **Hauptberuflichkeit,** die bereits in dem Begriff „*Berufs*beamtentum" in Art. 33 Abs. 5 GG zum Ausdruck kommen.

c) Leistungsprinzip

1395 Gem. **Art. 33 Abs. 2 GG** hat jeder Deutsche *nach seiner Eignung, Befähigung und fachlichen Leistung gleichen Zugang zu jedem öffentlichen Amte.* Dieses sog. Leistungsprinzip, das auch als Grundsatz der **Bestenauslese** bezeichnet wird, hat sowohl objektiven als auch subjektiven Charakter:

1396 – In **objektiver Hinsicht** wird der Staat als Dienstherr verpflichtet, die Kriterien der **Eignung, Befähigung** und **fachlichen Leistung** einfachgesetzlich zu konkretisieren und bei jeder Einstellung und Beförderung sowie beim Aufstieg zu beachten. Verhindert werden sollen damit insb. die Ämterpatronage und jede andere Bevorzugung aufgrund sachfremder Gesichtspunkte (Rn. 381) – in der Praxis mit wohl zweifelhaftem Erfolg.

1397 – In **subjektiver Hinsicht** gewährt Art. 33 Abs. 2 GG einen **Anspruch** darauf, dass der Dienstherr bei personalrechtlichen Maßnahmen ausschließlich die Eignung, Befähigung und fachliche Leistung als Maßstäbe anlegt. Die dadurch zum Ausdruck kommende Chancengleichheit ist vor Gericht erstreitbar.

3. Öffentlicher Dienst i.w.S.; andere öffentliche Ämter

Zum **öffentlichen Dienst i.w.S.** gehören die Arbeitnehmer (Beschäftigten), die zum Staat in einem **privatrechtlichen** Arbeitsverhältnis stehen. Dieses richtet sich im Ausgangspunkt nach den §§ 611 ff. BGB sowie den arbeitsrechtlichen Gesetzen; es wird insb. durch die einschlägigen Tarifverträge (Tarifvertrag für den öffentlichen Dienst – TVöD – oder Tarifvertrag für den öffentlichen Dienst der Länder – TV-L –) ergänzt:

– Für die Arbeitnehmer im öffentlichen Dienst gelten die hergebrachten Grundsätze des Berufsbeamtentums nicht; sie besitzen insb. das **Streikrecht**.
– Sehr wohl Anwendung findet allerdings der **Grundsatz der Bestenauslese**: *Öffentliches Amt* i.S.v. Art. 33 Abs. 2 GG ist auch die privatrechtliche Stelle als Arbeitnehmer im öffentlichen Dienst.

Nicht zum öffentlichen Dienst gehören andere öffentlich-rechtliche **Amtsverhältnisse**, etwa die der Abgeordneten, Minister, Parlamentarischen Staatssekretäre oder Notare. Rechtsgrundlagen sind insoweit Spezialgesetze (z.B. das Abgeordnetengesetz – AbgG –, das Bundesministergesetz – BMinG – oder die Bundesnotarordnung – BNotO –).

1398

1399

VI. Amts- und Rechtshilfe; Krisenbewältigung

Literaturhinweise: *S. Korioth*, Staatsrecht I, 4. Aufl. 2018, § 32 III; *Th. I. Schmidt*, Prüfe dein Wissen – Staatsrecht, 3. Aufl. 2013, Nr. 748–749; *M. Droege/J. Broscheit*, (Original-) Referendarexamensklausur – Öffentliches Recht: Staatsorganisationsrecht - Land unter ... Der Einsatz der Bundeswehr als letztes Mittel?, JuS 2015, 633–639; *A. Hopf/J. Hyckel*, Das Luftsicherheitsgesetz – Zwei Bruchlandungen in Karlsruhe, JURA 2014, 632–638; *H. Jochum*, Der Einsatz der Streitkräfte im Innern, JuS 2006, 511–516; *M. Ladiges*, Verfassungsrechtliche Grundlagen für den Einsatz der Streitkräfte, JuS 2015, 598–604.

1. Bedeutung

Die **Staatsgewalt** ist sowohl zwischen Legislative, Exekutive und Judikative als auch zwischen Bund und Ländern **geteilt** (horizontale und vertikale Gewaltenteilung, Rn. 885 ff.). Hinzu tritt insb. im Bereich der Verwaltung eine weitere Aufteilung der Staatsgewalt auf **verschiedene Rechtsträger** und innerhalb dieser nach **sachlichen** und **örtlichen Zuständigkeiten** (z.B. Gemeinden, Landkreise, Finanzämter, Hauptzollämter, Bundesagentur für Arbeit, Deutsche Rentenversicherung, Allgemeine Ortskrankenkassen, Polizei- und Justizbehörden u.v.a., vgl. Rn. 891 ff.).

Diese vielfache Gewaltenuntergliederung darf nicht zu einer Atomisierung der Staatsgewalt führen, die die Handlungsfähigkeit des Staates lähmen oder

1400

1401

gar aufheben würde. Das ist der Hintergrund von **Art. 35 Abs. 1 GG,** der alle Behörden des Bundes und der Länder verpflichtet, sich **gegenseitig Rechts- und Amtshilfe** zu leisten.

1402
– **Amtshilfe i.e.S.** meint dabei die Unterstützung, die von Behörden geleistet wird (gegenüber anderen Behörden oder Gerichten).
– **Rechtshilfe** ist die Unterstützung, die Gerichte gewähren (gegenüber Behörden oder anderen Gerichten).

Unter **Amtshilfe i.w.S.** fallen die Amtshilfe i.e.S. und die Rechtshilfe.

Amtshilfe i.w.S.	
Amtshilfe i.e.S.	**Rechtshilfe**
Eine *Behörde* unterstützt eine andere Behörde oder ein Gericht.	Ein *Gericht* unterstützt eine Behörde oder ein anderes Gericht.

1403 Nur durch eine funktionierende Kooperation kann der Staat seine **Aufgaben effektiv erfüllen,** ohne seinen Verwaltungsapparat weiter aufzublähen. Zudem sind die Behörden und Gerichte bei ihren Entscheidungen oftmals auch **auf Informationen anderer Behörden oder Gerichte angewiesen.**

Beispiel: Das Amtsgericht als Familiengericht muss im Rahmen des Ehescheidungsverfahrens einen Versorgungsausgleich durchführen (§ 137 Abs. 1 und 2 des Gesetzes über das Verfahren in Familiensachen und in den Angelegenheiten der freiwilligen Gerichtsbarkeit – FamFG). Dazu benötigt es detaillierte Informationen des zuständigen Rentenversicherungsträgers (zur Auskunftspflicht siehe § 220 Abs. 4 Satz 1 FamFG).

2. Voraussetzungen und Grenzen

1404 Durch Amtshilfe i.w.S. darf die rechtsstaatliche und bundesstaatliche Gewaltenteilung nicht ausgehebelt werden. Amtshilfe ist – wie bereits der Wortlaut sagt – die bloße **Unterstützung im Einzelfall,** nicht aber die dauerhafte Übernahme von Tätigkeiten einer anderen Behörde oder gar die Übernahme von deren Aufgaben. Sie darf nicht als Generalermächtigung für eine Kompetenzverlagerung missbraucht werden.

1405 Vor diesem Hintergrund ist Art. 35 Abs. 1 GG eine Art „**Rahmenvorschrift**", die lediglich die grobe Vorgabe schafft, jedoch der spezifischen Ausgestaltung durch den Gesetzgeber bedarf. Dazu besteht eine Vielzahl von bundes- und landesrechtlichen Vorschriften, insb. die §§ 4 ff. der Verwaltungsverfahrensgesetze (VwVfG), die §§ 3 ff. des Zehnten Buches Sozialgesetzbuch (SGB X), die §§ 111 ff. der Abgabenordnung (AO) sowie die §§ 156 ff. des Gerichtsverfassungsgesetzes (GVG). Dort werden Einzelfragen wie bspw. die pflichtigen Behörden, Voraussetzungen und Grenzen sowie die Kosten der Amtshilfe geregelt.

1406 Die Amtshilfe findet ihre Grenze insb. bei der Weitergabe **personenbezogener Daten** zwischen verschiedenen Behörden oder Gerichten. Da es

(Fortsetzung auf der nächsten Seite)

§ 17. Regierung und Verwaltung 371

sich hierbei um grundrechtlich äußerst sensible Bereiche handelt, genügt zu einer solchen rechtseingreifenden Art des Datenaustauschs die bloße Berufung auf Art. 35 Abs. 1 GG nicht. Vielmehr bedarf es dabei jeweils einer speziellen Rechtfertigung durch Parlamentsgesetz.

> **Merke:** Amts- und Rechtshilfe dienen der Effektivierung der Staatstätigkeit. Sie sind vielfach sogar Voraussetzung dafür, dass der Staat seinen Aufgaben nachkommen kann. Sie berechtigen isoliert nicht zur Übermittlung personenbezogener Daten; vielmehr bedarf es hierzu jeweils eines besonderen („bereichsspezifischen") Gesetzes.

1407

3. Bundesstaatliche Kooperation in Krisensituationen

a) Fallgruppen

Verwandt mit der Amtshilfe ist eine Reihe von Normen, die das Grundgesetz zur **Bewältigung von Krisen** bereitstellt: Art. 35 Abs. 2 und 3, Art. 37 sowie Art. 91 GG. Diese Vorschriften ermöglichen für tatbestandlich eng umrissene Ausnahmefälle den grenzüberschreitenden Einsatz von Landespolizeien sowie den Einsatz der Streitkräfte und der Bundespolizei. Der Sinn dieser Vorschriften ergibt sich aus der Tatsache, dass die **Abwehr von Gefahren** für die öffentliche Sicherheit oder Ordnung grds. **Angelegenheit der Länder** ist (Art. 30, 70 GG). Will der Bund in diesem Bereich tätig werden, bedarf er eines besonderen verfassungsrechtlichen Kompetenztitels.

1408

Eine zusätzliche Bedeutung erlangen diese Regelungen dadurch, dass die **Bundeswehr** nach **Art. 87a Abs. 2 GG** außer zur Landesverteidigung im Inneren nur eingesetzt werden darf, soweit das *Grundgesetz* es *ausdrücklich* zulässt („Gebot strikter Texttreue", *BVerfGE 90, 286 [357] – Adria-Einsatz*).

1409

Besondere Gefahrenlagen, Art. 35 II 1 GG	Katastrophennotstand Art. 35 II 2 GG	Innerer Staatsnotstand, Art. 91 I GG
besondere Gefahr für die öffentliche Sicherheit und Ordnung	Naturkatastrophe oder besonders schwerer Unglücksfall	drohende Gefahr für Bestand/FDGO des Bundes/eines Landes
Land kann BPol anfordern (Nachrang ggü. Art. 91 I GG; daneben Unterstützung durch Polizeien anderer Länder auf **freiwilliger** Basis zulässig)	*Land* kann anfordern: – Polizeien anderer Länder, – andere Verwaltungen, – BPol und Bundeswehr (vgl. Art. 87a II GG)	*Land* kann anfordern: – Polizeien anderer Länder, – andere Verwaltungen, – BPol, nicht: Bundeswehr (Vorrang ggü. Art. 35 II 1, Art. 91 II)
	↓	↓

1410

(Fortsetzung auf der nächsten Seite)

Bundeszwang, Art. 37 GG (Bundesexekution)	überregionaler Katastrophennotstand, Art. 35 III GG	Bundesintervention, Art. 91 II GG
Nichterfüllung einer Bundespflicht durch ein Land	Katastrophennotstand in mehr als einem Land	betroffenes Land unwillig/unfähig zur Gefahrenabwehr
– BReg kann notwendige Maßnahmen treffen z.B. finanzielle Sanktionen, Retorsionen, Ersatzvornahmen, Sequestration – BReg hat Weisungsbefugnis	– Weisungsbefugnis der BReg ggü. Landesregierungen zum Einsatz der Landespolizeien – spontaner Einsatz von BPol und Bundeswehr (vgl. Art. 87a II GG)	– abgestufte Weisungsrechte der BReg ggü. Landespolizeien und Landesregierungen – spontaner Einsatz der BPol – subsidiär: Einsatz der Bundeswehr (Art. 87a IV GG) (Vorrang vor Art. 37 GG)
Besondere Mitwirkungsrechte des **Bundesrates** (Art. 35 III 2, Art. 37 I, Art. 91 II 2 GG)		

Abkürzungen:
BPol = Bundespolizei (bis 30.6.2005 BGS = Bundesgrenzschutz);
BReg = Bundesregierung; **FDGO** = freiheitliche demokratische Grundordnung; zum Bundeszwang näher Rn. 597 ff.

b) Einsatz der Bundeswehr gegen terroristische Anschläge

1411 Seit den **terroristischen Anschlägen** auf das World Trade Center in New York vom 11.9.2001 stellt sich die Frage, ob in einem vergleichbaren Fall **Kampfflugzeuge der Bundeswehr** zum Einsatz und Abschuss ziviler Flugzeuge berechtigt wären. Unstreitig würde es sich dabei um einen Einsatz im Inneren handeln, der nach Art. 87a Abs. 2 GG einer ausdrücklichen grundgesetzlichen Ermächtigung bedürfte (Rn. 1409).

1412 – Vertreten wird, dass eine Flugzeugentführung zum Einsatz gegen Objekte am Boden den **Verteidigungsfall** i.S.v. Art. 87a Abs. 2 i.V.m. **Art. 115a Abs. 1 Satz 1 GG** auslöse. Dann bräuchte auf die Vorschriften der Art. 35 Abs. 2 und Abs. 3 GG nicht zurückgegriffen zu werden. Überaus zweifelhaft ist indes, ob es sich bei einer solchen Konstellation tatsächlich um einen militärischen Angriff handeln würde, d.h. um einen Angriff auf das Bundesgebiet mit Waffengewalt (von außen).

1413 – Das Plenum des Bundesverfassungsgerichts hat 2012 entschieden, dass in solchen Fällen **Art. 35 Abs. 2 Satz 2 und Abs. 3 GG** den Einsatz von Abfangjägern der Bundeswehr und anderer spezifisch militärischer Kampfmittel erlaubt, da ein terroristischer Anschlag einen (besonders schweren)

§ 17. Regierung und Verwaltung 373

Unglücksfall darstellen kann. Ein solcher Einsatz ist jedoch nur unter engen Voraussetzungen zulässig, um insb. Art. 87a Abs. 4 GG nicht zu unterlaufen *(BVerfGE 132, 1 [9 Rn. 24] – Luftsicherheitsgesetz II)*. Die Gesetzgebungskompetenz des Bundes ergibt sich dabei aus Art. 73 Abs. 1 Nr. 6 GG (Rn. 1100).

VII. Staatshaftung

Literaturhinweise: *S. Detterbeck*, Allgemeines Verwaltungsrecht, 17. Aufl. 2019, Rn. 1052 ff.; *W. Durner*, Grundfälle zum Staatshaftungsrecht, JuS 2005, 793–797; *J. Lege*, System des deutschen Staatshaftungsrechts, JA 2016, 81–88; *H. Sauer*, Staatshaftungsrecht – Eine Systematisierung für die Fallbearbeitung, JuS 2012, 695–699, 800–806; *Th. I. Schmidt*, Prüfe dein Wissen – Staatsrecht, 3. Aufl. 2013, Nr. 394–405; *Ch. Spahn/U. Krämer*, Grundzüge des Amtshaftungsrechts, UBWV 2006, 281–286; *F. Wittreck/S. Wagner*, Der Amtshaftungsanspruch nach Art. 34 S. 1 GG/§ 839 I 1 BGB, JURA 2013, 1213–1225.

Fall: V verkauft sein Kraftfahrzeug an K. Eine Woche zuvor hat der TÜV bei der Hauptuntersuchung keine Mängel festgestellt und die neue Prüfplakette erteilt. Bei K's erster Fahrt bricht die völlig durchgerostete Radaufhängung ab. K erleidet einen Unfall, dessen Folge unter anderem erhebliche Heilbehandlungskosten sind. Nachforschungen ergeben, dass das Fahrzeug bereits bei der Hauptuntersuchung nicht mehr verkehrstauglich war, was der zuständige Prüfer P hätte bemerken müssen. K verlangt wegen Amtspflichtverletzung Schadensersatz. Zu Recht? (Lösungsvorschlag: Rn. 1425) 1414

1. Bedeutung

Die Staatshaftung ist eine der **Nagelproben des Rechtsstaats:** Wenn der Staat selbst an das von ihm gesetzte Recht gebunden ist (Art. 20 Abs. 3 GG), ist es konsequent, dass er **für Rechtsverletzungen haftet,** die er – insb. durch seine Bediensteten (Rn. 1383 ff.) – begeht. 1415

– Dort, wo sich der Staat **wie ein Bürger** verhält (insb. bei Kauf- und Mietverträgen, im allgemeinen Straßenverkehr usw.), haftet er grds. auch wie ein Bürger, d.h. nach den **zivilrechtlichen** Vorschriften. Dieser Bereich zählt nicht zur Staatshaftung.
– Etwas anderes gilt, soweit der Staat in **Ausübung hoheitlicher Gewalt** tätig wird, also seine **öffentlich-rechtlichen** Aufgaben erfüllt. Handelt er dabei rechtswidrig, kommen die staatshaftungsrechtlichen Normen zur Anwendung.

Merke: Mit der Staatshaftung wird der Rechtsstaat beim Wort genommen: Hoheitlich begangenes Unrecht soll insb. durch Schadensersatz oder Entschädigung ausgeglichen werden. 1416

1417 Das Staatshaftungsrecht ist ein sehr uneinheitliches Gebiet des Verwaltungsrechts: Die bestehenden Rechtsvorschriften sind weitgehend **zersplittert** und **veraltet;** z.T. stützt sich die Rechtsprechung auf **(ungeschriebenes)** Gewohnheitsrecht (Rn. 442). Zwar besitzt der **Bund** seit 1994 in Art. 74 Abs. 1 Nr. 25 GG die **Kompetenz zur Gesetzgebung** (mit Zustimmungsbedürftigkeit des Bundesrates, Art. 74 Abs. 2 GG). Davon hat er aber bislang – man darf sagen: leider – nicht im Rahmen einer einheitlichen Kodifikation Gebrauch gemacht.

2. Amtshaftungsanspruch

a) Rechtsgrundlagen

1418 **Verfassungsrechtlich** von Bedeutung ist, dass ein wichtiger Teilbereich der Staatshaftung im Grundgesetz für den Bürger **garantiert** wird, nämlich die **Amtshaftung** in Art. 34 Satz 1 GG: *Verletzt jemand in Ausübung seines ihm anvertrauten öffentlichen Amtes die ihm einem Dritten gegenüber obliegende Amtspflicht, so trifft die Verantwortlichkeit grundsätzlich den Staat oder die Körperschaft, in deren Dienst er steht.*

1419 Diese Verfassungsnorm ergänzt die **Grundvorschrift** des Amtshaftungsanspruchs, die sich aus historischen Gründen in **§ 839 des Bürgerlichen Gesetzbuchs (BGB)** findet. Dessen Absatz 1 Satz 1 lautet ähnlich: *Verletzt ein Beamter vorsätzlich oder fahrlässig die ihm einem Dritten gegenüber obliegende Amtspflicht, so hat er dem Dritten den daraus entstehenden Schaden zu ersetzen.* Die – historisch zu erklärende – Besonderheit liegt darin, dass die *Amts*haftung nicht an die Verletzung eines Rechtsguts (§ 823 Abs. 1 BGB) oder einer Rechtspflicht (§ 280 Abs. 1 BGB) anknüpft, sondern an die Verletzung einer *Amts*pflicht, die dem Beamten gegenüber seinem Dienstherrn obliegt.

1420 **Merke:** Der Amtshaftungsanspruch ergibt sich aus dem Zusammenspiel von § 839 BGB und Art. 34 GG. Es handelt sich dabei um eine zusammengesetzte Anspruchsgrundlage.

b) Tatbestandsvoraussetzungen und Rechtsfolgen

1421 Die **Auslegung** und **Anwendung** der Tatbestandsvoraussetzungen des Amtshaftungsanspruchs aus § 839 BGB i.V.m. Art. 34 GG sind **nicht einfach** – und überdies Stoff des Allgemeinen Verwaltungsrechts (s. *Detterbeck*, Allgemeines Verwaltungsrecht, Rn. 1053 ff.). Für das Staatsrecht genügen folgende Grundkenntnisse, die hier zum besseren ersten Verständnis nicht in der verwaltungsrechtlichen Prüfungsreihenfolge aufgelistet werden:

1422 Auslöser der Staatshaftung ist eine **Schädigung** des Bürgers in seinen **Rechtsgütern** oder in seinem **Vermögen.**

– Die Schädigung muss auf einer Handlung beruhen, die in Erfüllung **hoheitlicher Aufgaben** („in Ausübung eines öffentlichen Amtes") vorgenommen wird, typischerweise durch staatliche oder kommunale Behörden.

§ 17. Regierung und Verwaltung

Nicht erforderlich ist, dass ein Beamter im statusrechtlichen Sinn handelt (Rn. 1385 ff.); auch Arbeitnehmer im öffentlichen Dienst (Rn. 1398) oder andere Amtsträger können „Beamte" im amtshaftungsrechtlichen Sinn sein (vgl. „jemand" in Art. 34 Satz 1 GG).
— Voraussetzung ist außerdem, dass der „Beamte" dabei gegen eine (Amts-)Pflicht verstoßen hat, die nicht allgemein, sondern auch zum **Schutz des geschädigten Bürgers** besteht: In der Sprache von § 839 Abs. 1 Satz 1 BGB und Art. 34 Satz 1 GG ist der Bürger der **„Dritte"**.
— Im Übrigen muss die Verletzungshandlung **schuldhaft** (vorsätzlich oder fahrlässig, § 276 BGB) vorgenommen worden sein.
— Weitere Einschränkungen ergeben sich insb. aus § 839 Abs. 1 Satz 2, (sog. Verweisungsprivileg); Abs. 2 (sog. Richterspruchprivileg) und Abs. 3 BGB (Versäumung von Rechtsbehelfen).

Sind alle Tatbestandsvoraussetzungen erfüllt, ergibt sich als Rechtsfolge die Pflicht, den entstandenen Schaden zu ersetzen, und zwar durch Geldleistung. Diese **Schadensersatzpflicht** trifft, wie es Art. 34 Satz 1 GG ausdrücklich sagt, den **Staat** (Bund, Land oder sonstige juristische Person des öffentlichen Rechts). Damit wird die ursprüngliche Beamtenhaftung des § 839 Abs. 1 Satz 1 BGB modifiziert, um dem Bürger einen stets solventen Schuldner zu bieten. 1423

Amtshaftungsanspruch		1424
I.	**Tatbestand des § 839 BGB** **Art. 34 S. 1 GG**	
1.	„Beamter" ⟶ jemand in Ausübung eines öffentlichen Amtes (Amtshandlung)	
2.	Amtspflichtverletzung a) Amtspflicht (gegenüber dem Dienstherrn) b) Verletzung der Amtspflicht c) Kausalität zwischen Amtshandlung (s.o. I 1) und Amtspflichtverletzung	
3.	„einem Dritten gegenüber obliegend" (Drittbezug – Hauptproblem der Praxis) a) Drittbezug grds. nur bei Handeln der Exekutive oder Judikative; keine Haftung der Legislative (des parlamentarischen Gesetzgebers) b) personaler Drittbezug: Bezweckt die Amtspflicht den Schutz „Dritter"? Gehört der Geschädigte zum konkret geschützten Personenkreis? c) sachlicher Drittbezug: Auf den Schutz welcher Interessen durfte der Geschädigte („Dritte") vertrauen?	
4.	Verschulden (vorsätzlich oder fahrlässig, § 276 BGB)	
5.	Kausalität zwischen Amtspflichtverletzung und Schaden	
6.	sog. Verweisungsprivileg, § 839 I 2 BGB	
7.	sog. Richterspruchprivileg, § 839 II BGB	
8.	keine Versäumung von Rechtsbehelfen, § 839 III BGB	

(Fortsetzung auf der nächsten Seite)

Amtshaftungsanspruch		
9.	kein Mitverschulden i.S.v. § 254 BGB	
10.	keine Verjährung, §§ 195, 199 BGB (drei Jahre ab Kenntnis)	
II.	**Rechtsfolge: Schadensersatz** ⟶	befreiende Schuldübernahme durch den Staat oder eine andere juristische Person des öffentlichen Rechts
1.	nur in Geld (§ 249 I BGB gilt nicht)	
2.	auch entgangener Gewinn, § 252 BGB	
3.	auch Ersatz immaterieller Schäden, § 253 II BGB	

1425 Lösungsvorschlag zum Fall Rn. 1414 (sehr vereinfacht): Anspruchsgrundlage für K ist § 839 BGB i.V.m. Art. 34 GG. Die Kfz-Hauptuntersuchung wird in Ausübung eines öffentlichen Amtes vorgenommen, da den TÜV-Ingenieuren insb. die Zuteilung der Prüfplaketten durch Gesetz zugewiesen ist (§ 29 StVZO). Dabei sind die Ingenieure verpflichtet, die Hauptuntersuchung ordnungsgemäß durchzuführen, auf sicherheitsrelevante Mängel hinzuweisen und die Prüfplakette nur zu vergeben, wenn das Fahrzeug verkehrssicher ist. Diese Pflicht dient auch dem Schutz des Fahrzeugführers, denn dieser soll sich auf das Ergebnis der Hauptuntersuchung verlassen können. Weil P die Verkehrstauglichkeit hätte bemerken müssen, handelte er fahrlässig und hat dadurch seine Amtspflicht verletzt. Die Heilbehandlungskosten des K wurden durch den Unfall verursacht, der seinerseits auf dieser Pflichtverletzung des P beruht. Daher hat K einen entsprechenden Amtshaftungsanspruch gegenüber dem Bundesland, in dessen Auftrag der TÜV bei der Hauptuntersuchung tätig geworden ist.

§ 18. Rechtsprechung

Literaturhinweise: *S. Korioth*, Staatsrecht I, 4. Aufl. 2018, § 19 II 5 c, § 33; *Th. I. Schmidt*, Prüfe dein Wissen – Staatsrecht, 3. Aufl. 2013, Nr. 713–732; *G. Britz*, Das Verhältnis von Verfassungsgerichtsbarkeit und Gesetzgebung, JURA 2015, 319–325; *H. Gersdorf/D. Heilmann/O. Bizuga*, Die Verfahrensarten des Verfassungsprozessrechts, Ad Legendum 2017, 89–95; *D. Leuze*, Richterliche Unabhängigkeit, DÖD 2005, 78–83; *K. Schlaich/S. Korioth*, Das Bundesverfassungsgericht, 11. Aufl. 2018; *E. Schilken*, Die Sicherung der Unabhängigkeit der Dritten Gewalt, JZ 2006, 860–868; *F. Wittreck*, Die Verwaltung der Dritten Gewalt, 2006.

I. Richtervorbehalt

1426 Der **IX. Abschnitt** des Grundgesetzes (**Art. 92 bis 104**) befasst sich mit der dritten Gewalt im Staat, der Rechtsprechung (Judikative). An seiner Spitze steht **Art. 92 Hs. 1 GG**: Danach ist die rechtsprechende Gewalt den Richtern *anvertraut*. Diese unmittelbare Herausstellung der Organwalter selbst zeugt

– von dem **besonderen Vertrauen** des Staates und der Gesellschaft in die Richter und, korrespondierend dazu,
– von deren großer **Verantwortung**.

§ 18. Rechtsprechung

Ausschließlich den Richtern und den durch sie konstituierten Gerichten fällt die Kompetenz zur Rechtsprechung zu (sog. **Richtervorbehalt**). Die Judikative stellt somit eine in Funktion, Organisation und Personal von den anderen beiden Gewalten **strikt getrennte Gewalt** dar. Verschränkungen, wie sie zwischen der Legislative und der Exekutive vorkommen (Rn. 900 ff.), sind unzulässig. Berührungspunkte bestehen allerdings im Rahmen des Gerichtsverfassungs- und des Prozessrechts, das von der Legislative gesetzt wird (vgl. Art. 74 Abs. 1 Nr. 1 GG), und bei der Wahl oder Ernennung der Richter (z.B. gem. Art. 94 Abs. 1 Satz 2, Art. 95 Abs. 2 GG). 1427

1. Merkmale des Recht-Sprechens

Um die Judikative von den anderen beiden Staatsgewalten abgrenzen zu können, bedarf es einer Bestimmung des **Begriffs** „rechtsprechende Gewalt" i.S.v. Art. 92 Hs. 2 GG. Eine verfassungsrechtliche Definition fehlt. Abgestellt wird daher auf die wesentlichen **Merkmale der Recht sprechenden Tätigkeit.** Das Bundesverfassungsgericht versteht darunter *„typischerweise die letztverbindliche Klärung der Rechtslage in einem Streitfall im Rahmen besonders geregelter Verfahren" (BVerfGE 103, 111 [138] – Wahlprüfung Hessen).* Daraus lassen sich folgende Kriterien ableiten: 1428

– Zunächst muss eine **Rechtsstreitigkeit** vorliegen. Darunter sind alle Fälle bestrittener, gefährdeter oder verletzter Rechte zu verstehen. Entschieden wird darüber **einzig am Maßstab von Gesetz und Recht** durch unabhängige Richter (Art. 97 Abs. 1 GG, Rn. 1433 ff.). Keine Rechtsstreitigkeiten stellen insb. politische oder gesellschaftliche Meinungsverschiedenheiten dar. 1429

– Die Rechtsprechung handelt stets **reaktiv**. Dies bedeutet, dass die Gerichte nur auf Antrag, insb. auf **Klage** oder **Anklage** hin tätig werden. Vornehmliche Aufgabe der Rechtsprechung ist es, das Recht zu wahren, nicht aber, das Recht zu gestalten. 1430

– Rechtsprechung geht in einem besonderen **Verfahren,** dem **Prozess,** vonstatten. Um Transparenz und Rechtssicherheit zu gewährleisten, sind die Verfahrensstufen und die Verfahrensweise **gesetzlich genau geordnet,** insb. in den Prozessordnungen (Zivilprozessordnung, Strafprozessordnung u.a.m.). Die mündlichen Verhandlungen finden grds. öffentlich statt (§ 169 Satz 1 GVG). 1431

– Am Ende des Prozesses steht der „Rechts-Spruch", d.h. eine **letztverbindliche Entscheidung** i.d.R. durch **Urteil** (vgl. § 300 ZPO). Dadurch soll der Rechtsstreit abschließend geklärt und beendet werden. Ausdruck dieser Verbindlichkeit ist die formelle und materielle Rechtskraft (z.B. § 19 EGZPO, §§ 322 ff. ZPO). 1432

2. Unabhängigkeit von Richtern und Gerichten

1433 Die Unabhängigkeit der Richter und der Gerichte ist ein entscheidendes Merkmal der Rechtsprechung. Sie soll eine möglichst **objektive, unparteiische Entscheidung** gewährleisten, die insb. nicht in eigener Sache erfolgt (lat. *nemō iudex in causa sua*). Die Justiz (lat. *iustitia*, svw. Gerechtigkeit) wird daher allegorisch mit Augenbinde personifiziert. Dies bedeutet nicht etwa, dass der Richter (rechts)blind sein, sondern dass er *ohne Ansehen der Person* entscheiden soll. Die Objektivität und Unparteilichkeit der Judikative wird erreicht

– durch die organisatorische Verselbständigung der Gerichtsbarkeit (Art. 92 Hs. 2 GG) sowie
– durch die sachliche und persönliche **Unabhängigkeit** der Richter **(Art. 97, 98 GG)**.

1434 Die **sachliche Unabhängigkeit** wird durch **Art. 97 Abs. 1 GG** zum Ausdruck gebracht. Sie umhegt die Richter mit einem Raum, in dem sie ihrer Rechtsprechungstätigkeit frei von äußeren Einflüssen nachgehen können. Das bedeutet insb. die **Freiheit von Weisungen** seitens der Politik oder der Verwaltung. Einziger, dafür aber umso kraftvollerer Handlungsmaßstab ist das **Gesetz,** das i.S.v. „Gesetz und Recht" (Art. 20 Abs. 3 GG, Rn. 440) verstanden werden darf.

1435 Die Freiheit der Richter wird durch deren **persönliche Unabhängigkeit** i.S.v. **Art. 97 Abs. 2** und **Art. 98 GG** abgesichert. Darunter fallen insb. die Unabsetzbarkeit und die Unversetzbarkeit. Diese „Privilegien" bestehen nicht um ihrer selbst willen. Ziel ist es vielmehr, eine **mittelbare Einwirkung** auf die Richter zu vermeiden, etwa dadurch, dass unliebsame Urteile mit Versetzung oder Entlassung sanktioniert würden. Demgegenüber bestehen keine verfassungsrechtlichen Bedenken, einen Richter, der etwa seine Dienstpflichten schwerwiegend verletzt, unter den gesetzlichen Voraussetzungen aus dem Dienst zu entfernen (zur Richteranklage s. Rn. 797).

II. Verfassungsrechtliche Verfahrensgarantien

1436 Die Regelung des gerichtlichen Verfahrens ist grds. Aufgabe des einfachen Gesetzgebers (Art. 74 Abs. 1 Nr. 1 GG). Gewisse **Verfahrensgarantien** enthält das Grundgesetz wegen ihrer fundamentalen Bedeutung jedoch selbst: teils ausdrücklich, teils implizit (zur näheren grundrechtlichen Betrachtung *Manssen*, Staatsrecht II, Rn. 779 ff.). Diese Garantien sind Ausprägungen des **Rechtsstaatsprinzips** (Rn. 466).

§ 18. Rechtsprechung

1. Recht auf den gesetzlichen Richter

Nach **Art. 101 Abs. 1 Satz 2 GG** darf niemand seinem gesetzlichen Richter entzogen werden. Dies setzt voraus, dass bereits im Vorhinein **abstrakt-generell** festgelegt sein muss, welcher Richter, welcher Spruchkörper (Kammer, Senat) und welches Gericht für eine bestimmte Streitigkeit zuständig sind. Die sog. sachlichen, örtlichen, instanziellen und funktionellen Zuständigkeiten müssen im konkreten Fall auch tatsächlich befolgt werden. Dies verbietet es insb., dass die Regierung oder der Justizminister einen bestimmten Prozess *ad hoc* einem als „politisch vertrauenswürdig", als hart oder als nachsichtig erachteten Richter „zuspielt". 1437

Die generell-abstrakte Bestimmung i.S.v. Art. 101 Abs. 1 Satz 2 GG erfolgt in mehreren Stufen: Zunächst wird durch ein **formelles Gesetz** (Gerichtsverfassungsgesetz, Zivilprozessordnung u.a.m.) festgelegt, welcher Rechtsweg eröffnet und welches Gericht sachlich und örtlich für welche Art von Fällen zuständig ist (s. etwa § 13, §§ 23 ff., §§ 28 ff., §§ 71 ff. GVG, §§ 1 ff. ZPO u.v.a.). Innerhalb des Gerichts werden die Zuständigkeiten und die Besetzung der Senate oder Kammern sowie die Zuständigkeiten der Einzelrichter durch den **Geschäftsverteilungsplan** bestimmt, den das Präsidium des jeweiligen Gerichts jährlich aufstellt (vgl. § 21c sowie im Weiteren § 21g GVG u.a.m.). Verstöße dagegen bilden zugleich eine Verletzung von Art. 101 Abs. 1 Satz 2 GG. 1438

2. Anspruch auf rechtliches Gehör

Nach **Art. 103 Abs. 1 GG** hat jedermann vor Gericht Anspruch auf rechtliches Gehör (lat. *audiatur et altera pars* = es werde auch die andere Partei gehört). Das Gericht muss den Parteien und Beteiligten, vor allem aber dem Angeklagten die **Gelegenheit** geben, **zu allen Fragen** Ausführungen zu machen, die für das Verfahren **von Bedeutung** sind. Nicht erforderlich ist hingegen, dass sich der Beteiligte auch tatsächlich äußert. 1439

Vom Anspruch auf rechtliches Gehör kann nur sinnvoll Gebrauch machen, wer umfassende Kenntnis über alles Entscheidungserhebliche besitzt. Hieraus folgen zahlreiche **Informationspflichten des Gerichts** sowie das Recht des Beteiligten, Schriftsätze und Stellungnahmen der anderen Partei einzusehen (**Akteneinsicht**, § 299 ZPO u.a.m.). 1440

Weiterhin verlangt Art. 103 Abs. 1 GG, dass das Gericht die Ausführungen der Prozessbeteiligten **zur Kenntnis nimmt** und **in Erwägung zieht** (*BVerfGE 86, 133 [145] – Vermögensgesetz*). Einer gerichtlichen Entscheidung dürfen „nur solche Tatsachen und Beweisergebnisse zugrunde gelegt werden, zu denen Stellung zu nehmen den Beteiligten Gelegenheit gegeben war" (*BVerfGE 6, 12 [14] – Gehörsrüge ZVG*). Anderenfalls kommt die Entscheidung nicht rechtmäßig zustande und kann beim jeweiligen Gericht mit der Anhörungsrüge angefochten werden (§ 321a ZPO u.a.). 1441

3. Gebot des fairen Verfahrens

1442 Ergänzend zu Art. 103 Abs. 1 GG sichert das Gebot des fairen Verfahrens die **Berechenbarkeit richterlichen Handelns** (vgl. *BVerfGE 78, 123 [126] – unleserliche Unterschrift*). Dieses Gebot ist nicht ausdrücklich im Grundgesetz normiert, sondern wird aus der allgemeinen Handlungsfreiheit (Art. 2 Abs. 1 GG) in Verbindung mit dem **Rechtsstaatsprinzip** (Rn. 422 ff.) abgeleitet. Eine genaue inhaltliche Bestimmung fällt schwer; abzustellen ist auf den Einzelfall. Verletzt ist das Gebot des fairen Verfahrens jedenfalls, *„wenn sich bei Berücksichtigung aller Umstände [...] unzweideutig ergibt, dass rechtsstaatlich unverzichtbare Erfordernisse nicht mehr gewahrt sind"* (*BVerfGE 57, 250 [276] – Agententätigkeit*).

4. Strafrechtliche Verfahrensgarantien

a) Nulla poena sine lege – Rückwirkungsverbot u.a.

1443 Nach **Art. 103 Abs. 2 GG** kann eine Tat nur bestraft werden, wenn die Strafbarkeit **gesetzlich bestimmt** war, **bevor** die Tat begangen wurde (lat. *nulla poena sine lege stricta et scripta* = keine Strafe ohne eng auszulegendes und schriftliches Gesetz, *Paul Johann Anselm v. Feuerbach*). Dies gilt auch für Ordnungswidrigkeiten *(BVerfGE 71, 108 [114] – Anti-Atomkraft-Plakette)*. Hieraus ergeben sich vier wichtige verfassungsrechtliche Folgerungen:

1444 – Zur Verhängung einer strafrechtlichen Sanktion bedarf es stets einer formell-gesetzlichen Grundlage, d.h. eines Parlamentsgesetzes (**strenger Vorbehalt des Gesetzes;** vgl. Rn. 454 ff.).

1445 – Dieses Strafgesetz muss im Tatbestand hinreichend bestimmt sein (**Bestimmtheitsgebot,** Rn. 470 ff.): *„Jedermann soll vorhersehen können, welches Verhalten verboten und mit Strafe [...] bedroht ist".* Zugleich soll dadurch gewährleistet werden, dass nur *„der Gesetzgeber über die Strafbarkeit [...] entscheidet"* (*BVerfGE 71, 108 [114] – Anti-Atomkraft-Plakette*).

1446 – Aus dem Bestimmtheitserfordernis des Gesetzes folgt weiterhin, dass eine analoge oder gewohnheitsrechtliche Strafbegründung verfassungswidrig ist (**Analogieverbot,** *BVerfGE 71, 108 [115] – Anti-Atomkraft-Plakette*).

1447 – Schließlich verbietet Art. 103 Abs. 2 GG die Bestrafung für eine Tat, die bei ihrer Begehung noch nicht strafbar war. Ausgeschlossen wird damit die Anwendung eines Strafgesetzes, das erst nach Beendigung der Tat verkündet wird. Dieses **absolute Rückwirkungsverbot** (Rn. 492) gilt für das materielle Strafrecht (für Strafandrohungen und für Strafschärfungen), nicht aber für das Verfahrensrecht oder die Verjährungsfristen.

b) Ne bis in idem – Mehrfachbestrafungsverbot

1448 Gem. **Art. 103 Abs. 3 GG** darf niemand wegen derselben Tat aufgrund der allgemeinen Strafgesetze mehrmals bestraft werden (lat. *ne bis in idem* = nicht zweimal gegen dasselbe, oder *de eadem re ne sit actio* = wegen derselben Sache

§ 18. Rechtsprechung 381

finde keine erneute Anklage statt, sog. Strafklageverbrauch). Entscheidend für dieses **Mehrfachbestrafungsverbot** ist der zugrunde liegende **Lebenssachverhalt**, *„der geschichtliche Vorgang, auf welchen Anklage und Eröffnungsbeschluss hinweisen und innerhalb dessen der Angeklagte [...] einen Straftatbestand verwirklicht haben soll" (BVerfGE 23, 191 [202] – Zeugen Jehovas)*. Keine Strafsperre besteht hingegen bei mehreren gleichartigen, aber getrennt voneinander begangenen Taten (z.B. bei wiederholtem Einbruchsdiebstahl). Des Weiteren verbietet Art. 103 Abs. 3 GG die Doppelbestrafung nur aufgrund der **allgemeinen Strafgesetze**. Eine kumulative Ahndung mit Berufs- oder Disziplinarstrafen (insb. bei Beamten) bleibt zulässig (vgl. Rn. 106 a.E.).

c) Habeas corpus – Richtervorbehalt bei Freiheitsentziehungen

Art. 104 Abs. 2 und 3 GG statuiert einen Richtervorbehalt bei Freiheitsentziehungen (sog. **Habeas-corpus-Garantie**, nach der Befehlsformel des englischen Königs an seine Sheriffs *„Habeas corpus tecum ad sub[j]iciendum ..."* = du mögest den Körper [des Gefangenen] zur Vorführung [bei Gericht] bei dir haben; sinngemäß: du sollst den Gefangenen in Person einem [königlichen = unparteiischen] Richter vorführen, der allein über die Fortdauer der Haft entscheidet). 1448a

III. Organisation und Aufgaben der Fachgerichtsbarkeiten

Nach **Art. 92 Hs. 2 GG** wird die rechtsprechende Gewalt durch das Bundesverfassungsgericht, durch die im Grundgesetz vorgesehenen Bundesgerichte und durch die Gerichte der Länder ausgeübt. Daran zeigt sich: Auch die Gerichtsbarkeit unterliegt der **bundesstaatlichen** (vertikalen) **Gewaltenteilung** (Rn. 566 ff.). Rechtsprechung ist nach **Art. 30 GG** grds. **Sache der Länder,** die sie mit staatlichen (Landes-)Gerichten ausüben. 1449

Der **Bund** darf nur die Gerichte bilden, die ihm das Grundgesetz ausdrücklich zubilligt. **Bundesgerichte** i.d.S. sind: 1450
– das **Bundesverfassungsgericht** (BVerfG) gem. Art. 93 und 94 GG (Rn. 1454 ff.),
– die obersten Gerichtshöfe des Bundes nach Art. 95 GG sowie
– die in Art. 96 GG aufgezählten **speziellen Bundesgerichte,** soweit sie errichtet sind (so derzeit das Bundespatentgericht und die Truppendienstgerichte).

Große Bedeutung in der Praxis kommt – neben dem Bundesverfassungsgericht – den obersten Gerichtshöfen des Bundes zu. Aus Art. 95 Abs. 1 GG ergibt sich zweierlei: 1451
– Wegen der dort getrennt voneinander aufgezählten Gerichtsbarkeiten muss es **verschiedene Rechtswege** geben. (Abgegrenzt werden diese Rechts-

wege durch die entsprechenden Zuweisungsnormen in den Prozess- und Gerichtsordnungen, z.B. gem. § 13 GVG und § 40 Abs. 1 VwGO.)
– Die obersten Gerichtshöfe stellen die oberste und damit letzte Instanz im jeweiligen Rechtszug dar, i.d.R. die Revisionsinstanz. Damit tragen sie ganz entscheidend zur **Vereinheitlichung der Rechtsprechung** und auf diese Weise zur **Rechtseinheit** im gesamten Bundesgebiet bei.

1452 Um die Einheitlichkeit der Rechtsprechung zwischen den obersten Gerichtshöfen des Bundes zu gewährleisten, ist nach Art. 95 Abs. 3 GG ein **Gemeinsamer Senat der obersten Gerichtshöfe des Bundes** zu bilden. Er besteht aus Mitgliedern dieser Gerichtshöfe und stellt somit keine weitere Institution dar. Seine Entscheidung muss eingeholt werden, wenn ein oberster Gerichtshof des Bundes von der Entscheidung eines anderen abweichen will. Einzelheiten finden sich im Gesetz zur Wahrung der Einheitlichkeit der Rechtsprechung der obersten Gerichtshöfe des Bundes (RsprEinhG).

1453

	Gemeinsamer Senat der obersten Gerichtshöfe des Bundes				
	Ordentliche Gerichtsbarkeit	**Arbeitsgerichtsbarkeit**	**Verwaltungsgerichtsbarkeit**	**Sozialgerichtsbarkeit**	**Finanzgerichtsbarkeit**
	(§ 13 GVG, Zivil- und Strafsachen)	(§§ 2–3 ArbGG)	(§ 40 I VwGO)	(§ 51 SGG)	(§ 33 FGO)
Bundesgerichte	BGH (Karlsruhe)	BAG (Erfurt)	BVerwG (Leipzig)	BSG (Kassel)	BFH (München)
Landesgerichte	OLG	LAG	OVG/VGH	LSG	FG
	LG		VG	SG	---
	AG	ArbG			

Abkürzungen:
AG: Amtsgericht; **ArbG:** Arbeitsgericht; **ArbGG:** Arbeitsgerichtsgesetz; **BAG:** Bundesarbeitsgericht; **BFH:** Bundesfinanzhof; **BGH:** Bundesgerichtshof; **BSG:** Bundessozialgericht; **BVerwG:** Bundesverwaltungsgericht; **FG:** Finanzgericht; **FGO:** Finanzgerichtsordnung; **GVG:** Gerichtsverfassungsgesetz; **LAG:** Landesarbeitsgericht; **LG:** Landgericht; **LSG:** Landessozialgericht; **OLG:** Oberlandesgericht; **OVG:** Oberverwaltungsgericht; **SG:** Sozialgericht; **SGG:** Sozialgerichtsgesetz; **VG:** Verwaltungsgericht; **VGH:** Verwaltungsgerichtshof (= OVG in den Ländern Baden-Württemberg, Bayern und Hessen); **VwGO:** Verwaltungsgerichtsordnung.

IV. Bundesverfassungsgericht

1. Stellung und Rechtsgrundlagen

Eine herausgehobene Stellung in der Rechtsprechung nimmt das Bundesverfassungsgericht ein. Deutlich wird dies an seiner **Doppelfunktion:** Es ist
- zum einen Gericht (Art. 92, 93, 94, 97 GG),
- zum anderen ein **oberstes Bundes- und Verfassungsorgan** wie etwa der Bundestag, der Bundesrat oder die Bundesregierung.

Dies zeigt sich vor allem daran, dass das Bundesverfassungsgericht **unabhängig von der Ministerialverwaltung** ist. Insbesondere stellt es einen eigenen Haushaltsplan (Einzelplan, vgl. Rn. 756) auf und untersteht nicht, wie die anderen Bundesgerichte, der Dienstaufsicht des Bundesjustizministeriums.

Die Rechtsgrundlagen des Bundesverfassungsgerichts finden sich bereits relativ detailliert im **Grundgesetz** (vor allem in Art. 93 und 94 GG), daneben hauptsächlich im **Bundesverfassungsgerichtsgesetz** – BVerfGG, vgl. Art. 94 Abs. 2 GG. Außerdem hat sich das Bundesverfassungsgericht – wie andere Verfassungsorgane auch – aufgrund seiner Geschäftsordnungsautonomie eine **Geschäftsordnung** (GeschO BVerfG) gegeben (vgl. § 1 Abs. 3 BVerfGG).

2. Aufbau und Arbeitsweise

Nach § 2 Abs. 1 und 2 BVerfGG besteht das Bundesverfassungsgericht aus **zwei Senaten,** die jeweils **acht Richter** umfassen. Geleitet wird es von einem Präsidenten und einem Vizepräsidenten. Die Zuständigkeit der Senate wird durch § 14 BVerfGG sowie durch einen Plenarbeschluss geregelt. Die Senate berufen gem. § 15a BVerfGG mehrere **Kammern,** die aus jeweils drei Richtern bestehen. Diese Kammern erledigen das Gros der Alltagsarbeit des Bundesverfassungsgerichts, sie entscheiden insb. über die Annahme von Verfassungsbeschwerden (§§ 93a ff. BVerfGG).

Die Richter des Bundesverfassungsgerichts werden nach Art. 94 Abs. 1 Satz 2 GG i.V.m. §§ 5 ff. BVerfGG **gewählt,** und zwar je zur Hälfte von **Bundestag** und **Bundesrat.** Der Bundestag wählt nach dem neu gefassten § 6 Abs. 1 BVerfGG seit dem 30.6.2015 auf Vorschlag eines Wahlausschusses mit einer Zweidrittelmehrheit der abgegebenen Stimmen, wobei mindestens die Mehrheit der Mitglieder des Bundestages zustimmen muss (zu diesem Quorum Rn. 1136). Im Bundesrat ist eine Zweidrittelmehrheit der Stimmen erforderlich (§ 7 BVerfGG), was die großen Parteien sowohl im Bundestag wie im Bundesrat zu **personalpolitischen Kompromissen** zwingt. Die Amtszeit der Richter beträgt einmalig **zwölf Jahre** (§ 4 BVerfGG).

Nach § 3 Abs. 1 und 2 BVerfGG müssen die Richter des Bundesverfassungsgerichts insb. das **40. Lebensjahr** vollendet haben und die **Befähigung zum**

Richteramt besitzen (§ 5 Abs. 1 DRiG). Nach Art. 94 Abs. 1 Satz 3 GG i.V.m. § 3 Abs. 3 BVerfGG dürfen sie weder dem Bundestag, dem Bundesrat, der Bundesregierung noch den entsprechenden Organen eines Landes angehören. Durch diese **Inkompatibilitäten** soll die Unabhängigkeit und Unparteilichkeit der Richter gewährleistet werden (Rn. 895 f.).

1459 Eine wichtige Stütze des Bundesverfassungsgerichts sind die **wissenschaftlichen Mitarbeiter.** Nach § 13 Abs. 1 GeschO BVerfG unterstützen sie die Richter, denen sie zugewiesen sind. Dies äußert sich vor allem in der Sichtung der Anträge einschließlich des damit verbundenen Materials sowie in der Vorbereitung der Voten. Ohne sie könnten die Richter ihre Arbeitsbelastung nur schwerlich bewältigen. Da die Mitarbeiter an die Weisungen des jeweiligen Richters gebunden sind, ist die Bezeichnung als „**dritter Senat**" eher scherzhaft.

1460 Die Senate des Bundesverfassungsgerichts sind gem. § 15 Abs. 2 Satz 1 BVerfGG **beschlussfähig,** wenn mindestens sechs Richter in der Beratung anwesend sind. Nach § 15 Abs. 4 Satz 2 BVerfGG werden die Entscheidungen grds. mit der **einfachen Mehrheit** der mitwirkenden Richter getroffen. In bestimmten Fällen bedarf es zu einer dem Antragsgegner nachteiligen Entscheidung einer Zweidrittelmehrheit (§ 15 Abs. 4 Satz 1 BVerfGG).

V. Verfassungsprozessrecht (Grundzüge)

1. Allgemeines

1461 Das Verfassungsprozessrecht ist die Gesamtheit der Rechtsvorschriften, die das Verfahren vor den Verfassungsgerichten regeln. Neben dem Bundesverfassungsgericht besteht in jedem Land ein eigenes (Landes-)Verfassungsgericht (Rn. 1620). Wegen der herausragenden Stellung des Bundesverfassungsgerichts und der daran anknüpfenden Prüfungsrelevanz in der juristischen Ausbildung werden im Folgenden die Grundzüge des Verfassungsprozessrechts des Bundes dargestellt; das Landesverfassungsprozessrecht findet am Ende (Rn. 1625 ff.) nur kursorische Erwähnung.

a) Prüfungsumfang, Enumerationsprinzip

aa) Keine „Superrevisionsinstanz"

1462 Von seiner Konzeption her ist das Bundesverfassungsgericht keine Revisions- oder „Superrevisionsinstanz" und schon gar keine „Super-Tatsacheninstanz". Das heißt insb., dass es den Streitfall nicht umfassend auf alle denkbaren Rechtsfehler, also auf Verstöße gegen (einfache) Landes- oder Bundesgesetze, prüft. Es entscheidet vielmehr grds. nur darüber, ob das Grundgesetz durch eine Maßnahme verletzt ist, daher auch der Name Bundes*verfassungs*gericht. Dies gilt jedenfalls im Grundsatz – in der Praxis nimmt sich das Bundesverfassungsgericht bisweilen die Freiheit zu einer darüber hinausgreifenden Prüfung heraus.

bb) Enumeration der Verfahrensarten

Der **Rechtsweg** zum Bundesverfassungsgericht wird nicht, wie insb. in der ordentlichen und der Verwaltungsgerichtsbarkeit (Rn. 1453) über Generalklauseln eröffnet (vgl. § 13 GVG, § 40 Abs. 1 VwGO). Die Zuständigkeit des Bundesverfassungsgerichts ist *nur* in den durch das Grundgesetz oder durch Bundesgesetz *einzeln* genannten Verfahren gegeben. Die wichtigsten davon finden sich in **Art. 93** und **100 GG**; eine abschließende Auflistung enthält **§ 13 BVerfGG**. Bei dieser Technik spricht man von **Enumeration** (lat. svw. Aufzählung). Daraus folgt, dass der verfassungsrechtliche Charakter einer Streitigkeit allein noch nicht die Zuständigkeit des Bundesverfassungsgerichts begründet. Erforderlich ist vielmehr, dass eine konkrete, durch das Gesetz einzeln zugelassene Verfahrensart einschlägig **(statthaft)** ist. 1463

Wichtige Verfahrensarten vor dem Bundesverfassungsgericht 1464
(Tabelle *nicht* abschließend)

Verfahrensart	Normen des GG	Normen des BVerfGG
Organstreit	Art. 93 I Nr. 1	§ 13 Nr. 5, §§ 63 ff.
Abstrakte Normenkontrolle	Art. 93 I Nr. 2	§ 13 Nr. 6, §§ 76 ff.
Konkrete Normenkontrolle	Art. 100 I	§ 13 Nr. 11, §§ 80 ff.
Bund-Länder-Streitigkeiten	Art. 93 I Nr. 3, 4	§ 13 Nr. 7, 8, §§ 68 ff.
Verfassungsbeschwerde	Art. 93 I Nr. 4a	§ 13 Nr. 8a, §§ 90 ff.

cc) Kontradiktorische Verfahren und objektive Rechtsbeanstandungsverfahren

Die Verfahren vor dem Bundesverfassungsgericht lassen sich grob in drei Kategorien untergliedern. 1465

– So gibt es einerseits **kontradiktorische Verfahren**. Dabei stehen sich – ähnlich wie im Zivil- oder Verwaltungsprozess – zwei Parteien gegenüber, die man im Verfassungsprozess **Beteiligte** nennt (vgl. §§ 20, 22 Abs. 1 Satz 1 BVerfGG), und zwar konkret **Antragsteller** und **Antragsgegner** (statt Kläger und Beklagter, s. § 63 BVerfGG). Die Beteiligten haben nicht nur gegenläufige Interessenlagen, sondern stützen sich auch auf konkrete, ihnen zustehende Rechtspositionen.

Beispiele: Organstreit (Rn. 1499 ff.) und Bund-Länder-Streitigkeiten (Rn. 1585 ff.).

– Anders stellt sich die Situation bei den sog. **objektiven Rechtsbeanstandungsverfahren** dar. Sie sind von der Rüge der Beeinträchtigung eines subjektiven (oder organschaftlichen) Rechts unabhängig. Auch stehen sich dabei nicht zwei Beteiligte als Parteien gegenüber; es gibt daher nur einen 1466

Antragsteller, aber keine Antragsgegner (zu weiteren Besonderheiten s. Rn. 1476).

Beispiele: abstrakte Normenkontrolle (Rn. 1523 ff.) und konkrete Normenkontrolle (Rn. 1556 ff.).

1467 – Eine dritte, offene Gruppe verfassungsgerichtlicher Verfahren entzieht sich einer spezifischen Zuordnung.

Beispiele: namentlich die **Verfassungsbeschwerde** (s. sogl. Rn. 1469 f.), daneben auch das Parteiverbotsverfahren (Rn. 804a), die Wahlprüfungsbeschwerde (Rn. 973), die Nichtanerkennungsbeschwerde (Rn. 974) und die Neugliederungsbeschwerde (Gesetz über das Verfahren bei Volksentscheid, Volksbegehren und Volksbefragung nach Artikel 29 Abs. 6 des Grundgesetzes – G Artikel 29 Abs. 6 v. 30.7.1979, vgl. Rn. 551 ff.). – Einen Rechtsbehelf eigener Art stellt die Verzögerungsbeschwerde gem. §§ 97a bis 97e BVerfGG dar. Mit ihr kann Entschädigung für einen Nachteil verlangt werden, der durch eine unangemessen lange Verfahrensdauer vor dem Bundesverfassungsgericht entstanden ist (§ 97a Abs. 1 BVerfGG), wenn zuvor eine Verzögerungsrüge erhoben wurde (§ 97b Abs. 1 BVerfGG). Der Entschädigungsanspruch stellt ein besonderes staatshaftungsrechtliches Institut dar (vgl. Rn. 1415 ff.).

dd) Verfassungsbeschwerde als häufigste Verfahrensart

1468 Es wäre ein Trugschluss zu glauben, dass sich die Eingangszahlen in der Praxis gleichmäßig auf diese oder andere Verfahrensarten verteilen.

Verfahrensart	anhängig 1951–2018		davon erledigt
Verfassungsbeschwerden	229 899	(96,57 %)	226 804 (davon erfolgreich nur 5 186 = 2,3 %)
Abstrakte und konkrete Normenkontrollen	3 861	(1,62 %)	3 772
Alle anderen Verfahren	4 288	(1,81 %)	4 236

(Zahlen entnommen aus der Statistik der Website des Bundesverfassungsgerichts zu den Verfahrenszahlen für das Geschäftsjahr 2018)

1469 Die vorstehende Übersicht zeigt, dass die in der Praxis bei weitem bedeutendste Verfahrensart vor dem Bundesverfassungsgericht die **Verfassungsbeschwerde** (Art. 93 Abs. 1 Nr. 4a GG, § 13 Nr. 8a BVerfGG) ist: Mit diesem außerordentlichen Rechtsbehelf kann **ein einzelner Bürger** die Aufhebung eines Aktes der öffentlichen Gewalt erreichen, wenn er durch diesen in einem seiner **Grundrechte** (Art. 1 bis 19 GG) oder in einem seiner „grundrechtsgleichen Rechte" verletzt ist, die in Art. 93 Abs. 1 Nr. 4a GG einzeln aufgelistet sind. Wichtige Voraussetzung für die Verfassungsbeschwerde ist, dass der Bürger **zuvor den Rechtsweg** zur jeweils gegebenen Fachgerichtsbarkeit (Rn. 1453) **erschöpft** hat (Art. 94 Abs. 2 Satz 2 GG i.V.m. § 90 Abs. 2 Satz 1 BVerfGG). Damit richten sich die meisten Verfassungsbeschwerden gegen mit Rechtsmitteln nicht mehr anfechtbare Endurteile der Fachgerichte (sog. Urteilsverfassungsbeschwerden).

Da die Verfassungsbeschwerde ein Rechtsbehelf gegen **Grundrechtsverletzungen** ist, gehört sie didaktisch zur Vorlesung Staatsrecht II (Grundrechte). Deshalb wird sie *nicht* in *diesem Lernbuch* dargestellt, sondern in Lehrbüchern zu den Grundrechten, etwa in *Manssen*, Staatsrecht II, Rn. 884 ff. 1470

Im Übrigen ist allein aus der Zahl der Verfassungsbeschwerden zu ersehen, dass das Bundesverfassungsgericht **überlastet** ist. Dies äußert sich unter anderem in einer durchschnittlich sehr langen **Verfahrensdauer.** Im Hinblick auf das Gebot der Gewährung eines effektiven Rechtsschutzes und Art. 6 Abs. 1 Satz 1 EMRK (Rn. 832), der zu einer angemessenen Verfahrensdauer verpflichtet, ist dies nicht unproblematisch (vgl. auch Rn. 464 f.). 1471

b) Zulässigkeit: Prüfung in der Klausur u.dgl.
Literaturhinweise: E. *Benda*/E. *Klein*/O. *Klein*, Verfassungsprozessrecht, 3. Aufl. 2011; Ch. *Hillgruber*/Ch. *Goos*, Verfassungsprozessrecht, 4. Aufl. 2015; R. *Fleury*, Verfassungsprozessrecht, 10. Aufl. 2015; M. *Sachs*, Verfassungsprozessrecht; 4. Aufl. 2016; K. *Schlaich*/S. *Korioth*, Das Bundesverfassungsgericht, 11. Aufl. 2018.

Klausuren, Hausarbeiten und mündliche Prüfungen im öffentlichen Recht, also auch im Staatsrecht I, zeichnen sich dadurch aus, dass sie häufig einen **prozessualen Teil** (eine **Zulässigkeitsprüfung**) enthalten. (Im Zivil- und Strafrecht wird dies i.d.R. erst zum zweiten Staatsexamen verlangt.) Darin ist vor der „eigentlichen" Rechtsfrage (etwa ob eine Gesetzes- oder gar Verfassungsverletzung tatsächlich vorliegt, ob ein Anspruch tatsächlich besteht usw.) zu untersuchen, ob der konkret eingelegte **Rechtsbehelf zulässig** ist, d.h. ob sich das angegangene Gericht überhaupt mit der Sachfrage befassen darf, ob also die **Sachentscheidungsvoraussetzungen** (= Zulässigkeitsvoraussetzungen) vorliegen (bitte dazu Rn. 26–28 lesen). Die Sachentscheidungsvoraussetzungen für die Rechtsbehelfe vor dem Bundesverfassungsgericht ergeben sich z.T. unmittelbar aus dem **Grundgesetz** (insb. Art. 93 oder 100), im Übrigen aus dem **Bundesverfassungsgerichtsgesetz** (BVerfGG). 1472

> **Merke:** 1473
> - **Rechtsbehelf** ist der Oberbegriff für Widerspruch, Einspruch, Klage, Rechtsmittel (insb. Berufung und Revision), Beschwerde, aber auch für den verfahrenseinleitenden Antrag zu einem Gericht. Ein Antrag ist ganz allgemein die Aufforderung an das Gericht, eine Entscheidung zu erlassen.
> - Im verfassungsgerichtlichen Verfahren gibt es **keine Klagen,** sondern nur **Anträge** oder (Verfassungs-)**Beschwerden.**

Das für viele Studenten Angenehme bei der Zulässigkeitsprüfung ist, dass hierzu „**handfeste Prüfungsraster**" bestehen, die Orientierung bieten. Auch ähneln sich die Grundstrukturen dieser „Prüfungsraster" in den Einzelgebieten, insb. im Verfassungs- und Verwaltungsrecht. **Ganz grob** lassen sich dabei 1474 folgende Grund-Zulässigkeitsvoraussetzungen nennen (die selbstverständlich je nach Rechtsweg und Verfahrensart variieren können):

1475

Grundlegende Sachentscheidungsvoraussetzungen (Grobraster)		
Rechtsweg	Zuständigkeit des jew. Gerichtszweigs (z.B. Zivil-, Verwaltungsgerichtsbarkeit)	*fallen im Verfassungsprozessrecht wegen des Enumerationsprinzips zusammen (Rn. 1463)*
Statthafte Rechtsbehelfs*art*	z.B. Leistungs- oder Feststellungsklage, Normenkontrollantrag u.a.m.	
*Beteiligungs*fähigkeit	Fähigkeit, als Träger eigener Rechte am Verfahren beteiligt zu sein („prozessuale Rechtsfähigkeit")	
*Verfahrens*fähigkeit	Fähigkeit, vor Gericht wirksame Verfahrenshandlungen vorzunehmen („prozessuale Handlungsfähigkeit", entspricht z.T. der bürgerlich-rechtlichen Geschäftsfähigkeit)	
*Postulations*fähigkeit	Fähigkeit, vor Gericht Anträge zu stellen (z.T. nur besonderen Verfahrensbevollmächtigten, z.B. Rechtsanwälten, möglich)	
Verfahrens-*gegenstand*	Tun, Dulden oder Unterlassen, das angegriffen oder begehrt wird (= Prüfungsgegenstand)	
Rechtsbehelfs-*befugnis*	*Möglichkeit*, in eigenen Rechtspositionen *verletzt* zu sein (erforderlich ist eine substantiierte Behauptung – ob die Verletzung tatsächlich vorliegt, wird hingegen in der Begründetheit geprüft)	
Ordnungsmäßigkeit der Einlegung des Rechtsbehelfs	Beachtung von *Form* (Schriftform, Begründung usw.) und *Frist* (soweit gesetzlich vorgeschrieben)	
Allgemeines Rechtsschutzbedürfnis	Auffangkategorie ggü. der Rechtsbehelfs*befugnis* (näher Rn. 1490f.)	

1476 Grundlegende **Abweichungen** von diesem Prüfungsschema treten bei den objektiven Rechtsbeanstandungsverfahren auf (Rn. 1466, 1476), insb. bei der abstrakten und konkreten Normenkontrolle (Rn. 1523 ff., 1556 ff.).

– Objektive Rechtsbeanstandungsverfahren werden zwar auch auf Betreiben eines Antragstellers eingeleitet. Sie richten sich aber weder gegen eine bestimmte Person noch gegen ein spezifisches Organ oder Teilorgan. Daher **fehlt** ein **Antragsgegner**. Stattdessen gibt es Äußerungsberechtigte (vgl. §§ 77 und 82 BVerfGG).

§ 18. Rechtsprechung 389

- Wegen dieses „objektiven" Charakters wird im Rahmen der Zulässigkeit eine **Antragsbefugnis nicht** geprüft (Rn. 1465, 1523); an ihre Stelle tritt ein **Antragsgrund** (oder Vorlagegrund).
- Deshalb ist auch ein allgemeines Rechtsschutzbedürfnis i.d.R. nicht erforderlich (Ausnahme s. Rn. 1551 ff.).
- Im Übrigen bestehen grds. **keine Antragsfristen.**
- Da bei der **konkreten** Normenkontrolle Fachgerichte aktiv werden, sind insoweit auch die Verfahrens- und Postulationsfähigkeit **nicht** zu prüfen.
- Schließlich hat die Entscheidung des Bundesverfassungsgerichts in objektiven Rechtsbeanstandungsverfahren **Gesetzeskraft** (§ 31 Abs. 2 Satz 1 BVerfGG, Rn. 1498).

In keinem Verfahren ist eine **Prüfungsreihenfolge** der Sachentscheidungs- 1477 voraussetzungen vorgegeben. Im Prozess müssen sie i.d.R. im entscheidungserheblichen Zeitpunkt vorliegen (d.h. am Schluss der mündlichen Verhandlung oder zum Zeitpunkt, bis zu dem Schriftsätze eingereicht werden können). Die in den Übersichten zu den einzelnen Rechtsbehelfen dargebotenen Prüfungsabfolgen (Rn. 1501, 1524, 1560, 1587, 1601) verstehen sich deswegen als Vorschläge, nach denen Theorie und Praxis vielfach vorgehen.

Eine gewisse **terminologische Uneinheitlichkeit** herrscht in Lehre und 1478 Praxis bei den **Begrifflichkeiten** der einzelnen Sachentscheidungsvoraussetzungen. Herausgebildet haben sich hier verschiedene Entsprechungen, die zwar zum Teil Unterschiede aufweisen, in der Klausurprüfung aber gleichermaßen vertretbar sein sollten:

Sachentscheidungsvoraussetzungen: Begriffsentsprechungen		
Anträge im Allgemeinen		**Verfassungsbeschwerde**
Statthaftigkeit	Rechtsweg	*wie links*
Antragsberechtigung	Antrags-/Partei-/Beteiligungsfähigkeit	Beschwerdeberechtigung/-fähigkeit
Verfahrensfähigkeit	Prozessfähigkeit	*wie links*
Antragsgegenstand	Streit-, Prüfungsgegenstand	Beschwerdegegenstand
Antragsbefugnis	besonderes Rechtsschutzbedürfnis	Beschwerdebefugnis
Ordnungsgemäße Antragstellung	(Antrags-)Form und Frist	(Beschwerde-)Form und Frist
Allgemeines Rechtsschutzbedürfnis	Rechtsschutzbedürfnis, Rechtsschutzinteresse	*wie links*

1479

Die in der vorstehenden Übersicht aufgelisteten Wahlmöglichkeiten dürfen den Bearbeiter **nicht** dazu verleiten, die Bezeichnungen der Sachentscheidungsvoraussetzungen zu **verwechseln**.

1480 **Merke:** Bei den Sachentscheidungsvoraussetzungen auseinanderzuhalten sind insb.
1. a) Antrags*berechtigung* (Beschwerdeberechtigung) einerseits und
   b) Antrags*befugnis* (Beschwerdebefugnis) andererseits,
2. a) *Antrags*fähigkeit (*Beschwerde*fähigkeit, -berechtigung),
   b) *Verfahrens*fähigkeit (= *Prozess*fähigkeit) und
   c) *Postulations*fähigkeit.

c) Zulässigkeit: Statthaftigkeit (Rechtsweg)

1481 Es empfiehlt sich, die **Statthaftigkeit** des Verfahrens vor dem Bundesverfassungsgericht in der Klausur im ersten Satz der Zulässigkeitsprüfung unter Angabe der entsprechenden Vorschriften kurz darzutun. Die möglichst weitgehende **Wiedergabe des Wortlauts** ist dabei nicht trivial, sondern stellt unter Beweis, dass sich der Bearbeiter der Relevanz der einschlägigen Vorschrift mit Tatbestand und Rechtsfolgen bewusst ist (Rn. 39). Dabei bleibt es dem Bearbeiter überlassen, diesen Punkt mit einer eigenen Gliederungsnummer zu versehen oder als bloßen Einleitungssatz unmittelbar unter die Überschrift „Zulässigkeit" zu setzen. Fehlerhaft ist es, von der „Eröffnung des Verfassungsrechtswegs" zu sprechen, da dies zu dem Missverständnis führen könnte, es gebe eine „verfassungsgerichtliche Generalklausel", wie dies gem. § 40 Abs. 1 VwGO im *Verwaltungs*prozessrecht der Fall ist (näher Rn. 1463).

Beispiel: Nach Art. 93 Abs. 1 Nr. 1 GG i.V.m. § 13 Nr. 5 BVerfGG entscheidet das Bundesverfassungsgericht im Organstreit über die Auslegung des Grundgesetzes aus Anlass von Streitigkeiten über den Umfang der Rechte und Pflichten eines obersten Bundesorgans oder anderer Beteiligter, die durch das Grundgesetz oder in der Geschäftsordnung eines obersten Bundesorgans mit eigenen Rechten ausgestattet sind (näher zum Organstreit Rn. 1499 ff.).

d) Zulässigkeit: allgemeine Sachentscheidungsvoraussetzungen

1482 Bestimmte Sachentscheidungsvoraussetzungen sind für alle Rechtsbehelfsarten vor dem Bundesverfassungsgericht **gleich.** Sie werden deshalb hier als allgemeine Sachentscheidungsvoraussetzungen bezeichnet und vorab einheitlich dargestellt („vor die Klammer gezogen"). In der **Klausur** sind diese Sachentscheidungsvoraussetzungen i.d.R. jeweils nur in einem Satz (im Urteilsstil) abzuhandeln, es sei denn, der Sachverhalt gibt zu einer vertieften Diskussion Anlass.

aa) Verfahrensfähigkeit (Prozessfähigkeit)

1483 Anders als die Beteiligungsfähigkeit wird die Verfahrensfähigkeit (Prozessfähigkeit) im Bundesverfassungsgerichtsgesetz **nicht eigens geregelt** (§ 22

§ 18. Rechsprechung 391

BVerfGG betrifft die Postulationsfähigkeit, s. Rn. 1487). Gemeint ist damit die Fähigkeit, vor dem (Bundesverfassungs-)Gericht wirksame Verfahrenshandlungen vornehmen zu können, insb. Anträge zu stellen. Oft wird die Verfahrensfähigkeit als „**prozessuale Handlungsfähigkeit**" bezeichnet, weil sie z.T. der bürgerlich-rechtlichen Geschäftsfähigkeit (§§ 104 ff. BGB) entspricht.

Daraus folgt, dass **unbeschränkt Geschäftsfähige** (natürliche Personen, die volljährig sind) grds. verfahrensfähig sind (Ausnahmen gelten für Personen, die gem. §§ 1896 ff. BGB unter Betreuung stehen). Verfassungsbeschwerden können auch von Minderjährigen erhoben werden, soweit sie „grundrechtsmündig" sind, d.h. soweit sie als reif angesehen werden, in dem von einem Grundrecht geschützten Freiheitsbereich eigenverantwortlich zu handeln (näher *Manssen*, Staatsrecht II, Rn. 886). 1484

Juristische Personen und andere Vereinigungen sind **nicht verfahrensfähig**. Vor Gericht werden sie durch ihre gesetzlichen Vertreter vertreten, die ihrerseits verfahrensfähig sein müssen. Das sind etwa die Vorstandsmitglieder eines Vereins (§ 26 BGB) oder einer Aktiengesellschaft (§ 78 AktG) und der oder die Geschäftsführer einer Gesellschaft mit beschränkter Haftung (§ 35 GmbHG). Für das Verfassungsprozessrecht von Prüfungsrelevanz sind die **politischen Parteien** (Rn. 371 ff.), die durch ihren Vorstand vertreten werden (§ 11 Abs. 3 PartG), sowie die Fraktionen (Rn. 989 ff.), die durch ihren Vorsitzenden vertreten werden (vgl. die Geschäftsordnungen der Fraktionen nach § 48 Abs. 2 AbgG). 1485

Oberste Bundes- oder Landesorgane (Verfassungsorgane) werden durch die Organteile (und damit durch die jeweiligen Organwalter, Rn. 87, 795, 891) vertreten, die dazu durch Rechtsvorschrift berufen sind, so etwa 1486

– der Bundestag durch den **Bundestagspräsidenten** (§ 7 Abs. 1 Satz 1 GeschO BT),
– der Bundesrat durch den **Bundesratspräsidenten** (§ 6 Abs. 1 Satz 1 GeschO BR),
– die Bundesregierung durch den **Bundeskanzler** (Rechtsgedanke aus Art. 65 Satz 1 GG, diese Norm betrifft jedoch nur die organ*interne* Kompetenzabgrenzung innerhalb der Bundesregierung, nicht die Kompetenzen nach außen, s. Rn. 1293),
– die Landesregierung durch ihren **Ministerpräsidenten** nach Maßgabe der jeweiligen Landesverfassung.

bb) Postulationsfähigkeit

Die Postulationsfähigkeit ergibt sich aus § 22 BVerfGG. Außerhalb der mündlichen Verhandlung (§ 25 Abs. 1 BVerfGG) besteht **kein „Vertretungszwang"**; in der mündlichen Verhandlung muss ein Verfahrensbevollmächtigter (Rechtsanwalt, Hochschullehrer des Rechts) bestellt werden (Ausnahmen in § 22 Abs. 1 Satz 2, 3 BVerfGG). 1487

cc) Form

1488 Verfahrenseinleitende Anträge sind gem. § 23 Abs. 1 Satz 1 BVerfGG **schriftlich** einzureichen. Gemeint sind damit die Antrags- und Beschwerdeschriften in allen Verfahrensarten vor dem Bundesverfassungsgericht, mit denen das jeweilige Verfahren in Gang gesetzt wird. Die Schriftform fordert die **eigenhändige Unterzeichnung** des Schriftsatzes (vgl. § 126 Abs. 1 BGB), der aber durch Telefax gesendet werden kann (Rechtsgedanke aus § 130 Nr. 6 ZPO).

1489 Nach § 23 Abs. 1 Satz 2 BVerfGG sind verfahrenseinleitende Anträge (schriftlich) zu **begründen.** Diese formale Obliegenheit der Begründ*ung* betrifft den Antragsteller und hat nichts zu tun mit der Frage, ob sich der Antrag nach Prüfung durch das Bundesverfassungsgericht in der Sache als begründet erweist (Begründ*etheit*). Eine Konkretisierung des Begründungserfordernisses für Verfassungsbeschwerden enthält § 92 BVerfGG.

dd) Allgemeines Rechtsschutzbedürfnis (Rechtsschutzinteresse)

1490 Es ist ein allgemeiner Grundsatz des Prozessrechts, dass der Rechtsbehelfsführer (Kläger, Antragsteller, Beschwerdeführer) staatlichen Rechtsschutz nur in Anspruch nehmen kann, soweit er

- das damit verfolgte Ziel nicht **einfacher** erreichen kann,
- das verfolgte Ziel **überhaupt noch** erreichen kann (was nicht mehr gegeben ist, wenn sich die Sache erledigt hat, von ihr also keinerlei nachteilige Wirkungen mehr ausgehen können) und
- die Inanspruchnahme des Gerichts **nicht rechtsmissbräuchlich** ist (etwa wegen vorangegangenen widersprüchlichen Verhaltens oder wegen Zeitablaufs).

1491 Wegen der Besonderheiten vieler Verfahren lässt sich dieser Grundsatz nicht uneingeschränkt auf verfassungsgerichtliche Verfahren übertragen. Weitgehend wird er durch die **Antrags-** oder **Beschwerdebefugnis** (als besonderes Rechtsschutzbedürfnis) konkretisiert. Bei Normenkontrollen bedarf es statt des allgemeinen Rechtsschutzbedürfnisses eines Antragsgrundes (Rn. 1534) oder eines Vorlagegrundes (Rn. 1570).

e) Begründetheit

1492 Soweit der Rechtsbehelf zulässig ist, tritt das Gericht in die Begründetheitsprüfung ein. Darin setzt es sich mit der eigentlichen Rechtsfrage auseinander und trifft eine **Sachentscheidung** (vgl. Rn. 27). Dazu wird der **Prüfungsgegenstand** (die Maßnahme, die vom Antragsteller angegriffen wird) am **Prüfungsmaßstab** (beim Bundesverfassungsgericht grds. nur am Grundgesetz, Rn. 1461) beurteilt (vgl. Rn. 143).

1493 Entscheidend – nicht nur für die Klausur – ist dabei die Bildung zutreffender **Obersätze,** vor allem zu Beginn der Begründetheitsprüfung. Im Obersatz

§ 18. Rechtsprechung

werden Prüfungsgegenstand und Prüfungsmaßstab zueinander in Beziehung gesetzt. Die konkrete Formulierung hängt von der Verfahrensart ab; gemeinsam ist allen Obersätzen aber die **konditionale** Konstruktion:

„*Der Antrag/Die Beschwerde ist begründet, soweit ... [der Prüfungsgegenstand] gegen ... [den Prüfungsmaßstab] verstößt.*"

In den allermeisten Fällen ist dabei die Konjunktion „soweit" dem Bindewort „wenn" vorzuziehen, da sich – vor allem in der Praxis – zahlreiche Anträge nur als **zum Teil begründet** erweisen. Das Wort „wenn" hingegen deutet semantisch auf ein striktes „Entweder-oder" („ganz oder gar nicht") hin, was weder dem Recht noch der Praxis entspricht. 1494

Merke: 1495
- **Prüfungsgegenstand** ist der (Hoheits-)Akt, über den das Gericht zu entscheiden hat.
- **Prüfungsmaßstab** ist die Rechtsgrundlage, die das Gericht zur Beurteilung des Prüfungsgegenstands heranzuziehen hat.

f) Entscheidung, Entscheidungswirkungen

aa) Stattgabe, Zurückweisung, Verwerfung

Gibt das Bundesverfassungsgericht dem Antrag statt, hängt die Struktur des **Entscheidungsspruchs (Tenors)** von der jeweiligen Verfahrensart ab (Aufhebung eines Hoheitsakts, Feststellung der Verfassungswidrigkeit eines Hoheitsakts, ggf. Verurteilung zu einer Leistung, s. hierzu Rn. 1520, 1544 ff., 1581 ff., 1597, 1618 f.). **Unzulässige** Anträge werden *verworfen*; **unbegründete** Anträge werden *zurückgewiesen*. 1496

bb) Bindungswirkungen

In der Regel wirken die Entscheidungen der **Fachgerichte** nur zwischen den Parteien (lat. *inter partes*, vgl. § 325 ZPO, § 121 VwGO), nur ganz ausnahmsweise für die Allgemeinheit (lat. *erga omnes*, s. § 47 Abs. 5 Satz 2 VwGO). 1497

Anders verhält sich dies bei den **Entscheidungen des Bundesverfassungsgerichts:** 1498

– Nach **§ 31 Abs. 1 BVerfGG** binden sie – unabhängig von den konkret am Verfahren Beteiligten – **alle Hoheitsträger**, nämlich die Verfassungsorgane des Bundes und der Länder sowie alle Gerichte und Behörden.
– Darüber hinaus entfalten die Entscheidungen des Bundesverfassungsgerichts in den in **§ 31 Abs. 2 BVerfGG** genannten Fällen **Gesetzeskraft**, d.h. sie wirken – über § 31 Abs. 1 BVerfGG und damit über den staatlichen Bereich hinaus – wie eine Rechtsnorm auch gegenüber **jedem Einzelnen** (Rn. 435). Eine solche Gesetzeskraft kommt stattgebenden Entscheidungen bei Verfassungsbeschwerden und jeder Entscheidung in den objektiven Rechtsbeanstandungsverfahren zu (Rn. 1466, 1476).

2. Organstreit

Literaturhinweise: *Ch. Hillgruber/Ch. Goos*, Verfassungsprozessrecht, 4. Aufl. 2015, Rn. 303 ff.; *A. Engels*, Die Zulässigkeitsprüfung im Organstreitverfahren vor dem Bundesverfassungsgericht, JURA 2010, 421–426; *A.-M. Fuerst/V. Steffahn*, Die Begründetheit des Organstreits vor dem Bundesverfassungsgericht in der Fallbearbeitung, JURA 2012, 90–93; *M.-E. Geis/H. Meier*, Grundfälle zum Organstreitverfahren, Art. 93 I Nr. 1 GG, §§ 13 Nr. 5, 63 ff. BVerfGG [Normen unrichtig zit., s. Rn. 53, Anm. d. Verf.], JuS 2011, 699–704; *K. Schlaich/S. Korioth*, Das Bundesverfassungsgericht, 11. Aufl. 2018, Rn. 79 ff.

a) Allgemeines

1499 Die – auch unter historischem Aspekt – „klassische" Verfassungsstreitigkeit ist der **Organstreit** (Organstreitigkeit, Organstreitverfahren; *vermeiden* Sie aber den Ausdruck „Organ*klage*", s. Rn. 1465). Für das Bundesverfassungsgericht wird die Zuständigkeit durch Art. 93 Abs. 1 Nr. 1 GG i.V.m. § 13 Nr. 5 BVerfGG begründet. Bei diesem Verfahren streiten sich **oberste Bundesorgane** (d.h. Verfassungsorgane des Bundes: Bundestag, Bundesrat, Bundespräsident, Bundesregierung u.a.) oder andere Beteiligte (insb. Abgeordnete oder Fraktionen des Bundestages) um ihnen zustehende **organschaftliche Rechte und Pflichten** aus dem Grundgesetz. Es geht also *nicht* um Rechte, die dem Einzelnen aufgrund seiner Eigenschaft als Person zustehen (sog. subjektive Rechte wie z.B. die Grundrechte, vgl. Rn. 79, 506), sondern um Rechtspositionen, die – innerhalb einer juristischen Person (Staat) – einem seiner **Organe**, Organteile oder Teilorgane gerade wegen und **aus dieser Stellung** zukommen (**organschaftliche Rechte**, s. Rn. 930, 936, 996 ff.).

Beispiele: Berücksichtigung von Abgeordneten oder Fraktionen in Ausschüssen (Rn. 1002 ff.), Beteiligung bei Abstimmungen, Informations- und Rederechte (Rn. 936 f., 320 ff.).

1500 Beim Organstreit handelt es sich um ein **kontradiktorisches Verfahren.** Dabei stehen sich – ähnlich wie im Zivil- oder Verwaltungsprozess – zwei Parteien gegenüber, die man im Verfassungsprozess **Beteiligte** nennt (vgl. §§ 20, 22 Abs. 1 Satz 1 BVerfGG), und zwar konkret **Antragsteller** und **Antragsgegner** (statt Kläger und Beklagter, s. § 63 BVerfGG). Dies ist nicht bei allen verfassungsgerichtlichen Verfahren so: Vor allem bei den Normenkontrollen (Rn. 1523 ff., 1556 ff.) fehlt ein Antragsgegner; dort gibt es stattdessen Äußerungsberechtigte (vgl. § 77 und 82 BVerfGG). Deswegen handelt es sich dabei nicht um kontradiktorische, sondern um objektive Rechtsbeanstandungsverfahren.

§ 18. Rechtsprechung

Organstreit: Sachentscheidungsvoraussetzungen (Zulässigkeitsprüfung), Art. 93 I Nr. 1 GG, § 13 Nr. 5, §§ 63 ff. BVerfGG		1501
Statthaftigkeit	Streit über den Umfang von Rechten und Pflichten eines obersten Bundesorgans u.a. aus dem Grundgesetz (organschaftliche Rechte und Pflichten)	
Antragsteller und Antragsgegner (Beteiligungsfähigkeit)	oberste Bundesorgane, Teile dieser Organe, vgl. § 63 BVerfGG „andere Beteiligte" i.S.v. Art. 93 I Nr. 1 GG	
Verfahrensfähigkeit	s. Rn. 1483 ff.	
Postulationsfähigkeit	§ 22 BVerfGG, s. Rn. 1487	
Antragsgegenstand	rechtserhebliche Maßnahme oder Unterlassung des Antragsgegners, u.U. auch der Erlass einer Norm, § 64 I BVerfGG	
Antragsbefugnis	plausible Geltendmachung der Möglichkeit, durch die Maßnahme oder Unterlassung in einem vom Verfassungsrecht geformten organschaftlichen Recht verletzt oder unmittelbar gefährdet zu sein, § 64 I BVerfGG	
Form	§ 23 I BVerfGG; dabei Bezeichnung der Vorschrift, gegen die verstoßen wird, § 64 II BVerfGG	
Frist	sechs Monate ab Kenntniserlangung des Antragstellers von der Maßnahme oder Unterlassung, § 64 III, IV BVerfGG	
Allgemeines Rechtsschutzbedürfnis	entfällt nicht nach „Erledigung" der Maßnahme, sofern Wiederholung droht oder Klarstellungsinteresse besteht, s. im Übrigen Rn. 1490 f.	

b) Besondere Sachentscheidungsvoraussetzungen

(1) Antragsteller und Antragsgegner (Beteiligungsfähigkeit)

Fall (nach *BVerfGE 44, 125 ff.* – *Öffentlichkeitsarbeit I*): Im unmittelbaren zeitlichen Vorfeld der Bundestagswahl lässt die Bundesregierung in diversen Tageszeitungen eine aus Haushaltsmitteln finanzierte Anzeigenserie veröffentlichen. Die Anzeigen enthalten einen politischen Leistungsnachweis der Bundesregierung im Vergleich mit der Vorgängerregierung. Am Ende steht der Satz: „Auf Sie kommt es an, damit das so bleibt." Deshalb will die Oppositionspartei P vor dem Bundesverfassungsgericht gegen die Bundesregierung vorgehen. Kann P einen Antrag auf Einleitung eines Organstreitverfahrens vor dem Bundesverfassungsgericht stellen?
(Lösungsvorschlag: Rn. 1507) 1502

Beim Organstreit empfiehlt es sich nicht, (allein) von Antragsberechtigung 1503 und Antragsfähigkeit zu sprechen. Denn zu prüfen ist diese Sachentscheidungsvoraussetzung nicht nur für den **Antragsteller,** sondern auch für den

Antragsgegner. Als Oberbegriff kann „Antragsteller und Antragsgegner" oder „Beteiligungsfähigkeit" (*nicht:* Beteilig*ten*fähigkeit) verwendet werden.

1504 Die Beteiligungsfähigkeit wird in § 63 BVerfGG geregelt. Da diese Vorschrift aber erheblich enger ist als Art. 93 Abs. 1 Nr. 1 GG *(bitte Wortlaute vergleichen!),* wird sie entweder verfassungskonform ausgelegt oder als (teil)nichtig behandelt. Beteiligte können daher sein:

- **oberste Bundesorgane**, d.h. der Bundespräsident (Rn. 1305 ff.), der Bundestag (Rn. 917 ff.), der Bundesrat (Rn. 1020 ff.) und die Bundesregierung (Rn. 1248 ff.); über § 63 BVerfGG hinaus auch die Bundesversammlung (Art. 54 GG, Rn. 1307), der Gemeinsame Ausschuss (Art. 53a, 115a GG) und der Bundesrechnungshof (str. – Art. 114 Abs. 2 GG, Rn. 182, 892);

1505 – **Teile dieser Organe**, die im Grundgesetz oder in den Geschäftsordnungen des Bundestages oder Bundesrates mit eigenen Rechten ausgestattet sind (so nur § 63 BVerfGG, nicht Art. 93 Abs. 1 Nr. 1 GG). Dies sind nur ständige Untergliederungen als dauerhaft eingerichtete Zusammenschlüsse, nicht einzelne Mitglieder. In Betracht kommen vor allem Fraktionen (§§ 10 ff. GeschO BT, Rn. 989 ff.), anerkannte Gruppen (§ 10 Abs. 4 GeschO BT, Rn. 1000 f.) und ständige Ausschüsse (Art. 45, 45a, 45c GG, §§ 54 ff. GeschO BT, Rn. 1002 ff.) im Bundestag, nicht aber der einzelne Abgeordnete, ebenso wenig der Bundeskanzler oder ein Bundesminister als Mitglied der Bundesregierung (sie können aber andere Beteiligte sein, s. sogl.);

1506 – **„andere Beteiligte"**, die durch das Grundgesetz oder in der Geschäftsordnung eines obersten Bundesorgans mit eigenen (= organschaftlichen) Rechten ausgestattet sind. Diese Beteiligungsmöglichkeit wird nur durch Art. 93 Abs. 1 Nr. 1 GG begründet; in § 63 BVerfGG ist sie nicht enthalten. Hierunter fallen insb. die **politischen Parteien** (Art. 21 GG, Rn. 371 ff. und sogl. Rn. 1507), der **einzelne Bundestagsabgeordnete** (Art. 38 Abs. 1 Satz 2 GG, Rn. 930 ff.), aber auch der Bundes*tags*präsident (Art. 40 GG, § 7 GeschO BT, Rn. 975 ff.), der Bundes*rats*präsident (Art. 52 Abs. 1, 2 GG, § 6 GeschO BR u.a., Rn. 1037 f.), das einzelne Mitglied der Bundesversammlung (Rn. 1435), des Bundesrats (Rn. 1028 ff.) und der Bundesregierung (Bundeskanzler, Bundesminister, Art. 62 ff. GG, Rn. 1249) sowie der Vermittlungsausschuss (Art. 77 Abs. 2 GG, Rn. 1133).

1507 **Lösungsvorschlag zum Fall Rn. 1502:** P kann einen Antrag auf Einleitung eines Organstreitverfahrens stellen, wenn sie beteiligtenfähig ist. Diesbezüglich stellen sich zwei Probleme:

- Nach § 63 BVerfGG können Antragsteller nur die dort genannten obersten Bundesorgane oder Teile dieser Organe sein. Eine politische Partei ist kein Organteil des Bundestages. Allerdings weicht der Wortlaut von § 63 BVerfGG vom weiter gefassten Art. 93 Abs. 1 Nr. 1 GG ab und muss insoweit aufgrund des Vorrangs der Verfassung (Normenhierarchie, Rn. 140 ff.) korrigierend und damit weit ausgelegt werden.
- Fraglich ist darüber hinaus, ob eine politische Partei mit eigenen Rechten i.S.v. Art. 93 Abs. 1 Nr. 1 GG, § 63 BVerfGG ausgestattet ist. Organschaftliche Rechte aus einer Ge-

§ 18. Rechtsprechung

schäftsordnung eines obersten Bundesorgans sind nicht ersichtlich. Allerdings besitzen Parteien aufgrund von Art. 21 Abs. 1 GG einen besonderen verfassungsrechtlichen Status (Rn. 378 ff.). Parteien sind fest gefügte Einheiten, ohne die in der repräsentativen Demokratie (Rn. 277 ff.) die Durchführung von Wahlen (Art. 38, 28 Abs. 1 GG) und die Gewinnung von Abgeordneten ebenso wenig möglich wäre wie die außerparlamentarische Willensbildung des Volkes. Daher sind Parteien im Organstreit antragsberechtigt, soweit sie mit obersten Verfassungsorganen um Rechte streiten, die sich unmittelbar aus ihrem besonderen verfassungsrechtlichen Status ergeben (h.M., s. *BVerfGE 44, 125 [136 f.] – Öffentlichkeitsarbeit I*). Im vorliegenden Fall ist Antragsgegnerin die Bundesregierung; Streitgegenstand ist deren Öffentlichkeitsarbeit, die ggf. als unzulässige Wahlwerbung zu qualifizieren ist. P ist somit antragsberechtigt (zu materiellen Fragen der „Wahlwerbung" s. Rn. 365 f., 396). – Scheidet eine Antragsberechtigung im Organstreit aus, kann eine Partei bei Verletzung eines ihrer Grundrechte (Art. 19 Abs. 3 GG) Verfassungsbeschwerde erheben *(BVerfGE 121, 30 [56 f.] – Hess. Privatrundfunkgesetz)*.

(2) Antragsgegenstand

Gegenstand des Organstreits ist, wie es § 64 Abs. 1 BVerfGG formuliert, eine **Maßnahme** oder **Unterlassung des Antragsgegners.** Ähnlich der Dogmatik im Straf- und Zivilrecht ist eine Unterlassung nur von Relevanz, wenn der Antragsgegner eine entsprechende – hier: verfassungsrechtliche – Pflicht zum Tätigwerden hatte. **1508**

(3) Antragsbefugnis

Nach § 64 Abs. 1 Fall 1 BVerfGG muss der Antragsteller geltend machen (substantiiert behaupten), dass er durch den Antragsgegenstand in seinen ihm durch das Grundgesetz übertragenen (organschaftlichen) Rechten **verletzt** oder **unmittelbar gefährdet** ist, denn das Organstreitverfahren ist kein objektives Beanstandungsverfahren und dient nicht der Kontrolle der objektiven Verfassungsmäßigkeit des Organhandelns *(BVerfGE 138, 256 [259 Rn. 4 f.] – Organstreit/polit. Parteien)*: **1509**

– Erste Voraussetzung dafür ist eine **rechtserhebliche** Maßnahme oder Unterlassung, d.h. eine Handlung, die überhaupt einen Bezug zum Antragsteller aufweist, die also geeignet ist, ihn in seiner (organschaftlichen) Rechtsstellung zu beeinträchtigen. Dies kann auch der Erlass eines Gesetzes sein. **1510**

Beispiel: Der durch Gesetzesänderung in das Abgeordnetengesetz (Rn. 115) eingefügte § 44a verpflichtet jedes Mitglied des Bundestages, insb. Tätigkeiten neben dem Mandat anzuzeigen und zu veröffentlichen. Die Gesetzesänderung stellt für den einzelnen Abgeordneten eine rechtserhebliche Maßnahme dar.

– Zweite Voraussetzung ist ein **Verfassungs**rechtsverhältnis: Es liegt vor, wenn Antragsteller und Antragsgegner Verfassungsorgane oder „andere Beteiligte" i.S.v. Art. 93 Abs. 1 Nr. 1 GG sind (Rn. 1504 ff.) *und* zudem um verfassungsrechtliche Positionen (aus dem Grundgesetz oder aus der Geschäftsordnung eines obersten Bundesorgans) streiten (die umstrittene Rechtsposition ist gem. § 64 Abs. 2 BVerfGG in der Antragsschrift zu **benennen**). **1511**

Beispiel: Für Mitglieder des Bundestages insb. Art. 38 Abs. 1 Satz 2 GG (Rn. 930 ff.), daneben auch Art. 46 GG (Rn. 938 ff.) u.a.m.

1512 – Drittens muss nach den Darlegungen des Antragstellers eine Verletzung oder zumindest eine unmittelbare Gefährdung organschaftlicher Rechte **möglich**, d.h. **nicht** von vornherein **ausgeschlossen** erscheinen.

1513 Grundsätzlich wird es dem Antragsteller um die Verteidigung seiner (also seiner *eigenen*) organschaftlichen Rechte gehen. Nach § 64 Abs. 1 Fall 2 BVerfGG kann er aber auch die Verletzung von Rechten des *Organs, dem er angehört,* rügen. Dabei handelt es sich um den **prozessualen Ausnahmefall**, dass ein Antragsteller *fremde* Rechtspositionen im *eigenen* Namen geltend macht (vgl. demgegenüber den Prozessbevollmächtigten nach § 22 BVerfGG, der fremde Rechte im fremden Namen geltend macht). Eine solche **Prozessstandschaft** ist nur zulässig, wenn sie – wie eben in § 64 Abs. 1 Fall 2 BVerfGG – gesetzlich zugelassen ist. Wegen des systematischen Zusammenhangs von § 64 und § 63 BVerfGG können nur Teile der dort genannten Organe als Prozessstandschafter auftreten, also – sehr praxisrelevant – Fraktionen, Gruppen und Ausschüsse für den Bundestag. Nicht in Anspruch nehmen können die Prozessstandschaft demgegenüber einzelne Mitglieder (Abgeordnete) des Bundestags (Rn. 1505 f., vgl. *BVerfGE 123, 267 [337] – Lissabon*).

Beispiel: Die Bundesregierung beschließt, Bundeswehrsoldaten in einen bewaffneten Auslandseinsatz zu entsenden. Eine Zustimmung des Bundestages wird nicht eingeholt. Dies rügt die oppositionelle F-Fraktion im Bundestag und macht dabei nicht die Verletzung ihrer eigenen (Fraktions-)Rechte, sondern der Beteiligungsrechte des *Bundestags* geltend (konstitutiver Parlamentsvorbehalt, vgl. Rn. 287 und *BVerfGE 90, 286 [381 ff.] – Adria-Einsatz*).

Die Prozessstandschaft kann sogar zu einem – sonst grds. unzulässigen – **In-sich-Prozess** führen. Dies ist der Fall, wenn eine (Oppositions-)Fraktion im eigenen Namen (also als Fraktion) in Prozessstandschaft für den Bundestag dessen Rechte *gegen den Bundestag selbst* geltend macht. Der Sinn dieser sonderbar anmutenden Konstruktion liegt darin, der Parlamentsminderheit den Verfassungsrechtsweg gegen die Parlamentsmehrheit zu eröffnen, um etwa zu erreichen, dass der Bundestag seinen Oppositionsfraktionen mehr Befugnisse zubilligt *(BVerfGE 142, 25 [49 f. Rn. 66 f.] – Oppositionsrechte)*.

(4) Form

1514 Für die Form des verfahrenseinleitenden Antrags ist neben der Schriftform (§ 23 Abs. 1 Satz 1 BVerfGG) § 64 Abs. 2 BVerfGG zu beachten: Die **Vorschrift,** gegen die durch die beanstandete Maßnahme oder Unterlassung verstoßen wird, ist genau zu bezeichnen (d.h. zu **zitieren**).

(5) Frist

1515 Nach § 64 Abs. 3 BVerfGG muss der Antrag **binnen sechs Monaten** gestellt werden. Diese Frist beginnt in dem Zeitpunkt zu laufen, in dem der Antragsteller von der fraglichen Maßnahme oder Unterlassung Kenntnis erlangt hat.

§ 18. Rechtsprechung

(6) Allgemeines Rechtsschutzbedürfnis

Das rechtlich geschützte Interesse des Antragstellers daran, feststellen zu lassen, ob die gerügte Maßnahme oder Unterlassung gegen Verfassungsnormen verstößt, wird grds. bereits **durch die Antragsbefugnis** (= besonderes Rechtsschutzinteresse) **indiziert**. Das allgemeine Rechtsschutzbedürfnis ist daher nur dann gesondert zu prüfen und kann fehlen, wenn 1516

– es der Antragsteller unterlassen hat, sich vor der Einleitung des Verfahrens auf das in Streit stehende Recht zu berufen und dieses Recht vom Antragsgegner nicht in Erwägung gezogen worden ist. Im Übrigen trifft den Antragsteller aber nicht die Obliegenheit, zuvor politische Handlungsmöglichkeiten (Beschlussfassung im Bundestag o. Ä.) zu ergreifen *(BVerfGE 129, 356 [374 f.] – Bahnimmobilien)*. Auch andere verfassungsgerichtliche Verfahrensarten wie etwa die abstrakte Normenkontrolle (Rn. 1523 ff.) genießen keinen Vorrang;

– die beanstandete Maßnahme bereits abgeschlossen ist und sich damit ggf. **erledigt** hat. Voraussetzung für das allgemeine Rechtsschutzbedürfnis ist in diesem Fall, dass eine Wiederholung der Maßnahme droht oder zumindest ein Klarstellungsinteresse besteht.

c) Begründetheit

Obersatz: Gem. Art. 93 Abs. 1 Nr. 1 GG ist der Antrag begründet, soweit der Antragsteller durch die beanstandete Maßnahme (oder Unterlassung) tatsächlich in seinen geltend gemachten organschaftlichen Rechten verletzt oder unmittelbar gefährdet wird. 1517

Die geltend gemachten organschaftlichen Rechtspositionen bilden den **Prüfungsmaßstab** des Bundesverfassungsgerichts für die Beurteilung der Verfassungsmäßigkeit der monierten Maßnahme. Prüfungsmaßstab in diesem Sinne kann nur eine Vorschrift des **Grundgesetzes** sein (§ 67 Satz 1 und 2 BVerfGG). **Kein Prüfungsmaßstab** sind die Geschäftsordnungen der obersten Bundesorgane oder sonstiges, im Rang unter der Verfassung stehendes Recht. Solche Vorschriften können aber sehr wohl Prüfungsgegenstand sein (s. Rn. 1501, 1508). 1518

Im Organstreit darf das Bundesverfassungsgericht nach Art. 93 Abs. 1 Nr. 1 GG nur über die Auslegung der einschlägigen Rechtsnorm des Grundgesetzes befinden, **nicht** aber über die **Verfassungsmäßigkeit** und Gültigkeit einer Vorschrift des Grundgesetzes, eines Gesetzes oder der Geschäftsordnung eines Verfassungsorgans (solche Fragen sind Gegenstand der verfassungsgerichtlichen Normenkontrollen, Rn. 1531, 1564 ff.). 1519

d) Entscheidung

Aus **Respekt** vor den Verfassungsorganen, insb. vor dem Antragsgegner, stellt das Bundesverfassungsgericht nach § 67 Satz 1 BVerfGG lediglich fest, ob die beanstandete Maßnahme oder Unterlassung gegen das Grundgesetz 1520 verstößt (**Feststellungsentscheidung**). Das Bundesverfassungsgericht kann die verfassungswidrige Maßnahme **weder aufheben** („kassieren") **noch** eine verfassungswidrige Rechtsvorschrift **für ungültig** (nichtig) **erklären**. Das bleibt dem Urheber der Maßnahme, etwa dem Gesetzgeber überlassen, der aber wegen seiner Bindung an die Feststellungsentscheidung aus § 31 Abs. 1 BVerfGG zur Aufhebung bzw. Rückabwicklung gehalten ist.

e) Sonderfälle des Organstreitverfahrens

(1) Bundesverfassungsgericht als Landesverfassungsgericht

1521 Nach Art. 93 Abs. 1 Nr. 5, Art. 99 Fall 1 GG i.V.m. § 13 Nr. 10 BVerfGG tritt das Bundesverfassungsgericht im Wege der Organleihe als Landesverfassungsgericht in Erscheinung, soweit Landesrecht (also ein Landesgesetz) dies bestimmt (s. §§ 73 bis 75 BVerfGG). Derzeit ist dies in keinem Land der Fall, so dass diese Zuständigkeit nicht gegeben ist.

(2) Verfassungsrechtliche Streitigkeiten innerhalb eines Landes

1522 Gem. Art. 93 Abs. 1 Nr. 4 Fall 3 GG i.V.m. § 13 Nr. 8 BVerfGG entscheidet das Bundesverfassungsgericht in öffentlich-rechtlichen Streitigkeiten innerhalb eines Landes (§ 71 Abs. 1 Nr. 3 BVerfGG), soweit nicht ein anderer Rechtsweg gegeben ist (Subsidiaritätsklausel). Dies ist jedoch durchweg der Fall, insb. da verfassungsrechtliche Organstreitigkeiten innerhalb der Länder ausnahmslos dem jeweiligen Landesverfassungsgericht zugewiesen sind (zur Landesverfassungsgerichtsbarkeit Rn. 1620 ff.). Damit läuft diese Zuständigkeit derzeit leer.

3. Abstrakte Normenkontrolle

> **Literaturhinweise:** *K. Schlaich/S. Korioth*, Das Bundesverfassungsgericht, 11. Aufl. 2018, Rn. 123 ff.; *Ch. Hillgruber/Ch. Goos*, Verfassungsprozessrecht, 4. Aufl. 2015, Rn. 491 ff.; *M. Brunner*, Die abstrakte Normenkontrolle vor dem Bundesverfassungsgericht in der Fallbearbeitung, JA 2014, 838–840; *M.-E. Geis/O. Schmidt*, Grundfälle zur abstrakten und zur konkreten Normenkontrolle, JuS 2012, 121–125; *L. Michael*, Normenkontrollen – Teil 2: Fragen der Zulässigkeit: Abstrakte Normenkontrolle, ZJS 2014, 254–262.

a) Allgemeines

1523 Im Gegensatz zum Organstreit (Rn. 1499 ff.) ist die abstrakte Normenkontrolle gem. Art. 93 Abs. 1 Nr. 2 GG i.V.m. § 13 Nr. 6, §§ 76 ff. BVerfGG **kein kontradiktorisches** Verfahren, bei dem sich verschiedene Parteien (Beteiligte) mit gegensätzlichen Anträgen gegenüberstehen (Rn. 1465). Die abstrakte Normenkontrolle ist vielmehr ein **objektives Rechtsbeanstandungsverfahren,** das die Integrität der Verfassungs- und sonstigen Rechtsordnung gewährleisten soll. Dabei wird eine Rechtsvorschrift zwar auf Antrag (§ 23 Abs. 1 BVerfGG), aber unabhängig vom konkreten Interesse des Antragstellers einer verfassungsrechtlichen Prüfung unterzogen. Bei politisch-tatsächlicher Betrachtung der

§ 18. Rechsprechung

einschlägigen Verfahren zeigen sich dennoch meist Züge eines „streitigen" Verfahrens, dessen Ausgang als Sieg oder Niederlage des jeweiligen „politischen Lagers" gehandelt wird.

Abstrakte Normenkontrolle: Sachentscheidungsvoraussetzungen (Zulässigkeitsprüfung), Art. 93 I Nr. 2 GG i.V.m. § 13 Nr. 6, §§ 76 ff. BVerfGG		1524
Statthaftigkeit	Prüfung (Kontrolle) der Vereinbarkeit von Bundes- oder Landesrecht mit dem Grundgesetz	
Antragsberechtigung	– Bundesregierung – Landesregierung – ein Viertel der Mitglieder des Bundestages (einzelne Abgeordnete; *nicht:* Fraktion)	
Verfahrensfähigkeit	s. Rn. 1483 ff.	
Postulationsfähigkeit	§ 22 BVerfGG, s. Rn. 1487	
Antragsgegenstand	jeder Rechtssatz des Bundes- oder Landesrechts; nicht: EU-Recht	
Antragsgrund	a) Meinungsverschiedenheiten oder Zweifel des Antragstellers an der Verfassungsmäßigkeit der zu prüfenden Rechtsvorschrift b) objektives Interesse an der Klarstellung der (Un-)Gültigkeit der Rechtsvorschrift	
Form	§ 23 I BVerfGG, Rn. 1488 f.	
Frist	---	

b) Besondere Sachentscheidungsvoraussetzungen

Fall: Mit der Mehrheit der Koalitionsfraktionen verabschiedet der Bundestag das Haushaltsgesetz des Bundes für das Jahr XY, durch das der Haushaltsplan für das Jahr XY festgestellt wird. In diesem Haushaltsplan sind die Ausgaben für die Bundespolizei und für das Bundeskriminalamt nicht veranschlagt, um terroristischen Organisationen keinen Einblick in diese „sicherheitsrelevanten Zahlen" zu geben. Im Jahr XY hat der Bundestag 610 Mitglieder (Rn. 967). Gegen das Haushaltsgesetz stellen

– 154 Abgeordnete des Bundestages,
– die Oppositionsfraktion O und
– der Ministerpräsident M des Landes L

Antrag auf abstrakte Normenkontrolle zum Bundesverfassungsgericht, weil sie bezweifeln, dass das Haushaltsgesetz verfassungsmäßig ist.

Haben die drei Anträge Aussicht auf Erfolg?
(Lösungsvorschlag: Rn. 1529, 1532, 1535, 1537, 1543)

1525

(1) Antragsberechtigung

In Art. 93 Abs. 1 Nr. 2 GG, § 76 Abs. 1 BVerfGG sind die zulässigen Antragsberechtigten abschließend aufgezählt. In Frage kommen daher ausschließlich

1526

- die **Bundesregierung,**
- eine **Landesregierung** oder
- ein **Viertel der Mitglieder des Bundestages.**

1527 Ein Antrag der Bundesregierung setzt einen gem. § 24 GeschO BReg wirksamen **Beschluss** voraus (Rn. 1300). Der Bundeskanzler kann diesen Beschluss nicht durch die Ausübung seiner Richtlinienkompetenz aus Art. 65 Satz 1 GG ersetzen. Entsprechendes gilt für Anträge der Landesregierungen.

1528 Daneben können Antragsteller nur Mitglieder des Bundestages (**Abgeordnete**) sein, nicht aber Fraktionen, Parteien o.Ä. Dies wird in der Prüfung wie in der Praxis häufig übersehen. Das Viertel der Mitglieder des Bundestages berechnet sich nach der gesetzlichen Mitgliederzahl i.S.d. Art. 121 GG i.V.m. den Vorschriften des Bundeswahlgesetzes (Rn. 315, 1255).

1529 **Lösungsvorschlag zum Fall Rn. 1525:** Die Anträge haben Aussicht auf Erfolg, soweit sie zulässig und begründet sind. Zulässig sind die Anträge zunächst nur dann, wenn die Antragsteller antragsberechtigt sind. Nach Art. 93 Abs. 1 Nr. 2 GG, § 76 Abs. 1 BVerfGG sind dies die Bundesregierung, jede Landesregierung und ein Viertel der Mitglieder des Bundestages.

- Maßgebliche Bezugsgröße für die Ermittlung des Viertels ist gem. Art. 121 GG die gesetzliche Mitgliederzahl des Bundestages von 610 im Jahr XY (vgl. Rn. 315, 319). Ein Viertel davon sind 153 Abgeordnete (Aufrundung!). Dieses „Antragsquorum" (vgl. Rn. 310) wurde hier erreicht.
- Die O ist nach Art. 93 Abs. 1 Nr. 2 GG, § 76 Abs. 1 BVerfGG nicht antragsberechtigt. Stattdessen hätten die Abgeordneten der O zwar einzeln, aber als Einheit den Antrag stellen müssen. Ein solcher Antrag wäre zulässig gewesen, wenn die Abgeordneten der O ein Viertel der Mitglieder des Bundestages erreicht hätten (s.o.).
- Fraglich ist, ob der M antragsberechtigt ist. Das wäre er nur, wenn er als Landesregierung zu qualifizieren ist. Die Regierungen der Länder bestehen aber nicht nur aus dem jeweiligen Ministerpräsidenten, sondern auch aus den Landesministern (und – je nach Landesverfassung – auch aus Staatssekretären), die gemeinsam über die Antragstellung beschließen müssen (vgl. Rn. 1298, 1300; in den Ländern bestehen vergleichbare Geschäftsordnungen für die Landesregierung – GeschO LReg). Dies ist vorliegend nicht erfolgt. Daher ist M nicht antragsbefugt, sein Antrag ist unzulässig.

1530 Einen **Antragsgegner** kennt das abstrakte Normenkontrollverfahren **nicht,** da es sich um ein objektives Rechtsbeanstandungsverfahren handelt (Rn. 1466, 1476).

(2) Antragsgegenstand

1531 Als Antragsgegenstand bezeichnet Art. 93 Abs. 1 Nr. 2 GG **Bundesrecht oder Landesrecht.** Dazu gehören:

- vor allem Gesetze im formellen Sinn (**Parlamentsgesetze,** Rn. 434), die zwar in aller Regel, aber nicht notwendigerweise **Rechtsnormen** (also abstrakt-generelle Regelungen gegenüber dem Bürger, Rn. 435) enthalten. Daher können auch Gesetze im nur-formellen Sinn (Rn. 438) Antragsgegenstand sein (Rn. 1532);

– Gesetze im **nur-materiellen** Sinn (Rechtsverordnungen und Satzungen, Rn. 1182 ff., 1222 ff.);
– **Verfassungsrecht:** *Landes*verfassungsrecht kann aufgrund seiner normenhierarchischen Stellung (Rn. 140 ff.) ohne weiteres am Grundgesetz überprüft werden. Bei Vorschriften des **Grundgesetzes** besteht hingegen das Problem, dass das Grundgesetz **zugleich Prüfungsmaßstab** ist. Als Antragsgegenstand (Prüfungsgegenstand) kommen daher nur Vorschriften des Grundgesetzes in Betracht, die später, also nach dem 23.5.1949 (Rn. 170), durch verfassungsändernde Bundesgesetze dort eingefügt wurden und die deshalb an Art. 79 Abs. 3 GG (Rn. 788 ff.) gemessen werden können;
– **Geschäftsordnungen** eines Verfassungsorgans (Rn. 1107 f. – str.);
– **schlichte Parlamentsbeschlüsse** (vgl. Rn. 924), soweit dadurch Gesetzesbeschlüsse ersetzt werden, insb. die Zustimmung zu Staatsverträgen der Länder durch die Landtage gem. Art. 72 Abs. 2 BayVerf und Art. 66 Satz 2 Verf NW (praktisch besonders relevant bei Rundfunkstaatsverträgen, *BVerfGE 90, 60 [84 ff.] – Rundfunkgebühren I*).

Lösungsvorschlag zum Fall Rn. 1525 (Fortsetzung): Der Antrag der 154 Bundestagsabgeordneten ist nur zulässig, soweit er einen tauglichen Antragsgegenstand aufweist. Gem. Art. 93 Abs. 1 Nr. 2 GG, § 76 Abs. 1 BVerfGG kann dies „Bundesrecht" oder „Landesrecht" sein. Fraglich ist, was unter „Recht" zu verstehen ist. Dies sind jedenfalls Rechtsnormen, also Rechtssätze, die sich abstrakt-generell an den Bürger richten (Rn. 435). Darunter fallen Haushaltsgesetze nicht: Sie werden zwar im nach Maßgabe der Art. 76 ff. GG als Parlamentsgesetze erlassen, richten sich aber nur an die Regierung und die Verwaltung und haben daher keine abstrakt-generelle Außenwirkung (Rn. 758). Sie sind Gesetze im nur-formellen Sinn (Rn. 438). Gleichwohl enthalten sie aber Rechtssätze und stellen daher „Recht" i.S.v. Art. 93 Abs. 1 Nr. 2 GG dar. Haushaltsgesetze sind daher zulässiger Gegenstand im Verfahren der abstrakten Normenkontrolle. 1532

Hier wendet sich der Normenkontrollantrag indessen nicht unmittelbar gegen das Haushaltsgesetz, sondern gegen den Haushaltsplan, weil darin die Ausgaben für die Bundespolizei und für das Bundeskriminalamt nicht veranschlagt sind. Demzufolge könnte der Haushaltsplan kein „Recht" i.S.v. Art. 93 Abs. 1 Nr. 2 GG sein. Gem. Art. 110 Abs. 2 Satz 1 GG wird der Haushaltsplan jedoch durch das Haushaltsgesetz festgestellt; dadurch erlangt er die Verbindlichkeit von Bundesrecht (Rn. 755). Daher kann auch er Antragsgegenstand einer abstrakten Normenkontrolle sein.

Nicht Antragsgegenstand können **ausländisches Recht, Völkervertragsrecht** (Rn. 815 ff.) und **europäisches Unionsrecht** (Rn. 852 ff.) sein. Denn dabei handelt es sich um Normen, die der deutschen Staatsgewalt nicht zugerechnet werden können. Dieses „Dogma" lässt sich in der Praxis indessen **umgehen**: Zahlreiche völkerrechtliche Verträge bedürfen gem. Art. 59 Abs. 2 Satz 1 GG der Zustimmung in Form eines deutsches **Vertragsgesetzes** (Rn. 817). Entsprechendes gilt wegen Art. 23 Abs. 1 Satz 2 und 3 GG für das sog. primäre Unionsrecht (Rn. 846 ff.). Richtlinien der EU müssen durch nationales Gesetz umgesetzt werden (Art. 288 Abs. 3 AEUV, Rn. 853). Solche **Vertragsgesetze** der deutschen Legislative können tauglicher Antragsgegen- 1533 stand eines Verfahrens der abstrakten Normenkontrolle sein; in diesem Rahmen kann Völker- oder Unionsrecht **mittelbar** vom Bundesverfassungsgericht überprüft werden. Im Sinne einer effektiven Normenkontrolle können diese Vertragsgesetze als Ausnahme zum Verbot der präventiven Normenkontrolle (Rn. 1536 f.) bereits vor Ausfertigung und Verkündung Antragsgegenstand sein, sofern das Gesetzgebungsverfahren abgeschlossen ist.

(3) Antragsgrund

(a) Meinungsverschiedenheiten oder Zweifel

1534 Als objektives Rechtsbeanstandungsverfahren (Rn. 1466, 1476) verlangt die abstrakte Normenkontrolle **nicht,** dass der Antragsteller geltend macht, in einem **eigenen** Recht verletzt zu sein (Antrags*befugnis,* vgl. Rn. 1509 ff.). Ohne jeden Anlass kann jedoch auch die abstrakte Normenkontrolle nicht „vom Zaun gebrochen" werden; es bedarf eines **Antragsgrundes:** Art. 93 Abs. 1 Nr. 2 GG fordert **Meinungsverschiedenheiten** oder **Zweifel** hinsichtlich der Verfassungskonformität von Bundes- oder Landesrecht. § 76 Abs. 1 Nr. 1 BVerfGG verengt diese Sachentscheidungsvoraussetzung in unzulässiger Weise, indem er verlangt, dass der Antragsteller die Norm *für nichtig hält.* Nach einer Meinung ist diese Vorschrift daher teilnichtig, nach a. A. konkretisiert sie Art. 93 Abs. 1 Nr. 2 GG in zulässiger Weise (*BVerfGE 96, 133 [137] – Beihilfefähigkeit Krankenhauskosten*).

1535 **Lösungsvorschlag zum Fall Rn. 1525 (Fortsetzung):** Laut Sachverhalt bezweifeln die Antragsteller, dass das Haushaltsgesetz für das Jahr XY verfassungsmäßig ist. Dieses Vorbringen würde nach § 76 Abs. 1 Nr. 1 BVerfGG als Antragsgrund nicht ausreichen, da diese Vorschrift die Überzeugung von der Nichtigkeit verlangt; der Antrag wäre unzulässig. Dies überzeugt nicht, da § 76 Abs. 1 Nr. 1 BVerfGG die verfassungsrechtliche Vorgabe des Art. 93 Abs. 1 Nr. 2 GG, wonach bloße Zweifel an der Verfassungsmäßigkeit ausreichen, über Gebühr einschränkt. Daher bilden die Zweifel der 154 Bundestagsabgeordneten einen zulässigen Antragsgrund, wenn sie nach § 23 Abs. 1 Satz 2 Hs. 1 BVerfGG dargetan werden. (Die Normdifferenz zwischen Art. 93 Abs. 1 Nr. 2 GG und § 76 Abs. 1 Nr. 1 BVerfGG und die damit verbundenen Konsequenzen stellen in Klausuren ein „Standardproblem" dar, das allerdings kurz abgehandelt werden kann, soweit der Sachverhalt nicht Anlass zur Vertiefung gibt, indem er die Frage besonders herausstellt.)

(b) Objektives Klarstellungsinteresse

1536 Ausfluss des Antragsgrunds ist, dass (statt eines subjektiven) ein **objektives Interesse an der Klarstellung** der Gültigkeit oder Ungültigkeit der zu prüfenden Rechtsvorschrift bestehen muss. Es liegt vor, wenn die Rechtsvorschrift in der Rechtspraxis Wirksamkeit entfaltet oder entfalten kann. Folglich besteht **kein** objektives Klarstellungsinteresse, wenn die Rechtsvorschrift

– **noch nicht** im Bundes- oder Landesgesetzblatt **verkündet** ist (vgl. für den Bund Art. 82 Abs. 1 Satz 1 GG, Rn. 1174 ff.), es gibt also keine „antizipierte Normenkontrolle";

– eine Verordnungsermächtigung enthält, von der noch kein Gebrauch gemacht wurde und auch **kein Gebrauch** mehr **gemacht werden kann** (*BVerfGE 113, 167 [193] – Risikostrukturausgleich*);

— **außer Kraft** getreten ist und **keine Wirkungen** mehr entfaltet.

Lösungsvorschlag zum Fall Rn. 1525 (Fortsetzung): Die Anträge sind des Weiteren nur zulässig, wenn die Antragsteller ein objektives Interesse an der Klarstellung der Verfassungswidrigkeit des Haushaltsgesetzes für das Jahr XY haben. Dieses besteht erst ab dem Tag, ab dem das Haushaltsgesetz im Bundesgesetzblatt verkündet ist. Es besteht auch nach Ablauf des Haushaltsjahres XY fort, solange das Haushaltsgesetz noch Rechtswirkungen entfalten kann. 1537

(4) Frist; allgemeines Rechtsschutzbedürfnis

Eine Frist für den Antrag im Verfahren der abstrakten Normenkontrolle besteht **nicht**; ebenso wenig ist ein allgemeines Rechtsschutzbedürfnis subjektiver Art (Rn. 1490) erforderlich. Grund ist das Wesen der objektiven Rechtsbeanstandung (Rn. 1466, 1476). 1538

c) Begründetheit

Obersatz: Der Antrag ist nach Art. 93 Abs. 1 Nr. 2 GG, § 76 Abs. 1 Nr. 1 BVerfGG begründet, soweit die angegriffene Norm in formeller oder materieller Hinsicht nicht mit dem Grundgesetz vereinbar ist. 1539

Daraus folgt die gewohnte zweistufige Prüfung in der Klausur: 1540
(1) **formelle** Verfassungsmäßigkeit und
(2) **materielle** Verfassungsmäßigkeit

(s. das **Aufbauschema** für Parlamentsgesetze des Bundes bei Rn. 1181). Dabei prüft das Bundesverfassungsgericht unter allen rechtlichen Gesichtspunkten und ist insoweit nicht an die Antragsbegründung (§ 23 Abs. 1 Satz 2 BVerfGG) gebunden.

Der **Prüfungsmaßstab** der abstrakten Normenkontrolle ist abhängig vom Antragsgegenstand (Prüfungsgegenstand): 1541
– Handelt es sich bei der beanstandeten Rechtsvorschrift um *Bundes*recht, ist in aller Regel das **Grundgesetz** alleiniger Prüfungsmaßstab. Sind Rechtsverordnungen oder Satzungen des Bundes als Gesetzes im nur-materiellen Sinne (Rn. 437) Prüfungsgegenstand, wird als sog. Vorfrage untersucht, ob eine Vereinbarkeit mit formellem Bundesrecht besteht, insb. mit der Ermächtigungsgrundlage (Rn. 1190, *BVerfGE 101, 1 [30f.] – Hennenhaltungsverordnung*).
– Wird Landesrecht zur Prüfung gestellt, ist neben dem Grundgesetz **zusätzlich** das gesamte **einfach-gesetzliche Bundesrecht** Prüfungsmaßstab; dies ergibt sich bereits aus dem Wortlaut von Art. 93 Abs. 1 Nr. 2 GG (*„oder die Vereinbarkeit von Landesrecht mit sonstigem Bundesrechte"*). **Landesverfassungsrecht** kann danach Prüfungsgegenstand, aber **niemals** Prüfungsmaßstab sein: Sollen Landesgesetze auf Verstöße gegen Landesverfassungsrecht untersucht werden, ist dafür ein Verfahren der abstrakten Normenkontrolle vor dem jeweiligen Landesverfassungsgericht einzuleiten (Rn. 1628). 1542

1543 **Lösungsvorschlag zum Fall Rn. 1525 (Fortsetzung):** Der zulässige Normenkontrollantrag der 154 Bundestagsabgeordneten ist nach Art. 93 Abs. 1 Nr. 2 GG, § 76 Abs. 1 Nr. 1 BVerfGG begründet, soweit das Haushaltsgesetz für das Jahr XY in formeller oder materieller Hinsicht gegen das Grundgesetz verstößt.

- Das Haushaltsgesetz ist formell verfassungsgemäß, wenn der Bund dafür die Zuständigkeit hatte und wenn die Vorschriften des Grundgesetzes über das Gesetzgebungsverfahren und die Form eingehalten worden sind. Die Gesetzgebungskompetenz für das Haushaltsgesetz des Bundes kommt dem Bund zu. Dies ergibt sich aus einer Zusammenschau von Art. 109 Abs. 1, Art. 110 Abs. 2 Satz 1 und Abs. 3 GG. Aus dem Sachverhalt ist nicht ersichtlich, dass Vorschriften über das Gesetzgebungsverfahren (Art. 76 ff. GG) und die Form (Art. 82 Abs. 1 Satz 1 GG) verletzt worden wären. Daher ist das Haushaltsgesetz XY formell verfassungsgemäß.
- Das Haushaltsgesetz ist materiell verfassungsgemäß, soweit es nicht gegen die sachlichen Vorgaben des Grundgesetzes verstößt, die insb. für Haushalts*gesetze* einzuhalten sind. Zudem darf der Haushalts*plan*, der gem. Art. 110 Abs. 2 Satz 1 GG durch das Haushaltsgesetz festgestellt wird, die einschlägigen Verfassungsvorschriften nicht verletzen. Nach dem Haushaltsgrundsatz der Vollständigkeit gem. Art. 110 Abs. 1 Satz 1 Hs. 1 GG sind in den Haushaltsplan alle Einnahmen und Ausgaben des Bundes einzustellen (R n. 759 f.). Zu diesen Ausgaben gehören auch die Veranschlagungen für die Bundespolizei und das Bundeskriminalamt. Diese fehlen im Haushaltsplan für das Jahr XY. Für diesen Mangel lassen weder Art. 110 Abs. 1 Satz 1 GG noch andere Verfassungsvorschriften Ausnahmen zu. Art. 110 Abs. 1 Satz 1 Hs. 2 GG kann schon deshalb nicht herangezogen werden, weil kein Bundesbetrieb und kein Sondervermögen vorliegt. Daher verstößt das Haushaltsgesetz XY gegen Art. 110 Abs. 1 Satz 1 Hs. 1 GG. Es ist verfassungswidrig.

Damit ist der Normenkontrollantrag der 154 Bundestagsabgeordneten zulässig und begründet. Er hat somit Aussicht auf Erfolg.

d) Entscheidung

1544 Im Verfahren der abstrakten Normenkontrolle entscheidet das Bundesverfassungsgericht, ob die zur Prüfung gestellte Rechtsvorschrift mit dem Grundgesetz (oder mit Bundesrecht, R n. 1541 ff.) vereinbar ist. Im Falle ihrer Unvereinbarkeit erklärt sie das Bundesverfassungsgericht gem. **§ 78 BVerfGG** für **nichtig**. Dies ist eine **Feststellung**sentscheidung, da nichtige Gesetze *ex tunc* (lat. svw. von vornherein, Rn. 135, 148) und *eo ipso* (lat. svw. ohne weiteres) unwirksam sind; sie können daher nicht (mehr) aufgehoben werden. In jedem Fall (d.h. auch, wenn der Antrag zurückgewiesen wird) hat die Entscheidung nach § 31 Abs. 2 Satz 1 BVerfGG **Gesetzeskraft** (Rn. 1498).

1545 Eine **Ausnahme** hat das Bundesverfassungsgericht insb. für den Fall entwickelt, dass eine Rechtsvorschrift gegen den allgemeinen **Gleichheitssatz** aus Art. 3 Abs. 1 GG verstößt (dazu *Manssen*, Staatsrecht II, Rn. 880 ff.). Benachteiligt eine Rechtsvorschrift eine Gruppe von Normadressaten ohne sachlichen Rechtfertigungsgrund gegenüber einer anderen Gruppe (z.B. Unverheiratete gegenüber Verheirateten, Arme gegenüber Reichen, Kranke gegenüber Gesunden), so kann diese Verfassungswidrigkeit auf zweierlei Weise behoben werden: indem

- *entweder* die Benachteiligung der einen Personengruppe
- *oder* aber die Begünstigung der anderen Personengruppe

beseitigt wird. Diese Entscheidung muss der Gesetzgeber treffen. Eine Nichtigkeitserklärung der verfassungswidrigen Rechtsvorschrift durch das Bundesverfassungsgericht würde dem vorgreifen.

Daher erklärt das Bundesverfassungsgericht die verfassungswidrige Rechtsvorschrift in solchen (und ähnlichen) Fällen nur für **unvereinbar** mit dem Grundgesetz und fordert den Gesetzgeber auf, den Gleichheitsverstoß zu beenden. Der Unterschied zur Nichtigkeitserklärung besteht darin, dass die mit dem Grundgesetz für unvereinbar erklärte Rechtsvorschrift für einen **Übergangszeitraum fortgilt**. 1546

e) Sonderfälle der abstrakten Normenkontrolle

Art. 93 Abs. 1 Nr. 2a und Abs. 2 GG hält zwei besondere Verfahren der abstrakten Normenkontrolle bereit. Für die **Klausur** mögen sie von geringerer Relevanz sein. Da sie sich indes für „Transferaufgaben" eignen, sollen sie hier wenigstens kurz behandelt werden. 1547

(1) Normbestätigungsverfahren

Gem. § 76 Abs. 1 Nr. 2 BVerfGG ist es auch möglich, die Feststellung zu beantragen, dass eine Rechtsvorschrift mit höherrangigem Recht in Einklang steht und damit gültig ist. Ein Antragsgrund (objektives Klarstellungsinteresse, Rn. 1536) für dieses sog. Normbestätigungsverfahren besteht, wenn ein Gericht, eine Behörde oder ein Bundes- oder Landesverfassungsorgan die Norm wegen angeblicher Unvereinbarkeit mit höherrangigem Recht nicht angewendet hat. Dieses Verfahren kommt in der Praxis allerdings vergleichsweise selten vor. 1548

(2) Kompetenzkontrollverfahren

Literaturhinweis: *L. Renck*, Der Charakter des Verfahrens nach Art. 93 I Nr. 2a GG, JuS 2004, 770–774; *K. Schlaich/S. Korioth*, Das Bundesverfassungsgericht, 11. Aufl. 2018, Rn. 132a ff.

Einen besonderen Unterfall der abstrakten Normenkontrolle sieht das Grundgesetz in Art. 93 Abs. 1 Nr. 2a i.V.m. § 13 Nr. 6a, §§ 76 ff. BVerfGG vor. Diese sog. Kompetenzkontrolle verhilft den Ländern dazu, ihre Gesetzgebungskompetenz nach Art. 70 Abs. 1 Hs. 1 GG (Rn. 1073 ff.) gegenüber der konkurrierenden Gesetzgebungszuständigkeit des Bundes nach Art. 72 Abs. 1 GG durchzusetzen. Bei diesem Verfahren werden speziell die Voraussetzungen des Art. 72 Abs. 2 GG überprüft, also die Erforderlichkeit einer bundesgesetzlichen Regelung auf den Gebieten des Art. 74 Abs. 1 Nr. 4, 7, 11, 13, 15, 19a, 20, 22, 25 und 26 GG („Bedarfskompetenz" des Bundes, Rn. 1089 ff.). 1549

Im Vergleich zum Grundfall der abstrakten Normenkontrolle nach Art. 93 Abs. 1 Nr. 2 GG bestehen beim Kompetenzkontrollverfahren folgende Besonderheiten: 1550

– Antragsberechtigt sind nur der Bundesrat, eine Landesregierung oder die Volksvertretung eines Landes (Landesparlament = Landtag, vgl. Rn. 278 – § 76 Abs. 2 BVerfGG).

- Als Antragsgegenstand kommen ausschließlich formelle Bundesgesetze (Art. 76 ff. GG) in Betracht, da nur für diese die Voraussetzungen des Art. 72 Abs. 2 GG einschlägig sind.
- Im Rahmen des Antragsgrundes genügen bloße (einseitige) „Zweifel" hinsichtlich Art. 72 Abs. 2 GG nicht. Erforderlich sind vielmehr Meinungsverschiedenheiten. Wie bei der Normenkontrolle nach Art. 93 Abs. 1 Nr. 2 GG (Rn. 1534 ff.) ist auch hier die engere Formulierung des § 76 Abs. 2 Hs. 1 BVerfGG („für nichtig hält") irrelevant (vgl. Rn. 1534).
- Prüfungsmaßstab ist allein Art. 72 Abs. 2 GG. Untersucht wird m.a.W. nur, ob das formelle Bundesgesetz zum Zeitpunkt seines Erlasses erforderlich i.S.d. Vorschrift war (Rn. 1089).

(3) Kompetenzfreigabeverfahren

Literaturhinweise: *E. Klein*, in: F. Kirchhof u.a. (Hrsg.), Festschrift für Merten, 2007, 223 ff.; *K. Schlaich/S. Korioth*, Das Bundesverfassungsgericht, 11. Aufl. 2018, Rn. 132 f ff.; *K.-A. Schwarz*, in: Ch. Starck, Föderalismusreform, 2007, Rn. 105 ff.

1551   Das Kompetenzfreigabeverfahren gem. Art. 93 Abs. 2 GG i.V.m. § 13 Nr. 6b, § 97 BVerfGG ähnelt dem Kompetenzkontrollverfahren (Rn. 1549 f.). Auch hierbei können die Länder ihre Gesetzgebungskompetenz nach Art. 70 Abs. 1 Hs. 1 GG (Rn. 1073 ff.) gegenüber der konkurrierenden Gesetzgebungszuständigkeit des Bundes verteidigen. Ein Antrag ist in zwei Fällen statthaft:

1552   (a) Art. 93 Abs. 2 Satz 1 Fall 1 GG betrifft die „Freigabe" einer Gesetzgebungskompetenz, für welche die Erforderlichkeit einer bundesgesetzlichen Regelung nicht mehr besteht. Gem. Art. 72 Abs. 4 GG kann dies der Bund durch Bundesgesetz bestimmen („Freigabegesetz"). Tut er dies nicht, kann die Freigabe nach Art. 93 Abs. 2 Fall 1 GG erzwungen werden. Die stattgebende Feststellung durch das Bundesverfassungsgericht ersetzt ein entsprechendes „Freigabegesetz" (sog. Normsurrogation, s. Art. 93 Abs. 2 Satz 2 Fall 1 GG).

1553   (b) Der – recht unklar formulierte – Art. 93 Abs. 2 Satz 1 Fall 2 GG bezieht sich auf die Übergangsvorschrift des Art. 125a Abs. 2 Satz 1 GG und damit Bundesgesetze, die bis zum 15.11.1994 erlassen wurden. Bis zu diesem Zeitpunkt (Verfassungsänderung v. 27.10.1994, BGBl. I S. 3146) erlaubte Art. 72 Abs. 2 GG aufgrund seines damaligen Wortlauts konkurrierende Bundesgesetze nicht nur, wenn und soweit sie erforderlich im Sinne dieser Vorschrift sind (Rn. 1089), sondern bereits, soweit ein Bedürfnis nach bundesgesetzlicher Regelung bestand. Auch hier besteht die Möglichkeit der Normsurrogation (Rn. 1552).

1554   Aufbauend darauf ergeben sich folgende Sachentscheidungsvoraussetzungen für das Kompetenzfreigabeverfahren:

- Antragsberechtigt sind (wie im Kompetenzkontrollverfahren, Rn. 1550) der Bundesrat, eine Landesregierung oder ein Landesparlament.
- Antragsgegenstand ist nicht das jeweilige Bundesgesetz selbst, sondern nur die Frage, ob es nicht mehr erforderlich i.S.v. Art. 72 Abs. 2 GG ist.

– Statt eines Antragsgrundes ist gem. § 97 Abs. 1 BVerfGG im Antrag das besondere Rechtsschutzbedürfnis nach Art. 93 Abs. 2 Satz 3 GG darzutun (s. im Einzelnen den Wortlaut dort). Der Antrag ist danach nur zulässig, wenn der Bund kein „Freigabegesetz" erlassen hat.
– Prüfungsmaßstab ist nur Art. 72 Abs. 2 GG. Anders als bei der Kompetenzkontrolle (Rn. 1549) wird im Kompetenzfreigabeverfahren untersucht, ob die Erforderlichkeit für das Bundesgesetz nach Art. 72 Abs. 4 oder Art. 125a Abs. 2 GG im Zeitpunkt der mündlichen Verhandlung vor dem Bundesverfassungsgericht nicht mehr besteht. Auf die Erforderlichkeit (oder das Bedürfnis) zum Zeitpunkt des Erlasses des Gesetzes kommt es hier also gerade nicht an.

f) Abgrenzung: Subsidiaritätsklage zum Gerichtshof der Europäischen Union

Mit der Kompetenzkontrolle nach Art. 93 Abs. 1 Nr. 2a i.V.m. Art. 72 Abs. 2 GG (Rn. 1549 f.) vergleichbar ist die Subsidiaritätsklage nach Art. 8 des sog. Subsidiaritätsprotokolls i.V.m. Art. 23 Abs. 1a GG, § 12 IntVG (Rn. 847). Bei ihr wird ein Gesetzgebungsakt der EU (Art. 288 AEUV, Rn. 852) gerichtlich daraufhin überprüft, ob er mit dem unionsrechtlichen Subsidiaritätsprinzip nach Art. 5 Abs. 3 AEUV in Einklang steht (Rn. 847). Antragsberechtigt sind der Bundesrat oder der Bundestag (auf Veranlassung eines Viertels seiner Mitglieder). Die Subsidiaritätsklage unterscheidet sich allerdings dadurch ganz wesentlich von der Kompetenzkontrolle, dass für sie nicht das Bundesverfassungsgericht, sondern der Gerichtshof der Europäischen Union (EuGH) zuständig ist. Damit stellt die Subsidiaritätsklage keinen nationalen, sondern einen unionsrechtlichen Rechtsbehelf dar.

1555

4. Konkrete Normenkontrolle

Literaturhinweise: *K. Schlaich/S. Korioth,* Das Bundesverfassungsgericht, 11. Aufl. 2018, Rn. 134 ff.; *Ch. Hillgruber/Ch. Goos,* Verfassungsprozessrecht, 4. Aufl. 2015, Rn. 566 ff.; *M.-E. Geis/O. Schmidt,* Grundfälle zur abstrakten und zur konkreten Normenkontrolle, JuS 2012, 121–125; *L. Michael,* Normenkontrollen – Teil 3: Fragen der Zulässigkeit: Konkrete Normenkontrolle, ZJS 2014, 356–364; *R. Wernsmann,* Konkrete Normenkontrolle (Art. 100 Abs. 1 GG), JURA 2005, 328–336.

a) Allgemeines

Nach der Verfassungsbeschwerde kommt der konkreten Normenkontrolle gem. Art. 100 Abs. 1 GG i.V.m. § 13 Nr. 11, §§ 80 ff. BVerfGG die in der **Praxis größte Bedeutung** zu. Ihr Zweck besteht darin, die **Autorität des formellen Gesetzes** und damit des Parlaments gegenüber der Gerichtsbarkeit zu sichern:

1556

– Gem. Art. 20 Abs. 3 Hs. 2, Art. 97 Abs. 1 GG sind die Richter zwar an die Gesetze gebunden (Rn. 440 ff., 1434). Allerdings ist jeder Richter dazu aufgerufen, die Rechts- und Verfassungsmäßigkeit (Rn. 20 f.) der Rechts-

410 Teil III. Organe, Kompetenzen und Funktionen

norm, die er im konkreten Prozess anzuwenden hat, zu prüfen (richterliche **Prüfungskompetenz**).
- Gelangt der Richter dabei zu dem Ergebnis, dass die Rechtsnorm rechts- oder gar verfassungswidrig ist, darf er sie im jeweiligen Prozess nicht anwenden (richterliche **Verwerfungskompetenz**).

1557 Dürfte jeder Richter aber *jedes* Gesetz verwerfen, würde das zu einer für den Bürger unerträglichen Rechtsunsicherheit (vgl. Rn. 468) und zu einer Rechtszersplitterung führen (vgl. *BVerfGE 1, 184 [197] – Normenkontrolle I*). Daher ist die Verwerfungskompetenz für **formelle Gesetze** (Parlamentsgesetze, Rn. 434) beim Bundesverfassungsgericht **monopolisiert** (formelle *Landes*gesetze dürfen *auch* vom jeweiligen *Landes*verfassungsgericht verworfen werden, s. Art. 100 Abs. 1 Satz 1 Fall 1 GG). Dies gewährleistet die Autorität des Parlaments (anders bei Rechtsverordnungen und Satzungen, s. Rn. 146, 451, 1221).

1558 „Zum Ausgleich" dieser Beschneidung seines Normverwerfungsrechts wurde die konkrete Normenkontrolle gem. Art. 100 Abs. 1 GG geschaffen. Sie wird auch als **Richtervorlage** bezeichnet und betrifft den Fall, dass ein Richter im Rahmen eines fachgerichtlichen Verfahrens ein von ihm anzuwendendes Gesetz für verfassungswidrig hält. In diesem Fall **muss** er die betreffende Norm unmittelbar dem Bundesverfassungsgericht zur Prüfung und Entscheidung vorlegen (s. den Wortlaut: *„ist ... auszusetzen und ... einzuholen"*, vgl. auch § 80 Abs. 1 BVerfGG). Ein Wahlrecht („kann") besteht nicht. Auch eine Rüge oder gar ein Antrag einer Partei im Ausgangsverfahren ist nicht erforderlich (§ 80 Abs. 3 BVerfGG).

1559 Kommt der Richter seiner Vorlageverpflichtung aus Art. 100 Abs. 1 GG nicht nach, können die Parteien des Ausgangsverfahrens dagegen – nach Erschöpfung des Rechtswegs, § 90 Abs. 2 Satz 1 BVerfGG – **Verfassungsbeschwerde** erheben (Art. 93 Abs. 1 Nr. 4a GG, § 13 Nr. 8a, §§ 90 ff. BVerfGG, Rn. 1469). Stützen lässt sich die Verfassungsbeschwerde auf die grundrechtsgleiche Garantie aus **Art. 101 Abs. 1 Satz 2 GG** (Rn. 1437 f.). Denn das Bundesverfassungsgericht ist in den Fällen, in denen die Voraussetzungen einer konkreten Normenkontrolle vorliegen, **gesetzlicher Richter**. Unterlässt ein Fachrichter die Vorlage nach Art. 100 Abs. 1 GG, so entzieht er die Parteien ihrem gesetzlichen Richter und verletzt dadurch Art. 101 Abs. 1 Satz 2 GG.

1560

Konkrete Normenkontrolle: Sachentscheidungsvoraussetzungen (Zulässigkeitsprüfung), Art. 100 I 1 Fall 2 GG i.V.m. § 13 Nr. 11, §§ 80 ff. BVerfGG	
Statthaftigkeit	Prüfung der Vereinbarkeit eines Gesetzes (einer Rechtsnorm) mit dem Grundgesetz auf Vorlage eines Fachrichters
Vorlageberechtigung	jedes Gericht (Einzelrichter, Kammer, Senat)
Vorlagegegenstand	nachkonstitutionelle, formelle, deutsche Gesetze

(Fortsetzung auf der nächsten Seite)

§ 18. Rechtsprechung

Konkrete Normenkontrolle: Sachentscheidungsvoraussetzungen (Zulässigkeitsprüfung), Art. 100 I 1 Fall 2 GG i.V.m. § 13 Nr. 11, §§ 80 ff. BVerfGG		1560
Vorlagegrund	a) fachrichterliche Überzeugung von der Verfassungswidrigkeit der vorgelegten Rechtsnorm b) Entscheidungserheblichkeit: Auswirkung der Gültigkeit oder Ungültigkeit der Rechtsnorm auf die Entscheidung des Fachrichters	
Form	besonderes Begründungserfordernis: Darlegung der Entscheidungserheblichkeit, Beifügung der Gerichtsakten, § 80 II BVerfGG	
Frist	---	

Zu beachten sind dabei zwei Besonderheiten: 1561
— Beim Verfahren der konkreten Normenkontrolle wird (anders als bei der abstrakten Normenkontrolle) gemeinhin das Bestimmungswort **„Vorlage-"** statt „Antrags-" verwendet.
— Da die konkrete Normenkontrolle **nur** durch Gerichte eingeleitet werden kann, **entfällt** hier die Prüfung einer Verfahrens- oder Postulationsfähigkeit.

b) Besondere Sachentscheidungsvoraussetzungen

Fall (nach *BVerfGE 90, 145 ff.* – *Cannabis*): Die Staatsanwaltschaft hat vor dem Amtsgericht A Anklage gegen T wegen unerlaubten Besitzes von Haschisch erhoben. Im Laufe des Verfahrens gelangt der zuständige Strafrichter R zur Überzeugung, dass T diesen Tatbestand schuldhaft verwirklicht hat, steht einer Verurteilung gleichwohl kritisch gegenüber, weil er an der Verfassungsmäßigkeit von § 29 Abs. 1 Satz 1 Nr. 3 des Betäubungsmittelgesetzes (BtMG) i.V.m. dessen Anlage I („nicht verkehrsfähige Betäubungsmittel") zweifelt, wonach der Besitz von Cannabisharz (Haschisch) strafbar ist. R meint, dass es das Grundgesetz gestatte, geringe Mengen von Haschisch im Eigenverbrauch zu konsumieren („Recht auf Rausch"). Das Betäubungsmittelgesetz wurde am 10.12.1929 erstmals unter der Kurzbezeichnung „Opiumgesetz" erlassen (RGBl. I S. 215), durch Art. 1 des Gesetzes v. 22.12.1971 geändert (BGBl. I S. 2092) und am 10.1.1972 neu bekannt gemacht (BGBl. I S. 1). Seither sind weitere Änderungen und Neubekanntmachungen erfolgt. Wie muss R im Strafprozess weiter verfahren?
(Lösungsvorschlag: Rn. 1569, 1576, 1582) 1562

(1) Vorlageberechtigung
Gem. Art. 100 Abs. 1 GG, § 80 Abs. 1 BVerfGG ist **jedes Gericht** vorlageberechtigt. Dies gilt für sämtliche Rechtswege von der Eingangs- bis zur höchsten Instanz (Rn. 1453). Eine Vorlage kommt dabei auch schon im Verfahren des vorläufigen Rechtsschutzes vor den Fachgerichten (z.B. im Rahmen einer einstweiligen Verfügung/Anordnung) in Betracht, sofern anderenfalls die Entscheidung in der Hauptsache vorweggenommen würde. Auch Landesverfassungsgerichte (Rn. 1620) können dem Bundesverfassungsgericht Gesetze zur 1563

Normenkontrolle vorlegen. **Nicht** vorlageberechtigt sind allerdings **private Schiedsgerichte**.

(2) Vorlagegegenstand

1564 Art. 100 Abs. 1 GG spricht hinsichtlich des Prüfungsgegenstands (Vorlagegegenstands) von einem **„Gesetz"**. Da dieser Begriff mehrdeutig ist (Rn. 434 ff.), muss er (insb. teleologisch, Rn. 197) **ausgelegt** werden. Zweck der konkreten Normenkontrolle ist der Schutz des parlamentarischen und demokratischen Gesetzgebers (Rn. 1557).

1565 – „Gesetze" i.S.v. Art. 100 Abs. 1 GG können daher nur **formelle** Gesetze des Bundes und der Länder sein. Gesetze im nur-materiellen Sinn (Rechtsverordnungen und Satzungen, Rn. 1182 ff.) sind kein tauglicher Prüfungsgegenstand.

1566 – Außerdem besteht eine demokratische Legitimation im Sinne des Grundgesetzes nur bei **nachkonstitutionellen** Gesetzen, d.h. bei Gesetzen, die unter der Herrschaft des Grundgesetzes verabschiedet worden sind (also ab dem 24.5.1949, Rn. 170). Dementsprechend scheiden *vor*konstitutionelle Gesetze als Vorlagegegenstand aus. Sie können nur dann Gegenstand einer Richtervorlage sein, wenn der Bundesgesetzgeber sie in seinen Willen aufgenommen und damit **bestätigt** hat, etwa durch Bezugnahme (Verweis) in einem nachkonstitutionellen Gesetz oder durch Neubekanntmachung (bestes Bsp.: Bürgerliches Gesetzbuch v. 18.8.1896 – vorkonstitutionell – i.d.F. der Bek. v. 2.1.2002).

1567 – Die Prüfungskompetenz des Bundesverfassungsgerichts bezieht sich nur auf Gesetze der **deutschen** Staatsgewalt. Dies schließt insb. das primäre und sekundäre Unionsrecht grds. von der konkreten Normenkontrolle aus *(BVerfGE 73, 339 [387] – Solange II;* diff. *BVerfGE 123, 267 [399 ff.] – Lissabon).*

1568 Merke: „Gesetz" i.S.v. Art. 100 Abs. 1 GG ist nur das formelle, nachkonstitutionelle, deutsche Gesetz.

1569 **Lösungsvorschlag zum Fall Rn. 1562:** Aufgrund seiner richterlichen Prüfungskompetenz (Rn. 1556) muss R zunächst untersuchen, ob er den Straftatbestand des § 29 Abs. 1 Satz 1 Nr. 3 BtMG i.V.m. dessen Anlage I dem Bundesverfassungsgericht nach Art. 100 Abs. 1 GG überhaupt vorlegen darf. Diese Vorschrift ist ein formelles deutsches Gesetz. Allerdings ist das Betäubungsmittelgesetz vorkonstitutioneller Natur, da es vor Inkrafttreten des Grundgesetzes erlassen wurde. Jedoch hat es der nachkonstitutionelle Gesetzgeber ausdrücklich in seinen Willen aufgenommen und insb. die Strafvorschriften mehrmals geändert. Daher ist die Rechtsnorm ein tauglicher Vorlagegegenstand (Fortsetzung unten).

(3) Vorlagegrund

(a) Überzeugung von der Verfassungswidrigkeit

1570 Nach dem Wortlaut von Art. 100 Abs. 1 GG darf ein Richter ein Gesetz nur vorlegen, wenn er es *für verfassungswidrig hält*. Mit anderen Worten: Der Richter muss **überzeugt** sein, dass das Gesetz gegen eine konkrete Norm des

§ 18. Rechtsprechung 413

Grundgesetzes verstößt; bloße Zweifel genügen nicht (anders bei der abstrakten Normenkontrolle, Rn. 1534 f.). Dabei muss sich der Richter eingehend mit der Rechtslage (Rspr., Schrifttum) auseinandersetzen.

Verfassungswidrig ist ein Gesetz aber nur dann, wenn es in keine Richtung **verfassungskonform ausgelegt** werden kann (Rn. 215). Daraus ergibt sich die wichtige Konsequenz, dass der Richter ein Gesetz nur dann vorlegen kann, wenn es keine Möglichkeit einer verfassungskonformen Auslegung bietet. Anderenfalls ist die konkrete Normenkontrolle unzulässig. 1571

(b) Entscheidungserheblichkeit
Nach Art. 100 Abs. 1 Satz 1 GG ist die konkrete Normenkontrolle nur zulässig bei einem Gesetz, „auf dessen Gültigkeit es bei der Entscheidung ankommt". 1572

– Entscheidung in diesem Sinne ist jede gerichtliche Maßnahme, die ein gerichtliches Verfahren oder einen Teil davon endgültig oder vorläufig beendet, typischerweise das **Urteil.**
– Entscheidung*serheblich* ist das Gesetz nur, wenn das Fachgericht im Ausgangsverfahren bei Ungültigkeit der Norm (also im Falle ihrer Verfassungswidrigkeit und Nichtigkeit) **anders entscheiden** müsste als bei ihrer Gültigkeit. Das bedeutet, dass der Ausgangsfall mit beiden Möglichkeiten „durchzuspielen", d.h. hypothetisch zu prüfen ist.

Das kann nicht nur in der Klausur, sondern vor allem auch den vorlegenden Gerichten in der Praxis viel Arbeit bereiten. Wohl gerade mit Blick auf die eigene Arbeitsbelastung ist das Bundesverfassungsgericht beim Vorlagegrund „rigoros" und verwirft Richtervorlagen als unzulässig, soweit sich die Überzeugung von der Verfassungswidrigkeit und die Entscheidungserheblichkeit nicht eindeutig aus dem Antrag ergeben.

Aus dem Erfordernis der Entscheidungserheblichkeit ergeben sich zwei Konsequenzen: 1573

– Vorlagefähig sind nur **geltende** Gesetze, also solche, die schon in Kraft und noch nicht außer Kraft getreten sind. An anderes ist der Richter im Ausgangsverfahren nämlich nicht gebunden (Art. 20 Abs. 3 Hs. 2, Art. 97 Abs. 1 GG).
– **Haushaltsgesetze** sind **nicht** entscheidungserheblich, weil sie nur innerhalb des Staates, nicht aber für oder gegen den Bürger wirken (Rn. 758). Insofern besteht ein Unterschied zur abstrakten Normenkontrolle (Rn. 1532).

(4) Form
Die Strenge des Bundesverfassungsgerichts hinsichtlich des Vorlagegrundes spiegelt sich in den Formvorschriften wider: Der Antrag des Fachgerichts (die Vorlage) ist nicht nur gem. § 23 Abs. 1 BVerfGG schriftlich einzureichen und (einfach) zu begründen. **§ 80 Abs. 2 BVerfGG** verlangt, dass der Fachrichter darin seine Überzeugung von der Verfassungswidrigkeit der vorgelegten Norm und deren Entscheidungserheblichkeit unter **erschöpfender Auseinandersetzung mit der Rechtslage** dartut. Zudem ist die verletzte Vorschrift 1574

des Grundgesetzes anzugeben. Dabei muss die Vorlage ohne Hinzuziehung der Akten aus sich selbst heraus verständlich sein. Zusammen mit der Vorlage ist das Ausgangsverfahren auszusetzen. Verfahrenstechnisch erfolgt dies durch **Aussetzungs- und Vorlagebeschluss** des Fachgerichts.

(5) Frist; allgemeines Rechtsschutzbedürfnis

1575 Eine Frist für die Vorlage besteht **nicht**. Das allgemeine Rechtsschutzbedürfnis wird hinreichend durch die Erfordernisse an den Vorlagegrund kompensiert.

1576 **Lösungsvorschlag zum Fall Rn. 1562 (Fortsetzung):** Im Rahmen der Verfassungsmäßigkeitsprüfung von § 29 Abs. 1 Satz 1 Nr. 3 BtMG im Rahmen des Strafverfahrens gegen T muss sich R darüber klar werden, ob er von der Verfassungswidrigkeit der Vorschrift überzeugt ist oder nicht (beachten Sie: laut Sachverhalt ist R lediglich davon überzeugt, dass T den Tatbestand schuldhaft verwirklicht hat; an der Verfassungsmäßigkeit des Tatbestands zweifelt R nur). Ausschließlich im ersten Fall besteht ein Vorlagegrund nach Art. 100 Abs. 1 GG. Im zweiten Fall muss R die Vorschrift anwenden und den T verurteilen (Art. 20 Abs. 3 Hs. 2, Art. 97 Abs. 1 GG – Anwendungsgebot des Gesetzes, Rn. 445).

Gelangt R zur Überzeugung, dass der Straftatbestand verfassungswidrig ist, muss er des Weiteren untersuchen, ob es bei seiner Entscheidung über die Strafbarkeit des T – wie Art. 100 Abs. 1 Satz 1 GG das fordert – auf die Gültigkeit von § 29 Abs. 1 Satz 1 Nr. 3 BtMG ankommt (Entscheidungserheblichkeit). Dies ist der Fall, wenn R den T bei Ungültigkeit der Norm freisprechen müsste. Laut Sachverhalt beruht die Strafbarkeit des T hierauf. Eine verfassungskonforme Auslegung ist angesichts des eindeutigen Wortlauts der Vorschrift nicht ersichtlich. Daher hängt eine Verurteilung des T allein von der Gültigkeit des § 29 Abs. 1 Satz 1 Nr. 3 BtMG ab; die Norm ist folglich entscheidungserheblich. Gem. Art. 100 Abs. 1 Satz 1 GG ist R demnach verpflichtet, das Strafverfahren durch Beschluss auszusetzen und dem Bundesverfassungsgericht die Norm des § 29 Abs. 1 Satz 1 Nr. 3 BtMG i.V.m. der Anlage I vorzulegen. (Würde R den T verurteilen, obwohl er die Vorschrift für verfassungswidrig hält, wäre seine Entscheidung wegen Art. 101 Abs. 1 Satz 2 GG verfassungswidrig; nach Erschöpfung des Rechtswegs könnte T dagegen Verfassungsbeschwerde nach Art. 93 Abs. 1 Nr. 4a GG erheben.)

Im Rahmen der Vorlage muss R ausführlich darlegen, warum er die Strafbarkeit des Besitzes von Haschisch für verfassungswidrig hält. Dabei hat er die Rechtslage umfassend zu erörtern und die daraus folgende Erheblichkeit für das anhängige Verfahren so darzustellen, dass das Bundesverfassungsgericht über die Vorlage entscheiden kann, ohne die Akten des Ausgangsverfahrens heranzuziehen.

c) Begründetheit

1577 **Obersatz:** Die Richtervorlage zum Bundesverfassungsgericht ist gem. Art. 100 Abs. 1 GG begründet, soweit die vorgelegte Norm mit höherrangigem Recht, insb. mit dem Grundgesetz, unvereinbar ist.

1578 Beim **Prüfungsmaßstab** (= höherrangiges Recht i.S.d. Obersatzes) ist zu differenzieren:

– Wird dem Bundesverfassungsgericht ein formelles **Bundes**gesetz vorgelegt, so ist ausschließlicher **Prüfungsmaßstab** das Grundgesetz (s. Art. 100 Abs. 1 *Satz 1 Fall 1 GG*).

§ 18. Rechtsprechung   415

– Nach Art. 100 Abs. 1 *Satz 2* GG kann dem Bundesverfassungsgericht aber auch ein formelles **Landes**gesetz vorgelegt werden. Dann ist Prüfungsmaßstab neben dem Grundgesetz (*Fall 1*) zusätzlich das gesamte Bundesrecht (*Fall 2* – einschließlich Bundes-Rechtsverordnungen und -Satzungen, denn hier geht es um den Prüfungsmaßstab, nicht um den Prüfungsgegenstand, Rn. 1565).

Art. 100 Abs. 1 *Satz 1 Fall 1* GG eröffnet die konkrete Normenkontrolle 1579 auch durch die **Landesverfassungsgerichte**. Mit Rücksicht auf die Normenhierarchie (Rn. 140 ff.) kann Prüfungsgegenstand (Vorlagegegenstand) dabei nur formelles Landesrecht sein, **Prüfungsmaßstab** nur die jeweilige **Landesverfassung** (anhand deren das Bundesverfassungsgericht andererseits nicht prüfen darf).

Geht es um die Prüfung der Verfassungsmäßigkeit eines Gesetzes, folgt dar- 1580 aus – wie auch bei der abstrakten Normenkontrolle (Rn. 1540) – die gewohnte zweistufige Prüfung in der Klausur:

(1) **formelle** Verfassungsmäßigkeit und
(2) **materielle** Verfassungsmäßigkeit

(s. das **Aufbauschema** für Parlamentsgesetze des Bundes bei Rn. 1181). Dabei prüft das Bundesverfassungsgericht unter allen rechtlichen Gesichtspunkten.

d) Entscheidung

Gem. § 81 BVerfGG entscheidet das Bundesverfassungsgericht nur über die 1581 **Rechtsfrage**, also über die Verfassungsmäßigkeit und Gültigkeit des vorgelegten Gesetzes. Über den Ausgangsfall wird im Rahmen der Richtervorlage nicht entschieden; dies ist und bleibt (nach Beendigung der konkreten Normenkontrolle) Aufgabe der Fachgerichte.

Lösungsvorschlag zum Fall Rn. 1562 (Fortsetzung): Vorliegend entstammt die 1582 vorgelegte Norm dem Betäubungsmittelgesetz, einem Bundesgesetz. Alleiniger Prüfungsmaßstab ist demnach das Grundgesetz (insb. die Vereinbarkeit mit der allgemeinen Handlungsfreiheit des Art. 2 Abs. 1 GG). Über die Strafbarkeit des T darf das Bundesverfassungsgericht nicht entscheiden; dies bleibt Sache des Amtsgerichts, das nach der Entscheidung des Bundesverfassungsgerichts über den Normenkontrollantrag das Strafverfahren wieder aufnehmen und in dieser Sache entscheiden muss.

Gem. § 82 Abs. 1 i.V.m. § 78 Satz 1 BVerfGG stellt das Bundesverfassungsge- 1583 richt die Vereinbarkeit oder die Unvereinbarkeit des vorgelegten Gesetzes mit dem Grundgesetz oder (bei einem Landesgesetz) mit sonstigem Bundesrecht fest. Im Falle der **Unvereinbarkeit** erklärt es das vorgelegte Gesetz grds. für **nichtig**. Gem. § 31 Abs. 2 Satz 1 BVerfGG hat diese Entscheidung Gesetzeskraft (zur bloßen Unvereinbarkeitserklärung s. Rn. 1545 f.).

e) Abgrenzung: Vorabentscheidungsverfahren

Das Verfahren der konkreten Normenkontrolle nach Art. 100 Abs. 1 GG 1584 ist vom Vorabentscheidungsverfahren nach **Art. 267 AEUV** abzugrenzen.

Auch hier setzt ein Gericht einen bei ihm anhängigen Prozess aus und holt die Entscheidung eines höheren Gerichts ein. Es bestehen jedoch die folgenden *drei* grundlegenden Unterschiede:

- Vorgelegt wird nicht dem Bundesverfassungsgericht, sondern dem **Gerichtshof der Europäischen Union** (EuGH, Rn. 843).
- Dieser entscheidet nicht über die Verfassungsmäßigkeit am Maßstab des Grundgesetzes, sondern über die **Vereinbarkeit** der vorgelegten nationalen Rechtsnorm **mit Unionsrecht** (Rn. 856).
- Steht das Unionsrecht der nationalen Norm entgegen, kann der EuGH diese **nicht für nichtig erklären,** sondern nur ihre Unvereinbarkeit mit dem Unionsrecht feststellen. Die nationale Rechtsvorschrift bleibt grds. wirksam und wird nur insoweit verdrängt, wie sie in Kollision mit dem Unionsrecht gerät. Das heißt: Nur wenn der konkrete Sachverhalt einen unionsrechtlichen Bezug aufweist, darf die nationale Norm nicht angewendet werden (**Anwendungsvorrang,** Rn. 855).

5. Bund-Länder-Streit

Literaturhinweise: *Ch. Hillgruber/Ch. Goos,* Verfassungsprozessrecht, 4. Aufl. 2015, Rn. 400 ff.; *K. Schlaich/S. Korioth,* Das Bundesverfassungsgericht, 11. Aufl. 2018, Rn. 98 ff.; *H. Schultzky,* Zulässigkeitsfragen im Bund-Länder-Streit, VerwArch 2009, 552–586.

a) Allgemeines

1585 Gegenstand des Verfahrens nach Art. 93 Abs. 1 Nr. 3 i.V.m. § 13 Nr. 7, §§ 68 ff. BVerfGG sind Streitigkeiten im Verhältnis von Bund und Ländern um verfassungsrechtliche Rechte und Pflichten aus dem **Bundesstaatsverhältnis** (Rn. 531 ff.). Damit gehört der Bund-Länder-Streit zu den **föderativen Streitigkeiten,** deren anderen Fälle in Art. 93 Abs. 1 Nr. 4, Art. 99 GG, § 13 Nr. 8, 10, §§ 71 ff. BVerfGG geregelt sind. In der heutigen Praxis spielen diese Verfahren eine **geringe Rolle:** Wenn sich Bund und Länder oder Länder untereinander streiten, ist der Anlass meist eine Gesetzesvorschrift, gegen die eine **abstrakte Normenkontrolle** beantragt wird (Rn. 1523 ff.). Entsprechend nachgeordnet dürfte auch die Bedeutung für die **Klausur** sein; daher fallen die Ausführungen auch in diesem Buch knapp aus.

1586 Föderative Streitigkeiten sind – ebenso wie der Organstreit (Rn. 1500) – **kontradiktorische Verfahren** (deshalb ist insb. die Verweisungsnorm des § 69 BVerfGG berechtigt). Anders als beim Organstreit sind Beteiligte hier jedoch *nicht* (nichtrechtsfähige) Organe *einer* juristischen Person (Bund, vgl. Rn. 1504), sondern zwei oder mehr **juristische Personen** des öffentlichen Rechts, nämlich der Bund und die Länder als selbständige Gebietskörperschaften (Rn. 84 ff.).

§ 18. Rechtsprechung 417

Bund-Länder-Streit: Sachentscheidungsvoraussetzungen (Zulässigkeitsprüfung), Art. 93 I Nr. 3 GG, § 13 Nr. 7, §§ 68 ff. BVerfGG		1587
Statthaftigkeit	Streitigkeit zwischen Bund und Ländern um Rechte und Pflichten aus dem Bundesstaatsverhältnis	
Antragsteller und Antragsgegner (Beteiligungsfähigkeit)	§ 68 BVerfGG: – Bundesregierung (für den Bund) – Landesregierung (für ein Land)	
Verfahrensfähigkeit	s. Rn. 1483 ff.	
Postulationsfähigkeit	§ 22 BVerfGG, s. Rn. 1487	
Antragsgegenstand	Maßnahme oder Unterlassung des Antragsgegners, §§ 69, 64 I BVerfGG	
Antragsbefugnis	plausible Geltendmachung der Möglichkeit, durch die Maßnahme oder Unterlassung in einem verfassungsrechtlichen Recht aus dem Bundesstaatsverhältnis verletzt oder unmittelbar gefährdet zu sein, §§ 69, 64 I BVerfGG	
Vorverfahren	Mängelrüge (nur im Fall des Art. 84 IV 1 GG)	
Form	§ 23 I BVerfGG; dabei Bezeichnung der Vorschrift, gegen die verstoßen wird, §§ 69, 64 II BVerfGG	
Frist	– im Mängelrügeverfahren ein Monat nach dem Beschluss des Bundesrates, § 70 BVerfGG – im Übrigen sechs Monate ab Kenntniserlangung des Antragstellers von der Maßnahme oder Unterlassung, §§ 69, 64 III, IV BVerfGG	

b) Besondere Sachentscheidungsvoraussetzungen

(1) Antragsteller und Antragsgegner (Beteiligungsfähigkeit)

Wegen seines **kontradiktorischen Charakters** stehen sich im Bund-Länder-Streit Antragsteller und Antragsgegner gegenüber. Beteiligungsfähig sind der **Bund** oder das betreffende **Land**. Missverständlich ist insofern § 68 BVerfGG: Diese Vorschrift regelt jedoch nach h.M. nicht die Beteiligungsfähigkeit, sondern die **organschaftliche Vertretung,** und zwar des Bundes durch die Bundesregierung und des jeweiligen Landes durch die Landesregierung (str., a.A. Prozessstandschaft der Regierung für den Bund/das Land). Davon abzugrenzen ist wiederum die **Verfahrensfähigkeit** (s. hierzu Rn. 1483 ff.). 1588

(2) Antragsgegenstand

Art. 93 Abs. 1 Nr. 3 GG spricht von „Meinungsverschiedenheiten über Rechte und Pflichten des Bundes und der Länder". Voraussetzung ist jedoch 1589 ein **konkreter Anlass**, d.h. ein Streit um eine **rechtserhebliche Maßnahme oder Unterlassung** des Antragsgegners (arg. Art. 93 Abs. 1 Nr. 4 GG: „*andere* [...] Streitigkeiten"). Insoweit wird Art. 93 Abs. 1 Nr. 3 GG durch §§ 69, 64 Abs. 1 BVerfGG verfassungsgemäß konkretisiert (anders als bei der abstrakten Normenkontrolle, Rn. 1534 f.).

1590 Eine systematische Auslegung (Rn. 195) der Formulierung „Rechte und Pflichten" in Art. 93 Abs. 1 Nr. 3 GG veranlasst zu einer einschränkenden Interpretation: Der Streit muss sich auf Rechte und Pflichten **aus dem Grundgesetz** beziehen und seine Grundlage zudem gerade **im Bundesstaatsverhältnis** haben (Abgrenzung zu Art. 93 Abs. 1 Nr. 4 GG). Nicht in Betracht kommen damit Verstöße gegen einfaches föderatives (Verwaltungs-)Recht (hierfür ist gem. § 40 Abs. 1 Satz 1, § 50 Abs. 1 Nr. 1 VwGO das Bundes*verwaltungs*gericht zuständig).

(3) Antragsbefugnis

1591 Nach §§ 69, 64 Abs. 1 BVerfGG muss der Antragsteller eine **Verletzung oder unmittelbare Gefährdung** *eigener* Rechte aus dem verfassungsrechtlichen Bundesstaatsverhältnis plausibel geltend machen und überdies geltend machen *können*, d.h. die Verletzung muss möglich erscheinen (vgl. entsprechend Rn. 1509 ff.).

(4) Vorverfahren: Mängelrüge

1592 Eine **Besonderheit** gilt für einen Bund-Länder-Streit um die **Bundesaufsicht** im Rahmen der Landeseigenverwaltung gem. Art. 84 Abs. 3, 4 GG (Rn. 1358): Vor Anrufung des Bundesverfassungsgerichts ist hier nach Art. 84 Abs. 4 Satz 1 GG ein Vorverfahren durchzuführen. Auf sog. **Mängelrüge** der Bundesregierung oder auf Antrag des betroffenen Landes hat der **Bundesrat** darüber Beschluss zu fassen (Rn. 1045 ff.), ob das Land ein Bundesgesetz *dem geltenden Rechte gemäß ausgeführt* hat (Art. 84 Abs. 3 Satz 1 GG). Erst gegen diesen Beschluss kann gem. Art. 84 Abs. 4 Satz 2 GG das Bundesverfassungsgericht angerufen werden (alternativ dazu könnte die Bundesregierung mit Bundeszwang nach Art. 37 GG vorgehen, Rn. 597 ff.).

(5) Form

1593 Über das Schriftformerfordernis des § 23 Abs. 1 Satz 1 BVerfGG hinaus muss der Antragsteller in seiner Antragsbegründung die angegriffene Maßnahme und das (angeblich) verletzte **Recht bezeichnen** (§§ 69, 64 Abs. 2 BVerfGG).

(6) Frist

1594 Nach §§ 69, 64 Abs. 3 BVerfGG muss der Antrag innerhalb von **sechs Monaten** gestellt werden. Fristbeginn ist der Zeitpunkt, in dem der Antragsteller von der beanstandeten Maßnahme oder Unterlassung Kenntnis erlangt hat. *Lex specialis* (Rn. 149) dazu ist § 70 BVerfGG: Im Mängelrügeverfahren ist der Antrag nur **binnen eines Monats** nach der Beschlussfassung des Bundesrates zulässig.

c) Begründetheit

Obersatz: Gem. Art. 93 Abs. 1 Nr. 3 GG ist der Antrag begründet, soweit der Antragsteller durch die beanstandete Maßnahme (oder Unterlassung) tatsächlich in seinen verfassungsrechtlichen Rechten aus dem Bundesstaatsverhältnis verletzt oder unmittelbar gefährdet wird.

1595

Prüfungsmaßstab sind nur solche **Normen des Grundgesetzes,** die bundesstaatsspezifische Rechte des Antragstellers und Pflichten des Antragsgegners begründen, oder **sonstige Verfassungsnormen,** soweit sie für das Bund-Länder-Verhältnis von Bedeutung sind.

1596

Beispiele: Art. 23 Abs. 2, 4–7, Art. 84, 85, 104a, 107 GG sowie der – ungeschriebene – Grundsatz der Bundestreue (Rn. 586 ff.). Zu beachten ist jedoch die Bedeutung der abstrakten Normenkontrolle (Rn. 1585).

d) Entscheidung

Nach §§ 69, 67 Satz 1 BVerfGG trifft das Bundesverfassungsgericht die **Feststellung,** ob die beanstandete Maßnahme oder Unterlassung gegen das Grundgesetz verstößt. Wie im Organstreitverfahren (Rn. 1520) kann es die Maßnahme weder aufheben noch eine Norm für nichtig erklären. Ist jedoch das Mängelrügeverfahren vorausgegangen und erweist sich der Beschluss des Bundesrates als fehlerhaft, so wird er aufgehoben.

1597

6. Einstweilige Anordnung

Literaturhinweise: *Ch. Hillgruber/Ch. Goos,* Verfassungsprozessrecht, 4. Aufl. 2015, Rn. 799 ff.; *A. Niesler,* Die einstweilige Anordnung nach § 32 BVerfGG in der Fallbearbeitung, JURA 2007, 362–366; *K. Schlaich/S. Korioth,* Das Bundesverfassungsgericht, 11. Aufl. 2018, Rn. 462 ff.

a) Allgemeines

Das Verfahren zum Erlass einer einstweiligen Anordnung nach **§ 32 BVerfGG** nimmt eine Sonderstellung ein: Es tritt **nicht selbständig** neben die Verfahren nach Art. 93, 100 GG u.a., § 13 BVerfGG (dort ist es auch nicht aufgelistet), sondern es ist dazu **akzessorisch** (= abhängig von einem Hauptsacheverfahren). Seine Existenz erklärt sich daraus, dass Hauptsacheverfahren vor dem Bundesverfassungsgericht nicht selten lange Zeit in Anspruch nehmen (Rn. 1471). Währenddessen besteht die Gefahr, dass „**vollendete Tatsachen**" geschaffen werden und der Rechtsschutz zu spät kommt. Dies lässt sich durch eine einstweilige Anordnung verhindern.

1598

In anderen Verfahrensordnungen bestehen vergleichbare Instrumente des *vorläufigen Rechtsschutzes* (= Oberbegriff), etwa die einstweilige Verfügung nach §§ 935 ff. ZPO, die einstweilige Anordnung gem. § 123 VwGO, aber auch die Untersuchungshaft nach §§ 112 ff. StPO.

1599 § 32 Abs. 1 BVerfGG ermächtigt das Bundesverfassungsgericht, *einen Zustand vorläufig zu regeln*. Damit erfüllt die einstweilige Anordnung eine wichtige **Sicherungsfunktion**. Andererseits haben einstweilige Anordnungen – wie sich bereits aus ihrer Bezeichnung ergibt – nur **vorläufigen Charakter**; sie stehen unter dem Vorbehalt der Entscheidung in der Hauptsache und treten unabhängig davon sechs Monate nach ihrem Erlass außer Kraft (§ 32 Abs. 6 Satz 1 BVerfGG).

1600 Grundsätzlich bedarf es zum Erlass einer einstweiligen Anordnung eines **Antrags** nach § 23 Abs. 1 BVerfGG. Aus dem Wortlaut von § 32 BVerfGG ergibt sich dieses Erfordernis indessen nicht. Daher gesteht sich das Bundesverfassungsgericht ohne weitere Begründung auch den Erlass **von Amts wegen** zu *(BVerfGE 112, 284 [293] – Kontoabfrage/e.A.)*.

1601

Einstweilige Anordnung: Sachentscheidungsvoraussetzungen (Zulässigkeitsprüfung), § 32 BVerfGG	
Statthaftigkeit	Zuständigkeit des BVerfG in der Hauptsache
Antragsberechtigung (ggf. auch Antragsgegner)	abhängig von Beteiligungsfähigkeit im Hauptsacheverfahren
Verfahrensfähigkeit	s. Rn. 1483 ff.
Postulationsfähigkeit	§ 22 BVerfGG, s. Rn. 1487
Antragsgrund	plausible Darlegung eines wichtigen Grundes i.S.v. § 32 I BVerfGG (= Anordnungsgrund)
Keine Vorwegnahme der Hauptsache	arg. § 32 I BVerfGG: nur „vorläufige" Regelung statthaft
Form	§ 23 I BVerfGG, s. Rn. 1488 f.
Frist	---
Allgemeines Rechtsschutzbedürfnis	s. Rn. 1490 f.

b) Zulässigkeitsvoraussetzungen

(1) Statthaftigkeit

1602 Anders als bei den Hauptsacheverfahren empfiehlt sich in der **Klausur**, auf die Statthaftigkeit etwas stärker einzugehen. Nehmen Sie dabei Bezug auf den Wortlaut von § 32 Abs. 1 BVerfGG, wonach einstweilige Anordnungen „**im Streitfall**" zulässig sind. Dieses Tatbestandsmerkmal wird weit ausgelegt; daraus ergeben sich drei Folgerungen:

– Eine einstweilige Anordnung ist statthaft, wenn das Bundesverfassungsgericht auch im damit korrespondierenden **Hauptsacheverfahren zuständig** ist. Kurz zu nennen ist also die Verfahrensart in der Hauptsache.

§ 18. Rechtsprechung

– Einstweilige Anordnungen können grds. in Bezug auf **alle** Verfahrensarten gem. § 13 BVerfGG erlassen werden.
– Ein Antrag in der **Hauptsache** nach § 23 Abs. 1 BVerfGG muss **noch nicht** gestellt sein (prozessual ausgedrückt: die Hauptsache braucht noch nicht anhängig zu sein). Allerdings muss der „Streitfall" einen vorprozessualen Konkretisierungsgrad erreicht haben; d.h. mit einer Antragstellung muss ernsthaft gerechnet werden.

(2) Antragsberechtigung

Die Antragsberechtigung (und ggf. die Stellung als Antragsgegner) ergibt sich aus der **Beteiligungsfähigkeit** des Antragstellers im **Hauptsacheverfahren**. Bloße *Äußerungs*berechtigte (insb. gem. §§ 77, 82 Abs. 3 BVerfGG) sind im Hauptsacheverfahren nicht Beteiligte und damit auch *nicht* antragsberechtigt i.S.v. § 32 Abs. 1 BVerfGG. 1603

(3) Antragsgrund

§ 32 Abs. 1 BVerfGG setzt für eine einstweilige Anordnung einen wichtigen Grund zum gemeinen Wohl (= Anordnungsgrund) voraus: Sie muss zur Abwehr schwerer Nachteile, zur Verhinderung drohender Gewalt o.Ä. dringend geboten sein. Ob das tatsächlich der Fall ist, ist eine Frage der Begründetheit (Rn. 1610 ff.). In der Zulässigkeit prüft das Bundesverfassungsgericht aber, ob der Antragsteller den wichtigen Grund **substantiiert dargelegt** hat (in der Klausur kann dies i.d.R. in ca. zwei Sätzen abgehandelt werden). 1604

Einen eigenen Antrags*gegenstand* hat das Verfahren auf Erlass einer einstweiligen Anordnung nicht; Grund dafür ist seine Akzessorietät (Rn. 1598). Eine Antrags*befugnis* ist auch bei kontradiktorischen Verfahren (Organ- oder Bund-Länder-Streit) nicht zu prüfen; die damit verbundenen Fragen werden vielmehr in der Begründetheit abgehandelt (bei der Unzulässigkeit oder offensichtlichen Unbegründetheit der Hauptsache, Rn. 1612). 1605

(4) Keine Vorwegnahme der Hauptsache

Gem. § 32 Abs. 1 BVerfGG darf die einstweilige Anordnung einen umstrittenen Zustand **nur vorläufig** regeln. Daraus folgt ein **entscheidendes Charakteristikum** des vorläufigen Rechtsschutzes, nämlich das Verbot, die Hauptsache vorwegzunehmen. Anderenfalls würde das Hauptsacheverfahren überflüssig. Daher beschränken sich einstweilige Anordnungen i.d.R. darauf, den **Vollzug** einer hoheitlichen Maßnahme (insb. eines Gesetzes oder fachgerichtlichen Urteils) bis zur Entscheidung des Bundesverfassungsgerichts in der Hauptsache **auszusetzen**. 1606

Ausnahmen werden nur zugelassen, soweit die Entscheidung in der Hauptsache zu spät kommen würde und der Antragsteller in anderer Weise keinen ausreichenden Rechtsschutz mehr erlangen könnte. Häufig ist dies bei zeitlich gebundenen Angelegenheiten der Fall, etwa bei Verboten von Großdemonstrationen oder bei der Ausstrahlung von Wahlwerbespots. 1607

(5) Frist

1608 Der Antrag auf Erlass einer einstweiligen Anordnung ist **nicht** fristgebunden. Er kann vor und während des Hauptsacheverfahrens gestellt werden (Rn. 1602).

(6) Allgemeines Rechtsschutzbedürfnis

1609 Das allgemeine Rechtsschutzbedürfnis fehlt für einstweilige Anordnungen insb., soweit die angegriffene Maßnahme bereits **vollzogen** ist und **nicht mehr rückgängig** gemacht werden kann (s. auch Rn. 1598).

c) Begründetheit

1610 Obersatz: Der Antrag auf Erlass einer einstweiligen Anordnung ist nach § 32 Abs. 1 BVerfGG begründet, soweit eine vorläufige Regelung zur Abwehr schwerer Nachteile, zur Verhinderung drohender Gewalt oder aus einem anderen wichtigen Grund zum gemeinen Wohl dringend geboten ist.

1611 Gerade bei der Begründetheitsprüfung verwendet das Bundesverfassungsgericht weitgehend starre, formelhafte Obersätze. In ihrem Rahmen ist zu untersuchen, ob einer der in § 32 Abs. 1 BVerfGG beschriebenen **Anordnungsgründe** (nicht zu verwechseln mit *Antrags*grund, Rn. 1604) tatsächlich vorliegt. Für die Prüfung empfiehlt sich ein zweistufiger Aufbau.

(1) Partielle Berücksichtigung der Hauptsache

1612 Nach § 32 Abs. 1 BVerfGG muss die einstweilige Anordnung **geboten** sein. Dies ist nicht der Fall, wenn die im Hauptsachverfahren begehrte Entscheidung keine Aussicht auf Erfolg hat. Zwar betont das Bundesverfassungsgericht in st.Rspr., dass die Erfolgsaussichten in der Hauptsache **nicht**, auch **nicht „summarisch"** (d.h. nicht mit letzter Tiefe) zu prüfen seien: *„Dabei haben die Gründe, die für die Verfassungswidrigkeit des angegriffenen Hoheitsakts vorgetragen werden, grundsätzlich außer Betracht zu bleiben"* (BVerfGE 112, 284 [291] – Kontoabfrage/ e.A.). Gleichwohl untersucht das Bundesverfassungsgericht regelmäßig, ob der Antrag in der Hauptsache **von vornherein unzulässig oder offensichtlich unbegründet** ist. In einem solchen Fall ist eine einstweilige Anordnung gerade nicht zum gemeinen Wohl geboten.

1613 Das heißt: Die Zulässigkeit und Begründetheit des Hauptsacheantrags dürfen **nicht umfassend** geklärt werden; beachtlich sind lediglich offensichtliche Zulässigkeits- oder Begründetheitsmängel wie etwa der Ablauf der Antragsfrist (z.B. gem. § 64 Abs. 3 BVerfGG) oder ein Verstoß gegen notwendige Formvorschriften (§ 23 Abs. 1 BVerfGG). In der **Klausur** werden sich solche evidenten Mängel i.d.R. nicht finden lassen, insoweit kann dieser Prüfungspunkt kurz abgehandelt werden.

(2) Folgenabwägung

1614 Ist der Ausgang des Hauptsacheverfahrens offen, tritt das Bundesverfassungsgericht in eine Folgenabwägung ein. Dabei werden die **Tatbestands-**

merkmale von § 32 Abs. 1 BVerfGG („schwere Nachteile", „gemeines Wohl" u.a.) **nicht** im Einzelnen aufgenommen. Stattdessen kehren stets Sätze wie die folgenden wieder *(vgl. BVerfGE 112, 284 [292] – Kontoabfrage/e.A.)*:

> **Formulierungsmuster:** Muss der Ausgang des Hauptsacheverfahrens als offen angesehen werden, sind die Folgen, die einträten, wenn die einstweilige Anordnung nicht erginge, die angegriffene Maßnahme aber später für verfassungswidrig erklärt würde, gegenüber den Nachteilen abzuwägen, die entstünden, wenn die begehrte einstweilige Anordnung erlassen würde und sich die angegriffene Maßnahme im Hauptsacheverfahren als verfassungsgemäß erwiese.
> Wegen der meist weittragenden Folgen, die eine einstweilige Anordnung in einem verfassungsgerichtlichen Verfahren auslöst, ist bei der Folgenabwägung ein strenger Maßstab anzulegen.

1615

Diese **„Doppelhypothese"** fordert, dass die beiden – sich gegenseitig ausschließenden – Situationen durchzuspielen und die Folgen in ihrer Schwere einander gegenüberzustellen sind:

1616

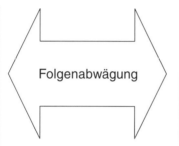

- Nichtergehen der einstweiligen Anordnung und
- Verfassungswidrigkeit des angegriffenen Hoheitsaktes, d.h. Vollzug einer verfassungswidrigen Maßnahme

Folgenabwägung

- Erlass der einstweiligen Anordnung und
- Verfassungsmäßigkeit des angegriffenen Hoheitsaktes, d.h. vorübergehende Verhinderung einer verfassungsgemäßen Maßnahme

In der Praxis wie auch in der **Klausur** liegt auf dieser Folgenabwägung häufig der Schwerpunkt (lesenswert *BVerfGE 121, 1 [17 ff.] – Vorratsdatenspeicherung/ e.A.*). Wichtige Kriterien sind zumeist die **Irreversibilität** (Unumkehrbarkeit, fehlende Möglichkeit der Wiedergutmachung) eines drohenden Schadens. Abgesehen davon muss die vorläufige Regelung nach § 32 Abs. 1 BVerfGG **dringend** geboten, d.h. **unaufschiebbar** sein. Dieser Prüfungspunkt wird jedoch i.d.R. bereits mit in die Folgenabwägung eingestellt.

1617

d) Entscheidung

Erweist sich der Antrag als **zulässig und begründet,** erlässt das Bundesverfassungsgericht die einstweilige Anordnung. Inhaltlich ist es dabei nicht an den Antrag gebunden, sondern kann sich selbst geeignet erscheinende Regelungen überlegen. Die Entscheidung entfaltet für den Zeitraum ihrer Geltungsdauer **Bindungswirkung** nach § 31 Abs. 1 BVerfGG.

1618

Ist der Antrag **unzulässig oder unbegründet,** wird er vom Bundesverfassungsgericht **abgelehnt** (die Differenzierung zwischen Verwerfung und Zurückweisung – Rn. 1496 – ist hier nicht erforderlich).

1619

7. Landesverfassungsgerichtsbarkeit

Literaturhinweise: *K. Schlaich/S. Korioth*, Das Bundesverfassungsgericht, 11. Aufl. 2018, Rn. 347 ff.; *Ch. Hillgruber/Ch. Goos*, Verfassungsprozessrecht, 4. Aufl. 2015, Rn. 910 ff.

a) Stellung; Abgrenzung

1620   Auf Bundesebene wird die Verfassungsgerichtsbarkeit durch das Bundesverfassungsgericht ausgeübt. Auf Landesebene existieren in allen Bundesländern **Landesverfassungsgerichte** (achten Sie auf die unterschiedlichen Bezeichnungen):

Land	offizielle Bezeichnung (Sitz)
Baden-Württemberg	Verfassungsgerichtshof für das Land Baden-Württemberg (Stuttgart)
Bayern	Bayerischer Verfassungsgerichtshof (München)
Berlin	Verfassungsgerichtshof des Landes Berlin
Brandenburg	Verfassungsgericht des Landes Brandenburg (Potsdam)
Bremen	Staatsgerichtshof der Freien Hansestadt Bremen
Hamburg	Hamburgisches Verfassungsgericht
Hessen	Staatsgerichtshof des Landes Hessen (Wiesbaden)
Mecklenburg-Vorpommern	Landesverfassungsgericht Mecklenburg-Vorpommern (Greifswald)
Niedersachen	Niedersächsischer Staatsgerichtshof (Bückeburg)
Nordrhein-Westfalen	Verfassungsgerichtshof für das Land Nordrhein-Westfalen (Münster)
Rheinland-Pfalz	Verfassungsgerichtshof Rheinland-Pfalz (Koblenz)
Saarland	Verfassungsgerichtshof des Saarlandes (Saarbrücken)
Sachsen	Verfassungsgerichtshof des Freistaates Sachsen (Leipzig)
Sachsen-Anhalt	Landesverfassungsgericht Sachsen-Anhalt (Dessau-Roßlau)
Schleswig-Holstein	Schleswig-Holsteinisches Landesverfassungsgericht (Schleswig)
Thüringen	Thüringer Verfassungsgerichtshof (Weimar)

(Geläufige Abkürzungen: Landesverfassungsgericht = LVerfG, Staatsgerichtshof = StGH, Verfassungsgericht = VerfG, Verfassungsgerichtshof = VerfGH)

1621   Die Verfassungsgerichtsbarkeit in den Ländern ist Ausdruck von deren **eigener Staatsqualität** und Konsequenz des föderalistischen Staatsaufbaus der Bundesrepublik Deutschland (Rn. 531 ff.). Die **Rechtsgrundlagen** finden

§ 18. Rechtsprechung

sich in den Landesverfassungen sowie in den jeweiligen Landesverfassungsgerichtsgesetzen.

Das Bundesverfassungsgericht und die Landesverfassungsgerichte stehen in **keinem Rangverhältnis** zueinander, insb. ist das Bundesverfassungsgericht nicht etwa eine „Revisionsinstanz" der Landesverfassungsgerichte. Die Gerichte üben selbstständig nebeneinander jeweils eine eigene Gerichtsbarkeit aus, weil sich Bund und Länder insoweit in getrennten Verfassungsräumen befinden (Rn. 165).

1622

Für die **Abgrenzung** ist vor allem auf den jeweiligen **Prüfungsmaßstab** abzustellen; folgende Faustregel bietet sich – angelehnt an die Bezeichnung der Gerichte – an:

1623

– Maßstab für die Rechtsprechung des *Bundes*verfassungsgerichts ist die *Bundes*verfassung (= Grundgesetz);
– Maßstab für die *Landes*verfassungsgerichte ist die jeweilige *Landes*verfassung.

Nicht zu verwechseln damit ist der **Prüfungsgegenstand**: Vor dem Bundesverfassungsgericht können Hoheitsakte der Bundes oder der Länder kontrolliert werden; Prüfungsgegenstand in Verfahren vor den Landesverfassungsgerichten können hingegen nur Hoheitsakte der nämlichen Staatsgewalt (also des jeweiligen Landes) sein (s. näher sogl. Rn. 1627 ff.).

1624

b) Verfahren vor den Landesverfassungsgerichten

Das landesverfassungsgerichtliche Prozessrecht weist viele Parallelen zu den Verfahren vor dem Bundesverfassungsgericht auf:

1625

– In allen Ländern gibt es die Möglichkeit der Einleitung eines **Organstreitverfahrens** über landesverfassungsrechtlichen Rechte und Pflichten der obersten Landesorgane u. dgl.
– Ebenso sind alle Landesverfassungsgerichte zuständig für **abstrakte Normenkontrollen** zur Überprüfung der Vereinbarkeit von Landesrecht mit der jeweiligen Landesverfassung.
– Die Möglichkeit der **konkreten Normenkontrolle** zu den Landesverfassungsgerichten ergibt sich bereits unmittelbar aus Art. 100 Abs. 1 Satz 1 Fall 1 GG; sie wird im Landesrecht weiter ausgeformt.
– Eine **Verfassungsbeschwerde** kann vor den Landesverfassungsgerichten in elf Ländern erhoben werden (*nicht* in Bremen, Hamburg, Niedersachsen, Nordrhein-Westfalen und Schleswig-Holstein).

Daneben kennt das Landesverfassungsprozessrecht z.T. Verfahrensarten, die sich von denen vor dem Bundesverfassungsgericht unterscheiden, etwa die **Popularklage**, die **Ministeranklage** oder die **präventive Normenkontrolle** (werfen Sie dazu doch einmal einen Blick auf die Rechtslage in Ihrem Land).

1626

c) Zuständigkeiten und Prüfungsmaßstäbe

1627 Vor dem Hintergrund der z.T. gleichförmigen Verfahren vor dem Bundesverfassungsgericht und den Landesverfassungsgerichten stellt sich die Frage nach den Zuständigkeitskonkurrenzen:

- **Organstreit:** Verfassungsorganen, die ihre Rechte und Pflichten aus dem Grundgesetz herleiten (Bundestag, Bundesrat, Bundesregierung, Bundespräsident), steht der Rechtsweg zum Bundesverfassungsgericht offen (Art. 93 Abs. 1 Nr. 1 GG). Für den Streit um Rechte und Pflichten der obersten Landesorgane (Landtag, Ministerpräsident u.dgl.) aus der Landesverfassung findet das Verfahren vor dem jeweiligen Landesverfassungsgericht statt.

1628 – **Abstrakte Normenkontrolle:** Das Bundesverfassungsgericht überprüft Bundes- oder Landesrecht am Maßstab des Grundgesetzes (Art. 93 Abs. 1 Nr. 2 GG). Vor den Landesverfassungsgerichten ist nur die Überprüfung von Landesrecht statthaft. Als Prüfungsmaßstab wird dabei nur die Landesverfassung angelegt. Daraus folgt: Gegen Landesrecht kann eine abstrakte Normenkontrolle sowohl vor dem Bundesverfassungsgericht als auch vor dem jeweiligen Landesverfassungsgericht beantragt werden, und zwar auch parallel. Sobald eines der beiden Gerichte die Norm für verfassungswidrig erklärt, fällt aber das Klarstellungsinteresse (Rn. 1536) für das andere Verfahren weg.

1629 – **Konkrete Normenkontrolle:** Auch sie kann „doppelspurig" durchgeführt werden, soweit Landesrecht für verfassungswidrig gehalten wird. Dabei prüft das Bundesverfassungsgericht am Maßstab des Grundgesetzes, das Landesverfassungsgericht am Maßstab der jeweiligen Landesverfassung. Auch hier wird das eine Verfahren mangels Entscheidungserheblichkeit (Rn. 1572 f.) unzulässig, sobald die Norm im anderen Verfahren für verfassungswidrig erklärt wurde. – Verfassungswidriges Bundesrecht kann nur dem Bundesverfassungsgericht vorgelegt werden.

1630 – **Verfassungsbeschwerde:** Soweit vor einem Landesverfassungsgericht Verfassungsbeschwerde erhoben werden kann, ist gegen einen Hoheitsakt des Landes eine parallele Verfassungsbeschwerde zum Bundesverfassungsgericht zulässig. Dabei prüft jedes Gericht nur die Unvereinbarkeit mit „seinem" jeweiligen Verfassungsrecht: das Bundesverfassungsgericht am Maßstab der Grundrechte (Art. 1 bis 19 GG), das Landesverfassungsgericht am Maßstab der Grundrechte der jeweiligen Landesverfassung. Gegen Hoheitsakte des Bundes kann nur Verfassungsbeschwerde zum Bundesverfassungsgericht erhoben werden (zu Einzelheiten und Ausnahmen s. *BVerfGE 96, 345 ff. – Landesverfassungsgerichte*).

1631 Die aufgezeigten **Parallelen** zwischen Bundes- und Landesverfassungsprozessrecht sollten Sie sich zunutze machen, sofern eine **Klausur** einen landesverfassungsrechtlichen Fall zum Gegenstand hat (solche Transferaufgaben sind nicht unbeliebt – jedenfalls bei den Klausurstellern ...). Auch auf Landesebene findet sich das Enumerationsprinzip (Rn. 1463) in der jeweiligen Verfassung und dem Gesetz über das jeweilige Verfassungsgericht. Auch die Prüfungsmaßstäbe, also die verfassungsrechtlichen Sachnormen, weisen in den Ländern **große Gemeinsamkeiten** mit dem Grundgesetz auf; Abweichungen in Einzelheiten werden vom Klausurbearbeiter i.d.R. nicht verlangt.

Verzeichnis der Übersichten und Schemata

Inhalt   **Rn.**
1. Rechtmäßigkeit und Verfassungsmäßigkeit 21
2. Formelle und materielle Verfassungsmäßigkeit..................... 24
3. Erfolgsaussichten eines verfassungsrechtlichen Rechtsbehelfs 28
4. Juristischer Syllogismus 38
5. Bildung von Baumstrukturen...................................... 75
6. Zwei Dimensionen des Rechts..................................... 77
7. Rechtsträger, Organ und Organwalter 88
8. Öffentliches und privates Recht.................................... 91
9. Abgrenzung zwischen öffentlichem und privatem Recht............... 97
10. Die verschiedenen Dimensionen des Staatsrechts 113
11. Staatsrecht und Verfassungsrecht................................... 116
12. Autorität der Verfassung... 131
13. Rangordnung (Hierarchie) der Rechtsnormen 141
14. Prüfungsmaßstab und Prüfungsgegenstand 143
15. Unterscheidung der verfassungsgebenden Staatsgewalt und der verfassten Staatsgewalt 160
16. Gliederung des Grundgesetzes..................................... 178
17. Rechtsanwendung 190
18. Auslegungsregeln (Interpretationskanones).......................... 198
19. Umgang mit planwidrigen Gesetzeslücken........................... 205
20. Säulen der Staatsgrundlagen der Bundesrepublik Deutschland 223
21. Staatsfundamentalnorm des Art. 20 GG, Festlegung der Staatsgrundlagen.. 229
22. Ausübung der Staatsgewalt durch „besondere Organe" 259
23. Arten der demokratischen Legitimation 265
24. Parlamentarisches Regierungssystem 294
25. Präsidiales Regierungssystem....................................... 297
26. Mischsystem 298
27. Regierungssystem des Grundgesetzes 301
28. Beteiligungsquoren und Zustimmungsquoren 318
29. Minderheitenschutz 333
30. Subjektives Wahlrecht (Wahlberechtigung i.w.S.)..................... 348
31. Abgrenzung zwischen Wahlrechtsgrundsätzen und Wahlsystem......... 354
32. Parteien als Bindeglied zwischen Staat und Gesellschaft................ 379
33. Einnahmen der Parteien... 400
34. Unmittelbare staatliche Parteienfinanzierung (§ 18 PartG).............. 404
35. Rechtsstaatsprinzip (Art. 20 II 2, III, Art. 1 III GG) 429
36. Vertrauensschutz 500
37. Grundsatz der Verhältnismäßigkeit 510
38. Unterscheidung von Staat und Gesellschaft.......................... 520
39. Abgrenzung Einheitsstaat, Bundesstaat und Staatenbund............... 538
40. Möglichkeiten zur Neugliederung des Bundesgebietes................. 556
41. Horizontale und vertikale Gewaltenteilung 567

Verzeichnis der Übersichten und Schemata

42. Bundeszwang (Art. 37 GG)	601
43. Gemeinschaftsaufgaben, Verwaltungszusammenarbeit (Art. 91a–91e GG)	625
44. Kommunen	649
45. Gemeindliche Selbstverwaltung (Art. 28 II 1 GG)	654
46. Dichotomie der kommunalen Aufgaben	657
47. Sozialstaatsprinzip als Gestaltungsauftrag an den Gesetzgeber und Staatszielbestimmung	673
48. Einfachgesetzliche Ausgestaltung des Sozialstaatsprinzips	696
49. Gliederung der Finanzverfassung	703
50. Abgaben	707
51. Steuerkompetenzen („Steuerhoheiten")	715
52. Steuerertragshoheit	716
53. Steuergesetzgebungshoheit	721
54. Steuerverwaltungshoheit	725
55. Finanzverteilung und Finanzausgleich in Deutschland	734
56. Lastenverteilung zwischen Bund und Ländern	745
57. Haushaltshoheit	747
58. Haushaltsgrundsätze	760
59. Offene Staatlichkeit	808
60. Organe der EU	838
61. Dreiteilung der Staatsgewalt	866
62. Konzept der Gewaltenteilung	867
63. Beweggründe der Gewaltenteilung	873
64. Klassische Dreiteilung der Gewalten nach Charles de Montesquieu	883
65. „Hinkende Gewaltenteilung" im 19. Jahrhundert	884
66. Rechtsstaatliche Gewaltenteilung	885
67. Bundesstaatliche Gewaltenteilung	886
68. Oberste Staatsorgane (Verfassungsorgane) des Bundes	892
69. Arten der Gewaltenteilung	898
70. Gewaltenverschränkung	910
71. Mitwirkungsbefugnisse der Abgeordneten	936
72. System der Wahlen zum Deutschen Bundestag	949
73. Umrechnung der Zweitstimmen in Bundestagsmandate	955
74. Organschaftliche Rechte der Fraktionen im Bundestag	996
75. Obligatorische Ausschüsse des Bundestages	1004
76. Der Aufbau des Bundestages	1019
77. Stimmenverteilung im Bundesrat	1033
78. Unterschiede zwischen Bundestag und Bundesrat	1043
79. Mitwirkungsrechte des Bundesrates	1071
80. Verteilung der Gesetzgebungskompetenzen zwischen Bund und Ländern	1075
81. Wichtige Sachbereiche der ausschließlichen Gesetzgebungskompetenz des Bundes	1081
82. Wichtige Sachbereiche der „Kernkompetenz" („Vorrangkompetenz") des Bundes	1088
83. Wichtige Sachbereiche der „Bedarfskompetenz"	1093
84. Sachbereiche der „Abweichungskompetenz"	1096
85. Gesetzgebungskompetenzen des Bundes	1102
86. Abschnitte des Gesetzgebungsverfahrens	1110
87. Katalog der zustimmungsbedürftigen Bundesgesetze	1147
88. Gesetzgebungsverfahren bei Bundesgesetzen	1152

89. Aufbauschema für die Prüfung der Verfassungsmäßigkeit von Bundesgesetzen. 1181
90. Zustimmungsbedürftige Rechtsverordnungen der Bundesregierung oder eines Bundesministeriums 1209
91. Delegation der Rechtssetzungsgewalt mittels Rechtsverordnungen 1215
92. Unterteilung der Exekutive 1240
93. Mögliche Konsequenzen einer gescheiterten Vertrauensfrage 1280
94. Gesetzesakzessorische und nicht-gesetzesakzessorische Verwaltung 1341
95. Bundes- und Landesverwaltung – Kommunalverwaltung. 1344
96. Ausführung der Bundesgesetze 1349
97. Landeseigenverwaltung (Art. 84 GG) und Landesverwaltung im Bundesauftrag (Art. 85 GG). 1370
98. Wichtige Zweige der unmittelbaren und mittelbaren Bundesverwaltung im Bundesauftrag 1377
99. Amtshilfe i.w.S. 1402
100. Bundesstaatliche Kooperation in Krisensituationen 1410
101. Amtshaftungsanspruch. 1424
102. Organisation der Fachgerichtsbarkeiten 1453
103. Wichtige Verfahrensarten vor dem Bundesverfassungsgericht. 1464
104. Verfahrenseingänge am Bundesverfassungsgericht 1468
105. Grundlegende Sachentscheidungsvoraussetzungen (Grobraster) 1475
106. Sachentscheidungsvoraussetzungen: Begriffsentsprechungen 1479
107. Organstreit: Sachentscheidungsvoraussetzungen 1501
108. Abstrakte Normenkontrolle: Sachentscheidungsvoraussetzungen 1524
109. Konkrete Normenkontrolle: Sachentscheidungsvoraussetzungen 1560
110. Bund-Länder-Streit: Sachentscheidungsvoraussetzungen. 1587
111. Einstweilige Anordnung: Sachentscheidungsvoraussetzungen. 1601
112. Einstweilige Anordnung: Folgenabwägung 1616
113. Landesverfassungsgerichte 1620

Verzeichnis der Erläuterungsfälle

Stichwort	Rn.
1. Wahl des Bundeskanzlers I *(vgl. Fall Nr. 5)*	35, 40, 41, 45, 47
2. Einführung der Monarchie	235, 237
3. Wahlrecht für türkische Staatsangehörige	248, 254
4. Gesetzgebung und Meinungsumfrage	277, 285
5. Wahl des Bundeskanzlers II *(vgl. Fall Nr. 1)*	308, 319
6. Beschränkung des Rechts zur Einsetzung von Untersuchungsausschüssen	320, 336
7. Verlängerung der Legislaturperiode des Bundestages	339, 343
8. Anspruch auf Mitgliedschaft in einer politischen Partei	384, 389
9. „Fernseh-Duell" der Kanzlerkandidaten (Westerwelle)	390, 396
10. Prüfung und Verwerfung von Gesetzen durch die Fachgerichte	444, 452, 453
11. Gewährung von Fördermitteln allein aufgrund des Haushaltsplans	454, 463
12. Online-Durchsuchung durch den Verfassungsschutz	469, 484
13. Rückwirkende Einführung von Studiengebühren	485, 501, 502
14. Bundespräsident auf Lebenszeit	523, 525
15. Auflösung der Bundesländer Bremen und Saarland	548, 558
16. „Landesstrafkodex" statt Strafgesetzbuch	573, 577
17. Bürgerbefragung zur Ausrüstung der Bundeswehr mit Atomwaffen	586, 595
18. Aufhebung des Zustimmungsgesetzes zu den Rundfunkstaatsverträgen	626, 637
19. Verfassungsbeschwerde wegen Waldschäden	769, 778
20. Abschaffung von Bundestag und Bundesregierung durch Gesetz	782, 794
21. Verbotsverfahren gegen Partei mit geringer politischer Bedeutung	799, 805
22. Diplomatische Immunität als Völkergewohnheitsrecht	809, 826
23. Vertreter der Bundesrepublik im EU-Ministerrat	858, 863
24. Verkehrswegeplanung durch Gesetz (Südumfahrung Stendal)	899, 905
25. Richterliche Rechtsfortbildung (Soraya)	906, 909
26. Gescheiterte Wahl eines Stellvertreters des Bundestagspräsidenten	982, 984
27. Anerkennung als Fraktion	993, 995
28. Uneinheitliche Stimmabgabe im Bundesrat (Zuwanderungsgesetz)	1050, 1052
29. Prüfungsrecht des Bundespräsidenten bei der Ausfertigung von Gesetzen	1158, 1162, 1173
30. Verweigerung der Ernennung eines Bundesministers	1259, 1264
31. Unechte Vertrauensfrage	1273, 1285
32. Gegenzeichnung einer Rede des Bundespräsidenten durch den Bundeskanzler	1328, 1336
33. Weisung im Rahmen der Bundesauftragsverwaltung (Kalkar II)	1365, 1368

34. Amtshaftung bei fehlerhafter Kfz-Hauptuntersuchung 1414, 1425
35. Wahlwerbung 1502, 1507
36. Haushaltsgesetz/abstrakte Normenkontrolle 1525, 1529,
                                                                   1532, 1535,
                                                                   1537, 1543
37. Betäubungsmittelgesetz/konkrete Normenkontrolle 1562, 1569,
                                                                   1576, 1582

Verzeichnis der zitierten Entscheidungen des Bundesverfassungsgerichts

Entscheidung	Stichwort	Rn.
BVerfGE 1, 76 ff.	Steuerverwaltung	1024
BVerfGE 1, 97 ff.	Hinterbliebenenrente	673
BVerfGE 1, 117 ff.	Finanzausgleich I	736
BVerfGE 1, 184 ff.	Normenkontrolle I	1557
BVerfGE 1, 208 ff.	Südschleswigscher Wählerverband (SSW)	377
BVerfGE 1, 299 ff.	Erstes Wohnungsbaugesetz	208
BVerfGE 2, 1 ff.	SRP-Verbot	239, 378, 804b
BVerfGE 3, 225 ff.	Art. 117 Abs. 1 GG	900
BVerfGE 3, 407 ff.	Baurechtsgutachten	1099
BVerfGE 5, 85 ff.	KPD-Verbot	178, 239, 676, 799, 803, 805
BVerfGE 6, 12 ff.	Gehörsrüge Zwangsversteigerungsgesetz (ZVG)	1441
BVerfGE 6, 309 ff.	Reichskonkordat	592
BVerfGE 7, 183 ff.	Eidliche Zeugenvernehmung	907
BVerfGE 7, 198 ff.	Lüth	216
BVerfGE 8, 122 ff.	Atomwaffen-Volksbefragung	586
BVerfGE 8, 143 ff.	Beschussgesetz	1100
BVerfGE 9, 237 ff.	Ehegattenbesteuerung	693
BVerfGE 9, 268 ff.	Personalvertretungsgesetz Bremen	894
BVerfGE 10, 20 ff.	Preußischer Kulturbesitz	1225
BVerfGE 12, 205 ff.	Deutschland-Fernsehen-GmbH	594, 1099, 1380, 1382
BVerfGE 13, 54 ff.	Neugliederung	545
BVerfGE 13, 261 ff.	Vertrauensschutz	486
BVerfGE 14, 121 ff.	Wahlwerbung	394
BVerfGE 20, 56 ff.	Parteienfinanzierung II	989
BVerfGE 22, 330 ff.	Milchauszahlungspreise	1199
BVerfGE 23, 191 ff.	Zeugen Jehovas	1448
BVerfGE 25, 352 ff.	Gnadenentscheidung	1318
BVerfGE 27, 253 ff.	Besatzungsschäden	668
BVerfGE 29, 221 ff.	Jahresarbeitsverdienstgrenze	1126
BVerfGE 30, 1 ff.	G 10	212
BVerfGE 30, 108 ff.	Gnadenwiderruf	1318
BVerfGE 31, 145 ff.	Milchpulver	852, 854
BVerfGE 32, 199 ff.	Richterbesoldung III	592
BVerfGE 32, 273 ff.	Mutterschutz	686
BVerfGE 33, 303 ff.	Numerus clausus I	671
BVerfGE 34, 9 ff.	Hausgut-Entscheidung	1213
BVerfGE 34, 52 ff.	Prüfungsgebühr Hessen	903
BVerfGE 34, 160 ff.	Wahlwerbespots	390, 392

BVerfGE 34, 165 ff.	Förderstufe	461
BVerfGE 34, 216 ff.	Coburg II	637
BVerfGE 34, 269 ff.	Soraya	201, 906, 908
BVerfGE 36, 342 ff.	Besoldungsgesetz Niedersachsen	165, 197, 574
BVerfGE 37, 271 ff.	Solange I	814, 852, 857
BVerfGE 37, 363 ff.	Zustimmungsgesetz	1058, 1151
BVerfGE 39, 334 ff.	Extremisten	796, 1392
BVerfGE 40, 237 ff.	Dienst- und Vollzugsordnung	455, 1381
BVerfGE 43, 13 ff.	Waisenrente	670
BVerfGE 43, 154 ff.	Datenzentrale Schleswig-Holstein	1390
BVerfGE 44, 1 ff.	Nichtehelichen-Erbrecht	135
BVerfGE 44, 125 ff.	Öffentlichkeitsarbeit I	322, 365, 1502, 1507
BVerfGE 45, 1 ff.	Haushaltsüberschreitung	755
BVerfGE 47, 109 ff.	Pornographische Schriften	517
BVerfGE 47, 253 ff.	Kreisfreie Städte Nordrhein-Westfalen	358
BVerfGE 48, 127 ff.	Wehrpflichtnovelle	1151
BVerfGE 49, 89 ff.	Kalkar I	159, 267, 289, 459
BVerfGE 52, 131 ff.	Arzthaftung	425
BVerfGE 54, 143 ff.	Taubenfütterungsverbot	479
BVerfGE 54, 277 ff.	Revisionen	208
BVerfGE 55, 274 ff.	Berufsausbildungsabgabe	713
BVerfGE 56, 1 ff.	Kriegsopferversorgung	471, 474
BVerfGE 56, 298 ff.	Fluglärm	591
BVerfGE 57, 250 ff.	Agententätigkeit	1442
BVerfGE 57, 295 ff.	FRAG	642
BVerfGE 58, 1 ff.	Eurocontrol	814
BVerfGE 58, 202 ff.	Wahlrechtsausschluss I	355
BVerfGE 58, 257 ff.	Schulausschluss	1204
BVerfGE 61, 126 ff.	Erzwingungshaft	507
BVerfGE 61, 149 ff.	Staatshaftungsgesetz	590
BVerfGE 62, 1 ff.	Vertrauensfrage I	192, 208, 1270
BVerfGE 63, 1 ff.	Schornsteinfeger	1345
BVerfGE 67, 100 ff.	Flick	937, 1013
BVerfGE 67, 256 ff.	Investitionshilfeabgabe	713
BVerfGE 68, 1 ff.	Pershing	289, 872, 904
BVerfGE 69, 92 ff.	Parteienfinanzierung IV	374
BVerfGE 69, 315 ff.	Brokdorf	642
BVerfGE 70, 324 ff.	Wirtschaftspläne der Geheimdienste	325, 998
BVerfGE 71, 66 ff.	Witwenrente/DDR	673
BVerfGE 71, 108 ff.	Anti-Atomkraft-Plakette	1443, 1445, 1446
BVerfGE 72, 200 ff.	Außensteuergesetz	490
BVerfGE 72, 330 ff.	Finanzausgleich II	704, 736
BVerfGE 73, 40 ff.	Absetzbarkeit von Parteispenden	391
BVerfGE 73, 118 ff.	Landesrundfunkgesetz Niedersachsen	642
BVerfGE 73, 339 ff.	Solange II	857, 1567
BVerfGE 74, 96 ff.	Abstimmungsinitiative für Volksentscheid	970
BVerfGE 75, 1 ff.	Ne bis in idem	808

BVerfGE 75, 223 ff.	Umsatzsteuer-Richtlinie	214
BVerfGE 75, 246 ff.	Rechtsbeistand	1112
BVerfGE 77, 1 ff.	Neue Heimat	269, 1012, 1014
BVerfGE 78, 32 ff.	Bergmannsversorgungsschein	482
BVerfGE 78, 123 ff.	Unleserliche Unterschrift.	1442
BVerfGE 78, 179 ff.	Heilpraktikergesetz	1216
BVerfGE 78, 249 ff.	Fehlbelegungsabgabe	1196
BVerfGE 79, 127 ff.	Rastede.	661
BVerfGE 79, 311 ff.	Staatsverschuldung.	759, 1112
BVerfGE 80, 188 ff.	Wüppesahl	934, 989, 990, 1003
BVerfGE 81, 310 ff.	Kalkar II	593, 1360, 1364, 1365
BVerfGE 82, 60 ff.	Kindergeld	681
BVerfGE 82, 159 ff.	Absatzfondsgesetz I	713
BVerfGE 82, 322 ff.	Listenverbindung Sperrklausel	963
BVerfGE 83, 37 ff.	Ausländerwahlrecht Schleswig-Holstein	231, 248, 252, 661
BVerfGE 83, 60 ff.	Ausländerwahlrecht Hamburg	231, 264, 269, 661
BVerfGE 83, 238 ff.	WDR	642
BVerfGE 84, 25 ff.	Schacht Konrad	1364
BVerfGE 84, 304 ff.	Fraktionsstatus	391, 1003
BVerfGE 85, 264 ff.	Parteienfinanzierung VII.	382, 402, 406
BVerfGE 85, 337 ff.	Wohnungseigentumsgesetz	465
BVerfGE 86, 90 ff.	Kommunale Bestands- und Gebietsänderungen Niedersachsen.	652, 661
BVerfGE 86, 133 ff.	Vermögensgesetz	1441
BVerfGE 86, 148 ff.	Finanzausgleich III.	519, 731, 736
BVerfGE 87, 48 ff.	Asylantrag	1178
BVerfGE 87, 153 ff.	Existenzminimum I	682
BVerfGE 88, 145 ff.	Konkursverwaltervergütung.	208
BVerfGE 88, 203 ff.	Schwangerschaftsabbruch II	215
BVerfGE 89, 155 ff.	Maastricht.	159, 537, 794, 833, 836
BVerfGE 89, 243 ff.	CDU Hamburg	971
BVerfGE 90, 60 ff.	Rundfunkgebühren I	1531
BVerfGE 90, 145 ff.	Cannabis	1562
BVerfGE 90, 286 ff.	Adria-Einsatz	287, 812, 998, 1409, 1513
BVerfGE 91, 148 ff.	Umlaufverfahren	1206, 1219
BVerfGE 91, 186 ff.	Kohlepfennig	713
BVerfGE 91, 228 ff.	Gleichstellungsbeauftragte Schleswig-Holstein .	661
BVerfGE 91, 262 ff.	Parteibegriff I	372
BVerfGE 92, 91 ff.	Feuerschutzabgabe	713
BVerfGE 92, 203 ff.	EG-Fernsehrichtlinie	592
BVerfGE 93, 1 ff.	Kruzifix	213
BVerfGE 93, 37 ff.	Mitbestimmungsgesetz Schleswig-Holstein. . . .	193, 661
BVerfGE 93, 319 ff.	Wasserpfennig	706, 713, 714

BVerfGE 94, 241 ff.	Kindererziehungszeiten	673
BVerfGE 95, 1 ff.	Südumfahrung Stendal	439, 870, 885, 899, 904
BVerfGE 95, 64 ff.	Mietpreisbindung.........................	486, 490, 687
BVerfGE 95, 408 ff.	Grundmandatsklausel	963, 966
BVerfGE 96, 68 ff.	Diplomatenrecht	809
BVerfGE 96, 133 ff.	Beihilfefähigkeit Krankenhauskosten.........	1534
BVerfGE 96, 264 ff.	Fraktions- und Gruppenstatus...............	993, 994, 1001
BVerfGE 96, 345 ff.	Landesverfassungsgerichte..................	559, 583, 1631
BVerfGE 97, 67 ff.	Schiffbauverträge.........................	499
BVerfGE 97, 332 ff.	Kindergarten-Staffelgebühren...............	1231
BVerfGE 98, 83 ff.	Abfallabgaben............................	470
BVerfGE 98, 106 ff.	Verpackungsteuer.........................	470, 590
BVerfGE 98, 218 ff.	Rechtschreibreform	288
BVerfGE 98, 265 ff.	Schwangerenhilfeergänzungsgesetz	1086, 1099
BVerfGE 99, 1 ff.	Kommunalwahlvorschlagsrecht Bayern	359
BVerfGE 99, 216 ff.	Kinderleistungsausgleich	670
BVerfGE 99, 300 ff.	Beamtenkinder...........................	1385, 1389
BVerfGE 100, 249 ff.	Atomleitlinien	1062, 1364
BVerfGE 101, 1 ff.	Hennenhaltungsverordnung	1201, 1217, 1541
BVerfGE 101, 158 ff.	Finanzausgleich IV........................	731, 732, 735, 736, 773, 1112
BVerfGE 101, 297 ff.	Häusliches Arbeitszimmer..................	1134
BVerfGE 102, 147 ff.	Bananenmarkt	857
BVerfGE 102, 167 ff.	Bundesstraße 75	1364
BVerfGE 102, 224 ff.	Abgeordnetenentschädigung Thüringen.......	935
BVerfGE 103, 111 ff.	Wahlprüfung Hessen......................	972, 1428
BVerfGE 103, 242 ff.	Pflegeversicherung III.....................	680
BVerfGE 103, 271 ff.	Pflegeversicherung IV	674
BVerfGE 104, 14 ff.	Wahlkreiseinteilung.......................	383
BVerfGE 104, 92 ff.	Wackersdorf.............................	642
BVerfGE 104, 151 ff.	NATO-Strategiekonzept...................	812, 998
BVerfGE 104, 249 ff.	Biblis	1364
BVerfGE 105, 185 ff.	UMTS...................................	709
BVerfGE 105, 279 ff.	Osho	1241, 1299, 1380
BVerfGE 106, 62 ff.	Altenpflege..............................	643
BVerfGE 106, 310 ff.	Zuwanderungsgesetz......................	1050
BVerfGE 107, 1 ff.	Verwaltungsgemeinschaften Sachsen-Anhalt...	652, 661, 1193
BVerfGE 107, 339 ff.	NPD-Verbot I............................	806
BVerfGE 108, 1 ff.	Rückmeldegebühr Baden-Württemberg.......	472, 708, 710
BVerfGE 108, 169 ff.	Telekommunikationslinien	1380
BVerfGE 109, 190 ff.	Unterbringungsgesetz	1086
BVerfGE 109, 279 ff.	Lauschangriff............................	790
BVerfGE 110, 33 ff.	Außenwirtschaftsgesetz....................	1099
BVerfGE 110, 370 ff.	Klärschlamm-Entschädigungsfonds	713
BVerfGE 111, 10 ff.	Ladenschlussgesetz........................	643
BVerfGE 111, 54 ff.	CDU-Spendenaffäre	391, 398
BVerfGE 111, 147 ff.	NPD-Kundgebung	642

Verzeichnis der zitierten Entscheidungen

BVerfGE 111, 191 ff.	Notarkassen	1222, 1229, 1230
BVerfGE 111, 226 ff.	Juniorprofessur	643
BVerfGE 111, 307 ff.	Görgülü	810, 819, 820, 824, 825
BVerfGE 112, 118 ff.	Sitzverteilung im Vermittlungsausschuss	1133
BVerfGE 112, 226 ff.	Studiengebühren	710
BVerfGE 112, 284 ff.	Kontoabfrage/e.A.	1600, 1612, 1614
BVerfGE 113, 128 ff.	Solidarfonds Abfallrückführung	713
BVerfGE 113, 167 ff.	Risikostrukturausgleich	1536
BVerfGE 114, 121 ff.	Vertrauensfrage II	1284, 1322
BVerfGE 114, 196 ff.	Beitragssatzsicherungsgesetz	1200
BVerfGE 115, 97 ff.	Steuerrechtlicher Halbteilungsgrundsatz	1112
BVerfGE 116, 327 ff.	Finanzausgleich V	731, 733, 736
BVerfGE 117, 163 ff.	Erfolgshonorar für Anwälte	515a
BVerfGE 118, 168 ff.	Kontoabfrage	509, 514
BVerfGE 118, 212 ff.	Revision in Strafsachen	216
BVerfGE 118, 277 ff.	Offenlegung von Nebeneinkünften	472
BVerfGE 119, 96 ff.	Bundeshaushalt 2004 (Staatsverschuldung II)	680, 759, 763, 1112
BVerfGE 119, 331 ff.	ARGE	1345
BVerfGE 120, 56 ff.	Unternehmenssteuerreform	1134
BVerfGE 120, 82 ff.	5 %-Sperrklausel Schleswig-Holstein	659
BVerfGE 120, 274 ff.	Online-Durchsuchung	469, 471
BVerfGE 121, 1 ff.	Vorratsdatenspeicherung/e.A.	1617
BVerfGE 121, 30 ff.	Hessisches Privatrundfunkgesetz	376, 379, 1507
BVerfGE 121, 135 ff.	AWACS-Einsatz	287
BVerfGE 121, 266 ff.	Negatives Stimmgewicht	971
BVerfGE 121, 317 ff.	Nichtraucherschutz I	514
BVerfGE 122, 248 ff.	Rügeverkümmerung	209, 442
BVerfGE 122, 316 ff.	Absatzfondsgesetz II	713
BVerfGE 123, 132 ff.	Forstabsatzfonds	713
BVerfGE 123, 267 ff.	Lissabon	247, 250, 537, 792, 827, 829, 833, 834, 836, 839, 852, 859, 1513, 1567
BVerfGE 124, 78 ff.	BND-Untersuchungsausschuss	1017
BVerfGE 124, 235 ff.	BaFin-Umlage	713
BVerfGE 124, 348 ff.	Einlagensicherungsbeiträge	713
BVerfGE 125, 104 ff.	Vermittlungsausschuss	1134
BVerfGE 125, 175 ff.	Existenzminimum II	1112
BVerfGE 126, 77 ff.	Zuverlässigkeitsprüfung Privatpilot	1361
BVerfGE 127, 1 ff.	Rückwirkung im Steuerrecht I	496
BVerfGE 127, 61 ff.	Rückwirkung im Steuerrecht II	497
BVerfGE 129, 124 ff.	Griechenland-Hilfe	764
BVerfGE 129, 300 ff.	5 %-Sperrklausel im Europawahlrecht	964
BVerfGE 129, 356 ff.	Bahnimmobilien	1516
BVerfGE 130, 318 ff.	Beteiligungsrechte des Bundestags/EFSF	924, 935, 936

BVerfGE 131, 152 ff.	Unterrichtungsrechte/ESM	859, 1069, 1248
BVerfGE 131, 316 ff.	Bundeswahlgesetz 2011	361, 951, 963, 968
BVerfGE 132, 1 ff.	Luftsicherheitsgesetz II	1100, 1413
BVerfGE 132, 39 ff.	Wahlrechtsausschluss II	357
BVerfGE 132, 134 ff.	Existenzminimum III	1112
BVerfGE 132, 195 ff.	ESM/Fiskalpakt I	749
BVerfGE 132, 302 ff.	Dividendenvorabausschüttung	490, 491, 496, 497, 499
BVerfGE 133, 100 ff.	NPD	804a
BVerfGE 133, 143 ff.	Kommunalabgaben	468
BVerfGE 133, 277 ff.	Antiterrordatei	515a, 848
BVerfGE 134, 141 ff.	Ramelow	930, 932
BVerfGE 134, 366 ff.	Outright Monetary Transactions I (OMT I)	250, 851
BVerfGE 135, 1 ff.	Kapitalanlagegesellschaft	200, 490, 495
BVerfGE 135, 155 ff.	Filmförderung	712, 713, 1092
BVerfGE 135, 259 ff.	3%-Sperrklausel im Europawahlrecht	964
BVerfGE 135, 317 ff.	ESM/Fiskalpakt II	749
BVerfGE 136, 194 ff.	Weinabgabe	713
BVerfGE 136, 277 ff.	Bundesversammlung I	1307, 1309, 1312, 1313
BVerfGE 136, 323 ff.	Gauck	1311, 1312, 1313
BVerfGE 137, 185 ff.	Bundessicherheitsrat	328, 937
BVerfGE 138, 102 ff.	Schwesig	367, 1299, 1313
BVerfGE 138, 125 ff.	Bundesversammlung II	1309
BVerfGE 138, 136 ff.	Erbschaftsteuer III	722, 1090
BVerfGE 138, 256 ff.	Organstreit/polit. Parteien	1509
BVerfGE 139, 19 ff.	Verbeamtungs-Höchstaltersgrenzen	288
BVerfGE 139, 64 ff.	Richterbesoldung Sachsen-Anhalt	1112
BVerfGE 139, 194 ff.	Parlamentarisches Informationsrecht I	937
BVerfGE 140, 65 ff.	Betreuungsgeld	1090
BVerfGE 140, 160 ff.	Libyen-Einsatz	287
BVerfGE 140, 240 ff.	Beamtenbesoldung	1112
BVerfGE 140, 317 ff.	Europäischer Haftbefehl	857
BVerfGE 141, 1 ff.	Treaty Override	150, 818
BVerfGE 142, 25 ff.	Oppositionsrechte	327, 331, 935, 1513
BVerfGE 142, 123 ff.	Outright Monetary Transactions II (OMT II)	250, 851
BVerfGE 143, 101 ff.	NSA-Untersuchungsausschuss	1013
BVerfGE 143, 246 ff.	Atomausstieg	466a, 515a
BVerfGE 144, 20 ff.	NPD-Verbot II	803, 806
BVerfGE 146, 1 ff.	Oktoberfest-Attentat	937
BVerfGE 146, 327 ff.	Wahlprüfung Bund	964

BVerfGE 147, 50 ff.	Parlamentarisches Informationsrecht II	328, 937
BVerfGE 147, 253 ff.	Studienplatzvergabe Medizin	671
BVerfGE 148, 11 ff.	Wanka	367
BVerfGE 148, 296 ff.	Streikverbot für Beamte	1392
BVerfG-K, NJW 1998, 3264 ff.	Waldschäden	769, 778
BVerfG, NVwZ 2002, 69 f.	Wahlprüfungsbeschwerde	349
BVerfG-K, NJW 2002, 2939 ff.	Westerwelle	390
BVerfG, NJW 2019, 213 ff.	Flüchtlingspolitik der Bundesregierung	288
BVerfG, NJW 2019, 1201 ff.	Wahlrechtsausschluss III	356

Sachverzeichnis

Die Zahlen verweisen auf die Randnummern des Buches.
Hauptfundstellen sind kursiv gesetzt.

Abgabe 707 ff.
Abgeordnete 268, 271, 278 ff., 342, 420, 929 ff.
– Gleichheit, Grundsatz der Gleichbehandlung 935, 995
– im Verfassungsprozess 1499, 1528
– Statusrechte 329, *936 f.*
Abgrenzungstheorien zwischen privatem und öffentlichem Recht 100 ff.
Absolutismus 152, 424
Abstimmungen 127, 254, 257 f., 259 f., 290, 337 f.
Abstimmungsmehrheit 311, 314, 318
Abstraktion der Gesetzessprache 11 ff.
Abwägung 213, 497, *514*, 677 ff., 749, 775 f., 919, 972
Abweichungskompetenz *s. Gesetzgebungskompetenz*
Abweichungsverbot (Vorrang des Gesetzes) 445
Actus contrarius 161
Adenauer, Konrad 169 f., 307
Administration 1240, 1243 ff.
Adoptionstheorie (Völkerrecht) 819
Ähnlichkeitsschluss *s. Analogie*
Albrecht, Wilhelm Eduard 86
Alimentation, amtsangemessene 1391
Allgemeine Handlungsfreiheit 144, 486
Allgemeiner Gleichheitssatz 360, 391, *517 ff.*, 1545
Allgemeiner Justizgewährungsanspruch 465
Amt (öffentliches) 520, *1383*, 1392, 1398 f.
Ämterpatronage 381, 1396
Amtshaftung 1418 ff.
Amtshilfe 1400 ff.
Amtswalter 87 f., 268 f., *s. auch Organwalter*
Analogie 202 ff.
Analogieverbot 1446

Angriffskrieg 822
Annexkompetenz *s. Gesetzgebungskompetenz*
Anspruch 506
Antrag 1473
– Antragsberechtigung 1479 f., 1524 f.
– Antragsfristen *s. Frist*
– Antragsgrund 1476, 1534
– Antragsteller, -gegner *s. Beteiligte*
– Einstweilige Anordnung 1600
– Form 1488 f.
Antragsbefugnis 1476, 1479 f., 1491
– im Bund-Länder-Streit 1587, 1591 ff.
– im Organstreit 1501, 1509 ff., 1516
Antragsgegenstand 1479
– bei der abstrakten Normenkontrolle 1524, 1531 ff., 1541, 1550
– im Bund-Länder-Streit 1587, 1589 f.
– im Kompetenzfreigabeverfahren 1554
– im Organstreit 1501, 1508
Anwendungsgebot (Vorrang des Gesetzes) 445, 450
Anwendungsvorrang (Subsidiarität) 136, 150a, 855, 1094, 1170, 1584
Anwesenheitsmehrheit 311
Arbeitsgerichtsbarkeit 92, 104, 1453
Argumentum
– a fortiore *202*, 1200
– a maiore ad minus 202
– a minore ad maius 202
– a simile 202
– e contrario 204
Aristoteles 34, 675, 875
Audiatur et altera pars *1439 ff.*
Aufgabe 96, 98, 656, 701, 1338, 1340
Aufgabenverteilungsnorm 569
Aufklärung 152
Auftragsangelegenheiten 656 f.
Augsburger Religionsfrieden 540
Äußerungsberechtigte 1476, 1500, 1603

Sachverzeichnis

Ausfertigung s. *Gesetzgebungsverfahren*
Ausführung von Gesetzen s. *Gesetz, Ausführung*
Ausgaben *738 ff.*, 1369 f.
– Verwaltungsausgaben 742, 745, 1369
– Zweckausgaben 741, 745, 1369 f.
Ausgleichsmandate 45, 950, *953*
Ausländerrecht 121
Ausländisches Recht 1533
Auslegung 42, 114, 189 f., *192 ff.*, 234, 476, 776, 855, 1098, 1101, 1204
– authentisch 200
– gemeinschaftsrechtskonform 214
– grammatisch *194*, 198, 1332
– grundrechtsorientiert 216
– historisch *196*, 198
– richtlinienkonform 214
– systematisch *195*, 212, 215, 1101, 1590
– teleologisch *197 ff.*, 208 f., 935, 1333, 1564
– unionsrechtskonform 214
– Verfassungsauslegung 211 ff.
– verfassungskonform 215, 234, 684, 1504, 1571
– verfassungsorientiert 216
Auswärtige Beziehungen 602 ff., 859
– auswärtige Staaten 603 f.
– Auswärtiger Dienst 1342, 1377
– Auswärtiges Amt 608
Autonomie
– Bundesminister 1296
– Geschäftsordnungsautonomie 919, 1020, *1108*, 1118, 1455
– Haushaltsautonomie 723, *746 ff.*, 754
– Kommunen (Selbstverwaltungsgarantie) 180, 241, 591, *653 ff.*, 720, 1229 ff., 1340, 1343
– mittelbare Staatsverwaltung 1224 ff.
– Organautonomie (Bundestag) 919, 921
– Privatautonomie 95, 97
– Satzungsautonomie *1225*, 1232
– Selbstbestimmung des Volkes 249
– Verfassungsautonomie (Verfassungshoheit) *559*, 565, 581, 585, 651
– Verfassungsorgane 1108
Autorität der Verfassung 131 ff.

Bagatellvorbehalt (Rückwirkungsverbot) 495
Baum- und Büschelstrukturen (Lernmethode) 74

Baurecht, öffentliches 121
Beamte 269 f., 530, 796, 1035, 1303, 1316 f., *1383 ff.*, 1419, 1422
Beamtenrecht 121, 938
Bedarfskompetenz s. *Gesetzgebungskompetenz*
Befugnis *98*, 271, 1387
Befugnisnorm s. *Generalklausel*
Begnadigung s. *Bundespräsident*
Begrenzte Einzelermächtigung s. *Europäische Union*
Begründetheit 1492 ff.
– bei der abstrakten Normenkontrolle 1539 ff.
– bei der einstweiligen Anordnung 1610 ff.
– bei der konkreten Normenkontrolle 1577 ff.
– im Bund-Länder-Streit 1595 ff.
– im Organstreit 1499 ff.
Begründung
– von Gesetzentwürfen 196, 466a, 1054, *1112*, s. auch *Gesetzesvorlage*
– von Anträgen und anderen Rechtsbehelfen 1475, 1489, 1560, 1593
– von Hoheitsakten 466a
Beiträge 711
Bellum omnium contra omnes 878
Berlin 167, 169 f., 174, 278, 544, 554, 730, *917*, 1620
Berufsbeamtentum 796, *1385 ff.*
Beschluss 306, 311, 498, 597, *924 f.*, *1045 ff.*, 1070, 1127, 1134, 1207, 1300 f., 1527, 1592
– Beharrungsbeschluss (Bundesrat) 1070
– EU *852*, 857
Beschlussfähigkeit, Beschlussfassung
– Bundesrat 1045, 1047
– Bundesregierung 1300
– Bundestag 312, *925*, 1127
– Bundesverfassungsgericht 1460
Bestandsgarantie
– Kommunen 652
– Länder 548 ff.
Bestenauslese (öffentlicher Dienst) 381, 1395 ff., 1398
Besteuerung nach der individuellen Leistungsfähigkeit s. *Leistungsfähigkeit*
Bestimmtheitsgebot
– Normenbestimmtheit 469 ff.
– Nulla poena sine lege 1443 ff.

– Rechtsverordnung 1202 ff.
Beteiligte, Beteiligungsfähigkeit 1465 f., 1475, 1479
– im Organstreit 1500, 1502 ff.
– im Bund-Länder-Streit 1586, 1588
Beteiligungsquorum *311 ff.*, 318
Betroffenendemokratie 253
Beurteilungsspielraum s. *Einschätzungs- und Gestaltungsspielraum*
Bezirk (Kommune) 647 f.
v. *Bismarck, Otto*
– Bismarck'sche Reichsverfassung 155
– Bismarckreich 664, s. *Deutsches Reich*
Bodin, Jean 877
Brüderlichkeit 665
Bruttoinlandsprodukt (BIP) 695, 748 f.
Budgetrecht des Parlaments 296, *755*, 759, s. auch *Haushaltswesen*
Bund-Länder-Streit 589, 596, 1465, *1585 ff.*
Bundesauftragsverwaltung 728, 1348, *1360 ff.*
Bundesbeamte s. *Beamte*
Bundeseigengesellschaften 1382
Bundesergänzungszuweisungen 732 ff.
Bundesexekution s. *Bundeszwang*
Bundesfinanzverwaltung 609, 725 f., 1342, 1377
Bundesflagge *188*, 1101
Bundesfreundliches Verhalten *587 ff.*, 597, 1367
Bundesgerichte 572, *1449 ff.*
Bundesgesetzblatt 1153, 1174, 1177 f., 1213 f., 1324
Bundesgrenzschutz s. *Bundespolizei*
Bundesintervention 564, 1066, *1410*
Bundeskanzler 241, 299, 798, 901, *1250 ff.*
s. auch *Bundesregierung*
– Amtszeit 1266 ff.
– geschäftsführender s. *Bundesregierung, geschäftsführende*
– Geschäftsleitungskompetenz 1290
– Kabinettsbildungsrecht 1292
– Kanzlermehrheit 315, 319, 1255 f., 1258, 1272, 1275, 1279
– Kanzlerprinzip 1293
– Organisationskompetenz 1291 f.
– Personalkompetenz 1292
– Rechtsstellung 1250
– Richtlinienkompetenz 289, *1293 ff.*, 1296, 1527

– Wahl 1252 ff.
Bundesminister 299, 798, 1249 f., 1259 ff., 1286 ff.
– Akzessorietät der Ministerämter 1286
– Amtszeit 1286 ff.
– Ernennung 1259 ff.
– Rechtsstellung 1250
– Ressortprinzip 1296
Bundespflichten der Länder 597 ff.
Bundespolizei 188, 478, 609, 1162, 1342, 1377, 1408, 1410
Bundespräsident 110, 181, 299 f., 612, 977, 1038, 1153 ff., *1305 ff.*
– Amtszeit 1310
– Aufgaben 1311 ff.
– Begnadigung 1318
– Ernennungs- und Entlassungskompetenz 1316 ff.
– Evidenzkontrolle 1167, 1325
– Gegenzeichnung 1153 ff., 1328 ff.
– Integrationsfunktion 1311 ff.
– Präsidentenanklage 798, *1337*
– Prüfungsrecht bei der Ausfertigung von Gesetzen *1157 ff.*, 1325
– Prüfungsrecht bei der Ernennung von Bundesministern 1259 ff.
– Rechtsstellung 1305 f.
– Repräsentationsfunktion 1311 ff.
– Vertretung, völkerrechtliche 1314 f.
– Wahl 1307 ff.
Bundesrat 110, 181, *1020 ff.*
– Ausschüsse 1035 f.
– Beschlussfassung 1045 ff.
– Bundesratspräsident *1037 f.*, 1050, 1052, 1310, 1486, 1506
– Funktion 1021 ff.
– Geschichte 1025 ff.
– Mitwirkungsbefugnisse 1024, 1053 ff., 1059 ff., 1068, 1069 ff.
– Plenum 1034
– Rechte 1023 f.
– Rechtsstellung 1020
– Stimmabgabe, einheitliche 1049 ff.
– Stimmenverhältnis 1031 ff.
– Vertretung im Verfassungsprozess 1486
– Zusammensetzung 1028 ff.
Bundesrechnungshof 178, 182, *768*, 892, 1504
Bundesrecht bricht Landesrecht 140, 166, *573 ff.*

Sachverzeichnis

Bundesregierung 110, 127, 181, 886, 892, 1114f., *1248ff.*
- auswärtige Gewalt 602f., 608
- Bundeszwang *597ff.*, 1592
- EU 834, 859, 861f.
- geschäftsführende 1285a
- Gesetzesinitiative 902, 1107, *1113ff.*, 1298
- Haushaltswesen 756f., 765, 767
- Kabinett 1249, 1300
- Kabinettsprinzip 1297
- Kernbereich exekutiver Eigenverantwortung 905, 937, *1248*
- parlamentarisches Regierungssystem 241, 299, 901, 904
- parlamentarische Verantwortlichkeit 273
- Rechtsstellung 1248
- Rechtsverordnungen 1195, 1206, 1208, 1213
- Regierungssystem des Grundgesetzes 299ff.
- und Bundestag 901ff., 923, 937, 963
- und Untersuchungsausschuss 1013, 1017
- Vertretung im Verfassungsprozess 1486
- Verwaltungsvorschriften 1355, 1362, 1370, 1381
- Vollzug von Bundesgesetzen durch die Länder 1355ff.

Bundesstaat, Bundesstaatlichkeit 109, 227, *531ff.*, 704, 738ff., 791, 858ff., 886, 1021, 1072, 1342ff., 1408ff., 1585ff.
- Finanzausgleich 730ff.
- Lehre vom dreigliedrigen Bundesstaat 545
- unitarischer Bundesstaat 638ff.

Bundestag 110, 127, 299, 306, *917ff.*
- Aufgaben 923
- Auflösung 927, 1258, 1279ff., 1320ff.
- Ausschüsse 330, *1002ff.*
- Ältestenrat 986f.
- Beschlussfassung 925
- Beschlussfähigkeit 312, *925*, 1127
- Beschlüsse 924f.
- Bundestagspräsident 921f., *975ff.*, 1121, 1128, 1486
- Diskontinuität *341*, 1007, 1039, 1043
- Einberufung 328
- Hauptausschuss 1006
- Legislaturperiode 343
- Mehrheit 925
- Mehrheit der Mitglieder 45, 186, 311, *315*, 901, 975, 1136, 1255, 1258, 1275, *s. auch* Bundeskanzler: Kanzlermehrheit
- Plenarsitzung 196, 328, 924, 1121
- Plenum *924*, 1002f.
- Präsidium 985
- Rechtsstellung 920ff.
- Redezeit der Abgeordneten (Opposition) 330
- Selbstauflösungsrecht 1283
- Untersuchungsausschuss 331, 336, *1008ff.*
- Vertretung im Verfassungsprozess 1486
- Wahl 941ff.

Bundestreue 586ff.

Bundesverfassungsgericht (BVerfG) 110, 145, 183, 804ff., 1179f., 1449f., *1454ff.*
- als Landesverfassungsgericht 1521
- Normverwerfungskompetenz 145, 450, 1557f.
- Entscheidungsmonopol (Parteiverbot) 804
- Verwerfungsmonopol 145, 450, *1179f.*, 1220f., 1557f.

Bundesverfassungsgerichtsgesetz 115, 804a, 1455, 1472

Bundesversammlung 178, 182, 612, *1307ff.*, 1504, 1506

Bundesverwaltung 1342, 1371ff.
- mittelbare Bundesverwaltung 1375
- unmittelbare Bundesverwaltung 1374

Bundeswahlgesetz 115, 354, 919, 931, *947ff.*

Bundeswehr 287, 598, 1377, 1409ff.

Bundeszentralamt für Steuern *726*, 1377, *s. auch Bundesfinanzverwaltung*

Bundeszwang 564, 596, *597ff.*, 1065, 1410, 1592

Bundeszollverwaltung *s. Zoll, Bundesfinanzverwaltung*

Bürgerlicher Rechtsstaat *s. Rechtsstaat*

Bürgerliches Gesetzbuch (BGB) 104, 216, 432, 436, 614, 696, 1419, 1566

Bürgerliches Recht 2, 93, 104, 1088, *s. auch Zivilrecht*

Bürgerrechte *126*, 179, *s. auch Grundrechte*

Chancengleichheit 13, 129, 667, 696
- politischer Parteien s. politische Parteien: Chancengleichheit
- Wahlrecht 364 f.
- Zugang zu öffentlichen Ämtern (Bestenauslese) 1395, 1398
Charta der Grundrechte der Europäischen Union s. EU-Grundrechte-Charta
Checks and balances s. Gewaltenteilung

d'Hondt, Victor (Höchstzahlverfahren) 958
Datenschutzrecht 121
De eadem re ne sit actio 1448
Debellation 788
Definition 42, 44 f., 192
Defizitkriterien (EU) 748
Delegatar s. Rechtsverordnung
Demokratie 109, 227, 231 f., 247 ff., 321
- Demokratieprinzip 240, 302, 321, 336, 343, 420
- direkte 275 f.
- identitäre 275, 282, 285
- plebiszitäre 290 ff.
- repräsentative 227, 241, 258, 278 ff., 343
- unmittelbare s. direkte
- wehrhafte 240, 779 ff.
Derogation 135, 148, 578 ff., s. auch Geltungsvorrang
Deutsche Demokratische Republik (DDR) 173 ff., 809, 826
Deutscher Bundestag s. Bundestag
Deutsches Reich 541, s. auch Heiliges Römisches Reich Deutscher Nation
Dienst- und Treueverhältnis, öffentliches 1386
Diktatur 125, 272
Diskontinuität s. Bundestag
Diskriminierungsverbot (Wahlrecht) 355, 361
Doppelte Staatlichkeit 534
Durchgriffsbestimmung (Bundesstaat) 165, 535, 565, 651, 750

Eigentumsgarantie 669
Eingriffsverwaltung (Vorbehalt des Gesetzes) 456, 462
Einheitsstaat 536 ff.
Einigungsvertrag 174
Einkommensteuer 407, 693, 717

Einschätzungs- und Gestaltungsspielraum, Einschätzungsprärogative
- des Bundeskanzlers 1322 f.
- des Gesetzgebers 245, *515*, 674, 683, 753
Einspruchsgesetz s. Gesetzgebungsverfahren
Einstweilige Anordnung 1598 ff.
- Antragsberechtigung 1603
Einzelermächtigung, begrenzte s. Europäische Union
EMRK s. Europäische Menschenrechtskonvention
England 880, s. auch Vereinigtes Königreich von Großbritannien und Nordirland
Enquêterecht s. Untersuchungsrecht
Enthaltungen s. Stimmenthaltungen
Entscheidungen des Bundesverfassungsgerichts 1496 ff.
- bei der abstrakten Normenkontrolle 1544 ff.
- bei der einstweiligen Anordnung 1618 f.
- bei der konkreten Normenkontrolle 1581 ff.
- Bindungswirkung 1497 f., 1618
- im Bund-Länder-Streit 1597
- im Organstreit 1520 f.
- Gesetzeskraft 1476, 1498, 1544
- Tenor 1496
Entscheidungserheblichkeit 1560, 1572 f.
Enumeration 204, 1463
- der Verfahrensarten 1463, 1631
Erfolgswert s. Wahlen: Wahlrechtsgrundsätze
Erga omnes 135
Ergebnisgleichheit 13
Ermächtigung 1079, *1196*
Ermächtigungsgrundlage s. Rechtsverordnung
Ermessen 476, 478, 656, 776, 1260, 1276, 1363, s. auch Einschätzungs- und Gestaltungsspielraum
- Ermessensspielraum 598, 684
Erst-recht-Schluss 202
Erster Weltkrieg 156, 225, 541
Erststimme 947 ff.
Ertragskompetenz
- nichtsteuerliche Abgaben 709
- Steuern *715 ff.*
EU s. Europäische Union

Sachverzeichnis

EU-Grundrechte-Charta (EU-GRCh) 830, 837, *848*
Europäischer Gerichtshof (EuGH) *s. Gerichtshof der Europäischen Union (EuGH)*
Europäische Gemeinschaft (EG) 828, 830
Europäische Integration 250, 808, *827 ff.*, 858 ff., 1082
Europäische Menschenrechtskonvention (EMRK) 832, 848
Europäische Union (EU) 118, 180, 352, 458, 537, 592, 604, *827 ff.*
– begrenzte Einzelermächtigung 833
– Entwicklung 828 ff.
– Europäische Kommission 842
– Europäische Zentralbank 844
– Europäischer Rat 840
– Europäisches Parlament 829, 839, 964
– Gerichtshof der Europäischen Union (EuGH) *s. dort*
– Kompetenz-Kompetenz 833
– Ministerrat 841
– Organe 838 ff.
– primäres Unionsrecht *852*, 1533
– Rat 841
– Rechnungshof 845
– Rechtsnatur 833 ff.
– Rechtspersönlichkeit 833
– sekundäres Unionsrecht 852
– Staatenverbund 836
– Unionsrecht in der abstrakten Normenkontrolle 1533
– Unionstreue 1170
– Verhältnis Unionsrecht – deutsches Recht 852 ff.
– Vertrag von Lissabon 537, *829 ff.*, 831, 834, 837 ff., 847
Europarecht 118, 832
Europarechtsfreundlichkeit *827*, 847
Euro-Rettungsschirme 764
Eventualverbindlichkeiten 764
Evidenz 43
Evidenzkontrolle 1167, 1325
Ewigkeitsgarantie 163, 222, 240 ff., 336, 343, 549, 558, 615, 666, *788 ff.*, 850
Ex tunc 135, 447, 1544
Exekutive 225, 267, 776, 865, *1238 ff.*, *s. auch vollziehende Gewalt*

Exekutive Eigenverantwortung *s. Bundesregierung: Kernbereich exekutiver Eigenverantwortung*
Existenzminimum 670, 681 ff.

Fachaufsicht 656 f., 728, 1357, *1363*, 1370
Faires Verfahren 1442
Falllösung 17 ff., 29
Falltraining 70 f.
Federalist Papers 172
v. Feuerbach, Paul Johann Anselm 1443
Finanzamt 719, 727, 1338, 1360, 1400, *s. auch Finanzverwaltung*
Finanzausgleich 184, 639, *730 ff.*
– Bundesergänzungszuweisungen bzw. vertikaler Finanzausgleich 732 ff.
– Finanzkraftausgleich bzw. horizontaler Finanzausgleich 731
– kommunaler Finanzausgleich 737
– Länderfinanzausgleich 730
Finanzgerichtsbarkeit 94, 122, 729, 1453
Finanzhoheiten *184*, 703
Finanzsicherungsklausel 660
Finanzstaat 241, 693, *697 ff.*
Finanzverfassung 184, 241, 568, *697 ff.*, 1146
– Gliederung 701 ff.
Finanzverwaltung *725 ff.*, 1377, 1387, *s. auch Bundesfinanzverwaltung, Zoll*
Fiskalpakt, Fiskalvertrag 749
Fiskalverwaltung (Vorbehalt des Gesetzes) 458
Föderalismus *s. Bundesstaatlichkeit*
– kooperativer 609 ff.
Föderalismusreform I (= Föderalismusreform von 2006) *644*, 1058, 1076, 1084, 1354, 1361, 1389
Föderalismusreform II (= Föderalismusreform von 2009) *645*, 748 ff., 762
Föderative Gleichbehandlung 594, 733
Föderativverordnung *s. Rechtsverordnung*
Förderungs- und Integrationsauftrag 685
Form 22, 1488 f.
– abstrakte Normenkontrolle 1516
– Bund-Länder-Streit 1593
– einstweilige Anordnung 1601
– formelle Verfassungsmäßigkeit 22, 24 f., 27 f., 1181
– konkrete Normenkontrolle 1574
– Organstreit 1514

– Recht und Sprache 8
– Rechtsbehelf 1475, 1479
Formales (zur Niederschrift der Klausur) 31 ff.
Fraktionen 326, 397, 933 f., *989 ff.*
– Antragsberechtigung (abstrakte Normenkontrolle) 1524, 1528
– Ausschluss 999
– Bildung 993 ff.
– Fraktionsdisziplin *933*, 940
– Fraktionszwang *933*, 940
– Funktionen *s. Funktion: Fraktionen*
– Oppositionsfraktionen 133, *326 ff.*
– Organstreit 1499, 1504, 1513
– parlamentarische Rechte 996 ff.
– Rechtsstellung 990 ff.
– Regierungsfraktionen 133, 1253
– Verfahrens-, Beteiligungs- und Informationsrechte *327 ff.*, 996 ff.
Frankfurter Dokumente 168
Frankreich 153, 167 f., 298, 526, 536, 829, 882, 1306
Freiheit
– des Einzelnen *126*, 164, 179, 667, 885
– der Gesellschaft vom Staat 520
Freiheitliche demokratische Grundordnung (FDGO) *238 ff.*, 779, 783, 801, 803, 807
Freiheitliche Lebensführung 129
Freiheitliche Staatsverfassung 528
Freistaat 522, 528
Friedensgebot 244
Friedenspflicht 465
Frist 1475 f.
– bei der Wahlprüfungsbeschwerde 973
– im Bund-Länder-Streit 1594
– im Organstreit 1515
Fundamentalgesetze 172
Fundamentalverfassungsreformen 161
Fünf-Prozent-Sperrklausel 363, 950, *962 f.*
Funktion
– Ausfertigung 1156
– Bundespräsident 1166, *1311 ff.*
– Bundesrat 1021 ff.
– Bundesregierung 1297 ff.
– Bundestag 923
– Bundestagspräsident 978 ff.
– Bundesverfassungsgericht 1454
– Fraktionen 989
– Gegenzeichnung 1329 ff.

– Gesetzgebung 911 ff.
– Gesetzgebungsverfahren 1103 ff.
– Gewaltenteilung 864 ff., 885 ff.
– Kontrollfunktion (Opposition) 326 f., 336
– öffentliches Recht 96
– Organ/Organwalter 795
– Parteien 378 ff.
– Rechtsverordnungen 1192
– Staatsfunktionen 111, 113, 115, 178, 183, 602
– Verfassungsfunktionen *124 ff.*, 1346
Funktionelle Richtigkeit 213a
Funktionenordnung (organadäquate) 872
Funktionsfähigkeit des Parlaments 363, 963, 995
Funktionsvorbehalt (Berufsbeamtentum) 1386 ff.

Gebietskörperschaft
– Staat 80 ff., 85
– kommunale 647 f., 650, 1223, 1343
Gebühren 707 ff.
Gedächtnis der Demokratie und des Rechtsstaats (Verfassung) 130
Gefahrenabwehr 1100, *1408 ff.*
Gegenzeichnung *s. Bundespräsident*
Geltungsvorrang (Konsumtion) 135 ff., 150a, 447, 855
Gemeinde, Gemeindeverband *646 ff.*, 720, 727
Gemeinsame Außen- und Sicherheitspolitik (GASP) 831
Gemeinsame Einrichtung 636
Gemeinschaftsaufgaben 183, *618 ff.*, 639
Gemeinschaftseinrichtungen 636
Gemeinschaftssteuern 716 f., 724, 728, 1360
Gemeinwohl 275, 304, *528 ff.*, 1237, 1383
– Gemeinwohlbelange (Einschränkung von Grundrechten) 505
– Gemeinwohlinteresse (Rückwirkung von Gesetzen) 497
– Gemeinwohlverpflichtung 528 ff.
– Gemeinwohlvorbehalt (Rückwirkungsverbot) 495
– Gemeinwohlziel 529
– Gewaltenteilung 867
Generalbefugnisnorm, Generalklausel 93, 188, 460, *478*, 598, 1463, 1480

Sachverzeichnis

Generalzolldirektion 270, 726
Generationengerechtigkeit 680, 761
Gerechtigkeit 12 f., 224, 442, 675, 1433
– Einzelfallgerechtigkeit 477
– intergenerative Gerechtigkeit 680, 761
– soziale Gerechtigkeit 675
Gerichtsbarkeit 92, 1433, 1449 ff.
Gerichtshof der Europäischen Union (EuGH) 838, *843*, 847, 853 f., 857, 1170, 1555, 1584
Gerichtsverfassungsrechtliche Generalklauseln *93 f.*, 1463
Gesamtwirtschaftliches Gleichgewicht 244, 678, 747, 749
Geschäftsbereich (Ressort) 1242, 1246, 1291, 1296
Geschäftsführende Bundesregierung s. *Bundesregierung, geschäftsführende*
Geschäftsleitungskompetenz s. *Bundeskanzler*
Geschäftsordnung 115, 341, *1107 ff.*, 1179, 1205 f., 1218, 1481, 1506 f., 1511, 1518 f., 1531
– Bundesrat 115, 1020, 1029, 1032, 1035, 1037 f., 1044, 1047, 1107 f., 1128, 1486, 1504, 1506
– Bundesregierung 115, 1114, 1154 f., 1207, 1290 f., 1297, 1300, 1527
– Bundestag 115, 919, 921, 931, 976, 987, 994 f., 998, 1006, 1107 f., 1118 f., 1121 ff., 1504
– Bundesverfassungsgericht 1455
– Landesregierung 1529
– Rechtsfolgen von Verletzungen *1108*, 1179, 1218
– Vermittlungsausschuss 1107, 1133
Gesellschaft (und Staat) 520
Gesetz 285 f., *431 ff.*
– Ausfertigung und Verkündung 22, 285, 1132, 1153, 1156, 1533
– Ausführung 1240, 1243, 1347 ff.
– Bindung an das Gesetz 273
– Gesetzesbeschluss 498 f., 1115, 1127 f., 1140 f.
– im formellen Sinn 132, 140 f., 143, 145, 272, *434 ff.*, 448, 450 f., 911, 1103, 1180, 1185, 1187, 1220, 1444, 1531, 1557
– im materiellen Sinn 132, *435 ff.*, 1185, 1531, 1541, 1565
– nachkonstitutionell 1560, *1566*, 1568 f.

– Recht und Gesetz 228, 427, *440 ff.*, 1165, 1244
– Verweisungen 480 ff.
– Verwerfungs- bzw. Nichtanwendungskompetenz 145, 449 ff., *1179 f.*, *1220 f.*, 1557 f.
– Vorbehalt des Gesetzes 286, 296, *454 ff.*, 776, 1201, 1381, 1444
– Vorrang des Gesetzes 228, 423, *448*, 455, 1236, 1340
Gesetzentwurf 1054, *1112*, 1127
Gesetzesbegründung s. *Begründung von Gesetzentwürfen*
Gesetzestext (Lernstrategien) 64 ff.
Gesetzesvollzug 111, 571, 890, 1240, 1242, 1245, 1363
Gesetzesvorbehalt s. *Gesetz: Vorbehalt des Gesetzes, Vorbehalt: organisatorischer*
Gesetzesvorlage 330, 341, 499, *1054*, 1107, *1111 ff.*, 1136, 1242, 1277
Gesetzesvorrang s. *Gesetz: Vorrang des Gesetzes*
Gesetzgeber 139, 288, 673, 783, 1199
Gesetzgebung 111, 139, 183, s. auch *Gesetzgebungskompetenz, Gesetzgebungsverfahren, Legislative*
– Funktionen 911 ff.
Gesetzgebungskompetenz 688, 721 ff., 784, *1072 ff.*
– Abweichungskompetenz 1094 ff.
– Annexkompetenz 1100
– ausschließliche 556, 607, 611, 866, 1074, *1078 ff.*
– Bedarfskompetenz *1089 ff.*, 1549
– Bund 607, 639, 644, 784
– generelle 611
– Grundsatzgesetzgebungskompetenz 751, 1097
– Kernkompetenz 1085 ff.
– Kompetenz kraft Natur der Sache 1101
– Kompetenz kraft Sachzusammenhangs 1099
– Kompetenzkontrollverfahren 1091, *1549 f.*
– Kompetenzfreigabeverfahren 1091, *1551 ff.*
– konkurrierende 611, 614, 643 f., 721 f., 1074, *1083 ff.*, 1094, 1549, 1551, 1553
– Länder 606, 639, 642, 862, *1076*
Gesetzgebungsnotstand 289, *1277*

Gesetzgebungsverfahren 132, 208, 438 f., 784, *1103 ff.*
– Ausfertigung 1156 ff., 1324 ff.
– Einspruchsgesetz 1056, *1130 ff.*
– Gegenzeichnung 1153 ff.
– Gesetzesinitiativen 330, 902, 996, 1054, 1107, 1111, *1113 ff.*, 1298
– Inkrafttreten *1177 f.*, 1324 f.
– Lesungen 1123 ff.
– Rechtsfolgen von Verstößen 1106 ff.
– Schlussabstimmung 1127
– Verkündung 490 f., 1094, *1174 ff.*, 1536
– Vorverfahren 1053 f., *1111 ff.*
– Zustimmungsgesetz 1055, 1057, 1129, *1138 ff.*
Gesetzlicher Richter 466, *1437 f.*, 1559
Gesetzmäßigkeit staatlichen Handelns 431 ff.
Gestaltungsauftrag 673 ff.
Gestaltungsspielraum *s. Einschätzungs- und Gestaltungsspielraum*
Gewährleistungen (Haushaltsrecht) 764
Gewalt, vollziehende *s. vollziehende Gewalt, Exekutive*
Gewaltenmonismus 289, 877 f., 904
Gewaltenteilung 109, 180, 227 f., 261, 423, 430, 566 ff., 859, *864 ff.*, 1159, 1400, 1449
– bundesstaatliche *s. Gewaltenteilung: vertikale*
– europäische 836
– föderative *s. Gewaltenteilung: bundesstaatliche*
– funktionelle 887 ff.
– Geschichte 875 ff.
– horizontale 566 ff., 772, 859, 885, 887 ff.
– organisatorische 891 ff.
– personelle 895 ff.
– rechtsstaatliche 885
– vertikale (bundesstaatliche) *566 ff.*, 609 f., 858 ff., *886*, 1449
Gewaltentrennung 867, 878, 906 ff.
Gewaltenverschränkung 609 ff., *899 ff.*, 1348, 1427
Gewaltenzuordnung *867*, 871, 898
Gewohnheitsrecht *442*, 821, 825, 1037, 1417
Gleichbehandlung *s. auch Chancengleichheit*
– der Abgeordneten *935*, 995

– föderative 594, 732
– Wahlrecht *360 ff.*, 962 f., 965
– Willkürverbot 467, *517 ff.*
Gleichberechtigung 244
Gleichheit *s. allgemeiner Gleichheitssatz, Chancengleichheit, Ergebnisgleichheit, Gerechtigkeit, Gleichbehandlung, Rechtsgleichheit*
Gleichheit in der Zeit 489
Gliederung 29 f., 66
Goebbels, Joseph 780
Goldene Bulle 540
Gorbatschow, Michail 174
Großbritannien *s. Vereinigtes Königreich von Großbritannien und Nordirland*
Große Anfrage (Bundestag) 330
Grundgesetz 138 ff., 164 ff., 542
– Änderung 132 f., 162 f., 222 f., 317, *784 ff.*
– Bezeichnung 171 f.
– Entstehungsgeschichte 167 ff.
– Gliederung 177 ff.
Grundmandat, Grundmandatsklausel 950, 952, *965 f.*, 993, 995, 1000
Grundrechte 23, 112, 126, 138, 166, 179, 216, 253, 323 f., 419, 432, 486, 504 ff., 565, 581 ff., 641 f., 679, 790, 801, 848, 857, 1469, 1630
– unmittelbare Bindung/Geltung 138, 216, 225, 428, *504 ff.*, 641, 691
– Verwirkung 801
Grundrechte-Charta *s. EU-Grundrechte-Charta*
Grundrechtsgleiche Rechte 353, 370
Grundsatzgesetzgebungskompetenz *s. Gesetzgebungskompetenz*
Grundversorgung mit Eisenbahnen, Post und Telekommunikation 244
Gubernative 865, *1241 ff.*
Gutachtenstil 34 ff.

Habeas-corpus-Garantie 1448a
Hamilton, Alexander 172
Handbuch der Rechtsförmlichkeit *50*, 53
Handlungsauftrag des Staates im Umwelt- und Tierschutz 777
Handwerkszeug, juristisches 4 ff.
Hare, Thomas (Verfahren der mathematischen Proportion) 956
Hauptausschuss *s. Bundestag, Hauptausschuss*

Haushaltsdisziplin (EU) 747 f., 752
Haushaltswesen *s. auch Staatsverschuldung*
– Budgetrecht des Parlaments 296, *755*, 759
– Gesetzesförmigkeit (Haushaltsplan) *755*, 760
– Haushaltsautonomie 723, *746 ff.*, 754
– Haushaltsdefizit 761
– Haushaltsgesetz 296, 438, 702, 755, *757 f.*, 762, 766, 1525, 1532, 1535, 1537, 1543, 1573
– Haushaltsgrundsätze 755, *759 f.*, 1543
– Haushaltshoheit *746 ff.*, 754
– Haushaltskontrolle 702, *767 f.*
– Haushaltsnotlage 733, *753*
– Haushaltsplan 296, 438, 463, 702, 713, *755 ff.*, 761, 765 f., 902, 923, 1525, 1532, 1543
– Haushaltsrecht *s. Budgetrecht des Parlaments*
– Haushaltssteuerung 755
– Haushaltsverfassung 184, 565, 702 f., *754 ff.*
– Nothaushalt 765 f.
v. Hayek, Friedrich 675
Heiliges Römisches Reich Deutscher Nation 172, 1025
Herrenchiemseer Verfassungskonvent 169
Hesse, Konrad 638
Hierarchie der Rechtsnormen 140 ff.
Hobbes, Thomas 878
Höchstzahlverfahren 956 ff.
Hoheitliche Maßnahme 19
Hoheitsakt *96*, 470
Hoheitsgewalt des Staates *96*, 98, 1387
Hoher Vertreter für Außen- und Sicherheitspolitik (EU) 842
Homo homini lupus 878
Homogenität(sgebot) 165, 352, 354, 422, 521, 535, *559 ff.*, 585, 617, 658

Identitäre Demokratie *s. Demokratie, identitäre*
Immunität (der Abgeordneten) *939 f.*, 1010, 1042 f.
Indemnität (der Abgeordneten) *938*, 940, 1010, 1042 f.
Informationsarbeit (der Regierung) *s. Öffentlichkeitsarbeit*

Inkompatibilität *895 ff.*, 1262, 1458 *s. auch Unparteilichkeit*
Inkrafttreten von Gesetzen *s. Gesetzgebungsverfahren*
In-sich-Prozess (Organstreitverfahren) 1513
Institutionelle Garantie
– der Länder 549 f.
– der Kommunen 652
Integration (Einheitsbildung)
– Bereitschaft des Grundgesetzes 812
– Bundespräsident: Integrationsgewalt 1311, 1313
– durch Verpflichtung zum Gemeinwohl 530
– Eingliederung von Ausländern 248
– europäische Einheitsbildung 250, 808, *827 ff.*, 858 ff., 1082
– Gewaltenteilung 871, 873
– von Menschen mit Behinderungen 685
– Wahlen 966
Integrationsverantwortung (Bundestag) 834, 859
Integrationsverfassungsbeschwerde 250
Integrationsverpflichtung 1170
Interessentheorie 101
Interessenverbände 376, 382, *417 ff.*
Internationale Organisationen 604
Interpellation, Interpellationsrecht *330*, 937
Interpretation *s. Auslegung*
Iudex non calculat 951
Iustitia 675, 1433

Judicial self-restraint 515a
Judikative 225, 267, 440, 567, 776, 865, *885 ff.*, 889 f., *1426 ff.*, *s. auch Rechtsprechung*
Juristische Person
– des öffentlichen Rechts *84 ff.*, 518, 603, 636, 891, 1223, 1343, 1371, 1375 f., 1423 f., 1586
– des privaten Rechts 376, 408, 518, 940, 992, 997, 1223
– im Verfassungsprozess 1485
Justizgrundrechte 183, *466*, 565

Kabinett *s. Bundesregierung*
– Kabinettsbildungsrecht *s. Bundeskanzler*
– Kabinettsprinzip *s. Bundesregierung*

Kanzler s. *Bundeskanzler*
– Kanzlermehrheit s. *Bundeskanzler*
– Kanzlerprinzip s. *Bundeskanzler*
Kapazitätserschöpfungsgebot (Sozialstaatsprinzip) *671*, 683
Kelsen, Hans 78, 142
Kernbereich exekutiver Eigenverantwortung s. *Bundesregierung*
Kernkompetenz s. *Gesetzgebungskompetenz*
Klarheit s. *Normenklarheit*
Klausur, juristische 4, *17ff.*, 31, 34, 39, 42 f., 51, 59, 65, 71, 218, 513 f., *1472*, 1478, 1480, 1482, 1493, 1535, 1540, 1547, 1572, 1580, 1585, 1602, 1604, 1615, 1617, 1631
Kleine Anfrage (Bundestag) 330
Kollision
– Abwägungsfaktoren (Sozialstaatsprinzip) 677 ff.
– Bundes- und Landesrecht 533, *574ff.*, 1072
– nationales Recht und Unionsrecht 855, 1584
– Rechtsverordnung 1187
– Satzung 1227
– Verfassungsgüter 213
Kollisionsregeln (Normenkonkurrenz) 147 ff.
– Posteriorität *150*, 1094
– Superiorität 135, *148*, 1094
– Spezialität *149*, 233, 547
Kommunale Selbstverwaltung 180, 241, 591, *646ff.*, 720, 1229 ff., 1340, 1343
Kommunalrecht 121, 576, *646ff.*, 1184
Kommunalverfassungsbeschwerde 661
Kommunalverwaltung (Gemeindeverwaltung) 542, *1343f.*, 1354
Kommune (Gemeinde, Landkreis u.a.) 257, 620, *646ff.*, 1343 f., 1354
Kommunikationsgrundrechte 324, 419, 801
Kompetenz 98
– Außenvertretungskompetenzen (auswärtige Beziehungen) 602 ff.
– Ertragskompetenz (Steuern) 715 ff.
– Finanzkompetenzen 568, *701*
– Gesetzgebungskompetenz 688, 721 ff., 784, *1072ff.*
– Grundsatzgesetzgebungskompetenz 751, 1097

– Haushaltskompetenz 746 f.
– Kompetenz kraft Natur der Sache s. *Gesetzgebungskompetenz*
– Kompetenz kraft Sachzusammenhangs s. *Gesetzgebungskompetenz*
– Kompetenzausübungsschranken 590
– Kompetenzstreitigkeiten zwischen Bund und Ländern s. *Konflikt: bundesstaatlicher/föderativer*
– Kompetenztrennung 566 f., 609, 618, 623, 640
– Kompetenzvermutung 180, 603
– Kontrollkompetenz (Bundesverfassungsgericht) 857
– Landesverfassungsrecht 117, 165
– Legitimation 266, 268
– Nichtanwendungskompetenz 449
– Normverwerfungskompetenz 144, 145 f., 449 ff., 1179 f., 1220 f., 1556 ff.
– Rechtsprechungskompetenz 1449 ff.
– Reservekompetenz (Gewaltenmonismus) 289
– Steuerkompetenzen 708, *715ff.*
– Verbandskompetenz 98, 603 ff., 608
– Verwaltungskompetenz 566, 623, 715, 725 ff., 807, 1145, *1338ff.*
– Wahrnehmungskompetenz der Kommunen 653
– Weisungskompetenz s. *Weisung, Weisungsrecht*
Kompetenz-Kompetenz (EU) 833
Kompetenzordnung des Grundgesetzes *289*, 592
Kompetenzverteilung 533 f., *566ff.*, 1012
– Ausgangsvermutung zugunsten der Länder 180, 569 ff., 603, 1073, 1382
Konflikt
– bundesstaatlicher/föderativer 165, 574, 1345
– Rechtsnormen 135 ff., 147 ff.
Königsteiner Vereinbarung 1037
Konjunkturschwankungsbedingte Kreditaufnahme 750
Konkordanz, praktische 213
Konkurrenz
– Gesetzgebungskonkurrenz 1085
– Normenkonkurrenz 135, *147ff.*, s. auch *Kollisionsregeln*
Konnexitätsprinzip

– finanzverfassungsrechtliches 740, 742 ff.
Konstitutionalismus 152
Kontinuitätsgewähr 130, 786
Kontradiktorisches Verfahren *1465*, 1500, 1523, 1586, 1588, 1605
Kontrollgremium, Parlamentarisches 1007
Konsumtion *s. Geltungsvorrang*
Konvention zum Schutze der Menschenrechte und Grundfreiheiten (EMRK) *s. Europäische Menschenrechtskonvention*
Kooperativer Föderalismus, Kooperation von Bund und Ländern 609 ff.
Kreditaufnahme, Kreditfinanzierung 750, 761 ff.
Krieg *s. Angriffskrieg, Debellation, Erster Weltkrieg, Zweiter Weltkrieg*
– englischer Bürgerkrieg 878
– französische Religionskriege 877
– *Ludwig XIV.* 879
Kulturstaatlichkeit 244

Länderfinanzausgleich *s. Finanzausgleich*
Landeseigenverwaltung *1348ff.*, 1370, 1592
Landesverfassung, Landesverfassungsrecht 117, 140 f., 164 ff., 182, 184, 235 ff., 251, 346, 352, 354, *580ff.*, 608, 651, 702, 754, 797, 1076, 1187, 1193, 1486, 1531, 1542
Landesverfassungsgericht 94, 165, 353, 582, 609, 661, 1461, 1521 f., 1542, 1557, 1563, 1579, *1620ff.*
Landesverwaltung 165, 886, *1342ff.*, 1360, 1376
Landkreis 126, *647ff.*, 655, 658, 1223, 1343
Landschaftsverband 647 f.
Lebenssachverhalt 6 f., 12, 189 f., *s. auch Sachverhalt*
Lebensverhältnisse, Wahrung der Gleichwertigkeit oder Einheitlichkeit 560, 616 f., 638, 1089
Lege artis 207
Legibus absolutus 424
Legislative 160, 225, 245, 267, 567, 773 ff., 865, 886 f., *s. auch Gesetzgebung*
Legitimation 124, *262ff.*, 280, 286, 337 f., 340, 379, 385, 455, 524, 658 f., 873, 912

– institutionell-funktionelle 265 ff.
– Legitimationsdefizit 176
– mittelbare 262, *264*, 269, 1041
– organisatorisch-personelle 263, 265, *268ff.*, 337 f.
– sachlich-inhaltliche 271 ff., 338, 431, 455
– unmittelbare *273f.*, 286, 337, 658 f., 920
– ununterbrochene Legitimationskette 265, *269f.*, 274
Legitimität 124, 249, 262, 529, 1270
Lehre vom dreigliedrigen Bundesstaat 545
Leistungsfähigkeit
– Besteuerungsgrundsatz 693
– der Länder 551, 620, 731
Leistungsprinzip (öffentlicher Dienst, Bestenauslese) 1395 ff.
Leistungsrecht (Sozialstaatsprinzip) 673
Leistungsverwaltung (Vorbehalt des Gesetzes) 457
Lenin 767
Lernhilfe 66, 73
Lernstrategien 55 ff.
Lex posterior derogat legi priori *150*, 1094
Lex specialis derogat legi generali *149*, 233, 547, 715, 827, 846, 1594
Lex superior derogat legi inferiori 135, *148*, 1094
Lincoln, Abraham 247
Lissabon, Reformvertrag *s. Europäische Union*
Littera 49
Lobbyismus 421
Locke, John 880 ff.

Mandat 327, 329, 341, 421, 897, *932ff.*, 940, 950, 990, 993, 995, 999, 1042 f., 1510
– Begriff 281
– Direktmandat 950, 993
– Diskontinuität 341
– Doppelmandat 897
– freies *281ff.*, 292, 327, 329, 421, *932ff.*, 940, 990, 999, 1042 f.
– gleiches 935
– imperatives *281ff.*, 1042 f.
Mängelrüge (Vollzug von Bundesgesetzen) 1358, 1367, 1587, 1592, 1594, 1597
Maßnahmegesetz *439*, 899

Materiell (juristische Bedeutung) 23, 176, 285, 428, 444, 467, 528 ff., 1160, s. auch Recht: materielles
Maurenbrecher-Rezension (Staat als Gebietskörperschaft) 86
Mehrdeutigkeit der Sprache 9 ff., 14
Mehrdeutigkeit von Rechtsnormen 187 f.
Mehrdeutigkeit von Tatbestandsmerkmalen s. Tatbestandsmerkmal: Mehrdeutigkeit
Mehrdeutigkeit von Wörtern 9 ff.
Mehrfachbestrafungsverbot s. ne bis in idem
Mehrheit
– absolute Mehrheit *311*, *315*, 943, 1046, 1255, 1258, 1272, 1308
– Abstimmungsmehrheit 311, 314, 318
– Anwesenheitsmehrheit 311
– der abgegebenen Stimmen 45, 133, 306, *311f.*, *314*, 319, 784, 925, 1257, 1308
– einfache Mehrheit *310*, *318*, 784, 794, 1127, 1257 f.
– Mehrheit der Mitglieder des Bundestages („Kanzlermehrheit") 35, 40 f., *45*, 186, 311, 315, 319, 1255 f., 1258, 1272, 1275, 1279
– Mehrheitsprinzip *303 ff.*, 321, 386
– Mehrheitswahlsystem 943 f.
– qualifizierte Mehrheit 133, 310, 311, 313, *316 ff.*, 786, 840, 842, 1056
– relative Mehrheit *310*, 318, *943*, 1257 f., 1308
Meinungsverschiedenheiten oder Zweifel bei der abstrakten Normenkontrolle 1534
Meinungsvielfalt *304*, 1041
Menschenrechte 126, 224 s. auch Europäische Menschenrechtskonvention
Menschenwürde 163, 179, 222, 224 f., 790
Methode, juristische *5 ff.*, 34, 38, 189 ff., 201
Methodenlehre, Methodenstreit 207 ff.
Minderheitenschutz *320 ff.*, 384, 389, 998
Minderheitskanzler 1258, 1276, 1320
Mischfinanzierung 624, 639, 689 f., *744 f.*
Mischverwaltung 618, 623, *1345*
Misstrauensvotum 798, *1268 ff.*, 1287, 1295
– destruktives 1269
– konstruktives 1270 f.

Mitglied des Bundestages s. Abgeordnete, Bundeskanzler: Kanzlermehrheit
Mitgliedermehrheit 45, 311 ff., 1046
Monarchie 125, 237, 272, 294, 342, *524 ff.*
Monopol
– Initiativmonopol bei der Rechtssetzung in der EU 842
– Finanzmonopol 1081
– Normverwerfung 145 f., 450, *1179 f.*, 1220 f., 1556 ff.
– Parteiverbot 804
– politische Willensbildung 382
– Wahlprüfung 370
Montesquieu, Charles de 883 f.
Mutterschutz 686

Nachweltschutz 771
Nationalsozialismus 125, 157, 179, 251, 299, 428, 541, 690, 780, 1192
Nationalversammlung 154, 156, 158, 162, 176
Natürliche Lebensgrundlagen 770
Nebentätigkeit 1510
Ne bis in idem 1448
Ne nimis 507
Neugliederung des Bundesgebietes 290, *550 ff.*, 1467
Neutralitätsgebot des Staates (im Wahl- und Parteienwettbewerb) *364 ff.*, 1299
Neutralitätspflicht der Beamten 1393
Neuverschuldung, Neuverschuldungsverbot 749 f.
Nichtanerkennungsbeschwerde *974*, 1467
Nichtigkeit *135*, 142 f., 447 f., 576, 578, 1106, 1109, 1535, 1544, 1585
Niederschrift (juristische Klausur) 31 ff.
Niemeyer, Horst F. (Verfahren der mathematischen Proportion) 956
Nivellierungsverbot (Finanzausgleich) 731 f.
Norm s. Rechtsnorm
Normativbestimmung (Bundesstaat) 165, 236 f., 352, 521, *561 ff.*, 658, 666
Normbestätigungsverfahren 1548
Normenbestimmtheit 469 ff.
Normenhierarchie 114, *140 ff.*, 447, 1187, 1227
Normenklarheit *469 ff.*, 1212
Normenkonkurrenz 135, *147 ff.*, s. auch Kollisionsregeln

Sachverzeichnis

Normenkontrolle
– abstrakte 26, 145, 331, 1220, 1466, 1476, *1523 ff.*
– abstrakte, Landesverfassungsgericht 1625, 1629
– konkrete (Richtervorlage) 145, 215, 450, 452, 1220, 1466, 1476, *1556 ff.*
– konkrete, Landesverfassungsgericht 1625, 1629
– prinzipale 1221
Notlagenkredit 750
Nulla poena sine lege 1443 ff.

Obersatz (juristischer Syllogismus) 37 ff.
Objektives Klarstellungsinteresse *1536 f.*, 1548, 1628
Objektives Rechtsbeanstandungsverfahren 1466, 1476, 1498, 1500, 1523, 1530, 1534, 1538
Offene Staatlichkeit 244, *808 ff.*
Öffentlicher Dienst 796, 843, 897, 930, *1383 ff.*, 1423
Öffentliches Recht 1 f., 15, 26, 91 ff., 108, 119, 143, 1472
Öffentlichkeitsarbeit (der Regierung) *365 f.*, 1241, 1299, 1507
Öffentlichkeitsprinzip (Bundestag/Bundesrat) 328, 924, 1044, 1105, *s. auch Wahlen: Öffentlichkeit*
Öffentlich-rechtlicher Vertrag auf staatsrechtlicher Ebene 633
Opposition, parlamentarische 133, 239, *325 ff.*, 1126
Ordentliche Gerichtsbarkeit 92 f., 1453, 1463
Organ *87 f.*, 115, 518, *891, s. auch Verfassungsorgan*
– besondere (voneinander gesonderte) Organe 252 ff., 337, 430, 864, 891
– Staatsorgane 109 ff., 258, 263, 266, 271, 289, 870 f., *892 ff.*
Organadäquate Funktionenordnung 872
Organisationskompetenz *s. Bundeskanzler*
Organkompetenz 98, *608*, 859
Organschaftliche Rechte *s. Recht, organschaftliches*
Organstreit 332, 863, 930, 998, 1015, 1168, 1264, 1331, 1464 f., 1481, *1499 ff.*, 1523, 1586
– In-sich-Prozess 1513

– Landesverfassungsgericht 1625, 1627
Organtreue *s. Verfassungsorgantreue*
Organwalter *87 f.*, 268, 795, 891, 895
Örtliche Vereinnahmung des Steueraufkommens 719
Österreich 155, 526, 537, 541
Ostgebiete 175

Parlament 132, 139, 258, 263 f., 268, 271, *278 f.*, 284, 286 f., 289, 292 ff., 676, 887, *s. auch Bundestag*
Parlamentarischer Rat 169 f.
Parlamentarischer Untersuchungsausschuss *s. Bundestag*
Parlamentarisches Kontrollgremium *s. Kontrollgremium*
Parlamentarisches Regierungssystem 241, *294*, 299, 302, 901, 1268, 1319
Parlamentsbeschluss 554, 556, *924 f.*, 1531
Parlamentsgesetz *s. Gesetz: im formellen Sinn*
Parlamentsvorbehalt *286 ff.*, 292, 460 ff., 634 f., 762, 904, 1201 f., 1215, 1235, 1513
Partei
– *s. politische Parteien*
– als Verfahrensbeteiligte *s. Beteiligte*
Parteiengesetz 115, 372
Parteienprivileg 804
Parteispenden 400, 403 ff.
Parteiverbotsverfahren 803 ff.
Paulskirchenverfassung 154, 540, 1026
Personalisierte Verhältniswahl *s. Wahlen: Wahlsystem*
Personalkompetenz *s. Bundeskanzler*
Plautus, Titus Maccius 878
Plebiszit, plebiszitäre Demokratie 290, 338, 551 ff.
Plenarsitzung (des Bundestages) *s. Bundestag*
Plenum des Bundesrates *s. Bundesrat*
Plenum des Bundestages *s. Bundestag*
Politische Parteien 180, 284, 324, 367, *371 ff.*, 804, 988, 1313, 1506 f.
– Antragsberechtigung 1528
– Begriff 371 ff.
– Chancengleichheit 239, 324, 364 f., *390 ff.*, 406, 942, 951, 962, 965, 967, 969, 1313
– Funktionsauftrag 363, 376, *378 ff.*, 399

- Gründung 383
- innere Ordnung 384 ff.
- Parteienfinanzierung *398 ff.*, 980
- Parteispenden 400, 403 ff.
- Parteiverbot 803 ff.
- Rathausparteien 374
- staatliches Neutralitätsgebot *364 ff.*, 1299
- Verfahrensfähigkeit 1485

Polizeiliche und justizielle Zusammenarbeit in Strafsachen (PJZS) 831
Polybios 876
Postulationsfähigkeit 1475 f., 1480, 1483, *1487*, 1561
Potentialität (Parteiverbot) 803 ff.
Pouvoir constituant, pouvoirs constitués *160*, 266
Präambel des Grundgesetzes 83, 159 f., 171, 175, 178, 254, 544, 808
Praktische Konkordanz 213
Prämisse (juristischer Syllogismus) 38 f.
Präsident
- Bundespräsident *s. dort*
- der Europäischen Kommission 840, *842*
- des Bundesrates *1037 f.*, 1050, 1052, 1310, 1486
- des Bundestages 895, 921 f., *975 ff.*, 1121, 1128, 1310, 1486, 1506
- des Bundesverfassungsgerichts 1456
- des Europäischen Rates 840

Präsidentenanklage 525, 798, 1164, 1331, *1337*
Präsidiales Regierungssystem 242, 295 ff.
Prinzip
- der begrenzten Einzelermächtigung *s. Europäische Union*
- der örtlichen Vereinnahmung des Steueraufkommens 719
- des schonenden Übergangs *s. Rückwirkung: unechte*
- *Demokratieprinzip, s. Demokratie*
- *Kabinettprinzip, s. Kabinett*
- *Kanzlerprinzip, s. Kanzler*
- *Konnexitätsprinzip, s. dort*
- *Leistungsprinzip, s. dort*
- *Mehrheitsprinzip, s. Mehrheit*
- *Öffentlichkeitsprinzip, s. dort*
- *Rechtsstaatsprinzip, s. Rechtsstaat*
- *Repräsentationsprinzip, s. dort*
- *Ressortprinzip, s. Bundesminister*

- *Spezialitätsprinzip, s. dort*

Privatautonomie (Privatrecht) 95, 97a
Privatrecht *s. Zivilrecht*
Programmsatz (Grundrechte) 225, *504*
Prozessstandschaft (Organstreit) 332, 998, *1513*, 1588
Prüfung, juristische 4, 15 f.
Prüfungsgegenstand
- im öffentlichen Recht 19, *142 ff.*
- im Verfassungsprozessrecht 1475, 1479, 1492 ff., 1518, 1531, 1541 f., 1564 f., 1578 f., 1624

Prüfungskompetenz
- des Bundespräsidenten *s. Bundespräsident*
- richterliche 1556

Prüfungsmaßstab
- bei der abstrakten Normenkontrolle 1531, *1541 f.*
- bei der konkreten Normenkontrolle 1578 f.
- beim Bund-Länder-Streit 1596
- der Landesverfassungsgerichte 1623, 1628
- des Bundesverfassungsgerichts 1462, 1492 ff.
- im Kompetenzfreigabeverfahren 1554
- im Kompetenzkontrollverfahren 1550
- im öffentlichen Recht 19 ff., 142 ff.
- im Organstreitverfahren 1517 ff.

Quorum
- Beteiligungsquorum *311 ff.*, 318
- Zustimmungsquorum *310*, 313, 318

Radbruch, Gustav 197
Rathausparteien 374
Ratifikation *817*, 834
Recht 77 ff.
- formelles 433
- Gewohnheitsrecht *s. dort*
- Herrschaft des Rechts 128
- materielles 432
- objektives 77 f., 506
- organschaftliches 930, *936 f.*, 996, 998, 1466, *1499 ff.*
- positives 442
- Recht und Gesetz 440 ff.
- subjektives 77, 79, 506, 652

Rechtliche Handlungsfähigkeit 87
Rechtliches Gehör 466, *1439 ff.*

Sachverzeichnis

Rechtmäßigkeit 19, 21, 143
Rechtsanwendung 189 ff.
Rechtsanwendungsbefehl *817f.*, 825, 846, 852
Rechtsaufsicht 1356
Rechtsbeanstandungsverfahren *s. objektives Rechtsbeanstandungsverfahren*
Rechtsbegriff *s. unbestimmter Rechtsbegriff*
Rechtsbehelf 26, 28, *1472ff.*
– Rechtsbehelfsbefugnis 1475, *1490f.*
– Rechtsbehelfsfrist 1475
Rechtsfortbildung 201 ff.
Rechtsgleichheit 12
Rechtshilfe 1400 ff.
Rechtsnorm 8, 131, 141 ff., 187 ff., *435ff.*
– abstrakte Normenkontrolle 1531
– Auslegung 192 ff.
– Bestimmtheit 469 ff.
– geschriebene 441
– Gesetz im materiellen Sinn 435
– Hierarchie 140 ff.
– Konflikt, Konkurrenz von Rechtsnormen 135 ff., 147 ff.
– Rangordnung 134 ff.
– Rechtsverordnung 1182
– Satzung 1225 ff.
– ungeschriebene 442
Rechtsprechung 183, 258, 572, 614, 642, *1426ff.*
Rechtssatz *s. Rechtsnorm*
– bedingt, konditional, vollständig 36
– erläuternd, festsetzend, unbedingt, unvollständig, verweisend 41
Rechtsschutz 464
Rechtsschutzbedürfnis
– allgemeines 1475 f., 1479, *1490f.*
– beim Organstreit 1501, 1516
Rechtsstaat 109, *422ff.*, 663
– formelle Elemente 430 ff.
– formelle Rechtsstaatlichkeit 427, 429
– materielle Elemente 467 ff.
– materielle Rechtsstaatlichkeit 428 f.
– Rechtssicherheit 467 ff.
Rechtsstaatsprinzip 128, 228, 240, 273, 339, 519
Rechtsverordnung 134, 146, 434, 437, 451, 460, *1182ff.*
– Bestimmtheitsgebot 1202 ff.
– Delegatar 1195 ff.

– Ermächtigungsgrundlage 1188 ff., 1198 ff.
– Föderativverordnung 1209 f.
– Rechtsfolgen von Verstößen 1216 ff.
– Verkehrsverordnung 1209 f.
– Zitiergebot 1212
Rechtsvorschrift *s. Rechtsnorm*
Rechtsweg *92ff.*, 464, 970, 998, 1438, 1451, 1475, 1479
Rechtswissenschaft 1 f., 72, 77, 90, 191, 207
Reduktion, teleologische 203, 205 f.
Regierung 1241 ff., *s. auch Bundesregierung*
Regierungsabkommen *s. Verwaltungsabkommen*
Regierungssysteme 293 ff.
– Mischsystem 298
– parlamentarisches 241, 294, 299, 302
– präsidiales 242, 295 ff.
– System des Grundgesetzes 299 ff.
Repräsentationsprinzip 291
Republik 227, 237, 521 ff.
– formelle Seite 523 ff.
– materielle Seite 528 ff.
Reservebefugnisse (Bundespräsident) 1319 ff.
Ressort 1242, 1246, 1296
Ressortprinzip *s. Bundesminister*
Revolution
– DDR 174
– Französische 153
– industrielle 662
– Verfassungsänderung, -aufhebung 161, 788
Richter
– gesetzlicher 1437 f.
– Unabhängigkeit 183, 239, 797, 877, *1433ff.*, 1458
Richteranklage 797
Richtervorbehalt *1426ff.*, 1448a
Richtervorlage *s. Normenkontrolle: konkrete*
Richtlinie (EU) 852 f.
Richtlinien der Politik (Bundeskanzler) *s. Bundeskanzler: Richtlinienkompetenz*
Richtlinienkompetenz *s. Bundeskanzler*
Rückanknüpfung, tatbestandliche *s. Rückwirkung: unechte*
Rückbewirkung von Rechtsfolgen *s. Rückwirkung: echte*

Rückbindung (an den Volkswillen)
- Abgeordnete 284, 1105
- Beamte und Richter 796
Rückkopplung 328, s. auch Rückbindung
Rückwirkung 490 ff.
- echte (retroaktive) 490, 495
- unechte (retrospektive) 491, 496 f.
Rückwirkungsinteresse 497
Rückwirkungsverbot 485 ff., 1447
Rundfunkstaatsverträge 626, 634, 637
Russland 526, 832 s. auch Sowjetunion

Saarland 168, 174, 544, *548*, 727, 730, 1620
Sachentscheidungsvoraussetzungen 1472, 1475, 1477 ff., 1482
- der abstrakten Normenkontrolle 1525 ff.
- der einstweiligen Anordnung 1602 ff.
- der konkreten Normenkontrolle 1562 ff.
- des Bund-Länder-Streits 1587 ff.
- des Organstreits 1502 ff.
Sachfremde Erwägungen 519
Sachkompetenz 1366
Sachverhalt 6 f., 12, *17 f.*, 26, 29, 38 f., 43 ff., 65 f., 71 f.
Sainte-Laguë, André (Divisorverfahren) 956, *959 ff.*
Salus publica (Gemeinwohl) 529
Sanierungshilfen 733
Satzung 146, *1222 ff.*
Säulen (didaktische Gebiete des Jurastudiums) 1
v. Savigny, Friedrich Carl 193
Schepers, Hans (Divisorverfahren) 956, *959 ff.*
Schluss (juristischer Syllogismus) 34
Schlussabstimmung (Bundestag) 1127
Schlusssatz (juristischer Syllogismus) 38, 47
Schlussvorschriften (Grundgesetz) 186
Schonender Übergang s. *Rückwirkung: unechte*
Schuldenbremse 645, 750, *763*
Schutzwürdigkeit (von Vertrauen) 493 ff.
Selbstauflösungsrecht s. *Bundestag*
Selbstdisziplin (im Studium) 57 ff.
Selbstorganisation (im Studium) 57, 61 f.

Selbstverteidigung (Verbot des Angriffskriegs) 823
Selbstverwaltung, kommunale 180, 241, 591, *646 ff.*, 720, 1229 ff., 1340, 1343
Selbstverwaltungsangelegenheiten 653 ff.
Sicherheit (Staatsaufgabe) 129
Sitzungsschluss (Bundestag) 926
Solidarität 665
Sonderabgaben 712 f.
Sonderausgaben (Parteispenden) 407
Sonderbedarfszuweisungen (Finanzausgleich) 733
Souveränität s. *Volkssouveränität*
Sowjetunion 167 f., 173 ff., 542
Soziale Frage 662 ff.
Soziale Gerechtigkeit 13, 675
Sozialgerichtsbarkeit 92, *122*, 1453
Sozialgesetze (Überblick) 696
Sozial(leistungs)quote 695
Sozialrecht 122 f., 693 ff.
Sozialstaat 109, 227, 246, *662 ff.*
Spenden (Parteispenden) 400, 403 ff.
Spezialitätsprinzip *149*, 233, 547
Sprache (und Recht) 8
Staatenbund 536 ff.
Staatenverbund s. *Europäische Union*
Staatsangehörigkeit 85, 186, *252 ff.*, 344, 351 f., 357, 375, 563, 842, 1032, 1081, 1308
Staatsaufgabe s. *Aufgabe*
Staatsform 293
Staatsfundamentalnorm *226 ff.*, 422, 521, 546, 666
Staatsfunktionen 111, 113, 115, 178, 183, 602
Staatsgebiet 82
Staatsgewalt 82, 96, 98, 124, 127, *249*, *256 ff.*, 261, 338, 351, 420, 527, 866
- Grundrechtsbindung 504 ff.
- verfasste Staatsgewalt 160, 162
- verfassungsgebende Staatsgewalt 160 f., 793 f.
Staatsgrundlagen 109, 180, *217 ff.*, 521, 564
Staatshaftung 180, 1414 ff.
Staatslehre 80
Staatsleitung 1241, 1245, 1248, 1299, 1306, 1319
Staatsoberhaupt 294 f., 524, 527, 612, 1262, *1305 f.*, 1312, 1330, 1333

Sachverzeichnis

Staatsorganisationsrecht 2, 111, 181
Staatspflege (Bundespräsident) 1311
Staatspräsident 295 ff.
Staatsrecht 80, 105, *109 ff.*
Staatsrechtslehre 80
Staatsschuldenrecht 761 ff.
Staatssekretär 1302 ff.
– beamteter 1303
– Parlamentarischer 1304
Staatsverschuldung 680, 750, 753, 761 ff.
Staatsvertrag 174, 554, 556, 626, 703, 634, 637, 1531
Staatsvolk 82, *251 ff.*, 338
Staatsziel, Staatszielbestimmung *243 ff.*, 673, 777, 827
Staatszweck 529
Stabilitätspakt, Stabilitäts- und Wachstumspakt (EU) 749
Stabilitätsrat 753
Stattgabe 1496
Statthaftigkeit 1463, 1480, *s. auch Rechtsweg*
– abstrakte Normenkontrolle 1524
– einstweilige Anordnung 1598, 1601 f.
– Organstreit 1499, 1501
Steueraufkommen, örtliche Vereinnahmung 719
Steuern 705 ff.
– Eingriffsverwaltung 456
– Finanzverfassung 701
– Umverteilung 693, 696
– Spendenabzug (Parteienfinanzierung) 405 ff.
– Steueraufkommen (Finanzausgleich) 730 ff.
– Steuereinnahmen 730 ff.
– Steuerertragskompetenz 715 ff.
– Steuergesetzgebungskompetenz 721 ff.
– Steuerhoheiten, -kompetenzen 715 ff.
– Steuerprogression 693
– Steuerrecht 122, 124
– Steuerrechtsprechungskompetenz (Finanzgerichtsbarkeit) 729, 1453
– Steuerverwaltungskompetenz 725 ff.
Steuerstaatlichkeit 241
Steuerung
– Gesetz als Steuerungsmittel 271, 427, 431, 887, 1190
– Haushaltssteuerung 755
Steuerungsfunktion (Gesetzgebung) 911

Stil (juristische Darstellungsweise) 31 ff.
Stimmenthaltungen, ungültige Stimmen (bei Abstimmungen) 312
Stoffaneignung (im Studium) 63 ff.
Strafgesetzbuch 107, 215, 432, 436, 573, 577, 823, 1158, 1173
Strafrecht 1, 15, 26, 30, 105, 202, 218, 432, 466, 492, 939, 1088, 1318, 1443 ff.
Streikverbot (von Beamten) 1392
Streitkräfte *s. Bundeswehr*
Strukturen (Lernhilfen) 74
Subjektionstheorie 102
Subjektives Recht *s. Recht: subjektives*
Subjekttheorie 103
Subordinationstheorie 102
Subsidiarität *s. Anwendungsvorrang*
Subsidiaritätsklage (EU) 847, *1555*
Subsidiaritätsprinzip (EU) *847*, 1555
Subsidiaritätsprotokoll (EU) 847, 1555
Subsumtion 7, 33, 38 f., 43 f., 189 f.
Superrevisionsinstanz 1462
Supranationale Organisation, supranationales Recht 118, 214, 592, 828, 831, 836 f., 846, 852
Syllogismus 34 ff.
Symmetrie (bei der konjunkturschwankungsbedingten Staatsverschuldung) 750
System kollektiver Sicherheit 812 f.
Systematik *s. Auslegung: systematisch*

Tatbestand 7, 12, 30, 35 f., 39, 41, 42 ff., 202 f., 476
– Vertrauenstatbestand 493 f., 501
Tatbestandliche Rückanknüpfung *s. Rückwirkung: unechte*
Tatbestandsmerkmal, Tatbestandsvoraussetzung 30, 38 f., *41 ff.*, 74, 187, 372, 476, 604, 1287, 1421, 1423, 1602, 1614
– Analogie 202 ff.
– Auslegung 192
– Mehrdeutigkeit 187 f., 192, 476
Teilhabe
– am Prozess der politischen Willensbildung 801, 995
– des Einzelnen an der Staatsgewalt 127, 250, 779
Telos 197, 199
Teleologische Auslegung *s. Auslegung: teleologisch*

Teleologische Reduktion 203, 205 f.
Tenor s. *Entscheidung des Bundesverfassungsgerichts*
Tierschutz s. *Umwelt- und Tierschutz*
Transformationsgesetz, Transformationstheorie 817, s. *auch Vertragsgesetz*
Transparenz
– Gesetzgebungsverfahren 913
– Haushalt 760
– Öffentlichkeitsprinzip 328
– Parteienfinanzierung 398
– Rechtsprechung 1431
– Rechtssicherheit, Bestimmtheit von Rechtsnormen 471
– Verwaltung 471
– Willensbildung der Parteien 385
Trennungsprinzip
– bundesstaatliches *609*, 618, 640
– finanzverfassungsrechtliches 739, 745
– Gewaltenteilung 430, 609, 867, 878, 906 ff.
Treue s. *Bundestreue, Verfassungsorgantreue*

Übergangsvorschriften s. *Rückwirkung: unechte*
Überhangmandate 45, 950 ff., *967 ff.*
Übermaßverbot s. *Verhältnismäßigkeitsgrundsatz*
Übertragung von Hoheitsrechten 250, *810 ff.*, 836, 846 ff., 860
Ultima Ratio 600, 733
Umkehrschluss 204 ff.
Umverteilung 664 f., 678, *693 f.*
Umwelt- und Tierschutz 244, *769 ff.*
Unabhängigkeit s. *auch Inkompatibilität, Unparteilichkeit*
– Beamte 1391
– Bundesrechnungshof 768
– Organ 891
– Parteien *376*, 402
– Richter 183, 239, 797, 877, *1433 ff.*, 1458
– Staaten 822
Unbefangenheit s. *Unparteilichkeit, Inkompatibilität*
Unbestimmter Rechtsbegriff 188, *476 ff.*, 776
Unionsbürger 352, *563*

Unparteilichkeit und Unbefangenheit (von Amtsträgern) 530, 1393, 1433 ff., 1458, s. *auch Inkompatibilität*
Untermaßverbot (Existenzminimum) 681
Untersatz (juristischer Syllogismus) 37 f.
Unterscheidung von Staat und Gesellschaft 520
Untersuchungsausschuss s. *Bundestag*
Untersuchungsrecht (Untersuchungsausschuss) *330*, 335
USA s. *Vereinigte Staaten von Amerika*

Vagheit der menschlichen Sprache 9, 187
Vagheit von Rechtsnormen 14, 188
Verbandskompetenz 98
– des Bundes in auswärtigen Angelegenheiten 603 ff., 608
Vereinigte Staaten von Amerika 153, 167 f., 172, 542, 882
Vereinigtes Königreich von Großbritannien und Nordirland 86, 167 f., 294, 526, 830
Vereinnahmung des Steueraufkommens 719
Vereinsverbot 802
Verfahren
– Amtshilfe 1404 ff.
– Bundesrat 1044 ff.
– Bundestagswahlen 354, 941 ff.
– Bundesverfassungsgericht 1462 ff.
– der mathematischen Proportion (Wahlrecht) 956
– Divisorverfahren 956, *959 ff.*
– formelle Verfassungsmäßigkeit 22, 24 f., 27 f., 1181
– Gericht 1431
– Gesetzgebungsverfahren (Bundesgesetze) 1103 ff.
– Neugliederung des Bundesgebietes *551 ff.*, 1467
– parlamentarisches 132, 330, 439
– Parteiverbot 804 ff.
– Parteiwahlen 386
– Prozess 1431
– Rechtsverordnungen 1205 ff.
– Untersuchungsausschüsse 1008, 1016 f.
– Verfahrensgarantien vor Gericht 466, 1436 ff.
– Verfahrensrechte der Opposition 327 ff.
– Verwaltung s. *Verwaltungsverfahren*

Sachverzeichnis

- Wahl des Bundeskanzlers 1252 ff.
- Weisung des Bundes bei Bundesauftragsverwaltung 593, 1367
- wissenschaftliches 191, 207

Verfahrensfähigkeit 1475, 1479 f., *1483 ff.*, 1501, 1524, 1587 f., 1601

Verfahrensgegenstand 1475

Verfassung 124 ff., *s. auch Grundgesetz*
- Änderung 133, *161 ff.*, 317, 787, 793 f.
- Autorität 131 ff.
- Einheit der Verfassung 212 f.
- erschwerte Abänderbarkeit 114, 131 ff., 784 ff.
- Geschichte 152 ff.
- Grundstrukturen 217 ff.
- Landesverfassungen *s. Landesverfassung, Landesverfassungsrecht*
- praktische Konkordanz 213
- Verfassung(s)gebung 158 ff.
- Verfassungsauslegung *s. Auslegung*
- Verfassungsautonomie (Verfassungshoheit) 559, 565, 581, 585, 651
- Vorrang 114 f., 131, 134 ff., 423, *444 ff.*, 824 ff., 1507

Verfassungsbeschwerde 145, 250, 353, 370, 769, 778, 930, 973, 1180, 1220, 1456, 1464, *1468 ff.*, 1473, 1479, 1484, 1489, 1498, 1507, 1556, 1559, 1576, 1625, 1630

Verfassungsdirektive (Menschenwürdegarantie) 224 f.

Verfassung(s)gebung *s. Verfassung: Verfassung(s)gebung*

Verfassungsgebende Versammlung 132, 154, 156, 158, 168, 171, 176

Verfassungsgerichtsbarkeit 92, *1461 ff.*, *s. auch Bundesverfassungsgericht*

Verfassungsgewohnheitsrecht *s. Gewohnheitsrecht*

Verfassungskonforme Auslegung *215*, 234, 684, 1504, 1571

Verfassungsmäßigkeit (Prüfung) *20 ff.*, 285

Verfassungsorgan 160, 181 ff., 266, 280, *892 ff.*, 918, 992, 1007, 1013, 1020, 1105, 1133, 1248, 1307, 1454, 1486, 1498, 1499, 1507, 1511, 1520, 1548, 1627

Verfassungsorgantreue 1334, 1336

Verfassungsprinzip 46, *217 ff.*, 1160, 1181

Verfassungsprozessrecht 1461 ff.

Verfassungsraum (Bund/Länder) 165, 564, 1622

Verfassungsrecht 114 ff., 124 ff., 1531

Verfassungsschutz 469, *807*, 1081, 1377

Verfassungsstaat *164*, 422

Verfassungstext 187 ff.
- fehlende Eindeutigkeit 187 f.
- Gebot der Textänderung 787

Verhältnismäßigkeit, Verhältnismäßigkeitsgrundsatz 467, 479, 497, *507 ff.*, 598, 601, 652, 679, 847

Verhältniswahl, personalisierte 354, *947 f.*, 956

Verhältniswahlsystem 354, 942, *945 ff.*, 956

Verkehrsverordnung *s. Rechtsverordnung*

Vermittlungsausschuss, -verfahren 892, 996, 1007, 1055, 1107, *1131 ff.*

Verordnung *s. Rechtsverordnung*

Verordnung (EU) *852*, 857

Verschlechterungsverbot *s. Rückwirkung: echte*

Verteidigungsfall 178, 181, 185, 316, 990, 1067, 1146, 1412

Verteidigungspolitik 595

Verteilung der Finanzlasten zwischen Bund und Ländern 738 ff.

Verteilungsprinzip, rechtsstaatliches 520

Vertrag von Lissabon 537, 831, 834, 837, 839, 847, *856 ff.*

Vertragsgesetz 608, 634, 810, *817*, 824 f., 852, 1533

Vertrauensfrage 300, *1273 ff.*, 1321 f.
- echte 1281
- unechte 1282 ff.

Vertrauensgrundlage *493 f.*, 501

Vertrauensinteresse 489, 497

Vertrauensschutz 200, 340, *485 ff.*

Vertrauenstatbestand *493 f.*, 501

Verwaltung 1238 ff.
- gesetzesakzessorische 1338 f.
- gesetzesfreie 1340 f., 1382
- nicht-gesetzesakzessorische 1340 f., 1382

Verwaltungsabkommen 622, *635 f.*

Verwaltungsakt 8, 19, 194, 435, 448, 466a, 470, 486 f., 511, 1339

Verwaltungsgerichtsbarkeit 92, 94, 122, 444, 451 ff., 1453, 1463, 1475

Verwaltungskompetenz 566, 623, 715, 725 ff., 807, 1145, 1347 ff.
- ungeschriebene Verwaltungskompetenzen 1380

Verwaltungsrecht 100, 105 f., 108, 119 ff., 143, 146, 218, 487, 1076, 1417, 1421, 1474
- allgemeines *120*, 1421
- besonderes 121 f.

Verwaltungsverfahren 120, 487, 632, 696, 861, 1096, 1145, 1352 f., 1361, 1405

Verwaltungsvollstreckung 120

Verwaltungsvorschriften 435, 1062, 1108, *1186*, 1193, 1298, 1347, 1355, 1362, 1370, 1381

Verwaltungszusammenarbeit (zwischen Bund und Ländern) 183, *618ff.*, 745

Verwaltungszustellung 120

Verweisungen in Gesetzen (Bestimmtheitsgrundsatz) 480 ff.

Verwerfung *1496*, 1619

Verwerfungsmonopol (des Bundesverfassungsgerichts) 145, 450, *1179ff.*, 1220 f., 1557 f., *s. auch Monopol*

Virginia Declaration of Rights 153

Volk *s. Staatsvolk, Volkssouveränität*

Völkerrecht *81ff.*, 180, 531 f., 603 ff., *808ff.*, 831 f., 833, 835, 1314 f.
- Adoptionstheorie 819
- in der abstrakten Normenkontrolle 1533
- Offenheit des Grundgesetzes 809 ff.
- Transformationstheorie 817
- Vollzugstheorie 817
- Völkergewohnheitsrecht 809, 821, 825 f.
- Völkerrechtsfreundlichkeit *819ff.*, 824
- Vorrang des Völkerrechts vor einfachem Gesetzesrecht 820

Völkerrechtliche Organisationen 810

Völkerrechtlicher Vertrag 175, 438, 532, 592, 605 f., 634, 749, 810, 812, *815ff.*, 825 f., 831 f., 835, 902, 1174, 1314, 1533 f.

Völkerrechtliche Vertretung *s. Bundespräsident*

Völkerstrafgesetzbuch 823

Volksabstimmung 168, 171, 176, 257, 276, 291, 554, 829

Volksbefragung 290, 553, 556, 586, 595, 1467

Volksbegehren 290 f., 553, 556, 1467

Volksentscheid 290 f., 552, 554, 556, 558, 1306, 1467

Volkssouveränität 109, 127, 155, 158, 180, 227, 239, *247ff.*, 256, 293, 302, 304, 351, 375 f., 385, 420, 522, 527, 658, 884

Volksvertretungen 257, 263 f., 268 f., 278 f., 285, 292, 352, 358, 363, 374, 380, 563, 612, 658 f., 755, 759, 883 f., 911, 921, 960, 1307, 1550

Vollziehende Gewalt 258, 865, 867, 898, *1238ff.*, 1339, *s. auch Bundesregierung, Exekutive, Regierung, Verwaltung*
- Vollzug (Ausführung) von Bundesgesetzen 613, *1348ff.*
- Vollzug (Ausführung) von Landesgesetzen 1347

Vollzug von Gesetzen *s. Gesetz, Ausführung*

Vorabentscheidungsverfahren (EuGH) 856, 1584

Vorbehalt
- Bagatellvorbehalt (Rückwirkungsverbot) 495
- der Gegenzeichnung (Bundespräsident) 1328 ff.
- des Gesetzes *s. Gesetz: Vorbehalt des Gesetzes*
- des notleidenden Gesetzes (Rückwirkungsverbot) 495
- Ermächtigungsvorbehalt (Rechtsverordnungen) 1188 ff.
- Ernennungsvorbehalt (Bundespräsident) 1316
- Funktionsvorbehalt (Berufsbeamte) 1386 ff.
- Gemeinwohlvorbehalt (Rückwirkungsverbot) 495
- institutioneller Gesetzesvorbehalt *s. organisatorischer Gesetzesvorbehalt*
- Legislativvorbehalt (Rechtsverordnungen) 1188
- organisatorischer Gesetzesvorbehalt 1381
- Parlamentsvorbehalt *286ff.*, 292, 460 ff., 634 f., 762, 904, 1201 f., 1215, 1235, 1513
- Rechtsverordnungen 1060 f., 1211

Sachverzeichnis

- Richtervorbehalt 1426 ff.
- zugunsten des Bundesrates 1063
- Zustimmungsvorbehalt (Zustimmungsgesetz) 1143 ff.

Vorlageberechtigung, konkrete Normenkontrolle 1560, *1563*

Vorlagegegenstand, konkrete Normenkontrolle *1564 ff.*, 1569, 1579

Vorlagegrund *1476*, 1491, s. auch Antrag: *Antragsgrund*
- in der konkreten Normenkontrolle 1560, *1570 ff.*

Vorlagepflicht, richterliche (konkrete Normenkontrolle) 1558 f.

Vorrang des Gesetzes und der Verfassung 444 ff.

Vorzugslasten (Gebühren und Beiträge) 707, 710 ff.

Wählbarkeit 345, 356
Wahlberechtigung 344, 347 ff., 356
Wahlen 35, 127, 231, 254, 257 ff., 263 f., 284, 290, 301, 310, *337 ff.*, 563, 626, 658, 864, 936, 941 ff. 983, 1044, 1081, 1254, 1279, 1282 f., 1507
- Allgemeinheit 355 ff.
- Freiheit 359
- Geheimheit 368
- Gleichheit *360 ff.*, 391
- Landesparlamente 342, 346, 352
- Öffentlichkeit 369
- Periodizität *339 ff.*, 941
- subjektives Wahlrecht 344 ff., 563
- Unmittelbarkeit 358
- Wahlprüfung 353, 370, *970 ff.*, 1467
- Wahlprüfungsausschuss 1004
- Wahlrechtsgrundsätze 232, *354 ff.*, 386, 563, 941, 951
- Wahlsystem 354, 942 ff.
- Wahlzyklus 342 f.

Wahlprüfungsbeschwerde *973*, 1467
Wahlrecht s. *Wählbarkeit, Wahlberechtigung*
Wahlwerbespots 390, 392, 396, 1607
Wahlwerbung 359, 365 f., 390, 394, 396, 1507
- Regierung 365 f., 1507

Wahrnehmungskompetenz (Bundesauftragsverwaltung) 1366, 1370

Wehrhafte Demokratie 240, *779 ff.*
Wehrverfassung 181, 185

Weimarer Reichsverfassung 125, 156, 371, 689, 884, 1027, 1269
Weimarer Republik 225, 305, 504, 541, 664, 787, 789, 1192, 1306

Weisung, Weisungsrecht
- Auftragsangelegenheit (Kommunalrecht) 656 f.
- Bundesauftragsverwaltung 593, 728, 1363 ff., 1370
- Bundeskanzler 1294 f.
- Bundespräsident 1311
- Bundesrat 1042 f., 1051
- Bundesrechnungshof 768
- Bundesregierung (Notstand) 1066, 1410
- Bundestag 921
- Bundeszwang 599, 601
- Landeseigenverwaltung 1063, 1357
- Verfassungsschutz 807
- Vermittlungsausschuss 1133
- Vollzug von Landesgesetzen 1347
- Weisungsfreiheit der Abgeordneten 293, 442, 930, 932, 936, 940
- Weisungsfreiheit der Bundesminister 1296, 1301
- Weisungsfreiheit von Richtern 1434
- Weisungsunterworfenheit der Verwaltung 273
- wissenschaftliche Mitarbeiter des Bundesverfassungsgerichts 1459

Wertausfüllungsbedürftige Rechtsbegriffe 10, 188

Wesensmerkmal 109, *220*, 222, 241, 246
Wesentlichkeitslehre *286 ff.*, 461, 1201, 1235, s. auch *Parlamentsvorbehalt*

Wettbewerb (politischer)
- Demokratie 304, 529, 674
- Opposition 327
- politische Parteien 364, 378, 387, 392, 394, 406, 1299

Widerstandrecht (gegen die Beseitigung der grundgesetzlichen Ordnung) 792

Wiederholung (Lernstrategien) 67 ff.
Wiedervereinigung 173 ff., 544, 917
Willkürverbot 467, *517 ff.*
Wirtschaftsordnung 692
Wirtschaftsrecht 104
Wirtschaftsverwaltungsrecht 121
Wittgenstein, Ludwig 33

Zählwert *s. Wahlen: Wahlrechtsgrundsätze*
Zitieren von Normen 48 ff.
Zitiergebot *s. Rechtsverordnung*
Zitierrecht 329, 923
Zivilgerichtsbarkeit *s. ordentliche Gerichtsbarkeit*
Zivilrecht 1 f., 15, 17, 26, 30, 79, 91, 104 ff., 193, 278, 281, 377, 432, 587, 633, 769, 938, 1415, 1472, 1508, *s. auch Bürgerliches Recht*
Zoll 270, 726, 1082, 1377, 1400
Zulässigkeit, Zulässigkeitsprüfung 26 ff., 1472 ff.
Zuordnungssubjekt (juristische Person) 84 ff.
Zuordnungstheorie 103
Zurückweisung
– Einspruch 316, 1136
– Entscheidung 1496, 1619

Zuständigkeit, *s. auch Kompetenz, Rechtsweg*
– des Bundesverfassungsgerichts 1463, 1475
– Begründung durch das öffentliche Recht 96
Zustimmung des Bundesrates 597, 621, 639, 644, 724, 785
Zustimmungsgesetz *s. Gesetzgebungsverfahren*
Zustimmungsquorum *310*, 313, 318
Zwei-plus-Vier-Vertrag 175, 595
Zweifel *s. Meinungsverschiedenheiten oder Zweifel bei der abstrakten Normenkontrolle*
Zweiter Weltkrieg 157, 224, 542, 690
Zweitstimme (Bundestagswahlen) *947 ff.*, 1000
Zwischenländereinrichtungen 636